suhrkamp taschenbuch
wissenschaft 2

Theodor W. Adorno, geboren am 11. September 1903 in Frankfurt am Main, gestorben am 6. August 1969, lehrte in Frankfurt als ordentlicher Professor für Philosophie und Soziologie und war Direktor des Instituts für Sozialforschung an der Johann-Wolfgang-Goethe-Universität. Schriften: Kierkegaard, Philosophie der neuen Musik, Minima Moralia, Versuch über Wagner, Prismen, Dissonanzen, Zur Metakritik der Erkenntnistheorie, Noten zur Literatur, Klangfiguren, Mahler, Einleitung in die Musiksoziologie, Eingriffe, Drei Studien zu Hegel, Jargon der Eigentlichkeit, Negative Dialektik, Ästhetische Theorie, Dialektik der Aufklärung (gemeinsam mit Max Horkheimer).

Die »Ästhetische Theorie« ist die letzte große Arbeit Adornos, die bei seinem Tode kurz vor ihrer Vollendung stand. Sie wird als eines seiner Hauptwerke angesehen und war von Adorno selbst zweifellos als solches geplant: Die »Ästhetische Theorie« sollte neben der »Negativen Dialektik« und einem geplanten moralphilosophischen Werk das darstellen, was Adorno — wie er sagte — »in die Waagschale zu werfen« hatte.

Theodor W. Adorno
Ästhetische Theorie

Suhrkamp

*Die aus dem Nachlaß herausgegebene »Ästhetische Theorie«
wurde vom Autor nicht vollendet.*

Herausgegeben
von Gretel Adorno und Rolf Tiedemann

suhrkamp taschenbuch wissenschaft 2
Erste Auflage 1973
© Suhrkamp Verlag Frankfurt am Main 1970
Suhrkamp Taschenbuch Verlag
Alle Rechte vorbehalten, insbesondere das des
öffentlichen Vortrags, der Übertragung durch
Rundfunk oder Fernsehen und der Übersetzung,
auch einzelner Teile
Druck: Ebner, Ulm · Printed in Germany
Umschlag nach Entwürfen
von Willy Fleckhaus und Rolf Staudt

Übersicht

Ästhetische Theorie ... 7

Kunst, Gesellschaft, Ästhetik ... 9
Selbstverständlichkeit von Kunst verloren 9 – Gegen Ursprungsfrage 11 – Wahrheitsgehalt und Leben der Werke 12 – Zum Verhältnis von Kunst und Gesellschaft 14 – Kritik der psychoanalytischen Kunsttheorie 19 – Die Kunsttheorien von Kant und Freud 22 – »Kunstgenuß« 26 – Ästhetischer Hedonismus und Glück der Erkenntnis 29

Situation ... 31
Zerfall der Materialien 31 – Entkunstung der Kunst; Zur Kritik der Kulturindustrie 32 – Sprache des Leidens 35 – Geschichtsphilosophie des Neuen 36 – Zum Invarianzproblem; Experiment (I) 41 – Verteidigung der Ismen 43 – Ismen als säkularisierte Schulen 44 – Machbarkeit und Zufall; Moderne und Qualität 46 – »Zweite Reflexion« 47 – Das Neue und die Dauer 48 – Dialektik der Integration und »subjektiver Punkt« 51 – Neues, Utopie, Negativität 55
Moderne Kunst und industrielle Produktion 56 – Ästhetische Rationalität und Kritik 59 – Kanon der Verbote 60 – Experiment (II); Ernst und Unverantwortlichkeit 63 – Das Ideal des Schwarzen 66 – Verhältnis zur Tradition 67 – Subjektivität und Kollektiv 68 – Solipsismus, mimetisches Tabu, Mündigkeit 69 – »Metier« 71 – Ausdruck und Konstruktion 72

Zu den Kategorien des Häßlichen, des Schönen und der Technik ... 74
Zur Kategorie des Häßlichen 74 – Sozialer Aspekt und Geschichtsphilosophie des Häßlichen 78 – Zum Begriff des Schönen 81 – Mimesis und Rationalität 86 – Zum Begriff der Konstruktion 90 – Technologie 92 – Dialektik des Funktionalismus 96

Das Naturschöne ... 97
Verdikt über das Naturschöne 97 – Naturschönes als »Heraustreten« 99 – Über Kulturlandschaft 101 – Natur- und Kunstschönes verklammert 103 – Naturerfahrung geschichtlich deformiert 106 – Ästhetische

Wahrnehmung analytisch 108 – Naturschönes als sistierte Geschichte 109 – Bestimmte Unbestimmbarkeit 112 – Natur als Chiffre des Versöhnten 114 – Metakritik zu Hegels Kritik des Naturschönen 115 – Übergang vom Natur- zum Kunstschönen 120

Das Kunstschöne: »apparition«, Vergeistigung, Anschaulichkeit 122

Das »Mehr« als Schein 122 – Ästhetische Transzendenz und Entzauberung 122 – Aufklärung und Schauer 123 – Kunst und Kunstfremdes 125 – Das Nichtseiende 128 – Bildcharakter 130 – »Explosion« 131 – Bildgehalte kollektiv 132
Kunst als Geistiges 134 – Immanenz der Werke und das Heterogene 137 – Zu Hegels Geist-Ästhetik 139 – Dialektik von Vergeistigung 141 – Vergeistigung und Chaotisches 144 – Anschaulichkeit der Kunst aporetisch 145 – Anschaulichkeit und Begrifflichkeit; Dingcharakter 150

Schein und Ausdruck 154

Krise des Scheins 154 – Schein, Sinn, »tour de force« 160 – Zur Rettung des Scheins; Harmonie und Dissonanz 163 – Ausdruck und Dissonanz 168 – Subjekt-Objekt und Ausdruck 170 – Ausdruck als Sprachcharakter 171 – Herrschaft und begriffliche Erkenntnis 173 – Ausdruck und Mimesis 173 – Dialektik der Innerlichkeit; Aporien des Ausdrucks 176

Rätselcharakter, Wahrheitsgehalt, Metaphysik 179

Kritik und Rettung des Mythos 179 – Das Mimetische und das Überne 180 – Cui bono 182 – Rätselcharakter und Verstehen 182 – »Nichts unverwandelt« 186 – Rätsel, Schrift, Interpretation 188 – Interpretation als Nachahmung 190 – »Block« 191 – Abgebrochene Transzendenz 191 – Rätselcharakter, Wahrheitsgehalt, Das Absolute 192
Zum Wahrheitsgehalt der Kunstwerke 193 – Kunst und Philosophie; kollektiver Gehalt der Kunst 197 – Wahrheit als Schein des Scheinlosen 189 – Mimesis ans Tödliche und Versöhnung 200 – Methexis am Finsteren 203

Stimmigkeit und Sinn 205

Logizität 205 – Logik, Kausalität, Zeit 207 – Zweckmäßigkeit ohne Zweck 209 – Form 211 – Form und Inhalt 215 – Begriff der Artikulation (I) 219 – Zum Materialbegriff 221 – Zum Stoffbegriff; Intention und Gehalt 223
Intention und Sinn 226 – Krise des Sinns 229 – Harmoniebegriff und Ideologie der Geschlossenheit 235 – Affirmation 239 – Kritik des Klassizismus 240

Subjekt–Objekt 244

Subjektiv und objektiv äquivok; Zum ästhetischen Gefühl 244 – Kritik des Kantischen Objektivitätsbegriffs 246 – Prekäre Balance 248 – Sprachcharakter und kollektives Subjekt 249 – Zur Subjekt-Objekt-Dialektik 252 – »Genie« 253 – Originalität 257 – Phantasie und Reflexion 258 – Objektivität und Verdinglichung 260

Zur Theorie des Kunstwerks 262

Ästhetische Erfahrung prozessual; Prozeßcharakter der Werke 262 – Vergänglichkeit 265 – Artefakt und Genese 266 – Kunstwerk als Monade und immanente Analyse 268 – Die Kunst und die Kunstwerke 270 – Geschichte konstitutiv; »Verständlichkeit« 272 – Nötigung zur Objektivation und Dissoziierung 274 – Die Einheit und das Viele 277 – Kategorie der Intensität 279 – »Warum ein Werk mit Grund schön genannt wird« 280 – »Tiefe« 283 – Begriff der Artikulation (II) 284 – Zur Differenzierung des Begriffs Fortschritt 285 – Entfaltung der Produktivkräfte 287 – Veränderung der Werke 288 – Interpretation, Kommentar, Kritik 289 – Wahrheitsgehalt geschichtlich; Das Erhabene in Natur und Kunst 290 – Erhabenes und Spiel 293

Allgemeines und Besonderes 296

Nominalismus und Niedergang der Gattungen 296 – Zur Gattungsästhetik der Antike 301 – Zur Geschichtsphilosophie der Konventionen 302 – Zum Begriff des Stils 305 – Fortschritt der Kunst 308 – Geschichte der Kunst inhomogen 310 – Fortschritt und Materialbeherrschung 313 – »Technik« 316 – Kunst im industriellen Zeitalter 322 – Nominalismus und offene Form 326 – Konstruktion; Statik und Dynamik 330

Gesellschaft 334

Doppelcharakter der Kunst: fait social und Autonomie; Zum Fetischcharakter 334 – Rezeption und Produktion 338 – Stoffwahl; Künstlerisches Subjekt; Verhältnis zur Wissenschaft 341 – Kunst als Verhaltensweise 344 – Ideologie und Wahrheit 345 – »Schuld« 347 – Zur Rezeption anvancierter Kunst 348 – Vermittlung von Kunst und Gesellschaft 350 – Kritik der Katharsis; Kitsch und das Vulgäre 353 – Stellung zur Praxis; Wirkung, Erlebnis, »Erschütterung« 357 – Engagement 365 – Ästhetizismus, Naturalismus, Beckett 368 – Gegen verwaltete Kunst 371 – Möglichkeit von Kunst heute 372 – Autonomie und Heteronomie 374 – Politische Option 376 – Fortschritt und Reaktion 380 – Kunst und das Elend der Philosophie 382 – Vorrang des Objekts und Kunst 383 – Solipsismusproblem und falsche Versöhnung 384

Paralipomena 389

Theorien über den Ursprung der Kunst 480

Frühe Einleitung 491

Das Veraltete der traditionellen Ästhetik 493 – Funktionswechsel von Naivetät 499 – Traditionelle Ästhetik und aktuelle Kunst unversöhnlich 502 – Wahrheitsgehalt und Fetischismus der Kunstwerke 505 – Nötigung zur Ästhetik 507 – Ästhetik als Zufluchtsstätte der Metaphysik 510
Ästhetische Erfahrung als objektives Verstehen 513 – Werkimmanente Analyse und ästhetische Theorie 517 – Zur Dialektik der ästhetischen Erfahrung 518 – Allgemeines und Besonderes 520 – Kritik der phänomenologischen Ursprungsforschung 522 – Stellung zu Hegels Ästhetik 523 – Offener Charakter von Ästhetik; Form- und Inhaltsästhetik (I) 524 – Form- und Inhaltsästhetik (II); Normen und Parolen 528
Methodologie, »Zweite Reflexion«, Geschichte 530

Editorisches Nachwort 535

Begriffsregister 545

Zur Selbstverständlichkeit wurde, daß nichts, was die Kunst betrifft, mehr selbstverständlich ist, weder in ihr noch in ihrem Verhältnis zum Ganzen, nicht einmal ihr Existenzrecht. Die Einbuße an reflexionslos oder unproblematisch zu Tuendem wird nicht kompensiert durch die offene Unendlichkeit des möglich Gewordenen, der die Reflexion sich gegenübersieht. Erweiterung zeigt in vielen Dimensionen sich als Schrumpfung. Das Meer des nie Geahnten, auf das die revolutionären Kunstbewegungen um 1910 sich hinauswagten, hat nicht das verhießene abenteuerliche Glück beschieden. Statt dessen hat der damals ausgelöste Prozeß die Kategorien angefressen, in deren Namen er begonnen wurde. Mehr stets wurde in den Strudel des neu Tabuierten hineingerissen; allerorten freuten die Künstler weniger sich des neu gewonnenen Reiches der Freiheit, als daß sie sogleich wieder nach vorgeblicher, kaum je tragfähiger Ordnung trachteten. Denn die absolute Freiheit in der Kunst, stets noch einem Partikularen, gerät in Widerspruch zum perennierenden Stande von Unfreiheit im Ganzen. In diesem ist der Ort der Kunst ungewiß geworden. Die Autonomie, die sie erlangte, nachdem sie ihre kultische Funktion und deren Nachbilder abschüttelte, zehrte von der Idee der Humanität. Sie wurde zerrüttet, je weniger Gesellschaft zur humanen wurde. In der Kunst verblaßten kraft ihres eigenen Bewegungsgesetzes die Konstituentien, die ihr aus dem Ideal der Humanität zugewachsen waren. Wohl bleibt ihre Autonomie irrevokabel. Alle Versuche, durch gesellschaftliche Funktion der Kunst zurückzuerstatten, woran sie zweifelt und woran zu zweifeln sie ausdrückt, sind gescheitert. Aber ihre Autonomie beginnt, ein Moment von Blindheit hervorzukehren. Es eignete der Kunst von je; im Zeitalter ihrer Emanzipation überschattet es jedes andere, trotz, wenn nicht wegen der Unnaivetät, der sie schon nach Hegels Einsicht nicht mehr sich entziehen darf. Jene verbindet sich mit Naivetät zweiter Potenz, der Ungewißheit über das ästhetische Wozu. Ungewiß, ob Kunst überhaupt noch möglich sei; ob sie, nach ihrer vollkommenen Emanzipation, nicht ihre Voraussetzungen sich abgegraben und verloren habe. Die Frage entzündet sich an dem, was sie einmal war. Kunstwerke begeben sich hinaus aus der empirischen Welt und bringen eine dieser entgegengesetzte eigenen Wesens hervor, so als ob auch diese ein Seiendes wäre. Damit tendieren sie a priori, mögen sie noch so tragisch sich aufführen, zur Affirmation. Die Clichés von dem versöhnenden Abglanz, der von der Kunst über die Realität sich verbreite, sind widerlich nicht nur, weil sie den emphatischen Begriff von Kunst durch deren bourgeoise Zurüstung parodieren und sie unter die trostspendenden Sonntagsveranstaltungen einreihen. Sie rühren an die Wunde der Kunst selber. Durch ihre unvermeidliche Lossage von der Theologie, vom ungeschmälerten Anspruch auf die Wahrheit der Erlösung, eine Säkularisierung, ohne welche Kunst nie sich entfaltet hätte, verdammt sie sich dazu, dem Seienden und Bestehenden einen Zuspruch zu spenden, der, bar der Hoffnung auf ein Anderes, den Bann dessen verstärkt, wovon die Autonomie der Kunst sich befreien möchte. Solchen Zuspruchs ist das Autonomieprinzip selbst verdächtig: indem es sich vermißt, Totalität aus sich zu setzen, ein Rundes, in sich Geschlossenes, überträgt dies Bild sich auf die Welt, in der Kunst sich befindet und die diese zeitigt. Vermöge ihrer Absage an die Empirie – und die ist in ihrem Begriff, kein bloßes escape, ist ein ihr immanentes Gesetz – sanktioniert sie deren Vormacht. Helmut Kuhn hat in einer Abhandlung, zum Ruhm der Kunst, dieser attestiert, ein jedes ihrer Werke sei Lobpreisung[1]. Seine These wäre wahr, wenn sie kritisch wäre. Angesichts dessen, wozu die Realität sich auswuchs, ist das affirmative Wesen der Kunst, ihr unausweichlich, zum Unerträglichen geworden. Sie muß gegen das sich wenden, was ihren eigenen Begriff ausmacht, und wird dadurch ungewiß bis in die innerste Fiber hinein. Nicht jedoch ist sie durch ihre abstrakte Negation abzufertigen. Indem sie angreift, was die gesamte Tradition hindurch als ihre Grundschicht garantiert dünkte, verändert sie sich

---

1 Vgl. Helmut Kuhn, Schriften zur Ästhetik, München 1966, S. 236 ff.

qualitativ, wird ihrerseits zu einem Anderen. Sie vermag es, weil sie die Zeiten hindurch vermöge ihrer Form ebenso gegen das bloß Daseiende, Bestehende sich wendete, wie als Formung der Elemente des Bestehenden diesem zu Hilfe kam. So wenig ist sie auf die generelle Formel des Trostes zu bringen wie auf die von dessen Gegenteil.

Kunst hat ihren Begriff in der geschichtlich sich verändernden Konstellation von Momenten; er sperrt sich der Definition. Nicht ist ihr Wesen aus ihrem Ursprung deduzibel, so als wäre das Erste eine Grundschicht, auf der alles Folgende aufbaute und einstürzte, sobald sie erschüttert ist. Der Glaube, die ersten Kunstwerke seien die höchsten und reinsten, ist späteste Romantik; nicht mit minderem Recht ließe sich vertreten, die frühesten kunsthaften Gebilde, ungeschieden von magischen Praktiken, geschichtlicher Dokumentation, pragmatischen Zwecken wie dem, durch Rufe oder geblasene Töne über weite Strecken sich vernehmbar zu machen, seien trüb und unrein; die klassizistische Konzeption bediente sich gern solcher Argumente. Derb historisch verlaufen die Daten sich ins Vage[2]. Der Versuch, die historische Genese von Kunst unter ein supremes Motiv ontologisch zu subsumieren, verlöre notwendig sich in so Disparates, daß die Theorie nichts in Händen behielte als die freilich relevante Einsicht, daß die Künste in keiner bruchlosen Identität der Kunst sich einordnen lassen[3]. In Betrachtungen, die den ästhetischen ἀρχαί gewidmet sind, wuchern die positivistische Materialsammlung und die sonst den Wissenschaften verhaßte Spekulation wild nebeneinander; Bachofen wäre das größte Beispiel. Wollte man statt dessen nach philosophischem Brauch die sogenannte Ursprungsfrage als eine des Wesens von der genetischen nach der Urgeschichte kategorisch scheiden, so überführte man sich der Willkür dadurch, daß man dabei den Begriff des Ursprungs gegen seinen widerstrebenden Wortsinn verwendete. Die Definition dessen, was Kunst sei, ist allemal von dem vorgezeichnet, was sie einmal war, legitimiert sich aber nur an dem, wozu sie geworden

---

2 *Vgl. den Exkurs »Theorien über den Ursprung der Kunst«, unten S. 480 ff. (Anm. d. Hrsg.)*
3 Vgl. Theodor W. Adorno, Ohne Leitbild. Parva Aesthetica, 2. Aufl., Frankfurt a. M. 1968, S. 168 ff.

ist, offen zu dem, was sie werden will und vielleicht werden kann. Während ihre Differenz von der bloßen Empirie festzuhalten ist, verändert sie sich doch qualitativ in sich; manches, kultische Gebilde etwa, verwandelt sich durch die Geschichte in Kunst, die es nicht gewesen ist; manches, was Kunst war, ist es nicht länger. Die von oben her gestellte Frage, ob ein Phänomen wie der Film noch Kunst sei oder nicht, führt nirgendwohin. Das Gewordensein von Kunst verweist ihren Begriff auf das, was sie nicht enthält. Die Spannung zwischen dem, wovon Kunst getrieben ward, zu ihrer Vergangenheit umschreibt die sogenannten ästhetischen Konstitutionsfragen. Deutbar ist Kunst nur an ihrem Bewegungsgesetz, nicht durch Invarianten. Sie bestimmt sich im Verhältnis zu dem, was sie nicht ist. Das spezifisch Kunsthafte an ihr ist aus ihrem Anderen: inhaltlich abzuleiten; das allein genügte irgend der Forderung einer materialistisch-dialektischen Ästhetik. Sie spezifiziert sich an dem, wodurch sie von dem sich scheidet, woraus sie wurde; ihr Bewegungsgesetz ist eigenes Formgesetz. Sie ist nur im Verhältnis zu ihrem Anderen, ist der Prozeß damit. Axiomatisch ist für eine umorientierte Ästhetik die vom späten Nietzsche gegen die traditionelle Philosophie entwickelte Erkenntnis, daß auch das Gewordene wahr sein kann. Die traditionelle, von ihm demolierte Ansicht wäre auf den Kopf zu stellen: Wahrheit ist einzig als Gewordenes. Was am Kunstwerk als seine eigene Gesetzlichkeit auftritt, ist spätes Produkt der innertechnischen Evolution sowohl wie der Stellung von Kunst mitten in fortschreitender Säkularisation; fraglos indessen sind die Kunstwerke nur, indem sie ihren Ursprung negierten, zu Kunstwerken geworden. Nicht ist ihnen die Schmach ihrer alten Abhängigkeit von faulem Zauber, Herrendienst und Divertissement als Erbsünde vorzuhalten, nachdem sie einmal rückwirkend vernichtet haben, woraus sie hervorgingen. Weder ist die Tafelmusik der befreiten unentrinnbar, noch war die Tafelmusik ehrwürdiger Dienst am Menschen, dem autonome Kunst frevelnd sich entzöge. Ihr verächtliches Klappern wird darum nicht besser, weil der überwältigende Teil alles dessen, was heute die Menschen als Kunst erreicht, das Echo jenes Geklappers auswalzt.

Die Hegelsche Perspektive eines möglichen Absterbens der Kunst ist ihrem Gewordensein gemäß. Daß er sie als vergänglich dachte und gleichwohl dem absoluten Geist zurechnete, harmoniert mit dem Doppelcharakter seines Systems, veranlaßt aber zu einer Konsequenz, die er nie würde gezogen haben: der Gehalt der Kunst, nach seiner Konzeption ihr Absolutes, geht nicht auf in der Dimension ihres Lebens und Todes. Sie könnte ihren Gehalt in ihrer eigenen Vergänglichkeit haben. Vorstellbar und keine bloß abstrakte Möglichkeit, daß große Musik – ein Spätes – nur in einer beschränkten Periode der Menschheit möglich war. Die Revolte der Kunst, teleologisch gesetzt in ihrer ›Stellung zur Objektivität‹, der geschichtlichen Welt, ist zu ihrer Revolte gegen die Kunst geworden; müßig zu prophezeien, ob sie das überdauert. Worüber einmal reaktionärer Kulturpessimismus zeterte, ist von der Kritik an der Kultur nicht zu unterdrücken: daß, wie Hegel vor hundertundfünfzig Jahren erwog, Kunst ins Zeitalter ihres Untergangs könnte eingetreten sein. Wie Rimbauds ungeheures Wort vor hundert Jahren die Geschichte der neuen Kunst antezipierend bis zum äußersten in sich vollzog, antezipierte sein Verstummen, seine Einordnung als Angestellter, die Tendenz. Ästhetik heute hat keine Macht darüber, ob sie zum Nekrolog für die Kunst wird; nicht aber darf sie den Leichenredner spielen; generell das Ende konstatieren, am Vergangenen sich laben und, gleichgültig unter welchem Titel, zur Barbarei überlaufen, die nicht besser ist als die Kultur, die Barbarei als Vergeltung für ihr barbarisches Unwesen sich verdient hat. Der Gehalt der vergangenen Kunst, mag Kunst nun selbst abgeschafft werden, sich abschaffen, vergehen oder verzweifelt sich fortsetzen, muß aber nicht selber notwendig hinab. Er vermöchte die Kunst zu überleben in einer Gesellschaft, die der Barbarei ihrer Kultur ledig geworden wäre. Nicht Formen bloß sondern ungezählte Stoffe sind jetzt schon abgestorben: die Literatur über Ehebruch, die den Viktorianischen Teil des neunzehnten und früheren zwanzigsten Jahrhunderts ausfüllt, ist nach der Auflösung der hochbürgerlichen Kleinfamilie und der Lockerung der Monogamie kaum mehr unmittelbar nachvollziehbar; nur in der Vulgärliteratur der Illustrierten lebt sie dürftig und verkehrt nach. Ebenso jedoch hat längst schon das Authentische der Madame Bovary, einst ihrem Sachgehalt eingesenkt, diesen und seinen Niedergang überflügelt. Das freilich darf nicht zum geschichtsphilosophischen Optimismus des Glaubens an den unbesieglichen Geist verleiten. Der Stoffgehalt mag auch, was mehr ist, in seinen Sturz hinabreißen. Hinfällig aber sind Kunst und Kunstwerke, weil sie, nicht bloß als heteronom abhängige, sondern bis in die Bildung ihrer Autonomie hinein, welche die gesellschaftliche Setzung arbeitsteiligen und abgespaltenen Geistes ratifiziert, nicht nur Kunst sondern auch ein dieser Fremdes, Entgegengesetztes sind. Ihrem eigenen Begriff ist das Ferment beigemengt, das ihn aufhebt.

Unabdingbar bleibt der ästhetischen Brechung das, was gebrochen wird; der Imagination das, was sie vorstellt. Das gilt vorab für die immanente Zweckmäßigkeit. Im Verhältnis zur empirischen Realität sublimiert Kunst das dort waltende Prinzip des sese conservare zum Ideal des Selbstseins ihrer Erzeugnisse; man malt, nach Schönbergs Wort, ein Bild, nicht, was es darstellt. Von sich aus will jedes Kunstwerk die Identität mit sich selbst, die in der empirischen Wirklichkeit gewalttätig allen Gegenständen als die mit dem Subjekt aufgezwungen und dadurch versäumt wird. Ästhetische Identität soll dem Nichtidentischen beistehen, das der Identitätszwang in der Realität unterdrückt. Nur vermöge der Trennung von der empirischen Realität, die der Kunst gestattet, nach ihrem Bedürfnis das Verhältnis von Ganzem und Teilen zu modeln, wird das Kunstwerk zum Sein zweiter Potenz. Kunstwerke sind Nachbilder des empirisch Lebendigen, soweit sie diesem zukommen lassen, was ihnen draußen verweigert wird, und dadurch von dem befreien, wozu ihre dinghaft-auswendige Erfahrung sie zurichtet. Während die Demarkationslinie zwischen der Kunst und der Empirie nicht und am letzten durch Heroisierung des Künstlers verwischt werden darf, haben gleichwohl die Kunstwerke Leben sui generis. Es ist nicht bloß ihr auswendiges Schicksal. Die bedeutenden kehren stets neue Schichten hervor, altern, erkalten, sterben. Daß sie als Artefakte, menschliche Hervorbringungen nicht unmittelbar leben wie Menschen, ist eine Tautologie. Aber der Akzent auf dem Moment des Artefakts in der Kunst gilt weniger ihrem Hervorgebrachtsein als ihrer eigenen Beschaffenheit, gleichgültig, wie sie zustande kam. Lebendig sind sie als sprechende, auf eine Weise, wie sie den natürlichen Objekten, und den Subjekten, die sie machten, versagt ist. Sie sprechen vermöge der Kommunikation alles Einzelnen in ihnen. Dadurch treten sie in Kontrast zur Zerstreutheit des bloß Seienden. Gerade als Artefakte aber, Produkte gesellschaftlicher Arbeit, kommunizieren sie auch mit der Empirie, der sie absagen, und aus ihr ziehen sie ihren Inhalt. Kunst negiert die der Empirie kategorial aufgeprägten Bestimmungen und birgt doch empirisch Seiendes in der eigenen Substanz. Opponiert sie der Empirie durchs Moment der Form – und die Vermittlung von Form und Inhalt ist nicht zu fassen ohne deren Unterscheidung –, so ist die Vermittlung einigermaßen allgemein darin zu suchen, daß ästhetische Form sedimentierter Inhalt sei. Die dem Anschein nach reinsten Formen, die traditionell musikalischen, datieren bis in alle idiomatischen Details hinein auf Inhaltliches wie den Tanz zurück. Ornamente waren vielfach einst kultische Symbole. Eine Rückbeziehung ästhetischer Formen auf Inhalte, wie sie am spezifischen Gegenstand des Nachlebens der Antike die Schule des Warburginstituts durchführte, wäre umfassender zu leisten. Die Kommunikation der Kunstwerke mit dem Auswendigen jedoch, mit der Welt, vor der sie selig oder unselig sich verschließen, geschieht durch Nicht-Kommunikation; darin eben erweisen sie sich als gebrochen. Leicht ließe sich denken, daß ihr autonomes Reich mit der auswendigen Welt nicht mehr gemein hat als entlehnte Elemente, die in einen gänzlich veränderten Zusammenhang treten. Trotzdem ist die geistesgeschichtliche Trivialität unbestreitbar, daß die Entwicklung der künstlerischen Verfahrensweisen, wie sie meist unter dem Begriff des Stils zusammengefaßt wird, der gesellschaftlichen korrespondiert. Noch das sublimste Kunstwerk bezieht bestimmte Stellung zur empirischen Realität, indem es aus deren Bann heraustritt, nicht ein für allemal, sondern stets wieder konkret, bewußtlos polemisch gegen dessen Stand zur geschichtlichen Stunde. Daß die Kunstwerke als fensterlose Monaden das ›vorstellen‹, was sie nicht selbst sind, ist kaum anders zu begreifen als dadurch, daß ihre eigene Dynamik, ihre immanente Historizität als Dialektik von Natur und Naturbeherrschung nicht nur desselben Wesens ist wie die auswendige, sondern in sich jener ähnelt, ohne sie zu imitieren. Die ästhetische Produktivkraft ist die gleiche wie die der nützlichen Arbeit und hat in sich dieselbe Teleologie; und was ästhetisches Produktionsverhältnis heißen darf, alles worin die Produktivkraft sich eingebettet findet und woran sie sich betätigt, sind Sedimente oder Abdrücke der gesellschaftlichen. Der Doppelcharakter der Kunst als autonom und als fait social teilt ohne Unterlaß der Zone ihrer Autonomie sich mit. In solcher Relation zur Empirie erretten sie, neutralisiert, was einmal die Menschen buchstäblich und ungeschieden am Dasein erfuhren, und was aus diesem der Geist vertrieb. An Aufklärung partizipieren sie, weil sie nicht lügen: die Buchstäblichkeit dessen, was aus ihnen spricht, nicht vortäuschen. Real aber sind sie als Antworten auf die Fragegestalt des von außen ihnen Zukommenden. Ihre eigene Spannung ist triftig im Verhältnis zu der draußen. Die Grundschichten der Erfahrung, welche die Kunst motivieren, sind der gegenständlichen Welt, vor der sie zurückzucken, verwandt. Die ungelösten Antagonismen der Realität kehren wieder in den Kunstwerken als die immanenten Probleme ihrer Form. Das, nicht der Einschuß gegenständlicher Momente, definiert das Verhältnis der Kunst zur Gesellschaft. Die Spannungsverhältnisse in den Kunstwerken kristallisieren sich rein in diesen und treffen durch ihre Emanzipation von der faktischen Fassade des Auswendigen das reale Wesen. Kunst, χωρίς vom empirisch Daseienden, bezieht dazu Position gemäß dem Hegelschen Argument wider Kant, sobald man eine Schranke setze, überschreite man durch diese Setzung sie bereits und nehme in sich hinein, wogegen sie errichtet war. Das allein, kein Moralisieren, ist die Kritik am Prinzip l'art pour l'art, das in abstrakter Negation den χωρισμός der Kunst zu ihrem Ein und Allen macht. Die Freiheit der Kunstwerke, deren ihr Selbstbewußtsein sich rühmt und ohne die sie nicht wären, ist die List ihrer eigenen Vernunft. All ihre Elemente ketten sie an das, was zu überfliegen ihr Glück ausmacht und worein sie in jedem Augenblick abermals zu versinken drohen. Im Verhältnis zur empirischen Realität erinnern sie an das Theologumenon, daß im Stand der Erlösung alles sei, wie es ist und gleichwohl alles ganz anders. Unverkennbar die Analogie zur Tendenz der Profanität, den sakralen Bereich zu säkularisieren, bis dieser allein noch säkularisiert sich erhält; der Sakralbereich wird gleichsam vergegenständlicht, von Pfählen eingegrenzt, weil sein eigenes Moment von Unwahrheit auf die Säkularisation ebenso wartet, wie beschwörend sie abwehrt. Danach wäre der reine Begriff von Kunst nicht der Umfang eines ein für allemal gesicherten Bereichs, sondern stellte jeweils erst sich her, in augenblicklicher und zerbrechlicher Balance, der psychologischen von Ich und Es mehr als nur zu vergleichen. Der Prozeß des sich Abstoßens muß immerwährend sich erneuern. Jedes Kunstwerk ist ein Augenblick; jedes gelungene ein Einstand, momentanes Innehalten des Prozesses, als der es dem beharrlichen Auge sich offenbart. Sind die Kunstwerke Antworten auf ihre eigene Frage, so werden sie dadurch selber erst recht zu Fragen. Der bis heute von der allerdings ihrerseits mißlungenen Bildung nicht beeinträchtigte Hang, Kunst außer- oder vorästhetisch wahrzunehmen, ist nicht nur barbarischer Rückstand oder Not des Bewußtseins Regredierender. Etwas in der Kunst kommt ihm entgegen. Wird sie strikt ästhetisch wahrgenommen, so wird sie ästhetisch nicht recht wahrgenommen. Einzig wo das Andere der Kunst mitgefühlt wird als eine der ersten Schichten der Erfahrung von ihr, ist diese zu sublimieren, die stoffliche Befangenheit zu lösen, ohne daß das Fürsichsein der Kunst zu einem Gleichgültigen würde. Sie ist für sich und ist es nicht, verfehlt ihre Autonomie ohne das ihr Heterogene. Die großen Epen, die noch ihr Vergessenwerden überstanden, waren zu ihrer Zeit vermengt mit historischem und geographischem Bericht; der Artist Valéry hat sich vorgehalten, wie vieles nicht in die Formgesetzlichkeit Umgeschmolzene in den Homerischen wie den heidnisch-germanischen und christlichen Epen sich behauptet, ohne daß das, gegenüber den schlackenlosen Gebilden, ihren Rang minderte. Ähnlich war die Tragödie, von der die Idee ästhetischer Autonomie abgezogen sein dürfte, Nachbild von als realer Wirkungszusammenhang gemeinten Kulthandlungen. Die Geschichte der Kunst als die des Fortschritts ihrer Autonomie hat jenes Moment nicht exstirpieren können, und nicht bloß ihrer Fesseln wegen. Der realistische Roman hatte auf seiner Höhe als Form im neunzehnten Jahrhundert etwas von dem, wozu ihn die Theorie des sogenannten sozialistischen Realismus planvoll erniedrigte, von Reportage, der Vorwegnahme dessen, was dann die Sozialwissenschaft ermitteln sollte.

Der Fanatismus sprachlicher Durchbildung in der Madame Bovary ist wahrscheinlich Funktion eben jenes ihm konträren Moments; die Einheit von beiden ist ihre unverwelkte Aktualität. Das Kriterium der Kunstwerke ist doppelschlächtig: ob es ihnen glückt, ihre Stoffschichten und Details dem ihnen immanenten Formgesetz zu integrieren und in solcher Integration das ihr Widerstrebende, sei's auch mit Brüchen, zu erhalten. Integration als solche schützt nicht die Qualität; in der Geschichte der Kunstwerke trennen sich vielfach beide Momente. Denn keine einzelne auserwählte Kategorie, auch nicht die ästhetisch zentrale des Formgesetzes, nennt das Wesen der Kunst und reicht hin zum Urteil über ihre Produkte. Ihr gehören essentiell Bestimmungen zu, die ihrem festen kunstphilosophischen Begriff widersprechen. Hegels Inhaltsästhetik hat jenes der Kunst immanente Moment ihrer Andersheit erkannt und die Formalästhetik überflügelt, die scheinbar mit einem soviel reineren Begriff von Kunst operiert, allerdings auch geschichtliche Entwicklungen freiläßt, die von der Hegelschen und Kierkegaardschen Inhaltsästhetik blockiert sind, wie die zur ungegenständlichen Malerei. Zugleich jedoch regrediert die idealistische Dialektik Hegels, die Form als Inhalt denkt, auf eine vorästhetisch krude. Sie verwechselt die abbildende oder diskursive Behandlung von Stoffen mit jener für Kunst konstitutiven Andersheit. Hegel vergeht sich gleichsam gegen die eigene dialektische Konzeption von Ästhetik, mit für ihn unabsehbaren Folgen; er hat der banausischen Überführung von Kunst in Herrschaftsideologie Vorschub geleistet. Umgekehrt ist das Moment des Unwirklichen, Nichtseienden in Kunst dem Seienden gegenüber nicht frei. Es wird nicht willkürlich gesetzt, nicht, wie das Convenu es möchte, erfunden, sondern strukturiert sich aus Proportionen zwischen Seiendem, die ihrerseits von diesem, seiner Unvollkommenheit, Not und Widersprüchlichkeit und seinen Potentialitäten gefordert werden, und noch in den Proportionen zittern reale Zusammenhänge nach. Kunst verhält sich zu ihrem Anderen wie ein Magnet zu einem Feld von Eisenfeilspänen. Nicht bloß ihre Elemente sondern auch deren Konstellation, jenes spezifisch Ästhetische, das man gemeinhin ihrem Geist zuschlägt, deutet aufs Andere zurück. Die Identität des Kunstwerks mit der seienden Realität ist auch die seiner zentrie-

renden Kraft, die dessen membra disiecta, Spuren des Seienden, um sich versammelt, verwandt mit der Welt ist es durch das Prinzip, das es jener kontrastiert und durch welches der Geist die Welt selbst zugerüstet hat. Und die Synthesis durchs Kunstwerk ist seinen Elementen nicht bloß angetan; sie wiederholt, worin sie miteinander kommunizieren, insofern ihrerseits ein Stück Andersheit. Auch Synthesis hat ihr Fundament in der geistfernen, materialen Seite der Werke, in dem, woran sie sich betätigt, nicht bloß in sich. Das verbindet das ästhetische Moment der Form mit Gewaltlosigkeit. In seiner Differenz vom Seienden konstituiert das Kunstwerk notwendig sich relativ auf das, was es als Kunstwerk nicht ist und was es erst zum Kunstwerk macht. Die Insistenz auf dem Intentionslosen der Kunst, die, als Sympathie mit deren unteren Manifestationen, von einem Augenblick der Geschichte an zu beobachten ist – bei Wedekind, der über die ›Kunst-Künstler‹ spottete, bei Apollinaire, wohl auch im Ursprung des Kubismus –, verrät unbewußtes Selbstbewußtsein der Kunst von ihrer Teilhabe an dem ihr Konträren; jenes Selbstbewußtsein motivierte die kulturkritische Wendung der Kunst, die sich der Illusion ihres rein geistigen Seins entschlug.
Kunst ist die gesellschaftliche Antithesis zur Gesellschaft, nicht unmittelbar aus dieser zu deduzieren. Die Konstitution ihres Bezirks korrespondiert der eines inwendigen der Menschen als des Raums ihrer Vorstellung: vorweg hat sie teil an der Sublimierung. Plausibel daher, die Bestimmung dessen, was sie ist, aus einer Theorie des Seelenlebens herauszuspinnen. Skepsis gegen anthropologische Invariantenlehren empfiehlt die psychoanalytische. Aber sie ist psychologisch ergiebiger als ästhetisch. Ihr gelten die Kunstwerke wesentlich als Projektionen des Unbewußten derer, die sie hervorgebracht haben, und sie vergißt die Formkategorien über der Hermeneutik der Stoffe, überträgt gleichsam die Banausie feinsinniger Ärzte auf das untauglichste Objekt, auf Lionardo oder Baudelaire. Das trotz aller Betonung des Sexus Spießbürgerliche ist daran zu demaskieren, daß durch die einschlägigen Arbeiten, vielfach Ableger der biographischen Mode, Künstler, deren œuvre die Negativität des Daseienden ohne Zensur objektiviert, als Neurotiker abgekanzelt werden. Das Buch von Laforgue rechnet Baudelaire allen Ernstes vor, daß

er an einem Mutterkomplex litt. Nicht einmal am Horizont regt sich die Frage, ob er als psychisch Gesunder die Fleurs du mal hätte schreiben können, geschweige denn, ob durch die Neurose die Gedichte schlechter wurden. Normales Seelenleben wird schmählich zum Kriterium auch dort erhoben, wo so kraß wie bei Baudelaire der ästhetische Rang sich als mitbedingt erweist durch die Abwesenheit der mens sana. Dem Tenor der psychoanalytischen Monographien zufolge sollte Kunst affirmativ mit der Negativität der Erfahrung fertig werden. Das negative Moment ist ihnen nicht mehr denn das Mal jenes Verdrängungsprozesses, der freilich ins Kunstwerk eingeht. Kunstwerke sind der Psychoanalyse Tagträume; sie verwechselt sie mit Dokumenten, verlegt sie dabei in die Träumenden, während sie sie andererseits, zur Entschädigung für die ausgespart extramentale Sphäre, auf krud stoffliche Elemente reduziert, sonderbar zurückbleibend übrigens hinter Freuds eigener Lehre von der ›Traumarbeit‹. Das Moment der Fiktion an den Kunstwerken wird, wie von allen Positivisten, durch die supponierte Analogie zu den Träumen maßlos überschätzt. Das Projektive im Produktionsprozeß der Künstler ist im Verhältnis zum Gebilde nur ein Moment und schwerlich das entscheidende; Idiom, Material haben ein Eigengewicht, vor allem das Produkt selbst, von dem die Analytiker wenig sich träumen lassen. Die psychoanalytische These etwa, Musik sei Abwehr drohender Paranoia, trifft klinisch wohl weithin zu, sagt aber nichts über Rang und Gehalt einer einzigen gestalteten Komposition. Die psychoanalytische Kunsttheorie hat vor der idealistischen voraus, daß sie ins Licht rückt, was im Inwendigen der Kunst nicht selbst kunsthaft ist. Sie hilft, Kunst aus dem Bann des absoluten Geistes herauszuholen. Dem vulgären Idealismus, der Kunst mit Rancune gegen ihre Erkenntnis, vollends die ihrer Verflechtung mit dem Trieb, in einer vorgeblich höheren Sphäre unter Quarantäneschutz nehmen möchte, arbeitet sie im Geist von Aufklärung entgegen. Wo sie den Sozialcharakter entziffert, der aus einem Werk spricht und in dem der seines Urhebers vielfach sich manifestiert, liefert sie Glieder konkreter Vermittlung zwischen der Struktur von Gebilden und der gesellschaftlichen. Aber sie verbreitet selbst einen dem Idealismus verwandten Bann, den eines absolut subjektiven

Zeichensystems für subjektive Triebregungen. Sie entschlüsselt Phänomene, aber reicht nicht an das Phänomen Kunst heran. Kunstwerke sind ihr nichts als Tatsachen, aber darüber versäumt sie deren eigene Objektivität, ihre Stimmigkeit, ihr Formniveau, ihre kritischen Impulse, ihr Verhältnis zur nicht-psychischen Realität, schließlich ihre Idee von Wahrheit. Der Malerin, die, unter dem Pakt voller Aufrichtigkeit zwischen Analysanden und Analytiker, über die schlechten Gravuren von Wien sich mokierte, mit denen er seine Wände verunzierte, erklärte dieser, das sei nichts als Aggression von ihrer Seite. Kunstwerke sind ungleichlich viel weniger Abbild und Eigentum des Künstlers, als ein Doktor sich vorstellt, der Künstler einzig von der Couch her kennt. Nur Dilettanten stellen alles in der Kunst aufs Unbewußte ab. Ihr reines Gefühl repetiert heruntergekommene Clichés. Im künstlerischen Produktionsvorgang sind unbewußte Regungen Impuls und Material unter vielem anderen. Sie gehen ins Kunstwerk vermittelt durchs Formgesetz ein; das buchstäbliche Subjekt, welches das Werk verfertigte, wäre darin nicht mehr als ein abgemaltes Pferd. Kunstwerke sind kein thematic apperception test ihres Urhebers. Mitschuldig an solcher Amusie ist der Kultus, den die Psychoanalyse mit dem Realitätsprinzip treibt: was diesem nicht gehorcht, sei immer nur ›Flucht‹, Anpassung an die Realität wird zum summum bonum. Die Realität liefert zu vielen realen Grund, sie zu fliehen, als daß eine Entrüstung über Flucht anstände, die von harmonistischer Ideologie getragen wird; selbst psychologisch wäre Kunst besser legitimiert, als Psychologie ihr zuerkennt. Wohl ist Imagination auch Flucht, aber nicht durchaus: was das Realitätsprinzip auf ein Superiores hin transzendiert, ist immer auch darunter; den Finger darauf zu legen hämisch. Verzerrt ist die imago des Künstlers als des tolerierten: in die arbeitsteilige Gesellschaft eingegliederten Neurotikers. In Künstlern höchsten Ranges wie Beethoven oder Rembrandt verband schärfstes Realitätsbewußtsein sich mit Realitätsentfremdung; das erst wäre ein würdiger Gegenstand der Psychologie von Kunst. Sie hätte das Kunstwerk nicht nur als das dem Künstler Gleiche zu dechiffrieren, sondern als Ungleiches, als Arbeit an einem Widerstehenden. Hat Kunst psychoanalytische Wurzeln, dann die der Phantasie in der von Allmacht. In

ihr ist aber auch der Wunsch am Werk, eine bessere Welt herzustellen. Das entbindet die gesamte Dialektik, während die Ansicht vom Kunstwerk als einer bloß subjektiven Sprache des Unbewußten sie gar nicht erst erreicht.
Zur Freudschen Kunsttheorie als einer von Wunscherfüllung ist die Kantische die Antithesis. Das erste Moment des Geschmacksurteils aus der Analytik des Schönen sei das interesselose Wohlgefallen[4]. Interesse wird dabei »das Wohlgefallen genannt, was wir mit der Vorstellung der Existenz eines Gegenstandes verbinden«[5]. Nicht ist eindeutig, ob mit der »Vorstellung der Existenz eines Gegenstandes« der in einem Kunstwerk, als dessen Stoff, behandelte Gegenstand gemeint wird oder das Kunstwerk selbst; das hübsche Aktmodell oder der süße Wohllaut musikalischer Klänge, der Kitsch sein kann, aber auch integrales Moment künstlerischer Qualität. Der Akzent auf ›Vorstellung‹ folgt aus dem im prägnanten Sinn subjektivistischen Ansatz Kants, der die ästhetische Qualität stillschweigend, in Übereinstimmung mit der rationalistischen Tradition insbesondere Moses Mendelssohns, in der Wirkung des Kunstwerks auf seinen Betrachter sucht. Revolutionär ist an der Kritik der Urteilskraft, daß sie, ohne den Umkreis der älteren Wirkungsästhetik zu verlassen, diese gleichzeitig durch immanente Kritik einschränkt, so wie insgesamt der Kantische Subjektivismus sein spezifisches Gewicht hat an seiner objektiven Intention, dem Versuch der Rettung von Objektivität vermöge der Analyse subjektiver Momente. Interesselosigkeit entfernt sich von der unmittelbaren Wirkung, die das Wohlgefallen konservieren will, und das bereitet die Brechung von dessen Suprematie vor. Denn bar dessen, was bei Kant Interesse heißt, wird Wohlgefallen zu einem so Unbestimmten, daß es zu keiner Bestimmung des Schönen mehr taugt. Die Doktrin vom interesselosen Wohlgefallen ist arm angesichts des ästhetischen Phänomens; sie reduzierte es auf das in seiner Isolierung höchst fragwürdige Formal-Schöne oder auf sogenannte erhabene Naturgegenstände. Die Sublimierung zur

---

4 Vgl. Immanuel Kant, Sämtliche Werke, Bd. 6: Ästhetische und religionsphilosophische Schriften, hg. von F. Gross, Leipzig 1924, S. 54 f. (Kritik der Urteilskraft, § 2).
5 A. a. O., S. 54.

absoluten Form versäumte an den Kunstwerken den Geist, in dessen Zeichen sublimiert wird. Die forcierte Fußnote Kants[6], ein Urteil über einen Gegenstand des Wohlgefallens könne zwar uninteressiert, aber doch interessant sein, also ein Interesse hervorbringen, auch wenn es auf keinem sich gründe, bezeugt redlich und unfreiwillig diesen Sachverhalt. Kant trennt das ästhetische Gefühl – und damit, seiner Konzeption gemäß, virtuell die Kunst selbst – vom Begehrungsvermögen, auf das die »Vorstellung der Existenz eines Gegenstandes« zielte; das Wohlgefallen an einer solchen Vorstellung habe »immer zugleich Beziehung auf das Begehrungsvermögen«[7]. Kant als erster hat die seitdem unverlorene Erkenntnis erreicht, daß ästhetisches Verhalten von unmittelbarem Begehren frei sei; hat Kunst der gierigen Banausie entrissen, die sie stets wieder abtastet und abschmeckt. Gleichwohl ist das Kantische Motiv der psychologischen Kunsttheorie nicht durchaus fremd: auch für Freud sind Kunstwerke nicht Wunscherfüllungen unmittelbar, sondern verwandeln primär unbefriedigte Libido in gesellschaftlich produktive Leistung, wobei freilich der gesellschaftliche Wert der Kunst, in kritiklosem Respekt vor ihrer öffentlichen Geltung, unbefragt vorausgesetzt bleibt. Daß Kant die Differenz der Kunst vom Begehrungsvermögen und damit von der empirischen Realität weit energischer hervorhob als Freud, idealisiert sie nicht bloß: die Aussonderung der ästhetischen Sphäre aus der Empirie konstituiert die Kunst. Kant hat jedoch diese Konstitution, ihrerseits ein Historisches, transzendental stillgestellt und in simpler Logik dem Wesen des Künstlerischen gleichgesetzt, unbekümmert darum, daß die subjektiv triebmäßigen Komponenten der Kunst noch in ihrer reifsten Gestalt, die jene negiert, verwandelt wiederkehren. Des dynamischen Charakters des Kunsthaften ist Freuds Sublimierungstheorie weit unbefangener innegeworden. Dafür hat er freilich keinen geringeren Preis zu zahlen als Kant. Springt bei diesem das geistige Wesen des Kunstwerks, trotz aller Präferenz für die sinnliche Anschauung, aus der Unterscheidung des ästhetischen vom praktischen und vom begehrenden Verhalten

6 Vgl. a. a. O., S. 55f.
7 A. a. O., S. 54.

heraus, so scheint die Freudsche Adaptation der Ästhetik an die Trieblehre dagegen sich zu sperren; die Kunstwerke sind auch als sublimierte wenig anderes als Stellvertreter der sinnlichen Regungen, die sie allenfalls durch eine Art von Traumarbeit unkenntlich machen. Die Konfrontation der beiden heterogenen Denker – Kant hat nicht nur den philosophischen Psychologismus sondern im Alter zunehmend alle Psychologie abgelehnt – wird indessen erlaubt von einer Gemeinsamkeit, die schwerer wiegt als die Differenz zwischen der Konstruktion des transzendentalen Subjekts hier, dem Rekurs auf ein empirisch psychologisches dort. Beide sind prinzipiell subjektiv orientiert zwischen dem negativen oder positiven Ansatz des Begehrungsvermögens. Für beide ist das Kunstwerk eigentlich nur in Beziehung auf den, der es betrachtet oder der es hervorbringt. Auch Kant wird, durch einen Mechanismus, dem ebenso seine Moralphilosophie unterliegt, genötigt, das seiende Individuum, Ontisches zu bedenken, mehr als mit der Idee des transzendentalen Subjekts vereinbar ist. Kein Wohlgefallen ohne Lebendige, denen das Objekt gefiele; der Schauplatz der gesamten Kritik der Urteilskraft sind, ohne daß davon gehandelt würde, Konstituta, und darum ist, was als Brücke zwischen theoretischer und praktischer reiner Vernunft geplant war, beidem gegenüber ein ἄλλο γένος. Wohl verbietet das Tabu von Kunst – und soweit sie definiert ist, gehorcht sie einem Tabu, Definitionen sind rationale Tabus –, daß man zum Objekt animalisch sich stellt, seiner leibhaft sich bemächtigen will. Aber der Macht des Tabus entspricht die des von ihm betroffenen Sachverhalts. Keine Kunst, die nicht negiert als Moment in sich enthält, wovon sie sich abstößt. Dem Interesselosen muß der Schatten des wildesten Interesses gesellt sein, wenn es mehr sein soll als nur gleichgültig, und manches spricht dafür, daß die Dignität der Kunstwerke abhängt von der Größe des Interesses, dem sie abgezwungen sind. Kant verleugnet das einem Freiheitsbegriff zuliebe, der, was immer nicht subjekteigen ist, als heteronom ahndet. Seine Kunsttheorie wird entstellt von der Unzulänglichkeit der Lehre von der praktischen Vernunft. Der Gedanke an ein Schönes, das dem souveränen Ich gegenüber etwas von Selbständigkeit besäße oder sich erworben hätte, erscheint nach dem Tenor seiner Philosophie als Ausschweifen in intelligible Welten. Samt dem jedoch, woraus sie antithetisch entsprang, wird der Kunst jeglicher Inhalt abgeschnitten und statt dessen ein so Formales wie Wohlgefälligkeit supponiert. Ihm wird Ästhetik, paradox genug, zum kastrierten Hedonismus, zu Lust ohne Lust, gleich ungerecht gegen die künstlerische Erfahrung, in der Wohlgefallen beiher spielt, keinesfalls das Ganze ist, und gegen das leibhafte Interesse, die unterdrückten und unbefriedigten Bedürfnisse, die in ihrer ästhetischen Negation mitvibrieren und die Gebilde zu mehr machen als leeren Mustern. Ästhetische Interesselosigkeit hat das Interesse erweitert, über seine Partikularität hinaus. Das Interesse an der ästhetischen Totalität wollte, objektiv, das an einer richtigen Einrichtung des Ganzen sein. Es zielte nicht auf die einzelne Erfüllung sondern auf die fessellose Möglichkeit, die doch nicht ohne die einzelne Erfüllung wäre. Korrelativ zur Schwäche der Kantischen ist die Freudsche Kunsttheorie weit idealistischer, als sie ahnt. Indem sie die Kunstwerke rein in die psychische Immanenz versetzt, werden sie der Antithetik zum Nichtich entäußert. Es bleibt unangefochten von den Stacheln der Kunstwerke; diese erschöpfen sich in der psychischen Leistung der Bewältigung des Triebverzichts, schließlich der Anpassung. Der Psychologismus ästhetischer Interpretation versteht sich nicht schlecht mit der philiströsen Ansicht vom Kunstwerk als einem harmonisch die Gegensätze Beschwichtigenden, dem Traumbild eines besseren Lebens, ungedenk des Schlechten, dem es abgerungen ward. Der konformistischen Übernahme der gängigen Ansicht vom Kunstwerk als wohltätigem Kulturgut durch die Psychoanalyse korrespondiert ein ästhetischer Hedonismus, der alle Negativität aus der Kunst in die Triebkonflikte ihrer Genese verbannt und am Resultat unterschlägt. Wird erlangte Sublimierung und Integration zum Ein und Allen des Kunstwerks gemacht, so verliert es die Kraft, durch die es das Dasein übersteigt, von dem es durch seine bloße Existenz sich lossagt. Sobald aber das Verhalten des Kunstwerks die Negativität der Realität festhält und zu ihr Stellung bezieht, modifiziert sich auch der Begriff der Interesselosigkeit. Kunstwerke implizieren an sich selbst ein Verhältnis zwischen dem Interesse und der Absage daran, wider ihre Kantische sowohl wie Freudsche Interpretation. Noch das kontemplative Verhalten zu den Kunstwerken, den Aktionsobjekten abgezwungen, fühlt sich als Kündigung unmittelbarer Praxis und insofern ein selbst Praktisches, als Widerstand gegen das Mitspielen. Nur Kunstwerke, die als Verhaltensweise zu spüren sind, haben ihre raison d'être. Kunst ist nicht nur der Statthalter einer besseren Praxis als der bis heute herrschenden, sondern ebenso Kritik von Praxis als der Herrschaft brutaler Selbsterhaltung inmitten des Bestehenden und um seinetwillen. Sie straft Produktion um ihrer selbst willen Lügen, optiert für einen Stand der Praxis jenseits des Banns von Arbeit. Promesse du bonheur heißt mehr als daß die bisherige Praxis das Glück verstellt: Glück wäre über der Praxis. Den Abgrund zwischen der Praxis und dem Glück mißt die Kraft der Negativität im Kunstwerk aus. Sicherlich erweckt Kafka nicht das Begehrungsvermögen. Aber die Realangst, die auf Prosastücke wie die Verwandlung oder die Strafkolonie antwortet, der Schock des Zurückzuckens, Ekel, der die Physis schüttelt, hat als Abwehr mehr mit dem Begehren zu tun als mit der alten Interesselosigkeit, die er und was auf ihn folgt kassiert. Sie wäre seinen Schriften grob inadäquat. Nachgerade erniedrigte sie Kunst zu dem, was Hegel verspottet, zum angenehmen oder nützlichen Spielwerk der Horazischen Ars Poetica. Von ihr hat die Ästhetik des idealistischen Zeitalters, synchron mit der Kunst selbst, sich befreit. Autonom ist künstlerische Erfahrung einzig, wo sie den genießenden Geschmack abwirft. Die Bahn zu ihr führt durch Interesselosigkeit hindurch; die Emanzipation der Kunst von den Erzeugnissen der Küche oder der Pornographie ist irrevokabel. Aber sie kommt in der Interesselosigkeit nicht zur Ruhe. Interesselosigkeit reproduziert immanent, verändert, das Interesse. In der falschen Welt ist alle ἡδονή falsch. Um des Glücks willen wird dem Glück abgesagt. So überlebt Begehren in der Kunst.

Unkenntlich geworden, vermummt sich Genuß in der Kantischen Interesselosigkeit. Was das allgemeine Bewußtsein und eine willfährige Ästhetik unter Kunstgenuß nach dem Modell realen Genießens sich vorstellt, existiert wahrscheinlich überhaupt nicht. An der künstlerischen Erfahrung tel quel hat das empirische Subjekt nur beschränkten und modifizierten Anteil; er dürfte sich verringern, je höher das Gebilde rangiert. Wer Kunstwerke konkretistisch genießt, ist ein Banause; Worte wie Ohrenschmaus überführen ihn. Wäre aber die letzte Spur von Genuß exstirpiert, so bereitete die Frage, wozu überhaupt Kunstwerke da sind, Verlegenheit. Tatsächlich werden Kunstwerke desto weniger genossen, je mehr einer davon versteht. Eher war sogar die traditionelle Verhaltensweise zum Kunstwerk, soll sie denn durchaus für es relevant sein, eine von Bewunderung: daß sie an sich so sind, nicht für den Betrachter. Was ihm an ihnen aufging und ihn hinriß, war ihre Wahrheit, wie sie in Gebilden des Kafkaschen Typus jedes andere Moment überwiegt. Sie waren keine Genußmittel höherer Ordnung. Das Verhältnis zur Kunst war keines von Einverleibung, sondern umgekehrt verschwand der Betrachter in der Sache; erst recht ist das der Fall in modernen Gebilden, die auf jenen zufahren wie zuweilen Lokomotiven im Film. Fragt man einen Musiker, ob ihm die Musik Freude bereite, so wird er eher, wie in dem amerikanischen Witz vom grimassierenden Cellisten unter Toscanini: I just hate music, sagen. Wer jene genuine Beziehung zur Kunst hat, in der er selber erlischt, dem ist sie nicht Objekt; unerträglich wäre ihm der Entzug von Kunst, nicht sind ihm deren einzelne Äußerungen eine Lustquelle. Daß keiner mit Kunst sich abgäbe, der, wie die Bürger sagen, gar nichts davon hätte, ist nicht zu bestreiten, aber doch wieder nicht so wahr, daß eine Bilanz zu ziehen wäre: heute abend Neunte Symphonie gehört, soundso viel Vergnügen gehabt; und solcher Schwachsinn hat mittlerweile als gesunder Menschenverstand sich eingerichtet. Der Bürger wünscht die Kunst üppig und das Leben asketisch; umgekehrt wäre es besser. Verdinglichtes Bewußtsein ruft als Ersatz dessen, was es den Menschen an sinnlich Unmittelbarem vorenthält, in dessen Sphäre zurück, was dort seine Stätte nicht hat. Während scheinbar das Kunstwerk durch sinnliche Attraktion dem Konsumenten in Leibnähe rückt, wird es ihm entfremdet: zur Ware, die ihm gehört und die er ohne Unterlaß zu verlieren fürchtet. Das falsche Verhältnis zur Kunst ist der Angst ums Eigentum verschwistert. Der fetischistischen Vorstellung vom Kunstwerk als einem Besitz, der sich haben läßt und durch Reflexion zerstört werden könne, entspricht streng die von dem im psychologischen Haushalt verwertbaren Gut. Ist Kunst ihrem eigenen Begriff nach ein Gewordenes, dann nicht minder ihre Einordnung als Genußmittel; wohl waren die magischen und animistischen Vorformen der Kunstwerke als Bestandstücke ritualer Praxis diesseits von deren Autonomie; ließen aber, eben als sakrale, gewiß nicht sich genießen. Die Vergeistigung der Kunst hat die Rancune der von der Kultur Ausgeschlossenen aufgestachelt und die Gattung der Konsumentenkunst initiiert, während umgekehrt der Widerwille gegen diese die Künstler zu immer rücksichtsloserer Spiritualisierung drängte. Keine nackte griechische Plastik war ein pin-up. Nicht anders wäre die Sympathie der Moderne für längst Vergangenes, auch Exotisches erklärbar: auf die Abstraktion von Naturobjekten als Begehrbarem sprechen die Künstler an; übrigens hat Hegel in der Konstruktion der ›symbolischen Kunst‹ das unsinnliche Moment der Archaik nicht übersehen. Das Lustmoment an der Kunst, Einspruch gegen den universal vermittelten Warencharakter, ist auf seine Weise vermittelbar: wer im Kunstwerk verschwindet, wird dadurch dispensiert von der Armseligkeit eines Lebens, das immer zu wenig ist. Solche Lust vermag sich zu steigern zum Rausch; an ihn wiederum reicht der dürftige Begriff des Genusses nicht heran, der überhaupt geeignet wäre, Genießen einem abzugewöhnen. Merkwürdig übrigens, daß eine Ästhetik, die immer wieder auf der subjektiven Empfindung als dem Grund alles Schönen insistierte, jene Empfindung nie ernsthaft analysierte. Ihre Deskriptionen waren unweigerlich fast banausisch; darum vielleicht, weil der subjektive Ansatz vorweg dagegen verblendet, daß über künstlerische Erfahrung nur im Verhältnis zur Sache etwas Triftiges sich ausmachen läßt, nicht am Gaudium des Liebhabers. Der Begriff des Kunstgenusses war ein schlechter Kompromiß zwischen dem gesellschaftlichen und dem zur Gesellschaft antithetischen Wesen des Kunstwerks. Ist schon die Kunst für den Betrieb der Selbsterhaltung unnütz – ganz verzeiht ihr die bürgerliche Gesellschaft das niemals –, soll sie sich wenigstens durch eine Art von Gebrauchswert bewähren, der der sensuellen Lust nachgebildet ward. Verfälscht wird damit gleich ihr auch jene eine leibhafte Erfüllung, die ihre ästhetischen Repräsentanten nicht spenden. Daß, wer unfähig ist zur sensuellen Differenzierung, wer nicht einen schönen Klang von einem stumpfen, leuchtende Farben von matten unterscheiden kann, schwerlich künstlerischer Erfahrung fähig ist, wird hypostasiert. Diese jedoch empfängt zwar gesteigert die sensuelle Differenziertheit als Medium des Gestaltens in sich, läßt aber die Lust daran einzig als durchbrochene durch. Ihr Gewicht in der Kunst variierte; in Perioden, die asketischen folgen, wie die Renaissance, war es Organ der Befreiung und lebhaft, ähnlich im Impressionismus als einem Antiviktorianischen; zuzeiten bekundete kreatürliche Trauer als metaphysischer Gehalt sich, indem der erotische Reiz die Formen durchdrang. So stark jedoch wie die Kraft jenes Moments zur Rückkunft, es behält, wo es in Kunst buchstäblich, ungebrochen auftritt, etwas Infantiles. Nur in Erinnerung und Sehnsucht, nicht abgebildet und als unmittelbarer Effekt wird es von ihr absorbiert. Allergie gegen das Grobsinnliche entfremdet schließlich auch solche Perioden, in denen das Lustbesetzte und die Form noch unmittelbarer kommunizieren mochten; das nicht zuletzt dürfte die Abwendung vom Impressionismus bewirkt haben.

Das Wahrheitsmoment am ästhetischen Hedonismus wird dadurch gestützt, daß in der Kunst die Mittel nicht rein im Zweck aufgehen. In der Dialektik von beidem behaupten jene stets auch einige Selbständigkeit, und zwar vermittelt. Durch das sinnlich Wohlgefällige schließt die Erscheinung, die dem Kunstwerk wesentlich ist, sich zusammen. Nach dem Wort von Alban Berg ist es ein Stück Sachlichkeit, daß aus dem Geformten nicht die Nägel herausstechen und nicht der Leim stinkt; und die Süße des Ausdrucks vieler Gebilde von Mozart zitiert die Süße der Stimme herbei. In bedeutenden Werken wird das Sinnliche seinerseits, aufleuchtend von ihrer Kunst, zum Geistigen, so wie umgekehrt vom Geist des Werks die abstrakte Einzelheit, wie immer auch gleichgültig gegen die Erscheinung, sinnlichen Glanz gewinnt. Manchmal spielen in sich durchgebildete und artikulierte Kunstwerke vermöge ihrer gegliederten Formsprache sekundär ins sinnlich Wohlgefällige hinüber. Die Dissonanz, Signum aller Moderne, gewährt, auch in ihren optischen Äquivalenten, dem lockend Sinnlichen Einlaß, indem sie es in seine Antithese, den Schmerz transfiguriert: ästhetisches Urphänomen von Ambivalenz. Die unabsehbare Tragweite alles Dissonanten für die neue Kunst seit Baudelaire und dem Tristan – wahrhaft eine Art Invariante der Moderne – rührt daher, daß darin das immanente Kräftespiel des Kunstwerks mit der parallel zu seiner Autonomie an Macht über das Subjekt ansteigenden auswendigen Realität konvergiert. Die Dissonanz bringt von innen her dem Kunstwerk zu, was die Vulgärsoziologie dessen gesellschaftliche Entfremdung nennt. Mittlerweile freilich tabuieren die Kunstwerke noch die geistig vermittelte Suavität als der vulgären zu ähnlich. Die Entwicklung dürfte zur Verschärfung des sensuellen Tabus fortschreiten, obwohl es manchmal schwerfällt zu unterscheiden, wie weit dies Tabu im Formgesetz gründet und wie weit bloß in Mängeln des Metiers; eine Frage übrigens, derengleichen viele in ästhetischen Kontroversen aufkommen, ohne daß sie viel fruchteten. Das sensuelle Tabu greift am Ende noch auf das Gegenteil des Wohlgefälligen über, weil es, sei es auch aus äußerster Ferne, in seiner spezifischen Negation mitgefühlt wird. Für eine solche Reaktionsform drängt die Dissonanz allzunahe an ihr Widerspiel, Versöhnung, sich heran; sie macht sich spröd gegen einen Schein des Menschlichen, der Ideologie der Unmenschlichkeit ist, und schlägt sich lieber auf die Seite verdinglichten Bewußtseins. Dissonanz erkaltet zum indifferenten Material; zwar einer neuen Gestalt von Unmittelbarkeit, ohne Erinnerungsspur dessen, woraus sie wurde, dafür aber taub und qualitätslos. Einer Gesellschaft dann, in der die Kunst keinen Ort mehr hat und die in jeglicher Reaktion auf jene verstört ist, spaltet sie sich auf in dinghaft geronnenen Kulturbesitz und den Lustgewinn, den der Kunde einheimst und der meist mit dem Objekt wenig zu tun hat. Subjektive Lust am Kunstwerk würde dem Zustand des aus der Empirie als der Totalität des Füranderesseins Entlassenen sich nähern, nicht der Empirie. Schopenhauer dürfte das zuerst gewahrt haben. Das Glück an den Kunstwerken ist jähes Entronnensein, nicht ein Brocken dessen, woraus Kunst entrann; stets nur akzidentell, unwesentlicher für die Kunst als das Glück ihrer Erkenntnis; der Begriff des Kunstgenusses als konstitutiver ist abzuschaffen. Haftet allem Gefühl vom ästhetischen Objekt, nach Hegels Einsicht, ein Zufälliges an, meist die psychologische Projektion, so fordert es vom Betrachter Erkenntnis, und zwar eine von Gerechtigkeit: es will, daß man seiner Wahrheit und Unwahrheit innewerde. Dem ästhetischen Hedonismus wäre entgegenzuhalten jene Stelle aus der Kantischen Lehre vom Erhabenen, das er, befangen, von der Kunst eximiert: Glück an den Kunstwerken wäre allenfalls das Gefühl des Standhaltens, das sie vermitteln. Es gilt dem ästhetischen Bereich als ganzem eher als dem einzelnen Werk.

Mit den Kategorien haben auch Materialien ihre apriorische Selbstverständlichkeit verloren, so die Worte der Dichtung. Der Zerfall der Materialien ist der Triumph ihres Füranderesseins. Als erstes und eindringliches Zeugnis ist Hofmannsthals Chandosbrief berühmt geworden. Man mag die neuromantische Dichtung insgesamt als Versuch betrachten, dem sich entgegenzustemmen und der Sprache wie anderen Materialien etwas von ihrer Substantialität wiederzugewinnen. Die Idiosynkrasie gegen den Jugendstil aber heftet sich daran, daß jener Versuch mißlang. Dem Rückblick erscheint er, mit Kafkas Wort, als leere fröhliche Fahrt. George mußte im Einleitungsgedicht eines Zyklus aus dem Siebenten Ring, in der Anrufung eines Waldes nur die Worte Gold, Karneol nebeneinanderstellen, um nach seinem Stilisationsprinzip hoffen zu dürfen, die Wahl der Worte leuchte dichterisch[8]. Nach sechs Dezennien wurde die Wortwahl als dekoratives Arrangement erkennbar, nicht länger überlegen der stofflich rohen Anhäufung aller möglichen edlen Materialien in Wildes Dorian Gray, welche die Interieurs des piekfeinen Ästhetizismus Antiquitätenhandlungen und Versteigerungsstätten anähneln und damit eben dem verhaßten Kommerz. Analog bemerkte Schönberg: Chopin habe es gut gehabt, er habe bloß die damals unabgegriffene Tonart Fis-Dur zu greifen brauchen, und schon sei es schön gewesen; übrigens mit der geschichtsphilosophischen Differenz, daß in der früheren musikalischen Romantik tatsächlich Materialien wie Chopins aparte Tonarten etwas von der Kraft des Unbetretenen ausstrahlten, die in der Sprache um 1900 bereits zum Erlesenen depraviert waren. Was aber ihren Worten und ihrer Juxtaposition oder Tonarten widerfuhr, befiel un-

---

[8] Vgl. Stefan George, Werke. Ausgabe in zwei Bänden, hg. von R. Boehringer, München u. Düsseldorf 1958, Bd. 1, S. 294 (»Eingang« zu »Traumdunkel«).

aufhaltsam den traditionellen Begriff des Dichterischen als eines Höheren, Geweihten überhaupt. Dichtung hat in das sich zurückgezogen, was dem Prozeß der Desillusionierung ohne Reservat sich überläßt, welcher den Begriff des Dichterischen verzehrt; das macht die Unwiderstehlichkeit von Becketts Werk aus.

Auf den Verlust ihrer Selbstverständlichkeit reagiert Kunst nicht bloß durch konkrete Änderungen ihrer Verhaltens- und Verfahrungsweisen, sondern indem sie an ihrem eigenen Begriff zerrt wie an einer Kette: der, daß sie Kunst ist. In der niederen Kunst oder Unterhaltung von einst, die heute von der Kulturindustrie verwaltet, integriert, qualitativ umgemodelt wird, läßt das am sinnfälligsten sich konstatieren. Denn jene Sphäre gehorchte nie dem selbst erst gewordenen und späten Begriff reiner Kunst. Stets ragte sie als Zeugnis des Mißlingens von Kultur in diese hinein, machte es zu ihrem eigenen Willen, daß sie mißlinge, so wie es aller Humor besorgt, in seliger Harmonie seiner traditionellen und seiner gegenwärtigen Gestalt. Die von der Kulturindustrie Überlisteten und nach ihren Waren Dürstenden befinden sich diesseits der Kunst: darum nehmen sie ihre Inadäquanz an den gegenwärtigen gesellschaftlichen Lebensprozeß – nicht dessen eigene Unwahrheit – unverschleierter wahr als die, welche noch daran sich erinnern, was einmal ein Kunstwerk war. Sie drängen auf Entkunstung der Kunst[9]. Die Leidenschaft zum Antasten, dazu, kein Werk sein zu lassen, was es ist, ein jegliches herzurichten, seine Distanz vom Betrachter zu verkleinern, ist unmißverständliches Symptom jener Tendenz. Die beschämende Differenz zwischen der Kunst und dem Leben, das sie leben und in dem sie nicht gestört werden wollen, weil sie den Ekel sonst nicht ertrügen, soll verschwinden: das ist die subjektive Basis für die Einreihung der Kunst unter die Konsumgüter durch die vested interests. Wird sie trotz allem nicht einfach konsumierbar, so kann das Verhältnis zu ihr wenigstens sich anlehnen an das zu den eigentlichen Konsumgütern. Erleichtert wird das dadurch, daß deren Gebrauchswert im Zeitalter der Überproduktion seinerseits fragwürdig wurde und dem sekundären Genuß von Prestige,

---

9 Vgl. Theodor W. Adorno, Prismen. Kulturkritik und Gesellschaft, 3. Aufl., Frankfurt a. M. 1969, S. 159.

Mit-dabei-Sein, schließlich des Warencharakters selbst weicht: Parodie ästhetischen Scheins. Von der Autonomie der Kunstwerke, welche die Kulturkunden zur Empörung darüber aufreizt, daß man sie für etwas Besseres hält, als was sie zu sein glauben, ist nichts übrig als der Fetischcharakter der Ware, Regression auf den archaischen Fetischismus im Ursprung der Kunst: insofern ist das zeitgemäße Verhalten zur Kunst regressiv. Konsumiert wird an den Kulturwaren ihr abstraktes Füranderessein, ohne daß sie wahrhaft für die anderen wären; indem sie diesen zu Willen sind, betrügen sie sie. Die alte Affinität von Betrachter und Betrachtetem wird auf den Kopf gestellt. Indem vom heute typischen Verhalten das Kunstwerk zum bloßen Faktum gemacht wird, wird auch das mimetische, allem dinghaften Wesen unvereinbare Moment als Ware verschachert. Der Konsument darf nach Belieben seine Regungen, mimetische Restbestände, auf das projizieren, was ihm vorgesetzt wird. Bis zur Phase totaler Verwaltung sollte das Subjekt, das ein Gebilde betrachtete, hörte, las, sich vergessen, sich gleichgültig werden, darin erlöschen. Die Identifikation, die es vollzog, war dem Ideal nach nicht die, daß es das Kunstwerk sich, sondern daß es sich dem Kunstwerk gleichmachte. Darin bestand ästhetische Sublimierung; Hegel nannte solche Verhaltensweise generell die Freiheit zum Objekt. Damit gerade erwies er dem Subjekt Ehre, das in geistiger Erfahrung Subjekt wird durch seine Entäußerung, dem Gegenteil des spießbürgerlichen Verlangens, daß das Kunstwerk ihm etwas gebe. Als tabula rasa subjektiver Projektionen jedoch wird das Kunstwerk entqualifiziert. Die Pole seiner Entkunstung sind, daß es sowohl zum Ding unter Dingen wird wie zum Vehikel der Psychologie des Betrachters. Was die verdinglichten Kunstwerke nicht mehr sagen, ersetzt der Betrachter durch das standardisierte Echo seiner selbst, das er aus ihnen vernimmt. Diesen Mechanismus setzt die Kulturindustrie in Gang und exploitiert ihn. Sie läßt eben das als den Menschen Nahes, ihnen Gehörendes erscheinen, was ihnen entfremdet ward und worüber in der Rückerstattung heteronom verfügt wird. Noch die unmittelbar gesellschaftliche Argumentation gegen die Kulturindustrie jedoch hat ihre ideologische Komponente. Von der autoritären Schmach der Kulturindustrie war die autonome Kunst nicht durchaus frei. Ihre Autonomie ist ein Gewordenes, das ihren Begriff konstituiert; aber nicht a priori. In den authentischesten Gebilden ist die Autorität, welche einst kultische Werke über die gentes ausüben sollten, immanentes Formgesetz geworden. Die Idee der Freiheit, ästhetischer Autonomie verschwistert, hat an Herrschaft sich geformt, die sie verallgemeinerte. So auch die Kunstwerke. Je freier von auswendigen Zwecken sie sich machten, desto vollständiger bestimmten sie sich als ihrerseits herrschaftlich organisierte. Weil aber die Kunstwerke immer ihre eine Seite der Gesellschaft zukehren, strahlte die in ihnen verinnerlichte Herrschaft auch nach außen. Unmöglich, im Bewußtsein dieses Zusammenhangs, Kritik an der Kulturindustrie zu üben, die vor der Kunst verstummte. Wer aber, mit Grund, in aller Kunst die Unfreiheit wittert, ist in Versuchung, zu erschlaffen, vor der heraufziehenden Verwaltung zu resignieren, weil das in Wahrheit immer so gewesen sei, während doch im Schein eines Anderen auch dessen Möglichkeit aufging. Daß inmitten der bilderlosen Welt das Bedürfnis nach Kunst, auch das der Massen, ansteigt, die durch die mechanischen Mittel der Reproduktion erstmals mit ihr konfrontiert wurden, weckt eher Zweifel, langt jedenfalls, als ein der Kunst Auswendiges, nicht zu, deren Fortbestand zu verteidigen. Der komplementäre Charakter jenes Bedürfnisses, Nachbild des Zaubers als Trost über die Entzauberung, erniedrigt die Kunst zum Exempel des mundus vult decipi und deformiert sie. Zur Ontologie falschen Bewußtseins rechnen auch jene Züge, darin das Bürgertum, das den Geist ebenso befreite wie an die Kandare nahm, hämisch auch gegen sich selbst am Geist gerade das akzeptiert und genießt, was es ihm nicht ganz glauben kann. Soweit Kunst dem sozial vorhandenen Bedürfnis entspricht, ist sie in weitestem Maß ein vom Profit gesteuerter Betrieb geworden, der weiterläuft, solange er rentiert und durch Perfektion darüber hinweghilft, daß er schon tot ist. Blühende Kunstgattungen und Sparten der Kunstübung wie die traditionelle Oper sind nichtig geworden, ohne daß es in der offiziellen Kultur sichtbar würde; in den Schwierigkeiten jedoch, auch nur dem eigenen Perfektionsideal nachzukommen, wird ihre geistige Insuffizienz unmittelbar zur praktischen; ihr realer Untergang ist absehbar. Vertrauen auf die Bedürfnisse der Men-

schen, die, mit der Steigerung der Produktivkräfte, das Ganze zu höherer Gestalt brächten, trägt nicht mehr, seitdem die Bedürfnisse von der falschen Gesellschaft integriert worden sind und zu falschen gemacht. Wohl finden die Bedürfnisse, wie es prognostiziert war, abermals ihre Befriedigung, aber diese ist ihrerseits falsch und betrügt die Menschen um ihr Menschenrecht.
Vielleicht steht es an, zu Kunst heute, kantisch, als zu einem Gegebenen sich zu verhalten; wer für sie plädierte, macht bereits Ideologien und sie selbst zu einer. Anzuknüpfen vermag allenfalls der Gedanke daran, daß etwas in der Realität jenseits des Schleiers, den das Zusammenspiel von Institutionen und falschem Bedürfnis webt, objektiv nach Kunst verlangt; nach einer, die für das spricht, was der Schleier zudeckt. Während diskursive Erkenntnis an die Realität heranreicht, auch an ihre Irrationalitäten, die ihrerseits ihrem Bewegungsgesetz entspringen, ist etwas an ihr spröde gegen rationale Erkenntnis. Dieser ist das Leiden fremd, sie kann es subsumierend bestimmen, Mittel zur Linderung beistellen; kaum durch seine Erfahrung ausdrücken: eben das hieße ihr irrational. Leiden, auf den Begriff gebracht, bleibt stumm und konsequenzlos: das läßt in Deutschland nach Hitler sich beobachten. Dem Hegelschen Satz, den Brecht als Devise sich erkor: die Wahrheit sei konkret, genügt vielleicht im Zeitalter des unbegreifbaren Grauens nur noch Kunst. Das Hegelsche Motiv von der Kunst als Bewußtsein von Nöten hat über alles von ihm Absehbare hinaus sich bestätigt. Dadurch wurde es zum Einspruch gegen sein eigenes Verdikt über die Kunst, einen Kulturpessimismus, der seinem kaum nur säkularisierten theologischen Optimismus, der Erwartung real verwirklichter Freiheit Relief gibt. Die Verdunklung der Welt macht die Irrationalität der Kunst rational: die radikal verdunkelte. Was die Feinde der neuen Kunst, mit besserem Instinkt als ihre ängstlichen Apologeten, deren Negativität nennen, ist der Inbegriff des von der etablierten Kultur Verdrängten. Dorthin lockt es. In der Lust am Verdrängten rezipiert Kunst zugleich das Unheil, das verdrängende Prinzip, anstatt bloß vergeblich dagegen zu protestieren. Daß sie das Unheil durch Identifikation ausspricht, antezipiert seine Entmächtigung; das, weder die Photographie des Unheils noch falsche Seligkeit, umschreibt die Stellung authentischer ge-

genwärtiger Kunst zur verfinsterten Objektivität; jede andere überführt sich durch Süßlichkeit des eigenen Falschen. Phantastische Kunst, die romantische wie Züge davon in Manierismus und Barock stellen ein Nichtseiendes als seiend vor. Die Erfindungen sind Modifikationen von empirisch Vorhandenem. Der Effekt ist die Präsentation eines Nichtempirischen, als wäre es empirisch. Er wird erleichtert durch die Herkunft aus der Empirie. Die neue Kunst nimmt diese, gebeugt unter ihrer unmäßigen Last, so schwer, daß ihr der Spaß an der Fiktion vergeht. Erst recht mag sie nicht die Fassade wiederholen. Indem sie die Kontamination mit dem verhindert, was bloß ist, drückt sie es desto unerbittlicher ab. Kafkas Kraft schon ist die eines negativen Realitätsgefühls; was an ihm dem Unverstand phantastisch dünkt, ist »Comment c'est«. Durch ἐποχή von der empirischen Welt hört die neue Kunst auf, phantastisch zu sein. Nur Literarhistoriker konnten Kafka und Meyrink, nur Kunsthistoriker Klee und Kubin unter dieselbe Kategorie bringen. Freilich spielte phantastische Kunst in ihren großartigsten Gebilden in das hinüber, was die Moderne, ledig des Bezugssystems des Normalen, zu sich selbst brachte: so Partien aus Poes Pymerzählung, aus Kürnbergers Amerikamüdem, bis zu Wedekinds Mine-Haha. Gleichwohl ist nichts der theoretischen Erkenntnis moderner Kunst so schädlich wie ihre Reduktion auf Ähnlichkeiten mit älterer. Durchs Schema ›Alles schon dagewesen‹ schlüpft ihr Spezifisches; sie wird auf eben das undialektische, sprunglose Kontinuum geruhiger Entwicklung nivelliert, das sie aufsprengt. Unleugbar die Fatalität, daß keine Deutung geistiger Phänomene möglich ist, ohne einige Übersetzung von Neuem in Älteres; auch sie hat etwas vom Verrat. An zweiter Reflexion wäre es, das zu korrigieren. Am Verhältnis der modernen Kunstwerke zu älteren, die ihnen ähneln, wäre die Differenz herauszuarbeiten. Versenkung in die geschichtliche Dimension müßte aufdecken, was einst ungelöst blieb; nicht anders ist das Gegenwärtige mit dem Vergangenen zu verknüpfen. Die gängige geistesgeschichtliche Haltung dagegen möchte virtuell Neues überhaupt aus der Welt beweisen. Dessen Kategorie jedoch ist seit der Mitte des neunzehnten Jahrhunderts – seit dem Hochkapitalismus – zentral, allerdings in Korrespondenz zur Frage, ob ein Neues überhaupt schon war. Kein Kunstwerk ist seitdem mehr gelungen, das gegen den wie immer auch schwebenden Begriff von Moderne sich spröde machte. Was vor der Problematik sich zu salvieren gedachte, welche man der Moderne attestierte, seit es sie gab, ging desto schneller zugrunde. Selbst einem des Modernismus so wenig verdächtigen Komponisten wie Anton Bruckner wären seine bedeutendsten Wirkungen versagt geblieben, hätte er nicht mit dem fortgeschrittensten Material seiner Periode, der Wagnerschen Harmonik, operiert, die er dann freilich paradox umfunktionierte. Seine Symphonien fragen, wie ein Altes doch noch, als Neues nämlich, möglich sei; die Frage bezeugt die Unwiderstehlichkeit von Moderne, das Doch noch bereits ein Unwahres, auf welches gerade die Konservativen seiner Tage als auf ein Unstimmiges hämisch deuten konnten. Daß die Kategorie des Neuen nicht als kunstfremdes Sensationsbedürfnis sich abtun läßt, ist zu erkennen an seiner Unwiderstehlichkeit. Als, vor dem Ersten Krieg, der konservative, doch überaus sensible englische Musikkritiker Ernest Newman Schönbergs Orchesterstücke op. 16 hörte, warnte er, man solle diesen Schönberg nicht unterschätzen, er gehe aufs Ganze; dies Moment wird vom Haß als das Destruktive des Neuen registriert, mit besserem Instinkt als von der Apologetik. Schon der alte Saint-Saëns spürte etwas davon, als er, den Eindruck Debussys abwehrend, erklärte, es müsse doch auch andere Musik geben als solche. Was den Veränderungen im Material, die bedeutende Neuerungen mit sich führen, ausweicht, und was ihnen sich entzieht, stellt sogleich als ausgehöhlt, unkräftig sich dar. Newman muß bemerkt haben, daß die Klänge, die Schönberg in den Orchesterstücken freigesetzt hatte, nicht mehr aus der Welt fortzudenken sind, und daß sie, einmal existent, Implikationen für das gesamte Komponieren haben, die schließlich die traditionelle Sprache beseitigen. Das währt fort; man muß nur nach einem Stück von Beckett ein gemäßigteres zeitgenössisches gesehen haben, um dessen innezuwerden, wie sehr das Neue urteilsloses Urteil ist. Noch der ultra-restaurative Rudolf Borchardt hat bestätigt, daß ein Künstler über den einmal erreichten Standard seiner Periode verfügen müsse. Die Abstraktheit des Neuen ist notwendig, man kennt es so wenig wie das furchtbarste Geheimnis von Poes Grube. In der Abstraktheit des

Neuen aber verkapselt sich ein inhaltlich Entscheidendes. Der alte Victor Hugo hat es in dem Wort über Rimbaud getroffen, er habe der Dichtung einen frisson nouveau geschenkt. Der Schauer reagiert auf die kryptische Verschlossenheit, die Funktion jenes Moments des Unbestimmten ist. Er ist aber zugleich die mimetische Verhaltensweise, die auf Abstraktheit als Mimesis reagiert. Nur im Neuen vermählt sich Mimesis der Rationalität ohne Rückfall: ratio selbst wird im Schauer des Neuen mimetisch: mit unerreichter Gewalt bei Edgar Allan Poe, wahrhaft einem der Leuchttürme Baudelaires und aller Moderne. Das Neue ist ein blinder Fleck, leer wie das vollkommene Dies da. Tradition ist, wie jegliche geschichtsphilosophische Kategorie, nicht derart zu fassen, als ob in ewigen Stafettenläufen eine Generation, ein Stil, ein Meister dem nächsten die eigene Kunst in die Hand gäbe. Soziologisch und ökonomisch wird, seit Max Weber und Sombart, zwischen traditionalistischen und nicht-traditionalistischen Perioden unterschieden; Tradition als Medium geschichtlicher Bewegung hängt in ihrer eigenen Beschaffenheit von wirtschaftlichen und gesellschaftlichen Strukturen ab und verändert mit ihnen sich qualitativ. Die Stellung der gegenwärtigen Kunst zur Tradition, die ihr vielfach als Traditionsverlust angekreidet wird, ist von der Veränderung innerhalb der Kategorie Tradition selbst bedingt. In einer wesentlich nicht-traditionalistischen Gesellschaft ist ästhetische Tradition a priori dubios. Die Autorität des Neuen ist die des geschichtlich Unausweichlichen. Insofern impliziert es objektiv Kritik am Individuum, seinem Vehikel: ästhetisch schürzt im Neuen sich der Knoten von Individuum und Gesellschaft. Die Erfahrung von Moderne sagt mehr, obwohl ihr Begriff, wie immer auch qualitativ, an seiner Abstraktheit laboriert. Er ist privativ, von Anbeginn mehr Negation dessen, was nun nicht mehr sein soll, als positive Parole. Er negiert aber nicht, wie von je die Stile, vorhergehende Kunstübungen sondern Tradition als solche; insofern ratifiziert er erst das bürgerliche Prinzip in der Kunst. Seine Abstraktheit ist verkoppelt mit dem Warencharakter der Kunst. Darum hat Moderne, wo sie erstmals theoretisch sich artikuliert, bei Baudelaire, sogleich den Ton von Unheil. Das Neue ist dem Tod verschwistert. Was bei Baudelaire als Satanismus sich gebärdet, ist die sich selbst als negativ reflektierende Identifikation mit der realen Negativität des gesellschaftlichen Zustands. Weltschmerz läuft über zum Feind, der Welt. Etwas davon blieb als Ferment aller Moderne beigemischt. Denn der unmittelbare Einspruch, der nicht auch dem Befehdeten sich selbst überläßt, wäre in Kunst reaktionär: darum unterliegt die imago von Natur bei Baudelaire striktem Verbot. Wo Moderne das, bis heute, verleugnet, kapituliert sie; alle Hetze gegen die Dekadenz, der Lärm, welcher die Moderne obstinat begleitet, setzt dabei an. Nouveauté ist ästhetisch ein Gewordenes, die von Kunst appropriierte Marke der Konsumgüter, durch welche sie vom immergleichen Angebot sich unterscheiden, anreizen, fügsam dem Verwertungsbedürfnis des Kapitals, das, wofern es sich nicht expandiert, in der Zirkulationssprache: etwas Neues bietet, ins Hintertreffen gerät. Das Neue ist das ästhetische Signum der erweiterten Reproduktion, auch mit deren Versprechen ungeschmälerter Fülle. Die Dichtung Baudelaires hat als erste kodifiziert, daß Kunst inmitten der vollentwickelten Warengesellschaft ohnmächtig nur deren Tendenz ignorieren kann. Nur dadurch gelangt sie über den ihr heteronomen Markt hinaus, daß sie seine imagerie ihrer Autonomie zubringt. Moderne ist Kunst durch Mimesis ans Verhärtete und Entfremdete; dadurch, nicht durch Verleugnung des Stummen wird sie beredt; daß sie kein Harmloses mehr duldet, entspringt darin. Weder eifert Baudelaire gegen Verdinglichung noch bildet er sie ab; er protestiert gegen sie in der Erfahrung ihrer Archetypen, und das Medium dieser Erfahrung ist die dichterische Form. Das hebt ihn gebietend über alle spätromantische Sentimentalität. Sein Werk hat seinen Augenblick daran, daß es die überwältigende Objektivität des Warencharakters, die alle menschlichen Residuen aufsaugt, synkopiert mit der dem lebenden Subjekt vorgängigen Objektivität des Werkes an sich: das absolute Kunstwerk trifft sich mit der absoluten Ware. Der Rest des Abstrakten im Begriff der Moderne ist sein Tribut an diese. Wird unterm Monopolkapitalismus weithin der Tauschwert, nicht mehr der Gebrauchswert genossen[10], so wird dem modernen Kunstwerk seine Abstraktheit, die irritie-

---

10 Vgl. Theodor W. Adorno, Dissonanzen. Musik in der verwalteten Welt, 4. Aufl., Göttingen 1969, S. 19 ff.

rende Unbestimmtheit dessen, was es sein soll und wozu, Chiffre dessen, was es ist. Solche Abstraktheit hat nichts gemein mit dem formalen Charakter älterer, etwa den Kantischen ästhetischen Normen. Vielmehr ist sie provokativ, Herausforderung der Illusion, es wäre noch Leben, zugleich Mittel jener ästhetischen Distanzierung, die von der traditionellen Phantasie nicht mehr geleistet wird. Von Anbeginn war ästhetische Abstraktion, bei Baudelaire noch rudimentär und allegorisch als Reaktion auf die abstrakt gewordene Welt, eher ein Bilderverbot. Es gilt dem, was schließlich die Provinzialen unterm Namen der Aussage sich herüberzuretten hofften, der Erscheinung als einem Sinnhaften: nach der Katastrophe des Sinns wird Erscheinung abstrakt. Solche Sprödigkeit ist, von Rimbaud bis zur gegenwärtigen avantgardistischen Kunst, äußerst bestimmt. Sie hat so wenig sich geändert wie die Grundschicht der Gesellschaft. Abstrakt ist die Moderne vermöge ihrer Relation zum Dagewesenen; unversöhnlich dem Zauber, kann sie nicht sagen, was noch nicht war, und muß es doch wider die Schmach des Immergleichen wollen: darum setzen die Baudelaireschen Kryptogramme der Moderne das Neue dem Unbekannten gleich, dem verborgenen Telos sowohl wie dem um seiner Inkommensurabilität zum Immergleichen willen Grauenhaften, dem goût du néant. Die Argumente gegen die ästhetische cupiditas rerum novarum, die so plausibel auf das Gehaltlose jener Kategorie sich berufen können, sind zuinnerst pharisäisch. Das Neue ist keine subjektive Kategorie, sondern von der Sache erzwungen, die anders nicht zu sich selbst, los von Heteronomie, kommen kann. Aufs Neue drängt die Kraft des Alten, das, um sich zu verwirklichen, des Neuen bedarf. Unmittelbare künstlerische Praxis samt ihren Manifestationen macht sich verdächtig, sobald sie eigens darauf sich beruft; in dem Alten, das auch sie bewahre, verleugnet sie meist ihre spezifische Differenz; ästhetische Reflexion jedoch ist nicht gleichgültig gegen die Verschränkung des Alten und Neuen. Seine Zuflucht hat das Alte allein an der Spitze des Neuen; in Brüchen, nicht durch Kontinuität. Schönbergs simples Wort, wer nicht sucht, der findet nicht, ist eine Parole des Neuen; was sie nicht immanent, im Kontext des Kunstwerks befolgt, wird zu dessen Unzulänglichkeit; unter den ästhetischen Fähigkeiten ist nicht die unerheblichste, das Gebilde im Produktionsprozeß auf beeinträchtigende Rückstände abzuklopfen; durchs Neue wird Kritik, der Refus, zum objektiven Moment der Kunst selbst. Noch die Mitläufer, gegen die alle einig sind, haben mehr Kraft als die, welche kühn auf das Beständige pochen. Wird das Neue nach seinem Modell, dem Fetischcharakter der Ware, zum Fetisch, so ist das an der Sache zu kritisieren, nicht von außen her, nur weil sie Fetisch werde; meist stößt man dann auf die Diskrepanz neuer Mittel und alter Zwecke. Hat eine Möglichkeit von Neuerungen sich erschöpft, werden sie mechanisch weitergesucht auf einer Linie, die sie wiederholt, so muß die Richtungstendenz der Neuerung verändert, in eine andere Dimension verlagert werden. Das abstrakt Neue vermag zu stagnieren, in Immergleichheit umzuschlagen. Fetischisierung drückt die Paradoxie aller Kunst aus, die nicht mehr sich selbstverständlich ist: daß ein Gemachtes um seiner selbst willen sein soll; und gerade jene Paradoxie ist der Lebensnerv neuer Kunst. Das Neue ist, aus Not, ein Gewolltes, als das Andere aber wäre es das nicht Gewollte. Velleität kettet es ans Immergleiche; daher die Kommunikation von Moderne und Mythos. Es intendiert Nichtidentität, wird jedoch durch Intention zum Identischen; moderne Kunst übt das Münchhausenkunststück einer Identifikation des Nichtidentischen ein.

Die Male der Zerrüttung sind das Echtheitssiegel von Moderne; das, wodurch sie die Geschlossenheit des Immergleichen verzweifelt negiert; Explosion ist eine ihrer Invarianten. Antitraditionalistische Energie wird zum verschlingenden Wirbel. Insofern ist Moderne Mythos, gegen sich selbst gewandt; dessen Zeitlosigkeit wird zur Katastrophe des die zeitliche Kontinuität zerbrechenden Augenblicks; Benjamins Begriff des dialektischen Bildes enthält dies Moment. Selbst wo Moderne traditionelle Errungenschaften, als technische, festhält, werden sie aufgehoben von dem Schock, der kein Ererbtes unangefochten läßt. Wie die Kategorie des Neuen aus dem historischen Prozeß resultierte, der die spezifische Tradition zuerst und dann eine jegliche auflöste, so ist Moderne keine Aberration, die sich berichtigen ließe, indem man auf einen Boden zurückkehrt, der nicht mehr existiert und nicht mehr existieren soll; das ist, paradox, der Grund von Moderne und verleiht ihr normativen Charakter. Auch in der Ästhetik sind Invarianten nicht zu leugnen; als herausoperierte jedoch belanglos. Als Modell mag die Musik fungieren. Müßig zu bestreiten, daß sie eine Zeitkunst sei; daß musikalische Zeit, so wenig sie unmittelbar mit der Zeit der realen Erfahrung koinzidiert, gleich dieser nicht reversibel ist. Wollte man indessen über das Vagste und Allgemeine hinausgehen, daß die Musik die Aufgabe habe, das Verhältnis ihres ›Inhalts‹, ihrer innerzeitlichen Momente, zur Zeit zu artikulieren, so geriete man sogleich in Beschränktheit oder Subreption. Denn das Verhältnis von Musik zur formalen musikalischen Zeit bestimmt sich lediglich in der Relation des musikalisch konkret Geschehenden zu jener. Wohl galt lange, daß Musik die innerzeitliche Folge ihrer Ereignisse sinnvoll organisieren müsse: ein Ereignis aus dem anderen folgen lasse, in einer Weise, die so wenig Umkehrung erlaubt wie die Zeit selber. Aber die Notwendigkeit jener Zeitfolge, als der Zeit gemäß, war nie wörtlich sondern fiktiv, Teilhabe am Scheincharakter der Kunst. Heute rebelliert Musik gegen die konventionelle Zeitordnung; jedenfalls läßt die Behandlung der musikalischen Zeit weit divergierenden Lösungen Raum. So fragwürdig bleibt, ob Musik der Invariante Zeit sich zu entwinden vermag, so gewiß wird diese, einmal reflektiert, zum Moment anstelle eines Apriori. – Das Gewalttätige am Neuen, für welches der Name des Experimentellen sich eingebürgert hat, ist nicht der subjektiven Gesinnung oder psychologischen Beschaffenheit der Künstler zuzuschreiben. Wo dem Drang kein an Formen und Gehalt Sicheres vorgegeben ist, werden die produktiven Künstler objektiv zum Experiment gedrängt. Dessen Begriff indessen hat, exemplarisch für die Kategorien der Moderne, sich in sich verändert. Ursprünglich bedeutete er lediglich, daß der seiner selbst bewußte Wille unbekannte oder nicht sanktionierte Verfahrungsarten erprobt. Latent traditionalistisch lag der Glaube zugrunde, es werde sich schon herausstellen, ob die Resultate mit dem Etablierten es aufnähmen und sich legitimierten. Diese Konzeption des künstlerischen Experiments ist zur Selbstverständlichkeit sowohl wie im Vertrauen auf Kontinuität problematisch geworden. Der experimentelle Gestus, Name für künstlerische Verhaltensweisen, denen das Neue das Verbindliche ist, hat sich erhalten, bezeichnet aber jetzt, vielfach mit dem Übergang des ästhetischen Interesses von der sich mitteilenden Subjektivität an die Stimmigkeit des Objekts, ein qualitativ Anderes: daß das künstlerische Subjekt Methoden praktiziert, deren sachliches Ergebnis es nicht absehen kann. Auch diese Wendung ist nicht absolut neu. Der Begriff der Konstruktion, zur Grundschicht von Moderne gehörig, implizierte stets den Primat der konstruktiven Verfahrungsarten vor der subjektiven Imagination. Konstruktion necessitiert Lösungen, die das vorstellende Ohr oder Auge nicht unmittelbar und nicht in aller Schärfe gegenwärtig hat. Das Unvorhergesehene ist nicht nur Effekt, sondern hat auch seine objektive Seite. Das ist in eine neue Qualität umgeschlagen. Das Subjekt hat die Entmächtigung, die ihm durch die von ihm entbundene Technologie widerfuhr, ins Bewußtsein aufgenommen, zum Programm erhoben, möglicherweise aus dem unbewußten Impuls, die drohende Heteronomie zu bändigen, indem noch sie dem subjektiven Beginnen integriert, zum Moment des Produktionsprozesses wird. Zustatten kam dem, daß Imagination, der Durchgang des Gebildes durchs Subjekt, worauf Stockhausen hinwies, keine fixe Größe ist, sondern selbst nach Schärfe und Unschärfe sich differenziert. Das unscharf Imaginierte kann seinerseits, als spezifisches Kunstmittel, in seiner Vagheit imaginiert werden. Dabei balanciert die experimentelle Verhaltensweise auf des Messers Schneide. Unentschieden, ob sie der auf Mallarmé zurückdatierenden, von Valéry formulierten Absicht gehorcht, das Subjekt möge seine ästhetische Kraft daran bewähren, daß es noch, indem es an die Heteronomie sich wegwirft, seiner selbst mächtig bleibt, oder ob es durch jenen Akt seine Abdankung ratifiziert. Insofern jedenfalls die im jüngsten Sinn experimentellen Prozeduren trotz allem subjektiv veranstaltet sind, ist der Glaube, durch sie entäußere die Kunst sich ihrer Subjektivität und werde scheinlos zu dem An sich, das zu sein sie sonst nur fingiert, schimärisch.

Auf das Schmerzhafte am Experiment antwortet die Rancune gegen das, was sie die Ismen nennen, gegen programmatische, ihrer selbst bewußte, womöglich von Gruppen vertretene Kunstrichtungen. Sie reicht von Hitler, der gegen ›diese Im- und Expressionisten‹ zu toben liebte, bis zu Schriftstellern, die aus politisch avantgardistischem Eifer den Begriff ästhetischer Avantgarde beargwöhnen. Für die Periode des Kubismus vor dem Ersten Krieg hat Picasso das ausdrücklich bestätigt. Sehr deutlich läßt innerhalb der Ismen die Qualität der Einzelnen sich unterscheiden, obwohl zu Beginn leicht die, welche die Schuleigentümlichkeiten am sinnfälligsten auf der Stirn tragen, überschätzt werden im Vergleich zu denen, welche nicht ebenso bündig aufs Programm zu bringen sind: aus der impressionistischen Ära Pissarro. Wohl enthält der Sprachgebrauch des Ismus einen leisen Widerspruch insofern, als er durch Gesinnung und Entschluß das Moment der Unwillkürlichkeit aus der Kunst zu vertreiben scheint; allerdings ist der Einwand formalistisch gegenüber den als Ismen angeschwärzten Richtungen, wie Expressionismus und Surrealismus gerade unwillkürliche Produktion zum Programm ihres Willens machten. Weiter hat der Begriff der Avantgarde, über viele Dezennien hinweg den jeweils sich als die fortgeschrittensten erklärenden Richtungen reserviert, etwas von der Komik gealterter Jugend. In den Schwierigkeiten, in welche die sogenannten Ismen verwickeln, drücken die einer von ihrer Selbstverständlichkeit emanzipierten Kunst sich aus. Das Bewußtsein, auf dessen Reflexion alles künstlerisch Verbindliche verwiesen ist, hat zugleich die ästhetische Verbindlichkeit demontiert: daher der Schatten bloßer Velleität über den verhaßten Ismen. Daß ohne bewußten Willen wahrscheinlich keine bedeutende Kunstübung je gewesen ist, findet in den vielbefehdeten Ismen lediglich zum Selbstbewußtsein. Es nötigt zur Organisation der Kunstwerke in sich; auch zur äußeren, wofern sie in der monopolistisch durchorganisierten Gesellschaft sich behaupten wollen. Was wahr sein mag am Vergleich der Kunst mit dem Organismus, wird vermittelt durchs Subjekt und seine Vernunft. Jene Wahrheit ist längst in den Dienst der irrationalistischen Ideologie der rationalisierten Gesellschaft getreten; darum sind die Ismen wahrer, welche ihr absagen. Keineswegs haben sie die individuellen Produktivkräfte gefesselt sondern gesteigert, und zwar auch durch kollektive Zusammenarbeit.

Ein Aspekt der Ismen gewinnt heute erst seine Aktualität. Der Wahrheitsgehalt mancher künstlerischer Bewegungen kulminiert nicht durchaus in großen Kunstwerken; Benjamin hat das am deutschen Barockdrama dargetan[11]. Vermutlich gilt Ähnliches für den deutschen Expressionismus und den französischen Surrealismus, der nicht zufällig den Begriff Kunst selbst herausforderte – ein Moment, das seitdem aller authentischen neuen Kunst beigemischt blieb. Da sie aber gleichwohl Kunst blieb, wird man als Kern jener Provokation die Präponderanz der Kunst übers Kunstwerk suchen dürfen. Sie verkörpert sich in den Ismen. Was unterm Aspekt des Werks als mißlungen oder bloßes Beispiel sich präsentiert, bezeugt auch Impulse, die kaum mehr im einzelnen Werk sich objektivieren können; solche einer Kunst, die sich selbst transzendiert; ihre Idee wartet der Rettung. Wert ist es der Aufmerksamkeit, daß das Unbehagen an den Ismen selten deren historisches Äquivalent einbegreift, die Schulen. Die Ismen sind gleichsam deren Säkularisation, Schulen in einem Zeitalter, das jene als traditionalistische zerstörte. Sie sind anstößig, weil sie nicht ins Schema absoluter Individuation sich fügen, unterdessen die Insel jener Tradition, welche vom Individuationsprinzip erschüttert wurde. Das Verhaßte soll wenigstens völlig einsam sein, zur Bürgschaft seiner Ohnmacht, seiner geschichtlichen Wirkungslosigkeit, seines baldigen und spurlosen Ablebens. Zur Moderne sind die Schulen in einen Gegensatz getreten, der exzentrisch sich ausprägt in den Maßnahmen der Akademien gegen Studenten, die der Sympathie mit modernen Richtungen verdächtig waren. Ismen sind tendenziell Schulen, welche die traditionale und institutionelle Autorität durch sachliche ersetzen. Solidarität mit ihnen ist besser als sie zu verleugnen, wäre es auch durch die Antithese von Moderne und Modernismus. Kritik am struktiv nicht ausgewiesenen up to date-Sein entbehrt nicht des Rechtsgrundes: Funktionsloses etwa, das Funktion mimt, ist rückständig. Aber die Abhebung des Modernismus als der Gesinnung der Mitläufer von echter Moderne ist untriftig, weil ohne die subjektive Gesinnung, die vom Neuen angereizt wird, auch keine objektive Moderne sich kristallisiert. In Wahrheit ist die Unterscheidung demagogisch: wer über Modernismus klagt, meint die Moderne, so wie stets die Mitläufer bekämpft werden, um die Protagonisten zu treffen, an die man sich nicht herantraut und

---

11 Vgl. Walter Benjamin, Ursprung des deutschen Trauerspiels, hrsg. von R. Tiedemann, 2. Aufl., Frankfurt a. M. 1969, S. 33 ff. und passim.

deren Prominenz den Konformisten imponiert. Der Maßstab der Ehrlichkeit, an dem man pharisäisch die Modernisten mißt, supponiert das sich Bescheiden dabei, daß man nun einmal so und nicht anders sei, einen Grundhabitus des ästhetischen Reaktionärs. Seine falsche Natur wird aufgelöst von der Reflexion, die heute zur künstlerischen Bildung wurde. Kritik am Modernismus zugunsten wahrer Moderne fungiert als Vorwand, das Gemäßigte, hinter dessen Vernunft der Abhub trivialer Vernünftigkeit lauert, als besser auszugeben denn das Radikale; in Wahrheit verhält es sich umgekehrt. Was zurückblieb, verfügt auch über die älteren Mittel nicht, deren es sich bedient. Geschichte durchherrscht auch die Werke, die sie verleugnen.

In schroffem Gegensatz zur herkömmlichen kehrt die neue Kunst das einst versteckte Moment des Gemachten, Hergestellten selbst hervor. Der Anteil dessen, was θέσει an ihr ist, wuchs so sehr an, daß Versuche, ihn – den Produktionsprozeß – in der Sache untergehen zu lassen, vorweg mißlingen müßten. Bereits die vorige Generation hat die reine Immanenz der Kunstwerke, die sie ins Extrem trieb, zugleich eingeschränkt: durch den Autor als Kommentator, durch Ironie, durch Stoffmassen, die kunstvoll vorm Eingriff der Kunst behütet wurden. Daraus ist das Vergnügen geworden, Kunstwerke durch den Prozeß ihrer eigenen Hervorbringung zu substituieren. Virtuell ist jedes heute, als was Joyce Finnegans Wake deklarierte, ehe er das Ganze veröffentlichte, work in progress. Was aber der eigenen Komplexion nach nur als Entstehendes und Werdendes möglich ist, kann nicht ohne Lüge zugleich als Geschlossenes, ›Fertiges‹ sich setzen. Kunst vermag aus der Aporie nicht willentlich hinauszugelangen. Adolf Loos schrieb vor Dezennien, Ornamente ließen sich nicht erfinden[12]; was er anmeldete, will sich aber expandieren. Je mehr in Kunst gemacht, gesucht, erfunden werden muß, desto ungewisser, ob es sich machen und erfinden läßt. Radikal gemachte Kunst terminiert im Problem ihrer Machbarkeit. Am Vergangenen fordert das gerade zum Protest heraus, was arrangiert, kalkuliert ist, nicht, wie man es um 1800 genannt hätte, wiederum Natur

---

12 Vgl. Adolf Loos, Sämtliche Schriften, hg. von F. Glück, Bd. 1, Wien u. München 1962, S. 278, S. 393 und passim.

geworden. Der Fortschritt der Kunst als Machen und der Zweifel eben daran kontrapunktieren einander; tatsächlich wird jener Fortschritt begleitet von der Tendenz zur absoluten Unwillkürlichkeit von den automatischen Niederschriften vor bald fünfzig Jahren bis zu Tachismus und Zufallsmusik heute; mit Recht ist die Konvergenz des technisch integralen, vollends gemachten Kunstwerks mit dem absolut zufälligen konstatiert worden; allerdings ist das scheinbar überhaupt nicht Gemachte erst recht gemacht.

Die Wahrheit des Neuen, als des nicht bereits Besetzten, hat ihren Ort im Intentionslosen. Das setzt sie in Widerspruch zur Reflexion, den Motor des Neuen, und potenziert sie zur zweiten. Sie ist das Gegenteil ihres philosophisch üblichen Begriffs, etwa der Schillerschen Lehre vom Sentimentalischen, die darauf hinausläuft, Kunstwerke mit Intentionen aufzuladen. Zweite Reflexion ergreift die Verfahrungsweise, die Sprache des Kunstwerks im weitesten Verstand, aber sie zielt auf Blindheit. Die Parole des Absurden, wie immer unzulänglich, bekundet das. Becketts Weigerung, seine Gebilde zu interpretieren, verbunden mit äußerstem Bewußtsein der Techniken, der Implikationen der Stoffe, des sprachlichen Materials, ist keine bloß subjektive Aversion: mit dem Ansteigen der Reflexion, und durch ihre gesteigerte Kraft, verdunkelt sich der Gehalt an sich. Freilich entbindet das nicht objektiv von der Interpretation, so als ob es nichts zu interpretieren gäbe; dabei sich zu bescheiden, ist die Konfusion, welche die Rede vom Absurden stiftet. Das Kunstwerk, das den Gehalt von sich aus zu besitzen glaubt, ist durch Rationalismus schlecht naiv: das dürfte die geschichtlich absehbare Grenze Brechts sein. Hegel unerwartet bestätigend, stellt zweite Reflexion Naivetät in der Stellung des Gehalts zur ersten Reflexion gleichsam wieder her. Aus den großen Dramen Shakespeares ist so wenig herauszupressen, was sie heute die Aussage nennen, wie aus Beckett. Aber die Verdunklung ihrerseits ist Funktion des veränderten Gehalts. Negation der absoluten Idee, ist er nicht länger mit Vernunft derart in Identität zu setzen, wie der Idealismus es postulierte; Kritik an der Allherrschaft von Vernunft, kann er seinerseits nicht länger vernünftig nach den Normen diskursiven Denkens sein. Die Dunkelheit des Absurden ist das alte Dunkle am Neuen. Sie selber ist zu interpretieren, nicht durch Helligkeit des Sinnes zu substituieren.

Die Kategorie des Neuen hat einen Konflikt hervorgebracht. Nicht unähnlich der querelle des anciens et des modernes im siebzehnten Jahrhundert ist der Konflikt zwischen dem Neuen und der Dauer. Durchweg waren die Kunstwerke auf Dauer angelegt; sie ist ihrem Begriff, dem der Objektivation verschwistert. Durch Dauer erhebt Kunst Einspruch gegen den Tod; die kurzfristige Ewigkeit der Werke ist Allegorie einer scheinlosen. Kunst ist Schein dessen, woran der Tod nicht heranreicht. Daß keine Kunst dauere, ist ein so abstrakter Spruch wie der von der Vergänglichkeit alles Irdischen; Gehalt empfinge er nur metaphysisch, im Verhältnis zur Idee von Auferstehung. Nicht bloß reaktionäre Rancune bewirkt den Schrecken darüber, daß die Begierde nach dem Neuen die Dauer verdränge. Die Bemühung, dauernde Meisterwerke zu schaffen, ist zerrüttet. Was Tradition kündigt, kann schwerlich auf eine rechnen, in der es bewahrt wäre. Dafür ist um so weniger Anlaß, als rückwirkend unendlich vieles von dem, was einmal mit den Attributen der Dauer ausgestattet war – der Begriff der Klassizität lief darauf hinaus –, die Augen nicht mehr aufschlägt: das Dauernde verging und riß die Kategorie der Dauer in seinen Strudel. Der Begriff des Archaischen definiert weniger eine kunstgeschichtliche Phase als den Stand der Abgestorbenheit von Werken. Über ihre Dauer haben die Werke keine Gewalt; am letzten ist sie garantiert, wo das vermeintlich Zeitgebundene zugunsten des Beständigen ausgemerzt wird. Denn das geschieht auf Kosten ihres Verhältnisses zu den Sachverhalten, an denen allein Dauer sich konstituiert. Aus ephemer Intendiertem wie der Parodie der Ritterromane durch Cervantes wurde der Don Quixote. Dem Begriff von Dauer haftet ägyptischer, mythisch hilfloser Archaismus an; produktiven Perioden scheint der Gedanke an Dauer fern gelegen zu haben. Wahrscheinlich wird er akut erst dort, wo Dauer problematisch ist und die Kunstwerke, im Gefühl ihres latent Unkräftigen, daran sich klammern. Verwechselt wird, was einmal ein abscheulich nationalistischer Aufruf die Wertbeständigkeit von Kunstwerken nannte, ihr Totes, Formales und Approbiertes, mit den verborgenen Keimen des Überlebens. Die Kategorie des Bleibenden klang von ger sei als Erz, apologetisch; fremd solchen Kunstwerken, die je, seit dem Selbstlob des Horaz für ein Denkmal, das beständi-

nicht kraft augusteischer Gnadenerweise um einer Idee von Authentizität willen aufgerichtet wurden, der mehr als nur die Spur des Autoritären innewohnt. »Auch das Schöne muß sterben!«[13]: das ist viel wahrer, als bei Schiller vermeint. Es gilt nicht nur von denen, die schön sind, nicht bloß von den Gebilden, die zerstört werden oder vergessen oder ins Hieroglyphische zurücksinken, sondern für alles, was aus Schönheit sich zusammensetzt und was, nach deren hergebrachter Idee, unwandelbar sein sollte, die Konstituentien der Form. Erinnert sei an die Kategorie der Tragik. Sie scheint der ästhetische Abdruck von Übel und Tod und solange in Kraft wie diese. Trotzdem ist sie nicht mehr möglich. Worin einst die Pedanterie der Ästhetiker das Tragische vom Traurigen eifrig unterschied, wird zum Urteil über jenes: die Affirmation des Todes; die Idee, im Untergang des Endlichen leuchte das Unendliche auf; der Sinn des Leidens. Ohne Reservat negative Kunstwerke parodieren heute das Tragische. Eher als tragisch ist alle Kunst traurig, zumal jene, die heiter und harmonisch dünkt. Im Begriff der ästhetischen Dauer überlebt – wie in vielem anderen – die prima philosophia, die sich in isolierte und verabsolutierte Derivate flüchtet, nachdem sie als Totalität hinab mußte. Offensichtlich ist die Dauer, welche die Kunstwerke begehren, auch nach dem festen überlieferten Besitz modelt; Geistiges soll Eigentum werden wie Materielles, Frevel des Geistes an sich selbst, ohne daß er doch dem zu entgehen vermöchte. Sobald die Kunstwerke die Hoffnung ihrer Dauer fetischisieren, leiden sie schon an ihrer Krankheit zum Tode: die Schicht des Unveräußerlichen, die sie überzieht, ist zugleich die, welche sie erstickt. Manche Kunstwerke höchster Art möchten sich gleichsam an die Zeit verlieren, um nicht ihre Beute zu werden; in unschlichtbarer Antinomie mit der Nötigung zur Objektivation. Ernst Schoen hat einmal von der unübertrefflichen noblesse des Feuerwerks gesprochen, das als einzige Kunst nicht dauern wolle sondern einen Augenblick lang strahlen und verpuffen. Am Ende wären nach dieser Idee die Zeitkünste Schauspiel und Musik zu deuten, Widerspiel einer Verdinglichung, ohne die sie nicht wären

---

[13] Friedrich Schiller, Sämtliche Werke, hg. von G. Fricke und H. G. Göpfert, Bd. 1, 4. Aufl., München 1965, S. 242 (»Nänie«).

und die sie doch entwürdigt. Derlei Erwägungen nehmen angesichts der Mittel der mechanischen Reproduktion überholt sich aus; doch mag das Unbehagen an diesen auch eines gegen die heraufkommende Allherrschaft der Dauerhaftigkeit von Kunst sein, die parallel geht zum Verfall der Dauer. Entschlüge sich Kunst der einmal durchschauten Illusion des Dauerns; nähme sie die eigene Vergänglichkeit aus Sympathie mit dem ephemeren Lebendigen in sich hinein, so wäre das einer Konzeption von Wahrheit gemäß, welche diese nicht als abstrakt beharrend supponiert, sondern ihres Zeitkerns sich bewußt wird. Ist alle Kunst Säkularisierung von Transzendenz, so hat eine jegliche Teil an der Dialektik der Aufklärung. Kunst hat dieser Dialektik mit der ästhetischen Konzeption von Antikunst sich gestellt; keine wohl ist mehr denkbar ohne dies Moment. Das sagt aber nicht weniger, als daß Kunst über ihren eigenen Begriff hinausgehen muß, um ihm die Treue zu halten. Der Gedanke an ihre Abschaffung tut ihr Ehre an, indem er ihren Wahrheitsanspruch honoriert. Gleichwohl drückt das Überleben der zerrütteten Kunst nicht nur das cultural lag aus, die allzu langsame Umwälzung des Überbaus. Kunst hat ihre Resistenzkraft daran, daß der verwirklichte Materialismus auch seine eigene Abschaffung, die der Herrschaft materieller Interessen wäre. Einen Geist, der dann erst hervorträte, antezipiert Kunst in ihrer Schwäche. Dem entspricht ein objektives Bedürfnis, die Bedürftigkeit der Welt, konträr zum subjektiven, heute durchaus nur ideologischen Bedürfnis der Menschen nach Kunst; an nichts anderes als an jenes objektive Bedürfnis vermag Kunst anzuknüpfen.

Was einmal sich tragen ließ, wird zur Leistung, und damit freilich bindet Integration die zentrifugalen Gegenkräfte. Wie ein Strudel saugt sie das Mannigfaltige in sich hinein, an dem Kunst sich bestimmte. Der Rest ist die abstrakte Einheit, bar des antithetischen Moments, durch welches sie Einheit erst wird. Je erfolgreicher integriert wird, desto mehr wird die Integration zum nichtigen Leerlauf; teleologisch will sie auf infantile Bastelei hinaus. Die Stärke des ästhetischen Subjekts zur Integration dessen, was es ergreift, ist auch seine Schwäche. Es zediert sich an eine vermöge ihrer Abstraktheit ihm entfremdete Einheit und wirft abdankend seine Hoffnung in die blinde Notwendigkeit. Läßt die gesamte neue Kunst als immerwährende Intervention des Subjekts sich verstehen, das in nichts mehr gesonnen ist, das traditionelle Kräftespiel der Kunstwerke unreflektiert walten zu lassen, so korrespondiert den permanenten Interventionen des Ichs der Drang zu seiner Entlastung aus Schwäche, getreu dem uralten mechanischen Prinzip des bürgerlichen Geistes, die subjektiven Leistungen zu verdinglichen, gleichsam außerhalb des Subjekts zu verlegen und solche Entlastungen als Garanten hieb- und stichfester Objektivität zu verkennen. Technik, der verlängerte Arm des Subjekts, führt immer auch von ihm weg. Schatten des autarkischen Radikalismus der Kunst ist ihre Harmlosigkeit, die absolute Farbkomposition grenzt ans Tapetenmuster. Dafür, daß zu einer Stunde, da amerikanische Hotels mit abstrakten Gemälden à la manière de... ausstaffiert sind, der ästhetische Radikalismus gesellschaftlich nicht zuviel kostet, hat er zu zahlen: er ist gar nicht mehr radikal. Unter den Gefahren neuer Kunst ist die ärgste die des Gefahrlosen. Je mehr Kunst das Vorgegebene aus sich ausschied, desto gründlicher ist sie auf das zurückgeworfen, was gleichsam ohne Anleihe bei dem ihm Entrückten und fremd Gewordenen auskommt, auf den Punkt der reinen Subjektivität: die je eigene und damit abstrakte. Die Bewegung dorthin ist vom extremen Flügel der Expressionisten, bis zu Dada hin, stürmisch antezipiert worden. Den Untergang des Expressionismus indessen verschuldete nicht nur der Mangel an gesellschaftlicher Resonanz: auf jenem Punkt ließ nicht sich beharren, die Schrumpfung des Zugänglichen, die Totalität der Refus, terminiert in einem ganz Armen, dem Schrei, oder in der hilflos ohnmächtigen Geste, buchstäblich jenem Da-Da. Es wurde wie dem Konformismus so sich selbst zum Spaß, weil es die Unmöglichkeit der künstlerischen Objektivation einbekennt, die doch von jeder künstlerischen Äußerung postuliert wird, ob sie es will oder nicht; freilich, was bleibt schon übrig als zu schreien. Folgerecht haben die Dadaisten versucht, dies Postulat zu beseitigen; das Programm ihrer surrealistischen Nachfolger sagte der Kunst ab, ohne sie doch abschütteln zu können. Ihre Wahrheit war das Besser keine Kunst als eine falsche, aber es rächte sich an ihnen der Schein der absolut fürsichseienden Subjektivität, die objektiv vermittelt ist, ohne daß sie ästhetisch die Position des Fürsichseins zu überschreiten vermöchte. Die Fremdheit des Entfremdeten drückt sie nur im Rekurs auf sich selbst aus. Mimesis bindet Kunst an die einzelmenschliche Erfahrung, und sie ist allein noch die des Fürsichseienden. Daß nicht auf dem Punkt sich beharren läßt, hat keineswegs nur den Grund, daß dort das Kunstwerk jene Andersheit einbüßt, an der das ästhetische Subjekt einzig sich objektiviert. Offenbar ist der Begriff der Dauer, so unausweichlich wie problematisch, mit der Idee des Punktes als eines auch zeitlich Punktuellen unvereinbar. Nicht bloß machten die Expressionisten Konzessionen, wenn sie älter wurden und ihr Leben verdienen mußten, nicht nur konvertierten Dadaisten oder verschrieben sich der kommunistischen Partei: Künstler von der Integrität Picassos und Schönbergs begaben sich über den Punkt hinaus. Ihre Nöte dabei waren bei ihren ersten Anstrengungen zu sogenannter neuer Ordnung zu spüren und zu fürchten. Mittlerweile entfalteten sie sich zu einer Schwierigkeit von Kunst überhaupt. Jeder erforderte Fortschritt über den Punkt hinaus wurde bislang erkauft mit Rückschritt durch Angleichung an Gewesenes und durch die Willkür selbstgesetzter Ordnung. Gern hat man, in den letzten Jahren, Samuel Beckett die Wiederholung seiner Konzeption vorgeworfen; er hat dem Vorwurf provokatorisch sich dargeboten. Sein Bewußtsein dabei war richtig, das der Nötigung zur Fortbewegung ebenso wie das von deren Unmöglichkeit. Der Gestus des Auf der Stelle Tretens am Ende des Godotstücks, Grundfigur seines gesamten œuvres, reagiert präzis auf die Situation. Er antwortet mit kategorischer Gewalt. Sein Werk ist Extrapolation des negativen καιρός. Die Fülle des Augenblicks verkehrt sich in endlose Wiederholung, konvergierend mit dem Nichts. Seine Erzählungen, die er sardonisch Romane nennt, bieten so wenig gegenständliche Beschreibungen der gesellschaftlichen Realität, wie daß sie – nach einem verbreiteten Mißverständnis – Reduktionen auf menschliche Grundverhältnisse darstellten, auf das Minimum an Existenz, das in extremis verbleibe. Wohl aber werden Grundschichten der Erfahrung hic et nunc, von dem, wie es nun ist, von diesen Romanen getroffen und zu einer paradoxen Dynamik im Einstand gebracht. Sie sind ebenso markiert durch den objektiv motivierten Objektverlust wie durch dessen Korrelat, die Verarmung des Subjekts. Der Folgerungsstrich wird gezogen unter alle Montage und Dokumentation, die Versuche, der Illusion sinngebender Subjektivität sich zu entledigen. Auch wo Realität Einlaß findet, gerade wo sie zu verdrängen scheint, was einmal das dichterische Subjekt leistete, ist es mit jener Realität nicht geheuer. Ihr Mißverhältnis zum depotenzierten Subjekt, das sie der Erfahrung vollends inkommensurabel macht, entwirklicht sie erst recht. Das Surplus an Realität ist deren Untergang; indem sie das Subjekt erschlägt, wird sie selbst totenhaft; dieser Übergang ist das Kunsthafte an der Antikunst. Er wird von Beckett zur offenbaren Annihilierung der Realität getrieben. Je totaler die Gesellschaft, je vollständiger sie zum einstimmigen System sich zusammenzieht, desto mehr werden die Werke, welche die Erfahrung jenes Prozesses aufspeichern, zu ihrem Anderen. Braucht man einmal den Begriff der Abstraktheit so lax wie nur möglich, so signalisiert er den Rückzug von der gegenständlichen Welt eben dort, wo nichts bleibt als deren caput mortuum. Neue Kunst ist so abstrakt, wie die Beziehungen der Menschen in Wahrheit es geworden sind. Die Kategorien des Realistischen und des Symbolischen sind gleichermaßen außer Kurs gesetzt. Weil der Bann der auswendigen Realität über die Subjekte und ihre Reaktionsformen absolut geworden ist, kann das Kunstwerk ihm nur dadurch noch opponieren, daß es ihm sich gleichmacht. Auf dem Nullpunkt aber, in dem Becketts Prosa ihr Wesen treibt, wie Kräfte im unendlich Kleinen der Physik, springt eine zweite Welt von Bildern hervor, so trist wie reich, Konzentrat geschichtlicher Erfahrungen, die in ihrer Unmittelbarkeit ans Entscheidende, die Aushöhlung von Subjekt und Realität nicht heranreichten. Das Schäbige und Beschädigte jener Bilderwelt ist Abdruck, Negativ der verwalteten Welt. Soweit ist Beckett realistisch. Noch in dem, was vaguement unter dem Namen abstrakte Malerei geht, überlebt etwas von der Tradition, die von ihr ausgemerzt wird; sie gilt vermutlich dem, was man bereits an traditioneller Malerei wahrnimmt, wofern man ihre Produkte als Bilder sieht, nicht als Abbilder von etwas. Kunst vollstreckt den Untergang der Konkretion, den die Realität nicht Wort haben will, in der das Konkrete nur noch Maske des Abstrakten ist, das bestimmte Einzelne lediglich das die Allgemeinheit repräsentierende und über sie täuschende tragende Exemplar, identisch mit der Ubiquität des Monopols. Das kehrt nach rückwärts seine Spitze wider die gesamte überlieferte Kunst. Nur ein wenig sind die Linien der Empirie zu verlängern bis zur Einsicht, daß das Konkrete zu nichts Besserem noch da ist, als daß irgend etwas, indem es überhaupt sich unterscheidet, identifiziert, behalten, gekauft werden kann. Das Mark der Erfahrung ist ausgesaugt; keine, auch nicht die unmittelbar dem Kommerz entrückte, die nicht angefressen wäre. Was im Kern der Ökonomie sich zuträgt, Konzentration und Zentralisation, die das Zerstreute an sich reißt und selbständige Existenzen einzig für die Berufsstatistik übrigläßt, das wirkt bis ins feinste geistige Geäder hinein, oft ohne daß die Vermittlungen zu erkennen wären. Die verlogene Personalisierung in der Politik, das Geschwafel vom Menschen in der Unmenschlichkeit sind der objektiven Pseudo-Individualisierung adäquat; weil aber keine Kunst ist ohne Individuation, wird das zu ihrer unerträglichen Belastung. Man gibt dem gleichen Sachverhalt lediglich eine andere Wendung durch den Hinweis darauf, daß die gegenwärtige Situation der Kunst dem feind ist, was der Jargon der Eigentlichkeit Aussage nennt. Die effektvolle Frage der DDR-Dramaturgie: Was will er sagen? reicht eben hin, um angeherrschte Autoren zu ängstigen, ginge aber vor jedem Stück Brechts zu Protest, dessen Programm es schließlich war, Denkprozesse in Bewegung zu setzen, nicht Kernsprüche mitzuteilen; sonst wäre die Rede vom dialektischen Theater vorweg nichtig. Brechts Versuche, subjektive Nuancen und Zwischentöne mit einer auch begrifflich harten Objektivität zu erschlagen, sind Kunstmittel, in seinen besten Arbeiten ein Stilisierungsprinzip, kein fabula docet; schwer zu eruieren, was auch nur der Autor im Galilei oder im Guten Menschen von Sezuan meint, zu schweigen von der Objektivität der Gebilde, die mit der subjektiven Absicht nicht koinzidieren. Die Allergie gegen Ausdrucksvaleurs, Brechts Vorliebe für eine Qualität, die seinem Mißverständnis an Protokollsätzen der Positivisten imponieren mochte, ist selber eine Gestalt des Ausdrucks, beredt nur als dessen bestimmte Negation. So wenig Kunst mehr die Sprache des reinen Gefühls sein kann, die sie nie war, noch die der sich affirmierenden Seele, so wenig ist es an ihr, hinter dem herzulaufen, was von Erkenntnis üblichen Stils einzuholen ist, etwa als So-

zialreportage, der Abschlagszahlung auf durchzuführende empirische Forschung. Der Raum, der den Kunstwerken zwischen diskursiver Barbarei und poetischer Beschönigung bleibt, ist kaum größer als der Indifferenzpunkt, in den Beckett sich eingewühlt hat.
Das Verhältnis zum Neuen hat sein Modell an dem Kind, das auf dem Klavier nach einem noch nie gehörten, unberührten Akkord tastet. Aber es gab den Akkord immer schon, die Möglichkeiten der Kombination sind beschränkt, eigentlich steckt alles schon in der Klaviatur. Das Neue ist die Sehnsucht nach dem Neuen, kaum es selbst, daran krankt alles Neue. Was als Utopie sich fühlt, bleibt ein Negatives gegen das Bestehende, und diesem hörig. Zentral unter den gegenwärtigen Antinomien ist, daß Kunst Utopie sein muß und will und zwar desto entschiedener, je mehr der reale Funktionszusammenhang Utopie verbaut; daß sie aber, um nicht Utopie an Schein und Trost zu verraten, nicht Utopie sein darf. Erfüllte sich die Utopie von Kunst, so wäre das ihr zeitliches Ende. Hegel als erster hat erkannt, daß es in ihrem Begriff impliziert ist. Daß seine Prophezeiung nicht eingelöst ward, hat seinen paradoxen Grund in seinem Geschichtsoptimismus. Er verriet die Utopie, indem er das Bestehende konstruierte, als wäre es jene, die absolute Idee. Gegen Hegels Lehre, der Weltgeist sei über die Gestalt der Kunst hinaus, behauptet sich seine andere, welche die Kunst der widerspruchsvollen Existenz zuordnet, die wider alle affirmative Philosophie fortwährt. Schlagend ist das an der Architektur: wollte sie, aus Überdruß an den Zweckformen und ihrer totalen Angepaßtheit, der ungezügelten Phantasie sich anheimgeben, sie geriete sogleich in Kitsch. So wenig wie Theorie vermag Kunst Utopie zu konkretisieren; nicht einmal negativ. Das Neue als Kryptogramm ist das Bild des Untergangs; nur durch dessen absolute Negativität spricht Kunst das Unaussprechliche aus, die Utopie. Zu jenem Bild versammeln sich all die Stigmata des Abstoßenden und Abscheulichen in der neuen Kunst. Durch unversöhnliche Absage an den Schein von Versöhnung hält sie diese fest inmitten des Unversöhnten, richtiges Bewußtsein einer Epoche, darin die reale Möglichkeit von Utopie – daß die Erde, nach dem Stand der Produktivkräfte, jetzt, hier, unmittelbar das Paradies sein

könnte – auf einer äußersten Spitze mit der Möglichkeit der totalen Katastrophe sich vereint. In deren Bild – keinem Abbild sondern den Chiffren ihres Potentials – tritt der magische Zug der fernsten Vorzeit von Kunst unterm totalen Bann wieder hervor; als wollte sie die Katastrophe durch ihr Bild beschwörend verhindern. Das Tabu über dem geschichtlichen Telos ist die einzige Legitimation dessen, wodurch das Neue politisch-praktisch sich kompromittiert, seines Auftretens als Selbstzweck.

Die Spitze, welche Kunst der Gesellschaft zukehrt, ist ihrerseits ein Gesellschaftliches, Gegendruck gegen den stumpfen Druck des body social; wie der innerästhetische Fortschritt, einer der Produktivkräfte zumal der Technik, dem Fortschritt der außerästhetischen Produktivkräfte verschwistert. Zuzeiten vertreten ästhetisch entfesselte Produktivkräfte jene reale Entfesselung, die von den Produktionsverhältnissen verhindert wird. Vom Subjekt organisierte Kunstwerke vermögen, tant bien que mal, was die subjektlos organisierte Gesellschaft nicht zuläßt; die Stadtplanung bereits hinkt notwendig hinter der eines großen zweckfreien Gebildes her. Der Antagonismus im Begriff der Technik als eines innerästhetisch Determinierten und als eines außerhalb der Kunstwerke Entwickelten ist nicht absolut zu denken. Er entsprang historisch und kann vergehen. Heute bereits kann man, in der Elektronik, aus der spezifischen Beschaffenheit außerkünstlerisch entstandener Medien heraus künstlerisch produzieren. Evident ist der qualitative Sprung zwischen der Hand, die ein Tier auf die Höhlenwand zeichnet, und der Kamera, die Abbilder an unzähligen Orten gleichzeitig erscheinen zu lassen gestattet. Aber die Objektivation der Höhlenzeichnung gegenüber dem unmittelbaren Gesehenen enthält schon das Potential des technischen Verfahrens, das die Ablösung des Gesehenen vom subjektiven Akt des Sehens bewirkt. Jedes Werk, als ein vielen zubestimmtes, ist der Idee nach bereits seine Reproduktion. Daß Benjamin in der Dichotomie des auratischen und technologischen Kunstwerks dies Einheitsmoment zugunsten der Differenz unterdrückte, wäre wohl die dialektische Kritik an seiner Theorie. Wohl datiert der

Begriff des Modernen chronologisch weit hinter Moderne als geschichtsphilosophische Kategorie zurück; diese aber ist nicht chronologisch sondern das Rimbaudsche Postulat einer Kunst fortgeschrittensten Bewußtseins, in der die avanciertesten und differenziertesten Verfahrensweisen mit den avanciertesten und differenziertesten Erfahrungen sich durchdringen. Die sind aber, als gesellschaftliche, kritisch. Solche Moderne muß dem Hochindustrialismus sich gewachsen zeigen, nicht einfach ihn behandeln. Ihre eigene Verhaltensweise und ihre Formsprache muß auf die objektive Situation spontan reagieren; spontanes Reagieren als Norm umschreibt eine perennierende Paradoxie von Kunst. Weil nichts der Erfahrung der Situation ausweichen kann, zählt auch nichts, was sich gebärdet, als entzöge es sich ihr. In vielen authentischen Gebilden der Moderne ist die industrielle Stoffschicht, aus Mißtrauen gegen Maschinenkunst als Pseudomorphose, thematisch strikt vermieden, macht aber, negiert durch Reduktion des Geduldeten und geschärfte Konstruktion, erst recht sich geltend; so bei Klee. An diesem Aspekt von Moderne hat so wenig sich geändert wie an der Tatsache von Industrialisierung als maßgebend für den Lebensprozeß der Menschen; das verleiht dem ästhetischen Begriff von Moderne einstweilen seine wunderliche Invarianz. Sie gewährt freilich der geschichtlichen Dynamik nicht weniger Raum als die industrielle Produktionsweise selbst, die während der letzten hundert Jahre vom Typus der Fabrik des neunzehnten Jahrhunderts über die Massenproduktion bis zur Automation sich wandelte. Das inhaltliche Moment von künstlerischer Moderne zieht seine Gewalt daraus, daß die jeweils fortgeschrittensten Verfahren der materiellen Produktion und ihrer Organisation nicht auf das Bereich sich beschränken, in dem sie unmittelbar entspringen. In einer von der Soziologie kaum noch recht analysierten Weise strahlen sie von dort aus in weit von ihnen abliegende Lebensbereiche, tief in die Zone subjektiver Erfahrung hinein, die es nicht merkt und ihre Reservate hütet. Modern ist Kunst, die nach ihrer Erfahrungsweise, und als Ausdruck der Krise von Erfahrung, absorbiert, was die Industrialisierung unter den herrschenden Produktionsverhältnissen gezeigt hat. Das involviert einen negativen Kanon, Verbote dessen, was solche Moderne in Erfahrung und Technik verleugnet; und solche bestimmte Negation ist beinahe schon wieder Kanon dessen, was zu tun sei. Daß solche Moderne mehr sei als vager Zeitgeist oder versiertes up to date-Sein, liegt in der Entfesselung der Produktivkräfte. Sie ist ebenso gesellschaftlich bestimmt durch den Konflikt mit den Produktionsverhältnissen wie innerästhetisch als Ausschluß des Verbrauchten und der überholten Verfahrungsweisen. Modernität wird eher dem jeweils herrschenden Zeitgeist opponieren und muß es heute; radikale künstlerische Moderne erscheint entschlossenen Kulturkonsumenten altmodisch seriös und auch darum verrückt. Nirgends drückt das geschichtliche Wesen aller Kunst so emphatisch sich aus wie in der qualitativen Unwiderstehlichkeit der Moderne; der Gedanke an die Erfindungen in der materiellen Produktion ist keine bloße Assoziation. Bedeutende Kunstwerke vernichten tendenziell alles aus ihrer Zeit, was ihren Standard nicht erreicht. Die Rancune deshalb ist wohl einer der Gründe, warum so viele Gebildete der radikalen Moderne sich sperren, die mörderisch geschichtliche Kraft der Moderne wird der Zersetzung dessen gleichgesetzt, woran sich Kulturbesitzer verzweifelt klammern. Hinfällig ist Moderne, umgekehrt als das Cliché es will, nicht dort, wo sie nach dessen Phraseologie zu weit geht, sondern wo nicht weit genug gegangen wird, wo Werke durch Mangel an Konsequenz in sich wackeln. Nur Werke, die einmal sich exponieren, haben die Chance des Nachlebens, wofern sie noch existiert; nicht solche, die aus Angst vorm Ephemeren an die Vergangenheit sich verspielen. Vom restaurativen Bewußtsein und seinen Interessenten betriebene Renaissancen gemäßigter Moderne scheitern selbst in den Augen und Ohren eines keineswegs avancierten Publikums.

Aus dem materialen Begriff der Moderne folgt, pointiert gegen die Illusion vom organischen Wesen der Kunst, bewußte Verfügung über ihre Mittel. Auch darin konvergieren materielle Produktion und künstlerische. Die Nötigung, zum Äußersten zu gehen, ist die einer solchen Rationalität im Verhältnis zum Material, nicht eine zum pseudowissenschaftlichen Wettlauf mit der Rationalisierung der entzauberten Welt. Sie scheidet das material Moderne kategorisch vom Traditionalismus. Ästhetische Rationalität erheischt, daß jedes künstlerische Mittel in sich und seiner

Funktion nach so bestimmt sein muß wie möglich, um von sich aus zu leisten, wovon kein traditionales es mehr entlastet. Das Extrem ist von künstlerischer Technologie geboten, nicht bloß von rebellischer Gesinnung ersehnt. Gemäßigte Moderne ist in sich kontradiktorisch, weil sie die ästhetische Rationalität bremst. Daß jedes Moment in einem Gebilde ganz und gar das leiste, was es leisten soll, koinzidiert unmittelbar mit Moderne als Desiderat: das Gemäßigte entzieht sich diesem, weil es die Mittel von vorhandener oder fingierter Tradition empfängt und ihr die Macht zutraut, die sie nicht mehr besitzt. Plädieren gemäßigt Moderne für ihre Ehrlichkeit, die sie davor bewahre, mit der Mode mitzulaufen, so ist das unehrlich angesichts der Erleichterungen, deren sie sich erfreuen. Die prätendierte Unmittelbarkeit ihres künstlerischen Verhaltens ist durchaus vermittelt. Der gesellschaftlich fortgeschrittenste Stand der Produktivkräfte, deren eine Bewußtsein ist, das ist im Inneren der ästhetischen Monaden der Stand des Problems. Die Kunstwerke zeichnen in ihrer eigenen Figur vor, worin die Anwort darauf zu suchen sei, die sie doch von sich aus, ohne Eingriff nicht zu geben vermögen; das allein ist legitime Tradition in der Kunst. Ein jedes bedeutende Werk hinterläßt in seinem Material und seiner Technik Spuren, und diesen zu folgen ist die Bestimmung des Modernen als des Fälligen, nicht: zu wittern, was in der Luft liegt. Sie konkretisiert sich durchs kritische Moment. Die Spuren in Material und Verfahrensweisen, an die jedes qualitativ neue Werk sich heftet, sind Narben, die Stellen, an denen die voraufgegangenen Werke mißlangen. Indem das neue Werk an ihnen laboriert, wendet es sich gegen diejenigen, welche die Spuren hinterließen; was der Historismus als das Generationsproblem in der Kunst traktiert, führt darauf zurück, nicht auf den Wechsel bloß subjektiven Lebensgefühls, oder den der etablierten Stile. Der Agon der griechischen Tragödie hat das noch einbekannt, erst das Pantheon der neutralisierten Kultur hat darüber betrogen. Der Wahrheitsgehalt der Kunstwerke ist fusioniert mit ihrem kritischen. Darum üben sie Kritik auch aneinander. Das, nicht die historische Kontinuität ihrer Abhängigkeiten, verbindet die Kunstwerke miteinander; »ein Kunstwerk ist der Todfeind des anderen«; die Einheit der Geschichte von Kunst ist die dialektische Figur bestimmter Negation. Und anders nicht dient sie ihrer Idee von Versöhnung. Wie Künstler einer Gattung sich als unterirdisch gemeinsam Arbeitende erfahren, unabhängig fast von ihren einzelnen Produkten, gibt eine wie immer auch schwache und unreine Idee solcher dialektischen Einheit.

So wenig in der Realität gilt, daß die Negation des Negativen Position sei, im ästhetischen Bereich ist es nicht ohne alle Wahrheit: im subjektiven künstlerischen Produktionsprozeß ist die Kraft zur immanenten Negation nicht ebenso gefesselt wie draußen. Künstler von hoch gesteigerter Empfindlichkeit des Geschmacks wie Strawinsky und Brecht haben aus Geschmack den Geschmack gegen den Strich gebürstet; Dialektik hat ihn ergriffen, er treibt über sich hinaus, und das freilich ist auch seine Wahrheit. Durch ästhetische Momente unterhalb der Fassade haben im neunzehnten Jahrhundert realistische Kunstwerke sich zuweilen als substantieller erwiesen denn solche, die von sich aus das Reinheitsideal der Kunst honorierten; Baudelaire hat Manet verherrlicht und für Flaubert Partei ergriffen. Der puren peinture nach überragt Manet unvergleichlich den Puvis de Chavannes; sie gegeneinander abzuwägen, tendiert zur Komik. Der Irrtum des Ästhetizismus war ästhetisch: er verwechselte den eine Kunst geleitenden Begriff von sich selbst mit dem Vollbrachten. Im Kanon der Verbote schlagen Idiosynkrasien der Künstler sich nieder, aber sie wiederum sind objektiv verpflichtend, darin ist ästhetisch das Besondere buchstäblich das Allgemeine. Denn das idiosynkratische, zunächst bewußtlose und kaum theoretisch sich selbst transparente Verhalten ist Sediment kollektiver Reaktionsweisen. Kitsch ist ein idiosynkratischer Begriff, so verbindlich, wie er nicht sich definieren läßt. Daß Kunst heute sich zu reflektieren habe, besagt, daß sie ihrer Idiosynkrasien sich bewußt werde, sie artikuliere. In Konsequenz dessen nähert Kunst sich der Allergie gegen sich selbst; Inbegriff der bestimmten Negation, die sie übt, ist ihre eigene. In Korrespondenzen mit dem Vergangenen wird das Wiederauftretende ein qualitativ Anderes. Deformationen menschlicher Figuren und Gesichter in Plastik und Malerei der Moderne mahnen prima vista an archaische Gebilde, in denen Abbildung von Menschen in Kultgestalten entweder nicht angestrebt oder mit der verfügbaren Technik nicht zu realisieren war. Aber es ist ein Unterschied ums Ganze, ob Kunst, der Erfahrungsstufe von Abbildlichkeit mächtig, diese negiert, so wie es das Wort Deformation notiert, oder ob sie ihren Ort diesseits der Kategorie des Abbildlichen hat; der Ästhetik wiegt die Differenz schwerer als der Anklang. Schwer vorstellbar ist, daß Kunst, nachdem sie die Heteronomie des Abbildlichen einmal erfahren hat, das je wieder vergißt und zu dem bestimmt und motiviert Verneinten zurückkehrt. Freilich sind auch die historisch entsprungenen Verbote nicht zu hypostasieren; sonst fordern sie den vor allem bei der Moderne des Cocteauschen Typus beliebten Trick heraus, das temporär Verbotene plötzlich wieder aus dem Ärmel hervorzuzaubern, es zu präsentieren, als wäre es frisch, und die Verletzung des modernen Tabus ihrerseits als Moderne zu goutieren; so wird vielfach Modernität in Reaktion umgebogen. Was wiederkehrt, sind Probleme, nicht vorproblematische Kategorien und Lösungen. Der spätere Schönberg soll, nach zuverlässigem Bericht, geäußert haben, die Harmonie stünde zur Zeit nicht zur Diskussion. Fraglos prophezeite er nicht, man könne eines Tages wieder mit den Dreiklängen operieren, die er durch die Erweiterung des Materials zu verbrauchten Spezialfällen relegiert hatte. Offen indessen ist die Frage nach der Dimension des Simultanen in der Musik insgesamt, die zum bloßen Resultat, einem Irrelevanten, virtuell Zufälligen degrediert worden war; der Musik wurde eine ihrer Dimensionen, die des in sich sprechenden Zusammenklangs, entzogen, und nicht zuletzt darum verarmte das ungemessen bereicherte Material. Nicht Dreiklänge oder andere Akkorde aus dem tonalen Hausschatz sind zu restituieren; denkbar jedoch, daß, wenn einmal wieder gegen die totale Quantifizierung der Musik qualitative Gegenkräfte sich regen, die vertikale Dimension derart erneut ›zur Diskussion steht‹, daß die Zusammenklänge abermals ausgehört werden und spezifische Valenz gewinnen. Dem Kontrapunkt, der in der blinden Integration ähnlich untergegangen ist, wäre Analoges vorherzusagen. Die Möglichkeit reaktionären Mißbrauchs dabei freilich ist nicht zu verkennen; wiederentdeckte Harmonik, wie immer sie beschaffen sei, schickt sich zu harmonistischen Tendenzen; man braucht sich nur auszumalen, wie leicht aus dem nicht weniger begründeten Verlangen nach der Rekonstruktion monodischer Linien die falsche Auferstehung dessen werden kann, was die Feinde der neuen Musik als Melodie so peinlich vermissen. Die Verbote sind zart und streng. Die These, daß Homöostase nur als Resultante eines Kräftespiels, nicht als spannungslose Wohlproportioniertheit stichhaltig sei, impliziert das triftige Verbot jener ästhetischen Phänomene, die in Blochs »Geist der Utopie« teppichhaft heißen, und das Verbot breitet retrospektiv sich aus, als wäre es invariant. Aber noch als vermiedenes, negiertes wirkt das Bedürfnis nach Homöostase fort. Kunst drückt zuzeiten, anstatt die Antagonismen auszutragen, durch ein Äußerstes an Distanz zu jenen negativ, ausgespart übermächtige Spannungen aus. Ästhetische Normen, wie groß auch ihre geschichtliche Stringenz sein mag, bleiben hinter dem konkreten Leben der Kunstwerke zurück; gleichwohl partizipieren sie an den magnetischen Feldern in ihnen. Dagegen hilft nicht, den Normen einen temporalen Index äußerlich aufzukleben; die Dialektik der Kunstwerke findet zwischen solchen Normen, auch und gerade den avanciertesten, und ihrer spezifischen Gestalt statt.

Die Nötigung, Risiken einzugehen, aktualisiert sich in der Idee des Experimentellen, die zugleich die bewußte Verfügung über Materialien, wider die Vorstellung bewußtlos organischen Prozedierens, aus der Wissenschaft auf die Kunst überträgt. Im Augenblick räumt die offizielle Kultur dem, was sie mißtrauisch zum Experiment erklärt, halb schon aufs Mißlingen hoffend, Sondersparten ein und neutralisiert es dadurch. Tatsächlich ist kaum mehr Kunst möglich, die nicht auch experimentierte. So kraß ist die Disproportion zwischen der etablierten Kultur und dem Stand der Produktivkräfte geworden: gesellschaftlich erscheint das in sich Folgerechte als unverbindlicher Wechsel auf die Zukunft, und die gesellschaftlich obdachlose Kunst ist der eigenen Verbindlichkeit keineswegs sicher. Meist kristallisiert das Experiment, als Ausproben von Möglichkeiten, vorwiegend Typen und Gattungen und setzt leicht das konkrete Gebilde zum Schulfall herab: eines der Motive fürs Altern der neuen Kunst. Wohl sind ästhetisch Mittel und Zwecke nicht zu trennen; die Experimente indessen, fast ihrem Begriff nach vorweg an Mitteln interessiert, lassen gern auf den Zweck vergebens warten. Während der letzten Dezennien wurde überdies der Begriff des Experiments äquivok. Bezeichnete er noch um 1930 den durchs kritische Bewußtsein gefilterten Versuch, im Gegensatz zum unreflektierten Weitermachen, so ist unterdessen hinzugetreten, daß die Gebilde Züge enthalten sollen, die im Produktionsprozeß nicht absehbar sind; daß, subjektiv, der Künstler von seinen Gebilden überrascht werde. Darin wird Kunst eines stets vorhandenen, von Mallarmé hervorgehobenen Moments sich bewußt. Kaum je hat die Imagination der Künstler vollkommen in sich einbegriffen, was sie hervorbrachten. Die kombinatorischen Künste etwa der ars nova und dann der Niederländer infiltrierten die spätmittelalterliche Musik mit Ergebnissen, welche die subjektive Vorstellung der Komponisten überschritten haben dürften. Eine Kombinatorik, welche die Künstler als entfremdete sich abverlangten, mit ihrer subjektiven Imagination zu vermitteln, war für die Entfaltung künstlerischer Techniken wesentlich. Verstärkt wird dabei das Risiko, daß die Produkte unter inadäquate oder schwächliche Imagination herabsinken. Das Risiko ist das ästhetischer Regression. Der Ort, an dem künstlerischer Geist übers bloß Daseiende sich erhebt, ist die Vorstellung, die nicht vorm bloßen Dasein der Materialien und Verfahrungsweisen kapituliert. Seit der Emanzipation des Subjekts ist die Vermittlung des Werkes durch jenes nicht mehr zu entbehren ohne Rückschlag in schlechte Dinghaftigkeit. Das haben bereits Musiktheoretiker des sechzehnten Jahrhunderts erkannt. Andererseits könnte nur der Starrsinn die produktive Funktion nicht imaginierter, ›überraschender‹ Elemente in mancher modernen Kunst, in action painting und Aleatorik, leugnen. Den Widerspruch dürfte auflösen, daß alle Imagination einen Hof von Unbestimmtheit hat, daß dieser jedoch der Imagination nicht unverbunden gegenübersteht. Solange Richard Strauss noch einigermaßen komplexe Gebilde schrieb, mochte selbst der Virtuose nicht einen jeden Klang, eine jede Farbe, eine jede Klangverbindung exakt sich vorstellen; bekannt ist, daß Komponisten mit dem besten Gehör, wenn sie ihr Orchester real vernehmen, davon im allgemeinen überrascht werden. Solche Unbestimmtheit indessen, auch die von Stockhausen erwähnte Unfähigkeit des Gehörs, bei Tontrauben jeden einzelnen Ton zu unterscheiden und gar zu imaginieren, ist in Bestimmtheit eingebaut, deren Moment, nicht das Ganze. Im Jargon der Musiker: man muß genau wissen, ob etwas klingt; nur in Grenzen, wie es klingt. Das läßt den Überraschungen Spielraum, den gewünschten sowohl wie denen, die zu Korrekturen veranlassen; was so früh auftritt wie l'imprévu bei Berlioz, ist es nicht nur für den Hörer sondern objektiv; zugleich aber auch voraushörbar. Beim Experiment ist das Moment des Ichfremden ebenso zu achten wie subjektiv zu beherrschen: erst als Beherrschtes zeugt es fürs Befreite. Der wahre Grund des Risikos aller Kunstwerke aber ist nicht deren kontingente Schicht, sondern daß ein jedes dem Irrlicht der ihm immanenten Objektivität folgen muß, ohne Garantie, daß die Produktivkräfte, der Geist des Künstlers und seine Verfahrungsweisen, jener Objektivität gewachsen wären. Bestünde eine solche Garantie, so sperrte sie eben das Neue aus, das seinerseits zur Objektivität und Stimmigkeit der Werke hinzuzählt. Was an der Kunst ohne idealistischen Muff Ernst heißen kann, ist das Pathos der Objektivität, die dem kontingenten Individuum vor Augen stellt, was mehr und anders ist als es in seiner geschichtlich notwendigen Unzulänglichkeit. Das Risiko der Kunstwerke hat daran teil, Bild des Todes in ihrem Bereich. Jener Ernst aber wird relativiert dadurch, daß ästhetische Autonomie außerhalb jenes Leidens verharrt, dessen Bild sie ist und von dem sie den Ernst empfängt. Nicht nur ist sie Echo des Leidens sondern verkleinert es; Form, Organon ihres Ernstes, ist auch das von Neutralisierung des Leidens. Damit gerät sie in eine unschlichtbare Verlegenheit. Die Forderung vollständiger Verantwortung der Kunstwerke vergrößert die Last ihrer Schuld; darum ist sie zu kontrapunktieren mit der antithetischen nach Unverantwortlichkeit. Diese erinnert ans Ingrediens von Spiel, ohne das Kunst so wenig kann gedacht werden wie Theorie. Als Spiel sucht Kunst ihren Schein zu entsühnen. Unverantwortlich ist Kunst ohnehin als Verblendung, als spleen; und ohne ihn ist sie überhaupt nicht. Die Kunst absoluter Verantwortung terminiert in Sterilität, deren Hauch den konsequent durchgebildeten Kunstwerken selten fehlt; absolute Unverantwortlichkeit erniedrigt sie zum fun; eine Synthese richtet sich durch den eigenen Begriff. Ambivalent ist das Verhältnis zur vormaligen Würde der Kunst geworden, zu dem, was bei Hölderlin der ›hohe ernstere Genius‹[14] heißt. Angesichts der Kulturindustrie behält Kunst jene Würde; zwei Takte eines Beethovenquartetts sind von ihr bekleidet, die man, am Radio drehend, zwischen der trüben Flut der Schlager erhascht. Dagegen wäre moderne Kunst, die mit Würde sich gebärdet, ohne Gnade ideologisch. Sie müßte sich aufspielen, in Positur setzen, zu einem anderen machen als was sie sein kann, um Würde zu suggerieren. Ihr Ernst gerade zwingt sie dazu, deren bereits durch die Wagnersche Kunstreligion hoffnungslos kompromittierte Prätention abzustreifen. Feierlicher Ton würde Kunstwerke ebenso zur Lächerlichkeit verurteilen wie die Gebärde von Macht und Herrlichkeit. Wohl ist ohne die subjektive Kraft zum Formen Kunst nicht denkbar, aber sie hat nichts zu tun mit der Attitude von Kraft im Ausdruck der Gebilde. Selbst subjektiv ist es um jene Stärke schwierig bestellt. Wie an Stärke hat Kunst ihrerseits an Schwäche teil. Vorbehaltlose Preisgabe von Würde kann im Kunstwerk zum Organon seiner Stärke werden. Welcher Kraft bedurfte der reiche und glanzvoll begabte Bürgerssohn Verlaine, um so sich gehen zu lassen, so zu verkommen, daß er zum passiv taumelnden Instrument seiner Dichtung sich machte. Ihm, wie Stefan Zweig es wagte, vorzurechnen, er sei ein Schwächling gewesen, ist nicht nur subaltern sondern enträt der Einsicht in die Varietäten produktiven Verhaltens: ohne seine Schwäche hätte Verlaine so wenig seine schönsten Gebilde schreiben können wie dann die armseligen, die er als raté verhökerte.

Um inmitten des Äußersten und Finstersten der Realität zu bestehen, müssen die Kunstwerke, die nicht als Zuspruch sich verkaufen wollen, jenem sich gleichmachen. Radikale Kunst heute heißt soviel wie finstere, von der Grundfarbe schwarz. Viel zeitgenössische Produktion disqualifiziert sich dadurch, daß sie davon keine Notiz nimmt, etwa kindlich der Farben sich freut. Das Ideal des Schwarzen ist inhaltlich einer der tiefsten Impulse von Abstraktion. Vielleicht allerdings reagieren die gängigen Klang- und Farbspielereien auf die Verarmung, die es mit sich bringt; vielleicht wird Kunst, einmal ohne Verrat, jenes Gebot außer

14 Friedrich Hölderlin, Sämtliche Werke. (Kleine Stuttgarter Ausgabe.) Bd. 2: Gedichte nach 1800, hg. von F. Beißner, Stuttgart 1953, S. 3 (»Gesang des Deutschen«).

Kraft setzen, so wie Brecht es empfunden haben mag, als er die Verse niederschrieb: »Was sind das für Zeiten, wo/Ein Gespräch über Bäume fast ein Verbrechen ist/Weil es ein Schweigen über so viele Untaten einschließt!«[15] Kunst verklagt die überflüssige Armut durch die freiwillige eigene; aber sie verklagt auch die Askese und kann sie nicht simpel als ihre Norm aufrichten. In der Verarmung der Mittel, welche das Ideal der Schwärze, wenn nicht jegliche Sachlichkeit mit sich führt, verarmt auch das Gedichtete, Gemalte, Komponierte; die fortgeschrittensten Künste innervieren das am Rande des Verstummens. Daß freilich die Welt, die nach Baudelaires Vers[16] ihren Duft und seitdem ihre Farbe verloren hat, ihn von der Kunst wiederempfange, dünkt nur der Arglosigkeit möglich. Das rüttelt weiter an der Möglichkeit von Kunst, ohne sie doch stürzen zu lassen. Übrigens fragte schon während der ersten Romantik ein später von Affirmation so ausgebeuteter Künstler wie Schubert, ob es fröhliche Musik überhaupt gebe. Das Unrecht, das alle heitere Kunst, vollends die der Unterhaltung begeht, ist wohl eines an den Toten, am akkumulierten und sprachlosen Schmerz. Trotzdem trägt die schwarze Kunst Züge, die, wären sie ihr Endgültiges, die geschichtliche Verzweiflung besiegelten; so weit, wie es immer noch anders werden kann, mögen auch sie ephemer sein. Was am Postulat des Verdunkelten, wie es die Surrealisten als schwarzen Humor zum Programm erhoben, vom ästhetischen Hedonismus, der die Katastrophen überdauert hat, als Perversion diffamiert wird: daß die finstersten Momente der Kunst etwas wie Lust bereiten sollen, ist nichts anderes, als daß Kunst und ein richtiges Bewußtsein von ihr Glück einzig noch in der Fähigkeit des Standhaltens finden. Dies Glück strahlt von innen her in die sinnliche Erscheinung. Wie in stimmigen Kunstwerken ihr Geist noch dem sprödesten Phänomen sich mitteilt, es gleichsam sinnlich errettet, so lockt seit Baudelaire das Finstere als Antithesis zum Betrug der sinnlichen Fassade von Kultur auch sinnlich. Mehr Lust ist bei der Dissonanz als bei der Konsonanz: das läßt dem Hedonismus Maß für

15 Bertolt Brecht, Gesammelte Werke, Frankfurt a. M. 1967, Bd. 9, S. 723 (»An die Nachgeborenen«).
16 Vgl. Charles Baudelaire, Œuvres complètes, éd. Y.-G. Le Dantec et C. Pichois, Paris 1961, S. 72: »Le Printemps adorable a perdu son odeur!«

Maß widerfahren. Das Schneidende wird, dynamisch geschärft, in sich und vom Einerlei des Affirmativen unterschieden, zum Reiz; und dieser Reiz kaum weniger als der Ekel vorm positiven Schwachsinn geleitet die neue Kunst in ein Niemandsland, stellvertretend für die bewohnbare Erde. In Schönbergs Pierrot lunaire, wo kristallinisch imaginäres Wesen und Totalität der Dissonanz sich vereinen, hat dieser Aspekt von Moderne erstmals sich realisiert. Negation vermag in Lust umzuschlagen, nicht ins Positive. Die authentische Kunst der Vergangenheit, die derzeit sich verhüllen muß, ist dadurch nicht gerichtet. Die großen Werke warten. Etwas von ihrem Wahrheitsgehalt zergeht nicht mit dem metaphysischen Sinn, so wenig es sich festnageln läßt; es ist das, wodurch sie beredt bleiben. Einer befreiten Menschheit sollte das Erbe ihrer Vorzeit, entsühnt, zufallen. Was einmal in einem Kunstwerk wahr gewesen ist und durch den Gang der Geschichte dementiert ward, vermag erst dann wieder sich zu öffnen, wenn die Bedingungen verändert sind, um derentwillen jene Wahrheit kassiert werden mußte: so tief sind ästhetisch Wahrheitsgehalt und Geschichte ineinander. Die versöhnte Realität und die wiederhergestellte Wahrheit am Vergangenen dürften miteinander konvergieren. Was an vergangener Kunst noch erfahrbar ist und von Interpretation zu erreichen, ist wie eine Anweisung auf einen solchen Zustand. Nichts verbürgt, daß sie real honoriert werde. Die Tradition ist nicht abstrakt zu negieren, sondern unnaiv nach dem gegenwärtigen Stand zu kritisieren: so konstituiert das Gegenwärtige das Vergangene. Nichts ist unbesehen, nur weil es vorhanden ist und einst etwas galt, zu übernehmen, nichts aber auch erledigt, weil es verging; Zeit allein ist kein Kriterium. Ein unabsehbarer Vorrat von Vergangenem erweist immanent sich als unzulänglich, ohne daß die betroffenen Gebilde es an Ort und Stelle und fürs Bewußtsein ihrer eigenen Periode gewesen wären. Die Mängel werden durch den zeitlichen Verlauf demaskiert, sind aber solche der objektiven Qualität, nicht des wechselnden Geschmacks. – Nur das je Fortgeschrittenste hat Chance gegen den Zerfall in der Zeit. Im Nachleben der Werke jedoch werden qualitative Differenzen offenbar, die keineswegs mit dem Grad an Modernität zu ihrer Periode koinzidieren. In dem geheimen bellum omnium contra omnes, das die Geschichte der Kunst erfüllt, mag als Vergangenes das ältere Moderne über das neuere siegen. Nicht daß eines Tages das par ordre du jour Altmodische sich als dauerhafter, gediegener bewähren könnte als das Avancierte. Hoffnung auf Renaissancen der Pfitzner und Sibelius, der Carossa oder Hans Thoma sagen mehr über die, welche sie hegen, als über die Wertbeständigkeit von derlei Seele. Wohl aber können durch geschichtliche Entfaltung, durch correspondance mit Späterem Werke sich aktualisieren: Namen wie Gesualdo da Venosa, Greco, Turner, Büchner sind allbekannte Exempel, nicht zufällig wiederentdeckt nach dem Bruch der kontinuierlichen Tradition. Selbst Gebilde, die technisch den Standard ihrer Periode noch nicht erreicht hatten, wie die früheren Symphonien von Mahler, kommunizieren mit Späterem, und zwar gerade vermöge dessen, was sie von ihrer Zeit trennte. Seine Musik hat ihr Fortgeschrittenstes am zugleich ungeschickten und sachlichen Refus des neuromantischen Klangrauschs, aber der Refus war seinerseits skandalös, ähnlich modern vielleicht wie die Simplifikationen Van Goghs und der Fauves gegenüber dem Impressionismus.

So wenig Kunst Abbild des Subjekts ist, so recht Hegels Kritik der Redensart behält, der Künstler müsse mehr sein als sein Werk – nicht selten ist er weniger, gleichsam die leere Hülse dessen, was er in der Sache objektiviert –, so wahr bleibt, daß kein Kunstwerk anders mehr gelingen kann, als soweit das Subjekt es von sich aus füllt. Nicht steht es beim Subjekt als dem Organon von Kunst, die ihm vorgezeichnete Absonderung, die keine von Gesinnung und zufälligem Bewußtsein ist, zu überspringen. Durch diese Situation aber wird Kunst, als ein Geistiges, in ihrer objektiven Konstitution zur subjektiven Vermittlung gezwungen. Der subjektive Anteil am Kunstwerk ist selbst ein Stück Objektivität. Wohl ist das der Kunst unabdingbare mimetische Moment seiner Substanz nach ein Allgemeines, nicht anders zu erlangen jedoch als durchs unauflöslich Idiosynkratische der Einzelsubjekte hindurch. Ist Kunst an sich im Innersten ein Verhalten, so ist sie nicht vom Ausdruck zu isolieren, und der ist nicht ohne Subjekt. Der Übergang zum diskursiv erkannten Allgemeinen, durch welchen die zumal politisch reflektierenden Einzelsubjekte ihrer Atomisierung und Ohnmacht zu entlaufen hoffen, ist ästhetisch ein Überlaufen zur Heteronomie. Soll die Sache des Künstlers über seine Kontingenz hinausreichen, so hat er dafür den Preis zu erstatten, daß er, anders als der diskursiv Denkende, nicht über sich und die objektiv gesetzte Grenze sich erheben kann. Wäre selbst einmal die atomistische Struktur der Gesellschaft verändert, so hätte die Kunst nicht ihre gesellschaftliche Idee: wie ein Besonderes überhaupt möglich sei, dem gesellschaftlich Allgemeinen zu opfern: solange Besonderes und Allgemeines divergieren, ist keine Freiheit. Vielmehr würde diese dem Besonderen jenes Recht verschaffen, das ästhetisch heute nirgendwo anders sich anmeldet als in den idiosynkratischen Zwängen, denen die Künstler zu gehorchen haben. Wer gegenüber dem unmäßigen kollektiven Druck auf dem Durchgang der Kunst durchs Subjekt insistiert, muß dabei keineswegs selber unter subjektivistischem Schleier denken. Im ästhetischen Fürsichsein steckt das von kollektiv Fortgeschrittenem, dem Bann Entronnene. Jede Idiosynkrasie lebt, vermöge ihres mimetisch-vorindividuellen Moments, von ihr selbst unbewußten kollektiven Kräften. Daß diese nicht zur Regression treiben, darüber wacht die kritische Reflexion des wie immer auch isolierten Subjekts. Gesellschaftliches Denken über Ästhetik pflegt den Begriff der Produktivkraft zu vernachlässigen. Die ist aber, tief in die technologischen Prozesse hinein, das Subjekt; zur Technologie ist es geronnen. Produktionen, die es aussparen, gleichsam technisch sich verselbständigen wollen, müssen am Subjekt sich korrigieren.

Die Rebellion der Kunst gegen ihre falsche – intentionale – Vergeistigung, etwa die Wedekinds im Programm einer körperlichen Kunst, ist ihrerseits eine des Geistes, der zwar nicht stets, wohl aber sich selbst verneint. Der jedoch ist auf dem gegenwärtigen Stand der Gesellschaft präsent nur vermöge des principium individuationis. Denkbar ist in der Kunst kollektive Zusammenarbeit; kaum die Auslöschung der ihr immanenten Subjektivität. Sollte es anders werden, so wäre die Bedingung dafür, daß das gesamtgesellschaftliche Bewußtsein einen Stand erreicht hat, der es nicht mehr in Konflikt bringt mit dem fortgeschrittensten, und das ist heute allein das von Individuen. Die bürgerlich-idealistische Philosophie hat bis in ihre subtilsten Modifikationen hinein den Solipsismus erkenntnistheoretisch nicht zu durchschlagen vermocht. Fürs bürgerliche Normalbewußtsein hatte die Erkenntnistheorie, die auf es zugeschnitten war, keine Konsequenz. Ihm erscheint Kunst als notwendig und unmittelbar ›intersubjektiv‹. Dies Verhältnis von Erkenntnistheorie und Kunst ist umzukehren. Jene vermag durch kritische Selbstreflexion den solipsistischen Bann zu zerstören, während der subjektive Bezugspunkt von Kunst real nach wie vor das ist, was in der Realität der Solipsismus bloß fingierte. Kunst ist die geschichtsphilosophische Wahrheit des an sich unwahren Solipsismus. In ihr kann nicht willentlich der Stand überschritten werden, den Philosophie zu Unrecht hypostasiert hat. Der ästhetische Schein ist, was außerästhetisch der Solipsismus mit der Wahrheit verwechselt. Weil er an der zentralen Differenz vorbeidenkt, verfehlt Lukács' Angriff auf die radikale moderne Kunst diese gänzlich. Er kontaminiert sie mit wirklich oder vermeintlich solipsistischen Strömungen in der Philosophie. Das Gleiche jedoch ist hier und dort schlechtweg das Gegenteil. – Ein kritisches Moment am mimetischen Tabu richtet sich gegen jene mittlere Wärme, die heute Ausdruck überhaupt zu verbreiten beginnt. Ausdrucksregungen erzeugen eine Art von Kontakt, dessen der Konformismus eifrig sich erfreut. In solcher Gesinnung hat man Bergs Wozzeck absorbiert und ihn reaktionär gegen die Schönbergschule ausgespielt, die seine Musik in keinem Takt verleugnet. Die Paradoxie des Sachverhalts konzentriert sich im Vorwort Schönbergs zu den Streichquartettbagatellen von Webern, einem bis zum Äußersten expressiven Gebilde: er preist es, weil es animalische Wärme verschmähe. Solche Wärme indessen wird mittlerweile auch den Gebilden attestiert, deren Sprache einmal sie verwarf eben um der Authentizität des Ausdrucks willen. Stichhaltige Kunst polarisiert sich nach einer noch der letzten Versöhnlichkeit absagenden, ungemilderten und ungetrösteten Expressivität auf der einen Seite, die autonome Konstruktion wird; auf der anderen nach dem Ausdruckslosen der Konstruktion, welche die heraufziehende Ohnmacht des Ausdrucks ausdrückt. – Die Verhandlung über das Tabu, welches auf Subjekt und Ausdruck lastet, betrifft eine Dialektik der Mündigkeit. Deren Postulat bei Kant, als das der Emanzipation vom infantilen Bann, gilt wie für die Vernunft so für die Kunst. Die Geschichte der Moderne ist eine der Anstrengung zur Mündigkeit, als der organisierte und gesteigert sich tradierende Widerwille gegen das Kindische der Kunst, die kindisch freilich erst wird nach dem Maß der pragmatistisch engen Rationalität. Nicht weniger jedoch rebelliert Kunst gegen diese Art von Rationalität selber, die über der Zweck-Mittel-Relation die Zwecke vergißt und Mittel zu Zwecken fetischisiert. Solche Irrationalität im Vernunftprinzip wird von der eingestandenen und zugleich in ihren Verfahrensweisen rationalen Irrationalität der Kunst demaskiert. Sie bringt das Infantile im Ideal des Erwachsenen zum Vorschein. Unmündigkeit aus Mündigkeit ist der Prototyp des Spiels.

Metier in der Moderne ist grundverschieden von handwerklich-traditionalen Anweisungen. Sein Begriff bezeichnet das Totum der Fähigkeiten, durch welche der Künstler der Konzeption Gerechtigkeit widerfahren läßt und dadurch die Nabelschnur der Tradition gerade durchschneidet. Gleichwohl stammt es nie allein aus dem einzelnen Werk. Kein Künstler geht je an sein Gebilde mit nichts anderem heran als den Augen, den Ohren, dem sprachlichen Sinn für jenes. Die Realisierung des Spezifischen setzt stets Qualitäten voraus, die jenseits des Bannkreises der Spezifikation erworben sind; nur Dilettanten verwechseln die tabula rasa mit Originalität. Jenes Totum der ins Kunstwerk hineingetragenen Kräfte, scheinbar ein bloß Subjektives, ist die potentielle Gegenwart des Kollektivs im Werk, nach dem Maß der verfügbaren Produktivkräfte: fensterlos enthält es die Monade. Am drastischesten wird das an kritischen Korrekturen durch den Künstler. In jeder Verbesserung, zu der er sich genötigt sieht, oft genug im Konflikt mit dem, was er für die primäre Regung hält, arbeitet er als Agent der Gesellschaft, gleichgültig gegen deren eigenes Bewußtsein. Er verkörpert die gesellschaftlichen Produktivkräfte, ohne dabei notwendig an die von den Produktionsverhältnissen diktierten Zensuren gebunden zu sein, die er durch die Konsequenz des Metiers immer auch kritisiert. Stets noch mag für viele der Einzelsituationen, mit denen das Werk seinen Autor konfrontiert, eine Mehrheit von Lösungen verfügbar sein, aber die Mannigfaltigkeit solcher Lösungen ist endlich und überschaubar. Metier setzt die Grenze gegen die schlechte Unendlichkeit in den Werken. Es bestimmt, was mit einem Begriff der Hegelschen Logik die abstrakte Möglichkeit der Kunstwerke heißen dürfte, zu ihrer konkreten. Darum ist jeder authentische Künstler besessen von seinen technischen Verfahrungsweisen; der Fetischismus der Mittel hat auch sein legitimes Moment.

Daß Kunst auf die fraglose Polarität des Mimetischen und Konstruktiven nicht als auf eine invariante Formel zu reduzieren ist, läßt daran sich erkennen, daß sonst das Kunstwerk von Rang zwischen beiden Prinzipien ausgleichen müßte. Aber in der Moderne war fruchtbar, was in eines der Extreme ging, nicht was vermittelte; wer beides zugleich, die Synthese erstrebte, wurde mit verdächtigem Consensus belohnt. Die Dialektik jener Momente gleicht darin der logischen, daß nur im Einen das Andere sich realisiert, nicht dazwischen. Konstruktion ist nicht Korrektiv oder objektivierende Sicherung des Ausdrucks, sondern muß aus den mimetischen Impulsen ohne Planung gleichsam sich fügen; darin liegt die Superiorität von Schönbergs Erwartung über vieles, was aus ihr ein Prinzip machte, das seinerseits eines von Konstruktion war; am Expressionismus überleben, als ein Objektives, die Stücke, welche der konstruktiven Veranstaltung sich enthalten. Dem korrespondiert, daß keine Konstruktion als Leerform humanen Inhalts mit Ausdruck zu füllen ist. Diesen nehmen sie an durch Kälte. Die kubistischen Gebilde Picassos, und wozu er sie später umbildete, sind durch Askese gegen den Ausdruck weit ausdrucksvoller als Erzeugnisse, die vom Kubismus sich anregen ließen, aber um den Ausdruck bangten und erbittlich wurden. Das mag über den Funktionalismusstreit hinausführen. Kritik an Sachlichkeit als einer Gestalt verdinglichten Bewußtseins darf keine Lässigkeit einschmuggeln, welche sich einbildet, durch Minderung des konstruktiven Anspruchs vorgeblich freie Phantasie und damit das Ausdrucksmoment zu restaurieren. Funktionalismus heute, prototypisch in der Architektur, hätte die Konstruktion so weit zu treiben, daß sie Expressionswert gewinnt durch ihre Absage an traditionale und halbtraditionale Formen. Große Architektur empfängt ihre überfunktionale Sprache, wo sie, rein aus ihren Zwecken heraus, diese als ihren Gehalt mimetisch gleichsam bekundet. Schön ist die Scharounsche Philharmonie, weil sie, um räumlich ideale Bedingungen für Orchestermusik herzustellen, ihr ähnlich wird, ohne Anleihen bei ihr zu machen. Indem ihr Zweck in ihr sich ausdrückt, transzendiert sie die bloße Zweckmäßigkeit, ohne daß im übrigen ein solcher Übergang den Zweckformen garantiert wäre. Das neusachliche Verdikt über den Ausdruck und alle Mimesis als ein Ornamentales und Überflüssiges, als unverbindlicher subjektiver Zutat gilt nur so weit, wie Konstruktion mit Ausdruck fourniert wird; nicht für Gebilde absoluten Ausdrucks. Absoluter Ausdruck wäre sachlich, die Sache selbst. Das von Benjamin mit sehnsüchtiger Negation beschriebene Phänomen der Aura ist zum Schlechten geworden, wo es sich setzt und dadurch fingiert; wo Erzeugnisse, die nach Produktion und Reproduktion dem hic et nunc widerstreiten, auf den Schein eines solchen angelegt sind wie der kommerzielle Film. Das freilich beschädigt auch das individuell Produzierte, sobald es Aura konserviert, das Besondere zubereitet und der Ideologie beispringt, die sich gütlich tut an dem gut Individuierten, das es in der verwalteten Welt noch gebe. Andererseits leiht sich die Theorie der Aura, undialektisch gehandhabt, zum Mißbrauch. Mit ihr läßt jene Entkunstung der Kunst zur Parole sich ummünzen, die im Zeitalter der technischen Reproduzierbarkeit des Kunstwerks sich anbahnt. Nicht nur das Jetzt und Hier des Kunstwerks ist, nach Benjamins These, dessen Aura, sondern was immer daran über seine Gegebenheit hinausweist, sein Gehalt; man kann nicht ihn abschaffen und die Kunst wollen. Auch die entzauberten Werke sind mehr, als was an ihnen bloß der Fall ist. Der ›Ausstellungswert‹, der da den auratischen ›Kultwert‹ ersetzen soll, ist eine imago des Tauschprozesses. Diesem ist Kunst, die dem Ausstellungswert nachhängt, zu Willen, ähnlich wie die Kategorien des sozialistischen Realismus dem status quo der Kulturindustrie sich anbequemen. Die Negation des Ausgleichs in den Kunstwerken wird zur Kritik auch der Idee ihrer Stimmigkeit, ihrer schlackenlosen Durchbildung und Integration. Stimmigkeit zerbricht an einem ihr Übergeordneten, der Wahrheit des Gehalts, die weder im Ausdruck länger ihr Genügen hat – denn er belohnt die hilflose Individualität mit trügender Wichtigkeit – noch an der Konstruktion – denn sie ist mehr als nur analog zur verwalteten Welt. Äußerste Integration ist ein Äußerstes an Schein und das bewirkt ihren Umschlag: die

Künstler, die es leisteten, mobilisieren seit dem späten Beethoven die Desintegration. Der Wahrheitsgehalt der Kunst, dessen Organon Integration war, wendet sich gegen die Kunst, und in dieser Wendung hat sie ihre emphatischen Augenblicke. Die Nötigung dazu aber finden die Künstler in ihren Gebilden selbst, ein Surplus an Veranstaltetem, an Regime; es bewegt sie dazu, den Zauberstab aus der Hand zu legen wie Shakespeares Prospero, aus dem der Dichter spricht. Um nichts Geringeres aber ist die Wahrheit solcher Desintegration zu erlangen als durch Triumph und Schuld von Integration hindurch. Die Kategorie des Fragmentarischen, die hier ihre Stätte hat, ist nicht die der kontingenten Einzelheit: das Bruchstück ist der Teil der Totalität des Werkes, welcher ihr widersteht.

Daß Kunst im Begriff des Schönen nicht aufgeht sondern, um ihn zu erfüllen, des Häßlichen als seiner Negation bedurfte, ist ein Gemeinplatz. Aber damit ist die Kategorie des Häßlichen als Kanon von Verboten nicht einfach abgeschafft. Er verbietet nicht mehr Verstöße gegen allgemeine Regeln, doch solche gegen die immanente Stimmigkeit. Seine Allgemeinheit ist nur noch der Primat des Besonderen: nichts Unspezifisches soll mehr sein. Das Verbot des Häßlichen ist zu dem des nicht hic et nunc Geformten, nicht Durchgebildeten – des Rohen – geworden. Dissonanz ist der technische Terminus für die Rezeption dessen durch die Kunst, was von der Ästhetik sowohl wie von der Naivetät häßlich genannt wird. Was immer es sei, soll es ein Moment der Kunst bilden oder bilden können; ein Werk des Hegelschülers Rosenkranz trägt den Titel »Aesthetik des Häßlichen«[17]. Die archaische und dann wieder die traditionelle Kunst seit den Faunen und Silenen zumal des Hellenismus abundiert von Darstellungen, deren Stoff für häßlich galt. Das Gewicht dieses Elements wuchs in der Moderne derart an, daß daraus eine neue Qualität entsprang. Nach der herkömmlichen Ästhetik widerstreitet jenes Element dem das Werk beherrschenden Formgesetz, wird von ihm integriert und bestätigt es dadurch samt der Kraft subjek-

17 Vgl. Karl Rosenkranz, Aesthetik des Häßlichen, Königsberg 1853.

tiver Freiheit im Kunstwerk gegenüber den Stoffen. Sie würden im höheren Sinn doch schön: durch ihre Funktion in der Bildkomposition etwa oder bei der Herstellung dynamischen Gleichgewichts; denn Schönheit haftet, nach einem Hegelschen Topos, nicht am Gleichgewicht als dem Resultat allein sondern immer zugleich an der Spannung, die das Resultat zeitigt. Harmonie, die als Resultat die Spannung verleugnet, die in ihr einsteht, wird dadurch zum Störenden, Falschen, wenn man will, Dissonanten. Die harmonistische Ansicht vom Häßlichen ist in der Moderne zu Protest gegangen. Ein qualitativ Neues wird daraus. Die Anatomiegreuel bei Rimbaud und Benn, das physisch Widerwärtige und Abstoßende bei Beckett, die skatologischen Züge mancher zeitgenössischer Dramen haben mit der Bauernderbheit holländischer Bilder des siebzehnten Jahrhunderts nichts mehr gemein. Das anale Vergnügen und der Stolz der Kunst, überlegen es sich einzuverleiben, dankt ab; im Häßlichen kapituliert das Formgesetz als ohnmächtig. So durchaus dynamisch ist die Kategorie des Häßlichen und notwendig ebenso ihr Gegenbild, die des Schönen. Beide spotten einer definitorischen Fixierung, wie sie jeglicher Ästhetik vorschwebt, deren Normen, sei's noch so indirekt, an jenen Kategorien orientiert sind. Das Urteil, irgend etwas, eine von Industrieanlagen verwüstete Landschaft, ein von Malerei deformiertes Gesicht, sei ganz einfach häßlich, mag spontan auf solche Phänomene antworten, enträt aber der Selbstevidenz, mit der es sich vorträgt. Der Eindruck der Häßlichkeit von Technik und Industrielandschaft ist formal nicht zureichend erklärt, dürfte übrigens bei rein durchgebildeten und im Sinn von Adolf Loos ästhetisch integren Zweckformen fortbestehen. Er datiert zurück aufs Prinzip der Gewalt, des Zerstörenden. Unversöhnt sind die gesetzten Zwecke mit dem, was Natur, wie sehr auch vermittelt, von sich aus sagen will. In der Technik ist Gewalt über Natur nicht durch Darstellung reflektiert, sondern tritt unmittelbar in den Blick. Verändert könnte das werden erst von einer Umlenkung der technischen Produktivkräfte, welche diese nicht länger bloß an den gewollten Zwecken sondern ebenso an der Natur mißt, die da technisch geformt wird. Entfesselung der Produktivkräfte könnte, nach Abschaffung des Mangels, in anderer Dimension verlaufen als einzig der quantitativer Steigerung der Produktion. Ansätze dazu zeigen sich, wo Zweckbauten an landschaftliche Formen und Linien sich anpassen; wohl bereits wo die Materialien, aus denen Artefakte gebildet wurden, ihrer Umgebung entstammten und dieser sich einfügten wie manche Burgen und Schlösser. Was Kulturlandschaft heißt, ist schön als Schema dieser Möglichkeit. Rationalität, die solche Motive aufgriffe, könnte die Wunden von Rationalität schließen helfen. Noch der vom bürgerlichen Bewußtsein naiv vollzogene Richtspruch über die Häßlichkeit der von Industrie zerwühlten Landschaft trifft eine Relation, die erscheinende Naturbeherrschung dort, wo Natur den Menschen die Fassade des Unbeherrschten zukehrt. Jene Entrüstung fügt darum der Ideologie von Herrschaft sich ein. Solche Häßlichkeit verschwände, wenn einmal das Verhältnis der Menschen zur Natur des repressiven Charakters sich entäußerte, der die Unterdrückung von Menschen fortsetzt, nicht umgekehrt. Das Potential dazu in der von Technik verwüsteten Welt liegt in einer friedlich gewordenen Technik, nicht in eingeplanten Exklaven. Nichts vermeintlich einfach Häßliches gibt es, das nicht durch seinen Stellenwert im Gebilde, emanzipiert vom Kulinarischen, seine Häßlichkeit abwerfen könnte. Was als häßlich figuriert, ist zunächst das historisch Ältere, von der Kunst auf der Bahn ihrer Autonomie Ausgestoßene, dadurch in sich selbst vermittelt. Der Begriff des Häßlichen dürfte allerorten entstanden sein in der Abhebung der Kunst von ihrer archaischen Phase: er markiert deren permanente Wiederkunft, verflochten mit der Dialektik der Aufklärung, an welcher die Kunst teilhat. Archaische Häßlichkeit, die kannibalisch drohenden Kultfratzen waren ein Inhaltliches, Nachahmung von Furcht, die sie als Sühne um sich verbreiteten. Mit der Depotenzierung der mythischen Furcht durchs erwachende Subjekt werden jene Züge von dem Tabu ereilt, dessen Organon sie waren; häßlich erst angesichts der Idee von Versöhnung, die mit dem Subjekt und seiner sich regenden Freiheit in die Welt kommt. Aber die alten Schreckbilder überdauern in der Geschichte, welche Freiheit nicht einlöst, und in der das Subjekt als Agent der Unfreiheit den mythischen Bann fortsetzt, gegen den es sich aufbäumt und unter dem es steht. Nietzsches Satz, alle guten Dinge seien einmal arge Dinge gewesen, Schellings Einsicht vom Furchtbaren am Anfang könnten an der Kunst erfahren worden sein. Der gestürzte und wiederkehrende Inhalt wird zur Imagination und zur Form sublimiert. Nicht ist Schönheit der platonisch reine Beginn, sondern geworden in der Absage an das einst Gefürchtete, das erst retrospektiv, von seinem Telos aus, mit jener Absage zum Häßlichen wird, gleichsam entspringt. Schönheit ist der Bann über den Bann, und er vererbt sich an sie. Die Vieldeutigkeit des Häßlichen stammt daher, daß das Subjekt unter seiner abstrakten und formalen Kategorie alles subsumiert, worüber in der Kunst sein Verdikt erging, das sexuell Polymorphe ebenso wie das von Gewalt Verunstaltete und Tödliche. Aus dem Wiederkehrenden wird jenes antithetisch Andere, ohne das Kunst ihrem eigenen Begriff nach gar nicht wäre; durch Negation rezipiert, nagt es korrektiv am Affirmativen der vergeistigenden Kunst, Antithesis zum Schönen, dessen Antithesis es war. In der Geschichte der Kunst saugt die Dialektik des Häßlichen auch die Kategorie des Schönen in sich hinein; Kitsch ist, unter diesem Aspekt, das Schöne als Häßliches, im Namen des gleichen Schönen tabuiert, das es einmal war und dem es nun wegen der Absenz seines Widerparts widerspricht. Daß aber der Begriff des Häßlichen so gut wie sein positives Korrelat nur formal sich bestimmen läßt, steht im innigsten Zusammenhang mit dem immanenten Aufklärungsprozeß der Kunst. Denn je mehr sie von Subjektivität durchherrscht wird, und je unversöhnlicher diese allem ihr Vorgeordneten sich zeigen muß, desto mehr wird subjektive Vernunft, das formale Prinzip schlechthin, zum ästhetischen Kanon[18]. Dies Formale, subjektiven Gesetzmäßigkeiten ohne Rücksicht auf ihr Anderes gehorsam, behält, von keinem solchen Anderen erschüttert, sein Wohlgefälliges: Subjektivität genießt darin unbewußt sich selbst, das Gefühl ihrer Herrschaft. Die Ästhetik des Wohlgefälligen, einmal der kruden Stofflichkeit ledig, koinzidiert mit mathematischen Verhältnissen im künstlerischen Objekt, deren berühmtestes, in der bildenden Kunst, der goldene Schnitt ist und das seinesgleichen hat in den ein-

---

18 Vgl. Max Horkheimer und Theodor W. Adorno, Dialektik der Aufklärung. Philosophische Fragmente, 2. Aufl., Frankfurt a. M. 1969, passim.

fachen Obertonverhältnissen der musikalischen Konsonanz. Aller Ästhetik des Wohlgefallens gebührt der paradoxe Titel des Don Juan-Stücks von Max Frisch: Liebe zur Geometrie. Den Formalismus im Begriff des Häßlichen und des Schönen, wie ihn die Kantische Ästhetik einbekennt, gegen den künstlerische Form nicht immun ist, hat Kunst als Preis dafür zu zollen, daß sie über die Herrschaft der Naturmächte sich erhebt, nur um sie als Herrschaft über Natur und Menschen fortzusetzen. Formalistischer Klassizismus begeht einen Affront: er befleckt eben die Schönheit, die sein Begriff verherrlicht, durch das Gewaltsame, Arrangierende, ›Komponierende‹, das seinen exemplarischen Werken anhaftet. Was auferlegt, hinzugetan wird, dementiert insgeheim die Harmonie, die ihre Herrschaft herzustellen sich unterfängt: die anbefohlene Verbindlichkeit bleibt unverbindlich. Ohne daß der formale Charakter von häßlich und schön durch Inhaltsästhetik ruckhaft zu annullieren wäre, ist sein Inhalt bestimmbar. Er gerade verleiht ihm die Schwere, die es verwehrt, durch plumpes Übergewicht der Stoffschicht die immanente Abstraktheit des Schönen zu korrigieren. Versöhnung als Gewalttat, ästhetischer Formalismus und unversöhntes Leben bilden eine Trias.

Der latente Inhalt der formalen Dimension häßlich-schön hat seinen sozialen Aspekt. Das Motiv der Zulassung des Häßlichen war antifeudal: die Bauern wurden kunstfähig. Bei Rimbaud dann, dessen Gedichte über entstellte Leichname jene Dimension rückhaltloser verfolgten als selbst Baudelaires »Martyre«, sagt das Weib beim Sturm auf die Tuilerien: »Je suis crapule«[19], vierter Stand oder Lumpenproletariat. Das Unterdrückte, das den Umsturz will, ist nach den Normen des schönen Lebens in der häßlichen Gesellschaft derb, von Ressentiment verzerrt, trägt alle Male der Erniedrigung unter der Last der unfreien, zumal körperlichen Arbeit. Unter den Menschenrechten derer, welche die Zeche der Kultur bezahlen, ist, polemisch gegen die affirmative, ideologische Totale, auch das darauf, daß jene Male der Mnemosyne als imago zugeeignet werden. Kunst muß das als häßlich

---

19 Arthur Rimbaud, Œuvres complètes, éd. R. de Renéville et J. Mouquet, Paris 1965, S. 44 (»Le Forgeron«).

Verfemte zu ihrer Sache machen, nicht länger um es zu integrieren, zu mildern oder durch den Humor, der abstoßender ist als alles Abstoßende, mit seiner Existenz zu versöhnen, sondern um im Häßlichen die Welt zu denunzieren, die es nach ihrem Bilde schafft und reproduziert, obwohl selbst darin noch die Möglichkeit des Affirmativen als Einverständnis mit der Erniedrigung fortdauert, in die Sympathie mit den Erniedrigten leicht umschlägt. Im Penchant der neuen Kunst für das Ekelhafte und physisch Widerliche, dem die Apologeten des Bestehenden nichts Stärkeres entgegenzuhalten wissen, als daß das Bestehende schon häßlich genug sei und darum die Kunst zu eitel Schönheit verpflichtet, schlägt das kritisch materialistische Motiv durch, indem Kunst durch ihre autonomen Gestalten Herrschaft verklagt, auch die zum geistigen Prinzip sublimierte, und für das zeugt, was jene verdrängt und verleugnet. Noch als Schein bleibt es in der Gestalt, was es jenseits der Gestalt war. Mächtige ästhetische Valeurs werden vom sozial Häßlichen entbunden: das nie geahnte Schwarz des ersten Teils von Hanneles Himmelfahrt. Der Vorgang ist vergleichbar der Einführung negativer Größen: sie behalten ihre Negativität im Kontinuum des Gebildes. Das Bestehende wird damit fertig nur, indem es Graphiken mit verhungernden Arbeiterkindern, extreme Darstellungen als Dokumente jenes gütigen Herzens schluckt, das noch im Ärgsten schlage und damit verspreche, es sei nicht das Ärgste. Solchem Einverständnis arbeitet Kunst dann dadurch entgegen, daß ihre Formensprache den Rest von Affirmation beseitigt, den sie im sozialen Realismus behielt: das ist das soziale Moment im formalen Radikalismus. Die Infiltration des Ästhetischen mit dem Moralischen, wie Kant sie außerhalb der Kunstwerke im Erhabenen aufsuchte, wird von der Kulturapologie als Entartung diffamiert. So mühsam hat die Kunst in ihrer Entwicklung ihre Grenzen gezogen, so wenig, als Divertissement, sie je ganz geachtet, daß, was an die Hinfälligkeit jener Grenzen mahnt, alles Hybride, heftigste Abwehr provoziert. Das ästhetische Verdikt übers Häßliche lehnt sich an die sozialpsychologisch verifizierte Neigung an, das Häßliche, mit Grund, dem Ausdruck des Leidens gleichzusetzen und, projektiv, zu beschimpfen. Das Reich des Hitler hat, wie auf die gesamte bürgerliche Ideologie, auch darauf die Probe gemacht: je mehr in den Kellern gefoltert ward, desto unerbittlicher wurde darüber gewacht, daß das Dach auf Säulen ruhe. Invariantenlehren tendieren zum Vorwurf der Entartung. Deren Gegenbegriff soll eben die Natur sein, für die einsteht, was der Ideologie Entartung heißt. Nicht hat Kunst gegen den Vorwurf, sie sei entartet, sich zu verteidigen; wo sie ihm begegnet, weigert sie sich, den verruchten Weltlauf als eherne Natur zu bejahen. Daß aber die Kunst die Kraft hat, das ihr Konträre zu bergen, ohne von ihrer Sehnsucht etwas nachzulassen, ja ihre Sehnsucht in die Kraft dazu verwandelt, verschwistert das Moment des Häßlichen ihrer Vergeistigung, so wie George hellsichtig in der Vorrede zur Übertragung der Fleurs du mal es gewahrte. Der Titel Spleen et idéal spielt darauf an, wenn anders man unter dem Wort die Obsession mit jenem gegen seine Formung Spröden sehen darf, einem Kunstfeindlichen als Agens der Kunst, das deren Begriff über den des Ideals hinaus erweitert. Dem dient das Häßliche in der Kunst. Aber Häßliches: Grausamkeit in ihr ist nicht nur ein Dargestelltes. Ihr eigener Gestus hat, wie Nietzsche wußte, ein Grausames. In den Formen wird Grausamkeit zur Imagination: aus einem Lebendigen, dem Leib der Sprache, den Tönen, der sichtbaren Erfahrung etwas herausschneiden. Je reiner die Form, je höher die Autonomie der Werke, desto grausamer sind sie. Appelle zur humaneren Haltung der Kunstwerke, zur Anpassung an Menschen als ihrem virtuellen Publikum, verwässern regelmäßig die Qualität, erweichen das Formgesetz. Was Kunst in einem weitesten Sinn bearbeitet, unterdrückt sie, der im Spiel nachlebende Ritus von Naturbeherrschung. Das ist die Erbsünde der Kunst; auch ihr permanenter Einspruch gegen Moral, die grausam die Grausamkeit ahndet. Die Kunstwerke aber gelangen, die von dem Amorphen, dem sie unabdingbar Gewalt antun, in die Form, die als abgespaltene es verübt, etwas hinüberretten. Das allein ist das Versöhnliche an der Form. Die Gewalt jedoch, die den Stoffen widerfährt, ist der nachgeahmt, die von jenen ausging und die in ihrem Widerstand gegen die Form überdauert. Die subjektive Herrschaft des Formens ergeht nicht indifferenten Stoffen, sondern wird aus ihnen herausgelesen, Grausamkeit des Formens ist Mimesis an den Mythos, mit dem sie umspringt. Der griechische Genius hat das bewußtlos allegorisiert: ein frühdorisches Relief des Palermitanischen archäologischen Museums, aus Selinunt, stellt den Pegasus dar als entsprungen aus dem Blut der Medusa. Erhebt in den neuen Kunstwerken Grausamkeit unverstellt ihr Haupt, so bekennt sie das Wahre ein, daß vor der Übermacht der Realität Kunst a priori die Transformation des Furchtbaren in die Form nicht mehr sich zutrauen darf. Das Grausame ist ein Stück ihrer kritischen Selbstbesinnung; sie verzweifelt an dem Machtanspruch, den sie als versöhnte vollstreckt. Nackt tritt das Grausame aus den Kunstwerken hervor, sobald ihr eigener Bann erschüttert ist. Das mythisch Furchtbare der Schönheit reicht in die Kunstwerke hinein als deren Unwiderstehlichkeit, wie sie einst der Aphrodite Peithon zugesprochen war. Wie die Gewalt des Mythos auf dessen olympischer Stufe vom Amorphen übergegangen war an die Einheit, welche das Viele und die Vielen sich unterwirft und sein Zerstörendes behält, so haben dann die großen Kunstwerke das Zerstörende behalten in der Autorität ihres Gelingens, als zerschmetternde. Finster ist ihr Strahlen; das Schöne durchwaltet die Negativität, in dem sie bezwungen dünkt. Noch von den scheinbar neutralsten Objekten, welche die Kunst als schön zu verewigen trachtete, geht – als fürchteten sie um das Leben, das ihnen durch ihre Verewigung ausgesaugt wird – ein Hartes, Unassimilierbares: Häßliches aus, vollends von den Materialien. Die formale Kategorie des Widerstands, deren doch das Kunstwerk bedarf, wenn es nicht zu dem von Hegel abgefertigten leeren Spiel absinken soll, trägt noch in Kunstwerke glücklicher Perioden wie der des Impressionismus das Grausame von Methode hinein, so wie andererseits die Sujets, an denen der große Impressionismus sich entfaltete, selten solche der friedvollen Natur sind, sondern versetzt mit zivilisatorischen Einsprengseln, die dann die peinture beseligt sich einverleiben will.

Wenn überhaupt, ist das Schöne eher im Häßlichen entsprungen als umgekehrt. Würde aber sein Begriff auf den Index gesetzt, wie manche psychologischen Richtungen mit dem der Seele, manche soziologischen mit dem der Gesellschaft verfuhren, so resignierte Ästhetik. Die Bestimmung der Ästhetik als der Lehre vom Schönen fruchtet so wenig, weil der formale Charakter des Schönheitsbegriffs von dem vollen Inhalt des Ästhetischen abgleitet. Wäre Ästhetik nichts anderes als ein gar systematisches Verzeichnis dessen, was irgend schön genannt wird, so gäbe das keine Vorstellung von dem Leben im Begriff des Schönen selbst. In dem, worauf ästhetische Reflexion zielt, gibt er einzig ein Moment ab. Die Idee der Schönheit erinnert an ein Wesentliches von Kunst, ohne daß sie es doch unmittelbar ausspräche. Würde nicht von Artefakten, wie sehr modifiziert, geurteilt werden, daß sie schön seien, so wäre das Interesse an ihnen unverständlich und blind, und keiner, Künstler nicht und nicht Betrachter, hätte Anlaß, jene Bewegung aus dem Bereich praktischer Zwecke, den der Selbsterhaltung und des Lustprinzips, zu vollziehen, den Kunst ihrer Konstitution nach zumutet. Hegel stellt die ästhetische Dialektik still durch die statische Definition des Schönen als des sinnlichen Scheinens der Idee. So wenig ist das Schöne zu definieren wie auf seinen Begriff zu verzichten, eine strikte Antinomie. Ohne Kategorie wäre Ästhetik molluskenhaft, historisch-relativistische Beschreibung dessen, was hier und dort, in verschiedenen Gesellschaften etwa oder verschiedenen Stilen, mit Schönheit gemeint gewesen sei; eine daraus destillierte Merkmaleinheit würde unweigerlich zur Parodie und ginge am nächsten besten konkret Herausgegriffenen zuschanden. Die fatale Allgemeinheit des Begriffs des Schönen ist jedoch nicht kontingent. Der Übergang zum Primat der Form, den die Kategorie des Schönen kodifiziert, läuft bereits auf den Formalismus, die Übereinstimmung des ästhetischen Objekts mit allgemeinsten subjektiven Bestimmungen hinaus, an dem dann der Begriff des Schönen leidet. Nicht ist dem formal Schönen ein materiales Wesen entgegenzusetzen: das Prinzip ist, als Gewordenes, in seiner Dynamik und insofern inhaltlich zu begreifen. Das Bild des Schönen·als des Einen und Unterschiedenen entsteht mit der Emanzipation von der Angst vorm überwältigend Ganzen und Ungeschiedenen der Natur. Den Schauer davor rettet das Schöne in sich hinüber vermöge seiner Abdichtung gegen das unmittelbar Seiende, durch Stiftung eines Bereichs des Unanrührbaren; schön werden Gebilde kraft ihrer Bewegung gegen das bloße Dasein. Der ästhetisch formende Geist ließ von dem, woran er sich betätigte, nur passieren, was ihm gleicht, was er begriff oder was er sich gleichzumachen hoffte. Dieser Prozeß war einer von Formalisierung; darum Schönheit, ihrer historischen Richtungstendenz nach, ein Formales. Die Reduktion, welche Schönheit dem Schrecklichen widerfahren läßt, aus dem sie und über das sie sich erhebt, und das sie gleichwie aus einem Tempelbezirk draußen hält, hat im Angesicht des Schrecklichen etwas Ohnmächtiges. Es verschanzt sich draußen wie der Feind vor den Wällen der belagerten Stadt und hungert sie aus. Dem muß Schönheit, will sie nicht ihr Telos verfehlen, entgegenarbeiten, auch wider die eigene Richtungstendenz. Die von Nietzsche erkannte Geschichte des hellenischen Geistes ist unverlierbar, weil sie in sich selbst den Prozeß zwischen dem Mythos und dem Genius austrug und darstellte. Die archaischen Riesen, hingestreckt in einem der Tempel von Agrigent, sind so wenig wie die Dämonen der attischen Komödie nur Rudimente. Ihrer bedarf die Form, um nicht dem Mythos zu erliegen, der in ihr sich verlängert, wofern sie ihm bloß sich sperrt. In aller späteren Kunst, die mehr ist als Fahrt ohne Fracht, erhält und verwandelt sich jenes Moment, so schon beim Euripides, in dessen Dramen der Schrecken der mythischen Gewalten überschlägt auf die purifizierten, der Schönheit gesellten olympischen Gottheiten, die nun ihrerseits als Dämonen verklagt werden; von dem Grauen vor ihnen wollte danach die Epikurische Philosophie das Bewußtsein heilen. Da aber die Bilder der schreckhaften Natur von Anbeginn mimetisch jene besänftigen, ähneln bereits die archaischen Fratzen, Monstren und Halbtiere auch einem Menschlichen sich an. Schon in den Mischgebilden waltet ordnende Vernunft; Naturgeschichte hat ihresgleichen nicht überleben lassen. Sie sind schreckhaft, weil sie an die Gebrechlichkeit der menschlichen Identität mahnen, aber nicht chaotisch, Drohung und Ordnung sind darin ineinander. In den Wiederholungsrhythmen primitiver Musik geht das Bedrohliche vom Ordnungsprinzip selbst aus. Die Antithesis zum Archaischen ist in diesem impliziert, das Kräftespiel des Schönen eines; der qualitative Sprung der Kunst ist ein kleinster Übergang. Kraft solcher Dialektik verwandelt sich das Bild des Schönen in der Gesamtbewegung von Aufklärung. Das Gesetz der Formalisierung des Schönen war ein Augenblick von Balance, fortschreitend gestört durchs Verhältnis zu dem Ungleichnamigen, das die Identität des Schönen von sich vergebens fernhält. Das Furchtbare blickt aus Schönheit selbst als der Zwang, der von der Form ausstrahlt; der Begriff des Blendenden meint diese Erfahrung. Die Unwiderstehlichkeit des Schönen, sublimiert vom Sexus an die höchsten Kunstwerke gelangt, wird von ihrer Reinheit, ihrer Distanz von Stofflichkeit und Wirkung ausgeübt. Solcher Zwang wird zum Inhalt. Was den Ausdruck unterjochte, der formale Charakter der Schönheit, mit aller Ambivalenz des Triumphs, verwandelt sich zum Ausdruck, in dem das Bedrohliche der Naturbeherrschung sich vermählt mit der Sehnsucht nach dem Bezwungenen, die an jener Herrschaft entflammt. Es ist aber der Ausdruck des Leidens an der Unterjochung und ihrem Fluchtpunkt, dem Tode. Die Affinität aller Schönheit zu ihm hat ihren Ort in der Idee der reinen Form, die Kunst der Mannigfaltigkeit des Lebendigen auferlegt, das in ihr erlischt. In der ungetrübten Schönheit wäre ihr Widerstrebendes ganz zur Ruhe gekommen, und solche ästhetische Versöhnung ist tödlich fürs Außerästhetische. Das ist die Trauer von Kunst. Versöhnung vollbringt sie unwirklich, um den Preis der wirklichen. Das Letzte, was sie vermag, ist die Klage um das Opfer, das sie darbringt und das sie selbst in ihrer Ohnmacht ist. Nicht allein spricht das Schöne, wie die Wagnersche Walküre zu Siegmund als Sendbote des Todes spricht, sondern ähnelt ihm in sich, als Prozeß. Der Weg zur Integration des Kunstwerks, eins mit dessen Autonomie, ist der Tod der Momente im Ganzen. Was im Kunstwerk über sich, die eigene Partikularität hinaustreibt, sucht den eigenen Untergang, und die Totalität des Werks ist sein Inbegriff. Haben die Kunstwerke ihre Idee am ewigen Leben, dann einzig durch Vernichtung des Lebendigen in ihrem Bezirk; auch das teilt sich ihrem Ausdruck mit. Er ist der des Untergangs des Ganzen, so wie das Ganze vom Untergang des Ausdrucks redet. Im Drang alles Einzelnen der Kunstwerke zu seiner Integration meldet insgeheim sich der desintegrative der Natur an. Je integrierter die Kunstwerke, desto mehr zerfällt in ihnen, woraus sie sind. Insofern ist ihr Gelingen selber Zerfall, und er leiht ihnen das Abgründige. Er entbindet zugleich die immanente Gegenkraft der Kunst, die zentrifugale. – Weniger stets realisiert sich das Schöne an der partikularen, purifizierten Gestalt; das Schöne verschiebt sich auf die dynamische Totalität des Gebildes und setzt in solcher ansteigenden Emanzipation von der Partikularität die Formalisierung fort, schmiegt aber auch jener, dem Diffusen sich an. Indem die Wechselwirkung, die in Kunst statthat, virtuell, im Bild den Kreislauf von Schuld und Buße durchbricht, an dem sie teil hat, legt sie den Aspekt eines Zustands jenseits des Mythos frei. Sie transponiert den Kreislauf in die imago, die ihn reflektiert und dadurch transzendiert. Treue zum Bild des Schönen bewirkt Idiosynkrasie gegen es. Sie verlangt Spannung und kehrt am Ende sich gegen deren Ausgleich. Spannungsverlust ist der schwerste Einwand gegen manche zeitgenössische Kunst, Gleichgültigkeit im Verhältnis von Teilen und Ganzem ein anderes Wort. Dabei wäre Spannung an sich, abstrakt postuliert, abermals dürftig-kunstgewerblich: ihr Begriff gilt dem immer auch Gespannten, der Form und ihrem Anderen, dessen Repräsentant im Werk die Partikularitäten sind. Wird aber einmal das Schöne, als Homöostase von Spannung, transferiert an die Totalität, so gerät es in deren Strudel. Denn diese, der Zusammenhang der Teile zur Einheit, fordert ein Moment von Substantialität der Teile oder setzt es voraus, und zwar mehr als je ältere Kunst, in der Spannung unterhalb etablierter Idiome weit latenter blieb. Weil Totalität am Ende die Spannung verschluckt und zur Ideologie sich schickt, wird Homöostase selbst aufgesagt: das ist die Krisis des Schönen und die von Kunst. Darin dürften wohl die Bestrebungen der letzten zwanzig Jahre konvergieren. Noch darin setzt die Idee des Schönen sich durch, die alles ihr Heterogene, konventionell Gesetzte, alle Spur von Verdinglichung ausscheiden muß. Auch um des Schönen willen ist kein Schönes mehr: weil es keines mehr ist. Was anders nicht denn als negativ erscheinen kann, spottet einer Auflösung, die es als falsch durchschaut, und die darum die Idee des Schönen entwürdigte. Die Empfindlichkeit des Schönen gegen das Geglättete, die aufgehende Rechnung, welche die Kunst ihre Geschichte hindurch mit der Lüge kompromittiert hat, überträgt sich auf das Moment der Resultante, das so wenig von der Kunst kann weggedacht werden wie die Spannungen, aus denen es erwächst. Absehbar wird der Prospekt einer Absage an die Kunst um der Kunst willen. Er deutet sich an in denjenigen ihrer Gebilde, die verstummen oder verschwinden. Auch sozial sind sie richtiges Bewußtsein: lieber keine Kunst mehr als sozialistischer Realismus.

Kunst ist Zuflucht des mimetischen Verhaltens. In ihr stellt das Subjekt, auf wechselnden Stufen seiner Autonomie, sich zu seinem Anderen, davon getrennt und doch nicht durchaus getrennt. Ihre Absage an die magischen Praktiken, ihre Ahnen, involviert Teilhabe an Rationalität. Daß sie, ein Mimetisches, inmitten von Rationalität möglich ist und ihrer Mittel sich bedient, reagiert auf die schlechte Irrationalität der rationalen Welt als einer verwalteten. Denn der Zweck aller Rationalität, des Inbegriffs der naturbeherrschenden Mittel, wäre, was nicht wiederum Mittel ist, ein Nichtrationales also. Eben diese Irrationalität versteckt und verleugnet die kapitalistische Gesellschaft, und dagegen repräsentiert Kunst Wahrheit im doppelten Verstande; in dem, daß sie das von Rationalität verschüttete Bild ihres Zwecks festhält, und indem sie das Bestehende seiner Irrationalität: ihres Widersinns überführt. Die Preisgabe des Wahns vom unmittelbaren Eingriff des Geistes, der intermittierend freilich in der Geschichte der Menschheit unersättlich wiederkehrt, wird zum Verbot dessen, daß das Eingedenken durch die Kunst der Natur unmittelbar sich zuwende. Trennung kann widerrufen werden einzig vermöge der Trennung. Das kräftigt in der Kunst das rationale Moment und entsühnt es zugleich, weil es der realen Herrschaft widersteht; allerdings als Ideologie stets wieder mit ihr sich verbündet. Die Rede vom Zauber der Kunst ist Phrase, weil Kunst allergisch ist gegen den Rückfall in Magie. Sie bildet ein Moment in dem Prozeß der von Max Weber so genannten Entzauberung der Welt, der Rationalisierung verflochten; alle ihre Mittel und Produktionsverfahren stammen daher; die Technik, welche ihre Ideologie verketzert, inhäriert ihr ebenso wie sie sie bedroht, weil ihr magisches Erbe in all ihren Verwandlungen zäh sich erhalten hat. Nur mobilisiert sie die Technik in entgegengesetzter Richtungstendenz als die Herrschaft es tut. Die Sensimentalität und Schwächlichkeit fast der gesamten Tradition ästhetischer Besinnung rührt daher, daß sie die der Kunst immanente Dialektik von Rationalität und Mimesis unterschlagen hat. Das setzt sich fort in dem Staunen über das technische Kunstwerk als wäre es vom Himmel gefallen: beide Ansichten sind eigentlich komplementär. Gleichwohl erinnert noch die Phrase vom Zauber der Kunst an ein Wahres. Fortlebende Mimesis, die nichtbegriffliche

Affinität des subjektiv Hervorgebrachten zu seinem Anderen, nicht Gesetzten, bestimmt Kunst als eine Gestalt der Erkenntnis, und insofern ihrerseits als ›rational‹. Denn worauf das mimetische Verhalten anspricht, ist das Telos der Erkenntnis, das sie durch ihre eigenen Kategorien zugleich blockiert. Kunst komplettiert Erkenntnis um das von ihr Ausgeschlossene und beeinträchtigt dadurch wiederum den Erkenntnischarakter, ihre Eindeutigkeit. Sie droht zu zerreißen, weil Magie, welche sie säkularisiert, das eigentlich verweigert, während das magische Wesen inmitten von Säkularisierung zum mythologischen Restbestand, zum Aberglauben herabsinkt. Was heute, als Krise der Kunst, als ihre neue Qualität hervortritt, ist so alt wie ihr Begriff. Wie Kunst mit dieser Antinomie fertig wird, das entscheidet über ihre Möglichkeit und ihren Rang. Sie kann ihrem Begriff nicht genügen. Das schlägt ein jedes ihrer Gebilde, noch das höchste, mit einer Unvollkommenheit, welche die Idee des Vollkommenen dementiert, der die Kunstwerke nachhängen müssen. Unreflektiert konsequente Aufklärung müßte Kunst so verwerfen, wie die Nüchternheit des sturen Praktikers tatsächlich es tut. Die Aporie der Kunst, zwischen der Regression auf buchstäbliche Magie, oder der Zession des mimetischen Impulses an dinghafte Rationalität, schreibt ihr das Bewegungsgesetz vor; nicht ist sie wegzuräumen. Die Tiefe des Prozesses, der ein jegliches Kunstwerk ist, wird gegraben von der Unversöhnlichkeit jener Momente; sie ist zur Idee der Kunst, als des Bildes von Versöhnung, hinzuzudenken. Nur weil emphatisch kein Kunstwerk gelingen kann, werden ihre Kräfte frei; nur dadurch blickt sie auf Versöhnung. Kunst ist Rationalität, welche diese kritisiert, ohne ihr sich zu entziehen; kein Vorrationales oder Irrationales, wie es angesichts der Verflechtung jeglicher menschlichen Tätigkeit in die gesellschaftliche Totalität vorweg zur Unwahrheit verurteilt wäre. Rationalistische und irrationalistische Kunsttheorie versagen daher gleichermaßen. Wird aufklärerische Gesinnung stracks auf die Kunst übertragen, so resultiert jene banausische Nüchternheit, die es seinerzeit den Weimarer Klassizisten und ihren romantischen Zeitgenossen so leicht machte, die kärglichen Regungen bürgerlich-revolutionären Geistes in Deutschland durch ihre eigene Lächerlichkeit zu töten; eine Banausie, die freilich hundertfünfzig

Jahre später von der der eingehegten bürgerlichen Kunstreligion weit überboten war. Der Rationalismus, der ohnmächtig gegen Kunstwerke argumentiert, indem er auf sie Kriterien außerkünstlerischer Logik und Kausalität anwendet, ist nicht ausgestorben; der ideologische Mißbrauch der Kunst provoziert ihn. Wendet ein Nachzügler des realistischen Romans gegen einen Vers Eichendorffs ein, daß nicht Wolken Träumen, sondern allenfalls Träume Wolken verglichen werden könnten, so ist gegen solche hausbackene Richtigkeit die Zeile »Wolken ziehn wie schwere Träume«[20] immun in ihrem Bereich, wo Natur ins ahnungsvolle Gleichnis eines Inwendigen sich wandelt. Wer die Ausdruckskraft der Zeile, eines Prototyps sentimentalischer Dichtung im großen Sinn, leugnet, der stolpert und stürzt im Zwielicht des Gebildes, anstatt tastend, die Valeurs der Worte und ihrer Konstellation nachvollziehend, darin sich zu bewegen. Rationalität ist im Kunstwerk das einheitstiftende, organisierende Moment, nicht ohne Relation zu der draußen waltenden, aber bildet nicht deren kategoriale Ordnung ab. Die nach deren Maß irrationalen Züge des Kunstwerks sind nicht Symptom irrationalistischen Geistes, nicht einmal stets einer solchen Gesinnung des Betrachters; Gesinnung pflegt eher Gesinnungskunstwerke, in gewissem Sinn rationalistische zu produzieren. Vielmehr gestattet dem Lyriker seine désinvolture, der Dispens von den logischen Geboten, die wie Schatten in seinen Bereich eingehen, der immanenten Gesetzmäßigkeit seiner Gebilde zu folgen. Kunstwerke verdrängen nicht; sie verhelfen durch Ausdruck dem Diffusen und Entgleitenden zum gegenwärtigen Bewußtsein, ohne daß sie es ihrerseits, wie die Psychoanalyse es kritisiert, ›rationalisierten‹. – Irrationale, den Spielregeln der auf Praxis gerichteten Vernunft ein Schnippchen schlagende Kunst des Irrationalismus zu zeihen, ist auf seine Weise nicht weniger ideologisch als die Irrationalität des offiziellen Kunstglaubens; paßt den Apparatschiks aller Couleurs je nach Bedarf gut ins Konzept. Richtungen wie der Expressionismus und der Surrealismus, deren Irrationalitäten befremdeten, gingen an gegen Gewalt, Autorität, Obskurantismus. Daß in den Faschismus, dem aller Geist nur Mittel zum Zweck

---

20 Joseph von Eichendorff, Werke in einem Band, hg. von W. Rasch, München 1955, S. 11 (»Zwielicht«).

war und der darum alles fraß, in Deutschland auch expressionistische und in Frankreich vom Surrealismus gespeiste Strömungen mündeten, ist gegenüber der objektiven Idee jener Bewegungen unerheblich und wird zu agitatorischen Zwecken von der Ästhetik der Diadochen Schdanows geflissentlich übertrieben. Zweierlei ist es, Irrationales – die Irrationalität der Ordnung wie der Psyche – künstlerisch zu manifestieren, zu formen und damit stets in gewissem Sinn rational zu machen, oder Irrationalität zu predigen, wie es stets fast mit Rationalismus der ästhetischen Mittel, in plump kommensurablen Oberflächenzusammenhängen zu geschehen pflegt. Dem dürfte Benjamins Theorie über das Kunstwerk im Zeitalter seiner technischen Reproduzierbarkeit nicht ganz gerecht geworden sein. Die einfache Antithese zwischen dem auratischen und dem massenreproduzierten Werk, die, um ihrer Drastik willen, die Dialektik beider Typen vernachlässigt, wird Beute einer Ansicht vom Kunstwerk, welche die Photographie zum Muster sich wählt und die nicht weniger barbarisch ist als die vom Künstler als Schöpfer; übrigens hat Benjamin ursprünglich in der »Kleinen Geschichte der Photographie« keineswegs jene Antithese so undialektisch verkündet wie fünf Jahre später in dem Reproduktionsaufsatz[21]. Während dieser aus dem älteren die Definition der Aura wörtlich übernimmt, wird von der Photographie-Arbeit den frühen Photographien ihre Aura rühmend attestiert, die sie erst durch die Kritik an ihrer kommerziellen Ausschlachtung – durch Atget – verloren haben. Das dürfte dem Sachverhalt weit näher kommen als die Simplifizierung, die dann der Reproduktionsarbeit zu ihrer penetranten Beliebtheit verhalf. Durch die weiten Maschen jener der Abbildlichkeit zuneigenden Ansicht rutscht das kultischen Zusammenhängen seinerseits opponierende Moment dessen, wofür Benjamin den Begriff der Aura einführte, das fernrückende, gegen die ideologische Oberfläche des Daseins kritische. Das Verdikt über die Aura springt leicht über auf die qualitativ moderne, von der

---

21 Vgl. Walter Benjamin, Kleine Geschichte der Photographie, in: Angelus Novus. Ausgewählte Schriften 2, Frankfurt a. M. 1966, S. 229 ff.; ders., Das Kunstwerk im Zeitalter seiner technischen Reproduzierbarkeit, in: Schriften, hg. von Th. W. Adorno und G. Adorno, Frankfurt a. M. 1955, Bd. 1, S. 366 ff.

Logik der gewohnten Dinge sich entfernende Kunst und deckt dafür die Produkte der Massenkultur, denen der Profit eingegraben ist und dessen Spur sie noch in vorgeblich sozialistischen Ländern tragen. Brecht hat tatsächlich die Musik des Songtypus über Atonalität und Zwölftontechnik gestellt, die ihm als romantisch expressiv verdächtig waren. Von solchen Positionen aus werden die sogenannten irrationalen Strömungen des Geistes umstandslos dem Faschismus zugeschlagen, ohne Organ für den Protest gegen die bürgerliche Verdinglichung, durch den sie stets noch provozieren. In Konkordanz mit der Politik des Ostblocks ist man blind für Aufklärung als Massenbetrug[22]. Entzauberte Verfahrungsweisen, die an die Erscheinungen so sich heften, wie diese sich geben, schicken nur allzugut sich zu ihrer Verklärung. Der Mangel von Benjamins groß konzipierter Reproduktionstheorie bleibt, daß ihre bipolaren Kategorien nicht gestatten, zwischen der Konzeption einer bis in ihre Grundschicht hinein entideologisierten Kunst und dem Mißbrauch ästhetischer Rationalität für Massenausbeutung und Massenbeherrschung zu unterscheiden; die Alternative wird kaum nur gestreift. Als einziges über den Kamerarationalismus hinausgehendes Moment benutzt Benjamin den Begriff der Montage, der seine Akme unterm Surrealismus hatte und im Film rasch gemildert ward. Montage aber schaltet mit Elementen der Wirklichkeit des unangefochten gesunden Menschenverstands, um ihnen eine veränderte Tendenz abzuzwingen oder, in den gelungensten Fällen, ihre latente Sprache zu erwecken. Kraftlos jedoch ist sie insofern, als sie die Elemente selbst nicht aufsprengt. Gerade ihr wäre ein Rest von willfährigem Irrationalismus vorzuwerfen, Adaptation an das von außen dem Gebilde fertig gelieferte Material.

Mit einer Folgerichtigkeit, deren Stufen jene ästhetische Geschichtsschreibung, die es noch nicht gibt, erst zu beschreiben hätte, ist darum das Montageprinzip in das der Konstruktion übergegangen. Nicht zu verschweigen, daß auch im Konstruktionsprinzip, der Auflösung von Materialien und Momenten in auferlegte Einheit, abermals ein Glättendes, Harmonistisches, das der reinen

---

[22] Vgl. Max Horkheimer und Theodor W. Adorno, Dialektik der Aufklärung, a. a. O., S. 128 ff.

Logizität, beschworen wird und Ideologie werden will. Es ist die Fatalität einer jeglichen Kunst im gegenwärtigen Zeitalter, daß sie von der Unwahrheit des herrschenden Ganzen angesteckt wird. Gleichwohl ist Konstruktion die heute einzig mögliche Gestalt des rationalen Moments im Kunstwerk, so wie zu Beginn, in der Renaissance, die Emanzipation der Kunst von der kultischen Heteronomie mit der Entdeckung von Konstruktion – damals ›Komposition‹ geheißen – zusammenging. Konstruktion ist in der Monade des Kunstwerks, mit beschränkter Machtvollkommenheit, der Statthalter von Logik und Kausalität, transferiert aus der gegenständlichen Erkenntnis. Sie ist Synthesis des Mannigfaltigen zu Lasten der qualitativen Momente, deren sie sich bemächtigt, ebenso wie des Subjekts, das in ihr sich auszumerzen meint, während es sie bewerkstelligt. Die Verwandtschaft von Konstruktion mit den kognitiven Prozessen, oder vielleicht eher mit deren erkenntnistheoretischer Auslegung, ist nicht minder evident als die Differenz: daß keine Kunst wesentlich urteilt und wo sie es tut, aus ihrem Begriff ausbricht. Von Komposition in einem weitesten Verstande, der die Bildkomposition deckt, unterscheidet Konstruktion sich durch die rückhaltlose Unterwerfung nicht bloß alles von außen ihr Zukommenden sondern aller immanenten Teilmomente; insofern ist sie die verlängerte subjektive Herrschaft, die, je weiter sie getrieben wird, desto gründlicher sich selbst verdeckt. Sie reißt die Elemente des Wirklichen aus ihrem primären Zusammenhang heraus und verändert sie so weit in sich, bis sie von sich aus abermals einer Einheit fähig werden, wie sie draußen heteronom ihnen auferlegt ward und drinnen nicht weniger ihnen widerfährt. Kunst möchte durch Konstruktion desperat aus eigener Kraft ihrer nominalistischen Situation, dem Gefühl des Zufälligen sich entwinden, zu einem übergreifend Verbindlichen, wenn man will, Allgemeinen gelangen. Dazu bedarf sie jener Reduktion der Elemente, welche dann diese zu depotenzieren droht und auszuarten in den Triumph über nicht Vorhandenes. Das abstrakt transzendentale, nach der Kantischen Lehre vom Schematismus verborgene Subjekt wird zum ästhetischen. Gleichwohl schränkt Konstruktion die ästhetische Subjektivität kritisch ein, wie denn die konstruktivistischen Richtungen – genannt sei Mondrian – ursprünglich zu den expressionistischen in Antithese standen. Denn damit die Synthesis der Konstruktion gelinge, muß sie doch, bei aller Aversion, aus den Elementen herausgelesen werden, die an sich dem ihnen Auferlegten nie rein willfahren; mit allem Recht sagt die Konstruktion dem Organischen als Illusionärem ab. Das Subjekt in seiner quasi-logischen Allgemeinheit ist der Funktionär dieses Akts, während seine Äußerung im Resultat gleichgültig wird. Zu den tiefsten Einsichten der Hegelschen Ästhetik rechnet, daß sie dies wahrhaft dialektische Verhältnis längst vor allem Konstruktivismus erkannte und das subjektive Gelingen des Kunstwerks dort aufsuchte, wo das Subjekt im Kunstwerk verschwindet. Durch solches Verschwinden, nicht durch Anbiederung an die Realität durchstößt das Kunstwerk, wenn irgendwo, die bloß subjektive Vernunft. Das ist die Utopie von Konstruktion; ihre Fehlbarkeit, daß sie notwendig ein Penchant hat, das Integrierte zu vernichten und den Prozeß zu sistieren, an dem allein sie ihr Leben hat. Der Spannungsverlust konstruktiver Kunst heute ist nicht nur Produkt subjektiver Schwäche, sondern bewirkt von der Idee der Konstruktion. Grund dessen ist ihr Verhältnis zum Schein. Jene möchte auf ihrer quasi unaufhaltsamen Bahn, die nichts außer sich duldet, sich zu einem Wirklichen sui generis machen, wie sie denn gerade die Reinheit ihrer Prinzipien den auswendigen technischen Zweckformen entlehnt. Als zweckfrei aber bleibt sie in der Kunst gefangen. Das rein konstruierte, strikt sachliche Kunstwerk, seit Adolf Loos geschworener Feind allen kunstgewerblichen Wesens, geht vermöge seiner Mimesis an die Zweckformen in ein Kunstgewerbliches über, Zweckmäßigkeit ohne Zweck wird zur Ironie. Dagegen hat bislang nur eines geholfen: der polemische Eingriff des Subjekts in die subjektive Vernunft; ein Überschuß seiner Manifestation über das, worin es sich negieren möchte. Nur im Austrag dieses Widerspruchs, nicht in seiner Glättung kann Kunst irgend noch sich erhalten.

Die Nötigung zu sachlicher Kunst befriedigte sich nie an zweckgebundenen Medien und griff auf die autonomen über. Sie desavouiert zunächst einfach Kunst als das Produkt menschlicher Arbeit, welches gleichwohl nicht Sache sein will, nicht Ding unter Dingen. Primär ist sachliche Kunst ein Oxymoron. Seine Entfaltung jedoch ist das Innere zeitgenössischer Kunst. Kunst wird davon bewegt, daß ihr Zauber, Rudiment der magischen Phase, als unmittelbare sinnliche Gegenwart von der Entzauberung der Welt widerlegt ist, während jenes Moment nicht ausradiert werden kann. Einzig in ihm ist ihr Mimetisches zu bewahren, und es hat seine Wahrheit kraft der Kritik, die es durch seine Existenz an der sich zum Absoluten gewordenen Rationalität ausübt. Der Zauber selbst, emanzipiert von seinem Anspruch, wirklich zu sein, ist ein Stück Aufklärung: sein Schein entzaubert die entzauberte Welt. Das ist der dialektische Äther, in dem Kunst heute sich zuträgt. Der Verzicht auf den Wahrheitsanspruch des bewahrten magischen Moments umschreibt den ästhetischen Schein und die ästhetische Wahrheit. Im Erbe der einst auf die Wesen gerichteten Verhaltensweise des Geistes überdauert die Chance der Kunst, vermittelt jenes Wesentlichen innezuwerden, dessen Tabuierung dem Fortschritt rationaler Erkenntnis gleichgesetzt wird. In der entzauberten Welt ist, ohne daß sie es sich eingestünde, das Faktum Kunst ein Skandalon, Nachbild des Zaubers, den sie nicht duldet. Nimmt jedoch Kunst das unerschüttert in Kauf, setzt sie sich blind als den Zauber, so erniedrigt sie sich zum Illusionsakt wider den eigenen Anspruch auf Wahrheit und unterminiert sich erst recht. Inmitten der entzauberten Welt klingt noch das äußerste, jeden erhöhenden Zuspruchs bare Wort von Kunst romantisch. Hegels ästhetische Geschichtsphilosophie, die als Endphase die romantische konstruiert, wird noch von der antiromantischen verifiziert, während diese doch allein, durch ihre Schwärze, die entzauberte Welt überbieten, den Zauber tilgen kann, den diese durch die Übermacht ihrer Erscheinung, den Fetischcharakter der Ware wirkt. Indem Kunstwerke da sind, postulieren sie das Dasein eines nicht Daseienden und geraten dadurch in Konflikt mit dessen realem Nichtvorhandensein. Dieser Konflikt ist aber nicht nach der Façon der Vorstellungsweise von Jazzfans zu denken: was ihnen nicht in ihren Sport paßt, sei wegen seiner Unvereinbarkeit mit der entzauberten Welt unzeitgemäß. Denn wahr ist nur, was nicht in diese Welt paßt. Das Apriori des künstlerischen Ansatzes schlechthin und der Stand der Geschichte stimmen nicht mehr zusammen, wenn anders sie je harmonierten; und diese Inkonzinnität ist nicht durch Anpassung zu beseitigen: Wahrheit vielmehr, sie auszutragen. Umgekehrt ist Entkunstung der Kunst immanent, der unbeirrten nicht weniger als der, die sich ausverkauft, gemäß der durch keine Berufung auf angeblich reine und unmittelbare Innerlichkeit zu sistierenden technologischen Tendenz der Kunst. Der Begriff künstlerischer Technik ist spät aufgekommen; noch in der Periode nach der Französischen Revolution, als ästhetische Naturbeherrschung ihrer selbst sich bewußt ward, fehlt er; freilich nicht die Sache. Künstlerische Technik ist keine kommode Anpassung an ein Zeitalter, das sich mit läppischem Eifer als technisch affichiert, wie wenn über seine Struktur unmittelbar die Produktivkräfte entschieden und nicht ebenso die Produktionsverhältnisse, die jene im Bann halten. Wo ästhetische Technologie, wie es nicht selten in den modernen Bewegungen nach dem Zweiten Krieg der Fall war, Verwissenschaftlichung der Kunst als solcher anstatt technischer Neuerungen erstrebt, kippt die Kunst aus den Pantinen. Wissenschaftler, Physiker zumal konnten Künstlern, die an ihrer Nomenklatur sich berauschten, mühelos Mißverständnisse nachweisen und sie daran erinnern, daß den physikalischen Termini, die sie für ihre Verfahrungsweisen benutzen, nicht die Sachverhalte entsprechen, die von den Termini gemeint werden. Nicht weniger als vom Subjekt her, dem desillusionierten Bewußtsein und dem Mißtrauen gegen Magie als Schleier, wird die Technisierung der Kunst ausgelöst vom Objekt: wie Kunstwerke als verbindlich zu organisieren seien. Die Möglichkeit dazu ist mit dem Verfall der traditionalen Verfahrungsweisen, die bis in die gegenwärtige Epoche hineinreichen, problematisch geworden. Allein Technologie, welche Kunstwerke durchaus im Sinn jener Zweck-Mittel-Relation zu organisieren verhieß, die Kant generell dem Ästhetischen gleichgesetzt hatte, bot sich an. Technik sprang keineswegs als Lückenbüßer von außen ein, obwohl die Geschichte der Kunst Augenblicke kennt, die den technischen Revolutionen der materiellen Produktion ähneln. Mit fortschreitender Subjektivierung der Kunstwerke war die freie Verfügung über sie in den traditionellen Verfahrungsweisen herangereift. Technifizierung setzt die Verfügung als Prinzip durch. Zu ihrer Legitimation kann sie darauf sich berufen, daß die großen traditionellen Kunstwerke, die seit Palladio nur intermittierend der Besinnung auf technische Verfahrungsweisen sich verbanden, gleichwohl ihre Authentizität vom Maß ihrer technischen Durchbildung empfingen, bis die Technologie die traditionellen Verfahrensweisen sprengte. Retrospektiv ist Technik als Konstituens von Kunst auch für die Vergangenheit unvergleichlich viel schärfer zu erkennen, als Kulturideologie konzediert, die das nach ihrer Sprache technische Zeitalter der Kunst als Nachfolge und Verfall eines ehemals menschlich Spontanen ausmalte. Wohl kann man an Bach etwa die Lücke zwischen der Struktur seiner Musik und den damals zu ihrer voll adäquaten Aufführung verfügbaren technischen Mitteln aufzeigen; für die Kritik des ästhetischen Historismus ist das relevant. Aber Einsichten jenes Typus decken nicht den gesamten Komplex. Bachs Erfahrung geleitete ihn zu einer höchst entwickelten Kompositionstechnik. Umgekehrt ist in Werken, die prägnant archaisch heißen dürfen, der Ausdruck amalgamiert mit einer Technik sowohl wie mit deren Absenz oder mit dem, was jene noch nicht leistete. Eitel darüber zu rechten, was von der Wirkung der vorperspektivischen Malerei der Tiefe des Ausgedrückten sich verdankt oder einer Steresis der technischen Unzulänglichkeit, die stets wieder selbst Ausdruck wird. In archaischen Werken, die generell nicht in ihrer Möglichkeit offen sind sondern restringiert, scheint eben darum stets soviel Technik, und nicht mehr, vorhanden, wie zur Realisierung der Sache notwendig ist. Das verleiht ihnen jene trügende Autorität, die über den technischen Aspekt täuscht, der Bedingung solcher Autorität ist. Vor solchen Gebilden verstummt die Frage, was gewollt, was noch nicht gekonnt sei; tatsächlich führt sie stets, im Angesicht des Objektivierten, in die Irre. Die Kapitulation hat aber auch ihr obskurantistisches Moment. Der Rieglsche Begriff des Kunstwollens, soviel er auch dazu half, ästhetische Erfahrung von abstrakt-zeitlosen Normen zu kurieren, ist schwerlich zu halten; wenig und selten nur entscheidet an einem Werk, was damit gewollt war. Die wilde Starrheit des etruskischen Apollon in der Villa Giulia ist ein Konstituens des Gehalts, gleichgültig ob intendiert oder nicht. Gleichwohl wandelt sich die Funktion von Technik und schlägt an Knotenstellen um. Sie etabliert, voll entfaltet, den Primat des Machens in der Kunst zum Unterschied einer wie immer auch vorgestellten Rezeptivität der Produktion. Zum Widerpart der Kunst vermag

Technik insoweit zu werden, wie Kunst das unterdrückte nicht Machbare auf wechselnden Stufen vertritt. Auch in Machbarkeit jedoch erschöpft sich nicht, wie die Flachheit des Kulturkonservativismus es möchte, die Technifizierung der Kunst. Technifizierung, der verlängerte Arm des naturbeherrschenden Subjekts, entäußert die Kunstwerke dessen unmittelbarer Sprache. Technologische Gesetzlichkeit drängt die Kontingenz des bloßen Individuums zurück, welches das Kunstwerk hervorbringt. Derselbe Prozeß, über den der Traditionalismus als einen der Entseelung sich entrüstet, bringt in seinen obersten Produkten das Kunstwerk zum Sprechen, anstatt daß daraus ein Psychologisches oder Menschliches sich, wie sie heute plappern, aussagte. Was Verdinglichung heißt, tastet, wo es radikalisiert wird, nach der Sprache der Dinge. Es nähert sich virtuell der Idee jener Natur, die der Primat des menschlich Sinnhaften exstirpiert. Emphatische Moderne entwindet sich dem Bereich der Abbildung eines Seelischen und geht über zu einem keiner meinenden Sprache Aussprechlichen. Das Werk Paul Klees ist aus der jüngeren Vergangenheit dafür wohl das bedeutendste Zeugnis, und er war Mitglied des technologisch gesonnenen Bauhauses.

Lehrt man, wie es wohl Adolf Loos intendierte und wie seitdem Technokraten willig es wiederholen, die Schönheit realer technischer Objekte, so prädiziert man von ihnen eben das, wogegen Sachlichkeit als ästhetische Innervation sich sträubt. Beiherspielende Schönheit, nach undurchsichtig traditionellen Kategorien wie formaler Harmonie oder gar imponierender Größe bemessen, geht auf Kosten der realen Zweckmäßigkeit, in der Zweckgebilde wie Brücken oder industrielle Anlagen ihr Formgesetz aufsuchen. Daß die Zweckgebilde vermöge ihrer Treue zu jenem Formgesetz immer auch schön seien, ist apologetisch, als wolle es trösten über etwas, was ihnen abgeht: schlechtes Gewissen von Sachlichkeit selber. Das autonome, einzig in sich funktionelle Kunstwerk dagegen möchte durch seine immanente Teleologie erreichen, was einmal Schönheit hieß. Teilen indessen zweckgebundene und zweckfreie Kunst die Innervation von Sachlichkeit trotz ihrer Trennung, so wird die Schönheit des autonomen technologischen Kunstwerks problematisch, auf die ihr Vorbild, die

Zweckgebilde, verzichtet. Sie laboriert am funktionslosen Funktionieren. Weil ihm der auswendige terminus ad quem abgeht, verkümmert der inwendige; Funktionieren, als ein Für anderes, wird überflüssig, ornamental als Selbstzweck. Sabotiert wird dabei ein Moment von Funktionalität selber, die von unten her aufsteigende Notwendigkeit, die danach sich richtet, was und wohin die Partialmomente wollen. Aufs tiefste beeinträchtigt wird jener Spannungsausgleich, den das sachliche Kunstwerk von den Zweckkünsten sich erborgt. In all dem manifestiert sich die Inadäquanz zwischen dem in sich funktional durchgestalteten Kunstwerk und seiner Funktionslosigkeit. Dennoch ist die ästhetische Mimesis an Funktionalität durch keinen Rekurs aufs subjektiv Unmittelbare widerruflich: er würde nur verhüllen, wie sehr der Einzelne und seine Psychologie gegenüber der Vormacht der gesellschaftlichen Objektivität zur Ideologie geworden ist: davon hat Sachlichkeit das richtige Bewußtsein. Die Krisis der Sachlichkeit ist kein Signal, diese durch ein Menschliches zu ersetzen, das sogleich in Zuspruch degenerierte, Korrelat der real ansteigenden Unmenschlichkeit. Bis zum bitteren Ende gedacht, wendet jedoch Sachlichkeit sich zum barbarisch Vorkünstlerischen. Noch die ästhetisch hochgezüchtete Allergie gegen Kitsch, Ornament, Überflüssiges, dem Luxus sich Näherndes hat auch den Aspekt von Barbarei, des nach Freuds Theorie destruktiven Unbehagens in der Kultur. Die Antinomien der Sachlichkeit bezeugen jenes Stück Dialektik der Aufklärung, in dem Fortschritt und Regression ineinander sind. Das Barbarische ist das Buchstäbliche. Gänzlich versachlicht wird das Kunstwerk, kraft seiner puren Gesetzmäßigkeit, zum bloßen Faktum und damit als Kunst abgeschafft. Die Alternative, die in der Krisis sich öffnet, ist die, entweder aus der Kunst herauszufallen oder deren eigenen Begriff zu verändern.

Seit Schelling, dessen Ästhetik Philosophie der Kunst heißt, hat das ästhetische Interesse sich auf die Kunstwerke zentriert. Der Theorie ist das Naturschöne, an das noch die durchdringendsten Bestimmungen der Kritik der Urteilskraft sich hefteten, kaum mehr thematisch. Schwerlich jedoch deshalb, weil es, nach Hegels

Lehre, tatsächlich in einem Höheren aufgehoben wäre: es wurde verdrängt. Der Begriff des Naturschönen rührt an eine Wunde, und wenig fehlt, daß man sie mit der Gewalt zusammendenkt, die das Kunstwerk, reines Artefakt, dem Naturwüchsigen schlägt. Ganz und gar von Menschen gemacht, steht es seinem Anschein nach nicht Gemachtem, der Natur, gegenüber. Als pure Antithesen aber sind beide aufeinander verwiesen: Natur auf die Erfahrung einer vermittelten, vergegenständlichten Welt, das Kunstwerk auf Natur, den vermittelten Statthalter von Unmittelbarkeit. Darum ist die Besinnung über das Naturschöne der Kunsttheorie unabdingbar. Während paradox genug Betrachtungen darüber, beinahe die Thematik an sich, zopfig, ledern, antiquiert wirken, versperrt große Kunst samt ihrer Auslegung, indem sie sich einverleibt, was die ältere Ästhetik der Natur zusprach, die Besinnung auf das, was jenseits der ästhetischen Immanenz seine Stätte hat und gleichwohl in diese als ihre Bedingung fällt. Der Übergang zur ideologischen Kunstreligion des neunzehnten Jahrhunderts, deren Name von Hegel erfunden ward; die Befriedigung an der im Kunstwerk symbolisch erreichten Versöhnung zahlt für jene Verdrängung. Das Naturschöne verschwand aus der Ästhetik durch die sich ausbreitende Herrschaft des von Kant inaugurierten, konsequent erst von Schiller und Hegel in die Ästhetik transplantierten Begriffs von Freiheit und Menschenwürde, demzufolge nichts in der Welt zu achten sei, als was das autonome Subjekt sich selbst verdankt. Die Wahrheit solcher Freiheit für es ist aber zugleich Unwahrheit: Unfreiheit fürs Andere. Darum fehlt der Wendung gegen das Naturschöne, trotz des unermeßlichen Fortschritts in der Auffassung von Kunst als eines Geistigen, den sie ermöglichte, das zerstörerische Moment so wenig, wie dem Begriff der Würde gegen Natur schlechthin. Schillers wie immer auch bedeutende Abhandlung über Anmut und Würde setzt darin die Zäsur. Die Verwüstungen, die der Idealismus ästhetisch anrichtete, werden grell sichtbar an seinen Opfern, solchen wie Johann Peter Hebel, die dem Verdikt der ästhetischen Würde verfallen und diese doch überleben, indem sie sie durch ihre Existenz, die den Idealisten allzu endlich dünkte, der eigenen borniert en Endlichkeit überführen. Nirgends vielleicht ist das Ausdörren alles nicht vom Subjekt Durchherrschten, der finstere Schatten des Idealismus so eklatant wie in der Ästhetik. Machte man einen Revisionsprozeß ums Naturschöne anhängig, er träfe Würde als die Selbsterhöhung des Tiers Mensch über die Tierheit. Sie enthüllt sich, im Angesicht der Erfahrung von Natur, als Usurpation des Subjekts, welche das diesem nicht Unterworfene, die Qualitäten, zu bloßem Material degradiert und als ganz unbestimmtes Potential aus der Kunst wegräumt, wessen diese dem eigenen Begriff nach bedürfte. Nicht sind die Menschen mit Würde positiv ausstaffiert, sondern sie wäre einzig, was sie noch nicht sind. Kant hat sie darum in den intelligiblen Charakter verlegt und nicht dem empirischen zugesprochen. Im Zeichen der den Menschen, wie sie sind, angeklebten Würde, die rasch in jene offizielle überging, der Schiller im Geist des achtzehnten Jahrhunderts immerhin mißtraute, wurde Kunst zum Tummelplatz des Wahren, Schönen und Guten, der, in der ästhetischen Reflexion, das Stichhaltige an den Rand dessen verschlug, was der breite und schmutzige Hauptstrom des Geistes mit sich wälzte.

Das Kunstwerk, durch und durch θέσει, ein Menschliches, vertritt, was φύσει, kein bloßes fürs Subjekt, was, kantisch gesprochen, Ding an sich wäre. So sehr fällt das Kunstwerk als sein Identisches ins Subjekt, wie einmal Natur sie selbst sein müßte. Die Befreiung von der Heteronomie der Stoffe, zumal der Naturgegenstände; der Rechtsanspruch, ein jeglicher Gegenstand könne von der Kunst ergriffen werden, hat diese erst ihrer mächtig gemacht und die Roheit des zum Geist Unvermittelten an ihr getilgt. Aber die Bahn dieses Fortschritts, der alles unterpflügte, was nicht solcher Identität willfahrte, war auch eine der Verwüstung. Dessen hat im zwanzigsten Jahrhundert sich die Erinnerung an authentische Kunstwerke versichert, die unterm Terror des Idealismus der Geringschätzung verfielen. Auf die Rettung solcher Gebilde in der Sprache hatte Karl Kraus es abgesehen, in Übereinstimmung mit seiner Apologie des unterm Kapitalismus Unterdrückten: des Tiers, der Landschaft, der Frau. Dem entspräche die Hinlenkung der ästhetischen Theorie aufs Naturschöne. Hegel gebrach es offenbar am Organ dafür, daß genuine Erfahrung von Kunst nicht möglich ist ohne die jener sei's noch so schwer zu fassenden Schicht, deren Name, das Naturschöne, verblaßte. Ihre Substantialität aber reicht tief in die Moderne hinein: bei Proust, dessen Recherche Kunstwerk ist und Kunstmetaphysik, zählt die Erfahrung einer Weißdornhecke zu den Urphänomenen ästhetischen Verhaltens. Die authentischen Kunstwerke, die der Idee der Versöhnung von Natur nachhängen, indem sie sich vollkommen zu zweiter machen, haben stets, gleichwie um Atem zu schöpfen, den Drang verspürt, aus sich herauszutreten. Weil Identität nicht ihr letztes Wort sei, haben sie Zuspruch von der ersten Natur gesucht: der letzte Figaro-Akt, der im Freien spielt, nicht weniger als der Freischütz in dem Augenblick, in dem Agathe auf dem Altan der gestirnten Nacht innewird. Wie sehr dies Aufatmen vom Vermittelten, der Welt der Konventionen abhängt, ist unverkennbar. Über lange Perioden steigerte sich das Gefühl des Naturschönen mit dem Leiden des auf sich zurückgeworfenen Subjekts an einer zugerichteten und veranstalteten Welt; es trägt die Spur von Weltschmerz. Noch Kant hegte einige Mißachtung der von Menschen gemachten Kunst, die konventionell der Natur gegenübersteht. »Dieser Vorzug der Naturschönheit vor der Kunstschönheit, wenn jene gleich durch diese der Form nach sogar übertroffen würde, dennoch allein ein unmittelbares Interesse zu erwecken, stimmt mit der geläuterten und gründlichen Denkungsart aller Menschen überein, die ihr sittliches Gefühl kultiviert haben.«[23] Daraus spricht Rousseau und nicht weniger aus dem Satz: »Wenn ein Mann, der Geschmack genug hat, um über Produkte der schönen Kunst mit der größten Richtigkeit und Feinheit zu urteilen, das Zimmer gern verläßt, in welchem jene die Eitelkeit und allenfalls gesellschaftliche Freuden unterhaltenden Schönheiten anzutreffen sind, und sich zum Schönen der Natur wendet, um hier gleichsam Wollust für seinen Geist in einem Gedankengange zu finden, den er sich nie völlig entwickeln kann: so werden wir diese seine Wahl selber mit Hochachtung betrachten und in ihm eine schöne Seele voraussetzen, auf die kein Kunstkenner und Liebhaber um des Interesse willen, das er an seinen Gegenständen nimmt, Anspruch machen kann.«[24] Den Gestus des Heraus-

---

23 Kant, a. a. O., S. 172 (Kritik der Urteilskraft, § 42).
24 A. a. O.

tretens teilen diese Sätze der Theorie mit den Kunstwerken ihrer Zeit. Kant hat das Erhabene und damit wohl jegliches dem bloß formalen Spielen entragende Schöne der Natur zugeschrieben. Hegel und seine Epoche haben demgegenüber den Begriff einer Kunst erlangt, die nicht, wie das Kind des dix-huitième für selbstverständlich erachtete, ›die Eitelkeit und gesellschaftlichen Freuden unterhält‹. Aber sie haben damit die Erfahrung versäumt, die bei Kant noch ungehemmt sich ausdrückt im bürgerlich revolutionären Geist, der das Gemachte für fehlbar hält und, weil es ihm nicht durchaus zur zweiten Natur geworden ist, das Bild einer ersten bewahrt.

Wie sehr der Begriff des Naturschönen in sich geschichtlich sich verändert, zeigt am eindringlichsten sich daran, daß, wohl erst im Lauf des neunzehnten Jahrhunderts, ein Bereich sich ihm eingegliedert hat, der als einer von Artefakten primär für ihm entgegengesetzt gehalten werden muß, der der Kulturlandschaft. Geschichtliche Gebilde, oftmals in Relation zu ihrer geographischen Umgebung, etwa auch ihr durch das verwandte Steinmaterial ähnlich, werden als schön empfunden. In ihnen steht nicht, wie in der Kunst, ein Formgesetz zentral, sie sind selten geplant, obwohl ihre Ordnung um den Kern von Kirche oder Marktplatz im Effekt zuweilen auf etwas dergleichen herausläuft, wie denn überhaupt ökonomisch-materielle Bedingungen zuzeiten Kunstformen aus sich entlassen. Gewiß besitzen sie nicht den Charakter der Unberührbarkeit, der von der gängigen Ansicht mit dem Naturschönen assoziiert wird. Den Kulturlandschaften hat die Geschichte als ihr Ausdruck, historische Kontinuität als Form sich eingeprägt und integriert sie dynamisch, wie es sonst bei Kunstwerken der Fall zu sein pflegt. Die Entdeckung dieser ästhetischen Schicht und ihre Appropriation durch kollektives Sensorium datiert auf die Romantik, vermutlich zunächst den Kultus der Ruine, zurück. Mit dem Verfall der Romantik ist das Zwischenreich Kulturlandschaft verkommen bis hinab zum Reklameartikel für Orgeltagungen und neue Geborgenheit; der vorwaltende Urbanismus saugt als ideologisches Komplement auf, was dem städtischen Wesen willfahrt und doch die Stigmata der Marktgesellschaft nicht auf der Stirn trägt. Ist aber deswegen der Freude an jedem alten Mäuerchen, an jeder mittelalterlichen

Häuserfamilie schlechtes Gewissen beigemischt, so überdauert sie gleichwohl die Einsicht, die sie verdächtig macht. Solange der utilitaristisch verkrüppelte Fortschritt der Oberfläche der Erde Gewalt antut, läßt die Wahrnehmung trotz aller Beweise des Gegenteils nicht vollends sich ausreden, was diesseits des Trends liege und vor ihm, sei in seiner Zurückgebliebenheit humaner und besser. Rationalisierung ist noch nicht rational, die Universalität der Vermittlung nicht umgeschlagen in lebendiges Leben; das verleiht den Spuren alter, wie immer auch fragwürdiger und überholter Unmittelbarkeit ein Moment korrektiven Rechtes. Die Sehnsucht, die an ihnen sich stillt, von ihnen betrogen wird und durch falsche Erfüllung selber zu einem Bösen, legitimiert sich doch an der Versagung, die vom Bestehenden permanent verübt wird. Ihre tiefste Resistenzkraft aber dürfte die Kulturlandschaft dadurch erlangen, daß der Ausdruck von Geschichte, der ästhetisch an ihr ergreift, gebeizt ist von vergangenem realen Leiden. Die Figur des Beschränkten beglückt, weil der Zwang des Beschränkenden nicht vergessen werden darf; seine Bilder sind ein Memento. Beseelt klagt aus der Kulturlandschaft, die dort bereits der Ruine ähnelt, wo die Häuser noch stehen, was seitdem zur klaglosen Klage verstummte. Ist heute das ästhetische Verhältnis zu jeglicher Vergangenheit vergiftet durch die reaktionäre Tendenz, mit der jenes Verhältnis paktiert, so taugt ein punktuelles ästhetisches Bewußtsein nicht mehr, das die Dimension des Vergangenen als Abfall wegfegt. Ohne geschichtliches Eingedenken wäre kein Schönes. Einer befreiten, zumal aller Nationalismen ledigen Menschheit vermöchte mit der Vergangenheit auch die Kulturlandschaft unschuldig zuteil zu werden. Was an Natur als ein der Geschichte Entrücktes und Ungebändigtes erscheint, gehört polemisch einer geschichtlichen Phase an, in der das gesellschaftliche Gespinst so dicht gewoben ward, daß die Lebendigen den Erstickungstod fürchten. In Zeitläuften, in denen Natur den Menschen übermächtig gegenübertritt, ist fürs Naturschöne kein Raum; agrarische Berufe, denen die erscheinende Natur unmittelbar Aktionsobjekt ist, haben, wie man weiß, wenig Gefühl für die Landschaft. Das vorgeblich geschichtslos Naturschöne hat seinen geschichtlichen Kern; das legitimiert es ebenso, wie es seinen Begriff relativiert. Wo Natur real nicht beherrscht war, schreckte das Bild ihres Unbeherrschtseins. Daher die längst befremdende Vorliebe für symmetrische Ordnungen der Natur. Sentimentalische Naturerfahrung hat sich am Unregelmäßigen, Unschematischen erfreut, in Sympathie mit dem Geist des Nominalismus. Leicht jedoch täuscht der zivilisatorische Fortschritt die Menschen darüber, wie ungeschützt sie stets noch sind. Das Glück an der Natur war verflochten mit der Konzeption des Subjekts als eines Fürsichseienden und virtuell in sich Unendlichen; so projiziert es sich auf die Natur und fühlt als Abgespaltenes ihr sich nahe; seine Ohnmacht in der zur zweiten Natur versteinerten Gesellschaft wird zum Motor der Flucht in die vermeintlich erste. Bei Kant begann die Angst vor der Naturgewalt anachronistisch zu werden durchs Freiheitsbewußtsein des Subjekts; es ist dessen Angst vor der perennierenden Unfreiheit gewichen. Beides wird in der Erfahrung des Naturschönen kontaminiert. Je weniger sie sich ungetrübt vertrauen kann, desto mehr wird Kunst zu ihrer Bedingung. Verlaines »la mer est plus belle que les cathédrales« kündet von einer höchst zivilisatorischen Phase und bereitet – wie allemal, sobald Natur erhellend auf das von Menschen Gemachte bezogen wird, das ihre Erfahrung nicht Wort haben will – heilsamen Schrecken.

Wie verklammert das Naturschöne mit dem Kunstschönen ist, erweist sich an der Erfahrung, die jenem gilt. Sie bezieht sich auf Natur einzig als Erscheinung, nie als Stoff von Arbeit und Reproduktion des Lebens, geschweige denn als das Substrat von Wissenschaft. Wie die Kunsterfahrung ist die ästhetische von der Natur eine von Bildern. Natur als erscheinendes Schönes wird nicht als Aktionsobjekt wahrgenommen. Die Lossage von den Zwecken der Selbsterhaltung, emphatisch in der Kunst, ist gleichermaßen in der ästhetischen Naturerfahrung vollzogen. Insofern ist die Differenz zwischen dieser und der künstlerischen nicht gar so beträchtlich. Die Vermittlung ist dem Verhältnis der Kunst zur Natur nicht weniger zu entnehmen als dem umgekehrten. Kunst ist nicht, wie der Idealismus glauben machen wollte, Natur, aber will einlösen, was Natur verspricht. Fähig ist sie dazu nur, indem sie jenes Versprechen bricht, in der Zurücknahme auf sich selbst. Soviel ist wahr am Hegelschen Theorem, Kunst sei durch ein Negatives, die Bedürftigkeit des Naturschönen inspiriert; in Wahrheit dadurch, daß Natur, solange sie einzig durch ihre Antithese zur Gesellschaft definiert wird, noch gar nicht ist, als was sie erscheint. Was Natur vergebens möchte, vollbringen die Kunstwerke: sie schlagen die Augen auf. Die erscheinende Natur selber gewährt, sobald sie nicht als Aktionsobjekt dient, den Ausdruck von Schwermut oder Frieden oder von was immer. Kunst vertritt Natur durch ihre Abschaffung in effigie; alle naturalistische ist der Natur nur trügend nahe, weil sie, analog zur Industrie, sie zum Rohstoff relegiert. Der Widerstand des Subjekts gegen die empirische Realität im autonomen Werk ist auch einer gegen die unmittelbar erscheinende Natur. Denn was an dieser aufgeht, koinzidiert so wenig mit der empirischen Realität wie, nach Kants großartig widerspruchsvoller Konzeption, die Dinge an sich mit der Welt der ›Phänomene‹, der kategorial konstituierten Gegenstände. Der geschichtliche Fortschritt der Kunst hat am Naturschönen gezehrt, so wie es in frühbürgerlichen Zeiten aus jener Bewegung entsprang; etwas davon mag in der Hegelschen Geringschätzung des Naturschönen verzerrt antezipiert sein. Ästhetisch gewordene Rationalität, die immanente Disposition über Materialien, die sich ihr zum Gebilde fügen, resultiert in einem dem Naturmoment am ästhetischen Verhalten Ähnlichen. Quasi rationale Tendenzen der Kunst wie der kritische Verzicht auf Topoi, die Durchbildung der einzelnen Gebilde in sich bis zum Äußersten, Produkte der Subjektivierung nähern die Gebilde an sich, keineswegs durch Imitation, einem vom allherrschenden Subjekt zugehängten Naturhaften an; »Ursprung ist das Ziel«, wenn irgend, dann für die Kunst. Daß die Erfahrung des Naturschönen, zumindest ihrem subjektiven Bewußtsein nach, diesseits der Naturbeherrschung sich hält, als wäre sie zum Ursprung unmittelbar, umschreibt ihre Stärke und ihre Schwäche. Ihre Stärke, weil sie des herrschaftslosen Zustands eingedenk, der wahrscheinlich nie gewesen ist; ihre Schwäche, weil sie eben dadurch in jenes Amorphe zerfließt, aus dem der Genius sich erhob und jener Idee von Freiheit überhaupt erst zuteil ward, die in einem herrschaftslosen Zustand sich realisierte. Die Anamnesis der Freiheit im Naturschönen führt irre, weil sie Freiheit im älteren Unfreien sich erhofft. Das Naturschöne ist der in die Imagination transponierte, dadurch vielleicht abgegoltene

Mythos. Schön gilt allen der Gesang der Vögel; kein Fühlender, in dem etwas von europäischer Tradition überlebt, der nicht vom Laut einer Amsel nach dem Regen gerührt würde. Dennoch lauert im Gesang der Vögel das Schreckliche, weil er kein Gesang ist, sondern dem Bann gehorcht, der sie befängt. Der Schrecken erscheint noch in der Drohung der Vogelzüge, denen die alte Wahrsagerei anzusehen ist, allemal die von Unheil. Die Vieldeutigkeit des Naturschönen hat inhaltlich ihre Genese in der der Mythen. Deshalb vermag der Genius, einmal zu sich aufgewacht, am Naturschönen nicht länger sich zu befriedigen. In ihrem ansteigenden Prosacharakter entwindet Kunst vollends sich dem Mythos und damit dem Bann der Natur, der doch wiederum in deren subjektiver Beherrschung sich fortsetzt. Erst was der Natur als Schicksal entronnen wäre, hülfe zu ihrer Restitution. Je mehr Kunst als Objekt des Subjekts durchgebildet und dessen bloßen Intentionen entäußert wird, desto artikulierter spricht sie nach dem Modell einer nicht begrifflichen, nicht dingfest signifikativen Sprache; es wäre die gleiche, die in dem verzeichnet ist, was dem sentimentalischen Zeitalter mit einer verschlissenen und schönen Metapher Buch der Natur hieß. Auf der Bahn ihrer Rationalität und durch diese hindurch wird die Menschheit in Kunst dessen inne, was Rationalität vergißt und woran deren zweite Reflexion mahnt. Fluchtpunkt dieser Entwicklung, freilich nur eines Aspekts der neuen Kunst, ist die Erkenntnis, daß Natur, als ein Schönes, nicht sich abbilden läßt. Denn das Naturschöne als Erscheinendes ist selber Bild. Seine Abbildung hat ein Tautologisches, das, indem es das Erscheinende vergegenständlicht, zugleich es wegschafft. Die keineswegs esoterische Reaktion, welche die lila Heide und gar das gemalte Matterhorn als Kitsch empfindet, reicht weit über derlei exponierte Sujets hinaus: innerviert wird darin die Unabbildbarkeit des Naturschönen schlechthin. Das Unbehagen daran aktualisiert sich an Extremen, damit die geschmackvolle Zone von Naturimitation desto unbehelligter bleibe. Der grüne Wald deutscher Impressionisten hat keine höhere Dignität als der Königssee der Hotelbildmaler, und die französischen spürten genau, warum sie so selten reine Natur als Sujet wählten, warum sie, wenn nicht einem so Künstlichen wie Balletteusen und Rennreitern oder der erstorbenen Natur von Sisleys

Winter zugekehrt, ihre Landschaften mit zivilisatorischen Emblemen durchsetzten, die zur konstruktiven Skelettierung der Form beitrugen, etwa bei Pissarro. Wie weit das sich verdichtende Tabu über dem Abbild von Natur deren Bild in Mitleidenschaft zieht, ist schwer absehbar. Die Einsicht Prousts, es habe durch Renoir die Wahrnehmung der Natur selbst sich verändert, spendet nicht nur den Trost, den der Dichter aus dem Impressionismus sog, sondern impliziert auch Grauen: daß die Verdinglichung der Beziehungen zwischen Menschen jegliche Erfahrung anstecke und buchstäblich zum Absoluten werde. Das schönste Mädchengesicht wird häßlich durch penetrante Ähnlichkeit mit dem Filmstar, nach dem es am Ende wirklich präfabriziert ist: noch wo die Erfahrung eines Natürlichen als eines ungeschmälert Individuierten sich gibt, wie wenn sie vor der Verwaltung geschützt wäre, betrügt sie tendenziell. Das Naturschöne geht im Zeitalter seines totalen Vermitteltseins in seine Fratze über; nicht zuletzt bewegt die Ehrfurcht dazu, vor seiner Betrachtung solange Askese zu üben, wie es mit den Abdrücken der Ware überzogen ist. Naturmalerei war auch in der Vergangenheit authentisch wohl nur als nature morte: wo sie Natur als Chiffre eines Geschichtlichen, wenn nicht der Hinfälligkeit alles Geschichtlichen zu lesen verstand. Das alttestamentarische Bilderverbot hat neben seiner theologischen Seite eine ästhetische. Daß man sich kein Bild, nämlich keines von etwas machen soll, sagt zugleich, kein solches Bild sei möglich. Was an Natur erscheint, das wird durch seine Verdopplung in der Kunst eben jenes Ansichseins beraubt, an dem die Erfahrung von Natur sich sättigt. Treu ist Kunst der erscheinenden Natur einzig, wo sie Landschaft vergegenwärtigt im Ausdruck ihrer eigenen Negativität; Borchardts »Verse bei Betrachtung von Landschafts-Zeichnungen geschrieben«[25] haben das unübertrefflich und schockierend ausgesprochen. Scheint Malerei mit Natur glücklich versöhnt, wie etwa bei Corot, hat solche Versöhnung den Index eines Augenblicklichen: verewigter Duft ist paradox.

Das Naturschöne an der erscheinenden Natur unmittelbar ist kompromittiert durch den Rousseauismus des retournons. Wie sehr die Vulgärantithese von Technik und Natur irrt, liegt darin

---

25 Vgl. Rudolf Borchardt, Gedichte, hg. von M. L. Borchardt und H. Steiner, Stuttgart 1957, S. 113 f.

zutage, daß gerade die von menschlicher Pflege ungesänftigte Natur, über die keine Hand fuhr, alpine Moränen und Geröllhalden, den industriellen Abfallhaufen gleichen, vor denen das gesellschaftlich approbierte ästhetische Naturbedürfnis flüchtet. Wie industriell es im anorganischen Weltraum aussieht, wird einmal sich weisen. Der stets noch idyllische Naturbegriff bliebe auch in seiner tellurischen Expansion, dem Abdruck totaler Technik, der Provinzialismus einer winzigen Insel. Technik, die, nach einem letztlich der bürgerlichen Sexualmoral entlehnten Schema, Natur soll geschändet haben, wäre unter veränderten Produktionsverhältnissen ebenso fähig, ihr beizustehen und auf der armen Erde ihr zu dem zu helfen, wohin sie vielleicht möchte. Bewußtsein ist der Erfahrung von Natur nur dann gewachsen, wenn es, wie die impressionistische Malerei, deren Wundmale in sich einbegreift. Dadurch gerät der fixe Begriff des Naturschönen in Bewegung. Er erweitert sich durch das, was schon nicht mehr Natur ist. Sonst wird diese zum trügenden Phantasma degradiert. Das Verhältnis der erscheinenden Natur zum dinghaft Toten ist ihrer ästhetischen Erfahrung zugänglich. Denn in einer jeglichen von der Natur steckt eigentlich die gesamte Gesellschaft. Nicht nur stellt sie die Schemata der Perzeption bei, sondern stiftet vorweg durch Kontrast und Ähnlichkeit, was jeweils Natur heißt. Naturerfahrung wird mitkonstituiert durchs Vermögen bestimmter Negation. Mit der Ausbreitung der Technik, mehr noch in Wahrheit der Totalität des Tauschprinzips wird das Naturschöne zunehmend zu dessen kontrastierender Funktion und dem befochteten verdinglichten Wesen integriert. Der Begriff des Naturschönen, einmal gegen Zopf und Taxusgang des Absolutismus gemünzt, hat seine Kraft eingebüßt, weil seit der bürgerlichen Emanzipation im Zeichen der angeblich natürlichen Menschenrechte die Erfahrungswelt weniger nicht sondern mehr verdinglicht war als das dix-huitième. Die unmittelbare Naturerfahrung, ihrer kritischen Spitze ledig und dem Tauschverhältnis – das Wort Fremdenindustrie steht dafür ein – subsumiert, wurde unverbindlich neutral und apologetisch: Natur zum Naturschutzpark und zum Alibi. Ideologie ist das Naturschöne als Subreption von Unmittelbarkeit durchs Vermittelte. Sogar angemessene Erfahrung des Naturschönen fügt sich der komplementären Ideologie des Unbewußten. Wird nach bürgerlicher Sitte Menschen als Verdienst angerechnet, daß sie soviel Sinn für Natur hätten – meist ist er ihnen bereits zur moralisch-narzißtischen Befriedigung geworden: wie gut müsse man sein, um so dankbar sich freuen zu können –, so ist kein Halten mehr bis zum Sinn für alles Schöne aus den Heiratsannoncen, als den Zeugnissen armselig geschrumpfter Erfahrung. Sie deformiert das Innerste der Naturerfahrung. Schwerlich ist etwas von ihr im organisierten Tourismus übrig. Natur zu fühlen, ihre Stille zumal, wurde zum seltenen Privileg und es wiederum kommerziell verwertbar. Damit jedoch ist die Kategorie des Naturschönen nicht einfach verurteilt. Die Abneigung, von ihr zu reden, ist dort am stärksten, wo Liebe zu ihr überlebt. Das Wort ›wie schön‹ in einer Landschaft verletzt deren stumme Sprache und mindert ihre Schönheit; erscheinende Natur will Schweigen, während es jenen, der ihrer Erfahrung fähig ist, zum Wort drängt, das von der monadologischen Gefangenschaft für Augenblicke befreit. Das Bild von Natur überlebt, weil seine vollkommene Negation im Artefakt, welche dies Bild errettet, notwendig gegen das sich verblendet, was jenseits der bürgerlichen Gesellschaft, ihrer Arbeit und ihrer Waren wäre. Das Naturschöne bleibt Allegorie dieses Jenseitigen trotz seiner Vermittlung durch die gesellschaftliche Immanenz. Wird aber diese Allegorie als der erreichte Stand von Versöhnung untergeschoben, so erniedrigt sie sich zum Behelfsmittel, den unversöhnten zu verschleiern und zu rechtfertigen, in dem doch solche Schönheit möglich sei.

Jenes ›O wie schön‹, das nach einem Vers Hebbels »die Feier der Natur«[26] stört, ist der gespannten Konzentration im Angesicht von Kunstwerken gemäß, nicht der Natur. Mehr weiß von deren Schönheit bewußtlose Wahrnehmung. In ihrer Kontinuität geht sie, plötzlich zuweilen, auf. Je intensiver man Natur betrachtet, desto weniger wird man ihrer Schönheit inne, wenn sie einem nicht schon unwillkürlich zuteil ward. Vergeblich ist meist der absichtsvolle Besuch berühmter Aussichtspunkte, der Prominenzen des Naturschönen. Dem Beredten der Natur schadet die Vergegenständlichung, die aufmerksame Betrachtung bewirkt, und

---

26 Friedrich Hebbel, Werke in zwei Bänden, hg. von G. Fricke, München 1952, Bd. 1, S. 12 (»Herbstbild«).

am Ende gilt etwas davon auch für die Kunstwerke, die nur im temps durée ganz wahrnehmbar sind, dessen Konzeption bei Bergson wohl von der künstlerischen Erfahrung sich herleitet. Kann man aber Natur gleichsam nur blind sehen, so sind bewußtlose Wahrnehmung und Erinnerung, ästhetisch unabdingbar, zugleich archaische Rudimente, unvereinbar mit steigender rationaler Mündigkeit. Pure Unmittelbarkeit reicht zur ästhetischen Erfahrung nicht aus. Sie bedarf neben dem Unwillkürlichen auch Willkür, Konzentration des Bewußtseins; der Widerspruch ist nicht fortzuschaffen. Konsequent fortschreitend erschließt alles Schöne sich der Analyse, die es wiederum der Unwillkürlichkeit zubringt, und die vergebens wäre, wohnte ihr nicht versteckt das Moment des Unwillkürlichen inne. Angesichts des Schönen stellt analytische Reflexion den temps durée durch seine Antithese wieder her. Analyse terminiert in einem Schönen, so wie es der vollkommenen und selbstvergessenen bewußtlosen Wahrnehmung erscheinen müßte. Damit beschreibt sie subjektiv noch einmal die Bahn, welche objektiv das Kunstwerk in sich beschreibt: adäquate Erkenntnis von Ästhetischem ist der spontane Vollzug der objektiven Prozesse, die vermöge seiner Spannungen darin sich zutragen. Genetisch dürfte ästhetisches Verhalten der Vertrautheit mit dem Naturschönen in der Kindheit bedürfen, von dessen ideologischem Aspekt es sich abkehrt, um es in die Beziehung zu den Artefakten hinüberzuretten.

Als der Gegensatz von Unmittelbarkeit und Konvention sich schärfte und der Horizont ästhetischer Erfahrung dem sich öffnete, was bei Kant erhaben heißt, traten als schön Naturphänomene ins Bewußtsein, die grandios überwältigten. Diese Verhaltensweise war historisch ephemer. So hat der polemische Genius in Karl Kraus, vielleicht in Übereinstimmung mit dem modern style etwa Peter Altenbergs, dem Kultus großartiger Landschaft sich verweigert, offenbar kein Glück am Hochgebirge empfunden, wie es ungeschmälert wohl nur dem Hochtouristen zuteil wird, dem der Kulturkritiker mit Grund mißtraute. Solche Skepsis gegen große Natur entspringt evident im künstlerischen Sensorium. Bei fortschreitender Differenzierung macht es sich spröde gegen die bei der idealistischen Philosophie vorwaltende Gleichsetzung großer Entwürfe und Kategorien mit dem Gehalt der Werke. Beides zu verwechseln wurde unterdessen zum Index amusischen Verhaltens. Auch die abstrakte Größe der Natur, die Kant noch bewunderte und dem Sittengesetz verglich, wird als Reflex des bürgerlichen Größenwahns, des Sinns für Rekord, der Quantifizierung, auch des bürgerlichen Heroenkults durchschaut. Darüber entgleitet, daß jenes Moment in der Natur dem Betrachter auch ein ganz Verschiedenes zuwendet, etwas, woran menschliche Herrschaft ihre Grenze hat und was an die Ohnmacht des allmenschlichen Getriebes erinnert. So mochte noch Nietzsche in Sils Maria sich empfinden, »zweitausend Meter über dem Meer, geschweige über den Menschen«. Derlei Fluktuationen in der Erfahrung des Naturschönen verwehren jeglichen Apriorismus der Theorie so durchaus wie die Kunst. Wer das Naturschöne im invarianten Begriff fixieren wollte, geriete in Lächerlichkeit wie Husserl, wo er berichtet, daß er ambulando das frische Grün des Rasens wahrnimmt. Wer vom Naturschönen redet, begibt sich an den Rand der Afterpoesie. Einzig der Pedant vermißt sich, in der Natur Schönes und Häßliches zu unterscheiden, aber ohne alle solche Unterscheidung würde der Begriff des Naturschönen leer. Weder Kategorien wie die der formalen Größe – der die mikrologische Wahrnehmung von Schönem in der Natur, wohl die authentischeste, widerspricht – noch etwa, wie die ältere Ästhetik es sich vorstellte, mathematische Symmetrieverhältnisse liefern Kriterien des Naturschönen. Nach dem Kanon allgemeiner Begriffe ist es aber darum unbestimmbar, weil sein eigener Begriff seine Substanz hat in dem der Allgemeinbegrifflichkeit sich Entziehenden. Seine wesentliche Unbestimmtheit manifestiert sich darin, daß jegliches Stück Natur, wie alles von Menschen Gemachte, das zu Natur geronnen ist, schön zu werden vermag, von innen her leuchtend. Solcher Ausdruck hat mit formalen Proportionen wenig oder nichts zu tun. Zugleich jedoch bietet jedes einzelne als schön erfahrene Objekt der Natur so sich dar, als wäre es das allein Schöne auf der ganzen Erde; das erbt sich fort an jedes Kunstwerk. Während zwischen Schönem und nicht Schönem in der Natur nicht kategorisch zu unterscheiden ist, wird doch das Bewußtsein, das in ein Schönes liebend sich versenkt, zur Unterscheidung gedrängt. Ein qualitativ Unterscheidendes am

Schönen der Natur ist, wenn irgendwo, zu suchen in dem Grad, in dem ein nicht von Menschen Gemachtes spricht, ihrem Ausdruck. Schön ist an der Natur, was als mehr erscheint, denn was es buchstäblich an Ort und Stelle ist. Ohne Rezeptivität wäre kein solcher objektiver Ausdruck, aber er reduziert sich nicht aufs Subjekt; das Naturschöne deutet auf den Vorrang des Objekts in der subjektiven Erfahrung. Wahrgenommen wird es ebenso als zwingend Verbindliches wie als Unverständliches, das seine Auflösung fragend erwartet. Weniges vom Naturschönen hat auf die Kunstwerke so vollkommen sich übertragen wie dieser Doppelcharakter. Unter seinem Aspekt ist Kunst, anstatt Nachahmung der Natur, Nachahmung des Naturschönen. Es wächst an mit der allegorischen Intention, die es bekundet, ohne sie zu entschlüsseln; mit Bedeutungen, die nicht, wie in der meinenden Sprache, sich vergegenständlichen. Sie dürften durchweg geschichtlichen Wesens sein wie der Hölderlinsche »Winkel von Hardt«[27]. Eine Baumgruppe löst dort als schön – schöner als andere – sich ab, wo sie wie immer auch vag Mal eines vergangenen Vorgangs dünkt; ein Fels, der für eine Sekunde dem Blick zu einem vorweltlichen Tier wird, während dem nächsten die Ähnlichkeit wieder entgleitet. Eine Dimension der romantischen Erfahrung, die jenseits von romantischer Philosophie und Gesinnung sich behauptet, hat dort ihre Stätte. Im Naturschönen spielen, musikähnlich und kaleidoskopisch wechselnd, naturhafte und geschichtliche Elemente ineinander. Eines kann fürs andere eintreten, und in der Fluktuation, nicht in der Eindeutigkeit der Beziehungen lebt das Naturschöne. Es ist Schauspiel, wie Wolken Shakespearesche Dramen vorführen, oder beleuchtete Wolkenränder Blitze dem Schein nach zur Dauer verhalten. Bildet Kunst nicht die Wolken ab, so versuchen die Dramen dafür, die der Wolken aufzuführen; bei Shakespeare wird das in einer Szene Hamlets mit den Höflingen gestreift. Naturschönes ist sistierte Geschichte, innehaltendes Werden. Wann immer man Kunstwerken mit Recht Naturgefühl zubilligt, sprechen sie darauf an. Nur ist jenes Gefühl, bei aller Verwandtschaft mit der Allegorese, flüchtig bis zum déjà vu und ist wohl als ephemeres am triftigsten.

27 Vgl. Hölderlin, a. a. O., Bd. 2, S. 120.

Humboldt nimmt auch darin eine Position zwischen Kant und Hegel ein, daß er am Naturschönen festhält, aber es gegenüber dem Kantischen Formalismus zu konkretisieren trachtet. So wird in der Schrift über die Vasken, die zu Unrecht von Goethes Italienischer Reise verdunkelt wurde, an Natur Kritik geübt, ohne daß diese, wie nach einhundertfünfzig Jahren zu gewärtigen wäre, durch ihren Ernst lächerlich würde. Einer großartigen Felsenlandschaft wirft Humboldt vor, daß ihr die Bäume mangelten. Der Vers »Die Stadt ist schön gelegen, jedoch der Berg fehlt ihr« spottet über derlei Sprüche; die gleiche Landschaft hätte wohl fünfzig Jahre später entzückt. Indessen bezeugt die Naivetät, die von der außermenschlichen Natur den Gebrauch menschlicher Urteilskraft nicht sich abmarkten läßt, eine Beziehung zu jener, die unvergleichlich viel inniger ist als die allseits befriedigte Bewunderung. Vernunft im Angesicht der Landschaft setzt nicht nur, wie prima facie zu argwöhnen ist, einen rationalistisch-harmonistischen Zeitgeschmack voraus, der noch das Außermenschliche als auf den Menschen Abgestimmtes supponiert. Darüber hinaus ist sie lebendig von einer Naturphilosophie durchtränkt, die Natur als ein an sich Sinnvolles interpretiert, so wie Goethe mit Schelling es teilte. Wie diese Konzeption ist die Erfahrung von Natur unwiederbringlich, die jene beseelt. Aber Kritik an der Natur ist nicht nur Hybris des zum Absoluten sich aufspreizenden Geistes. Sie hat einigen Halt am Gegenstand. So wahr es ist, daß ein jegliches in der Natur als schön kann aufgefaßt werden, so wahr das Urteil, die Landschaft der Toscana sei schöner als die Umgebung von Gelsenkirchen. Wohl ging das Verblassen des Naturschönen zusammen mit dem Verfall der Naturphilosophie. Diese jedoch starb nicht nur als geistesgeschichtliches Ingrediens; die Erfahrung, welche sie und das Glück an der Natur gleichermaßen trug, hat eingreifend sich verändert. Mit dem Naturschönen geht es ähnlich wie mit Bildung: es wird ausgehöhlt durch die unabweisliche Konsequenz seiner Erweiterung. Die Naturschilderungen Humboldts halten jedem Vergleich stand; die des wild bewegten Biscaischen Meeres okkupieren die Mitte zwischen Kants mächtigsten Sätzen über das Erhabene und der Poeschen Darstellung des Maelstroms; aber sie sind unwiederholbar an ihren geschichtlichen Augenblick gekettet. Das

Urteil Solgers und Hegels, die aus der heraufdämmernden Unbestimmtheit des Naturschönen dessen Inferiorität folgerten, ging fehl. Goethe mochte noch unterscheiden zwischen Objekten, die der Malerei würdig wären und solchen, die es nicht sind; das verleitete ihn dazu, Motivjagd und eine Vedutenmalerei zu verherrlichen, die selbst dem geläuterten Geschmack der Herausgeber der Jubiläumsausgabe nicht mehr behagten. Die klassifizierende Enge der Goetheschen Urteile über Natur jedoch ist durch Konkretion dem gebildet nivellierten Spruch, alles sei gleich schön, immer noch überlegen. Freilich hat unterm Zwang der malerischen Entwicklung die Bestimmung des Naturschönen sich umgedreht. Billig geistreich hat man gar zu häufig bemerkt, durch die Kitschbilder seien die Sonnenuntergänge selbst angekränkelt. Schuld am Unstern über der Theorie des Naturschönen ist weder die korrigierbare Schwäche der Reflexionen darüber noch die Armut des Gesuchten. Vielmehr wird es bestimmt von seiner Unbestimmtheit, einer des Objekts nicht weniger als des Begriffs. Als Unbestimmtes, antithetisch zu den Bestimmungen, ist das Naturschöne unbestimmbar, darin der Musik verwandt, die aus solcher ungegenständlichen Ähnlichkeit mit Natur in Schubert die tiefsten Wirkungen zog. Wie in Musik blitzt, was schön ist, an der Natur auf, um sogleich zu verschwinden vor dem Versuch, es dingfest zu machen. Kunst ahmt nicht Natur nach, auch nicht einzelnes Naturschönes, doch das Naturschöne an sich. Das nennt, über die Aporie des Naturschönen hinaus, die von Ästhetik insgesamt. Ihr Gegenstand bestimmt sich als unbestimmbar, negativ. Deshalb bedarf Kunst der Philosophie, die sie interpretiert, um zu sagen, was sie nicht sagen kann, während es doch nur von Kunst gesagt werden kann, indem sie es nicht sagt. Die Paradoxien der Ästhetik sind ihr vom Gegenstand diktiert: »Das Schöne erfordert vielleicht die sklavische Nachahmung dessen, was in den Dingen unbestimmbar ist.«[28] Ist es barbarisch, von irgend etwas in der Natur zu sagen, es sei schöner als ein anderes, so trägt gleichwohl der Begriff des Schönen in der Natur als eines Unterscheidbaren solche Barbarei teleologisch in sich, während doch das Urbild des Banausen bleibt, wer gegen das Schöne in

28 Paul Valéry, Windstriche. Aufzeichnungen und Aphorismen, übertr. von B. Böschenstein u. a., Wiesbaden 1959, S. 94.

der Natur blind ist. Grund dessen ist das Enigmatische ihrer Sprache. Solche Insuffizienz des Naturschönen mag tatsächlich, der Hegelschen Stufenlehre gemäß, als Motivation emphatischer Kunst mitgespielt haben. Denn in Kunst wird das Entgleitende objektiviert und zur Dauer zitiert: insofern ist sie Begriff, nur nicht wie in der diskursiven Logik. Die Schwäche des Gedankens angesichts des Naturschönen, als eine des Subjekts, und dessen objektive Stärke verlangen, daß sein Enigmatisches in der Kunst sich reflektiere und dadurch, wenngleich abermals nicht als ein an sich Begriffliches, dem Begriff sich bestimme. »Wanderers Nachtlied« ist unvergleichlich, weil darin nicht so sehr das Subjekt redet – eher möchte es, wie in jedem authentischen Gebilde, durch dieses hindurch darin verstummen –, sondern weil es durch seine Sprache das Unsagbare der Sprache von Natur imitiert. Nichts anderes dürfte die Norm meinen, im Gedicht sollten Form und Inhalt koinzidieren, wofern sie mehr sein soll als die Phrase der Indifferenz.

Das Naturschöne ist die Spur des Nichtidentischen an den Dingen im Bann universaler Identität. Solange er waltet, ist kein Nichtidentisches positiv da. Daher bleibt das Naturschöne so versprengt und ungewiß wie das, was von ihm versprochen wird, alles Innermenschliche überflügelt. Der Schmerz im Angesicht des Schönen, nirgends leibhafter als in der Erfahrung von Natur, ist ebenso die Sehnsucht nach dem, was es verheißt, ohne daß es darin sich entschleiere, wie das Leiden an der Unzulänglichkeit der Erscheinung, die es versagt, indem sie ihm gleichen möchte. Das setzt im Verhältnis zu den Kunstwerken sich fort. Der Betrachter unterschreibt, unwillentlich und ohne Bewußtsein, einen Vertrag mit dem Werk, ihm sich zu fügen, damit es spreche. In der angelobten Rezeptivität lebt das Ausatmen in der Natur nach, das reine sich Überlassen. Das Naturschöne teilt die Schwäche aller Verheißung mit deren Unauslöschlichkeit. Mögen immer die Worte von der Natur abprallen, ihre Sprache verraten an die, von welcher jene qualitativ sich scheidet – keine Kritik der Naturteleologie kann fortschaffen, daß südliche Länder wolkenlose Tage kennen, die sind, als ob sie darauf warteten, wahrgenommen zu werden. Indem sie so strahlend unverstört zum Ende sich neigen, wie sie begannen, geht von ihnen aus, nicht sei alles verloren, alles könne gut werden: »Tod, sitz aufs Bett, und

Herzen, horcht hinaus: / Ein alter Mann zeigt in den schwachen Schein / Unterm Rand des ersten Blaus: / Für Gott, den Ungebornen, stehe / Ich euch ein: / Welt, und sei dir noch so wehe, / Es kehrt von Anfang, alles ist noch dein!«[29] Das Bild des Ältesten an der Natur ist umschlagend die Chiffre des noch nicht Seienden, Möglichen: als dessen Erscheinung ist sie mehr als Daseiendes; aber schon die Reflexion darauf frevelt fast. Daß Natur so rede, davon läßt sich nicht urteilen, es sei verbürgt, denn ihre Rede ist kein Urteil; ebensowenig jedoch bloß der trügerische Zuspruch, den Sehnsucht sich zurückspiegelt. In der Ungewißheit erbt sich ans Naturschöne die Zweideutigkeit des Mythos fort, während zugleich dessen Echo, der Trost, in der erscheinenden Natur vom Mythos sich entfernt. Wider den Identitätsphilosophen Hegel ist Naturschönheit dicht an der Wahrheit, aber verhüllt sich im Augenblick der nächsten Nähe. Auch das hat Kunst dem Naturschönen abgelernt. Die Grenze gegen den Fetischismus der Natur jedoch, die pantheistische Ausflucht, die nichts als affirmatives Deckbild von endlosem Verhängnis wäre, wird dadurch gezogen, daß Natur, wie sie in ihrem Schönen zart, sterblich sich regt, noch gar nicht ist. Die Scham vorm Naturschönen rührt daher, daß man das noch nicht Seiende verletze, indem man es im Seienden ergreift. Die Würde der Natur ist die eines noch nicht Seienden, das intentionale Vermenschlichung durch seinen Ausdruck von sich weist. Sie ist übergegangen an den hermetischen Charakter der Kunst, ihre von Hölderlin gelehrte Absage an jeglichen Gebrauch, wäre es auch der durchs Einlegen menschlichen Sinnes sublimierte. Denn Kommunikation ist die Anpassung des Geistes an das Nützliche, durch welche er sich unter die Waren einreiht, und was heute Sinn heißt, partizipiert an diesem Unwesen. Das Lückenlose, Gefügte, in sich Ruhende der Kunstwerke ist Nachbild des Schweigens, aus welchem allein Natur redet. Das Schöne an der Natur ist gegen herrschendes Prinzip wie gegen diffuses Auseinander ein Anderes; ihm gliche das Versöhnte.

Hegel geht zum Kunstschönen vom Naturschönen über, das er zunächst konzediert: »Als die sinnlich objective Idee nun ist die Lebendigkeit in der Natur schön, insofern das Wahre, die Idee,

---

[29] Rudolf Borchardt, a. a. O., S. 104 (»Tagelied«).

in ihrer nächsten Naturform als Leben unmittelbar in einzelner gemäßer Wirklichkeit da ist.«³⁰ Dieser Satz, der vorweg das Naturschöne ärmer macht, als es ist, bietet ein Paradigma von Konsequenz-Ästhetik: er folgt aus der Identifikation des Wirklichen mit dem Vernünftigen, spezifischer: der Bestimmung der Natur als der Idee in ihrer Andersheit. Jene wird von ober her dem Naturschönen gutgeschrieben. Die Schönheit der Natur entfließt aus der Hegelschen Theodizee des Wirklichen: weil die Idee nicht anders soll sein können als wie sie sich realisiert, sei ihre primäre Erscheinung oder ›nächste Naturform‹ ›gemäß‹ und darum schön. Dialektisch wird das sogleich eingeschränkt; der Natur. als Geist, wohl in polemischem Gedanken an Schelling, nicht weiter nachgegangen, weil sie der Geist in seiner Andersheit sein soll, nicht unmittelbar auf ihn reduzibel. Unverkennbar der Fortschritt kritischen Bewußtseins darin. Die Hegelsche Bewegung des Begriffs sucht das unmittelbar nicht aussprechbare Wahre in der Benennung des Partikularen, Begrenzten: des Toten und Falschen. Das läßt das Naturschöne, kaum daß es auftrat, verschwinden: »Dieser nur sinnlichen Unmittelbarkeit wegen ist jedoch das lebendige Naturschöne weder schön für sich selber, noch ganz aus sich selbst als schön und der schönen Erscheinung wegen producirt. Die Naturschönheit ist nur schön für Anderes, d. h. für uns, für das die Schönheit auffassende Bewußtseyn.«³¹ Damit dürfte die Essenz des Naturschönen versäumt sein, die Anamnesis dessen gerade, was nicht nur Für Anderes ist. Solche Kritik am Naturschönen folgt einem Topos der Hegelschen Ästhetik insgesamt, ihrer objektivistischen Wendung wider die Kontingenz subjektiver Empfindung. Eben das Schöne, das als unabhängig vom Subjekt, als schlechterdings nicht Gemachtes sich darstellt, verfällt dem Verdacht des schwächlich Subjektiven; ihm setzt Hegel die Unbestimmtheit am Naturschönen unmittelbar gleich. Überhaupt gebricht der Hegelschen Ästhetik das Organ für alles Sprechende, das nicht signifikativ wäre; auch seiner Sprachtheorie³². Imma-

---

30 Georg Wilhelm Friedrich Hegel: Werke. Vollständige Ausgabe durch einen Verein von Freunden des Verewigten, Bd. 10: Vorlesungen über die Aesthetik, hg. von H. G. Hotho, 2. Aufl., Berlin 1842/43, 1. Teil, S. 157.
31 A. a. O.
32 Vgl. Theodor W. Adorno, Drei Studien zu Hegel. Aspekte, Erfahrungs-

nent wäre gegen Hegel damit zu argumentieren, daß seine eigene Bestimmung der Natur als des Geistes in seiner Andersheit ihn jener nicht nur kontrastiert, sondern beides auch verbindet, ohne daß dem verbindenden Moment in der Ästhetik, wie in der Naturphilosophie des Systems, weiter nachgefragt würde. Hegels objektiver Idealismus wird in der Ästhetik zur krassen, nahezu unreflektierten Parteinahme für subjektiven Geist. Wahr daran ist, daß das Naturschöne, jähes Versprechen eines Obersten, nicht bei sich bleiben kann, sondern errettet wird erst durch das Bewußtsein hindurch, das ihm sich entgegensetzt. Was Hegel triftig dem Naturschönen entgegenhält, ist seiner Kritik des ästhetischen Formalismus gemäß und damit des spielerisch Hedonistischen, das den emanzipierten bürgerlichen Geist am achtzehnten Jahrhundert abstieß. »Die Form des Naturschönen als abstracte ist einerseits bestimmte und dadurch beschränkte Form, andrerseits enthält sie eine Einheit und abstracte Beziehung auf sich ... Diese Art der Form ist das, was man Regelmäßigkeit, Symmetrie, ferner Gesetzmäßigkeit und endlich Harmonie nennt.«[33] Hegel spricht aus Sympathie mit dem Vordringen der Dissonanz, taub dagegen, wie sehr diese im Naturschönen ihre Stätte hat. Mit dieser Intention lief die ästhetische Theorie auf ihrer Hegelschen Höhe der Kunst voraus; erst als neutralisierte Wohlweisheit blieb sie nach ihm hinter jener zurück. Die bloß formalen, ›mathematischen‹ Verhältnisse, die Naturschönes einst begründen sollten, werden dem lebendigen Geist entgegengesetzt; sie trifft das Verdikt des Subalternen und Hausbackenen: die Schönheit der Regelmäßigkeit ist »eine Schönheit abstracter Verständigkeit«[34]. Verachtung für die rationalistische Ästhetik jedoch trübt Hegels Blick für das, was an Natur deren Begriffsnetz entschlüpft. Buchstäblich kommt der Begriff des Subalternen beim Übergang vom Naturschönen zum Kunstschönen vor: »Dieser wesentliche Mangel [des Naturschönen] nun führt uns auf die Nothwendigkeit des Ideals, das in der Natur nicht zu finden ist

---

gehalt, Skoteinos oder Wie zu lesen sei, 3. Aufl., Frankfurt a. M. 1969, S. 119 und S. 123 f.
33 Hegel, a. a. O., 1. Teil, S. 170.
34 A. a. O.

und, gegen welches gehalten die Naturschönheit als untergeordnet erscheint.«[35] Untergeordnet aber ist das Naturschöne in denen, die es preisen, nicht an sich. Mag die Bestimmtheit von Kunst die der Natur überflügeln, so hat sie doch an deren Ausdruck ihr Urbild und nicht an dem Geist, den Menschen ihr verleihen. Der Begriff des Ideals, eines Gesetzten, wonach Kunst sich zu richten hätte, was ›gereinigt‹ wäre, ist ihr äußerlich. Der idealistische Hochmut gegen das an der Natur, was nicht selber Geist ist, rächt sich an dem, was in Kunst mehr ist als deren subjektiver Geist. Das zeitlose Ideal wird Gips; das Schicksal der Dramatik Hebbels, deren Positionen den Hegelschen nicht gar zu fernlagen, belegt in der Geschichte der deutschen Literatur das vielleicht am einfachsten. Hegel deduziert die Kunst, rationalistisch genug, unter wunderlicher Abstraktion von ihrer realen geschichtlichen Genese, aus der Insuffizienz der Natur: »Die Nothwendigkeit des Kunstschönen leitet sich also aus den Mängeln der unmittelbaren Wirklichkeit her, und die Aufgabe desselben muß dahin festgesetzt werden, daß es den Beruf habe, die Erscheinung der Lebendigkeit und vornehmlich der geistigen Beseelung auch äußerlich in ihrer Freiheit darzustellen, und das Aeußerliche seinem Begriffe gemäß zu machen. Dann erst ist das Wahre aus seiner zeitlichen Umgebung, aus seinem Hinaussichverlaufen in die Reihe der Endlichkeiten herausgehoben, und hat zugleich eine äußere Erscheinung gewonnen, aus welcher nicht mehr die Dürftigkeit der Natur und der Prosa hervorblickt, sondern ein der Wahrheit würdiges Daseyn.«[36] Die Fiber der Hegelschen Philosophie wird in diesem Passus bloßgelegt: das Naturschöne kommt zu seinem Recht einzig durch seinen Untergang, dadurch, daß sein Mangel als raison d'être des Kunstschönen sich installiert. Zugleich wird es durch seinen ›Beruf‹ einem Zweck subsumiert, und zwar dem verklärend affirmativen, gehorsam einem bürgerlichen Topos, der zumindest bis auf d'Alembert und Saint-Simon zurückdatiert. Was jedoch Hegel dem Naturschönen als Mangel vorrechnet, das dem festen Begriff sich Entziehende, ist die Substanz des Schönen selbst. Im Hegelschen Übergang von Natur zu Kunst dagegen ist die vielberufene Mehrsinnigkeit von ›Aufheben‹

35 A. a. O., 1. Teil, S. 180.
36 A. a. O., 1. Teil, S. 192.

nicht zu finden. Das Naturschöne verlischt, ohne daß es im Kunstschönen wiedererkannt würde. Weil es nicht vom Geist durchherrscht und bestimmt sei, gilt es Hegel für vorästhetisch. Aber der herrschaftliche Geist ist Instrument, nicht Gehalt von Kunst. Hegel nennt das Naturschöne prosaisch. Die Formel, die das Asymmetrische nennt, das Hegel am Naturschönen übersieht, ist zugleich blind gegen die Entfaltung der neueren Kunst, die allerorten unter dem Aspekt des Eindringens von Prosa ins Formgesetz selber betrachtet werden könnte. Prosa ist der von nichts zu verwischende Reflex der Entzauberung der Welt in der Kunst, nicht nur ihre Adaptation an befangene Nützlichkeit. Was vor Prosa bloß zurückzuckt, wird Beute der Willkür bloß verordneter Stilisation. Die Entwicklungstendenz war zu Hegels Zeit noch nicht voll absehbar; keineswegs fällt sie mit Realismus zusammen, sondern bezieht sich auf autonome, von der Beziehung auf Gegenständlichkeit wie auf Topoi befreite Verfahrensweisen. Ihr gegenüber blieb Hegels Ästhetik klassizistisch reaktionär. Bei Kant war die klassizistische Konzeption des Schönen mit der des Naturschönen vereinbar; Hegel opfert das Naturschöne dem subjektiven Geist, subordiniert ihn aber dem mit ihm unvereinbaren, ihm auswendigen Klassizismus, vielleicht aus Furcht vor einer Dialektik, die auch angesichts der Idee des Schönen nicht stillsteht. Die Hegelsche Kritik des Kantischen Formalismus müßte das nicht formale Konkrete geltend machen. Hegel versteht sich dazu nicht; deshalb vielleicht verwechselt er die materialen Momente der Kunst mit ihrem gegenständlichen Inhalt. Indem er das Flüchtige des Naturschönen, wie tendenziell alles Unbegriffliche, verwirft, macht er sich borniert gleichgültig gegen das zentrale Motiv von Kunst, nach ihrer Wahrheit beim Entgleitenden, Hinfälligen zu tasten. Hegels Philosophie versagt vor dem Schönen: weil er die Vernunft und das Wirkliche durch den Inbegriff ihrer Vermittlungen einander gleichsetzt, hypostasiert er die Zurüstung alles Seienden durch Subjektivität als das Absolute, und das Nichtidentische taugt ihm einzig als Fessel der Subjektivität, anstatt daß er dessen Erfahrung als Telos des ästhetischen Subjekts, als dessen Emanzipation bestimmte. Fortschreitende dialektische Ästhetik wird notwendig zur Kritik auch an der Hegelschen.

Dialektisch ist der Übergang vom Natur- zum Kunstschönen als einer von Herrschaft. Kunstschön ist das objektiv im Bild Beherrschte, das vermöge seiner Objektivität Herrschaft transzendiert. Ihr entringen sich die Kunstwerke, indem sie das ästhetische Verhalten, dem das Naturschöne zuteil wird, in eine produktive Arbeit verwandeln, die ihr Modell an der materiellen Arbeit hat. Als verfügende sowohl wie versöhnte Sprache von Menschen möchte Kunst abermals heranreichen an das, was den Menschen in der Sprache der Natur sich verdunkelt. Soviel haben die Kunstwerke mit der idealistischen Philosophie gemeinsam, daß sie die Versöhnung in die Identität mit dem Subjekt rücken; darin hat in Wahrheit jene Philosophie, wie ausdrücklich bei Schelling, die Kunst zum Vorbild, nicht umgekehrt. Sie dehnen den Herrschaftsbereich der Menschen extrem aus, doch nicht buchstäblich, sondern kraft der Setzung einer Sphäre für sich, die eben durch ihre gesetzte Immanenz von der realen Herrschaft sich scheidet und damit diese in ihrer Heteronomie negiert. Nur derart polar, nicht durch Pseudomorphose der Kunst an die Natur sind beide zueinander vermittelt. Je strenger die Kunstwerke der Naturwüchsigkeit und der Abbildung von Natur sich enthalten, desto mehr nähern die gelungenen sich der Natur. Ästhetische Objektivität, Widerschein des Ansichseins der Natur, setzt das subjektiv teleologische Einheitsmoment rein durch; dadurch allein werden die Werke der Natur ähnlich. Alle partikulare Ähnlichkeit ist demgegenüber akzidentell, meist der Kunst fremd und dinghaft. Das Gefühl der Notwendigkeit eines Kunstwerks ist für solche Objektivität nur ein anderes Wort. Mit ihrem Begriff wird, wie Benjamin dartut, von der üblichen Geistesgeschichte Mißbrauch getrieben. Man trachtet Phänomene, zu denen anders keine Beziehung mehr sich herstellen läßt, meist historische, zu ergreifen oder zu rechtfertigen, indem man sie notwendig nennt, etwa einer langweiligen Musik nachrühmt, sie sei als Vorstufe einer großen notwendig gewesen. Der Beweis solcher Notwendigkeit ist nie zu erbringen: weder im einzelnen Kunstwerk noch im geschichtlichen Verhältnis der Kunstwerke und der Stile zueinander gibt es durchsichtige Gesetzmäßigkeit nach Art der naturwissenschaftlichen, und um die psychologische steht es nicht besser. Nicht more scientifico ist von Notwendigkeit in der

Kunst zu reden, sondern einzig soweit, wie ein Werk durch die Macht seiner Geschlossenheit, die Evidenz seines So-und-nicht-anders-Seins wirkt, als ob es schlechterdings da sein müßte, man es nicht wegdenken könnte. Das Ansichsein, dem die Kunstwerke nachhängen, ist nicht Imitation eines Wirklichen sondern Vorwegnahme eines Ansichseins, das noch gar nicht ist, eines Unbekannten und durchs Subjekt hindurch sich Bestimmenden. Sie sagen, daß etwas an sich sei, prädizieren nichts darüber. Tatsächlich hat Kunst durch die Spiritualisierung, die ihr während der letzten zweihundert Jahre widerfuhr und durch die sie mündig ward, nicht, wie das verdinglichte Bewußtsein es möchte, der Natur sich entfremdet, sondern der eigenen Gestalt nach dem Naturschönen sich angenähert. Eine Theorie der Kunst, welche deren Tendenz zur Subjektivierung in einfache Identität setzt mit der Entwicklung der Wissenschaft gemäß subjektiver Vernunft, versäumte zugunsten von Plausibilität den Gehalt der künstlerischen Bewegung. Kunst möchte mit menschlichen Mitteln das Sprechen des nicht Menschlichen realisieren. Der reine Ausdruck der Kunstwerke befreit vom dinghaft Störenden, auch dem sogenannten Naturstoff, konvergiert mit Natur, so wie in den authentischesten Gebilden Anton Weberns der reine Ton, auf den sie sich kraft subjektiver Sensibilität reduzieren, umschlägt in den Naturlaut; den einer beredten Natur freilich, ihre Sprache, nicht ins Abbild eines Stücks von ihr. Die subjektive Durchbildung der Kunst als einer nichtbegrifflichen Sprache ist im Stande von Rationalität die einzige Figur, in der etwas wie Sprache der Schöpfung widerscheint, mit der Paradoxie der Verstelltheit des Widerscheinenden. Kunst versucht, einen Ausdruck nachzuahmen, der nicht eingelegte menschliche Intention wäre. Diese ist lediglich ihr Vehikel. Je vollkommener das Kunstwerk, desto mehr fallen die Intentionen von ihr ab. Natur mittelbar, der Wahrheitsgehalt von Kunst, bildet unmittelbar ihr Gegenteil. Ist die Sprache der Natur stumm, so trachtet Kunst, das Stumme zum Sprechen zu bringen, dem Mißlingen exponiert durch den unaufhebbaren Widerspruch zwischen dieser Idee, die verzweifelte Anstrengung gebietet, und der, welcher die Anstrengung gilt, der eines schlechthin Unwillentlichen.

Natur hat ihre Schönheit daran, daß sie mehr zu sagen scheint, als sie ist. Dies Mehr seiner Kontingenz zu entreißen, seines Scheins mächtig zu werden, als Schein ihn selbst zu bestimmen, als unwirklich auch zu negieren, ist die Idee von Kunst. Das von Menschen gemachte Mehr verbürgt an sich nicht den metaphysischen Gehalt von Kunst. Der könnte ganz nichtig sein, und gleichwohl könnten die Kunstwerke jenes Mehr als Erscheinendes setzen. Kunstwerke werden sie in der Herstellung des Mehr; sie produzieren ihre eigene Transzendenz, sind nicht deren Schauplatz, und dadurch wieder sind sie von Transzendenz geschieden. Deren Ort in den Kunstwerken ist der Zusammenhang ihrer Momente. Indem sie auf einen solchen drängen sowohl wie ihm sich einpassen, überschreiten sie die Erscheinung, die sie sind, aber dies Überschreiten kann unwirklich sein. In seinem Vollzug, nicht erst, überhaupt wohl kaum durch Bedeutungen sind Kunstwerke ein Geistiges. Ihre Transzendenz ist ihr Sprechendes oder ihre Schrift, aber eine ohne Bedeutung oder, genauer, eine mit gekappter oder zugehängter Bedeutung. Subjektiv vermittelt, manifestiert sie sich objektiv, aber desto desultorischer. Kunst sinkt unter ihren Begriff herab, wo sie jene Transzendenz nicht erlangt, wird entkunstet. Sie verrät sie jedoch ebensowohl, wo sie sie als Wirkungszusammenhang sucht. Das impliziert ein wesentliches Kriterium neuer Kunst. Kompositionen versagen als Geräuschkulissen oder als bloß aufbereitetes Material, Bilder, wo die geometrischen Raster, auf die sie sich reduzieren, in der Reduktion bleiben, was sie sind; daher die Relevanz der Abweichungen von den mathematischen Formen in all den Gebilden, die ihrer sich bedienen. Der erstrebte Schauer taugt nicht mehr: er stellt sich nicht ein. Eine von den Paradoxien der Kunstwerke ist, daß sie, was sie setzen, doch nicht setzen dürfen; daran mißt sich ihre Substantialität.

Zur Beschreibung des Mehr reicht die psychologische Definition der Gestalt, der zufolge ein Ganzes mehr sei als seine Teile, nicht hin. Denn das Mehr ist nicht einfach der Zusammenhang sondern ein Anderes, durch ihn Vermitteltes und trotzdem von ihm Gesondertes. Die künstlerischen Momente in ihrem Zusammenhang suggerieren, was nicht in diesen fiele. Dabei indessen stößt man auf eine geschichtsphilosophische Antinomie. Benjamin hat, unter der Thematik der Aura, deren Begriff der vermöge ihrer Geschlossenheit über sich hinausweisenden Erscheinung recht nahekommt, darauf aufmerksam gemacht, daß die mit Baudelaire einsetzende Entwicklung die Aura, etwa als ›Atmosphäre‹, tabuiert[37]; schon bei Baudelaire wird die Transzendenz der künstlerischen Erscheinung bewirkt und negiert in eins. Unter diesem Aspekt bestimmt sich die Entkunstung der Kunst nicht allein als Stufe ihrer Liquidation sondern als ihre Entwicklungstendenz. Dennoch ist in der mittlerweile sozialisierten Rebellion gegen Aura und Atmosphäre jenes Knistern nicht einfach untergegangen, in dem das Mehr des Phänomens gegen dieses sich bekundet. Man braucht nur gute Gedichte von Brecht, die sich verhalten, als ob sie Protokollsätze wären, mit schlechten von Autoren zu vergleichen, bei denen die Rebellion gegen das Poetisierende ins vor-Ästhetische zurückschlägt. Das in der entzauberten Lyrik Brechts von simplistisch Gesagtem Grundverschiedene macht ihren eminenten Rang aus. Erich Kahler hat das wohl als erster gesehen, das Gedicht von den beiden Kranichen[38] ist dafür das größte Zeugnis. Ästhetische Transzendenz und Entzauberung finden zum Unisono im Verstummen: in Becketts œuvre. Daß die bedeutungsferne Sprache keine sagende ist, stiftet ihre Affinität zum Verstummen. Vielleicht ist aller Ausdruck, nächstverwandt dem Transzendierenden, so dicht am Verstummen, wie in großer neuer Musik nichts so viel Ausdruck hat wie das Verlöschende, der aus der dichten Gestalt nackt heraustretende Ton, in dem Kunst vermöge ihrer eigenen Bewegung in ihr Naturmoment mündet.

Der Augenblick des Ausdrucks an den Kunstwerken ist aber nicht ihre Reduktion auf ihr Material als ein Unmittelbares sondern überaus vermittelt. Zu Erscheinungen im prägnanten Verstande, denen eines Anderen, werden Kunstwerke, wo der Akzent auf das Unwirkliche ihrer eigenen Wirklichkeit fällt. Der ihnen immanente Charakter des Akts verleiht ihnen, mögen sie noch so sehr in ihren Materialien als Dauerndes realisiert sein, etwas Momentanes, Plötzliches. Das Gefühl des Überfallen-Werdens im Angesicht jedes bedeutenden Werks registriert das. Von ihm

---

[37] Vgl. Walter Benjamin, Schriften, a. a. O., Bd. 1, S. 459 ff.
[38] Vgl. Bertolt Brecht, Gedichte II, Frankfurt a. M. 1960, S. 210 (»Die Liebenden«).

empfangen alle Kunstwerke, gleich dem Naturschönen, ihre Musikähnlichkeit, deren einst der Name der Muse eingedenk war. Der geduldigen Kontemplation der Kunstwerke geraten sie in Bewegung. Insofern sind sie wahrhaft Nachbilder des vorweltlichen Schauers im Zeitalter der Vergegenständlichung; sein Schreckliches wiederholt sich vor den vergegenständlichten Objekten. Je tiefer der χωρισμός zwischen den konturierten, voneinander geschiedenen Einzeldingen und dem verblassenden Wesen, desto hohler blicken die Augen der Kunstwerke, einzige Anamnesis dessen, was jenseits des χωρισμός seinen Ort hätte. Weil der Schauer vergangen ist und gleichwohl überlebt, objektivieren ihn die Kunstwerke als seine Nachbilder. Denn mögen einst die Menschen den Schauer in ihrer Ohnmacht vor der Natur als Wirkliches gefürchtet haben, nicht geringer und grundloser nicht ist ihre Furcht davor, daß er sich verflüchtige. Alle Aufklärung wird begleitet von der Angst, es möge verschwinden, was sie in Bewegung gebracht hat und was von ihr verschlungen zu werden droht, Wahrheit. Auf sich zurückgeworfen, entfernt sie sich von jenem truglos Objektiven, das sie erlangen möchte; daher bleibt ihr aus der Nötigung ihrer eigenen Wahrheit der Drang gesellt, das im Namen von Wahrheit Verurteilte festzuhalten. Kunst ist solche Mnemosyne. Der Augenblick des Erscheinens in den Werken jedoch ist die paradoxe Einheit oder der Einstand des Verschwindenden und Bewahrten. Kunstwerke sind ein Stillstehendes so gut wie ein Dynamisches; Gattungen unterhalb der approbierten Kultur wie die Tableaux in Zirkusszenen und Revuen, wohl schon die mechanischen der Wasserkünste des siebzehnten Jahrhunderts sind dessen geständig, was die authentischen Kunstwerke als ihr geheimes Apriori in sich verstecken. Aufgeklärt bleiben sie dabei, weil sie den erinnerten Schauer, inkommensurabel in der magischen Vorwelt, den Menschen kommensurabel machen möchten. Hegels Formulierung von der Kunst als dem Versuch, das Fremde wegzunehmen[39], hat daran gerührt. Im Artefakt befreit sich der Schauer vom mythischen Trug seines

---

39 Vgl. Hegel, a. a. O., 1. Teil, S. 41: »Der Mensch thut dies [d. h. die Außendinge verändern, welchen er das Siegel seines Innern aufdrückt], um als freies Subject auch der Außenwelt ihre spröde Fremdheit zu nehmen, und in der Gestalt der Dinge nur eine äußere Realität seiner selbst zu genießen.«

Ansichseins, ohne daß er doch auf den subjektiven Geist nivelliert würde. Die Verselbständigung der Kunstwerke, ihre Objektivation durch die Menschen, hält diesen den Schauer als Ungemildertes und noch nie Gewesenes entgegen. Der Akt der Entfremdung in solcher Objektivation, den jedes Kunstwerk vollzieht, ist korrektiv. Kunstwerke sind neutralisierte und dadurch qualitativ veränderte Epiphanien. Sollten die antiken Gottheiten an ihren Kultstätten flüchtig erscheinen oder wenigstens in der Vorzeit erschienen sein, so ist dies Erscheinen zum Gesetz der Permanenz von Kunstwerken geworden um den Preis der Leibhaftigkeit des Erscheinenden. Am nächsten kommt dem Kunstwerk als Erscheinung die apparition, die Himmelserscheinung. Mit ihr halten die Kunstwerke Einverständnis, wie sie aufgeht über den Menschen, ihrer Intention entrückt und der Dingwelt. Kunstwerke, denen die apparition ohne Spur ausgetrieben ward, sind nichts mehr als Hülsen, schlechter als bloßes Dasein, weil sie nicht einmal zu etwas nützen. In nichts erinnern die Kunstwerke ans Mana sich so sehr wie in dessen extremem Gegensatz, der subjektiv gesetzten Konstruktion von Unausweichlichkeit. Der Augenblick, der die Kunstwerke sind, schoß zumindest in den traditionellen dort zusammen, wo sie zur Totalität wurden aus ihren partikularen Momenten. Der fruchtbare Moment ihrer Objektivation ist der, welcher sie zur Erscheinung konzentriert, keineswegs nur die Ausdruckscharaktere, die über die Kunstwerke verstreut sind. Sie überflügeln die Dingwelt durch ihr eigenes Dinghaftes, ihre artifizielle Objektivation. Beredt werden sie kraft der Zündung von Ding und Erscheinung. Sie sind Dinge, in denen es liegt zu erscheinen. Ihr immanenter Prozeß tritt nach außen als ihr eigenes Tun, nicht als das, was Menschen an ihnen getan haben und nicht bloß für die Menschen. Prototypisch für die Kunstwerke ist das Phänomen des Feuerwerks, das um seiner Flüchtigkeit willen und als leere Unterhaltung kaum des theoretischen Blicks gewürdigt wurde; einzig Valéry hat Gedankengänge verfolgt, die zumindest in seine Nähe führen. Es ist apparition κατ' ἐξοχήν: empirisch Erscheinendes, befreit von der Last der Empirie als einer der Dauer, Himmelszeichen und hergestellt in eins, Menetekel, aufblitzende und vergehende Schrift, die doch nicht ihrer Bedeutung nach sich lesen läßt. Die Absonderung des ästhetischen Bereichs in der vollendeten Zweckferne eines durch und durch Ephemeren bleibt nicht dessen formale Bestimmung. Nicht durch höhere Vollkommenheit scheiden sich die Kunstwerke vom fehlbaren Seienden, sondern gleich dem Feuerwerk dadurch, daß sie aufstrahlend zur ausdrückenden Erscheinung sich aktualisieren. Sie sind nicht allein das Andere der Empirie: alles in ihnen wird ein Anderes. Darauf spricht das vorkünstlerische Bewußtsein an den Kunstwerken am stärksten an. Es willfahrt der Lockung, welche zur Kunst überhaupt erst verführt, vermittelnd zwischen ihr und der Empirie. Während die vorkünstlerische Schicht durch ihre Verwertung vergiftet wird, bis die Kunstwerke sie ausmerzen, überlebt sie sublimiert in ihnen. Weniger besitzen sie Idealität, als daß sie vermöge ihrer Vergeistigung ein blockiertes oder versagtes Sinnliches versprechen. Faßlich wird jene Qualität an Phänomenen, von denen die ästhetische Erfahrung sich emanzipierte, in den Relikten einer gleichsam kunstfernen, mit Recht und Unrecht niedrig genannten Kunst, wie dem Zirkus, dem in Frankreich die kubistischen Maler und ihre Theoretiker, in Deutschland Wedekind sich zuwandten. Die nach Wedekinds Wort körperliche Kunst ist nicht nur hinter der vergeistigten zurückgeblieben, nicht einmal bloß deren Komplement: als intentionslose auch deren Vorbild. Ein jegliches Kunstwerk beschwört durch seine bloße Existenz, als dem Entfremdeten fremdes Kunstwerk, den Zirkus und ist doch verloren, sobald es ihm nacheifert. Nicht durch apparition unmittelbar, einzig durch die Gegentendenz zu ihr wird Kunst zum Bild. Die vorkünstlerische Schicht der Kunst ist zugleich das Memento ihres antikulturellen Zuges, ihres Argwohns gegen ihre Antithese zur empirischen Welt, welche die empirische Welt unbehelligt läßt. Bedeutende Kunstwerke trachten danach, jene kunstfeindliche Schicht dennoch sich einzuverleiben. Wo sie, der Infantilität verdächtig, fehlt: dem spirituellen Kammermusiker die letzte Spur des Stehgeigers, dem illusionslosen Drama die letzte des Kulissenzaubers, hat Kunst kapituliert. Auch über Becketts Endspiel hebt verheißungsvoll sich der Vorhang; Theaterstücke und Regiepraktiken, die ihn weglassen, springen mit einem hilflosen Trick über ihren Schatten. Der Augenblick, da der Vorhang sich hebt, ist aber die Erwartung der apparition. Wollen Becketts Stücke, grau wie nach Sonnen- und

Weltuntergang, die Buntheit des Zirkus exorzieren, so sind sie ihm treu dadurch, daß sie auf der Bühne sich abspielen, und man weiß, wie sehr ihre Antihelden von den Clowns und der Filmgroteske inspiriert wurden. Sie verzichten denn auch, bei aller austerity, keineswegs ganz auf Kostüm und Kulisse: der Diener Clov, der vergebens ausbrechen möchte, trägt das komisch veraltete des reisenden Engländers, der Sandhügel der Happy Days gleicht Formationen des amerikanischen Westens; überhaupt bliebe zu fragen, ob nicht noch die abstraktesten Gebilde der Malerei, durch ihr Material und dessen visuelle Organisation, Reste der Gegenständlichkeit mit sich führen, die sie außer Kurs setzen. Selbst Kunstwerke, welche Feier und Trost unbestechlich sich verbieten, wischen den Glanz nicht weg, gewinnen ihn desto mehr, je gelungener sie sind. Heute ist er gerade an die trostlosen übergegangen. Ihre Zweckfremdheit sympathisiert über den Abgrund der Weltalter hinweg mit dem überflüssigen Vaganten, der festem Eigentum und seßhafter Zivilisation nicht durchaus willfahrt. Unter den Schwierigkeiten von Kunst heute ist nicht die letzte, daß sie der apparition sich schämt, ohne sie doch abwerfen zu können; sich selbst durchsichtig geworden bis in den konstitutiven Schein, der ihr in seiner Durchsichtigkeit unwahr dünkt, nagt sie an ihrer Möglichkeit, nicht länger, nach Hegels Sprache, substantiell. Ein alberner Soldatenwitz aus Wilhelminischen Zeiten berichtet vom Offiziersburschen, den sein Vorgesetzter eines schönen Sonntags in den Zoologischen Garten schickt. Aufgeregt kommt er zurück und sagt: Herr Leutnant, solche Tiere gibt es nicht. Seiner Reaktionsweise bedarf ästhetische Erfahrung ebenso, wie jene dem Begriff von Kunst fremd ist. Mit dem burschenhaften θαυμάζειν sind auch die Kunstwerke eliminiert; der Angelus Novus von Klee erregt es gleich den tiermenschlichen Gestalten der indischen Mythologie. In jedem genuinen Kunstwerk erscheint etwas, was es nicht gibt. Nicht phantasieren sie es aus zerstreuten Elementen des Seienden zusammen. Sie bereiten aus diesen Konstellationen, die zu Chiffren werden, ohne doch das Chiffrierte, wie Phantasien, als unmittelbar Daseiendes vor Augen zu stellen. Vom Naturschönen unterscheidet dabei das Chiffrierte der Kunstwerke, die eine Seite ihrer apparition, sich dadurch, daß es zwar ebenfalls die Eindeutigkeit des Urteils verweigert, in der eigenen Gestalt jedoch, in dem Wie, das sie dem Verstellten zukehren, größte Bestimmtheit gewinnen. Dadurch eifern sie den Synthesen des signifikativen Denkens, ihrem unversöhnlichen Feind, nach.

Im Aufgang eines Nichtseienden, als ob es wäre, hat die Frage nach der Wahrheit der Kunst ihren Anstoß. Ihrer bloßen Form nach verspricht sie, was nicht ist, meldet objektiv und wie immer auch gebrochen den Anspruch an, daß es, weil es erscheint, auch möglich sein muß. Die unstillbare Sehnsucht angesichts des Schönen, der Platon mit der Frische des Zum ersten Mal die Worte fand, ist die Sehnsucht nach der Erfüllung des Versprochenen. Es ist das Verdikt über die idealistische Philosophie der Kunst, daß sie die Formel von der *promesse du bonheur* nicht einzuholen vermochte. Indem sie das Kunstwerk theoretisch auf das vereidigte, was es symbolisiere, frevelte sie an dem Geist in ihm selber. Was er verspricht, nicht das Wohlgefallen des Betrachters ist der Ort des sinnlichen Moments an der Kunst. – Das in der *apparition* Aufgehende wollte die Romantik dem Künstlerischen schlechthin gleichsetzen. Sie hat damit ein Wesentliches ergriffen, es aber zum Partikularen, zum Lob einer besonderen, vorgeblich in sich unendlichen Verhaltensweise der Kunst eingeschränkt, wähnend, sie könne durch Reflexion und Thematik in den Griff bekommen, was ihr Äther ist, unwiderstehlich eben darum, weil es nicht sich festnageln läßt, Seiendes so wenig wie allgemeiner Begriff. Es haftet an der Besonderung, vertritt das Unsubsumierbare, solches fordert das herrschende Prinzip der Realität heraus, das der Vertauschbarkeit. Das Erscheinende ist nicht vertauschbar, weil es weder stumpfe Einzelheit bleibt, die durch andere sich ersetzen ließe, noch ein leeres Allgemeines, das als Merkmaleinheit das darunter befaßte Spezifische gleichmachte. Ist in der Realität alles fungibel geworden, so streckt dem Alles für ein Anderes die Kunst Bilder dessen entgegen, was es selber wäre, emanzipiert von den Schemata auferlegter Identifikation. In Ideologie aber spielt Kunst hinüber, indem sie, *imago* von nicht Vertauschbarem, suggeriert, in der Welt wäre nicht alles vertauschbar. Um des Unvertauschbaren willen muß sie durch ihre Gestalt das Vertauschbare zum kritischen Selbstbewußtsein verhalten. Ihr Telos haben die Kunstwerke an einer Sprache, deren

Worte das Spektrum nicht kennt, die nicht von prästabilierter Allgemeinheit eingefangen sind. Ein bedeutender Spannungsroman von Leo Perutz handelt von der Farbe Drommetenrot[40]; unterkünstlerische Gattungen wie die science fiction hängen dem stoffgläubig und deshalb ohnmächtig nach. Mag immer in den Kunstwerken das Nichtseiende jäh aufgehen, sie bemächtigen sich seiner nicht leibhaft mit einem Zauberschlag. Das Nichtseiende ist ihnen vermittelt durch die Bruchstücke des Seienden, die sie zur apparition versammeln. Nicht ist es an der Kunst, durch ihre Existenz darüber zu entscheiden, ob jenes erscheinende Nichtseiende als Erscheinendes doch existiert oder im Schein verharrt. Die Kunstwerke haben ihre Autorität daran, daß sie zur Reflexion nötigen, woher sie, Figuren des Seienden und unfähig, Nichtseiendes ins Dasein zu zitieren, dessen überwältigendes Bild werden könnten, wäre nicht doch das Nichtseiende an sich selber. Gerade die Platonische Ontologie, dem Positivismus versöhnlicher als die Dialektik, hat am Scheincharakter der Kunst sich geärgert, so wie wenn das Versprechen der Kunst Zweifel weckte an der positiven Allgegenwart von Sein und Idee, deren Platon in dem Begriff sich zu versichern hoffte. Wären seine Ideen das Ansichseiende, so bedürfte es keiner Kunst; die antiken Ontologen mißtrauen dieser, möchten sie pragmatistisch kontrollieren, weil sie im Innersten wissen, daß der hypostasierte Allgemeinbegriff nicht ist, was das Schöne verspricht. Platons Kritik an der Kunst ist aber deshalb nicht stringent, weil Kunst eben die buchstäbliche Wirklichkeit ihrer Stoffgehalte negiert, die er als Lüge ihr vorrechnet. Die Verhimmelung des Begriffs zur Idee alliiert sich mit banausischer Blindheit für das in Kunst zentrale Moment der Form. Trotz all dem freilich ist der Fleck der Lüge von Kunst nicht wegzureiben; nichts bürgt dafür, daß sie ihr objektives Versprechen halte. Darum muß jegliche Theorie der Kunst zugleich Kritik an ihr sein. Selbst an radikaler Kunst ist soviel Lüge, wie sie das Mögliche, das sie als Schein herstellt, dadurch herzustellen versäumt. Kunstwerke ziehen Kredit auf eine Praxis, die noch nicht begonnen hat und von der keiner zu sagen wüßte, ob sie ihren Wechsel honoriert.

---

40 Vgl. Leo Perutz, Der Meister des jüngsten Tages. Roman, München 1924, S. 199.

Als apparition, als Erscheinung und nicht Abbild, sind die Kunstwerke Bilder. Hat das Bewußtsein durch die Entzauberung der Welt vom alten Schauer sich befreit, so reproduziert er sich permanent im geschichtlichen Antagonismus von Subjekt und Objekt. Dieses wurde der Erfahrung so inkommensurabel, fremd, ängstigend, wie einmal nur Mana war. Das tingiert den Bildcharakter. Er bekundet solche Fremdheit nicht weniger als darin versucht wird, das dinghaft Entfremdete gleichwohl erfahrbar zu machen. Den Kunstwerken obliegt es, des Allgemeinen im Besonderen innezuwerden, das den Zusammenhang des Seienden diktiert und vom Seienden verdeckt wird; nicht, durch seine Besonderung die herrschende Allgemeinheit der verwalteten Welt zu vertuschen. Totalität ist die fratzenhafte Nachfolge von Mana. Der Bildcharakter an den Kunstwerken ging über an die Totalität, die im Einzelnen treuer erscheint als in den Synthesen der Einzelheiten. Durch ihre Beziehung auf das nicht geradewegs der diskursiven Begriffsbildung Zugängliche und gleichwohl Objektive an der Verfassung der Wirklichkeit hält Kunst im aufgeklärten Zeitalter, das sie provoziert, der Aufklärung die Treue. Das in ihr Erscheinende ist nicht länger Ideal und Harmonie; ihr Lösendes hat einzig noch im Widerspruchsvollen und Dissonanten seine Stätte. Stets war Aufklärung auch Bewußtsein des Verschwindens dessen, was sie schleierlos ergreifen möchte; indem sie das Verschwindende, den Schauer durchdringt, ist sie nicht nur dessen Kritik, sondern errettet ihn nach dem Maß dessen, was an der Realität selbst Schauer erregt. Diese Paradoxie eignen die Kunstwerke sich zu. Bleibt wahr, daß die subjektive Zweck-Mittel-Rationalität, als partikulare und im Innersten irrationale, schlechter irrationaler Enklaven bedarf und als solche auch die Kunst herrichtet, so ist diese trotzdem insofern die Wahrheit über die Gesellschaft, als in ihren authentischen Produkten die Irrationalität der rationalen Weltverfassung nach außen kommt. Denunziation und Antezipation sind in ihr synkopiert. Ist apparition das Aufleuchtende, das Angerührtwerden, so ist das Bild der paradoxe Versuch, dies Allerflüchtigste zu bannen. In Kunstwerken transzendiert ein Momentanes; Objektivation macht das Kunstwerk zum Augenblick. Zu denken ist an Benjamins Formulierung von der Dialektik im Stillstand, entworfen im Kontext seiner Konzeption des dialektischen Bildes. Sind Kunstwerke als Bilder die Dauer des Vergänglichen, so konzentrieren sie sich im Erscheinen als einem Momentanen. Kunst erfahren heißt soviel wie ihres immanenten Prozesses gleichwie im Augenblick seines Stillstands innezuwerden; vielleicht ist davon der zentrale Begriff der Lessingschen Ästhetik, der des fruchtbaren Moments, genährt.

Nicht bloß bereiten die Kunstwerke imagines als ein Dauerndes. Sie werden zu Kunstwerken ebenso durch die Zerstörung ihrer eigenen imagerie; darum ist diese der Explosion zutiefst verschwistert. Erschießt Moritz Stiefel in Wedekinds Frühlings Erwachen sich mit der Wasserpistole, so tritt in dem Augenblick, über dem der Vorhang fällt – »Jetzt gehe ich nicht mehr nach Hause«[41] –, nach außen, was die unsägliche Trauer der Flußlandschaft vor der in den Abend hineindämmernden Stadt ausdrückt. Nicht nur Allegorien sind die Kunstwerke sondern deren katastrophische Erfüllung. Die Schocks, welche die jüngsten Kunstwerke austeilen, sind die Explosion ihrer Erscheinung. In ihnen zergeht sie, vordem selbstverständliches Apriori, mit einer Katastrophe, durch die das Wesen des Erscheinens erst ganz freigelegt wird; nirgends vielleicht unmißverständlicher als in den Bildern von Wols. Noch das Verdampfen der ästhetischen Transzendenz wird ästhetisch; so mythisch sind die Kunstwerke gekettet an ihre Antithesis. Im Verbrennen der Erscheinung stoßen sie grell von der Empirie ab, Gegeninstanz dessen, was da lebt; Kunst heute ist anders denn als die Reaktionsform kaum mehr zu denken, welche die Apokalypse antezipiert. Unterm näheren Blick sind auch Gebilde von beruhigter Gestik Entladungen, nicht sowohl der gestauten Emotionen ihres Urhebers wie der in ihnen sich befehdenden Kräfte. Ihrer Resultante, dem Einstand, ist gesellt die Unmöglichkeit, sie zum Ausgleich zu bringen; ihre Antinomien sind wie die der Erkenntnis unschlichtbar in der unversöhnten Welt. Der Augenblick, in dem sie Bild werden, in dem ihr Inwendiges zum Äußeren wird, sprengt die Hülle des Auswendigen um das Inwendige; ihre apparition, die sie zum

---

41 Frank Wedekind, Gesammelte Werke, Bd. 2, München u. Leipzig 1912, S. 142.

Bild macht, zerstört immer zugleich auch ihr Bildwesen. Die von Benjamin[42] interpretierte Fabel Baudelaires von dem Mann, der seine Aureole verloren hat, beschreibt nicht erst das Ende der Aura sondern diese selbst; erstrahlen Kunstwerke, so geht ihre Objektivation durch sich selbst hindurch unter. Durch ihre Bestimmung als Erscheinung ist der Kunst ihre eigene Negation teleologisch eingesenkt; das jäh Aufgehende der Erscheinung dementiert den ästhetischen Schein. Erscheinung aber und deren Explosion am Kunstwerk sind wesentlich geschichtlich. Das Kunstwerk ist in sich, nicht erst, wie es dem Historismus beliebt, seiner Stellung in der realen Geschichte nach, kein dem Werden enthobenes Sein, sondern als Seiendes ein Werdendes. Was an ihm erscheint, ist seine innere Zeit, und die Explosion der Erscheinung sprengt deren Kontinuität. Zur realen Geschichte ist es vermittelt durch seinen monadologischen Kern. Geschichte darf der Gehalt der Kunstwerke heißen. Kunstwerke analysieren heißt so viel wie der in ihnen aufgespeicherten immanenten Geschichte innezuwerden.

Wahrscheinlich ist der Bildcharakter der Werke, zumindest in der traditionellen Kunst, Funktion des fruchtbaren Moments; das ließe auch an der Beethovenschen Symphonik, überhaupt vielfach seinen Sonatensätzen sich dartun. Verewigt wird die stillstehende Bewegung im Augenblick, und das Verewigte vernichtet in seiner Reduktion auf den Augenblick. Das markiert die schroffe Differenz des Bildcharakters der Kunst von den Bilderlehren der Klages und Jung. Wird vom Gedanken, nach der Spaltung von Erkenntnis in Bild und Zeichen, das abgespaltene Bildmoment der Wahrheit schlechthin gleichgesetzt, so wird die Unwahrheit der Spaltung keineswegs berichtigt, vielmehr überboten, denn das Bild ist von ihr nicht weniger betroffen als der Begriff. So wenig die ästhetischen Bilder bündig in Begriffe sich übersetzen lassen, so wenig sind sie ›wirklich‹; keine imago ohne Imaginäres; ihre Wirklichkeit haben sie an ihrem geschichtlichen Gehalt, nicht sind die Bilder, auch die geschichtlichen nicht, zu hypostasieren. – Die ästhetischen Bilder sind kein Unbewegtes, keine archaischen Invarianten: Kunstwerke werden Bilder dadurch, daß die in ih-

---

42 Vgl. Walter Benjamin, Schriften, a. a. O., Bd. 1. S. 465 ff.

nen zur Objektivität geronnenen Prozesse selber reden. Die imagerie der Kunst wird von der bürgerlichen Kunstreligion Diltheyscher Provenienz mit ihrem Gegenteil verwechselt: dem psychologischen Vorstellungsschatz der Künstler. Der ist ein Element des Rohmaterials, im Kunstwerk eingeschmolzen. Weit eher sind die in den Kunstwerken latenten und im Augenblick durchbrechenden Prozesse, ihre innere Historizität, die sedimentierte auswendige Geschichte. Die Verbindlichkeit ihrer Objektivation sowohl wie die Erfahrungen, aus denen sie leben, sind kollektiv. Die Sprache der Kunstwerke ist wie eine jegliche vom kollektiven Unterstrom konstituiert, zumal die solcher, die vom Kulturcliché als einsam, in den elfenbeinernen Turm vermauert subsumiert werden; ihre kollektive Substanz spricht aus ihrem Bildcharakter selbst, nicht aus dem, was sie im direkten Hinblick auf Kollektive, wie die Phrase lautet, aussagen möchten. Die spezifisch künstlerische Leistung ist es, ihre übergreifende Verbindlichkeit nicht durch Thematik oder Wirkungszusammenhang zu erschleichen, sondern durch Versenkung in ihre tragenden Erfahrungen, monadologisch, vorzustellen, was jenseits der Monade ist. Das Resultat des Werks ist ebenso die Bahn, die es zu seiner imago durchmißt, wie diese als Ziel; es ist statisch und dynamisch in eins. Subjektive Erfahrung bringt Bilder ein, die nicht Bilder von etwas sind, und gerade sie sind kollektiven Wesens; so und nicht anders wird Kunst zur Erfahrung vermittelt. Kraft solchen Erfahrungsgehalts, nicht erst durch Fixierung oder Formung im üblichen Verstande weichen die Kunstwerke von der empirischen Realität ab; Empirie durch empirische Deformation. Das ist ihre Affinität zum Traum, so weit sie auch ihre Formgesetzlichkeit den Träumen entrückt. Das besagt nicht weniger, als daß das subjektive Moment der Kunstwerke von ihrem Ansichsein vermittelt sei. Seine latente Kollektivität befreit das monadologische Kunstwerk von der Zufälligkeit seiner Individuation. Gesellschaft, die Determinante der Erfahrung, konstituiert die Werke als deren wahres Subjekt; das ist dem rechts und links kurrenten Vorwurf des Subjektivismus entgegenzuhalten. Auf jeder ästhetischen Stufe erneuert sich der Antagonismus zwischen der Unwirklichkeit der imago und der Wirklichkeit des erscheinenden geschichtlichen Gehalts. Von den mythischen Bildern aber emanzipieren die ästhetischen sich dadurch, daß sie ihrer eigenen Unwirklichkeit sich unterordnen; nichts anderes heißt Formgesetz. Das ist ihre Methexis an der Aufklärung. Dahinter regrediert die Ansicht vom engagierten oder didaktischen Kunstwerk. Unbekümmert um die Wirklichkeit der ästhetischen Bilder, ordnet sie die Antithesis der Kunst zur Realität ein und integriert sie in die Realität, die sie befehdet. Aufgeklärt sind die Kunstwerke, welche in unnachgiebiger Distanz von der Empirie richtiges Bewußtsein bezeugen.

Wodurch die Kunstwerke, indem sie Erscheinung werden, mehr sind als sie sind, das ist ihr Geist. Die Bestimmung von Kunstwerken durch den Geist ist verschwistert der, sie seien Phänomen, ein Erscheinendes, nicht blinde Erscheinung. Was in den Kunstwerken erscheint, nicht abzuheben von der Erscheinung, aber auch nicht mit ihr identisch, das Nichtfaktische an ihrer Faktizität, ist ihr Geist. Er macht die Kunstwerke, Dinge unter Dingen, zu einem Anderen als Dinglichem, während sie doch nur als Dinge dazu zu werden vermögen, nicht durch ihre Lokalisierung in Raum und Zeit sondern durch den ihnen immanenten Prozeß von Verdinglichung, der sie zu einem sich selbst Gleichen, mit sich Identischen macht. Sonst könnte von ihrem Geist, dem schlechterdings Undinglichen, kaum die Rede sein. Er ist nicht bloß der spiritus, der Hauch, der die Kunstwerke zum Phänomen beseelt, sondern ebenso die Kraft oder das Innere der Werke, die Kraft ihrer Objektivation; an dieser hat er nicht weniger teil als an der ihr konträren Phänomenalität. Der Geist der Kunstwerke ist ihre immanente Vermittlung. Sie widerfährt ihren sinnlichen Augenblicken und ihrer objektiven Gestaltung; Vermittlung in dem strengen Sinn, daß ein jedes dieser Momente im Kunstwerk evident zu seinem eigenen Anderen wird. Der ästhetische Begriff des Geistes ist arg kompromittiert nicht nur durch den Idealismus sondern auch durch Schriften aus den Anfängen der radikalen Moderne wie der von Kandinsky. In gegründeter Revolte gegen einen Sensualismus, der eben noch im Jugendstil dem sinnlich Wohlgefälligen in der Kunst Übergewicht verlieh, isolierte er abstrakt das jenem Prinzip Entgegengesetzte und verdinglichte es, so daß es schwer ward, das ›Du sollst an den Geist glauben‹ von der Superstition und der kunstgewerblichen Schwärmerei fürs Höhere zu unterscheiden. Geist an den Kunstwerken transzendiert ebenso ihr Dinghaftes wie das sinnliche Phänomen und ist doch nur soweit, wie jene Momente sind. Negativ sagt das, es sei nichts an den Kunstwerken buchstäblich, am letzten ihre Worte; Geist ist ihr Äther, das, was durch sie spricht, oder, strenger wohl, zur Schrift sie macht. So wenig ein Geistiges an ihnen zählt, das nicht aus der Konfiguration ihrer sinnlichen Momente entspränge – aller andere Geist an den Kunstwerken, zumal der philosophisch hineingestopfte und angeblich ausgedrückte, alle gedanklichen Ingredienzien sind darin Stoffe gleich den Farben und Tönen –, so wenig ist ein Sinnliches an den Werken künstlerisch, das nicht in sich durch Geist vermittelt wäre. Noch die sinnlich betörendsten französischen Gebilde erreichen ihren Rang dadurch, daß sie ihre sensuellen Momente ungewollt verwandeln in Träger eines Geistes, der in der trauervollen Resignation zum sterblich sinnlichen Dasein seinen Erfahrungsgehalt hat; nie kosten denn auch jene Gebilde ihre Suavität aus, stets wird sie vom Formgefühl beschnitten. Der Geist der Kunstwerke ist, ohne alle Rücksicht auf eine Philosophie des objektiven oder subjektiven Geistes, objektiv, ihr eigener Gehalt, und er entscheidet über sie: Geist der Sache selbst, der durch die Erscheinung erscheint. Seine Objektivität hat ihr Maß an der Gewalt, mit der er die Erscheinung infiltriert. Wie wenig er dem Geist der Hervorbringenden, höchstenfalles einem Moment in ihm, gleichkommt, läßt daran sich einsehen, daß er durch das Artefakt, seine Probleme, sein Material evoziert wird. Nicht einmal die Erscheinung des Kunstwerks als ganze ist dessen Geist und am letzten die von ihm angeblich verkörperte oder symbolisierte Idee; er ist nicht in unmittelbarer Identität mit seiner Erscheinung dingfest zu machen. Aber er bildet auch keine Schicht unterhalb oder oberhalb der Erscheinung; ihre Supposition wäre nicht minder dinghaft. Sein Ort ist die Konfiguration von Erscheinendem. Er formt die Erscheinung wie diese ihn; Lichtquelle, durch welche das Phänomen erglüht, Phänomen im prägnanten Sinn überhaupt wird. Der Kunst ist ihr Sinnliches nur vergeistigt, gebrochen. Erläutert sei das an der Kategorie des Ernstfalls in bedeutenden Kunstwerken der Vergangenheit, ohne deren Erkenntnis die Analyse fruchtlos wäre. Vorm Beginn der Reprise des ersten Satzes der von Tolstoi als sinnlich verlästerten Kreutzersonate tut ein Akkord der zweiten Unterdominante ungeheure Wirkung. Käme er irgendwo außerhalb der Kreutzersonate vor, so wäre er mehr oder minder belanglos. Die Stelle gewinnt ihre Bedeutung nur durch den Satz, ihren Ort und ihre Funktion darin. Ernst wird sie, indem sie durch ihr hic et nunc darüber hinausweist, und sie verbreitet das Gefühl des Ernstfalls über das, was vorherging und was folgt. Es ist als keine singuläre sinnliche Qualität zu fassen, wird aber durch die sinnliche Konstellation von ein paar Akkorden an kritischer Stelle unwiderleglich wie nur je ein Sinnliches. Geist, der ästhetisch sich manifestiert, ist gebannt an seinen Ort im Phänomen wie einmal Geister an den sein sollten, wo sie umgehen; wofern er nicht erscheint, sind die Kunstwerke so wenig wie er. Er ist gleichgültig gegen den Unterschied zwischen Kunst von sinnlichem Penchant und einer nach dem geistesgeschichtlichen Schema idealistischen. Soweit die sinnliche Kunst ist, verkörpert sie den Geist von Sinnlichkeit, ist nicht sinnliche allein; Wedekinds Konzeption vom Fleischgeist registrierte das. Geist, Element des Lebens von Kunst, ist verbunden ihrem Wahrheitsgehalt, ohne damit zu koinzidieren. Der Geist von Werken kann die Unwahrheit sein. Denn der Wahrheitsgehalt postuliert als seine Substanz ein Wirkliches, und kein Geist ist ein Wirkliches unmittelbar. Rücksichtsloser stets determiniert er die Kunstwerke und reißt alles bloß Sinnliche, Tatsächliche daran in seinen Bereich. Dadurch werden sie säkularer, feindlicher der Mythologie, der Illusion einer Wirklichkeit von Geist, auch der ihres eigenen. Damit zehren die radikal geistig vermittelten Kunstwerke an sich selber. In der bestimmten Negation der Wirklichkeit des Geistes jedoch bleiben sie auf ihn bezogen: sie spiegeln ihn nicht vor, aber die Kraft, die sie gegen ihn mobilisieren, ist seine Allgegenwart. Keine andere Gestalt des Geistes ist heute vorzustellen; Kunst bietet ihren Prototyp. Als Spannung zwischen den Elementen des Kunstwerks, anstelle eines einfachen Daseins sui generis, ist dessen Geist Prozeß und damit das Kunstwerk. Es erkennen, heißt

jenes Prozesses habhaft werden. Der Geist der Kunstwerke ist nicht Begriff, aber durch ihn werden sie dem Begriff kommensurabel. Indem Kritik aus Konfigurationen in den Kunstwerken deren Geist herausliest und die Momente miteinander und dem in ihnen erscheinenden Geist konfrontiert, geht sie über zu seiner Wahrheit jenseits der ästhetischen Konfiguration. Darum ist Kritik den Werken notwendig. Sie erkennt am Geist der Werke ihren Wahrheitsgehalt oder scheidet ihn davon. In diesem Akt allein, durch keine Philosophie der Kunst, welche dieser diktierte, was ihr Geist zu sein habe, konvergieren Kunst und Philosophie.
Der strikten Immanenz des Geistes der Kunstwerke widerspricht allerdings eine nicht minder immanente Gegentendenz: die, der Geschlossenheit des eigenen Gefüges sich zu entwinden, in sich selbst Zäsuren zu legen, die Totalität der Erscheinung nicht länger gestatten. Weil der Geist der Gebilde nicht in ihnen aufgeht, zerbricht er die objektive Gestalt, durch die er sich konstituiert; dieser Durchbruch ist der Augenblick der apparition. Wäre der Geist der Kunstwerke buchstäblich identisch mit deren sinnlichen Momenten und ihrer Organisation, so wäre er nichts als Inbegriff der Erscheinung: die Absage daran ist die Schwelle gegen den ästhetischen Idealismus. Leuchtet der Geist der Kunstwerke in ihrer sinnlichen Erscheinung auf, so leuchtet er nur als ihre Negation, in der Einheit mit dem Phänomen zugleich dessen Anderes. Der Geist der Kunstwerke haftet an ihrer Gestalt, ist aber Geist nur, insofern er darüber hinausweist. Daß zwischen der Artikulation und dem Artikulierten, der immanenten Gestalt und dem Gehalt keine Differenz mehr sei, besticht zumal als Apologie der modernen Kunst, ist aber kaum durchzuhalten. Plausibel wird das daran, daß der Inbegriff der technologischen Analyse, auch wenn sie keine stumpfe Reduktion auf Elemente mehr ist, sondern den Kontext und seine Gesetzmäßigkeit ebenso hervorhebt wie die wirklichen oder vermeintlichen Ausgangsbestandteile, nicht bereits den Geist eines Werks ergreift; ihn nennt erst weitere Reflexion. Nur als Geist ist Kunst der Widerspruch zur empirischen Realität, der zur bestimmten Negation der bestehenden Welteinrichtung sich bewegt. Dialektisch ist Kunst insoweit zu konstruieren, wie Geist ihr innewohnt, ohne daß sie ihn doch als Absolutes besäße oder daß er ihr ein Absolutes ga-

rantierte. Die Kunstwerke, mögen sie noch so sehr ein Seiendes scheinen, kristallisieren sich zwischen jenem Geist und seinem Anderen. In der Hegelschen Ästhetik war die Objektivität des Kunstwerks die in ihre eigene Andersheit übergegangene und mit ihr identische Wahrheit des Geistes. Ihm ward Geist eins mit der Totalität, auch der ästhetischen. Wohl ist er aber in den Kunstwerken keine intentionale Einzelheit, doch ein Moment wie alles Einzelne, alle Tatbestände darin; das zwar, was Artefakte zur Kunst macht, nirgends indessen ohne das ihm Entgegengesetzte. Tatsächlich kannte die Geschichte kaum je reine Identität von Geist und Nichtgeistigem erlangende Kunstwerke. Seinem eigenen Begriff nach ist Geist in den Werken nicht rein sondern Funktion dessen, woran er aufgeht. Die Gebilde, die solche Identität zu verkörpern scheinen und in ihr sich befriedigen, sind schwerlich je die bedeutendsten. Freilich ist das dem Geist in den Kunstwerken sich Entgegensetzende keineswegs das Natürliche an seinen Materialien und Objekten; vielmehr in den Kunstwerken ein Grenzwert. Sie sind geschichtlich und gesellschaftlich präformiert wie ihre Verfahrensweisen, und verwandeln sich entscheidend durch das, was in den Werken ihnen geschieht. Deren Heterogenes ist immanent: das an ihnen, was ihrer Einheit widerstrebt und dessen die Einheit bedarf, um mehr zu sein als Pyrrhussieg über Widerstandsloses. Daß der Geist der Kunstwerke nicht einfach ihrem immanenten Zusammenhang, der Komplexion ihrer sinnlichen Momente, gleichzusetzen sei, bestätigt sich daran, daß sie keineswegs jene in sich bruchlose Einheit, jene Art von Gestalt bilden, zu welcher die ästhetische Reflexion sie zurechtstilisierte. Sie sind, ihrem eigenen Gefüge nach, nicht Organismen; die obersten Erzeugnisse gegen ihren organischen Aspekt als den illusionären und affirmativen refraktär. In ihren sämtlichen Gattungen ist Kunst von intellektiven Momenten durchsetzt. Genügen mag, daß große musikalische Formen ohne diese, ohne Vor- und Nachhören, Erwartung und Erinnerung, ohne Synthesis des Getrennten nicht sich konstituieren würden. Während derlei Funktionen in gewissem Maß der sinnlichen Unmittelbarkeit zuzurechnen sind, also gegenwärtige Teilkomplexe die Gestaltqualitäten des Vergangenen und Kommenden mit sich führen, erreichen doch die Kunstwerke Schwellenwerte, wo jene Unmittelbarkeit endet, wo sie ›gedacht‹ werden müssen, nicht in einer ihnen äußerlichen Reflexion, sondern aus sich heraus: zu ihrer eigenen sinnlichen Komplexion gehört die intellektive Vermittlung und bedingt ihre Wahrnehmung. Gibt es etwas wie eine übergreifende Charakteristik großer Spätwerke, so wäre sie beim Durchbruch des Geistes durch die Gestalt aufzusuchen. Der ist keine Aberration der Kunst sondern ihr tödliches Korrektiv. Ihre obersten Produkte sind zum Fragmentarischen verurteilt als zum Geständnis, daß auch sie nicht haben, was die Immanenz ihrer Gestalt zu haben prätendiert.

Der objektive Idealismus hat erstmals das geistige Moment der Kunst, gegenüber dem sinnlichen, mit aller Energie akzentuiert. Er hat dabei ihre Objektivität mit dem Geist verbunden: das Sensuelle war ihm, in bedenkenlosem Anschluß an die Tradition, dem Zufälligen gleich. Allgemeinheit und Notwendigkeit, die Kant zufolge zwar dem ästhetischen Urteil seinen Kanon vorschreiben, aber darin problematisch bleiben, werden für Hegel durch den Geist, die bei ihm allherrschende Kategorie, konstruierbar. Der Fortschritt solcher Ästhetik über alle vorhergegangene ist evident; wie die Konzeption der Kunst von den letzten Spuren des feudalen Divertissements sich befreit, so wird sogleich ihr geistiger Gehalt, als ihre wesentliche Bestimmung, dem Ansatz nach der Sphäre des bloßen Bedeutens, den Intentionen entrissen. Weil bei Hegel Geist das an und für sich Seiende ist, wird er an der Kunst als deren Substanz, nicht als ein dünn, abstrakt über ihr Schwebendes erkannt. In der Definition des Schönen als des sinnlichen Scheinens der Idee ist das enthalten. Der philosophische Idealismus war indessen ästhetischer Vergeistigung keineswegs so hold wie die Konstruktion es erwarten ließe. Eher spielte er sich als Verteidiger eben jenes Sinnlichen auf, das von Vergeistigung ausgezehrt werde; jene Lehre vom Schönen als dem sinnlichen Scheinen der Idee war, als Apologie des Unmittelbaren als eines Sinnvollen, nach Hegels eigenem Wort affirmativ; radikale Vergeistigung ist davon das Gegenteil. Jener Fortschritt jedoch wird teuer bezahlt; denn das geistige Moment der Kunst ist nicht, was der idealistischen Ästhetik Geist heißt; eher der festgebannte mimetische Impuls als Totalität. Das Opfer der Kunst für jene Mündigkeit, deren Postulat seit dem fragwürdigen Satz Kants ›nichts Sinnliches ist erhaben‹[43] bewußt ward, wäre wohl schon an der Moderne zu erkennen. Mit der Eliminierung des Abbildprinzips in Malerei und Plastik, des Floskelwesens in der Musik wurde fast unvermeidlich, daß die freigesetzten Elemente: Farben, Klänge, absolute Wortkonfigurationen auftraten, als ob sie bereits an sich etwas ausdrückten. Das aber ist illusionär: beredt werden sie einzig durch den Kontext, in dem sie vorkommen. Dem Aberglauben ans Elementare, Unvermittelte, dem der Expressionismus huldigte und der von dort auf Kunstgewerbe und Philosophie herunterkam, entspricht konstitutiv Willkür und Zufälligkeit im Verhältnis von Material und Ausdruck. Daß ein Rot an sich Ausdrucksvaleurs besitze, war schon eine Täuschung, und in den Valeurs der komplexen, vieltönigen Klänge lebt als deren Bedingung die festgehaltene Negation der traditionalen. Reduziert auf ›Naturmaterial‹, ist all das leer, und Theoreme, die es mystifizieren, haben nicht mehr Substanz als die Scharlatanerie von Farbtonexperimenten. Erst der jüngste Physikalismus, in der Musik etwa, reduziert buchstäblich auf Elemente, Vergeistigung, die folgerecht den Geist austreibt. Darin kommt der selbstzerstörerische Aspekt von Vergeistigung nach außen. Während philosophisch deren Metaphysik fragwürdig wurde, ist sie andererseits eine zu allgemeine Bestimmung, als daß sie dem Geist an der Kunst gerecht würde. Tatsächlich behauptet sich das Kunstwerk auch dann als ein wesentlich Geistiges, wenn nicht länger Geist als die Substanz schlechthin vorauszusetzen ist. Offen hinterläßt die Hegelsche Ästhetik das Problem, wie von Geist als Bestimmung des Kunstwerks zu reden sei, ohne daß seine Objektivität als absolute Identität hypostasiert würde. Damit wird die Kontroverse in gewissem Sinn an ihre Kantische Instanz zurückverwiesen. Bei Hegel war der Geist in der Kunst, als eine Stufe seiner Erscheinungsweisen, aus dem System deduzibel und gleichsam in jeder Kunstgattung, potentiell in jedem Kunstwerk, eindeutig, auf Kosten des ästhetischen Attributs der Vieldeutigkeit. Ästhetik ist aber keine angewandte Philosophie sondern philosophisch in sich. Hegels Gedanke, »die Wissenschaft der Kunst ist uns daher

---

43 Vgl. Kant, a. a. O., S. 105 (Kritik der Urteilskraft, § 23).

mehr Bedürfniß, als die Kunst selbst«[44], ist der gewiß problematische Ausfluß seiner hierarchischen Ansicht vom Verhältnis der geistigen Bereiche zueinander; andererseits hat der Satz angesichts des zunehmend theoretischen Interesses an der Kunst seine prophetische Wahrheit daran, daß jene der Philosophie um der Entfaltung ihres eigenen Gehalts willen bedarf. Paradox bewirkt die Hegelsche Geistesmetaphysik etwas wie Verdinglichung des Geistes im Kunstwerk zu dessen fixierbarer Idee, während die Kantische Doppelschlächtigkeit zwischen dem Gefühl des Notwendigen und dessen gleichzeitiger Nicht-Gegebenheit, Offenheit treuer an die ästhetische Erfahrung sich hält als die soviel modernere Ambition Hegels, Kunst von ihrem Inwendigen her, nicht von außen durch ihre subjektive Konstitution zu denken. Behält Hegel recht mit dieser Wendung, so folgt sie keineswegs aus einem systematischen Oberbegriff, sondern aus der spezifischen Sphäre der Kunst. Nicht alles Seiende ist Geist, Kunst jedoch ein Seiendes, das durch seine Konfigurationen ein Geistiges wird. Vermochte der Idealismus gleichsam umstandslos die Kunst für sich zu beschlagnahmen, so darum, weil sie allein ihrer Beschaffenheit nach der Konzeption des Idealismus entspricht, der ja ohne das Schellingsche Modell der Kunst nie zu seiner objektiven Gestalt sich würde entwickelt haben. Dies immanent idealistische Moment, die objektive Vermittlung aller Kunst durch Geist, ist von ihr nicht wegzudenken und gebietet der stumpfsinnigen Doktrin eines ästhetischen Realismus ebenso Einhalt, wie die unter dem Namen Realismus sich zusammenfassenden Momente daran erinnern, daß Kunst kein Zwilling des Idealismus ist.

Das Moment des Geistes ist in keinem Kunstwerk ein Seiendes, in jedem ein Werdendes, sich Bildendes. Damit fügt, wie Hegel erstmals gewahrte, der Geist der Kunstwerke einem übergreifenden Prozeß von Vergeistigung sich ein, dem des Fortschritts von Bewußtsein. Kunst möchte gerade durch ihre fortschreitende Vergeistigung, durch Trennung von Natur, diese Trennung, an der sie leidet und die sie inspiriert, revozieren. Vergeistigung hat der

---

[44] Hermann Lotze, Geschichte der Aesthetik in Deutschland, München 1868, S. 190.

Kunst abermals zugeführt, was seit der griechischen Antike als sinnlich nicht wohlgefällig oder abstoßend von der Kunstübung ausgeschlossen war; Baudelaire hat diese Bewegung gleichsam auf ihr Programm gebracht. Hegel visierte die Unwiderstehlichkeit von Vergeistigung geschichtsphilosophisch in der Theorie des von ihm so genannten romantischen Kunstwerks[45]. Seitdem ist alles sinnlich Wohlgefällige, darüber hinaus jeglicher stoffliche Reiz ins Vorkünstlerische hinabgestürzt. Vergeistigung, als ständige Ausbreitung des mimetischen Tabus über Kunst, das einheimische Reich von Mimesis, arbeitet an ihrer Selbstauflösung, aber auch als mimetische Kraft, wirksam in der Richtung der Gleichheit des Gebildes mit sich selbst, die das ihm Heterogene ausscheidet und dadurch seinen Bildcharakter verstärkt. Kunst wird nicht mit dem Geist infiltriert, er folgt ihren Gebilden dorthin, wohin sie wollen, entbindet ihre immanente Sprache. Gleichwohl wird Vergeistigung eines Schattens nicht ledig, der zu ihrer Kritik nötigte; je substantieller Vergeistigung in der Kunst wurde, desto energischer hat sie, in Benjamins Theorie nicht anders als in Bekketts dichterischer Praxis, dem Geist, der Idee abgesagt. Indem sie aber mit der Forderung verklammert ist, daß alles Form werden muß, wird sie zum Komplizen jener Tendenz, welche die Spannung zwischen der Kunst und ihrem Anderen kassiert. Nur radikal vergeistigte Kunst ist noch möglich, alle andere kindisch; der Aspekt des Kindischen jedoch scheint unaufhaltsam die bloße Existenz von Kunst anzustecken. – Das sinnlich Wohlgefällige ist unter doppelter Attacke. Einmal wird durch die Vergeistigung des Kunstwerks in wachsendem Maß das Auswendige zum Erscheinen eines Inwendigen, muß durch Geist hindurchgehen. Andererseits wirkt die Absorption von spröden Materialien und Stoffschichten dem kulinarischen Konsum entgegen, auch wenn dieser inmitten der ideologischen Gesamttendenz, das Widerstrebende sich zu integrieren, sich anschickt, zu schlucken, noch wovor ihm graust. In der Frühgeschichte des Impressionismus, bei Manet, war die polemische Spitze von Vergeistigung nicht weniger

---

[45] Die Hegelsche Doktrin vom Kunstwerk als einem Geistigen, die er mit Recht historisch denkt, ist, wie die Hegelsche Philosophie durchweg, in sich durchreflektierter Kant. Das interesselose Wohlgefallen impliziert die Einsicht ins Ästhetische als Geistiges durch Negation seines Gegenteils.

scharf als bei Baudelaire. Je weiter die Kunstwerke von der Kindlichkeit des einfach zu Genießenden sich entfernen, um so mehr überwiegt, was sie in sich selbst sind, das, was sie einem sei's auch idealen Betrachter zukehren; um so gleichgültiger werden dessen Reflexe. Kants Theorie des Erhabenen antezipiert am Naturschönen jene Vergeistigung, die Kunst erst leistet. Was an der Natur erhaben sei, ist bei ihm nichts anderes als eben die Autonomie des Geistes angesichts der Übermacht des sinnlichen Daseins, und sie setzt erst im vergeistigten Kunstwerk sich durch. Freilich ist der Vergeistigung der Kunst ein trüber Bodensatz beigemischt. Wann immer sie in der Konkretion des ästhetischen Gefüges nicht ausgetragen wird, etabliert sich das entbundene Geistige als Stoffschicht zweiten Grades. Pointiert gegen das sensuelle Moment, kehrt Vergeistigung sich vielfach blind gegen dessen eigene Differenzierung, ein selber Geistiges, und wird abstrakt. In ihren Frühzeiten ist Vergeistigung von einem Hang zur Primitivität begleitet und neigt, gegenüber der sinnlichen Kultur, zum Barbarischen; der Schulname Fauves erkor das zum Programm. Regression ist der Schatten des Widerstands gegen die affirmative Kultur. Vergeistigung in der Kunst hat die Probe zu bestehen, ob sie darüber sich zu erheben, die unterdrückte Differenzierung wiederzuerlangen weiß; sonst artet sie aus in die Gewalttat des Geistes. Gleichwohl ist sie legitim als Kritik der Kultur durch die Kunst, die ein Stück von jener ist und die doch an jener, die mißlang, kein Genügen findet. Der Stellenwert barbarischer Züge in der neuen Kunst wandelt sich geschichtlich. Der Feinsinnige, der sich vor den Reduktionen der Demoiselles d'Avignon oder der früheren Klavierstücke Schönbergs bekreuzigt, ist allemal barbarischer als die Barbarei, die er fürchtet. Sobald in der Kunst neue Schichten hervortreten, refusieren sie ältere und wollen zunächst Verarmung, Absage an den falschen Reichtum, sogar an entwickelte Reaktionsformen. Der Vergeistigungsprozeß von Kunst ist kein linearer Fortschritt. Er hat sein Maß daran, wie Kunst das von der bürgerlichen Gesellschaft Verfemte in ihrer Formensprache sich zuzueignen vermag und dadurch im Gebrandmarkten jene Natur aufzudecken, deren Unterdrückung das wahrhaft Böse ist. Die trotz allen Kulturbetriebs perennierende Entrüstung über die Häßlichkeit der modernen Kunst ist bei allen hochtrabenden Idealen geistfeindlich: sie versteht jene Häßlichkeit, die abstoßenden Vorwürfe zumal, wörtlich, nicht als Prüfstein der Macht von Vergeistigung und als Chiffre des Widerstands, in dem jene sich bewährt. Das Rimbaudsche Postulat des radikal Modernen ist eines von Kunst, die in der Spannung von spleen et idéal, von Vergeistigung und Obsession durchs Geistfernste sich bewegt. Der Primat des Geistes in der Kunst und das Eindringen des zuvor Tabuierten sind zwei Seiten des gleichen Sachverhalts. Er gilt dem nicht bereits gesellschaftlich Approbierten und Vorgeformten und wird dadurch zu einem gesellschaftlichen Verhältnis bestimmter Negation. Vergeistigung vollzieht sich nicht durch Ideen, welche die Kunst bekundet, sondern durch die Kraft, mit der sie intentionslose und ideenfeindliche Schichten durchdringt. Nicht zuletzt darum lockt das Verfemte und Verbotene das künstlerische Ingenium. Die neue Kunst von Vergeistigung verhindert, wie die banausische Kultur es will, mit dem Wahren, Schönen und Guten weiter sich zu beflecken. Bis in ihre innersten Zellen ist, was man an der Kunst gesellschaftliche Kritik oder Engagement zu nennen pflegt, ihr Kritisches oder Negatives, mit dem Geist, ihrem Formgesetz zusammengewachsen. Daß gegenwärtig jene Momente stur gegeneinander ausgespielt werden, ist Symptom einer Rückbildung des Bewußtseins.

Die Theoreme, denen zufolge Kunst Ordnung, und zwar sinnlich konkrete, nicht klassifikatorisch abstrakte, in die chaotische Mannigfaltigkeit des Erscheinenden oder der Natur selbst zu bringen habe, unterschlagen, idealistisch, das Telos ästhetischer Vergeistigung: den geschichtlichen Figuren des Naturhaften und seiner Unterordnung das Ihre widerfahren zu lassen. Demgemäß hat die Stellung des Vergeistigungsprozesses zum Chaotischen ihren geschichtlichen Index. Mehrfach ist, zuerst wohl von Karl Kraus, ausgesprochen worden, daß, in der totalen Gesellschaft, Kunst eher Chaos in die Ordnung zu bringen habe als das Gegenteil. Die chaotischen Züge qualitativ neuer Kunst widerstreiten dieser, ihrem Geist nur auf den ersten Blick. Es sind die Chiffren von Kritik an schlechter zweiter Natur: so chaotisch ist in Wahrheit die Ordnung. Das chaotische Moment und radikale Vergeistigung konvergieren in der Absage an die Glätte der eingeschliffenen Vorstellungen vom Dasein; extrem vergeistigte Kunst wie die von Mallarmé her datierende und die Traumwirrnis des Surrealismus sind darin viel verwandter, als es dem Bewußtsein der Schulen gegenwärtig ist; übrigens gibt es Querverbindungen zwischen dem jungen Breton und dem Symbolismus, oder den deutschen Frühexpressionisten und jenem George, den sie herausforderten. Vergeistigung ist, in ihrem Verhältnis zum Unbeherrschten, antinomisch. Weil sie die sinnlichen Momente immer zugleich einschränkt, wird ihr der Geist verhängnisvoll zu einem Sein sui generis und arbeitet dadurch ihrer immanenten Tendenz nach der Kunst auch entgegen. Ihre Krisis wird von der Vergeistigung beschleunigt, die sich dagegen wehrt, daß die Kunstwerke als Reizwerte verschachert werden. Sie wird zur Gegenkraft des grünen Wagens, wandernder Schauspieler und Musikanten, gesellschaftlich Geächteter. So tief aber der Zwang, daß Kunst der Züge von Schau, gesellschaftlich ihrer alten Unehrlichkeit, ledig werde, sie existiert nicht mehr, wo jenes Element ganz ausradiert ist, und kann ihm doch keine Reservatzone einrichten. Keine Sublimierung glückt, die nicht in sich bewahrte, was sie sublimiert. Ob die Vergeistigung von Kunst das vermag, entscheidet darüber, ob diese fortbesteht, oder ob Hegels Prophezeiung ihres Endes doch sich erfüllt, die, in der Welt, wie sie geworden ist, hinausliefe auf die unreflektierte, im abscheulichen Sinn realistische Bestätigung und Verdopplung dessen, was ist. Unter diesem Aspekt ist die Rettung von Kunst eminent politisch, aber auch so ungewiß in sich wie vom Weltlauf bedroht.

Die Einsicht in die ansteigende Vergeistigung der Kunst vermöge der Entfaltung ihres Begriffs nicht weniger als ihrer Stellung zur Gesellschaft kollidiert mit einem Dogma, das die gesamte bürgerliche Ästhetik durchzieht, dem ihrer Anschaulichkeit; schon bei Hegel war beides nicht mehr zu vereinen, und die ersten düsteren Prophezeiungen über die Zukunft der Kunst waren die Folge. Kant hat die Norm der Anschaulichkeit bereits formuliert im § 9 der Kritik der Urteilskraft: »Schön ist das, was ohne Begriff allgemein gefällt.«[46] Das ›ohne Begriff‹ wird man mit dem Gefälligen zusammenbringen dürfen, als Dispens von jener Arbeit

---

46 Kant, a. a. O., S. 73.

und Anstrengung, welche der Begriff nicht erst seit der Hegelschen Philosophie auferlegte. Während die Kunst längst das Gefälligkeitsideal zum Zopfigen relegierte, hat ihre Theorie auf den Begriff der Anschaulichkeit, Denkmal des altväterischen ästhetischen Hedonismus, nicht verzichten mögen, während längst jedes Kunstwerk, mittlerweile auch das ältere, die Arbeit der Betrachtung erheischt, von der die Doktrin von der Anschaulichkeit dispensieren wollte. Das Vordringen der intellektiven Vermittlung in der Struktur der Kunstwerke, wo jene Vermittlung weithin das leisten muß, was einst die vorgegebenen Formen leisteten, verringert jenes sinnlich Unmittelbare, dessen Inbegriff die reine Anschaulichkeit der Kunstwerke war. In ihm aber verschanzt sich das bürgerliche Bewußtsein, weil es spürt, daß jene Anschaulichkeit allein das Bruchlose und Runde der Gebilde reflektiert, das dann wieder, auf welchem Umweg auch immer, der Realität gutgeschrieben wird, auf welche die Werke antworten. Ganz und gar ohne das anschauliche Moment jedoch wäre die Kunst einfach eins mit der Theorie, während sie doch offensichtlich in sich ohnmächtig wird, wo sie, etwa als Pseudomorphose an die Wissenschaft, ihre qualitative Differenz vom diskursiven Begriff ignoriert; ihre Vergeistigung gerade, als Primat ihrer Verfahrungsweisen, entfernt sie von der naiven Begrifflichkeit, der Allerweltsvorstellung eines Verständlichen. Während die Norm der Anschaulichkeit den Gegensatz zum diskursiven Denken urgiert, unterschlägt sie die unbegriffliche Vermittlung, das Unsinnliche am sinnlichen Gefüge, das, indem es das Gefüge konstituiert, es immer auch schon bricht und der Anschaulichkeit entrückt, in der es erscheint. Die Norm der Anschaulichkeit, die das implizit Kategoriale der Gebilde verleugnet, verdinglicht Anschaulichkeit selbst zu einem Opaken, Undurchlässigen, macht sie der reinen Form nach zum Abbild der verhärteten Welt, auf dem qui vive vor allem, wodurch das Werk die von ihm vorgespiegelte Harmonie stören könnte. In Wahrheit übersteigt die Konkretion der Werke, in der apparition, die sie verstörend durchzuckt, weit jene Anschaulichkeit, die man gegen die Allgemeinheit des Begriffs zu halten pflegt und die mit dem Immergleichen gut sich verträgt. Je unerbittlicher die Welt immergleich vom Allgemeinen durchherrscht wird, desto leichter werden die Rudimente des Besonderen als des Unmittelbaren mit der Konkretion verwechselt, während ihre Zufälligkeit der Abguß der abstrakten Notwendigkeit ist. Ebensowenig jedoch wie das reine Dasein, die begriffslose Vereinzelung, ist die künstlerische Konkretion jene Vermittlung durchs Allgemeine, welche die Idee des Typus meint. Der eigenen Bestimmung nach ist kein authentisches Kunstwerk typisch. Lukács denkt kunstfremd, wo er typische, ›normale‹ Werke atypischen und darum abwegigen gegenüberstellt. Sonst wäre das Kunstwerk nichts als eine Art Vorleistung auf ausstehende Wissenschaft. Vollends dogmatisch ist die dem Idealismus nachgeredete Beteuerung, das Kunstwerk sei die gegenwärtige Einheit des Allgemeinen und Besonderen. Trüb der theologischen Lehre vom Symbol entlehnt, wird sie Lügen gestraft vom apriorischen Riß zwischen Mittelbarem und Unmittelbarem, dem bis heute kein mündiges Kunstwerk entrinnen konnte; wird er verdeckt, anstatt daß das Werk in ihn sich versenkte, so ist es verloren. Gerade die radikale Kunst steht, während sie den Desideraten des Realismus sich verweigert, gespannt zum Symbol. Nachzuweisen wäre, daß Symbole oder, sprachlich, Metaphern in der neuen Kunst tendenziell sich gegenüber ihrer Symbolfunktion verselbständigen und dadurch zur Konstitution eines zur Empirie und ihren Bedeutungen antithetischen Bereichs das Ihre beitragen. Kunst absorbiert die Symbole dadurch, daß sie nichts mehr symbolisieren; avancierte Künstler haben die Kritik des Symbolcharakters selbst vollzogen. Die Chiffren und Charaktere der Moderne sind durchweg absolut gewordene, ihrer selbst vergessene Zeichen. Ihr Eindringen ins ästhetische Medium und ihre Sprödigkeit gegen Intentionen sind zwei Aspekte des Gleichen. Der Übergang der Dissonanz in ein kompositorisches ›Material‹ ist analog zu interpretieren. Literarisch hat der Übergang wohl verhältnismäßig früh sich zugetragen, im Verhältnis Strindbergs zu Ibsen, in dessen Spätphase er sich freilich bereits anbahnt. Das Buchstäblichwerden des zuvor Symbolischen verleiht dem in zweiter Reflexion verselbständigten geistigen Moment schockhaft jene Selbständigkeit, wie sie funest in der okkultistischen Schicht des Strindbergschen Werkes sich ausspricht, produktiv wird im Bruch mit jeglicher Abbildlichkeit. Daß keines Symbol sei, gibt Rechenschaft davon, daß in keinem das Absolute unmittelbar sich offenbart; sonst wäre Kunst weder Schein noch Spiel sondern ein Wirkliches. Reine Anschaulichkeit kann den Kunstwerken nicht zugeschrieben werden wegen ihrer konstitutiven Gebrochenheit. Durch den Charakter des Als ob ist sie vorweg vermittelt. Wäre sie durchaus anschaulich, so würde sie zu jener Empirie, von der sie sich abstößt. Ihre Vermitteltheit ist aber kein abstraktes Apriori sondern betrifft jegliches konkrete ästhetische Moment; noch die sinnlichsten sind vermöge ihrer Relation zum Geist der Werke immer auch unanschaulich. Keine Analyse bedeutender Werke könnte deren reine Anschaulichkeit erweisen; alle sind von Begrifflichem durchwachsen; buchstäblich in der Sprache, indirekt selbst in der begriffsfernen Musik, an der, ohne Rücksicht auf psychologische Genese, das Kluge vom Dummen so nachdrücklich sich unterscheiden läßt. Das Desiderat der Anschaulichkeit möchte das mimetische Moment der Kunst konservieren, blind dagegen, daß es nur durch seine Antithesis, die rationale Verfügung der Werke über alles ihnen Heterogene, weiterlebt. Sonst wird Anschaulichkeit zum Fetisch. Vielmehr affiziert der mimetische Impuls im ästhetischen Bezirk auch die Vermittlung, den Begriff, das nicht Gegenwärtige. Begriffliches ist wie der Sprache so jeglicher Kunst als Eingesprengtes unabdingbar, wird aber darin zu einem qualitativ Anderen als die Begriffe als Merkmaleinheiten empirischer Gegenstände. Der Einschlag von Begriffen ist nicht identisch mit der Begrifflichkeit von Kunst; sie ist Begriff so wenig wie Anschauung, und eben dadurch protestiert sie wider die Trennung. Ihr Anschauliches differiert von der sinnlichen Wahrnehmung, weil es stets auf ihren Geist sich bezieht. Sie ist Anschauung eines Unanschaulichen, begriffsähnlich ohne Begriff. An den Begriffen aber setzt Kunst ihre mimetische, unbegriffliche Schicht frei. Die moderne Kunst hat denn auch, reflektiert oder bewußtlos, das Dogma von der Anschaulichkeit durchlöchert. Wahr an der Doktrin der Anschaulichkeit bleibt, daß sie das Moment des Inkommensurablen, nicht in diskursiver Logik Aufgehende an der Kunst hervorhebt, tatsächlich die Generalklausel all ihrer Manifestationen. Kunst widerstreitet so weit dem Begriff wie der Herrschaft, aber zu solcher Opposition bedarf sie, gleich der Philosophie, der Begriffe. Ihre sogenannte Anschaulichkeit ist eine aporetische Konstruktion: sie möchte mit einem Zauberschlag das Disparate, das in den Kunstwerken miteinander prozessiert, zur Identität verhalten, und prallt darum von den Kunstwerken, deren keines in solcher Identität resultiert, ab. Das Wort Anschaulichkeit, der Lehre von der diskursiven Erkenntnis entlehnt, in der es den Inhalt definiert, der geformt werde, zeugt ebenso vom rationalen Moment der Kunst, wie es dies Moment verdeckt, indem es das phänomenale davon scheidet und dann hypostasiert. Daß ästhetische Anschauung ein aporetischer Begriff sei, dafür enthält die Kritik der Urteilskraft ein Indiz. Die Analytik des Schönen gilt den »Momenten des Geschmacksurteils«. Kant sagt von diesen, in einer Fußnote zum § 1, er habe, »worauf diese Urteilskraft in ihrer Reflexion Acht hat, ... nach Anleitung der logischen Funktionen zu urteilen aufgesucht (denn im Geschmacksurteile ist immer noch eine Beziehung auf den Verstand enthalten)«[47]. Das widerspricht flagrant der These vom allgemeinen Gefallen ohne Begriff; bewundernswert, daß die Kantische Ästhetik diesen Widerspruch stehen gelassen, ausdrücklich auf ihn reflektiert hat, ohne ihn weg zu erklären. Auf der einen Seite behandelt Kant das Geschmacksurteil als logische Funktion und attribuiert damit diese auch dem ästhetischen Gegenstand, dem ja das Urteil adäquat sein müßte; auf der anderen Seite soll das Kunstwerk ›ohne Begriff‹, als bloße Anschauung sich geben, als wäre es außerlogisch schlechthin. Dieser Widerspruch jedoch inhäriert tatsächlich der Kunst selbst als der ihres geistigen und mimetischen Wesens. Der Anspruch auf Wahrheit aber, der ein Allgemeines involviert und den ein jedes Kunstwerk anmeldet, ist unvereinbar mit purer Anschaulichkeit. Wie verhängnisvoll die Insistenz auf dem ausschließend anschaulichen Charakter der Kunst ist, läßt an den Folgen sich ablesen. Sie dient der im Hegelschen Sinn abstrakten Scheidung von Anschauung und Geist. Je reiner das Werk in seiner Anschaulichkeit aufgehen soll, desto mehr wird sein Geist als ›Idee‹ selber verdinglicht, zum Unwandelbaren hinter der Erscheinung. Was an geistigen Momenten dem Gefüge des Phänomens entzogen ist, wird dann als dessen

---

47 A. a. O., S. 53.

Idee hypostasiert. Meist läuft das darauf hinaus, daß Intentionen zum Gehalt erhöht werden, während korrelativ die Anschauung dem sinnlich Befriedigenden anheimfällt. Die offizielle Behauptung von der unterschiedslosen Einheit aber wäre an jedem der klassizistischen Werke zu widerlegen, auf die sie sich beruft: an ihnen gerade ist der Schein der Einheit das begrifflich Vermittelte. Das herrschende Modell ist spießbürgerlich: die Erscheinung soll rein anschaulich, der Gehalt rein begrifflich sein, etwa nach der starren Dichotomie von Freizeit und Arbeit. Keine Ambivalenz wird toleriert. Das ist der polemische Angriffspunkt der Lossage vom Ideal der Anschaulichkeit. Weil das ästhetisch Erscheinende in der Anschauung nicht aufgeht, geht auch der Gehalt der Werke nicht im Begriff auf. In der falschen Synthesis von Geist und Sinnlichkeit in der ästhetischen Anschauung lauert deren nicht minder falsche, starre Polarität; dinghaft ist die Vorstellung, welche der Anschauungsästhetik zugrunde liegt, in der Synthesis des Artefakts sei die Spannung, sein Wesen, wesenhafter Ruhe gewichen.

Anschaulichkeit ist keine characteristica universalis der Kunst. Sie intermittiert. Davon haben die Ästhetiker wenig Notiz genommen; eine der seltenen Ausnahmen ist der so gut wie vergessene Theodor Meyer, der nachwies, daß den Dichtungen keinerlei sinnliche Anschauung dessen, was sie sagen, korrespondiert und daß die Konkretion der Dichtungen in ihrer Sprachgestalt besteht anstatt in der höchst problematischen optischen Vorstellung, die sie in Gang bringen sollten[48]. Dichtungen bedürfen nicht der Erfüllung durch die sinnliche Vorstellung, konkret sind sie in der Sprache und durch sie mit Unsinnlichem infiltriert, dem Oxymoron unsinnlicher Anschauung gemäß. Auch in der begriffsfernen Kunst ist ein unsinnliches Moment am Werk. Theorie, die es um ihres thema probandum willen verleugnet, ergreift Partei für die Banausie, welche für Musik, die ihr behagt, das Wort Ohrenschmaus parat hält. Musik schließt gerade in ihren großen und nachdrücklichen Formen Komplexe ein, die nur durch sinnlich nicht Präsentes, durch Erinnerung oder Erwartung verstanden werden können und die in ihrer eigenen Zusammen-

---

48 Vgl. Theodor A. Meyer, Das Stilgesetz der Poesie, Leipzig 1901, passim.

setzung derlei kategoriale Bestimmungen enthalten. Unmöglich, etwa die teilweise entlegenen Beziehungen der Durchführung des ersten Satzes der Eroica zur Exposition und den extremen Kontrast zu dieser durch das neu auftretende Thema als sogenannte Sukzessivgestalt zu interpretieren: das Werk ist intellektiv in sich, ohne daß es dessen sich schämte und ohne daß die Integration sein Gesetz dadurch beeinträchtigen würde. So weit dürften die Künste mittlerweile auf ihre Einheit in der Kunst sich zubewegen, daß es mit visuellen Werken nicht anders sich verhält. Die geistige Vermittlung des Kunstwerks, durch die es zur Empirie kontrastiert, ist nicht realisierbar, ohne daß es die diskursive Dimension einbezöge. Wäre das Kunstwerk strengen Sinnes anschaulich, so bliebe es gebannt in die Zufälligkeit des sinnlich unmittelbar Gegebenen, der das Kunstwerk seine Art von Logizität entgegenhält. Rang richtet sich danach, ob seine Konkretion kraft ihrer Durchbildung der Zufälligkeit sich entäußert. Die puristische und insofern rationalistische Trennung von Anschauung und Begrifflichem ist der Dichotomie von Rationalität und Sinnlichkeit zu willen, welche die Gesellschaft verübt und ideologisch anbefiehlt. Kunst müßte jener Trennung durch die objektiv in ihr gelegene Kritik in effigie eher entgegenarbeiten; durch ihre Verbannung auf den sinnlichen Pol wird sie nur bestätigt. Das Unwahre, wogegen Kunst angeht, ist nicht Rationalität sondern deren starrer Gegensatz zum Besonderen; klaubt sie das Moment des Besonderen als Anschaulichkeit heraus, so giriert sie jene Erstarrung, verwertet den Abfall dessen, was die gesellschaftliche Rationalität übrigläßt, um von dieser abzulenken. Je lückenloser denn auch, nach ästhetischem Präzept, das Werk anschaulich sein soll, desto mehr wird sein Geistiges verdinglicht, χωρίς von der Erscheinung, jenseits der Formation des Erscheinenden. Hinter dem Kultus der Anschaulichkeit lauert das spießbürgerliche Convenu vom Leib, der auf dem Kanapee bleibt, während die Seele sich in die Höh' schwingt: die Erscheinung soll mühelose Entspannung, Reproduktion der Arbeitskraft sein, der Geist wird handfest zu dem, was das Werk begrifflich, wie sie es nennen, aussagt. Konstitutiver Einspruch gegen den Totalitätsanspruch des Diskursiven, warten die Kunstwerke eben darum auf Antwort und Lösung und zitieren unausweichlich die

Begriffe herbei. Kein Werk hat je die Indifferenz reiner Anschaulichkeit und verbindlicher Allgemeinheit erlangt, welche die traditionelle Ästhetik als ihr Apriori supponiert. Falsch ist die Anschauungslehre, weil sie der Kunst phänomenologisch zuschreibt, was sie nicht erfüllt. Nicht die Reinheit der Anschauung ist das Kriterium der Kunstwerke, sondern wie tief sie deren Spannung zu den intellektiven Momenten austragen, die ihnen inhärieren. Bei all dem ist das Tabu über den nicht anschaulichen Elementen der Kunstwerke nicht ohne Rechtsgrund. Was begrifflich ist an den Werken, involviert Urteilszusammenhänge, und zu urteilen ist dem Kunstwerk konträr. Urteile mögen darin vorkommen, aber das Werk urteilt nicht, vielleicht, weil es seit der attischen Tragödie Verhandlung ist. Usurpiert das diskursive Moment den Primat, so wird das Verhältnis des Kunstwerks zu dem außer ihm allzu unmittelbar und gliedert sich ein, selbst wo es, wie bei Brecht, seinen Stolz am Gegenteil hat: es wird tatsächlich positivistisch. Das Kunstwerk muß seine diskursiven Bestandteile seinem Immanenzzusammenhang einbringen in einer Gegenbewegung zu der nach außen gerichteten, apophantischen, die das diskursive Moment entbindet. Die Sprache avancierter Lyrik vollzieht das, und sie enthüllt ihre eigentümliche Dialektik daran. Offenbar können die Kunstwerke die Wunde, welche Abstraktion ihnen schlägt, heilen allein durch gesteigerte Abstraktion, welche die Kontamination der begrifflichen Fermente mit der empirischen Realität verhindert: der Begriff wird zum ›Parameter‹. Aber Kunst kann, als wesentlich Geistiges, gar nicht rein anschaulich sein. Sie muß immer auch gedacht werden: sie denkt selber. Die jeglicher Erfahrung von den Kunstwerken widersprechende Prävalenz der Anschauungslehre ist ein Reflex auf die gesellschaftliche Verdinglichung. Sie läuft auf die Errichtung einer Sonderbranche von Unmittelbarkeit hinaus, blind gegen die dinghaften Schichten der Kunstwerke, die konstitutiv sind für das, was mehr als dinglich ist an ihnen. Nicht nur haben sie, worauf Heidegger gegen den Idealismus aufmerksam machte[49], Dinge als Träger. Ihre eigene Objektivation macht sie zu Dingen zweiter Stufe. Ihr je immanenter

---

49 Vgl. Martin Heidegger, Holzwege, 2. Aufl., Frankfurt a. M. 1952, S. 7 ff.

Logik gehorchendes inneres Gefüge, das was sie an sich geworden sind, wird von purer Anschauung nicht erreicht, und was an ihnen sich anschauen läßt, ist durch das Gefüge vermittelt; diesem gegenüber ist ihr Anschauliches unwesentlich, und jede Erfahrung der Kunstwerke muß ihr Anschauliches überschreiten. Wären sie nichts als anschaulich, so wären sie subalterner Effekt, nach Richard Wagners Wort Wirkung ohne Ursache. Verdinglichung ist den Werken essentiell und widerspricht ihrem Wesen als Erscheinendem; ihr Dingcharakter ist nicht weniger dialektisch als ihr Anschauliches. Die Objektivation des Kunstwerks ist aber keineswegs, wie Vischer, Hegels schon nicht mehr sicher, meinte, eins mit dessen Material, sondern Resultante des Kräftespiels im Werk, dem Dingcharakter verwandt als Synthese. Einige Analogie besteht zum Doppelcharakter des Kantischen Dinges als eines transzendenten An sich und eines subjektiv konstituierten Gegenstandes, des Gesetzes seiner Erscheinungen. Einmal sind die Kunstwerke Dinge in Raum und Zeit; ob auch musikalische Grenzformen wie die ausgestorbene und wiederbelebte Improvisation dafür zu gelten haben, ist schwer zu entscheiden; stets wieder durchschlägt das vordingliche Moment der Kunstwerke das dinghafte. Vieles jedoch spricht auch in improvisatorischer Praxis dafür: ihr Erscheinen in der empirischen Zeit; mehr noch, daß sie objektivierte Muster, meist konventionelle, erkennen lassen. Denn soweit Kunstwerke Werke sind, sind sie Dinge in sich selbst, vergegenständlicht vermöge ihres eigenen Formgesetzes. Daß etwa beim Drama als die Sache selbst die Aufführung, nicht der gedruckte Text zu betrachten ist, bei der Musik das lebendig Erklingende und nicht die Noten, bezeugt das Prekäre des Dingcharakters in der Kunst, ohne daß doch darum das Kunstwerk aus seiner Teilhabe an der Dingwelt entlassen wäre. Partituren sind nicht nur fast stets besser als die Aufführungen, sondern mehr als nur Anweisungen zu diesen; mehr die Sache selbst. Beide Dingbegriffe des Kunstwerks sind im übrigen nicht unbedingt separiert. Musik realisieren war zumindest bis vor kurzem soviel wie die Interlinearversion des Notentextes. Die Fixierung durch Schrift oder Noten ist der Sache nicht äußerlich; durch sie verselbständigt sich das Kunstwerk gegenüber seiner Genese: daher der Vorrang der

Texte vor ihrer Wiedergabe. Das nicht Fixierte in der Kunst ist zwar, meist zum Schein, näher am mimetischen Impuls, meist aber nicht über sondern unter dem Fixierten, Restbestand überholter Praxis, vielfach regressiv. Die jüngste Rebellion gegen die Fixierung der Werke als Verdinglichung, etwa der virtuelle Ersatz mensuraler Zeichensysteme durch neumisch-graphische Nachahmungen musikalischer Aktionen sind, mit diesen verglichen, immer noch signifikativ, Verdinglichungen älterer Stufe. Allerdings wäre jene Rebellion schwerlich so verbreitet, litte nicht das Kunstwerk an seiner immanenten Dinghaftigkeit. Nur philiströs verstockter Artistenglaube könnte die Komplizität des künstlerischen Dingcharakters mit dem gesellschaftlichen verkennen und damit seine Unwahrheit, die Fetischisierung dessen, was an sich Prozeß, ein Verhältnis zwischen Momenten ist. Das Kunstwerk ist Prozeß und Augenblick in eins. Seine Objektivation, Bedingung ästhetischer Autonomie, ist auch Erstarrung. Je mehr die im Kunstwerk steckende gesellschaftliche Arbeit sich vergegenständlicht, durchorganisiert wird, desto vernehmlicher klappert es leer und sich selbst fremd.

Die Emanzipation vom Harmoniebegriff enthüllt sich als Aufstand gegen den Schein: Konstruktion wohnt der Expression tautologisch inne, der sie polar entgegen ist. Gegen den Schein wird aber nicht, wie Benjamin denken mochte, zugunsten des Spiels rebelliert, obwohl der Spielcharakter etwa von Permutationen anstelle fiktiver Entwicklungen nicht sich verkennen läßt. Insgesamt dürfte die Krise des Scheins das Spiel in sich hineinreißen: was der Harmonie recht ist, die der Schein stiftet, ist der Harmlosigkeit des Spiels billig. Kunst, die im Spiel ihre Rettung vorm Schein sucht, läuft über zum Sport. Die Gewalt der Krise des Scheins aber zeigt sich daran, daß sie auch der prima vista dem Illusionären abgeneigten Musik widerfährt. In ihr sterben Fiktionsmomente noch in ihrer sublimierten Gestalt ab, nicht nur der Ausdruck nichtexistenter Gefühle, sondern auch strukturelle wie die Fiktion einer Totalität, die als unrealisierbar durchschaut ist. In großer Musik wie der Beethovens, aber wahrscheinlich weit über die Zeitkunst hinaus, sind die sogenannten Urelemente, auf welche die Analyse stößt, vielfach großartig nichtig. Nur wofern sie dem Nichts asymptotisch sich nähern, verschmelzen sie als reines Werden zum Ganzen. Als unterschiedene Teilgestalten aber wollen sie immer wieder bereits etwas sein: Motiv oder Thema. Die immanente Nichtigkeit ihrer Elementarbestimmungen zieht integrale Kunst hinab ins Amorphe; die Gravitation dorthin wächst, je höher sie organisiert ist. Das Amorphe allein befähigt das Kunstwerk zu seiner Integration. Durch Vollendung, die Entfernung von ungeformter Natur, kehrt das naturale Moment, das noch nicht Geformte, nicht Artikulierte wieder. Dem Blick auf die Kunstwerke aus nächster Nähe verwandeln die objektiviertesten Gebilde sich in Gewimmel, Texte in ihre Wörter. Wähnt man die Details der Kunstwerke unmittelbar in Händen zu halten, so zerrinnen sie ins Unbestimmte und Ununterschiedene: so sehr sind sie vermittelt. Das ist die Manifestation des ästhetischen Scheins im Gefüge der Kunstwerke. Das Besondere, ihr Lebenselement, verflüchtigt sich, unterm mikrologischen Blick verdampft seine Konkretion. Der Prozeß, in jedem Kunstwerk geronnen zu einem Gegenständlichen, widersetzt sich seiner Fixierung zum Dies da und zerfließt wiederum dorthin, woher er kam. Der Objektivationsanspruch der Kunstwerke wird an ihnen selber zuschanden. So tief ist Illusion den Kunstwerken, auch den nicht abbildenden, eingesenkt. Die Wahrheit der Kunstwerke haftet daran, ob es ihnen gelingt, das mit dem Begriff nicht Identische, nach dessen Maß Zufällige in ihrer immanenten Notwendigkeit zu absorbieren. Ihre Zweckmäßigkeit bedarf des Unzweckmäßigen. Dadurch gerät in ihre eigene Konsequenz ein Illusorisches hinein; Schein ist noch ihre Logik. Ihre Zweckmäßigkeit muß durch ihr Anderes sich suspendieren, um zu bestehen. Nietzsche hat das mit dem freilich problematischen Satz gestreift, im Kunstwerk könne ebensogut alles anders sein; er gilt wohl nur innerhalb eines etablierten Idioms, eines ›Stils‹, der Variationsbreite garantiert. Ist aber die immanente Geschlossenheit der Werke nicht strikt zu nehmen, so ereilt der Schein sie dort noch, wo sie vor ihm am geschütztesten sich wähnen. Sie strafen sie Lügen, indem sie die Objektivität dementieren, die sie herstellen. Sie selbst, nicht erst die Illusion, die sie erwecken, sind der ästhetische Schein. Das Illusionäre der Kunstwerke hat in den Anspruch sich zusammengezogen, ein Ganzes zu sein. Der ästhetische Nominalismus terminierte in der Krise des Scheins, soweit das Kunstwerk emphatisch wesenhaft sein will. Die Empfindlichkeit gegen den Schein hat ihre Stätte in der Sache. Jedes Moment ästhetischen Scheins führt heute ästhetische Unstimmigkeit mit sich, Widersprüche zwischen dem, als was das Kunstwerk auftritt, und dem, was es ist. Sein Auftreten erhebt die Prätention auf Wesenhaftigkeit; es honoriert sie einzig negativ, aber in der Positivität seines eigenen Auftretens liegt immer auch der Gestus eines Mehr, ein Pathos, dessen noch das radikal unpathetische Werk nicht sich entäußern kann. Wäre nicht die Frage nach der Zukunft von Kunst unfruchtbar und der Technokratie verdächtig, sie spitzte wohl darauf sich zu, ob Kunst den Schein überleben könne. Ein Modellfall seiner Krise war die vor vierzig Jahren triviale Auflehnung gegen das Kostüm auf dem Theater, der Hamlet im Frack, der Lohengrin ohne Schwan. Man sträubte sich dabei vielleicht gar nicht so sehr gegen Verstöße der Kunstwerke gegen die vorwaltende realistische Gesinnung als gegen ihre immanente imagerie, die sie nicht länger zu tragen vermochten. Der Anfang der Proustschen Recherche ist als Versuch zu interpretieren, den Scheincharakter zu überlisten: in die Monade des Kunstwerks unmerklich, ohne gewaltsame Setzung seiner Formimmanenz hineinzugeleiten und ohne die Vorspiegelung eines allgegenwärtigen und allwissenden Erzählers. Das Problem, wie noch anzufangen, wie zu schließen sei, deutet auf die Möglichkeit einer zugleich umfassenden und materialen Formenlehre der Ästhetik, die auch Kategorien der Fortsetzung, des Kontrasts, der Überleitung, der Entwicklung und des ›Knotens‹ zu behandeln hätte und nicht zuletzt, ob heute alles gleich nah zum Mittelpunkt sein müsse oder von verschiedener Dichte. Der ästhetische Schein hatte im neunzehnten Jahrhundert zur Phantasmagorie sich gesteigert. Die Kunstwerke verwischten die Spuren ihrer Produktion; vermutlich weil der vordringende positivistische Geist der Kunst insofern sich mitteilte, als sie Tatsache sein sollte und dessen sich schämte, wodurch ihre dichte Unmittelbarkeit als vermittelt sich decouvriert hätte[50]. Dem gehorchten

50 Vgl. Theodor W. Adorno, Versuch über Wagner, 2. Aufl., München u. Zürich 1964, S. 90 ff.

die Werke bis tief in die Moderne hinein. Ihr Scheincharakter verstärkte sich zu dem ihrer Absolutheit; das verbirgt sich hinter dem Hegelschen Terminus Kunstreligion, den das œuvre des Schopenhauerianers Wagner wörtlich nahm. Die Moderne dann lehnte sich auf gegen den Schein des Scheins, daß er keiner sei. Darin konvergieren sämtliche Anstrengungen, den hermetischen Immanenzzusammenhang der Werke durch unverhohlene Eingriffe zu durchlöchern, die Produktion im Produkt freizugeben und in Grenzen den Produktionsprozeß anstelle seines Resultats zu setzen; eine Intention übrigens, die großen Repräsentanten der idealistischen Epoche so fremd nicht war. Die phantasmagorische Seite der Kunstwerke, die sie unwiderstehlich machte, wird ihnen verdächtig nicht erst in den sogenannten neusachlichen Richtungen, dem Funktionalismus, sondern nicht minder in gewohnten Formen wie dem Roman, in denen die Guckkastenillusion, die fiktive Omnipräsenz des Erzählers mit dem Anspruch eines ebenso als wirklich Fingierten wie als Fiktion Irrealen sich paart. Die Antipoden George und Karl Kraus verwarfen ihn, aber auch die kommentierende Durchbrechung seiner reinen Formimmanenz durch die Romanciers Proust und Gide bezeugt das gleiche malaise, keineswegs bloß allgemeine, antiromantische Zeitstimmung. Eher könnte der phantasmagorische Aspekt, der die Illusion des Ansichseins der Werke technologisch verstärkt, als Widerpart des romantischen Kunstwerks gelten, das durch Ironie den phantasmagorischen Aspekt vorweg sabotiert. Peinlich wurde dieser, weil das bruchlose Ansichsein, dem das reine Kunstwerk nachhängt, unvereinbar ist mit seiner Bestimmung als ein von Menschen Gemachtes und dadurch a priori mit der Dingwelt Versetztes. Die Dialektik der modernen Kunst ist in weitem Maß die, daß sie den Scheincharakter abschütteln will wie Tiere ein angewachsenes Geweih. Die Aporien in der geschichtlichen Bewegung von Kunst werfen ihren Schatten über deren Möglichkeit insgesamt. Auch antirealistische Strömungen wie der Expressionismus hatten teil an der Rebellion gegen den Schein. Während er der Abbildung von Auswendigem opponierte, trachtete er nach der unverstellten Kundgabe realer seelischer Tatbestände und näherte sich dem Psychogramm. In der Konsequenz jener Rebellion jedoch sind die Kunstwerke dabei, in bloße Dinghaftigkeit zurückzufallen gleichwie zur Strafe für ihre Hybris, mehr zu sein als Kunst. Die jüngste, meist kindisch ignorante Pseudomorphose an die Wissenschaft ist das handgreiflichste Symptom solcher Rückbildung. Nicht wenige Produkte der gegenwärtigen Musik und Malerei wären, bei aller Ungegenständlichkeit und Ausdrucksferne, dem Begriff eines zweiten Naturalismus zu subsumieren. Krud physikalistische Prozeduren im Material, kalkulable Relationen zwischen den Parametern verdrängen hilflos den ästhetischen Schein, die Wahrheit über ihr Gesetztsein. Indem es in ihrem autonomen Zusammenhang verschwand, hinterließ es die Aura als den Reflex des in ihnen sich objektivierenden Menschlichen. Die Allergie gegen die Aura, der keine Kunst heute sich zu entziehen vermag, ist ungeschieden von der ausbrechenden Inhumanität. Solche neuerliche Verdinglichung, die Regression der Kunstwerke auf die barbarische Buchstäblichkeit dessen, was ästhetisch der Fall sei, und phantasmagorische Schuld sind unentwirrbar ineinander verschlungen. Sobald das Kunstwerk so fanatisch um seine Reinheit bangt, daß es selber an dieser irre wird und nach außen stülpt, was nicht mehr Kunst werden kann, Leinwand und bloßen Tonstoff, wird es zu seinem eigenen Feind, zur direkten und falschen Fortsetzung von Zweckrationalität. Die Tendenz terminierte im happening. Das Legitime an der Rebellion gegen den Schein als Illusion und das Illusionäre an ihr, die Hoffnung, der ästhetische Schein könne am eigenen Zopf sich aus dem Sumpf ziehen, ist aber mit einander verquickt. Offenbar ist der immanente Scheincharakter der Werke von einem Stück wie immer auch latenter Nachahmung des Wirklichen, und darum von Illusion, nicht zu befreien. Denn alles, was die Kunstwerke an Form und Materialien, an Geist und Stoff in sich enthalten, ist aus der Realität in die Kunstwerke emigriert und in ihnen seiner Realität entäußert: so wird es immer auch zu deren Nachbild. Noch die reinste ästhetische Bestimmung, das Erscheinen, ist zur Realität vermittelt als deren bestimmte Negation. Die Differenz der Kunstwerke von der Empirie, ihr Scheincharakter, konstituiert sich an jener und in der Tendenz gegen sie. Wollten Kunstwerke um des eigenen Begriffs willen jene Rückbeziehung absolut tilgen, so tilgten sie ihre eigene Voraussetzung. Kunst ist unendlich diffizil auch darin, daß sie zwar ihren Begriff transzendieren muß, um ihn zu erfüllen, daß sie jedoch dort, wo sie dabei Realien ähnlich wird, der Verdinglichung sich anpaßt, gegen die sie protestiert: Engagement wird unvermeidlich heute zur ästhetischen Konzession. Das ineffabile von Illusion verhindert es, in einem Begriff absoluter Erscheinung die Antinomie des ästhetischen Scheins zu schlichten. Durch den Schein, der es verkündet, werden die Kunstwerke nicht wörtlich zu Epiphanien, so schwer es auch der genuinen ästhetischen Erfahrung den authentischen Kunstwerken gegenüber fällt, nicht darauf zu vertrauen, in ihnen sei das Absolute präsent. Der Größe der Kunstwerke inhäriert es, dies Vertrauen zu erwecken. Wodurch sie eine Entfaltung der Wahrheit werden, das ist zugleich ihre Kardinalsünde, und von ihr kann die Kunst nicht sich selbst lossprechen. Sie schleppt sie weiter, weil sie sich verhält, als wäre ihr die Absolution erteilt. – Daß trotz alldem ein Himmelsrest des Scheins zu tragen peinlich bleibt, ist davon nicht zu trennen, daß auch Gebilde, die dem Schein absagen, von der realen politischen Wirkung abgeschnitten sind, welche jene Konzeption ursprünglich, im Dadaismus, inspirierte. Die mimetische Verhaltensweise selbst, durch welche die hermetischen Werke gegen das bürgerliche Füranderessein angehen, macht sich mitschuldig durch den Schein des reinen An sich, dem auch, was ihn dann zerstört, nicht entrinnt. Wäre kein idealistisches Mißverständnis zu befürchten, so dürfte man es das Gesetz eines jeden Werkes nennen, und käme damit der ästhetischen Gesetzlichkeit recht nahe: daß es seinem eigenen objektiven Ideal – keineswegs dem des Künstlers – ähnlich wird. Die Mimesis der Kunstwerke ist Ähnlichkeit mit sich selbst. Jenes Gesetz wird, ein- oder mehrdeutig, vom Ansatz eines jeglichen Werkes gestiftet; ein jegliches ist, vermöge seiner Konstitution, darauf verpflichtet. Damit scheiden sich die ästhetischen Bilder von den kultischen. Kunstwerke verbieten sich durch Autonomie ihrer Gestalt, das Absolute in sich einzulassen, als wären sie Symbole. Die ästhetischen Bilder stehen unterm Bilderverbot. Insofern ist der ästhetische Schein und noch seine oberste Konsequenz im hermetischen Werk gerade die Wahrheit. Die hermetischen Werke behaupten das ihnen Transzendente nicht als Sein in einem höheren Bereich, sondern heben durch ihre Ohnmacht und Überflüssigkeit in der empirischen Welt auch das Moment der Hinfälligkeit an ihrem Gehalt hervor. Der elfenbeinerne Turm, in dessen Ächtung die Angeführten der demokratischen Länder mit den Führern der totalitären einig sind, hat in der Unbeirrtheit des mimetischen Impulses als eines zur sich selbst Gleichheit ein eminent Aufklärerisches; ihr spleen ist richtigeres Bewußtsein als die Doktrinen vom engagierten oder didaktischen Kunstwerk, deren regressiver Charakter durchweg fast an der Torheit und Trivialität der von ihnen angeblich kommunizierten Weisheiten flagrant wird. Darum darf die radikal moderne Kunst, trotz der summarischen Verdikte, die politische Interessenten allerorten über sie ergehen lassen, fortgeschritten heißen, nicht bloß den in ihr entwickelten Techniken sondern dem Wahrheitsgehalt nach. Wodurch aber die daseienden Kunstwerke mehr sind als Dasein, das ist nicht wiederum ein Daseiendes sondern ihre Sprache. Die authentischen sprechen noch, wo sie den Schein, von der phantasmagorischen Illusion bis zum letzten auratischen Hauch, refüsieren. Die Anstrengung, sie zu expurgieren von dem, was lediglich die zufällige Subjektivität durch sie hindurch sagt, verleiht ungewollt ihrer eigenen Sprache desto plastischeres Relief. Sie meint der Terminus Ausdruck an den Kunstwerken. Mit Grund fordert er dort, wo er am längsten und nachdrücklichsten technisch verwandt wird, als musikalische Vortragsbezeichnung, nichts spezifisch Ausgedrücktes, keine besonderen seelischen Inhalte. Sonst wäre espressivo durch Namen fürs je bestimmt Auszudrückende ersetzbar. Der Komponist Arthur Schnabel hat das versucht, zu realisieren war es nicht.

Kein Kunstwerk hat ungeschmälerte Einheit, ein jedes muß sie vorgaukeln und kollidiert dadurch mit sich selbst. Konfrontiert mit der antagonistischen Realität, wird die ästhetische Einheit, die jener sich entgegensetzt, zum Schein auch immanent. Die Durchbildung der Kunstwerke terminiert im Schein, ihr Leben wäre eins mit dem Leben ihrer Momente, aber die Momente tragen das Heterogene in sie hinein, und der Schein wird zum Falschen. Tatsächlich entdeckt jegliche eindringlichere Analyse Fiktionen an der ästhetischen Einheit, sei es, daß die Teile nicht unwillkürlich zu jener sich fügen, daß sie ihnen diktiert wird, sei es, daß die Momente vorweg auf die Einheit zugeschnitten, gar nicht wahrhaft Momente sind. Das Viele in den Kunstwerken ist nicht mehr was es war sondern präpariert, sobald es in ihren Raum eingeht; das verurteilt die ästhetische Versöhnung zum ästhetisch Untriftigen. Schein ist das Kunstwerk nicht allein als Antithesis zum Dasein sondern auch dem gegenüber, was es von sich selbst will. Es ist mit Unstimmigkeit geschlagen. Als ein Ansichseiendes werfen die Kunstwerke vermöge ihres Sinnzusammenhangs sich auf. Er ist das Organon des Scheins an ihnen. Indem er sie aber integriert, wurde Sinn selber, das Einheit Stiftende, durchs Kunstwerk als präsent behauptet, ohne daß er es doch wirklich wäre. Sinn, der den Schein bewerkstelligt, hat als Oberstes am Scheincharakter teil. Trotzdem ist der Schein des Sinns nicht dessen vollständige Bestimmung. Denn der Sinn eines Kunstwerks ist zugleich das im Faktischen sich versteckende Wesen; er zitiert zur Erscheinung, was diese sonst versperrt. Die Veranstaltung des Kunstwerks, dessen Momente beziehungsvoll sprechend zu gruppieren, hat diesen Zweck, und es fällt schwer, ihn durch die kritische Sonde vom Affirmativen, vom Schein der Wirklichkeit des Sinns so säuberlich abzuheben, wie es der philosophischen Begriffskonstruktion behagte. Noch indem Kunst das verborgene Wesen, das sie zur Erscheinung verhält, als Unwesen verklagt, ist mit solcher Negation als deren Maß ein nicht gegenwärtiges Wesen, das der Möglichkeit, mitgesetzt; Sinn inhäriert noch der Leugnung des Sinns. Daß diesem, wann immer er im Kunstwerk sich manifestiert, Schein gesellt bleibt, verleiht aller Kunst ihre Trauer; sie schmerzt desto mehr, je vollkommener der geglückte Zusammenhang Sinn suggeriert; gestärkt ist die Trauer vom O wär es doch. Sie ist der Schatten des aller Form Heterogenen, das jene zu bannen trachtet, des bloßen Daseins. In den glücklichen Kunstwerken antezipiert Trauer die Negation des Sinns in den zerrütteten, Reversbild von Sehnsucht. Aus den Kunstwerken wortlos leuchtet heraus, daß es sei, vor der Folie, daß es, uneinlösbares grammatisches Subjekt, nicht ist; auf nichts in der Welt Vorhandenes läßt es demonstrativ sich beziehen. In der Utopie ihrer Form beugt Kunst sich der lastenden Schwere der Empirie, von der sie als Kunst wegtritt. Sonst ist ihre Vollkommenheit nichtig. Der Schein an den Kunstwerken ist verschwistert dem Fortschritt der Integration, den sie von sich verlangen mußten und durch den ihr Gehalt unmittelbar gegenwärtig dünkt. Das theologische Erbe der Kunst ist die Säkularisation von Offenbarung, dem Ideal und der Schranke eines jeglichen Werkes. Kunst mit Offenbarung zu kontaminieren hieße, ihren unausweichlichen Fetischcharakter in der Theorie unreflektiert wiederholen. Die Spur von Offenbarung in ihr ausrotten, erniedrigte sie zur differenzlosen Wiederholung dessen, was ist. Sinnzusammenhang, Einheit wird von den Kunstwerken veranstaltet, weil sie nicht ist, und als veranstaltete das Ansichsein negiert, um dessentwillen die Veranstaltung unternommen wird – am Ende die Kunst selbst. Jegliches Artefakt arbeitet sich entgegen. Werke, die als tour de force, äquilibristischer Akt angelegt sind, bringen etwas über alle Kunst an den Tag: die Verwirklichung des Unmöglichen. Die Unmöglichkeit eines jeglichen Kunstwerks bestimmt in Wahrheit noch das einfachste als tour de force. Die Diffamierung des virtuosen Elements durch Hegel[51], der doch von Rossini hingerissen war, fortlebend bis zur Rancune gegen Picasso, willfahrt verkappt der affirmativen Ideologie, die den antinomischen Charakter der Kunst und all ihrer Produkte vertuscht: Werke, die der affirmativen Ideologie gefallen, sind denn auch stets fast orientiert am Topos, große Kunst müsse einfach sein, den das tour de force herausfordert. Keines der schlechtesten Kriterien für die Fruchtbarkeit ästhetisch-technischer Analyse ist es, daß sie aufdeckt, wodurch ein Werk zum tour de force wird. Einzig auf Stufen der Kunstübung, die exterritorial zu deren Kulturbegriff stehen, traut die Idee des tour de force unverschleiert sich hervor; das mag einmal die Sympathie zwischen Avantgarde und Music Hall oder Variété gestiftet haben, Berührung der Extreme wider den mittleren, mit Innerlichkeit abspeisenden Bereich einer Kunst, die durch ihre Kulturhaftigkeit verrät, was Kunst soll. An der prinzipiellen Unlösbarkeit ihrer technischen Probleme wird ihr der ästhetische Schein schmerzhaft fühlbar; am krassesten wohl in Fragen der künstlerischen Darstellung: der Aufführung von Musik oder Dramen. Sie richtig

---

51 Vgl. Hegel, a. a. O., 3. Teil, S. 215 ff.

interpretieren heißt, sie als Problem formulieren: die unvereinbaren Forderungen erkennen, mit welchen die Werke im Verhältnis des Gehalts zu seiner Erscheinung den Darstellenden konfrontieren. Die Wiedergabe von Kunstwerken muß, indem sie das tour de force in jenen aufdeckt, den Indifferenzpunkt finden, wo die Möglichkeit des Unmöglichen sich birgt. Um der Antinomik der Werke willen ist ihre voll adäquate Wiedergabe eigentlich nicht möglich, eine jegliche müßte ein widersprechendes Moment unterdrücken. Oberstes Kriterium von Darstellung ist es, ob sie ohne solche Unterdrückung sich zum Schauplatz der Konflikte macht, die im tour de force sich pointiert haben. – Als tour de force konzipierte Werke sind Schein, weil sie wesentlich als das sich geben müssen, was sie wesentlich nicht sein können; sie korrigieren sich, indem sie die eigene Unmöglichkeit hervorheben: das ist die Legitimation des virtuosen Elements in der Kunst, das eine bornierte Ästhetik der Innerlichkeit verpönt. An den authentischesten Werken wäre der Nachweis des tour de force, der Realisierung eines Unrealisierbaren zu erbringen. Bach, den die Vulgärinnerlichkeit beschlagnahmen möchte, war virtuos in der Vereinbarung des Unvereinbaren. Was er komponierte, ist Synthesis des harmonisch generalbaßhaften und des polyphonischen Denkens. Es wird in der Logik akkordischer Fortschreitung bruchlos eingepaßt, diese aber, als reines Resultat der Stimmführung, ihrer lastenden, heterogenen Schwere entäußert; das verleiht dem Bachischen Werk das singulär Schwebende. Mit nicht geringerer Stringenz wäre an Beethoven die Paradoxie eines tour de force darzustellen: daß aus nichts etwas wird, die ästhetisch-leibhafte Probe auf die ersten Schritte der Hegelschen Logik.

Der Scheincharakter der Kunstwerke wird immanent vermittelt, durch ihre eigene Objektivität. Indem ein Text, ein Gemälde, eine Musik fixiert wird, ist das Gebilde tatsächlich vorhanden und täuscht das Werden, das es einschließt, seinen Gehalt, bloß vor; noch die äußersten Spannungen eines Verlaufs in ästhetischer Zeit sind soweit fiktiv, wie sie in dem Gebilde ein für allemal vorentschieden sind; tatsächlich ist ästhetische Zeit gegen die empirische, die sie neutralisiert, in gewissem Maß indifferent. In der Paradoxie des tour de force, Unmögliches möglich zu machen, maskiert sich aber die ästhetische Paradoxie schlechthin: wie kann Machen ein nicht Gemachtes erscheinen lassen; wie kann, was dem eigenen Begriff nach nicht wahr ist, doch wahr sein. Denkbar ist das nur vom Gehalt als einem vom Schein Verschiedenen; aber kein Kunstwerk hat den Gehalt anders als durch den Schein, in dessen eigener Gestalt. Darum wäre das Zentrum von Ästhetik die Rettung des Scheins, und das emphatische Recht der Kunst, die Legitimation ihrer Wahrheit, hängt von jener Rettung ab. Der ästhetische Schein will erretten, was der tätige Geist, der auch die Träger des Scheins, die Artefakte hervorbrachte, dem entzog, was er zu seinem Material, einem Für anderes, herabsetzte. Aber dabei wird ihm das zu Errettende selber zu einem Beherrschten, wo nicht von ihm Produzierten; die Rettung durch den Schein ist scheinhaft selber, und ihre Ohnmacht nimmt das Kunstwerk durch seine Scheinhaftigkeit auf sich. Schein ist nicht die characteristica formalis der Kunstwerke sondern material, die Spur der Beschädigung, die jene revozieren möchten. Nur wofern ihr Gehalt unmetaphorisch wahr ist, wirft Kunst, die Gemachte, den Schein ab, den ihr Gemachtsein produziert. Gebärdet sie sich, als wäre sie dagegen durch die Tendenz zur Abbildlichkeit was sie scheint, so wird sie zum Schwindel des trompe l'œil, Opfer eben des Moments an ihr, das sie vertuschen möchte; darauf basiert, was man einmal Sachlichkeit genannt hat. Deren Ideal wäre, daß das Kunstwerk, ohne in irgendeinem Zug etwas anderes scheinen zu wollen, als was es ist, in sich selber so durchgebildet wird, daß, als was es erscheint und was es sein will, potentiell zusammenfällt. Durch Geformtsein, weder durch Illusion, noch indem das Kunstwerk vergebens am Gitter seines Scheincharakters rüttelt, behielte dieser darin vielleicht doch nicht das letzte Wort. Jedoch selbst die Versachlichung der Kunstwerke wird der Hülle ihres Scheins nicht ledig. Soweit ihre Form nicht einfach identisch ist mit ihrer Adäquanz an praktische Zwecke, sind sie, auch wo ihre Faktur gar nichts scheinen will, stets noch Schein angesichts der Realität, von der sie durch ihre bloße Bestimmung als Kunstwerke differieren. Indem sie die Momente des Scheins tilgen, die ihnen anhaften, verstärkt sich eher noch der, welcher von ihrem eigenen Dasein ausgeht, das durch seine Integration sich zu einem An sich verdichtet, das sie als Gesetztes nicht sind. Etwa soll von keiner vorgegebenen Form mehr ausgegangen, auf die Floskel, das Ornament, die Reste übergreifenden Formenwesens verzichtet werden; das Kunstwerk soll sich von unten her organisieren. Nichts aber garantiert dem Kunstwerk vorweg, nachdem seine immanente Bewegung das Übergreifende einmal gesprengt hat, daß es überhaupt sich schließe, das seine membra disiecta irgend zusammenfinden. Das hat die künstlerischen Prozeduren dazu bewogen, hinter den Kulissen – der theatralische Ausdruck ist zuständig – alle Einzelmomente vorweg so zu präformieren, daß sie jenes Übergangs zum Ganzen fähig werden, den sonst die absolut genommene Kontingenz der Details nach der Liquidation des Vorgeordneten verweigerte. Dadurch bemächtigt sich der Schein seiner geschworenen Widersacher. Erweckt wird die Täuschung, es sei keine Täuschung; daß Diffuses, Ichfremdes hier und gesetzte Totalität a priori harmonierten, während die Harmonie selbst veranstaltet wird; daß der Prozeß rein von unten nach oben als geleistet präsentiert wird, während in ihm die alte Bestimmung von oben her fortwest, die kaum von der geistigen Bestimmtheit der Kunstwerke fortgedacht werden kann. Herkömmlicherweise wird der Scheincharakter der Kunstwerke auf ihr sinnliches Moment bezogen, zumal in der Hegelschen Formulierung vom sinnlichen Scheinen der Idee. Diese Ansicht vom Schein steht im Bann der traditionellen, Platonisch-Aristotelischen vom Schein der Sinnenwelt hier, dem Wesen, oder dem reinen Geist, als dem wahrhaften Sein dort. Der Schein der Kunstwerke entspringt jedoch in ihrem geistigen Wesen. Dem Geist selber, als einem von seinem Anderen Getrennten, ihm gegenüber sich Verselbständigenden und in solchem Fürsichsein Ungreifbaren, eignet ein Scheinhaftes; aller Geist, χωρίς vom Leibhaften, hat in sich den Aspekt, ein Nichtseiendes, Abstraktes zum Seienden zu erheben; das ist das Wahrheitsmoment des Nominalismus. Kunst macht auf die Scheinhaftigkeit des Geistes als eines Wesens sui generis die Probe, indem sie den Anspruch des Geistes, Seiendes zu sein, beim Wort nimmt und ihn als Seiendes vor Augen stellt. Das, viel mehr als die Nachahmung der Sinnenwelt durch das ästhetisch Sinnliche, auf welche die Kunst verzichten lernte, nötigt sie zum Schein. Geist indessen ist nicht nur Schein sondern auch Wahrheit, er ist nicht nur der Trug eines Ansichseienden sondern ebenso die Negation alles falschen Ansichseins. Das Moment seines Nichtseins und seiner Negativität tritt in die Kunstwerke ein, die ja den Geist nicht unmittelbar versinnlichen, dingfest machen, sondern allein durchs Verhältnis ihrer sinnlichen Elemente zueinander Geist werden. Deshalb ist der Scheincharakter der Kunst zugleich ihre Methexis an der Wahrheit. Die Flucht mancher gegenwärtiger Manifestationen der Kunst in den Zufall dürfte als desperate Antwort auf die Ubiquität des Scheins zu deuten sein: das Kontingente soll ins Ganze übergehen ohne das Pseudos prästabilierter Harmonie. Damit indessen wird einerseits das Kunstwerk einer blinden Gesetzmäßigkeit ausgeliefert, die von seiner totalen Determination von oben her gar nicht mehr zu unterscheiden ist, andererseits das Ganze dem Zufall überantwortet und die Dialektik von Einzelnem und Ganzem zum Schein entwertet: indem nämlich ein Ganzes gar nicht resultiert. Vollendete Scheinlosigkeit regrediert aufs chaotisch Gesetzliche, darin Zufall und Notwendigkeit ihre unselige Verschwörung erneuern. Kunst hat keine Gewalt über den Schein durch dessen Abschaffung. Der Scheincharakter der Kunstwerke bedingt, daß ihre Erkenntnis dem Erkenntnisbegriff der Kantischen reinen Vernunft widerstreitet. Schein sind sie, indem sie ihr Inneres, Geist, nach außen setzen, und sie werden nur insoweit erkannt, wie, gegen das Verbot des Amphiboliekapitels, ihr Inneres erkannt wird. In der Kantischen Kritik der ästhetischen Urteilskraft, die so subjektiv auftritt, daß von einem Inneren des ästhetischen Objekts nicht gesprochen wird, ist das virtuell doch vorgedacht im Teleologiebegriff. Kant unterstellt die Kunstwerke der Idee eines an sich und in sich Zweckvollen, anstatt ihre Einheit einzig der subjektiven Synthesis durch den Erkennenden zu überantworten. Künstlerische Erfahrung, als die eines dergestalt Zweckmäßigen, hebt von der bloßen kategorialen Formung eines Chaotischen durchs Subjekt sich ab. Hegels Methode, der Beschaffenheit der ästhetischen Objekte sich zu überlassen und von ihren subjektiven Wirkungen als einem Zufälligen abzusehen, macht auf die Kantische These die Probe: objektive Teleologie wird zum Kanon ästhetischer Erfahrung. Der Vorrang des Objekts in der Kunst und die Erkenntnis ihrer Gebilde von innen her sind zwei Aspekte des gleichen Sachverhalts. Nach der traditionellen Unterscheidung von Ding und Erscheinung haben die Kunstwerke, vermöge ihrer Gegentendenz gegen die eigene Dinglichkeit, schließlich gegen Verdinglichung überhaupt, ihren Ort auf der Seite der Erscheinungen. Aber bei ihnen ist Erscheinung die des Wesens, gegen es nicht gleichgültig; bei ihnen gehört die Erscheinung selbst auf die Seite des Wesens. Sie wahrhaft charakterisiert die These, in der bei Hegel Realismus und Nominalismus sich vermitteln: ihr Wesen muß erscheinen, ihr Erscheinen ist wesentlich, keines für ein Anderes sondern ihre immanente Bestimmung. Demgemäß ist keines, gleichgültig, wie der Hervorbringende darüber denkt, auf einen Betrachter, nicht einmal auf ein transzendentales apperzipierendes Subjekt hin angelegt; kein Kunstwerk ist in Kategorien der Kommunikation zu beschreiben und zu erklären. Schein sind die Kunstwerke dadurch, daß sie dem, was sie selbst nicht sein können, zu einer Art von zweitem, modifiziertem Dasein verhelfen; Erscheinung, weil jenes Nichtseiende an ihnen, um dessentwillen sie existieren, vermöge der ästhetischen Realisierung zu einem wie immer auch gebrochenen Dasein gelangt. Identität von Wesen und Erscheinung jedoch ist der Kunst so wenig erreichbar wie der Erkenntnis von Realem. Das Wesen, das in die Erscheinung übergeht und diese prägt, sprengt sie stets auch; was erscheint, ist durch seine Bestimmung als Erscheinendes vor dem Erscheinenden immer auch Hülle. Der ästhetische Harmoniebegriff und alle Kategorien, die um ihn versammelt sind, wollten das verleugnen. Sie hofften auf einen Ausgleich von Wesen und Erscheinung, gleichsam durch Leistungen des Takts; im älteren, unbefangenen Sprachgebrauch indizieren das Termini wie die ›Geschicklichkeit des Künstlers‹. Ästhetische Harmonie ist nie vollbracht sondern Politur und Balance; im Inneren alles dessen, was an Kunst mit Fug harmonisch kann genannt werden, überlebt das Desperate und einander Widersprechende[52]. In den Kunstwerken soll, ihrer Konstitution nach, alles ihrer Form Heterogene sich lösen, während sie doch Form sind einzig im Verhältnis zu dem, was sie verschwinden

---

52 Vgl. Theodor W. Adorno, Zum Klassizismus von Goethes Iphigenie, in: Neue Rundschau 78 (1967), S. 586 ff.

machen möchten. Was in ihnen erscheinen will, verhindern sie durch ihr eigenes Apriori daran. Sie müssen es verstecken, und dagegen sträubt sich die Idee ihrer Wahrheit solange, bis sie die Harmonie kündigen. Ohne das Memento von Widerspruch und Nichtidentität wäre Harmonie ästhetisch irrelevant, ähnlich wie nach der Einsicht aus Hegels Differenzschrift Identität überhaupt nur als solche mit einem Nichtidentischen kann vorgestellt werden. Je tiefer Kunstwerke in die Idee von Harmonie, des erscheinenden Wesens, sich versenken, desto weniger können sie bei ihr sich befriedigen. Kaum generalisiert man unziemlich geschichtsphilosophisch allzu Divergentes, wenn man die antiharmonischen Gesten Michelangelos, des späten Rembrandt, des letzten Beethoven, anstatt aus subjektiv leidvoller Entwicklung, aus der Dynamik des Harmoniebegriffs selber, schließlich seiner Insuffizienz ableitet. Dissonanz ist die Wahrheit über Harmonie. Wird diese streng genommen, so erweist sie nach dem Kriterium ihrer selbst sich als unerreichbar. Ihren Desideraten wird erst dann genügt, wenn solche Unerreichbarkeit als ein Stück Wesen erscheint; wie im sogenannten Spätstil bedeutender Künstler. Er hat, weit über das individuelle œuvre hinaus, exemplarische Kraft, die geschichtlicher Suspension ästhetischer Harmonie insgesamt. Die Absage ans klassizistische Ideal ist kein Stilwechsel oder gar einer des ominösen Lebensgefühls, sondern gezeitigt vom Reibungskoeffizienten der Harmonie, die als leibhaft versöhnt vorstellt, was es nicht ist, und dadurch gegen das eigene Postulat des erscheinenden Wesens sich vergeht, auf das doch gerade das Ideal von Harmonie abzielt. Die Emanzipation von ihm ist eine Entfaltung des Wahrheitsgehalts der Kunst.

Die Rebellion gegen den Schein, das Ungenügen der Kunst an sich selber, ist als Moment ihres Anspruchs auf Wahrheit intermittierend seit unvordenklichen Zeiten in ihr enthalten gewesen. Daß Kunst aller Materialien von je Verlangen nach der Dissonanz trug, daß dies Verlangen niedergehalten wurde nur von dem affirmativen Druck der Gesellschaft, mit dem der ästhetische Schein sich verbündete, sagt das Gleiche. Dissonanz ist soviel wie Ausdruck, das Konsonierende, Harmonische will ihn sänftigend beseitigen. Ausdruck und Schein sind primär in Antithese. Läßt

Ausdruck kaum anders sich vorstellen denn als der von Leiden
– Freude hat gegen allen Ausdruck spröde sich gezeigt, vielleicht
weil noch gar keine ist, und Seligkeit wäre ausdruckslos –, so hat
Kunst am Ausdruck immanent das Moment, durch welches sie,
als eines ihrer Konstituentien, gegen ihre Immanenz unterm
Formgesetz sich wehrt. Ausdruck von Kunst verhält sich mimetisch, so wie der Ausdruck von Lebendigen der des Schmerzes ist.
Die Züge des Ausdrucks, die den Kunstwerken eingegraben sind,
wenn sie nicht stumpf sein sollen, sind Demarkationslinien gegen
den Schein. Weil sie aber doch als Kunstwerke Schein bleiben,
ist der Konflikt zwischen diesem, der Form im weitesten Verstande, und dem Ausdruck unausgetragen und fluktuiert geschichtlich. Die mimetische Verhaltensweise, eine Stellung zur
Realität diesseits der fixen Gegenübersetzung von Subjekt und
Objekt, wird durch die Kunst, das Organ der Mimesis seit dem
mimetischen Tabu, vom Schein ergriffen und, komplementär zur
Autonomie der Form, geradezu dessen Träger. Die Entfaltung
der Kunst ist die eines quid pro quo: der Ausdruck, durch den die
nichtästhetische Erfahrung am tiefsten in die Gebilde hineinreicht, wird zum Urbild alles Fiktiven an der Kunst, wie wenn
an der Stelle, wo sie der realen Erfahrung gegenüber am undich-
testen ist, Kultur am rigorosesten darüber wachte, daß die
Grenze nicht verletzt werde. Die Ausdrucksvaleurs der Kunstwerke sind nicht länger unmittelbar die von Lebendigem. Gebrochen und verwandelt, werden sie zum Ausdruck der Sache
selbst: der Terminus musica ficta dürfte das am frühesten bezeugen. Jenes quid pro quo neutralisiert nicht bloß die Mimesis; es
folgt auch aus jener. Ahmt das mimetische Verhalten nicht etwas
nach, sondern macht sich selbst gleich, so nehmen die Kunstwerke
es auf sich, eben das zu vollziehen. Nicht imitieren sie im Ausdruck einzelmenschliche Regungen, vollends nicht die ihrer Autoren; wo sie dadurch wesentlich sich bestimmen, verfallen sie als
Abbilder eben der Vergegenständlichung, gegen die der mimetische Impuls sich sträubt. Zugleich vollstreckt sich im künstlerischen Ausdruck das geschichtliche Urteil über Mimesis als ein
archaisches Verhalten: daß diese, unmittelbar praktiziert, keine
Erkenntnis ist; daß, was sich gleichmacht, nicht gleich wird; daß
der Eingriff durch Mimesis mißlang – das verbannt sie ebenso

in die Kunst, die mimetisch sich verhält, wie diese in der Objektivation jenes Impulses die Kritik an ihm absorbiert.

Während selten Zweifel aufkam am Ausdruck als einem wesentlichen Moment von Kunst – noch die gegenwärtige Ausdrucksscheu bestätigt seine Relevanz und gilt eigentlich der Kunst überhaupt –, ist sein Begriff, gleich den meisten ästhetisch zentralen, widerspenstig gegen die Theorie, die ihn nennen will: was qualitativ dem Begriff konträr ist, läßt nur schwer auf seinen Begriff sich bringen, die Form, in der etwas gedacht werden kann, ist nicht indifferent gegen das Gedachte. Man wird den Ausdruck von Kunst geschichtsphilosophisch als Kompromiß interpretieren müssen. Er geht auf das Transsubjektive, ist die Gestalt der Erkenntnis, welche, wie sie einst der Polarität von Subjekt und Objekt vorherging, so jene als Definitivum nicht anerkennt. Säkular jedoch ist sie darin, daß sie solche Erkenntnis im Stand der Polarität als Akt des fürsichseienden Geistes zu vollziehen sucht. Ästhetischer Ausdruck ist Vergegenständlichung des Ungegenständlichen, und zwar derart, daß es durch seine Vergegenständlichung zum zweiten Ungegenständlichen wird, zu dem, was aus dem Artefakt spricht, nicht als Imitation des Subjekts. Andererseits bedarf gerade die Objektivation des Ausdrucks, die mit Kunst koinzidiert, des Subjekts, das sie herstellt und seine eigenen mimetischen Regungen, bürgerlich gesprochen, verwertet. Ausdrucksvoll ist Kunst, wo aus ihr, subjektiv vermittelt, ein Objektives spricht: Trauer, Energie, Sehnsucht. Ausdruck ist das klagende Gesicht der Werke. Sie zeigen es dem, der ihren Blick erwidert, selbst dort, wo sie im fröhlichen Ton komponiert sind oder die vie opportune des Rokoko verherrlichen. Wäre Ausdruck bloße Verdopplung des subjektiv Gefühlten, so bliebe er nichtig; der Künstlerspott über ein Produkt, das empfunden, aber nicht erfunden sei, weiß das sehr genau. Eher als solche Gefühle ist sein Modell der Ausdruck von außerkünstlerischen Dingen und Situationen. In ihnen bereits haben historische Prozesse und Funktionen sich sedimentiert und sprechen daraus. Kafka ist darin für den Gestus der Kunst exemplarisch, und zieht daraus seine Unwiderstehlichkeit, daß er solchen Ausdruck in das Geschehende zurückverwandelt, das darin sich chiffriert. Nur wird er doppelt rätselhaft, weil das Sedimentierte, der ausgedrückte Sinn, abermals sinnlos ist, Naturgeschichte, über die nichts hinausgeleitet, als daß es, ohnmächtig genug, sich auszudrücken vermag. Nachahmung ist Kunst einzig als die eines objektiven, aller Psychologie entrückten Ausdrucks, dessen vielleicht einmal das Sensorium an der Welt innewird und der nirgendwo anders überdauert als in Gebilden. Durch den Ausdruck sperrt sich Kunst dem Füranderessein, das ihn so begierig verschlingt, und spricht an sich: das ist ihr mimetischer Vollzug. Ihr Ausdruck ist der Widerpart des etwas Ausdrückens.

Solche Mimesis ist das Ideal von Kunst, nicht ihre praktische Verfahrungsweise, auch keine auf Ausdruckscharaktere gerichtete Attitude. Vom Künstler geht in die Expression die Mimik ein, die das Ausgedrückte in ihm entbindet; wird das Ausgedrückte zum tangiblen Seeleninhalt des Künstlers und das Kunstwerk zu dessen Abbild, so degeneriert das Werk zur unscharfen Photographie. Schuberts Resignation hat ihren Ort nicht in der vorgeblichen Stimmung seiner Musik, nicht in dem, wie ihm, als ob das Werk etwas darüber verriete, zumute war, sondern in dem So ist es, das sie mit dem Gestus des sich fallen Lassens bekundet: er ist ihr Ausdruck. Dessen Inbegriff ist der Sprachcharakter der Kunst, grundverschieden von Sprache als ihrem Medium. Man möchte darüber spekulieren, ob nicht jener mit diesem unvereinbar sei; die Anstrengung von Prosa seit Joyce, die diskursive Sprache außer Aktion zu setzen oder wenigstens den Formkategorien bis zur Unkenntlichkeit der Konstruktion unterzuordnen, fände dadurch einige Erklärung: die neue Kunst bemüht sich um die Verwandlung der kommunikativen Sprache in eine mimetische. Vermöge ihres Doppelcharakters ist Sprache Konstituens der Kunst und ihr Todfeind. Etruskische Krüge in der Villa Giulia sind sprechend im höchsten Maß und aller mitteilenden Sprache inkommensurabel. Die wahre Sprache der Kunst ist sprachlos, ihr sprachloses Moment hat den Vorrang vor dem signifikativen der Dichtung, das auch der Musik nicht ganz abgeht. Das Sprachähnliche an den Vasen berührt sich am ehesten mit einem Da bin ich oder Das bin ich, einer Selbstheit, die nicht erst durchs identifizierende Denken aus der Interdependenz des Seienden herausgeschnitten ward. So scheint ein Nashorn, das stumme Tier, zu sagen: ich bin ein Nashorn. Die Rilkesche Zeile »denn da ist keine Stelle, / die dich nicht sieht«[53], von der Benjamin groß dachte, hat jene nicht signifikative Sprache der Kunstwerke in kaum übertroffener Weise kodifiziert: Ausdruck ist der Blick der Kunstwerke. Ihre Sprache ist im Verhältnis zur signifikativen ein Älteres aber Uneingelöstes: so wie wenn die Kunstwerke, indem sie durch ihr Gefügtsein dem Subjekt sich anbilden, wiederholten, wie es entspringt, sich entringt. Ausdruck haben sie, nicht wo sie das Subjekt mitteilen, sondern wo sie von der Urgeschichte der Subjektivität, der von Beseelung erzittern; das Tremolo jeglicher Gestalt ist unerträglich als Surrogat dafür. Das umschreibt Affinität des Kunstwerks zum Subjekt. Sie überdauert, weil im Subjekt jene Urgeschichte überlebt. Es fängt in aller Geschichte immer wieder von vorn an. Nur das Subjekt taugt als Instrument des Ausdrucks, wie sehr es auch, das sich unmittelbar wähnt, selber ein Vermitteltes ist. Noch wo das Ausgedrückte dem Subjekt ähnelt; wo die Regungen die subjektiven sind, sind sie zugleich apersonal, eingehend in die Integration des Ichs, nicht aufgehend in ihr. Der Ausdruck der Kunstwerke ist das nicht Subjektive am Subjekt, dessen eigener Ausdruck weniger als sein Abdruck; nichts so ausdrucksvoll wie die Augen von Tieren – Menschenaffen –, die objektiv darüber zu trauern scheinen, daß sie keine Menschen sind. Indem die Regungen in die Werke transponiert werden, die sie vermöge ihrer Integration zu ihren eigenen machen, bleiben sie im ästhetischen Kontinuum Statthalter außerästhetischer Natur, sind aber als deren Nachbilder nicht länger leibhaftig. Diese Ambivalenz wird von jeder genuin ästhetischen Erfahrung registriert, unvergleichlich in der Kantischen Beschreibung des Gefühls des Erhabenen als einem zwischen Natur und Freiheit in sich Erzitternden. Solche Modifikation ist, ohne alle Reflexion auf Geistiges, der konstitutive Akt von Vergeistigung in aller Kunst. Die spätere entfaltet ihn nur, er ist aber in der Modifikation der Mimesis durchs Gebilde bereits gesetzt, wofern er nicht durch Mimesis selber als der gleichsam physiologischen Vorform des Geistes sich zuträgt. Mitschuld trägt die Modifikation am affirmativen Wesen der

53 Rainer Maria Rilke, Sämtliche Werke, hg. von E. Zinn, Bd. 1, Wiesbaden 1955, S. 557 (»Archaischer Torso Apollos«).

Kunst, weil sie den Schmerz durch Imagination ebenso mildert, wie, durch die geistige Totalität, in der er verschwindet, ihn beherrschbar macht und real unverändert läßt.

So sehr Kunst von der universalen Entfremdung gezeichnet und gesteigert ward, darin ist sie am wenigsten entfremdet, daß alles an ihr durch den Geist hindurchging, vermenschlicht ist ohne Gewalt. Sie oszilliert zwischen der Ideologie und dem, was Hegel dem einheimischen Reich des Geistes bescheinigt, der Wahrheit des Gewißseins seiner selbst. Mag immer der Geist in ihr weiter Herrschaft ausüben, in seiner Objektivation befreit er sich von seinen herrschaftlichen Zwecken. Indem die ästhetischen Gebilde ein Kontinuum schaffen, das ganz Geist ist, werden sie zum Schein des blockierten An sich, in dessen Realität die Intentionen des Subjekts sich erfüllen und erlöschen würden. Kunst berichtigt die begriffliche Erkenntnis, weil sie, abgespalten, vollbringt, was jene von der unbildlichen Subjekt-Objekt-Relation vergebens erwartet: daß durch subjektive Leistung ein Objektives sich enthüllt. Jene Leistung vertagt sie nicht ins Unendliche. Sie verlangt sie ihrer eigenen Endlichkeit ab, um den Preis ihrer Scheinhaftigkeit. Durch Vergeistigung, radikale Naturbeherrschung, die ihrer selbst, korrigiert sie Naturbeherrschung als die des Anderen. Was am Kunstwerk gegen das Subjekt als Beständiges, als rudimentärer Fetisch fremd sich instauriert, steht ein fürs nicht Entfremdete; was aber in der Welt sich verhält, als überlebe es als unidentische Natur, wird zum Material von Naturbeherrschung und zum Vehikel gesellschaftlicher Herrschaft, erst recht entfremdet. Der Ausdruck, mit dem Natur am tiefsten in die Kunst einsickert, ist zugleich schlechthin deren nicht Buchstäbliches, Memento dessen, was der Ausdruck nicht selbst ist und was doch anders als durch sein Wie nicht sich konkretisierte.

Die Vermittlung des Ausdrucks von Kunstwerken durch ihre Vergeistigung, in der Frühzeit des Expressionismus dessen bedeutenden Exponenten gegenwärtig, impliziert Kritik an jenem plumpen Dualismus von Form und Ausdruck, an dem wie die traditionelle Ästhetik auch das Bewußtsein mancher genuiner Künstler[54] sich orientiert. Nicht daß jene Dichotomie jeglichen

---

54 Vgl. Theodor W. Adorno, Berg. Der Meister des kleinsten Übergangs, Wien 1968, S. 36.

Grundes entriete. Präponderanz des Ausdrucks hier, der Formaspekt dort wird zumal in älterer Kunst, die den Regungen ein Gehäuse darbot, kaum sich wegdisputieren lassen. Indessen sind die beiden Momente innig durch einander vermittelt. Wo Werke nicht durchgebildet, nicht geformt sind, büßen sie eben jene Expressivität ein, um derentwillen sie sich von der Arbeit und Anstrengung der Form dispensieren; und die vorgeblich reine Form, die den Ausdruck verleugnet, klappert. Ausdruck ist ein Interferenzphänomen, Funktion der Verfahrungsweise nicht weniger als mimetisch. Mimesis ihrerseits wird von der Dichte des technischen Verfahrens herbeizitiert, dessen immanente Rationalität dem Ausdruck doch entgegenzuarbeiten scheint. Der Zwang, den integrale Werke ausüben, ist äquivalent ihrer Beredtheit, ihrem Sprechenden, keine bloße suggestive Wirkung; übrigens ist Suggestion ihrerseits mimetischen Vorgängen verwandt. Das führt auf eine subjektive Paradoxie von Kunst: Blindes – den Ausdruck – aus Reflexion – durch Form – zu produzieren; das Blinde nicht zu rationalisieren sondern ästhetisch überhaupt erst herzustellen; »Dinge machen, von denen wir nicht wissen, was sie sind«. Diese heute zum Konflikt geschärfte Situation hat ihre lange Vorgeschichte. Sprach Goethe vom Bodensatz des Absurden, dem Inkommensurablen in jeder künstlerischen Produktion, so hat er die moderne Konstellation des Bewußten und Unbewußten erreicht; auch den Prospekt, daß die vom Bewußtsein als unbewußt gehegte Sphäre der Kunst zu jenem spleen wird, als den sie in der zweiten Romantik seit Baudelaire sich verstand, einem in die Rationalität eingebauten und virtuell sich aufhebenden Reservat. Der Hinweis darauf indessen fertigt die Kunst nicht ab: wer derart gegen die Moderne argumentiert, hält sich mechanisch an den Dualismus von Form und Ausdruck. Was den Theoretikern nichts ist als ein logischer Widerspruch, ist den Künstlern vertraut und entfaltet sich in ihrer Arbeit: Verfügung über das mimetische Moment, die dessen Unwillkürlichkeit herbeiruft, zerstört, errettet. Willkür im Unwillkürlichen ist das Lebenselement der Kunst, die Kraft dazu ein verläßliches Kriterium künstlerischen Vermögens, ohne daß die Fatalität solcher Bewegung verschleiert würde. Künstler kennen jenes Vermögen als ihr Formgefühl. Es stellt die Vermittlungskategorie zum Kantischen Problem dar, wieso die Kunst, für ihn ein kraß Unbegriffliches, gleichwohl subjektiv jenes Moment des Allgemeinen und Notwendigen mit sich führe, das nach der Vernunftkritik einzig der diskursiven Erkenntnis vorbehalten ist. Formgefühl ist die zugleich blinde und verbindliche Reflexion der Sache in sich, auf welche sie sich verlassen muß; die sich selbst verschlossene Objektivität, die dem subjektiven mimetischen Vermögen zufällt, das seinerseits an seinem Widerspiel, der rationalen Konstruktion sich kräftigt. Die Blindheit des Formgefühls korrespondiert der Notwendigkeit in der Sache. An der Irrationalität des Ausdrucksmoments hat Kunst den Zweck jeglicher ästhetischen Rationalität. Ihr obliegt es, wider alle verfügte Ordnung, der ausweglosen Naturnotwendigkeit ebenso sich zu entäußern wie der chaotischen Zufälligkeit. Dem Zufall, an dem ihre Notwendigkeit ihres fiktiven Moments innewird, gibt sie nicht das Seine, indem sie absichtsvoll Zufälliges fiktiv sich einverleibt, um dadurch ihre subjektiven Vermittlungen zu depotenzieren. Eher läßt sie dem Zufall Gerechtigkeit widerfahren durch jenes Tasten im Dunkeln der Bahn ihrer Notwendigkeit. Je treuer sie ihr folgt, desto weniger ist sie sich durchsichtig. Sie verdunkelt sich. Ihr immanenter Prozeß hat etwas Rutengängerisches. Dem folgen, wohin es die Hand zieht, ist Mimesis als Vollstreckung der Objektivität; die automatischen Niederschriften, etwa auch der Schönberg der Erwartung, ließen von ihrer Utopie sich inspirieren, freilich um rasch genug darauf zu stoßen, daß die Spannung von Ausdruck und Objektivation nicht in Identität sich ausgleicht. Kein Mittleres zwischen der Selbstzensur des Ausdrucksbedürfnisses und der Erbittlichkeit der Konstruktion reicht hin. Objektivation geht durch die Extreme hindurch. Das von keinem Geschmack, keinem künstlerischen Verstand gebändigte Ausdrucksbedürfnis konvergiert mit der Nacktheit rationaler Objektivität. Andererseits ist das sich selbst Denken des Kunstwerks, seine noesis noeseos, durch keine verordnete Irrationalität zu gängeln. Mit verbundenen Augen muß ästhetische Rationalität sich in die Gestaltung hineinstürzen, anstatt sie von außen, als Reflexion über das Kunstwerk, zu steuern. Klug oder töricht sind die Kunstwerke ihrer Verfahrensweise nach, nicht die Gedanken, die ein Autor über sie sich macht. Von solcher immanenten Sachvernunft ist die gegen Oberflächenrationalität dicht isolierte Kunst Becketts in jedem Augenblick, sie ist aber keineswegs eine Prärogative der Moderne sondern ebensogut, etwa an den Verkürzungen des späten Beethoven, dem Verzicht auf die überflüssige und insofern irrationale Zutat abzulesen. Umgekehrt sind mindere Kunstwerke, klappernde Musik zumal, von einer immanenten Dummheit, auf die nicht zuletzt das Ideal von Mündigkeit in der Moderne polemisch reagierte. Die Aporie von Mimesis und Konstruktion wird den Kunstwerken zur Nötigung, Radikalismus mit Besonnenheit zu vereinen, ohne apokryph hinzugedachte Hilfshypothesen.

Besonnenheit aber führt aus der Aporie nicht heraus. Geschichtlich ist eine der Wurzeln der Rebellion gegen den Schein die Allergie gegen den Ausdruck; wenn irgendwo in der Kunst, dann spielt hier das Generationsverhältnis herein. Der Expressionismus ist zur Vaterimago geworden. Empirisch konnte erhärtet werden, daß unfreie, konventionalistische und aggressiv-reaktionäre Menschen dazu tendieren, ›intraception‹, Selbstbesinnung in jeder Gestalt abzulehnen und damit auch Ausdruck als solchen als ein Allzumenschliches. Die Gleichen votieren, vor dem Hintergrund allgemeiner Kunstfremdheit, mit besonderer Rancune gegen die Moderne. Psychologisch gehorchen sie den Abwehrmechanismen, mit denen ein schwach ausgebildetes Ich von sich weist, was seine mühsame Funktionsfähigkeit erschüttern, vor allen seinen Narzißmus schädigen könnte. Die in Rede stehende Haltung ist die der ›intolerance of ambiguity‹, Unduldsamkeit gegen das Ambivalente, nicht säuberlich Subsumierbare; am Ende gegen das Offene, von keiner Instanz Vorentschiedene, gegen Erfahrung selbst. Dicht hinter dem mimetischen Tabu steht ein sexuelles: nichts soll feucht sein, Kunst wird hygienisch. Manche ihrer Richtungen identifizieren sich damit und mit der Hexenjagd gegen den Ausdruck. Der Antipsychologismus der Moderne wechselt seine Funktion. Einmal Prärogative einer Avantgarde, die gegen den Jugendstil sowohl wie gegen den ins Inwendige verlängerten Realismus aufbegehrte, wurde er mittlerweile sozialisiert und dem Bestehenden dienstbar. Die Kategorie der Innerlichkeit soll, nach Max Webers These, auf den Protestantismus zurückdatieren, der den Glauben über die Werke stellte. Während Innerlichkeit, noch bei Kant, auch den Protest gegen die heteronom den Subjekten auferlegte Ordnung meinte, war ihr von Anbeginn Gleichgültigkeit gegen jene Ordnung gesellt, die Bereitschaft, sie zu lassen, wie sie ist, und ihr zu gehorchen. Das war der Herkunft von Innerlichkeit aus dem Arbeitsprozeß gemäß: sie sollte einen anthropologischen Typus züchten, der aus Pflicht, quasi freiwillig, die Lohnarbeit verrichtet, derer die neue Produktionsweise bedarf und zu der die gesellschaftlichen Produktionsverhältnisse ihn zwingen. Mit steigender Ohnmacht des fürsichseienden Subjekts ist folgerecht Innerlichkeit vollends zur Ideologie geworden, zum Trugbild eines inneren Königreichs, wo die Stillen im Lande sich schadlos halten für das, was ihnen gesellschaftlich versagt wird; damit wird sie mehr und mehr schattenhaft, inhaltslos auch in sich. Dem möchte Kunst nicht länger sich anbequemen. Aber das Moment der Verinnerlichung ist von ihr kaum wegzudenken. Benjamin sagte einmal: die Innerlichkeit kann mir zum Puckel herunterrutschen. Das war gemünzt gegen Kierkegaard und die auf diesen sich berufende ›Philosophie der Innerlichkeit‹, deren Name dem Theologen so konträr gewesen wäre wie das Wort Ontologie. Benjamin meinte die abstrakte Subjektivität, die hilflos zur Substanz sich aufwirft. Aber sein Satz ist so wenig die ganze Wahrheit wie das abstrakte Subjekt sie ist. Geist – und wie sehr auch Benjamins eigener – muß in sich gehen, um das In sich negieren zu können. Ästhetisch wäre das zu demonstrieren am Gegensatz von Beethoven und Jazz, gegen den manche Musikerohren bereits taub zu werden beginnen. Beethoven ist, modifiziert doch bestimmbar, die volle Erfahrung des äußeren Lebens, inwendig wiederkehrend, so wie Zeit, das Medium von Musik, der innere Sinn ist; die popular music in all ihren Versionen ist diesseits solcher Sublimierung, somatisches Stimulans, und damit, angesichts ästhetischer Autonomie, regressiv. Auch Innerlichkeit hat an Dialektik teil, wenngleich anders als bei Kierkegaard. Mit ihrer Liquidation gelangte denn auch keineswegs ein von der Ideologie kurierter Menschentypus nach oben sondern einer, der es zum Ich gar nicht erst brachte; der, für den David Riesman die Formel ›outer-directed‹ fand. Danach fällt auf die Kategorie der Innerlichkeit in der Kunst versöhnlicher Abglanz. Tatsächlich ist etwa die Verketzerung radikal expressiver Gebilde als angeblich übersteigerter Spätromantik zum Geplapper all derer geworden, die auf Repristination aus sind. Ästhetische Entäußerung an die Sache, das Kunstwerk, erheischt kein schwaches, sich anpassendes, vielmehr ein starkes Ich. Einzig das autonome vermag sich kritisch zu wenden gegen sich und seine illusionäre Befangenheit zu durchbrechen. Das ist nicht vorstellbar, solange das mimetische Moment von außen her, von einem veräußerlichten, ästhetischen Überich, unterdrückt wird, anstatt daß es in seiner Spannung zu dem ihm Entgegengesetzten in der Objektivation verschwände und sich erhielte. Gleichwohl wird Schein im Ausdruck am flagrantesten, weil dieser als Scheinloses auftritt und dennoch dem ästhetischen Schein sich subsumiert; große Kritik hat am Ausdruck als Schauspielerei sich entzündet. Das mimetische Tabu, ein Hauptstück bürgerlicher Ontologie, griff in der verwalteten Welt über auch auf die Zone, die der Mimesis tolerant reserviert war, und hat in ihr heilsam die Lüge menschlicher Unmittelbarkeit aufgespürt. Darüber hinaus jedoch dient jene Allergie dem Haß gegen das Subjekt, ohne das doch keine Kritik an der Warenwelt sinnvoll wäre. Es wird abstrakt negiert. Wohl ist das Subjekt, das kompensatorisch desto mehr sich aufspielt, je ohnmächtiger und funktionaler es wurde, im Ausdruck bereits dadurch falsches Bewußtsein, daß es als sich Ausdrückendes eine Relevanz vortäuscht, die ihm entzogen ward. Aber die Emanzipation der Gesellschaft von der Vorherrschaft ihrer Produktionsverhältnisse hat zum Ziel die reale Herstellung des Subjekts, welche die Verhältnisse bislang verhindert haben, und Ausdruck ist nicht bloß Hybris des Subjekts sondern Klage über sein eigenes Mißlingen als Chiffre seiner Möglichkeit. Wohl hat die Allergie gegen den Ausdruck ihre tiefste Legitimation daran, daß etwas in jenem, vor aller ästhetischen Zurüstung, zur Lüge tendiert. Ausdruck ist a priori ein Nachmachen. Illusionär das latent ihm innewohnende Vertrauen, es werde, indem es gesagt oder herausgeschrien wird, besser, ein magisches Rudiment, Glaube an die von Freud polemisch so genannte ›Allmacht des Gedankens‹. Aber nicht durchaus verbleibt der Ausdruck im magischen Bann. Daß es gesagt, daß darin von der gefangenen Unmittelbarkeit des Leidens Distanz gewonnen wird, verändert es so, wie Brüllen den unerträglichen Schmerz abschwächt. Vollends der zur Sprache objektivierte Ausdruck persistiert, das einmal Gesagte verhallt kaum gänzlich, das Böse nicht und nicht das Gute, die Parole von der Endlösung so wenig wie die Hoffnung auf Versöhnung. Was Sprache gewinnt, tritt ein in die Bewegung eines Menschlichen, das noch nicht ist und kraft seiner Hilflosigkeit, die es zur Sprache nötigt, sich regt. Das Subjekt, hinter seiner Verdinglichung hertappend, schränkt diese durch das mimetische Rudiment ein, Statthalter unbeschädigten Lebens mitten im beschädigten, welches das Subjekt zur Ideologie herrichtete. Die Unentwirrbarkeit beider Momente umschreibt die Aporie des künstlerischen Ausdrucks. Nicht ist generell darüber zu urteilen, ob einer, der mit allem Ausdruck tabula rasa macht, Lautsprecher verdinglichten Bewußtseins ist oder der sprachlose, ausdruckslose Ausdruck, der jenes denunziert. Authentische Kunst kennt den Ausdruck des Ausdruckslosen, Weinen, dem die Tränen fehlen. Dagegen fügt die blanke, neusachliche Exstirpation des Ausdrucks der universalen Anpassung sich ein und unterwirft die antifunktionale Kunst einem Prinzip, das einzig durch Funktionalität sich begründen könnte. Verkannt wird von dieser Reaktionsweise das nicht Metaphorische, nicht Ornamentale am Ausdruck; je rückhaltloser die Kunstwerke ihm sich öffnen, desto mehr werden sie zu Ausdrucksprotokollen, wenden Sachlichkeit nach innen. Soviel zumindest ist an den zugleich ausdrucksfeindlichen und sich selbst, wie Mondrian, als positiv erklärenden mathematisierten Kunstwerken evident, daß sie den Prozeß über den Ausdruck nicht entschieden haben. Soll schon das Subjekt nicht unmittelbar mehr sprechen dürfen, so soll es doch – nach der Idee der nicht auf absolute Konstruktion eingeschworenen Moderne – durch die Dinge sprechen, durch deren entfremdete und lädierte Gestalt.

Kunstwerke sind nicht von der Ästhetik als hermeneutische Objekte zu begreifen; zu begreifen wäre, auf dem gegenwärtigen Stand, ihre Unbegreiflichkeit. Was der Parole absurd so widerstandslos als Cliché sich verkaufen ließ, wäre erst einzuholen von

einer Theorie, die seine Wahrheit dächte. Es ist von der Vergeistigung der Kunstwerke, als deren Kontrapunkt, nicht zu sondern; er ist, nach Hegels Wort, ihr Äther, Geist selbst in seiner Allgegenwart, keine Intention des Rätsels. Denn als solche Negation des naturbeherrschenden tritt der Geist der Kunstwerke nicht als Geist auf. Er zündet in dem ihm Entgegengesetzten, in der Stofflichkeit. Keineswegs ist er am gegenwärtigsten in den geistigsten Kunstwerken. Ihr Rettendes hat Kunst an dem Akt, mit dem der Geist in ihr sich wegwirft. Dem Schauer hält sie die Treue nicht durch Reversion. Vielmehr ist sie sein Erbe. Der Geist der Kunstwerke produziert ihn durch seine Entäußerung an die Sachen hindurch. Damit partizipiert Kunst am realen geschichtlichen Zug, dem Gesetz von Aufklärung gemäß, daß, was einmal Realität dünkte, kraft der Selbstbesinnung des Genius in die Imagination einwandert und in ihr überdauert, indem es der eigenen Unwirklichkeit bewußt wird. Die geschichtliche Bahn von Kunst als Vergeistigung ist eine der Kritik am Mythos sowohl wie eine zu seiner Rettung: wessen die Imagination eingedenk, das wird in seiner Möglichkeit von dieser bekräftigt. Solche Doppelbewegung des Geistes in der Kunst beschreibt eher deren im Begriff liegende Urgeschichte als die empirische. Die unaufhaltsame Bewegung des Geistes hin zu dem ihm Entzogenen spricht in Kunst für das, was am Ältesten verloren ward.
Mimesis ist in der Kunst das Vorgeistige, dem Geist Konträre und wiederum das, woran er entflammt. In den Kunstwerken ist der Geist zu ihrem Konstruktionsprinzip geworden, aber genügt seinem Telos nur dort, wo er aus dem zu Konstruierenden, den mimetischen Impulsen, aufsteigt, ihnen sich anschmiegt, anstatt daß er ihnen souverän zudiktiert würde. Form objektiviert die einzelnen Impulse nur, wenn sie ihnen dorthin folgt, wohin sie von sich aus wollen. Das allein ist die Methexis des Kunstwerks an Versöhnung. Die Rationalität der Kunstwerke wird zu Geist einzig, wofern sie untergeht in dem ihr polar Entgegengesetzten. Die von keinem Kunstwerk zu schlichtende Divergenz des Konstruktiven und des Mimetischen, gleichsam die Erbsünde des ästhetischen Geistes, hat ihr Korrelat an dem Element des Albernen und Clownshaften, das noch die bedeutendsten in sich tragen und das nicht zuzuschminken ein Stück ihrer Bedeutung

ist. Das Ungenügen am Klassizismus jeglicher Observanz rührt daher, daß er jenes Moment verdrängt; dem muß Kunst mißtrauen. Mit ihrer Vergeistigung im Namen von Mündigkeit wird dies Alberne nur desto schroffer akzentuiert; je mehr sich ihr eigenes Gefüge kraft seiner Stimmigkeit einem logischen anähnelt, desto offenbarer wird der Unterschied dieser Logizität von der draußen waltenden, zu deren Parodie, je vernünftiger das Werk seiner Formkonstitution nach, desto alberner nach dem Maß der Vernunft in der Realität. Seine Albernheit ist jedoch auch ein Stück Gericht über jene Rationalität; darüber, daß sie, in der gesellschaftlichen Praxis sich zum Selbstzweck geworden, ins Irrationale und Irre umschlägt, in die Mittel für Zwecke. Das Alberne an der Kunst, das die Amusischen besser gewahren, als wer naiv in ihr lebt, und die Torheit der verabsolutierten Rationalität verklagen sich gegenseitig; übrigens hat Glück, der Sexus, aus dem Reich der selbsterhaltenden Praxis gesehen, ebenfalls jenes Alberne, auf das, wer von ihm nicht getrieben wird, so hämisch hindeuten kann. Albernheit ist das mimetische Residuum in der Kunst, Preis ihrer Abdichtung. Der Philister hat gegen sie immer auch ein schmähliches Stück Recht auf seiner Seite. Jenes Moment, als Residuum ein formfremd Undurchdrungenes, Barbarisches, wird zugleich in der Kunst zum Schlechten, solange sie es nicht gestaltend in sich reflektiert. Bleibt es beim Kindischen und läßt es womöglich als solches sich pflegen, so ist kein Halten mehr bis zum kalkulierten fun der Kulturindustrie. Kunst impliziert im Begriff den Kitsch, mit dem sozialen Aspekt, daß sie, gehalten, jenes Moment zu sublimieren, Bildungsprivileg und Klassenverhältnis voraussetzt; dafür ereilt sie die Strafe des fun. Gleichwohl sind die albernen Momente der Kunstwerke ihren intentionslosen Schichten am nächsten und darum, in großen Gebilden, auch ihrem Geheimnis. Törichte Sujets wie das der Zauberflöte und des Freischütz haben, durchs Medium der Musik hindurch, mehr Wahrheitsgehalt als der Ring, der mit seriösem Bewußtsein aufs Ganze geht. Im clownischen Element erinnert Kunst tröstlich sich der Vorgeschichte in der tierischen Vorwelt. Menschenaffen im Zoo vollführen gemeinsam, was den Clownsakten gleicht. Das Einverständnis der Kinder mit den Clowns ist eines mit der Kunst, das die Erwachsenen ihnen austreiben, nicht weniger als das mit den Tieren. Nicht so durchaus ist der Gattung Mensch die Verdrängung ihrer Tierähnlichkeit gelungen, daß sie diese nicht jäh wiedererkennen könnte und dabei von Glück überflutet wird; die Sprache der kleinen Kinder und der Tiere scheint eine. In der Tierähnlichkeit der Clowns zündet die Menschenähnlichkeit der Affen; die Konstellation Tier/Narr/Clown ist eine von den Grundschichten der Kunst.

Wird jedes Kunstwerk als Ding, das die Dingwelt negiert, a priori hilflos, wenn es vor jener sich legitimieren soll, so kann es doch nicht, um solcher Apriorität willen, jene Legitimation einfach verweigern. Vor dem Rätselcharakter zu staunen, fällt dem schwer, dem Kunst nicht, wie dem Kunstfremden, ein Vergnügen, oder wie dem Kunstkenner ein Ausnahmezustand, sondern die Substanz der eigenen Erfahrung ist; aber jene Substanz verlangt von ihm, der Momente von Kunst sich zu versichern und nicht dort nachzulassen, wo die Erfahrung der Kunst diese erschüttert. Eine Ahnung davon befällt den, der Kunstwerke in Milieus oder sogenannten Kulturzusammenhängen erfährt, denen jene fremd oder inkommensurabel sind. Dann liegen sie nackt vor der Prüfung ihres cui bono, vor dem sie allein das löchrige Dach der heimischen Kultur behütet. In solchen Situationen wird die respektlose Frage, welche das Tabu über der ästhetischen Zone ignoriert, vielfach der Qualität der Werke zum Verhängnis; betrachtet man sie ganz von außen, so entblößt ihre Fragwürdigkeit sich so sehr wie ganz von innen her. Der Rätselcharakter der Kunstwerke bleibt verwachsen mit Geschichte. Durch sie wurden sie einst zu Rätseln, durch sie werden sie es stets wieder, und umgekehrt hält diese allein, die ihnen Autorität verschaffte, die peinliche Frage nach ihrer raison d'être von ihnen fern. Bedingung des Rätselcharakters der Werke ist weniger ihre Irrationalität als ihre Rationalität; je planvoller sie beherrscht werden, desto mehr gewinnt er Relief. Durch Form werden sie sprachähnlich, scheinen in jedem ihrer Momente nur eines und dieses zu bekunden, und es entwischt.

Alle Kunstwerke, und Kunst insgesamt, sind Rätsel; das hat von altersher die Theorie der Kunst irritiert. Daß Kunstwerke etwas sagen und mit dem gleichen Atemzug es verbergen, nennt den Rätselcharakter unterm Aspekt der Sprache. Er äfft clownshaft;

ist man in den Kunstwerken, vollzieht man sie mit, so macht er sich unsichtbar; tritt man heraus, bricht man den Vertrag mit ihrem Immanenzzusammenhang, so kehrt er wieder wie ein spirit. Auch darum lohnte das Studium amusischer Menschen: an ihnen wird der Rätselcharakter der Kunst flagrant bis zu deren totaler Negation, unwissentlich das Extrem von Kritik an ihr und, als defektes Verhalten, Stütze ihrer Wahrheit. Unmöglich, Amusischen zu erklären, was Kunst sei; die intellektuelle Einsicht könnten sie nicht in ihre lebendige Erfahrung einbringen. So überwertig ist in ihnen das Realitätsprinzip, daß es das ästhetische Verhalten schlechthin tabuiert; aufgestachelt durch die kulturelle Approbation der Kunst geht Amusie häufig in Aggression über, und nicht zuletzt diese veranlaßt das allgemeine Bewußtsein heute zur Entkunstung der Kunst. Ihres Rätselcharakters mag elementar der sogenannte Unmusikalische sich versichern, der die ›Sprache der Musik‹ nicht versteht, nur Galimathias wahrnimmt und sich wundert, was diese Geräusche sollen; die Differenz zwischen dem, was er hört und der Initiierte, umschreibt den Rätselcharakter. Das Rätselwesen erstreckt sich aber keineswegs nur auf die Musik, deren Unbegrifflichkeit es fast allzu sinnfällig macht. Einen jeden, der nicht das Werk unter dessen Disziplin gleichsam nachzeichnet, blickt ein Bild oder ein Gedicht mit denselben leeren Augen an wie die Musik den Amusischen, und eben der leere und fragende Blick ist von der Erfahrung und Deutung der Werke aufzunehmen, wenn sie nicht abgleiten will; den Abgrund nicht gewahren bietet schlechten Schutz; wodurch auch immer das Bewußtsein davor sich behüten will, in die Irre zu gehen, ist ein Potential seines Verhängnisses. Auf Fragen wie: warum wird irgend etwas nachgeahmt? oder die, warum etwas erzählt werde, als ob es wirklich sei, während es doch nicht der Fall ist und die Wirklichkeit bloß verzerrt, gibt es keine Antwort, die den, der so fragt, überzeugte. Vollends vor dem Wozu das alles, dem Vorwurf ihrer realen Zwecklosigkeit, verstummen hilflos die Kunstwerke. Würde etwa entgegnet, die fiktive Erzählung vermöchte mehr vom gesellschaftlichen Wesen zu treffen als getreue Protokollierung, so könnte repliziert werden, eben das sei Sache der Theorie und dazu bedürfte es keiner Fiktion. Allerdings ordnet jene Manifestation des

Rätselcharakters als der Ratlosigkeit angesichts mancher falsch prinzipieller Fragen einem umfassenderen Sachverhalt sich ein: ebenso blufft die Frage nach dem sogenannten Sinn des Lebens[55]. Leicht wird die Verlegenheit, welche derlei Fragen bereiten, mit Unwiderstehlichkeit verwechselt; ihr Abstraktionsniveau entfernt so weit sich von dem widerstandslos Subsumierten, daß entschlüpft, wonach gefragt wird. Nicht ist der Rätselcharakter der Kunst dasselbe, wie ihre Gebilde zu verstehen, nämlich sie objektiv, in der Erfahrung von innen her, nochmals gleichsam hervorzubringen, so wie die musikalische Terminologie es anzeigt, der ein Stück interpretieren soviel heißt, wie es sinngemäß spielen. Verstehen selbst ist angesichts des Rätselcharakters eine problematische Kategorie. Wer Kunstwerke durch Immanenz des Bewußtseins in ihnen versteht, versteht sie auch gerade nicht, und je mehr Verständnis anwächst, desto mehr auch das Gefühl seiner Unzulänglichkeit, blind in dem Bann der Kunst, dem ihr eigener Wahrheitsgehalt entgegen ist. Registriert, wer aus dem Kunstwerk heraustritt oder gar nicht in ihm war, feindselig den Rätselcharakter, so verschwindet er dafür trügend in der künstlerischen Erfahrung. Je besser man ein Kunstwerk versteht, desto mehr mag es nach einer Dimension sich enträtseln, desto weniger jedoch klärt es über sein konstitutiv Rätselhaftes auf. Eklatant wird es erst wieder in der eindringlichsten Kunsterfahrung. Schließt ein Werk ganz sich auf, so wird seine Fragegestalt erreicht und erzwingt Reflexion; dann rückt es fern, um am Ende den, der der Sache versichert sich fühlt, ein zweites Mal mit dem Was ist das zu überfallen. Als konstitutiv aber ist der Rätselcharakter dort zu erkennen, wo er fehlt: Kunstwerke, die der Betrachtung und dem Gedanken ohne Rest aufgehen, sind keine. Rätsel ist dabei keine Allerweltsphrase wie meist das Wort Problem, das ästhetisch nur im strikten Sinn der von der immanenten Zusammensetzung der Werke gestellten Aufgabe zu verwenden wäre. Nicht minder strikt sind die Kunstwerke Rätsel. Sie enthalten potentiell die Lösung, nicht ist sie objektiv gesetzt. Jedes Kunstwerk ist ein Vexierbild, nur derart, daß es beim Vexieren bleibt, bei der prästabilierten Niederlage ihres Betrachters.

[55] Vgl. Theodor W. Adorno, Negative Dialektik, 2. Aufl., Frankfurt a. M. 1967, S. 352 ff.

Das Vexierbild wiederholt im Scherz, was die Kunstwerke im Ernst verüben. Spezifisch ähneln sie jenem darin, daß das von ihnen Versteckte, wie der Poesche Brief, erscheint und durchs Erscheinen sich versteckt. Die Sprache, wie sie vorphilosophisch die ästhetische Erfahrung beschreibt, sagt mit Grund, einer verstünde etwas von Kunst, nicht, er verstünde Kunst. Kennerschaft ist adäquates Verständnis der Sache und borniertes Unverständnis des Rätsels in eins, neutral zum Verhüllten. Wer bloß verständnisvoll in der Kunst sich bewegt, macht sie zu einem Selbstverständlichen, und das ist sie am letzten. Sucht einer dem Regenbogen ganz nahezukommen, so verschwindet dieser. Prototypisch dafür ist, vor den anderen Künsten, die Musik, ganz Rätsel und ganz evident zugleich. Es ist nicht zu lösen, nur seine Gestalt zu dechiffrieren, und eben das ist an der Philosophie der Kunst. Erst der verstünde Musik, welcher so fremd sie hörte wie ein Unmusikalischer und so vertraut wie Siegfried die Sprache der Vögel. Durchs Verstehen jedoch ist der Rätselcharakter nicht ausgelöscht. Noch das glücklich interpretierte Werk möchte weiterhin verstanden werden, als wartete es auf das lösende Wort, vor dem seine konstitutive Verdunklung zerginge. Die Imagination der Kunstwerke ist das vollkommenste und trügerischste Surrogat des Verstehens, freilich auch eine Stufe dazu. Wer Musik, ohne daß sie erklänge, adäquat sich vorstellt, hat jene Fühlung mit ihr, die das Klima des Verstehens bildet. Verstehen im obersten Sinn, die Auflösung des Rätselcharakters, die ihn zugleich erhält, hängt an der Vergeistigung von Kunst und künstlerischer Erfahrung, deren erstes Medium die Imagination ist. Aber die Vergeistigung der Kunst nähert ihrem Rätselcharakter sich nicht durch begriffliche Erklärung unmittelbar, sondern indem sie den Rätselcharakter konkretisiert. Das Rätsel lösen ist soviel wie den Grund seiner Unlösbarkeit angeben: der Blick, mit dem die Kunstwerke den Betrachter anschauen. Die Forderung der Kunstwerke, verstanden zu werden dadurch, daß ihr Gehalt ergriffen wird, ist gebunden an ihre spezifische Erfahrung, aber zu erfüllen erst durch die Theorie hindurch, welche die Erfahrung reflektiert. Worauf der Rätselcharakter der Kunstwerke verweist, das ist einzig vermittelt zu denken. Der Einwand gegen die Phänomenologie der Kunst, wie gegen jede, die wähnt, das Wesen un-

mittelbar zu haben, ist weniger, daß sie anti-empirisch sei, als umgekehrt, daß sie die denkende Erfahrung sistiert.
Die gescholtene Unverständlichkeit der hermetischen Kunstwerke ist das Bekenntnis des Rätselcharakters aller Kunst. An der Wut darüber hat teil, daß solche Werke die Verständlichkeit auch der traditionellen erschüttern. Allgemein gilt, daß die von Tradition und öffentlicher Meinung als verstanden approbierten unter ihrer galvanischen Schicht sich in sich zurückziehen und vollends unverständlich werden; die manifest unverständlichen, die ihren Rätselcharakter unterstreichen, sind potentiell noch die verständlichsten. Der Begriff fehlt der Kunst strengen Sinnes auch dort, wo sie Begriffe verwendet und an der Fassade dem Verständnis sich adaptiert. Keiner geht in das Kunstwerk ein als das, was er ist, ein jeder wird so abgewandelt, daß sein eigener Umfang davon betroffen, die Bedeutung umfunktioniert werden kann. Das Wort Sonate in Gedichten Trakls empfängt einen Stellenwert, der ihm nur hier, mit seinem Klang und den vom Gedicht gelenkten Assoziationen zukommt; wollte man unter den diffusen Klängen, die suggeriert werden, eine bestimmte Sonate sich vorstellen, so wäre ebenso verfehlt, was das Wort im Gedicht will, wie die beschworene imago einer solchen Sonate und der Sonatenform überhaupt unangemessen wäre. Gleichwohl ist es legitim, denn es bildet sich an Bruchstücken, Fetzen von Sonaten, und deren Name selbst erinnert an den Klang, der gemeint ist und im Werk erweckt wird. Der Terminus Sonate geht auf hocharktikulierte, motivisch-thematisch gearbeitete, in sich dynamische Gebilde, deren Einheit eine von deutlich unterschiedenem Mannigfaltigen ist, mit Durchführung und Reprise. Die Zeile »Es sind Zimmer, erfüllt von Akkorden und Sonaten«[56] führt davon wenig mehr mit sich, dafür jedoch das Kindergefühl bei der Nennung des Namens; sie hat mehr mit dem falschen Titel Mondscheinsonate zu tun als mit der Komposition und ist doch kein Zufälliges; ohne die Sonaten, welche die Schwester spielte, wären nicht die abgeschiedenen Laute, in denen die Schwermut des Dichters Unterschlupf sucht. Etwas dergleichen haben im Gedicht noch die einfachsten

---

56 Georg Trakl, Die Dichtungen, hg. von W. Schneditz, 7. Aufl., Salzburg o. J., S. 61 (»Psalm«).

Worte, die es der kommunikativen Rede entlehnt; daher zielt Brechts Kritik an autonomer Kunst daneben, sie wiederhole einfach, was eine Sache ohnehin sei. Noch die bei Trakl omnipräsente Copula ›ist‹ entfremdet im Kunstwerk sich ihrem begrifflichen Sinn: sie drückt kein Existentialurteil aus sondern dessen verblaßtes, qualitativ bis zur Negation verändertes Nachbild; daß etwas sei, ist darin weniger und mehr, führt mit sich, daß es nicht sei. Wo Brecht oder Carlos Williams im Gedicht das Poetische sabotieren und es dem Bericht über bloße Empirie annähern, wird es keineswegs zu einem solchen: indem sie polemisch den erhoben lyrischen Ton verschmähen, nehmen die empirischen Sätze bei ihrem Transport in die ästhetische Monade durch den Kontrast zu dieser ein Verschiedenes an. Das Gesangsfeindliche des Tons und die Verfremdung der erbeuteten Fakten sind zwei Seiten desselben Sachverhalts. Verwandlung widerfährt im Kunstwerk auch dem Urteil. Diesem sind die Kunstwerke analog als Synthesis; sie jedoch ist in ihnen urteilslos, von keinem ließe sich angeben, was es urteilt, keines ist eine sogenannte Aussage. Dadurch wird fraglich, ob Kunstwerke überhaupt engagiert sein können, selbst wo sie ihr Engagement hervorkehren. Wozu sie sich verbinden, woran sie ihre Einheit haben, ist auf kein Urteil zu bringen, auch nicht auf das, welches sie selbst in Worten und Sätzen fällen. Von Mörike gibt es ein kleines Mausfallen-Sprüchlein. Beschiede man sich bei seinem diskursiven Inhalt, so käme mehr nicht heraus als die sadistische Identifikation mit dem, was zivilisiertes Brauchtum den als Parasiten geächteten Tieren antut:

Mausfallen-Sprüchlein

Das Kind geht dreimal um die Falle und spricht:

Kleine Gäste, kleines Haus.
Liebe Mäusin, oder Maus,
Stell dich nur kecklich ein
Heut nacht bei Mondenschein!
Mach aber die Tür fein hinter dir zu,
Hörst du?
Dabei hüte dein Schwänzchen!
Nach Tische singen wir

Nach Tische springen wir
Und machen ein Tänzchen:
Witt witt!
Meine alte Katze tanzt wahrscheinlich mit.[57]

Der Hohn des Kindes »Meine alte Katze tanzt wahrscheinlich mit«, wenn es denn durchaus Hohn sein soll und nicht das unwillentlich freundliche Bild eines gemeinsamen Tanzes von Kind, Katze und Maus, mit den beiden Tieren auf den Hinterbeinen, ist, einmal vom Gedicht zugeeignet, nicht länger das letzte Wort, das er behält. Auf Hohn das Gedicht abzuziehen, verfehlt mit dem Gedichteten den gesellschaftlichen Inhalt. Urteilsloser Reflex der Sprache auf einen abscheulichen, sozial eingeübten Ritus, übersteigt es diesen, indem es ihm sich einordnet. Der Gestus, der darauf deutet, als wäre es anders gar nicht möglich, verklagt, wie es ist, durch Selbstverständlichkeit, die lückenlose Immanenz des Ritus hält Gericht über diesen. Nur durch Enthaltung vom Urteil urteilt Kunst; das ist die Verteidigung von großem Naturalismus. Die Form, welche die Verse zum Nachhall eines mythischen Spruchs fügt, hebt deren Gesinnung auf. Echo versöhnt. Solche Vorgänge im Innern der Kunstwerke machen sie wahrhaft zu einem in sich Unendlichen. Nicht daß sie ohne Bedeutungen wären, unterscheidet sie von der signifikativen Sprache, sondern daß jene, durch Absorption verändert, zum Akzidentellen herabsinken. Die Bewegungen, durch die das geschieht, sind konkret von einem jeglichen ästhetischen Gebilde vorgezeichnet.

Mit den Rätseln teilen die Kunstwerke die Zwieschlächtigkeit des Bestimmten und Unbestimmten. Sie sind Fragezeichen, eindeutig nicht einmal durch Synthesis. Dennoch ist ihre Figur so genau, daß sie den Übergang dorthin vorschreibt, wo das Kunstwerk abbricht. Wie in Rätseln wird die Antwort verschwiegen und durch die Struktur erzwungen. Dazu dient die immanente Logik, das Gesetzhafte im Werk, und das ist die Theodizee des Zweckbegriffs in der Kunst. Der Zweck des Kunstwerks ist die Bestimmtheit des Unbestimmten. Zweckmäßig sind die Werke in sich, ohne positiven Zweck jenseits ihrer Komplexion; ihre

---

57 Eduard Mörike, Sämtliche Werke, hg. von J. Perfahl u. a., Bd. 1, München 1968, S. 855.

Zweckhaftigkeit aber legitimiert sich als Figur der Antwort aufs Rätsel. Durch Organisation werden die Werke mehr als sie sind. In jüngeren Debatten zumal über bildende Kunst ist der Begriff der écriture relevant geworden, angeregt wohl durch Blätter Klees, die einer gekritzelten Schrift sich nähern. Jene Kategorie der Moderne wirft als Scheinwerfer Licht über Vergangenes; alle Kunstwerke sind Schriften, nicht erst die, die als solche auftreten, und zwar hieroglyphenhafte, zu denen der Code verloren ward und zu deren Gehalt nicht zuletzt beiträgt, daß er fehlt. Sprache sind Kunstwerke nur als Schrift. Ist keines je Urteil, so birgt doch ein jegliches Momente in sich, die vom Urteil stammen, richtig und falsch, wahr und unwahr. Aber die verschwiegene und bestimmte Antwort der Kunstwerke offenbart sich nicht mit einem Schlag, als neue Unmittelbarkeit, der Interpretation, sondern erst durch alle Vermittlungen hindurch, die der Disziplin der Werke wie des Gedankens, der Philosophie. Der Rätselcharakter überlebt die Interpretation, welche die Antwort erlangt. Ist der Rätselcharakter der Kunstwerke nicht lokalisiert in dem, was an ihnen erfahren wird, im ästhetischen Verständnis; springt er erst in der Distanz auf, so rechnet dafür die Erfahrung, welche in die Kunstwerke sich versenkt und die mit Evidenz belohnt wird, ihrerseits zu dem Rätselhaften: daß ein vieldeutig Verschlungenes gleichwohl eindeutig und demgemäß verstanden werden kann. Denn die immanente Erfahrung der Kunstwerke, wo immer sie beginne, ist tatsächlich, wie Kant es beschrieb, notwendig, durchsichtig bis in die sublimsten Verzweigungen hinein. Der Musiker, der seinen Notentext versteht, folgt dessen minimalen Regungen und weiß doch, in gewissem Sinn, nicht, was er spielt; dem Schauspieler ergeht es nicht anders, und eben daran manifestiert sich das mimetische Vermögen am drastischsten in der Praxis künstlerischer Darstellung, als Nachahmung der Bewegungskurve des Dargestellten; sie ist der Inbegriff von Verständnis diesseits des Rätselcharakters. Sobald jedoch die Erfahrung der Kunstwerke im mindesten erschlafft, präsentieren sie ihr Rätsel als Fratze. Unablässig wird die Erfahrung der Kunstwerke vom Rätselcharakter bedroht. Ist er in der Erfahrung ganz verschwunden, meint sie, der Sache ganz innegeworden zu sein, so schlägt das Rätsel jäh die Augen wieder auf; darin erhält sich der Ernst der Kunstwerke, der aus archaischen Bildwerken starrt und in der traditionellen Kunst durch deren gewohnte Sprache verdeckt wird, um sich bis zur totalen Entfremdung zu verstärken.

Konstituiert der den Kunstwerken immanente Prozeß, ein den Sinn aller Einzelmomente Übersteigendes, das Rätsel, so mildert er es zugleich, sobald das Kunstwerk nicht als fixiertes wahrgenommen und dann vergebens gedeutet sondern in seiner eigenen objektiven Konstitution noch einmal hervorgebracht wird. In Aufführungen, die das nicht tun, die nicht interpretieren, wird das An sich der Werke, dem zu dienen solche Askese vorgibt, Beute seiner Stummheit; jede nicht interpretierende Aufführung ist sinnlos. Verlangen einige Typen der Kunst, das Drama und bis zu einer Schwelle die Musik, daß man sie spiele, interpretiere, damit sie werden, was sie sind – eine Norm, von der keiner ablassen wird, der im Theater, auf dem Podium zuhause ist und die qualitative Differenz des dort Geforderten von Texten und Partituren kennt –, so bringen sie eigentlich nur die Verhaltensweise eines jeden Kunstwerks zutage, auch wofern es nicht aufgeführt werden will: die Wiederholung seiner eigenen. Kunstwerke sind die vom Identitätszwang befreite Sichselbstgleichheit. Der peripatetische Satz, einzig Gleiches könne Gleiches erkennen, den fortschreitende Rationalität bis zu einem Grenzwert liquidiert hat, scheidet die Erkenntnis, die Kunst ist, von der begrifflichen: das wesentlich Mimetische erwartet mimetisches Verhalten. Machen Kunstwerke nichts nach als sich, dann versteht sie kein anderer, als der sie nachmacht. So allein, nicht als Inbegriff von Anweisungen für die Spieler sind dramatische Texte oder die von Musik zu betrachten: geronnene Nachahmung der Werke, ihrer selbst gleichsam, und insofern konstitutiv, obzwar stets durchsetzt mit signifikaten Elementen. Ob sie aufgeführt werden, ist ihnen an sich gleichgültig; nicht aber, daß ihre Erfahrung, dem Ideal nach die stumme inwendige, sie nachahmt. Solche Nachahmung liest ebenso aus den Signa der Kunstwerke ihren Sinnzusammenhang heraus und folgt ihm, wie sie die Kurven nachfährt, in denen das Kunstwerk erscheint. Als Gesetze ihrer Nachahmung finden die divergenten Medien ihre Einheit, die der Kunst. Soll bei Kant die diskursive Erkenntnis dem Inneren der

Dinge entsagen, dann sind die Kunstwerke die Objekte, deren Wahrheit anders nicht denn als die ihres Inneren kann vorgestellt werden. Nachahmung ist die Bahn, die in dies Innere geleitet.

Die Werke sprechen wie Feen in Märchen: du willst das Unbedingte, es soll dir werden, doch unkenntlich. Unverhüllt ist das Wahre der diskursiven Erkenntnis, aber dafür hat sie es nicht; die Erkenntnis, welche Kunst ist, hat es, aber als ein ihr Inkommensurables. Kunstwerke sind, durch die Freiheit des Subjekts in ihnen, weniger subjektiv als die diskursive Erkenntnis. Mit untrüglichem Kompaß hat Kant sie jenem Teleologiebegriff unterstellt, dessen positiven Gebrauch er dem Verstand nicht konzedierte. Der Block indessen, der nach der Kantischen Doktrin den Menschen das An sich versperrt, prägt es in den Kunstwerken, ihrem einheimischen Reich, in dem es keine Differenz von An sich und Für uns mehr geben soll, zu Rätselfiguren: als Blockierte gerade sind Kunstwerke Bilder des Ansichseins. Am Ende lebt im Rätselcharakter, durch den Kunst dem fraglosen Dasein der Aktionsobjekte am schroffsten sich entgegensetzt, deren eigenes Rätsel fort. Kunst wird zum Rätsel, weil sie erscheint, als hätte sie gelöst, was am Dasein Rätsel ist, während am bloß Seienden das Rätsel vergessen ward durch seine eigene, überwältigende Verhärtung. Je dichter die Menschen, was anders ist als der subjektive Geist, mit dem kategorialen Netz übersponnen haben, desto gründlicher haben sie das Staunen über jenes Andere sich abgewöhnt, mit steigender Vertrautheit ums Fremde sich betrogen. Kunst sucht, schwach, wie mit rasch ermüdender Gebärde, das wiedergutzumachen. A priori bringt sie die Menschen zum Staunen, so wie vor Zeiten Platon von der Philosophie es verlangte, die fürs Gegenteil sich entschied.

Das Rätselhafte der Kunstwerke ist ihr Abgebrochensein. Wäre Transzendenz in ihnen zugegen, sie wären Mysterien, keine Rätsel; das sind sie, weil sie als Abgebrochene dementieren, was sie doch sein wollen. Erst in der jüngeren Vergangenheit ist das der Kunst thematisch geworden in Kafkas beschädigten Parabeln. Retrospektiv ähneln alle Kunstwerke jenen armseligen Allegorien auf Friedhöfen, den abgebrochenen Lebenssäulen. Kunstwerke, mögen sie noch so vollendet sich gerieren, sind gekappt;

daß, was sie bedeuten, nicht ihr Essentielles ist, nimmt an ihnen sich aus, als ob ihre Bedeutung blockiert wäre. Die Analogie zum astrologischen Aberglauben, der ebenso auf einem angeblichen Zusammenhang beruht wie ihn undurchsichtig läßt, ist zu nachdrücklich, als daß sie behend abzutun wäre: der Makel der Kunst ist ihre Querverbindung zur Superstition. Allzugern wertet sie ihn irrationalistisch in ihren Vorzug um. Die beliebte Vielschichtigkeit ist der falsch positive Name für den Rätselcharakter. Er hat aber in der Kunst jenen anti-ästhetischen Aspekt, den Kafka unwiderruflich aufriß. Durch ihr Fallissement vor dem ihnen eigenen Moment von Rationalität drohen die Kunstwerke abzustürzen in den Mythos, dem sie prekär sich entrangen. Vermittelt aber zum Geist, jenem Moment von Rationalität, ist Kunst dadurch, daß sie, mimetisch, ihre Rätsel herstellt – so wie der Geist Rätsel sich ausdenkt –, nur ohne daß sie der Lösung mächtig wäre; im Rätselcharakter, nicht in Intentionen ist der Geist am Werk. Tatsächlich hat die Praxis bedeutender Künstler Affinität zum Rätsel; daß die Komponisten Jahrhunderte hindurch an Rätselkanons sich erfreuten, spricht dafür. Das Rätselbild der Kunst ist die Konfiguration von Mimesis und Rationalität. Der Rätselcharakter ist ein Entsprungenes. Kunst bleibt übrig nach dem Verlust dessen an ihr, was einmal magische, dann kultische Funktion ausüben sollte. Ihr Wozu – paradox gesagt: ihre archaische Rationalität – büßt sie ein und modifiziert es zu einem Moment ihres An sich. Damit wird sie rätselhaft; wenn sie nicht mehr da ist für das, was sie als ihr Zweck mit Sinn infiltrierte, was soll sie dann selbst sein? Ihr Rätselcharakter spornt dazu sie an, immanent derart sich zu artikulieren, daß sie durch die Gestaltung ihres emphatisch Sinnlosen Sinn gewinnt. Insofern ist der Rätselcharakter der Werke nicht ihr Letztes, sondern jedes authentische Werk schlägt auch die Lösung seines unlösbaren Rätsels vor.

In oberster Instanz sind die Kunstwerke rätselhaft nicht ihrer Komposition sondern ihrem Wahrheitsgehalt nach. Die Frage, mit der ein jegliches den aus sich entläßt, der es durchschritt – die: Was soll das alles?, rastlos wiederkehrend, geht über in die: Ist es denn wahr?, die nach dem Absoluten, auf die jedes Kunstwerk dadurch reagiert, daß es der Form der diskursiven Antwort sich entschlägt. Die letzte Auskunft diskursiven Denkens bleibt das Tabu über der Antwort. Als mimetisches sich Sträuben gegen das Tabu sucht Kunst die Antwort zu erteilen, und erteilt sie, als urteilslose, doch nicht; dadurch wird sie rätselhaft wie das Grauen der Vorwelt, das sich verwandelt, nicht verschwindet; alle Kunst bleibt dessen Seismogramm. Für ihr Rätsel fehlt der Schlüssel wie zu den Schriften mancher untergegangenen Völker. Die äußerste Gestalt, in welcher der Rätselcharakter gedacht werden kann, ist, ob Sinn selbst sei oder nicht. Denn kein Kunstwerk ist ohne seinen wie immer auch ins Gegenteil variierten Zusammenhang. Der aber setzt, durch die Objektivität des Gebildes, auch den Anspruch der Objektivität von Sinn an sich. Dieser Anspruch ist nicht nur uneinlösbar, sondern Erfahrung widerspricht ihm. Der Rätselcharakter blickt aus jedem Kunstwerk verschieden, doch so als wäre die Antwort, wie die der Sphinx, immer dieselbe, wenngleich einzig durchs Verschiedene, nicht in der Einheit, die das Rätsel, täuschend vielleicht, verheißt. Ob die Verheißung Täuschung ist, das ist das Rätsel.

Der Wahrheitsgehalt der Kunstwerke ist die objektive Auflösung des Rätsels eines jeden einzelnen. Indem es die Lösung verlangt, verweist es auf den Wahrheitsgehalt. Der ist allein durch philosophische Reflexion zu gewinnen. Das, nichts anderes rechtfertigt Ästhetik. Während kein Kunstwerk in rationalistischen Bestimmungen wie dem von ihm Geurteilten aufgeht, wendet gleichwohl ein jegliches durch die Bedürftigkeit seines Rätselcharakters sich an deutende Vernunft. Keine Aussage wäre aus dem Hamlet herauszupressen; dessen Wahrheitsgehalt ist darum nicht geringer. Daß große Künstler, der Goethe des Märchens und Beckett gleichermaßen, mit Deutungen nichts zu schaffen haben wollen, hebt einzig die Differenz des Wahrheitsgehalts von Bewußtsein und Willen des Autors, und zwar mit der Kraft seines eigenen Selbstbewußtseins, hervor. Die Werke, vollends die oberster Dignität, warten auf ihre Interpretation. Daß es an ihnen nichts zu interpretieren gäbe, daß sie einfach da wären, radierte die Demarkationslinie der Kunst aus. Am Ende mögen sogar Teppich, Ornament, alles nicht Figürliche am sehnsüchtigsten der Dechiffrierung harren. Den Wahrheitsgehalt begreifen postuliert Kritik. Nichts ist begriffen, dessen Wahrheit oder Unwahrheit nicht begriffen wäre, und das ist das kritische Geschäft. Die geschichtliche Entfaltung der Werke durch Kritik und die philosophische ihres Wahrheitsgehalts stehen in Wechselwirkung. Theorie der Kunst darf ihr nicht jenseitig sein, sondern muß ihren Bewegungsgesetzen sich überlassen, gegen deren Bewußtsein die Kunstwerke hermetisch sich abdichten. Enigmatisch sind die Kunstwerke als Physiognomik eines objektiven Geistes, der niemals im Augenblick seines Erscheinens sich durchsichtig ist. Die Kategorie des Absurden, am widerspenstigsten gegen Interpretation, liegt in dem Geist, aus dem sie zu interpretieren ist. Zugleich ist das Bedürfnis der Werke nach Interpretation als der Herstellung ihres Wahrheitsgehalts Stigma ihrer konstitutiven Unzulänglichkeit. Was objektiv in ihnen gewollt ist, erreichen sie nicht. Die Unbestimmtheitszone zwischen dem Unerreichbaren und dem Realisierten macht ihr Rätsel aus. Sie haben den Wahrheitsgehalt, und haben ihn nicht. Positive Wissenschaft, und die von ihr abgezogene Philosophie, reicht an ihn nicht heran. Er ist weder, was an den Werken der Fall ist, noch ihre fragile und von ihnen selbst suspendierbare Logizität. Ebensowenig ist, wie es der traditionellen großen Philosophie gefiel, der Wahrheitsgehalt in der Kunst die Idee, mag sie auch noch so weit gespannt sein, wie die des Tragischen, des Konflikts von Endlichkeit und Unendlichkeit. Wohl entragt eine solche Idee, in ihrer philosophischen Konstruktion, dem bloß subjektiv Gemeinten. Aber sie bleibt, gleichgültig, wie man sie wendet, den Kunstwerken äußerlich und abstrakt. Noch der emphatische Ideebegriff des Idealismus relegiert die Kunstwerke zu Exempeln der Idee als eines Immergleichen. Das richtet ihn in der Kunst gleichermaßen, wie er philosophischer Kritik länger nicht standhält. Der Gehalt ist nicht in die Idee auflöslich sondern Extrapolation des Unauflöslichen; von den akademischen Ästhetikern dürfte Friedrich Theodor Vischer allein das gespürt haben. Wie wenig der Wahrheitsgehalt mit der subjektiven Idee, der Intention des Künstlers zusammenfällt, zeigt die einfachste Überlegung. Kunstwerke existieren, in denen der Künstler, was er wollte, rein und schlackenlos herausbrachte, während das Resultat zu mehr nicht geriet als zum Zeichen dessen, was er sagen wollte, und dadurch verarmt zur verschlüsselten Allegorie. Sie stirbt ab, sobald Philologen aus ihr wieder herausgepumpt haben, was die Künstler hineinpumpten, ein tautologisches Spiel, dessen Schema etwa auch viele musikalische Analysen gehorchen. Die Differenz von Wahrheit und Intention in den Kunstwerken wird dem kritischen Bewußtsein kommensurabel, wo die Intention ihrerseits dem Unwahren, meist jenen ewigen Wahrheiten gilt, in denen bloß der Mythos sich wiederholt. Seine Unausweichlichkeit usurpiert die Wahrheit. Ungezählte Kunstwerke laborieren daran, daß sie als ein in sich Werdendes, unablässig sich Änderndes, Fortschreitendes sich darstellen und die zeitlose Reihung von Immergleichem bleiben. An derlei Bruchstellen geht die technologische Kritik in die an einem Unwahren über und steht dadurch dem Wahrheitsgehalt bei. Vieles spricht dafür, daß in den Kunstwerken das metaphysisch Unwahre sich indiziert als technisch Mißratenes. Keine Wahrheit der Kunstwerke ohne bestimmte Negation; Ästhetik heute hat diese zu exponieren. Der Wahrheitsgehalt der Kunstwerke ist kein unmittelbar zu Identifizierendes. Wie er einzig vermittelt erkannt wird, ist er vermittelt in sich selbst. Was das Faktische am Kunstwerk transzendiert, sein geistiger Gehalt, ist nicht festzunageln auf die einzelne sinnliche Gegebenheit, konstituiert sich durch diese hindurch. Darin besteht der vermittelte Charakter des Wahrheitsgehalts. Der geistige Gehalt schwebt nicht jenseits der Faktur, sondern die Kunstwerke transzendieren ihr Tatsächliches durch ihre Faktur, durch die Konsequenz ihrer Durchbildung. Der Hauch über ihnen, das ihrem Wahrheitsgehalt Nächste, tatsächlich und nichttatsächlich in eins, ist grundverschieden von Stimmung, wie die Kunstwerke sie ausdrückten; der formende Prozeß zehrt eher jene auf um jenes Hauchs willen. Sachlichkeit und Wahrheit sind in den Kunstwerken in einander. Durch ihren Hauch in sich selber – Komponisten ist der ›Atem‹ einer Musik vertraut – nähern sie sich der Natur, nicht durch deren Imitation, zu deren Bann Stimmung rechnet. Je tiefer sie durchgeformt sind, desto spröder machen sie sich gegen den veranstalteten Schein, und diese Sprödigkeit ist die negative Erscheinung ihrer Wahrheit. Sie ist dem phantasmagorischen Moment der Werke entgegengesetzt; die durchgeformten Werke, die formalistisch gescholten werden, sind die realistischen insofern, als sie in sich realisiert sind und vermöge dieser Realisierung allein auch ihren Wahrheitsgehalt, ihr Geistiges verwirklichen, anstatt bloß es zu bedeuten. Aber daß die Kunstwerke durch ihre Realisierung sich transzendieren, verbürgt nicht ihre Wahrheit. Manche sehr hohen Ranges sind wahr als Ausdruck eines an sich falschen Bewußtseins. Das ist einzig von transzendenter Kritik zu treffen wie der Nietzsches an Wagner. Deren Makel aber ist nicht nur, daß sie über die Sache dekretiert, anstatt an ihr sich zu messen. Vom Wahrheitsgehalt selbst hegt sie eine borniertes Vorstellung; meist eine kulturphilosophische, ohne Rücksicht auf das ästhetischer Wahrheit immanente geschichtliche Moment. Die Trennung zwischen einem an sich Wahren und dem bloß adäquaten Ausdruck falschen Bewußtseins ist nicht zu halten, denn bis heute existiert das richtige Bewußtsein nicht, und in keinem, das jene Trennung gleichwie aus der Vogelperspektive gestattete. Vollkommene Darstellung falschen Bewußtseins ist der Name für es und selber Wahrheitsgehalt. Darum entfalten sich die Werke, außer durch Interpretation und Kritik, auch durch Rettung: sie zielt auf die Wahrheit falschen Bewußtseins in der ästhetischen Erscheinung. Große Kunstwerke können nicht lügen. Noch wo ihr Gehalt Schein ist, hat er als notwendiger eine Wahrheit, für welche die Kunstwerke zeugen; unwahr sind nur die mißlungenen. Indem Kunst den Bann der Realität wiederholt, ihn zur imago sublimiert, befreit sie zugleich tendenziell sich von ihm; Sublimierung und Freiheit sind im Einverständnis. Der Bann, den die Kunst durch Einheit um die membra disiecta der Realität legt, ist dieser entlehnt und verwandelt sie in die negative Erscheinung der Utopie. Daß Kunstwerke vermöge ihrer Organisation mehr sind nicht nur als das Organisierte sondern auch als das Organisationsprinzip – denn als organisierte erlangen sie den Schein des nicht Gemachten –, ist ihre geistige Bestimmung. Als erkannte wird sie zum Gehalt. Ihn spricht das Kunstwerk nicht allein durch seine Organisation aus: ebenso durch Zerrüttung, die Organisation als ihr Implikat voraussetzt. Licht fällt von daher auf die jüngste Vorliebe fürs Schäbige, Schmutzige und auf die Allergie gegen Glanz und Suavität. Zugrunde liegt das

Bewußtsein vom Schmutzigen der Kultur unter der Hülle ihrer Selbstgenügsamkeit. Kunst, die das Glück jener Buntheit, welche die Realität den Menschen vorenthält, und damit gegen jede sinnliche Spur des Sinnes sich versagt, ist die vergeistigte; in solcher unnachgiebigen Absage an das Kinderglück jedoch Allegorie scheinlos gegenwärtigen Glücks, mit der tödlichen Klausel des Schimärischen: daß es nicht ist.

Philosophie und Kunst konvergieren in deren Wahrheitsgehalt: die fortschreitend sich entfaltende Wahrheit des Kunstwerks ist keine andere als die des philosophischen Begriffs. Der Idealismus hat seinen eigenen Wahrheitsbegriff historisch, in Schelling, von der Kunst mit Grund abgezogen. Die in sich bewegte und geschlossene Totalität der idealistischen Systeme ist aus den Kunstwerken herausgelesen. Weil jedoch Philosophie auf Wirkliches geht, nicht in ihren Werken zum selben Grad autark sich fügt, zerbrach das verkappt ästhetische Ideal der Systeme. Ihnen wird heimgezahlt vom schmählichen Lob, sie seien Gedankenkunstwerke. Die hervortretende Unwahrheit des Idealismus kompromittiert indessen retrospektiv die Kunstwerke. Daß sie trotz ihrer Autarkie und durch diese hindurch auf ihr Anderes, außerhalb ihres Bannes, gehen, treibt über jene Identität des Kunstwerks mit sich selbst hinaus, an der es seine spezifische Bestimmung hat. Die Zerrüttung seiner Autonomie ist kein schicksalhafter Niedergang. Sie wird zur Verpflichtung nach dem Verdikt über das, worin Philosophie der Kunst allzusehr glich. Der Wahrheitsgehalt der Werke ist nicht, was sie bedeuten, sondern was darüber entscheidet, ob das Werk an sich wahr oder falsch ist, und erst diese Wahrheit des Werkes an sich ist der philosophischen Interpretation kommensurabel und koinzidiert, der Idee nach jedenfalls, mit der philosophischen Wahrheit. Dem gegenwärtigen Bewußtsein, fixiert ans Handfeste und Unvermittelte, fällt es offensichtlich am schwersten, dies Verhältnis zur Kunst zu gewinnen, während ohne es ihr Wahrheitsgehalt nicht sich eröffnet: genuine ästhetische Erfahrung muß Philosophie werden oder sie ist überhaupt nicht. – Die Bedingung der Möglichkeit der Konvergenz von Philosophie und Kunst ist aufzusuchen in dem Moment von Allgemeinheit, das sie in ihrer Spezifikation – als Sprache sui generis – besitzt. Diese Allgemeinheit ist kollektiv, so wie die philosophische Allgemeinheit, für welche einmal das transzendentale Subjekt das Signum war, auf kollektive zurückdeutet. Aber an den ästhetischen Bildern ist gerade, was dem Ich sich entzieht, ihr Kollektives: damit wohnt Gesellschaft dem Wahrheitsgehalt inne. Das Erscheinende, wodurch das Kunstwerk das bloße Subjekt hoch überragt, ist der Durchbruch seines kollektiven Wesens. Die Erinnerungsspur der Mimesis, die jedes Kunstwerk sucht, ist stets auch Antezipation eines Zustands jenseits der Spaltung zwischen dem einzelnen und den anderen. Solches kollektive Eingedenken in den Kunstwerken ist aber nicht χωρίς vom Subjekt sondern durch es hindurch; in seiner idiosynkratischen Regung zeigt die kollektive Reaktionsform sich an. Nicht zuletzt darum muß die philosophische Interpretation des Wahrheitsgehalts ihn unverbrüchlich im Besonderen konstruieren. Kraft ihres subjektiv mimetischen, ausdruckshaften Moments münden die Kunstwerke in ihre Objektivität; weder sind sie die pure Regung noch deren Form sondern der geronnene Prozeß zwischen beiden, und er ist gesellschaftlich.

Die Metaphysik von Kunst heute ordnet sich um die Frage, wie ein Geistiges, das gemacht, nach der Sprache der Philosophie, ›bloß gesetzt‹ ist, wahr sein könne. In Rede steht dabei nicht das vorhandene Kunstwerk unmittelbar sondern sein Gehalt. Die Frage nach der Wahrheit eines Gemachten ist aber keine andere als die nach dem Schein und nach seiner Errettung als des Scheins von Wahrem. Der Wahrheitsgehalt kann kein Gemachtes sein. Alles Machen der Kunst ist eine einzige Anstrengung zu sagen, was nicht das Gemachte selbst wäre und was sie nicht weiß: eben das ist ihr Geist. Hier hat die Idee von Kunst als der Wiederherstellung unterdrückter und in die geschichtliche Dynamik verflochtener Natur ihren Ort. Die Natur, deren imago Kunst nachhängt, ist noch gar nicht; wahr an der Kunst ein Nichtseiendes. Es geht ihr auf an jenem Anderen, für das die identitätssetzende Vernunft, die es zu Material reduzierte, das Wort Natur hat. Dies Andere ist nicht Einheit und Begriff sondern ein Vieles. So stellt der Wahrheitsgehalt in der Kunst als ein Vieles, nicht als abstrakter Oberbegriff der Kunstwerke sich dar. Die Gebundenheit des Wahrheitsgehalts von Kunst an deren Werke und die Vielheit des der Identifikation Entragenden sind aufeinander abgestimmt. Von allen Paradoxien der Kunst ist wohl die innerste, daß sie einzig durch Machen, die Herstellung besonderer, spezifisch in sich durchgebildeter Werke, nie durch unmittelbaren Blick darauf das nicht Gemachte trifft, die Wahrheit. Zu ihrem Wahrheitsgehalt stehen die Kunstwerke in äußerster Spannung. Während er, begriffslos, nicht anders als im Gemachten erscheint, negiert er das Gemachte. Ein jedes Kunstwerk geht als Gebilde in seinem Wahrheitsgehalt unter; durch ihn sinkt das Kunstwerk zur Irrelevanz hinab, und das ist allein den größten Kunstwerken vergönnt. Die geschichtliche Perspektive eines Untergangs der Kunst ist die Idee eines jeden einzelnen. Kein Kunstwerk ist, das nicht verspräche, daß sein Wahrheitsgehalt, soweit er in ihm als daseiend bloß erscheint, sich verwirklicht und das Kunstwerk, die reine Hülle, zurückläßt, wie Mignons ungeheure Verse es weissagen. Das Siegel der authentischen Kunstwerke ist, daß, was sie scheinen, so erscheint, daß es nicht gelogen sein kann, ohne daß doch das diskursive Urteil an seine Wahrheit heranreichte. Ist es aber die Wahrheit, dann hebt sie mit dem Schein das Kunstwerk auf. Die Bestimmung von Kunst durch den ästhetischen Schein ist unvollständig: Wahrheit hat Kunst als Schein des Scheinlosen. Die Erfahrung der Kunstwerke hat zum Fluchtpunkt, daß ihr Wahrheitsgehalt nicht nichtig sei; ein jedes Kunstwerk und erst recht das der rückhaltlosen Negativität sagt wortlos: non confundar. Ohnmächtig wären Kunstwerke aus bloßer Sehnsucht, obwohl kein stichhaltiges ohne Sehnsucht ist. Wodurch sie jedoch die Sehnsucht transzendieren, das ist die Bedürftigkeit, die als Figur dem geschichtlich Seienden einbeschrieben ist. Indem sie diese Figur nachzeichnen, sind sie nicht nur mehr, als was bloß ist, sondern haben soviel an objektiver Wahrheit, wie das Bedürftige seine Ergänzung und Änderung herbeizieht. Nicht für sich, dem Bewußtsein nach, jedoch an sich will, was ist, das Andere, und das Kunstwerk ist die Sprache solchen Willens und sein Gehalt so substantiell wie er. Die Elemente jenes Anderen sind in der Realität versammelt, sie müßten nur, um ein Geringes versetzt, in neue Konstellation treten, um ihre rechte Stelle zu finden. Weniger als daß sie imitierten, machen die Kunstwerke der Realität diese Versetzung vor. Umzukehren wäre am Ende die Nachahmungslehre; in einem sublimierten Sinn soll die Realität die Kunstwerke nachahmen. Daß aber die Kunstwerke da sind, deutet darauf, daß das Nichtseiende sein könnte. Die Wirklichkeit der Kunstwerke zeugt für die Möglichkeit des Möglichen. Worauf die Sehnsucht an den Kunstwerken geht – die Wirklichkeit dessen, was nicht ist –, das verwandelt sich ihr in Erinnerung. In ihr vermählt sich was ist, als Gewesenes, dem Nichtseienden, weil das Gewesene nicht mehr ist. Seit der Platonischen Anamnesis ist vom noch nicht Seienden im Eingedenken geträumt worden, das allein Utopie konkretisiert, ohne sie an Dasein zu verraten. Dem bleibt der Schein gesellt: auch damals ist es nie gewesen. Der Bildcharakter der Kunst aber, ihre imago, ist eben das, was unwillkürliche Erinnerung nach der These von Bergson und Proust an der Empirie zu erwecken trachtet, und darin freilich erweisen sie sich als genuine Idealisten. Sie schreiben der Realität das zu, was sie erretten wollen, und was nur in der Kunst um den Preis seiner Realität ist. Sie suchen, dem Fluch des ästhetischen Scheins zu entgehen, indem sie dessen Qualität in die Wirklichkeit versetzen. – Das non confundar der Kunstwerke ist die Grenze ihrer Negativität, vergleichbar jener, die in den Romanen des Marquis de Sade dort eingezeichnet ist, wo ihm nichts anderes bleibt, als die schönsten gitons des Tableaus ›beaux comme des anges‹ zu nennen. Auf dieser Höhe der Kunst, wo ihre Wahrheit den Schein transzendiert, exponiert sie sich am tödlichsten. Indem sie wie nichts Menschliches sonst ausdrückt, sie könne Lüge nicht sein, muß sie lügen. Über die Möglichkeit, daß am Ende alles doch nur nichts sei, hat sie keine Gewalt und ihr Fiktives daran, daß sie durch ihre Existenz setzt, die Grenze sei überschritten. Der Wahrheitsgehalt der Kunstwerke, als Negation ihres Daseins, ist durch sie vermittelt, aber sie teilen ihn nicht wie immer auch mit. Wodurch er mehr ist als von ihnen gesetzt, ist ihre Methexis an der Geschichte und die bestimmte Kritik, die sie durch ihre Gestalt daran üben. Was Geschichte ist an den Werken, ist nicht gemacht, und Geschichte erst befreit es von bloßer Setzung oder Herstellung: der Wahrheitsgehalt ist nicht außer der Geschichte sondern deren Kristallisation in den Werken. Ihr nicht gesetzter Wahrheitsgehalt darf ihr Name heißen.

Der ist aber in den Werken nur ein Negatives. Die Kunstwerke sagen, was mehr ist als das Seiende, einzig, indem sie zur Konstellation bringen, wie es ist, »Comment c'est«. Metaphysik der Kunst erheischt ihre schroffe Scheidung von der Religion, in der sie entsprang. Weder sind die Kunstwerke selbst ein Absolutes, noch ist es in ihnen unmittelbar gegenwärtig. Für ihre Methexis daran werden sie geschlagen mit einer Blindheit, die ihre Sprache, eine von Wahrheit, sogleich verdunkelt: sie haben es und haben es nicht. In ihrer Bewegung auf Wahrheit hin bedürfen die Kunstwerke eben des Begriffs, den sie um ihrer Wahrheit willen von sich fernhalten. Ob Negativität die Schranke von Kunst ist oder ihrerseits die Wahrheit, steht nicht bei der Kunst. Negativ sind die Kunstwerke a priori durchs Gesetz ihrer Objektivation: sie töten, was sie objektivieren, indem sie es der Unmittelbarkeit seines Lebens entreißen. Ihr eigenes Leben zehrt vom Tod. Das definiert die qualitative Schwelle zur Moderne. Ihre Gebilde überlassen sich mimetisch der Verdinglichung, ihrem Todesprinzip. Ihm zu entfliehen, ist das illusorische Moment an der Kunst, das sie, seit Baudelaire, abzuwerfen trachtet, ohne doch resignativ Dinge unter Dingen zu werden. Die Herolde der Moderne, Baudelaire, Poe, waren als Artisten die ersten Technokraten der Kunst. Ohne Beimischung des Giftstoffs, virtuell die Negation des Lebendigen, wäre der Einspruch der Kunst gegen die zivilisatorische Unterdrückung tröstlich-hilflos. Absorbierte seit dem Beginn der Moderne Kunst kunstfremde Gegenstände, die in ihr Formgesetz nicht gänzlich verwandelt eingehen, so zediert sich darin, bis zur Montage, die Mimesis der Kunst an ihr Widerspiel. Genötigt wird Kunst dazu durch die soziale Realität. Während sie der Gesellschaft opponiert, vermag sie doch keinen ihr jenseitigen Standpunkt zu beziehen; Opposition gelingt ihr einzig durch Identifikation mit dem, wogegen sie aufbegehrt. Das war bereits der Gehalt des Baudelaireschen Satanismus, weit über die Kritik an der bürgerlichen Moral an Ort und Stelle hinaus, die, von der Realität überboten, kindisch albern wurde. Wollte Kunst unmittelbar Einspruch erheben gegen das lückenlose Netz, so verfinge sie sich erst recht: darum muß sie, wie es exemplarisch in Becketts Endspiel geschieht, die Natur, der sie gilt, aus sich eliminieren oder sie angreifen. Ihr allein noch möglicher parti pris ist der für den Tod, ist kritisch und metaphysisch in eins. Kunstwerke stammen aus der Dingwelt durch ihr präformiertes Material wie durch ihre Verfahrungsweisen; nichts in ihnen, was ihr nicht auch angehörte, und nichts, was nicht um den Preis seines Todes der Dingwelt entrissen würde. Nur kraft ihres Tödlichen haben sie teil an Versöhnung. Aber sie bleiben darin zugleich dem Mythos hörig. Das ist das Ägyptische an einem jeden. Indem die Werke das Vergängliche – Leben – zur Dauer verhalten, vorm Tod erretten wollen, töten sie es. Mit Grund wird das Versöhnende der Kunstwerke in ihrer Einheit aufgesucht; darin, daß sie, nach dem antiken Topos, mit dem Speer die Wunde heilen, der sie schlug. Indem die Vernunft, die den Kunstwerken, noch wo sie Zerfall meint, Einheit erwirkt, auf den Eingriff in die Wirklichkeit, auf reale Herrschaft verzichtet, gewinnt Vernunft etwas Schuldloses, obwohl noch den größten Produkten der ästhetischen Einheit das Echo der gesellschaftlichen Gewalt anzuhören ist; aber durch den Verzicht wird der Geist auch schuldig. Der Akt, der das Mimetische und Diffuse im Kunstwerk bindet und stillstellt, tut der amorphen Natur nicht nur Böses an. Das ästhetische Bild ist Einspruch gegen ihre Angst, ins Chaotische zu zergehen. Die ästhetische Einheit des Mannigfaltigen erscheint, als hätte sie diesem keine Gewalt angetan, sondern wäre aus dem Mannigfaltigen selbst erraten. Dadurch spielt Einheit, real heute wie stets das Entzweiende, in Versöhnung hinüber. In den Kunstwerken läßt die zerstörende Gewalt des Mythos nach, in ihrem Besonderen der jener Wiederholung, welche der Mythos in der Realität verübt, und die das Kunstwerk zur Besonderung zitiert durch den Blick der nächsten Nähe. In den Kunstwerken ist der Geist nicht länger der alte Feind der Natur. Er sänftigt sich zum Versöhnenden. Nicht bedeutet sie nach klassizistischem Rezept Versöhnung: diese ist ihre eigene Verhaltensweise, die des Nichtidentischen innewird. Der Geist identifiziert es nicht: er identifiziert sich damit. Dadurch daß Kunst ihrer eigenen Identität mit sich folgt, macht sie dem Nichtidentischen sich gleich: das ist die gegenwärtige Stufe ihres mimetischen Wesens. Versöhnung als Verhaltensweise des Kunstwerks wird heute gerade dort geübt, wo die Kunst der Idee von Versöhnung absagt, in Werken, deren Form ihnen Unerbittlichkeit diktiert. Noch solche unversöhnliche Versöhnung in der Form jedoch hat zur Bedingung die Unwirklichkeit der Kunst. Diese bedroht sie permanent mit Ideologie. Weder sinkt Kunst zu dieser ab, noch ist Ideologie das Verdikt, demzufolge eine jegliche verbannt sei von aller Wahrheit. In ihrer Wahrheit selbst, der Versöhnung, welche die empirische Realität verweigert, ist sie Komplize der Ideologie, täuscht vor, Versöhnung wäre schon. Kunstwerke fallen ihrem Apriori, wenn man will, ihrer Idee nach in den Schuldzusammenhang. Während ein jegliches, das gelang, ihn transzendiert, muß ein jegliches dafür büßen, und darum möchte seine Sprache zurück ins Schweigen: es ist, nach einem Wort von Beckett, a desecration of silence.

Kunst will das, was noch nicht war, doch alles, was sie ist, war schon. Den Schatten des Gewesenen vermag sie nicht zu überspringen. Was aber noch nicht war, ist das Konkrete. Am tiefsten dürfte der Nominalismus der Ideologie darin verhaftet sein, daß er Konkretion als Gegebenes, zweifelsfrei Vorhandenes traktiert und sich und die Menschheit darüber täuscht, daß der Weltlauf jene friedliche Bestimmtheit des Seienden verhindert, die vom Begriff des Gegebenen nur usurpiert und ihrerseits mit Abstraktheit geschlagen wird. Anders als negativ läßt das Konkrete auch von den Kunstwerken kaum sich nennen. Nur noch durch die Unvertauschbarkeit seiner eigenen Existenz, durch kein Besonderes als Inhalt suspendiert das Kunstwerk die empirische Realität als abstrakten und universalen Funktionszusammenhang. Utopie ist jedes Kunstwerk, soweit es durch seine Form antezipiert, was endlich es selber wäre, und das begegnet sich mit der Forderung, den vom Subjekt verbreiteten Bann des Selbstseins zu tilgen. Kein Kunstwerk ist an ein anderes zu zedieren. Das rechtfertigt das unabdingbare sinnliche Moment an den Kunstwerken: es trägt ihr Jetzt und Hier, darin bewahrt trotz aller Vermittlung sich auch einige Selbständigkeit; das naive Bewußtsein, das stets wieder an jenes Moment sich klammert, ist nicht durchaus das falsche. Allerdings übernimmt die Unvertauschbarkeit die Funktion, den Glauben zu bestärken, jene wäre nicht universal. Noch seinen tödlichsten Feind, Vertauschbarkeit, muß das Kunstwerk absorbieren; anstatt in Konkretion auszuweichen, durch die eigene Konkretion den totalen Abstraktionszusammenhang darstellen und dadurch ihm widerstehen. Wiederholungen in authentischen neuen Kunstwerken bequemen nicht stets dem archaischen Wiederholungszwang sich an. In manchen verklagen sie ihn und ergreifen damit Partei für das von Haag so genannte Unwiederholbare; Becketts Play mit der schlechten Unendlichkeit seiner Reprise bietet dafür das vollkommenste Modell. Das Schwarz und Grau neuer Kunst, ihre Askese gegen die Farbe ist negativ deren Apotheose. Wenn in Selma Lagerlöfs außerordentlichen biographischen Kapiteln Mårbacka dem gelähmten Kind ein ausgestopfter Paradiesvogel, das nie Gesehene die Heilung bringt, so ist die Wirkung solcher erscheinenden Utopie unverwelkt, nichts ihresgleichen aber wäre mehr möglich, ihr Statthalter ist das Finstere. Weil aber der Kunst ihre Utopie, das noch nicht Seiende, schwarz verhängt ist, bleibt sie durch all ihre Vermittlung hindurch Erinnerung, die an das Mögliche gegen das Wirkliche, das jenes verdrängte, etwas wie die imaginäre Wiedergutmachung der Katastrophe Weltgeschichte, Freiheit, die im Bann der Necessität nicht geworden, und von der ungewiß ist, ob sie wird. In ihrer Spannung zur permanenten Katastrophe ist die Negativität der Kunst, ihre Methexis am Finsteren mitgesetzt. Kein daseiendes, erscheinendes Kunstwerk ist des Nichtseienden positiv mächtig. Das scheidet die Kunstwerke von den Symbolen der Religionen, welche Transzendenz der unmittelbaren Gegenwart in der Erscheinung zu haben beanspruchen. Das Nichtseiende in den Kunstwerken ist eine Konstellation von Seiendem. Versprechen sind die Kunstwerke durch ihre Negativität hindurch, bis zur totalen Negation, so wie der Gestus, mit dem einst eine Erzählung anheben mochte, der erste Klang, der auf einer Sitar angeschlagen ward, ein noch nie Gehörtes, noch nie Gesehenes versprach, und wäre es das Furchtbarste; und die Deckel eines jeden Buches, zwischen denen das Auge an den Text sich verliert, sind verwandt der Verheißung der camera obscura. Das Paradoxon aller neuen Kunst ist, das zu gewinnen, indem sie es wegwirft, so wie der Anfang der Recherche von Proust mit der kunstvollsten Veranstaltung in das Buch ohne das Surren der camera obscura, den Guckkasten des allwissenden Erzählers, hineingeleitet, auf den Zauber verzichtet und dadurch allein ihn realisiert. Die ästhetische Erfahrung ist die von etwas, was der Geist weder von der Welt noch von sich selbst schon hätte, Möglichkeit, verhießen von ihrer Unmöglichkeit. Kunst ist das Versprechen des Glücks, das gebrochen wird.

Obwohl die Kunstwerke weder begrifflich sind noch urteilen, sind sie logisch. Nichts wäre rätselhaft an ihnen, käme nicht ihre immanente Logizität dem diskursiven Denken entgegen, dessen Kriterien sie doch regelmäßig enttäuschten. Am nächsten stehen sie der Form des Schlusses und dessen Vorbild im sachhaltigen Denken. Daß, in Zeitkünsten, dies oder jenes aus etwas folge, ist kaum metaphorisch; daß dies Ereignis in einem Gebilde von einem anderen verursacht sei, läßt zumindest das empirische Kausalverhältnis deutlich durchschimmern. Eines soll aus dem anderen hervorgehen, nicht bloß in den Zeitkünsten; die visuellen bedürfen nicht weniger der Konsequenz. Die Verpflichtung der Kunstwerke, sich selbst gleich zu werden; die Spannung, in die sie dadurch zu dem Substrat ihres immanenten Vertrages geraten, schließlich die traditionelle Idee der zu erlangenden Homöostase bedürfen des konsequenzlogischen Prinzips: das ist der rationale Aspekt der Kunstwerke. Ohne sein immanentes Muß wäre keines objektiviert; das ist ihr antimimetischer Impuls, ein von draußen Entlehntes, das sie zu einem Innen zusammenschließt. Die Logik der Kunst ist, paradox nach den Regeln der anderen, ein Schlußverfahren ohne Begriff und Urteil. Konsequenzen zieht sie aus Phänomenen, freilich bereits geistig vermittelten und insofern zu gewissem Maß logisierten. Ihr logisches Verfahren bewegt sich in einem seinen Gegebenheiten nach außerlogischen Bereich. Die Einheit, welche die Kunstwerke dadurch erlangen, bringt sie in Analogie zur Logik der Erfahrung, wie weit auch ihre Verfahrensweisen, ihre Elemente und deren Relationen von denen der praktischen Empirie sich entfernen mögen. Die Beziehung zur Mathematik, welche die Kunst im Zeitalter ihrer beginnenden Emanzipation knüpfte und die heute, im Zeitalter des Zerfalls ihrer Idiome, abermals hervortritt, war das Selbstbewußtsein der Kunst von ihrer konsequenzlogischen Dimension. Auch Mathematik ist, durch ihren formalen Charakter, begriffslos; ihre Zeichen sind keine von etwas, und so wenig wie die Kunst fällt sie Existentialurteile; oft hat man ihr ästhetisches Wesen nachgesagt. Allerdings betrügt sich Kunst, sobald sie, von der Wissenschaft ermuntert oder eingeschüchtert, ihre Konsequenzlogik hypostasiert, ihre Formen den mathematischen unmittelbar gleichsetzt, unbekümmert darum, daß sie jenen stets auch entgegenwirkt. Gleichwohl ist die Logizität der Kunst die unter ihren Kräften, welche sie am nachdrücklichsten als ein Sein sui generis, als zweite Natur konstituiert. Sie konterkariert jedem Versuch, Kunstwerke von ihrer Wirkung her zu begreifen: durch Konsequenz werden die Kunstwerke objektiv in sich bestimmt, ohne Rücksicht auf ihre Rezeption. Dennoch ist ihre Logizität nicht à la lettre zu nehmen. Darauf zielt Nietzsches Bemerkung – die allerdings die Logizität der Kunst amateurhaft unterschätzt –, daß in den Kunstwerken alles nur so erschiene, als ob es so sein müsse und nicht anders sein könne. Die Logik der Werke indiziert sich als uneigentlich dadurch, daß sie allen Einzelereignissen und Lösungen eine unvergleichlich viel größere Variationsbreite gewährt als sonst die Logik; nicht von der Hand zu weisen die aufdringliche Erinnerung an die Traumlogik, in der ebenfalls das Gefühl des zwingend Folgerechten mit einem Moment von Zufälligkeit sich verbindet. Durch ihre Retirade von den empirischen Zwecken empfängt Logik in der Kunst etwas Schattenhaftes, festgehalten und gelockert in eins. Sie dürfte desto ungebundener sich ergehen, je obliquenter vorgeordnete Stile von sich aus den Schein der Logizität bewirken und das Einzelwerk von deren Vollzug entlasten. Während in den nach gängiger Rede klassischen Werken Logizität am ungeniertesten waltet, dulden sie durchweg mehrere, zuweilen zahlreiche Möglichkeiten, so wie innerhalb vorgegebener Typik, wie der der Generalbaßmusik oder der Commedia dell'arte, gefahrloser sich improvisieren ließ als später in individuell durchorganisierten Werken. Diese sind an der Oberfläche alogischer, weniger durchsichtig auf allgemein vorgezeichnete, begriffsähnliche Schemata und Formeln, im Inneren jedoch logischer, nehmen es mit der Folgerichtigkeit weit strenger. Indem aber die Logizität der Kunstwerke ansteigt, ihre Ansprüche immer wörtlicher werden bis zur Parodie in total determinierten, aus einem minimalen Grundmaterial deduzierten Gebilden, entblößt sich das Als ob der Logizität. Was heute absurd dünkt, ist negative Funktion der ungeschmälerten Logizität. Der Kunst wird heimgezahlt, daß es keine Schlüsse ohne Begriff und Urteil gibt.

Als uneigentliche ist jene Logik schwer von Kausalität zu trennen, weil in der Kunst der Unterschied zwischen den rein logischen und den auf Gegenständliches gehenden Formen entfällt; in ihr überwintert die archaische Ungeschiedenheit von Logik und Kausalität. Schopenhauers principia individuationis, Raum, Zeit, Kausalität, treten in der Kunst, dem Bereich des bis zum Äußersten Individuierten, ein zweites Mal auf, jedoch gebrochen, und solche Brechung, erzwungen durch den Scheincharakter, verleiht der Kunst den Aspekt von Freiheit. Durch diese werden Zusammenhang und Abfolge der Ereignisse gelenkt, durch den Eingriff des Geistes. In der Ungeschiedenheit von Geist und blinder Notwendigkeit mahnt die Logik der Kunst wiederum an die Gesetzmäßigkeit der realen Folge in der Geschichte. Schönberg konnte von der Musik als der Geschichte von Themen reden. Kunst hat so wenig krud, unvermittelt Raum, Zeit, Kausalität in sich, wie sie, nach dem gesamtidealistischen Philosophem, als Idealbereich ganz jenseits jener Bestimmungen sich hielt; sie spielen wie von fern in sie hinein und werden sogleich in ihr ein Anderes. So etwa ist Zeit in der Musik als solche unverkennbar, aber der empirischen derart fern, daß bei konzentriertem Hören zeitliche Ereignisse außerhalb des musikalischen Kontinuums diesem äußerlich bleiben, kaum es tangieren; unterbricht sich ein Spieler, um eine Passage zu wiederholen oder wiederaufzunehmen, so bleibt die musikalische Zeit für eine Strecke gleichgültig dagegen, gar nicht berührt, steht gewissermaßen still und geht erst weiter, sobald der musikalische Verlauf fortgesetzt wird. Die empirische Zeit stört die musikalische allenfalls um ihrer Heterogenität willen, nicht fließen beide zusammen. Dabei sind die formativen Kategorien der Kunst von denen draußen nicht einfach qualitativ verschieden, sondern tragen ihre Qualität in das qualitativ andere Medium trotz der Modifikation hinein. Sind jene Formen im auswendigen Dasein die maßgebenden der Naturbeherrschung, so werden sie in der Kunst ihrerseits beherrscht, mit ihnen wird aus Freiheit geschaltet. Durch Beherrschung des Beherrschenden revidiert Kunst zuinnerst die Naturbeherrschung. Verfügung über jene Formen und über ihr Verhältnis zu den Materialien macht gegenüber dem Schein von Unvermeidlichkeit, der ihnen in der Realität eignet, die Willkür an ihnen selber evident. Drängt eine Musik die Zeit zusammen, faltet ein Bild Räume ineinander, so konkretisiert sich die Möglichkeit, es könnte auch anders sein. Sie werden zwar festgehalten, ihre Gewalt nicht verleugnet, aber ihrer Verbindlichkeit enteignet. Insofern ist, paradox, die Kunst, gerade nach der Seite ihrer formalen Konstituentien hin, die sie der Empirie entheben, weniger scheinhaft, weniger verblendet von den subjektiv diktierten Gesetzmäßigkeiten als die empirische Erkenntnis. Daß die Logik der Kunstwerke Derivat der Konsequenzlogik, nicht aber mit ihr identisch ist, zeigt sich darin, daß jene – und das nähert Kunst dem dialektischen Gedanken – die eigene Logizität suspendieren, am Ende deren Suspension zu ihrer Idee machen können; darauf zielt das Moment des Zerrütteten in aller modernen Kunst. Kunstwerke, die einen Hang zur integralen Konstruktion bekunden, desavouieren die Logizität mit der ihr heterogenen und unauflöslichen Spur von Mimesis; Konstruktion ist darauf angewiesen. Das autonome Formgesetz der Werke gebietet noch den Einspruch gegen die Logizität, welche doch Form als Prinzip definiert. Hätte Kunst mit Logizität und Kausalität schlechterdings nichts zu tun, so verfehlte sie die Beziehung auf ihr Anderes und liefe leer a priori; nähme sie sie buchstäblich, so beugte sie sich dem Bann; allein durch ihren Doppelcharakter, der permanenten Konflikt erzeugt, entragt sie dem Bann um ein Weniges. Folgerungen ohne Begriff und Urteil sind vorweg um ihre Apodiktizität gebracht, mahnen freilich an eine Kommunikation zwischen den Objekten, die von Begriff und Urteil eher verdeckt werden mag, während ästhetische Konsequenz sie als Affinität der nicht identifizierten Momente bewahrt. Die Einheit der ästhetischen Konstituentien mit den kognitiven aber ist die des Geistes als der Vernunft; die Lehre von der ästhetischen Zweckmäßigkeit hat das ausgedrückt. Ist ein Wahres an Schopenhauers These von der Kunst als der Welt noch einmal, so ist doch diese Welt in ihrer Komposition aus den Elementen der ersten versetzt, gemäß den jüdischen Beschreibungen vom messianischen Zustand, der in allem sei wie der gewohnte und nur um ein Winziges anders. Nur ist die Welt noch einmal von negativer

Tendenz gegen die erste, eher Zerstörung dessen, was durch vertraute Sinne vorgespiegelt wird, als Versammlung der zerstreuten Züge des Daseins zum Sinn. Nichts in der Kunst, auch nicht in der sublimiertesten, was nicht aus der Welt stammte; nichts daraus unverwandelt. Alle ästhetischen Kategorien sind ebenso in ihrer Beziehung auf die Welt wie in der Lossage von ihr zu bestimmen. Erkenntnis ist sie in beidem; nicht nur durch die Wiederkunft des Mundanen und seiner Kategorien, ihr Band zu dem, was sonst Gegenstand der Erkenntnis heißt, sondern mehr noch vielleicht durch die tendenzielle Kritik der naturbeherrschenden ratio, deren fixe Bestimmungen sie durch Modifikation in Bewegung bringt. Nicht als abstrakte Negation der ratio, nicht durch die ominöse unmittelbare Schau des Wesens der Dinge sucht Kunst dem Unterdrückten das Seine widerfahren zu lassen, sondern indem sie die Gewalttat der Rationalität durch deren Emanzipation von dem, was ihr in der Empirie ihr unabdingbares Material dünkt, revoziert. Sie ist nicht, wie das Convenu es will, Synthesis, sondern zerschneidet die Synthesen mit derselben Kraft, die sie bewerkstelligte. Was transzendent ist an der Kunst, hat die gleiche Tendenz wie die zweite Reflexion des naturbeherrschenden Geistes.

Wodurch die Verhaltensweise der Kunstwerke Gewalt und Herrschaft der empirischen Realität reflektiert, ist mehr als Analogie. Die Geschlossenheit der Kunstwerke als Einheit ihrer Mannigfaltigkeit überträgt unmittelbar die naturbeherrschende Verhaltensweise auf ein ihrer Realität Entrücktes; vielleicht weil das selbsterhaltende Prinzip über die Möglichkeit seiner Realisierung draußen hinausweist, dort vom Tod sich widerlegt sieht und damit nicht sich abzufinden vermag; autonome Kunst ist ein Stück veranstalteter Unsterblichkeit, Utopie und Hybris in eins; träfe ein Blick von einem anderen Stern die Kunst, so wäre ihm wohl alle ägyptisch. Die Zweckmäßigkeit der Kunstwerke, durch die sie sich behaupten, ist nur der Schatten der Zweckmäßigkeit draußen. Ihr ähneln sie nur der Form nach, und dadurch allein werden sie – so wenigstens wähnen es die Kunstwerke – vor der Dekomposition geschützt. Die paradoxe Formulierung Kants, der zufolge schön genannt werden soll, was zweckmäßig ohne Zweck ist, drückt, in der Sprache subjektiv transzendentaler Philosophie, den Sachverhalt mit jener Treue aus, die stets wieder die Kantischen Theoreme dem methodischen Zusammenhang entrückt, in welchem sie auftreten. Zweckmäßig waren die Kunstwerke als dynamische Totalität, in der alle Einzelmomente für ihren Zweck, das Ganze, da sind, und ebenso das Ganze für seinen Zweck, die Erfüllung oder negierende Einlösung der Momente. Zwecklos dagegen waren die Kunstwerke, weil sie aus der Zweck-Mittel-Relation der empirischen Realität heraustraten. Fern von ihr hat die Zweckmäßigkeit der Kunstwerke etwas Schimärisches. Das Verhältnis der ästhetischen Zweckmäßigkeit zur realen war geschichtlich: die immanente Zweckmäßigkeit der Kunstwerke kam ihnen von außen zu. Vielfach sind kollektiv eingeschliffene ästhetische Formen zwecklos gewordene Zweckformen, zumal die Ornamente, die nicht umsonst auf mathematisch-astronomische Wissenschaft rekurrierten. Vorgezeichnet ist dieser Weg vom magischen Ursprung der Kunstwerke: sie waren Teile einer Praxis, welche auf Natur einwirken wollte, schieden sich davon in beginnender Rationalität und begaben sich des Trugs realer Einwirkung. Das den Kunstwerken Spezifische, ihre Form, kann als sedimentierter und modifizierter Inhalt nie ganz verleugnen, woher sie kam. Ästhetisches Gelingen richtet sich wesentlich danach, ob das Geformte den in der Form niedergeschlagenen Inhalt zu erwecken vermag. Generell ist denn auch die Hermeneutik der Kunstwerke die Übersetzung ihrer Formalien in Inhalte. Diese wachsen jedoch den Kunstwerken nicht geradeswegs zu, so als ob sie einfach den Inhalt von der Realität übernähmen. Er konstituiert sich in einer Gegenbewegung. Inhalt prägt den Gebilden sich ein, die von ihm sich entfernen. Künstlerischer Fortschritt, soweit von einem solchen triftig kann geredet werden, ist der Inbegriff dieser Bewegung. Am Inhalt gewinnt sie Anteil durch dessen bestimmte Negation. Je energischer sie stattfindet, desto mehr organisieren sich die Kunstwerke nach immanenter Zweckmäßigkeit, und eben dadurch bilden sie zunehmend dem von ihnen Negierten sich an. Die Kantische Konzeption von der Teleologie der Kunst wie der Organismen wurzelte in der Einheit der Vernunft, schließlich doch der göttlichen, die in den Dingen an sich walte. Sie mußte hinab. Gleichwohl behält die teleologische Bestimmung der Kunst ihre Wahrheit

über die unterdessen von der künstlerischen Entwicklung widerlegte Trivialität hinaus, daß Phantasie und Bewußtsein des Künstlers seinen Gebilden organische Einheit anschaffe. Ihre den praktischen Zwecken entäußerte Zweckmäßigkeit ist ihr Sprachähnliches, das Ohne Zweck ihr Begriffsloses, ihr Unterschied von der signifikativen Sprache. Der Idee einer Sprache der Dinge nähern sich die Kunstwerke nur durch ihre eigene, durch Organisation ihrer disparaten Momente; je mehr sie in sich syntaktisch artikuliert wird, desto sprechender gerät sie samt ihren Momenten. Der ästhetische Teleologiebegriff hat seine Objektivität an der Sprache von Kunst. Die traditionelle Ästhetik verfehlt sie, weil sie das Verhältnis von Ganzem und Teilen, einem allgemeinen parti pris folgend, zugunsten des Ganzen vorentschied. Dialektik aber ist keine Anweisung zur Behandlung von Kunst sondern wohnt ihr inne. Die reflektierende Urteilskraft, die nicht vom Oberbegriff, vom Allgemeinen ausgehen kann und konsequenterweise auch nicht vom ganzen Kunstwerk, das nie ›gegeben‹ ist, und die den einzelnen Momenten folgen muß und sie kraft ihrer eigenen Bedürftigkeit überschreiten, zeichnet subjektiv die Bewegung der Kunstwerke in sich selbst nach. Kraft ihrer Dialektik entragen die Kunstwerke dem Mythos, dem blind und abstrakt herrschenden Naturzusammenhang.
Unstreitig ist der Inbegriff aller Momente von Logizität oder, weiter, Stimmigkeit an den Kunstwerken das, was ihre Form heißen darf. Erstaunlich, wie wenig diese Kategorie von der Ästhetik reflektiert ward, wie sehr sie ihr, als das Unterscheidende der Kunst, unproblematisch gegeben dünkte. Die Schwierigkeit, ihrer sich zu versichern, ist mitbedingt von der Verflochtenheit aller ästhetischen Form mit Inhalt; nicht allein gegen ihn sondern durch ihn hindurch ist sie zu denken, wenn sie nicht Opfer jener Abstraktheit werden soll, durch welche Ästhetik reaktionärer Kunst sich zu verbünden pflegt. Darüber hinaus bildet der Begriff der Form, bis hinauf zu Valéry, den blinden Fleck von Ästhetik, weil alle Kunst derart auf ihn vereidigt ist, daß er seiner Isolierung als Einzelmoment spottet. So wenig allerdings wie Kunst durch irgendein anderes Moment zu definieren wäre, ist sie mit Form einfach identisch. Ein jedes vermag in ihr sich zu negieren, auch ästhetische Einheit, die Idee der Form,

die das Kunstwerk als ein Ganzes und seine Autonomie überhaupt erst ermöglichte. In hochentwickelten modernen Werken neigt Form dazu, ihre Einheit, sei's dem Ausdruck zuliebe, sei's als Kritik des affirmativen Wesens, zu dissoziieren. Längst vor der allgegenwärtigen Krisis hat es an offenen Formen nicht gefehlt. Bei Mozart erprobte die Einheit spielend sich zuweilen in der Lockerung von Einheit. Durch Juxtaposition relativ unverbundener oder kontrastierender Elemente jongliert der Komponist, dem vor allen anderen Formsicherheit nachgerühmt wird, virtuos mit dem Begriff der Form selbst. Er vertraut so sehr ihrer Kraft, daß er gleichsam die Zügel fahren läßt und den zentrifugalen Tendenzen aus der Sicherheit der Konstruktion heraus Einlaß verschafft. Dem Erben einer älteren Tradition ist die Idee von Einheit als Form noch so unerschüttert, daß sie die äußerste Belastung erträgt, während Beethoven, in dem die Einheit ihre Substantialität durch die nominalistische Attacke verlor, die Einheit weit straffer anspannt: sie präformiert das Viele a priori und bändigt es dann um so triumphaler. Heute möchten die Künstler ihr ans Leben, doch mit der Pointe, daß die als offen, unabgeschlossen geglaubten Werke an solchem Plancharakter zwangsläufig wieder etwas wie Einheit gewinnen. Meist wird in der Theorie Form mit Symmetrie, Wiederholung gleichgesetzt. Nicht braucht bestritten zu werden, daß, wollte man ihren Begriff auf Invarianten bringen, Gleichheit und Wiederholung einerseits und als ihr Widerpart Ungleichheit, Kontrast, Entwicklung sich anböten. Aber mit der Etablierung solcher Kategorien wäre wenig geholfen. Musikalische Analysen etwa führen darauf, daß noch in den aufgelöstesten, wiederholungsfeindlichsten Gebilden Ähnlichkeiten vorhanden sind, daß manche Partien mit anderen in irgendwelchen Merkmalen korrespondieren und daß nur durch die Beziehung auf derlei Identisches die angestrebte Nichtidentität sich realisiert; ohne alle Gleichheit bliebe das Chaos seinerseits ein Immergleiches. Aber der Unterschied der manifesten, von außen verordneten, nicht durchaus vom Spezifischen vermittelten Wiederholung und der unvermeidlichen Bestimmung des Ungleichen durch einen Rest von Gleichem überwiegt entscheidend alle Invarianz. Ein Formbegriff, der aus Sympathie mit dieser davon absieht, entfernt sich nicht allzuweit von der bestialischen Phraseologie, die im Deutschen vor dem Wort ›formvollendet‹ nicht zurückschreckt. Weil Ästhetik den Formbegriff, ihr Zentrum, in der Gegebenheit von Kunst immer schon voraussetzt, bedarf es ihrer ganzen Anstrengung, ihn zu denken. Will sie nicht tautologisch sich verstricken, so ist sie auf das verwiesen, was dem Formbegriff nicht immanent ist, während dieser ästhetisch nichts außerhalb seiner selbst Wort haben will. Ästhetik der Form ist möglich nur als Durchbruch durch die Ästhetik als der Totalität dessen, was im Bann von Form steht. Davon aber hängt ab, ob Kunst überhaupt noch möglich sei. Der Formbegriff markiert die schroffe Antithese der Kunst zum empirischen Leben, in welchem ihr Daseinsrecht ungewiß ward. Kunst hat soviel Chance wie die Form, und nicht mehr. Deren Anteil an der Krisis von Kunst kommt zutage in Äußerungen wie der von Lukács, in der modernen Kunst werde die Bedeutung der Form weit überschätzt[58]. In dem banausischen Pronunciamento schlägt ebenso ein dem kulturkonservativen Lukács unbewußtes Unbehagen an der Sphäre Kunst sich nieder, wie der verwendete Formbegriff der Kunst inadäquat ist. Nur wer Form als Essentielles, zum Inhalt der Kunst Vermitteltes verkennt, kann darauf verfallen, in ihr werde Form überschätzt. Form ist die wie immer auch antagonistische und durchbrochene Stimmigkeit der Artefakte, durch die ein jedes, das gelang, vom bloß Seienden sich scheidet. Der unreflektierte, in allem Gezeter über Formalismus nachhallende Formbegriff setzt Form dem Gedichteten, Komponierten, Gemalten als davon abhebbare Organisation entgegen. Dadurch erscheint sie dem Gedanken als Auferlegtes, subjektiv Willkürliches, während sie substantiell ist einzig, wo sie dem Geformten keine Gewalt antut, aus ihm aufsteigt. Das Geformte aber, der Inhalt, sind keine der Form äußerlichen Gegenstände sondern die mimetischen Impulse, welche es zu jener Bilderwelt zieht, die Form ist. Die ungezählten und schädlichen Äquivokationen des Formbegriffs datieren zurück auf dessen Ubiquität, die dazu verleitet, alles und jedes, was kunsthaft ist an der Kunst, Form zu

---

[58] Vgl. Georg Lukács, Wider den mißverstandenen Realismus, Hamburg 1958, S. 15 und passim.

nennen. Unfruchtbar ist er jedenfalls in der trivialen Allgemeinheit, die nichts besagt, als daß im Kunstwerk jegliche ›Materie‹ – je nachdem intentionale Objekte oder Materialien wie Ton oder Farbe – vermittelt, nicht einfach vorhanden seien. Ebenso untauglich ist die Bestimmung des Formbegriffs als des subjektiv Verliehenen, Aufgeprägten. Was mit Grund an den Kunstwerken Form genannt werden kann, erfüllt ebenso Desiderate dessen, woran subjektive Tätigkeit stattfindet, wie es Produkt subjektiver Tätigkeit ist. Ästhetisch ist Form an den Kunstwerken wesentlich eine objektive Bestimmung. Ihre Stätte hat sie gerade dort, wo das Gebilde vom Produkt sich ablöste. Sie ist denn auch nicht in der Anordnung vorgegebener Elemente aufzusuchen, wie es etwa der Ansicht von der Bildkomposition entsprach, ehe der Impressionismus sie außer Kurs setzte; daß trotzdem so viele Werke, gerade auch als klassisch approbierte, dem insistenten Blick als solche Anordnung sich erweisen, ist ein tödlicher Einwand gegen die traditionelle Kunst. Vollends ist der Formbegriff nicht auf mathematische Relationen zu reduzieren, wie es zuzeiten der älteren Ästhetik, so Zeising[59], vorschwebte. Derlei Relationen spielen, sei es als ausdrückliche Prinzipien wie in der Renaissance, sei es latent und mit mystischen Konzeptionen gekoppelt wie vielleicht manchmal bei Bach, ihre Rolle in den Verfahrensweisen, sind aber nicht Form sondern deren Vehikel, Mittel zur Präformation des vom erstmals losgelassenen und auf sich gestellten Subjekt als chaotisch und qualitätslos gedachten Materials. Wie wenig die mathematische Veranstaltung und alles ihr Verwandte mit ästhetischer Form koinzidiert, ist in der jüngsten Epoche hörbar geworden an der Zwölftontechnik, die das Material durch Zahlenverhältnisse – Reihen, in denen kein Ton vorkommen darf, ehe der andere vorkam, und die permutiert werden – tatsächlich präformiert. Rasch hat sich herausgestellt, daß diese Präformation nicht derart formbildend wirkte, wie das von Erwin Stein formulierte Programm erwartete, das nicht umsonst den Titel »Neue Formprinzipien«[60] trug. Schönberg

---

59 Vgl. Adolf Zeising, Aesthetische Forschungen, Frankfurt a. M. 1855.
60 Vgl. Erwin Stein, Neue Formprinzipien, in: Von neuer Musik, Köln 1925, S. 59 ff.

selbst unterschied mechanisch fast zwischen der Zwölftondisposition und dem Komponieren und wurde dieser Distinktion wegen der ingeniösen Technik nicht froh. Die größere Konsequenz der nachfolgenden Generation jedoch, welche den Unterschied zwischen Reihenverfahren und eigentlicher Komposition kassiert, bezahlt die Integration nicht nur mit musikalischer Selbstentfremdung sondern mit einem Mangel an Artikulation, die von Form kaum kann weggedacht werden. Es ist, als schlüge der Immanenzzusammenhang des Werkes, das ohne Eingriff rein sich selbst überlassen wird; die Anstrengung, Formtotalität aus dem Heterogenen herauszuhören, ins Rohe und Stumpfe zurück. Tatsächlich haben die vollkommen durchorganisierten Gebilde der seriellen Phase die Mittel der Differenzierung allesamt fast preisgegeben, der sie sich selbst verdanken. Mathematisierung als Methode zur immanenten Objektivation der Form ist schimärisch. Ihre Insuffizienz dürfte damit zu erklären sein, daß sie in Phasen bemüht wird, in denen die traditionale Selbstverständlichkeit von Formen zergeht, dem Künstler kein objektiver Kanon vorgegeben ist. Dann greift er zur Mathematik; sie vereint den Stand subjektiver Vernunft, auf dem er sich findet, mit dem Schein von Objektivität nach Kategorien wie Allgemeinheit und Notwendigkeit; Schein darum, weil die Organisation, das Verhältnis der Momente zueinander, das die Form ausmacht, nicht aus der spezifischen Gestalt entspringt und vor der Einzelheit versagt. Daher ist Mathematisierung eben den traditionellen Formen geneigt, die sie gleichzeitig als irrational dementiert. Anstatt die tragende Gesetzlichkeit des Seins zu verkörpern, als die er sich auslegt, strengt der mathematische Aspekt der Kunst verzweifelt sich an, ihre Möglichkeit in einer geschichtlichen Situation zu garantieren, in der die Objektivität des Formbegriffs ebenso erfordert wie vom Stand des Bewußtseins inhibiert wird.

Vielfach erweist der Formbegriff daran sich als beschränkt, daß er, wie es sich trifft, Form in eine Dimension ohne Rücksicht auf die andere verlagert, so musikalisch auf die zeitliche Sukzession, als ob Simultaneität und Mehrstimmigkeit weniger zur Form beitrügen, oder in der Malerei, wo Form den Proportionen von Raum und Fläche zugeschrieben wird, auf Kosten der formbildenden Funktion der Farbe. Alldem gegenüber ist ästhetische

Form die objektive Organisation eines jeglichen innerhalb eines Kunstwerks Erscheinenden zum stimmig Beredten. Sie ist die gewaltlose Synthesis des Zerstreuten, die es doch bewahrt als das, was es ist, in seiner Divergenz und seinen Widersprüchen, und darum tatsächlich eine Entfaltung der Wahrheit. Gesetzte Einheit, suspendiert sie, als gesetzte, stets sich selber; ihr ist wesentlich, durch ihr Anderes sich zu unterbrechen, ihrer Stimmigkeit, nicht zu stimmen. In ihrem Verhältnis zu ihrem Anderen, dessen Fremdheit sie mildert und das sie doch erhält, ist sie das Antibarbarische der Kunst; durch Form hat jene teil an der Zivilisation, die sie durch ihre Existenz kritisiert. Gesetz der Transfiguration des Seienden, repräsentiert sie diesem gegenüber Freiheit. Sie säkularisiert das theologische Modell der Gottesebenbildlichkeit, Schöpfung nicht, aber das objektivierte Verhalten von Menschen, das Schöpfung nachahmt; keine freilich aus dem Nichts sondern aus Geschaffenem. Die metaphorische Wendung drängt sich auf, Form an den Kunstwerken sei all das, worin die Hand ihre Spur hinterließ, worüber sie hinging. Sie ist das Siegel gesellschaftlicher Arbeit, grundverschieden vom empirischen Gestaltungsvorgang. Was Künstlern als Form vor Augen steht, ist am ehesten e contrario zu erläutern, am Widerwillen gegen das Unfiltrierte am Kunstwerk, gegen den Farbkomplex, der einfach vorhanden ist, ohne in sich selbst artikuliert und belebt zu sein; gegen die musikalische Sequenz aus dem Fundus, den Topos; gegen das Vorkritische. Form konvergiert mit Kritik. Sie ist das an den Kunstwerken, wodurch diese sich als kritisch in sich selbst erweisen; was im Gebilde gegen den Rest des Herausstechenden sich sträubt, ist eigentlich der Träger von Form, und Kunst wird verleugnet, wo man die Theodizee des Ungeformten in ihr, etwa unterm Namen des Musikantischen und Komödiantischen, betreibt. Durch ihre kritische Implikation vernichtet Form Praktika und Werke der Vergangenheit. Form widerlegt die Ansicht vom Kunstwerk als einem Unmittelbaren. Ist sie das an den Kunstwerken, wodurch sie Kunstwerke werden, so kommt sie ihrer Vermitteltheit gleich, ihrem objektiven Reflektiertsein in sich. Vermittlung ist sie als Beziehung der Teile aufeinander und zum Ganzen und als Durchbildung der Details. Die gepriesene Naivetät der Kunstwerke enthüllt sich unter diesem Aspekt als das Kunstfeindliche. Was an ihnen allenfalls anschaulich und naiv erscheint, ihre Konstitution als ein in sich stimmig, gleichsam bruchlos und darum unmittelbar sich Darbietendes, verdankt sich ihrem Vermitteltsein in sich. Dadurch allein werden sie zeichenhaft und ihre Elemente zu Zeichen. In Form faßt alles Sprachähnliche an den Kunstwerken sich zusammen und dadurch gehen sie in die Antithesis zur Form, den mimetischen Impuls über. Form versucht, das Einzelne durchs Ganze zum Sprechen zu bringen. Das aber ist die Melancholie von Form zumal bei Künstlern, wo jene vorwaltet. Stets limitiert sie, was geformt wird; sonst verlöre ihr Begriff seine spezifische Differenz vom Geformten. Das bestätigt künstlerische Arbeit des Formens, die immer auch auswählt, wegschneidet, verzichtet: keine Form ohne Refus. Darin verlängert sich das schuldhaft Herrschende in die Kunstwerke hinein, die es loswerden möchten; Form ist ihre Amoralität. Dem Geformten tun sie Unrecht an, indem sie ihm folgen. Die vom Vitalismus seit Nietzsche endlos nachgeplapperte Antithese von Form und Leben hat davon zumindest etwas gespürt. Kunst gerät in die Schuld des Lebendigen, nicht nur, weil sie durch ihre Distanz die eigene Schuld des Lebendigen gewähren läßt, sondern mehr noch, weil sie Schnitte durchs Lebendige legt, um ihm zur Sprache zu helfen, es verstümmelt. Im Mythos vom Prokrustes wird etwas von der philosophischen Urgeschichte der Kunst erzählt. Aber daraus folgt so wenig ein Verdammungsurteil über die Kunst wie irgendwo aus partialer Schuld inmitten der totalen. Wer über angeblichen Formalismus wettert – darüber, daß Kunst Kunst ist –, der advoziert jene Inhumanität, deren er den Formalismus bezichtigt: im Namen von Cliquen, die, um die Beherrschten besser am Zügel zu halten, Anpassung an diese befehlen. Wann immer die Inhumanität des Geistes verklagt wird, geht es gegen die Humanität; nur der Geist achtet die Menschen, der, anstatt ihnen wie sie gemacht worden sind zu willen zu sein, in die Sache sich versenkt, die, den Menschen unkenntlich, ihr eigene ist. Die Kampagne gegen den Formalismus ignoriert, daß die Form, die dem Inhalt widerfährt, selber sedimentierter Inhalt ist; das, nicht die Regression auf vorkünstlerische Inhaltlichkeit, verschafft dem Vorrang des Objekts in der Kunst das Seine. Ästhetische Formkategorien wie

Partikularität, Entfaltung und Austrag des Widerspruchs, sogar Antezipation der Versöhnung durch Homöostase sind auf ihren Inhalt transparent, selbst und erst recht, wo sie von den empirischen Gegenständen sich abgelöst haben. Ihre Stellung zur Empirie bezieht Kunst gerade durch ihre Distanz von jener; in ihr sind die Widersprüche unmittelbar und weisen bloß auseinander; ihre Vermittlung, an sich in der Empirie enthalten, wird zum Für sich des Bewußtseins erst durch den Akt des Zurücktretens, den die Kunst vollzieht. Darin ist er einer von Erkenntnis. Vollends die Züge der radikalen Kunst, derentwegen man sie als Formalismus ostraziert hat, stammen ausnahmslos daher, daß Inhalt in ihnen leibhaftig zuckt, nicht vorweg von gängiger Harmonie zurechtgestutzt wurde. Die emanzipierte Expression, in der alle Formen der neuen Kunst entsprangen, protestierte gegen den romantischen Ausdruck durch ihr Protokollarisches, den Formen Widerstreitendes. Das hat ihnen ihre Substantialität eingetragen; Kandinsky prägte den Terminus Gehirnakte. Geschichtsphilosophisch hat die Emanzipation der Form allgemein ihr inhaltliches Moment daran, daß sie die Entfremdung im Bild zu mildern verschmäht, allein dadurch das Entfremdete sich einverleibt, daß sie es als solches bestimmt. Die hermetischen Gebilde üben mehr Kritik am Bestehenden als die, welche faßlicher Sozialkritik zuliebe formaler Konzilianz sich befleißigen und stillschweigend den allerorten blühenden Betrieb der Kommunikation anerkennen. In der Dialektik von Form und Inhalt neigt, wider Hegel, die Schale auch darum sich auf die Seite der Form, weil der Inhalt, dessen Rettung seine Ästhetik nicht zum letzten sich angelegen sein läßt, unterdessen zum Abguß jener Verdinglichung verkam, gegen die der Hegelschen Lehre zufolge Kunst Einspruch erhebt, zur positivistischen Gegebenheit. Je tiefer der bis zu seiner Unkenntlichkeit erfahrene Inhalt in Formkategorien sich umsetzt, desto weniger sind die unsublimierten Stoffe dem Gehalt der Kunstwerke mehr kommensurabel. Alles im Kunstwerk Erscheinende ist virtuell Inhalt so gut wie Form, während diese doch das bleibt, wodurch das Erscheinende sich bestimmt, und Inhalt das sich Bestimmende. Soweit Ästhetik überhaupt zu einem energischeren Begriff von Form sich aufraffte, hat sie, legitim wider die vorkünstlerische Ansicht von der Kunst, das spezifisch Ästhetische in der Form allein aufgesucht und deren Änderungen als solche der Verhaltensweise des ästhetischen Subjekts; der Konzeption von Kunstgeschichte als Geistesgeschichte war das axiomatisch. Aber was emanzipatorisch das Subjekt zu stärken verheißt, schwächt es zugleich durch seine Abspaltung. Hegel behält darin recht, daß die ästhetischen Prozesse stets ihre inhaltliche Seite haben, so wie in der Geschichte von bildender Kunst und Literatur stets neue Schichten der äußeren Welt sichtbar wurden, entdeckt und assimiliert, während andere abstarben, ihre Kunstfähigkeit verloren und nicht einmal den letzten Hotelbildmaler mehr dazu anregen, sie auf der Leinwand kurzfristig zu verewigen. Erinnert sei an die Arbeiten des Warburginstituts, deren manche durch Motivanalyse ins Zentrum des künstlerischen Gehalts drangen; in der Poetologie zeigt Benjamins Barockbuch eine analoge Tendenz, verursacht wohl von der Absage an die Verwechslung subjektiver Intentionen mit ästhetischem Gehalt und schließlich der an die Allianz von Ästhetik und idealistischer Philosophie. Die inhaltlichen Momente sind Stützen des Gehalts wider den Druck der subjektiven Intention.

Die Artikulation, durch die das Kunstwerk seine Form erlangt, konzediert in gewissem Sinn stets auch deren Niederlage. Wäre bruchlose und gewaltlose Einheit der Form und des Geformten gelungen, wie sie in der Idee von Form liegt, so wäre jene Identität des Identischen und Nichtidentischen verwirklicht, vor deren Unrealisiertheit doch das Kunstwerk ins Imaginäre der bloß fürsichseienden Identität sich vermauert. Durchweg behält die Disposition eines Ganzen nach seinen Komplexen, Grundbestand von Artikulation, ihre Unzulänglichkeit, sei es als Aufteilung einer Lavamasse in Schrebergärten, sei es durch einen Rest des Äußerlichen in der Vereinigung des Divergenten. Prototypisch dafür die suitenhaft unbewältigte Zufälligkeit in der Satzfolge einer integralen Symphonie. Vom Grad der Artikulation eines Werkes hängt ab, was man – mit einem in der Graphologie seit Klages gebräuchlichen Terminus – sein Formniveau nennen mag. Dessen Begriff gebietet dem Relativismus des Rieglschen ›Kunstwollens‹ Einhalt. Es gibt Typen von Kunst, und Phasen ihrer Geschichte, in denen Artikulation nicht angestrebt oder durch konventionelle Verfahrungsweisen gehemmt wurde. Ihre Adäquanz ans Kunstwollen, an die objektiv-geschichtliche Formgesinnung, die sie trägt, ändert nichts an ihrer Subalternität: sie tragen unterm Zwang eines sie umfangenden Apriori nicht aus, was sie der eigenen Logizität zufolge austragen müßten. ›Es soll nicht sein‹; wie Angestellten, deren Vorfahren Künstler von geringerem Formniveau gewesen sind, flüstert diesen ihr Unterbewußtes ein, das Äußerste käme dem kleinen Mann nicht zu, der sie sind; aber das Äußerste ist das Formgesetz dessen, womit sie sich einließen. Selten wird, auch in der Kritik, Rechenschaft davon gegeben, daß individuell wie kollektiv Kunst gar nicht ihren eigenen, in ihr sich entfaltenden Begriff will; etwa so, wie die Menschen zu lachen pflegen, auch wo es gar nichts Komisches gibt. Zahlreiche Kunstwerke setzen mit unausdrücklicher Resignation an und werden dafür belohnt, indem sie bei den Historikern ihres Faches, und beim Publikum, mit dem schlaffen Anspruch ihrer Erzeugnisse Glück machen; zu analysieren wäre einmal, wie weit dies Moment seit alten Zeiten an der Trennung hoher und niederer Kunst mitwirkte, die freilich ihren maßgebenden Grund daran hat, daß Kultur an eben der Menschheit mißlang, die sie produzierte. Jedenfalls hat auch eine scheinbar so formale Kategorie wie die der Artikulation ihren materialen Aspekt: den des Eingriffs in die rudis indigestaque moles dessen, was in der Kunst sich abgelagert hat, diesseits ihrer Autonomie; auch ihre Formen tendieren geschichtlich dazu, zu Stoffen zweiten Grades zu werden. Die Mittel, ohne welche Form doch gar nicht wäre, unterminieren diese. Werke, die auf größere Teilganzheiten verzichten, um ihre Einheit nicht zu gefährden, weichen der Aporie nur aus: der triftigste Einwand gegen Weberns Intensität ohne Extension. Mittlere Produkte dagegen lassen unter der dünnen Hülle ihrer Form die Teilganzheiten unangefochten, verdecken sie eher, als daß sie sie verschmölzen. Fast könnte man es zur Regel machen, und es bezeugt, wie tief Form und Inhalt ineinander sind, daß die Beziehung der Teile aufs Ganze, ein wesentlicher Aspekt der Form, indirekt, auf Umwegen sich herstellt. Kunstwerke verlieren sich, um sich zu finden: die Formkategorie dafür ist die Episode. In einer vor dem ersten Weltkrieg veröffentlichten Aphorismenfolge aus seiner expressionistischen Phase hat Schönberg darauf aufmerksam gemacht, daß kein Ariadnefaden durchs Innere der Kunstwerke geleitet[61]. Das bedingt aber keinen ästhetischen Irrationalismus. Den Kunstwerken ist ihre Form, ihr Ganzes und ihre Logizität ebenso verborgen, wie die Momente, der Inhalt nach dem Ganzen begehren. Kunst obersten Anspruchs drängt über Form als Totalität hinaus, ins Fragmentarische. Am nachdrücklichsten dürfte die Not der Form in der Schwierigkeit von Zeitkunst sich anmelden zu enden; musikalisch im sogenannten Finalproblem, in der Dichtung in dem des Schlusses, das bis zu Brecht sich zuspitzt. Einmal der Konvention ledig, vermag offenbar kein Kunstwerk mehr überzeugend zu schließen, während die herkömmlichen Schlüsse nur so tun, als ob die Einzelmomente mit dem Schlußpunkt in der Zeit sich auch zur Totalität der Form zusammenfügten. In manchen unterdessen weit rezipierten Gebilden der Moderne wurde die Form kunstvoll offen gehalten, weil sie gestalten wollten, daß ihnen Einheit der Form nicht mehr vergönnt sei. Schlechte Unendlichkeit, das nicht schließen Können, wird zum frei gewählten Prinzip der Verfahrungsweise und zum Ausdruck. Daß Beckett ein Stück, anstatt daß es aufhörte, wörtlich wiederholt, reagiert darauf; mit dem Marsch der Serenade verfuhr Schönberg vor bald fünfzig Jahren ähnlich: nach Abschaffung der Reprise deren Rückkunft aus Desperation. Was Lukács einst das sich Entladen des Sinnes nannte, war die Kraft, die dem Kunstwerk, indem es seine immanente Bestimmung bestätigt haben sollte, auch das Ende gestattete nach dem Modell dessen, der alt und lebenssatt stirbt. Daß das den Kunstwerken versagt ist, daß sie so wenig mehr sterben können wie der Jäger Gracchus, verleiben sie sich als Ausdruck von Grauen unmittelbar ein. Die Einheit der Kunstwerke kann nicht das sein, was sie sein muß, Einheit eines Mannigfaltigen: dadurch, daß sie synthesiert, verletzt sie das Synthesierte und schädigt an ihm die Synthesis. An ihrer vermittelten Totalität kranken die Werke nicht weniger als an ihren Unmittelbarkeiten.

Gegen die banausische Teilung der Kunst in Form und Inhalt ist auf deren Einheit zu bestehen, gegen die sentimentale Ansicht

---

[61] Vgl. Arnold Schönberg, Aphorismen, in: Die Musik 9 (1909/10), S. 159 ff.

von ihrer Indifferenz im Kunstwerk darauf, daß ihre Differenz in der Vermittlung zugleich überdauert. Ist die vollkommene Identität von beidem schimärisch, so geriete sie wiederum auch den Werken nicht zum Segen: sie würden, nach Analogie zum Kantischen Wort, leer oder blind, sich selbst genügendes Spiel oder rohe Empirie. Am ehesten wird, nach der inhaltlichen Seite hin, der vermittelten Unterscheidung der Begriff des Materials gerecht. Nach einer nachgerade in den Kunstgattungen fast allgemein durchgesetzten Terminologie heißt so, was geformt wird. Es ist nicht dasselbe wie Inhalt; Hegel hat beides verhängnisvoll konfundiert. Man mag das an der Musik erläutern. Ihr Inhalt ist allenfalls, was geschieht, Teilereignisse, Motive, Themen, Verarbeitungen: wechselnde Situationen. Der Inhalt ist nicht außerhalb der musikalischen Zeit sondern ihr wesentlich und sie ihm: er ist alles, was in der Zeit stattfindet. Material dagegen ist, womit die Künstler schalten: was an Worten, Farben, Klängen bis hinauf zu Verbindungen jeglicher Art bis zu je entwickelten Verfahrensweisen fürs Ganze ihnen sich darbietet: insofern können auch Formen Material werden; also alles ihnen Gegenübertretende, worüber sie zu entscheiden haben. Die unter unreflektierten Künstlern verbreitete Vorstellung von der Wählbarkeit des Materials ist insofern problematisch, als sie den Zwang des Materials und zu spezifischem Material ignoriert, der in den Verfahrensweisen und ihrem Fortschritt waltet. Auswahl des Materials, Verwendung und Beschränkung in seiner Anwendung, ist ein wesentliches Moment der Produktion. Noch die Expansion ins Unbekannte, die Erweiterung über den gegebenen Materialstand hinaus, ist in weitem Maß dessen Funktion und die der Kritik an ihm, die er seinerseits bedingt. Vorausgesetzt wird der Materialbegriff von Alternativen wie der, ob ein Komponist mit Klängen operiert, die in der Tonalität beheimatet und als deren Derivate irgend kenntlich sind, oder ob er sie radikal eliminiert; analog von der des Gegenständlichen und Ungegenständlichen, des Perspektivischen oder Aperspektivischen. Der Materialbegriff dürfte in den zwanziger Jahren bewußt geworden sein, sieht man ab von der Sprachgewohnheit jener Sänger, die, geplagt von der Ahnung ihrer fragwürdigen Musikalität, ihres Materials sich rühmen. Seit Hegels Theorie

des romantischen Kunstwerks überdauert der Irrtum, es sei mit der Prästabiliertheit übergreifender Formen auch die Verbindlichkeit der Materialien dahin, mit denen die Formen es zu tun haben; die Erweiterung der disponiblen Materialien, welche der alten Grenzen zwischen den Kunstgattungen spottet, ist erst Resultat der geschichtlichen Emanzipation des künstlerischen Formbegriffs. Von außen her wird jene Erweiterung sehr überschätzt; die Refus, die nicht nur der Geschmack sondern der Materialstand selber den Künstlern abnötigt, kompensieren sie. Von dem abstrakt verfügbaren Material ist nur äußerst wenig konkret, also ohne mit dem Stand des Geistes zu kollidieren, verwendbar. Material ist auch dann kein Naturmaterial, wenn es den Künstlern als solches sich präsentiert, sondern geschichtlich durch und durch. Ihre vermeintlich souveräne Position ist Resultat des Sturzes aller künstlerischen Ontologie, und er wiederum affiziert die Materialien. Sie sind von den Veränderungen der Technik nicht weniger abhängig als diese von den Materialien, die sie jeweils bearbeitet. Evident, wie sehr etwa der Komponist, der mit tonalem Material schaltet, von der Tradition es empfängt. Benutzt er jedoch, kritisch gegen jenes, ein autonomes: von Begriffen wie Konsonanz und Dissonanz, Dreiklang, Diatonik ganz gereinigtes, so ist in der Negation das Negierte enthalten. Derlei Gebilde sprechen kraft der Tabus, die sie ausstrahlen; die Falschheit oder wenigstens der Schockcharakter eines jeglichen Dreiklangs, den sie sich konzedieren, fördert das zutage, und die mit Behagen monierte Eintönigkeit radikal moderner Kunst hat darin ihre objektive Ursache. Der Rigorismus der jüngsten Entwicklung, der schließlich im emanzipierten Material bis ins verborgene Geäder des Komponierten oder Gemalten hinein, Residuen des Überkommenen und Verneinten ausmerzt, gehorcht der historischen Tendenz nur desto rücksichtsloser, in der Illusion reiner Gegebenheit des qualitätslosen Materials. Die Entqualifizierung des Materials, an der Oberfläche dessen Enthistorisierung, ist selber seine geschichtliche Tendenz als die subjektiver Vernunft. Ihre Grenze hat sie daran, daß sie im Material dessen geschichtliche Bestimmungen hinterläßt.
Nicht ist aus dem Materialbegriff apodiktisch zu entfernen, was in älterer Terminologie Stoff heißt, bei Hegel die Sujets. Wäh-

rend der Stoffbegriff stets noch in die Kunst hineinreicht, ist er in seiner Unmittelbarkeit, als ein der auswendigen Realität zu Entnehmendes, das dann zu bearbeiten wäre, seit Kandinsky, Proust, Joyce unstreitig im Niedergang. Parallel zur Kritik am heterogen Vorgegebenen, ästhetisch nicht Assimilierbaren steigt das Unbehagen an den sogenannten großen Stoffen, denen Hegel wie Kierkegaard, neuerlich auch manche marxistischen Theoretiker und Dramatiker soviel Gewicht zusprechen. Daß Werke, die sich mit irgendwelchen erhabenen Vorgängen beschäftigen, deren Erhabenheit meist nur Frucht von Ideologie, von Respekt vor Macht und Größe ist, dadurch an Dignität gewönnen, ist demaskiert, seitdem Van Gogh einen Stuhl oder ein paar Sonnenblumen so malte, daß die Bilder vom Sturm all der Emotionen toben, in deren Erfahrung das Individuum seiner Epoche erstmals die geschichtliche Katastrophe registrierte. Nachdem das einmal manifest wurde, wäre auch an früherer Kunst zu zeigen, wie wenig ihre Authentizität von der erlogenen oder sogar wirklichen Relevanz ihrer Gegenstände abhängt. Was liegt schon, bei Vermeer, an Delft; taugt nicht, nach dem Wort von Kraus, ein gut gemalter Rinnstein mehr als ein schlecht gemalter Palast: »Aus einer losen Reihe von Vorgängen ... baut sich dem helleren Auge eine Welt der Perspektiven, der Stimmungen und Erschütterungen auf, und die Hintertreppenpoesie wird zur Poesie der Hintertreppe, die nur jener offizielle Schwachsinn verdammen kann, dem ein schlecht gemalter Palast lieber ist als ein gut gemalter Rinnstein.«[62] Die Hegelsche Inhaltsästhetik, als eine der Stoffe, unterschreibt, im selben Geist wie viele seiner Intentionen, undialektisch die Vergegenständlichung der Kunst durch ihre rohe Beziehung auf Gegenstände. Eigentlich hat er in der Ästhetik dem mimetischen Moment den Zutritt verweigert. Im deutschen Idealismus war die Wendung zum Objekt stets gekoppelt mit Banausie; am krassesten wohl in den Sätzen über Historienmalerei aus dem dritten Buch der Welt als Wille und Vorstellung. Die idealistische Ewigkeit demaskiert sich an der Kunst als Kitsch: ihm überantwortet sich, wer an ihre unveräußerlichen Kategorien sich hält. Brecht hat

---

62 Karl Kraus, Literatur und Lüge, hg. von H. Fischer, München 1958, S. 14.

dagegen sich stumpf gemacht. In dem Text über die »Fünf Schwierigkeiten beim Schreiben der Wahrheit« schrieb er: »So ist es zum Beispiel nicht unwahr, daß Stühle Sitzflächen haben und der Regen von oben nach unten fällt. Viele Dichter schreiben Wahrheiten dieser Art. Sie gleichen Malern, die die Wände untergehender Schiffe mit Stilleben bedecken. Unsere erste Schwierigkeit besteht nicht für sie, und doch haben sie ein gutes Gewissen. Unbeirrbar durch die Mächtigen, aber auch durch die Schreie der Vergewaltigten nicht beirrt, pinseln sie ihre Bilder. Das Unsinnige ihrer Handlungsweise erzeugt in ihnen selber einen ›tiefen‹ Pessimismus, den sie zu guten Preisen verkaufen und der eigentlich eher für andere angesichts dieser Meister und dieser Verkäufe berechtigt wäre. Dabei ist es nicht einmal leicht zu erkennen, daß ihre Wahrheiten solche über Stühle oder den Regen sind, sie klingen für gewöhnlich ganz anders, so wie Wahrheiten über wichtige Dinge. Denn die künstlerische Gestaltung besteht ja gerade darin, einer Sache Wichtigkeit zu verleihen. Erst bei genauem Hinsehen erkennt man, daß sie nur sagen: ›Ein Stuhl ist ein Stuhl‹ und: ›Niemand kann etwas dagegen machen, daß der Regen nach unten fällt.‹«[63] Das ist eine blague. Mit Grund provoziert sie das offizielle Kulturbewußtsein, das auch den Van Goghschen Stuhl als Möbelstück sich integriert hat. Wollte man jedoch eine Norm herauslesen, so würde sie bloß regressiv. Bange machen gilt nicht. Tatsächlich kann der gemalte Stuhl etwas sehr Wichtiges sein, wofern man das aufgedunsene Wort Wichtigkeit nicht lieber verschmäht. Im Wie der Malweise können unvergleichlich viel tiefere, auch gesellschaftlich relevantere Erfahrungen sich niederschlagen als in treuen Portraits von Generalen und Revolutionshelden. Im Rückblick verwandelt sich alles dieser Art in den Spiegelsaal zu Versailles von 1871, auch wenn die in historischen Posen verewigten Generäle rote Armeen dirigieren sollten, die Länder besetzen, in denen die Revolution nicht stattfand. Solche Problematik von Stoffen, die ihre Relevanz der Wirklichkeit abborgen, erstreckt sich auch auf die Intentionen, die in die Werke eingehen. Diese mögen für sich ein Geistiges sein; ins Kunstwerk eingelegt, werden sie stofflich wie

---

63 Bertolt Brecht, Gesammelte Werke, a. a. O., Bd. 18, S. 225.

der Basler Bürgermeister Meier. Was ein Künstler sagen kann, sagt er nur – und das wieder wußte Hegel – durch die Gestaltung, nicht indem er diese es mitteilen läßt. Unter den Fehlerquellen der gängigen Interpretation und Kritik der Kunstwerke ist die Verwechslung der Intention – von dem, was der Künstler, wie sie hüben und drüben es nennen, sagen will – mit dem Gehalt die verhängnisvollste. Reaktiv darauf siedelt in steigendem Maß der Gehalt in dem von subjektiven Intentionen der Künstler Unbesetzten sich an, während Gebilde, deren Intention, sei es als fabula docet, sei es als philosophische These, sich vordrängt, den Gehalt blockieren. Daß ein Kunstwerk allzu reflektiert sei, ist nicht nur Ideologie, sondern hat seine Wahrheit daran, daß es zu wenig reflektiert ist: nicht reflektiert wider die Zudringlichkeit der eigenen Intention. Das philologische Verfahren, das mit der Intention den Gehalt als Sicheres in der Hand zu haben sich einbildet, richtet sich immanent dadurch, daß es aus den Kunstwerken tautologisch das herausholt, was zuvor in sie hineingesteckt ward; die Sekundärliteratur über Thomas Mann liefert dafür das abstoßendste Beispiel. Allerdings leistet solchem Brauch eine ihrerseits authentische Tendenz der Literatur Vorschub: daß ihr die naive Anschaulichkeit samt ihrem Illusionscharakter fadenscheinig geworden ist, daß sie Reflexion nicht verleugnet und notgedrungen die intentionale Schicht verstärkt. Das liefert leicht der geistfernen Betrachtung bequeme Surrogate für den Geist. An den Kunstwerken ist es, so wie es in ihren größten modernen Leistungen geschah, das reflexive Element durch abermalige Reflexion der Sache selbst einzuverleiben, anstatt sie als stofflichen Überhang zu tolerieren.

So wenig indessen die Intention von Kunstwerken deren Gehalt ist – allein darum schon nicht, weil es keiner Intention, wie säuberlich sie auch herauspräpariert werde, verbürgt ist, daß das Gebilde sie verwirkliche –: nur sturer Rigorismus könnte sie als Moment disqualifizieren. In der Dialektik zwischen dem mimetischen Pol der Kunstwerke und ihrer Methexis an Aufklärung haben die Intentionen ihre Stätte: nicht nur als die subjektiv bewegende und organisierende Kraft, die dann im Gebilde untergeht, sondern auch in dessen eigener Objektivität. Daß diesem die reine Indifferenz versagt ist, verschafft den Intentionen ebenso partikulare Selbständigkeit wie den anderen Momenten; man müßte sich schon über die Komplexion bedeutender Kunstwerke dem thema probandum zuliebe hinwegsetzen, wollte man leugnen, daß, obzwar historisch variierend, ihre Bedeutung zur Intention in Beziehung steht. Ist das Material wahrhaft im Kunstwerk der Widerstand gegen dessen blanke Identität, so ist ihr Prozeß in ihnen selber wesentlich der zwischen Material und Intention. Ohne diese, die immanente Gestalt des identifizierenden Prinzips, wäre so wenig Form wie ohne die mimetischen Impulse. Das Surplus der Intentionen bekundet, daß die Objektivität der Werke nicht rein auf Mimesis reduzibel ist. Objektiver Träger der Intentionen in den Werken, der die einzelnen eines jeden synthesiert, ist ihr Sinn. Bei aller Problematik, der er unterliegt; bei aller Evidenz dessen, daß er in den Kunstwerken nicht das letzte Wort behält, bleibt seine Relevanz. Der Sinn der Goetheschen Iphigenie ist Humanität. Wäre diese nichts als intendiert, abstrakt vom poetischen Subjekt gemeint, nach Hegels Wort ein ›Spruch‹ wie bei Schiller, so wäre sie tatsächlich fürs Werk gleichgültig. Da sie aber, vermöge der Sprache, selbst mimetisch wird, ans nicht-begriffliche Element sich entäußert, ohne ihr begriffliches darüber zu opfern, so gewinnt sie fruchtbare Spannung zum Gehalt, zum Gedichteten. Der Sinn eines Gedichts wie »Claire de lune« von Verlaine ist nicht als ein Bedeutetes festzumachen; gleichwohl schießt er über den unvergleichlich tönenden Klang der Verse hinaus. Sinnlichkeit darin ist auch Intention: Glück und Trauer, die den Sexus begleiten, sobald er sich in sich versenkt und den Geist als asketisch negiert, sind der Gehalt; die fleckenlos dargestellte Idee sinnferner Sinnlichkeit der Sinn. In diesem Zug, dem zentralen der gesamten französischen Kunst des späteren neunzehnten und früheren zwanzigsten Jahrhunderts, auch Debussys, birgt sich das Potential radikaler Moderne; historische Verbindungsfäden fehlen nicht. Umgekehrt ist es die Einsatzstelle, wenn auch nicht das Telos von Kritik, ob die Intention zum Gedichteten sich objektiviert; die Bruchlinien zwischen jener und dem Erreichten, die schwerlich einem neueren Kunstwerk fehlen, sind kaum weniger Chiffren von dessen Gehalt als das Erreichte. Höhere Kritik aber, die an Wahrheit oder Unwahrheit des Gehalts, wird zur immanenten vielfach durch die Erkenntnis des Verhältnisses von Intention und Gedichtetem, Gemaltem, Komponiertem. Jene scheitert nicht stets an der Schwäche subjektiver Gestaltung. Die Unwahrheit der Intention fährt dem objektiven Wahrheitsgehalt in die Parade. Ist, was Wahrheitsgehalt sein soll, an sich unwahr, so inhibiert das die immanente Stimmigkeit. Solche Unwahrheit pflegt vermittelt zu sein durch die der Intention: auf dem obersten Formniveau der ›Fall Wagner‹. – Der Tradition der Ästhetik, weithin auch der traditionellen Kunst gemäß war die Bestimmung der Totalität des Kunstwerks als eines Sinnzusammenhangs. Wechselwirkung von Ganzem und Teilen soll es derart als Sinnvolles prägen, daß dadurch der Inbegriff solchen Sinns koinzidiere mit dem metaphysischen Gehalt. Weil der Sinnzusammenhang durch die Relation der Momente, nicht atomistisch in irgendeiner sinnlichen Gegebenheit sich konstituiere, soll an ihm greifbar sein, was man mit Grund den Geist der Kunstwerke nennen könnte. Daß das Geistige eines Kunstwerks soviel sei wie die Konfiguration seiner Momente, besticht nicht bloß, sondern hat seine Wahrheit gegenüber jeglicher plumpen Verdinglichung oder Verstofflichung von Geist und Gehalt der Werke. Zu solchem Sinn trägt mittelbar oder unmittelbar alles Erscheinende bei, ohne daß notwendig alles Erscheinende das gleiche Gewicht haben müßte. Die Differenzierung der Gewichte war eines der wirksamsten Mittel zur Artikulation: etwa die Unterscheidung von thetischem Hauptereignis und Übergängen, überhaupt von Essentiellem und wie immer auch erforderten Akzidentien. Derlei Differenzierungen wurden in der traditionellen Kunst weithin von den Schemata dirigiert. Mit der Kritik an diesen werden sie fragwürdig: Kunst tendiert zu Verfahrungsarten, in denen alles, was geschieht, gleich nah ist zum Mittelpunkt; wo alles Akzidentelle den Verdacht des überflüssig Ornamentalen erregt. Unter den Schwierigkeiten der Artikulation neuer Kunst ist das eine der erheblichsten. Unaufhaltsame Selbstkritik der Kunst, das Gebot schlackenloser Gestaltung scheint dieser zugleich entgegenzuarbeiten, das in aller Kunst als deren Bedingung lauernde chaotische Moment zu befördern. Die

Krisis der Differenzierungsmöglichkeit ruft vielfach, selbst in Gebilden höchsten Formniveaus, ein Ununterschiedenes hervor. Versuche, dagegen sich zu wehren, müssen ausnahmslos fast, obgleich oft latent, Anleihen bei eben dem Fundus machen, dem opponiert wird: auch darin konvergieren totale Materialbeherrschung und die Bewegung aufs Diffuse hin.

Daß die Kunstwerke, nach Kants großartig paradoxer Formel, ›ohne Zweck‹, nämlich von der empirischen Realität abgesondert seien, keine für Selbsterhaltung und Leben nützliche Absicht verfolgen, hindert daran, den Sinn trotz seiner Affinität zur immanenten Teleologie als Zweck zu nennen. Aber den Kunstwerken wird es immer schwerer, sich als Sinnzusammenhang zusammenzufügen. Darauf antworten sie schließlich mit der Absage an dessen Idee. Je mehr die Emanzipation des Subjekts alle Vorstellungen vorgegebener und sinnverleihender Ordnung demolierte, desto fragwürdiger wird der Begriff des Sinns als Refugium der verblassenden Theologie. Schon vor Auschwitz war es angesichts der geschichtlichen Erfahrungen affirmative Lüge, irgend dem Dasein positiven Sinn zuzuschreiben. Das hat Konsequenzen bis in die Form der Kunstwerke hinein. Haben sie nichts mehr außerhalb ihrer selbst, woran sie sich ohne Ideologie halten könnten, so ist, was ihnen abgeht, durch keinen subjektiven Akt zu setzen. Durchstrichen wurde es von ihrer Subjektivierungstendenz, und sie ist kein geistesgeschichtlicher Unglücksfall, sondern dem Stand der Wahrheit gemäß. Kritische Selbstreflexion, wie sie jeglichem Kunstwerk inhäriert, schärft dessen Empfindlichkeit gegen alle die Momente in ihm, die herkömmlich Sinn bekräftigen; damit aber auch gegen den immanenten Sinn der Werke und ihre sinnstiftenden Kategorien. Denn der Sinn, zu dem das Kunstwerk sich synthesiert, kann kein bloß von ihm Herzustellendes sein, nicht dessen Inbegriff. Während ihn die Totalität des Werks vorstellt, ästhetisch ihn produziert, reproduziert sie ihn. Nur soweit ist er in ihr legitim, wie er objektiv mehr ist als ihr eigener. Indem die Kunstwerke unerbittlicher stets den sinnstiftenden Zusammenhang abklopfen, wenden sie sich gegen diesen und gegen Sinn überhaupt. Die bewußtlose Arbeit des künstlerischen Ingeniums am Sinn des Gebildes als einem Substantiellen und Tragfähigen hebt diesen auf. Die fortgeschrittene Produktion der letzten Dezennien ist zum Selbstbewußtsein dieses Sachverhalts geworden, hat ihn thematisch gemacht, ihn in die Struktur der Werke umgesetzt. Leicht ist der jüngste Neo-Dadaismus seines Mangels an politischem Bezug zu überführen und als sinn- und zwecklos im doppelten Verstande abzutun. Vergessen wird darüber, daß jene Produkte, was aus Sinn ward, ohne Rücksicht, auch auf sich selbst als Kunstwerke, manifestieren. Das œuvre Becketts setzt jene Erfahrung gleichwie als selbstverständlich bereits voraus, treibt sie jedoch insofern weiter als die abstrakte Negation von Sinn, als es durch seine Faktur jenen Prozeß in die traditionellen Kategorien der Kunst hineinträgt, sie konkret aufhebt und aus dem Nichts andere extrapoliert. Der Umschlag, der dabei geschieht, ist freilich nicht vom Schlag einer Theologie, die schon aufatmet, wenn ihre Sache überhaupt verhandelt wird, gleichviel wie das Urteil ausfällt, als ob am Ende des Tunnels metaphysischer Sinnlosigkeit, der Darstellung der Welt als Hölle das Licht hereinschiene; mit Recht hat Günther Anders Beckett gegen die verteidigt, welche ihn affirmativ zurüsten[64]. Becketts Stücke sind absurd nicht durch Abwesenheit jeglichen Sinnes – dann wären sie irrelevant – sondern als Verhandlung über ihn. Sie rollen seine Geschichte auf. Wie sein Werk beherrscht wird von der Obsession eines positiven Nichts, so auch von der einer gewordenen und dadurch gleichsam verdienten Sinnlosigkeit, ohne daß darum doch diese als positiver Sinn reklamiert werden dürfte. Gleichwohl wird die Emanzipation der Kunstwerke von ihrem Sinn ästhetisch sinnvoll, sobald sie im ästhetischen Material sich realisiert: eben weil der ästhetische Sinn nicht unmittelbar eins ist mit dem theologischen. Kunstwerke, die des Scheins von Sinnhaftigkeit sich entäußern, verlieren dadurch nicht ihr Sprachähnliches. Sie sprechen, mit der gleichen Bestimmtheit wie die traditionellen ihren positiven Sinn, als den ihren Sinnlosigkeit aus. Dazu ist Kunst heute fähig: durch konsequente Negation des Sinns gibt sie den Postulaten das Ihre, die einmal den der

---

64 Vgl. Günther Anders, Die Antiquiertheit des Menschen. Über die Seele im Zeitalter der zweiten industriellen Revolution, 2. Aufl., München 1956, S. 213 ff.

Werke konstituierten. Die sinnlosen oder sinnfremden Werke des obersten Formniveaus sind darum mehr als bloß sinnlos, weil ihnen Gehalt in der Negation des Sinns zuwächst. Das konsequent Sinn negierende Werk ist durch solche Konsequenz zu derselben Dichte und Einheit verpflichtet, die einst den Sinn vergegenwärtigen sollte. Kunstwerke werden, sei es auch gegen ihren Willen, zu Sinnzusammenhängen, wofern sie Sinn negieren. Während die Krisis des Sinns in einem Problematischen aller Kunst, ihrem Versagen vor der Rationalität, wurzelt, vermag Reflexion die Frage nicht zu unterdrücken, ob Kunst durch die Demolierung des Sinns, das gerade, was dem alltäglichen Bewußtsein absurd dünkt, dem verdinglichten Bewußtsein, dem Positivismus sich in die Arme wirft. Die Schwelle aber zwischen authentischer Kunst, welche die Krise des Sinns auf sich nimmt, und einer resignativen, aus Protokollsätzen im wörtlichen und übertragenen Verstande bestehenden ist, daß in bedeutenden Werken die Negation des Sinns als Negatives sich gestaltet, in den anderen stur, positiv sich abbildet. Alles hängt daran, ob der Negation des Sinns im Kunstwerk Sinn innewohnt oder ob sie der Gegebenheit sich anpaßt; ob die Krise des Sinns im Gebilde reflektiert ist, oder ob sie unmittelbar und darum subjektfremd bleibt. Schlüsselphänomene mögen auch gewisse musikalische Gebilde wie das Klavierkonzert von Cage sein, die als Gesetz unerbittliche Zufälligkeit sich auferlegen und dadurch etwas wie Sinn: den Ausdruck von Entsetzen empfangen. Bei Beckett allerdings waltet parodische Einheit von Ort, Zeit und Handlung mit kunstvoll eingebauten und ausgewogenen Episoden, und mit der Katastrophe, die nun darin besteht, daß sie nicht eintritt. Wahrhaft eines der Rätsel von Kunst, und Zeugnis der Gewalt ihrer Logizität ist, daß jegliche radikale Konsequenz, auch die absurd genannte, in Sinn-Ähnlichem terminiert. Das aber ist nicht sowohl die Bestätigung von dessen metaphysischer Substantialität, die jedes durchgebildete Werk ergreife, als die seines Scheincharakters: Schein ist die Kunst am Ende dadurch, daß sie der Suggestion von Sinn inmitten des Sinnlosen nicht zu entrinnen vermag. Kunstwerke jedoch, die den Sinn negieren, müssen in ihrer Einheit auch zerrüttet sein; das ist die Funktion der Montage, die ebenso, durch die sich hervorkehrende Disparatheit der Teile, Einheit desavouiert, wie, als Formprinzip, sie auch wieder bewirkt. Bekannt ist der Zusammenhang zwischen der Technik der Montage und der Photographie. Jene hat im Film den ihr gemäßen Schauplatz. Ruckhafte, diskontinuierliche Aneinanderreihung von Sequenzen, der als Kunstmittel gehandhabte Bildschnitt will Intentionen dienen, ohne daß die Intentionslosigkeit des bloßen Daseins verletzt würde, um die es dem Film zu tun ist. Keineswegs ist das Montageprinzip ein Trick, um die Photographie und ihre Derivate trotz ihrer beschränkenden Abhängigkeit von der empirischen Realität der Kunst zu integrieren. Eher dringt die Montage über die Photographie immanent hinaus, ohne mit faulem Zauber sie zu infiltrieren, aber auch ohne ihre Dinghaftigkeit als Norm zu sanktionieren: Selbstkorrektur der Photographie. Montage kam auf als Antithesis zu aller mit Stimmung geladenen Kunst, primär wohl zum Impressionismus. Dieser löste die Objekte in kleinste, dann wiederum synthesierte Elemente, vorwiegend solche aus dem Umkreis der technischen Zivilisation oder ihrer Amalgame mit Natur auf, um sie dem dynamischen Kontinuum sprunglos zuzueignen. Er wollte das Entfremdete, Heterogene im Abbild ästhetisch erretten. Die Konzeption erwies sich desto weniger als tragfähig, je mehr die Übermacht des dinghaft Prosaischen übers lebendige Subjekt anstieg: die Subjektivierung der Gegenständlichkeit schlug zurück in Romantik, wie sie nicht nur im Jugendstil sondern auch in den Spätprodukten des authentischen Impressionismus flagrant empfunden wurde. Dagegen protestiert die Montage, erfunden an den hineingeklebten Zeitungsausschnitten und ähnlichem in den heroischen Jahren des Kubismus. Der Schein der Kunst, durch Gestaltung der heterogenen Empirie sei sie mit dieser versöhnt, soll zerbrechen, indem das Werk buchstäbliche, scheinlose Trümmer der Empirie in sich einläßt, den Bruch einbekennt und in ästhetische Wirkung umfunktioniert. Kunst will ihre Ohnmacht gegenüber der spätkapitalistischen Totalität eingestehen und deren Abschaffung inaugurieren. Montage ist die innerästhetische Kapitulation der Kunst vor dem ihr Heterogenen. Negation der Synthesis wird zum Gestaltungsprinzip. Dabei läßt Montage bewußtlos von einer nominalistischen Utopie sich leiten: der, die reinen Fakten nicht durch Form oder Begriff zu vermitteln und unvermeidlicherweise ihrer Faktizität zu entäußern. Sie selbst sollen hingestellt, auf sie soll gezeigt werden mit der Methode, welche die Erkenntnistheorie die deiktische nennt. Das Kunstwerk will sie zum Sprechen bringen, indem sie selber darin sprechen. Damit beginnt Kunst den Prozeß gegen das Kunstwerk als Sinnzusammenhang. Die montierten Abfälle schlagen erstmals in der Entfaltung von Kunst dem Sinn sichtbare Narben. Das rückt die Montage in einen weit umfassenderen Zusammenhang. Alle Moderne nach dem Impressionismus, wohl auch die radikalen Manifestationen des Expressionismus, schwören dem Schein eines in der subjektiven Erfahrungseinheit, dem ›Erlebnisstrom‹, gründenden Kontinuums ab. Das Gefädel, das organizistische Ineinander wird durchschnitten, der Glaube zerstört, eins füge lebendig sich zum anderen, es sei denn, daß das Ineinander so dicht und kraus wird, daß es erst recht gegen Sinn sich verdunkelt. Das ästhetische Konstruktionsprinzip, der schroffe Primat des planvollen Ganzen über die Details und ihren Zusammenhang in der Mikrostruktur bildet dazu das Komplement; der Mikrostruktur nach dürfte alle neue Kunst Montage heißen. Unverbundenes wird von der übergeordneten Instanz des Ganzen zusammengepreßt, so daß die Totalität den fehlenden Zusammenhang der Teile erzwingt und dadurch freilich aufs neue zum Schein von Sinn wird. Solche oktroyierte Einheit berichtigt sich an den Tendenzen der Details in der neuen Kunst, dem ›Triebleben der Klänge‹ oder Farben, so musikalisch dem harmonischen und melodischen Verlangen, daß von sämtlichen verfügbaren Tönen der chromatischen Skala ergänzender Gebrauch gemacht werde. Allerdings ist diese Tendenz selbst wiederum aus der Totalität des Materials, dem Spektrum abgeleitet, systembedingt eher als eigentlich spontan. Die Idee der Montage und der mit ihr tief verklammerten technologischen Konstruktion wird unvereinbar mit der des radikal durchgebildeten Kunstwerks, mit der sie zuzeiten identisch sich wußte. Das Montageprinzip war, als Aktion gegen die erschlichene organische Einheit, auf den Schock angelegt. Nachdem dieser sich abgestumpft hat, wird das Montierte abermals zum bloßen indifferenten Stoff; das Verfahren reicht nicht mehr hin, durch Zündung Kommunikation zwischen Ästhetischem und Außerästhetischem zu bewirken, das Interesse wird neutralisiert zu einem kulturhistorischen. Bleibt es aber, wie im kommerziellen Film, bei den Intentionen der Montage, so werden sie zur Absicht, die verstimmt. Kritik am Montageprinzip greift über auf den Konstruktivismus, in dem jenes sich verkappt, eben weil die konstruktivistische Gestaltung auf Kosten der Einzelimpulse, letztlich des mimetischen Moments erfolgt und dadurch zu klappern droht. Sachlichkeit selber, wie der Konstruktivismus innerhalb der nicht zweckgebundenen Kunst sie repräsentiert, fällt unter die Kritik am Schein: was rein sachgemäß sich geriert, ist es insofern nicht, als es durch die Gestaltung coupiert, wohin das zu Gestaltende will; eine immanente Zweckmäßigkeit prätendiert, die keine ist: sie läßt die Teleologie der Einzelmomente verkümmern. Sachlichkeit entblättert sich als Ideologie: die schlackenlose Einheit, als welche das sachliche oder technische Kunstwerk auftritt, ist in Wahrheit nicht erreicht. In den – minimalen – Hohlräumen zwischen allem Einzelnen in den konstruktivistischen Gebilden klafft das Vereinheitlichte auseinander, ähnlich den unterdrückten gesellschaftlichen Einzelinteressen unter totaler Verwaltung. Der Prozeß zwischen Ganzem und Einzelnem ist, nachdem die obere Instanz versagte, an das Untere zurückverwiesen, an die Impulse der Details, gemäß dem nominalistischen Stande. Nur ohne jegliche Usurpation eines vorgegebenen Übergreifenden ist Kunst überhaupt noch vorzustellen. Ein Analogon zur antiorganischen Praxis der Montage bieten die Flecke in rein expressiven, organischen Gebilden, die nicht sich wegradieren lassen. Eine Antinomie gewinnt Umriß. Kunstwerke, die ästhetischer Erfahrung kommensurabel sind, wären sinnvoll wohl derart, daß über sie ein ästhetischer Imperativ wacht: darauf kommt es an, im Kunstwerk auf alles. Dagegen läuft die Entwicklung, die von jenem Ideal selbst ausgelöst ward. Absolute Determination, die besagt, daß es auf alles und schließlich in gleichem Maß ankomme, daß nichts außerhalb des Zusammenhangs verbleibe, konvergiert, nach György Ligetis Einsicht, mit absoluter Zufälligkeit. Retrospektiv nagt das an ästhetischer Gesetzmäßigkeit schlechthin. Immer haftet ihr ein Moment von Gesetztheit, Spielregel, Kontingenz an. Hat seit dem Beginn des neueren Zeitalters, drastisch in der niederländischen Malerei des siebzehnten Jahrhunderts und im frühen englischen Roman, Kunst kontingente Momente von Landschaft und Schicksal als solche des aus der Idee nicht zu konstruierenden, von keinem ordo überwölbten Lebens in sich hineingenommen, um jenen Momenten innerhalb des ästhetischen Kontinuums aus Freiheit Sinn einzuflößen, so hat die zunächst und in der langen Periode des bürgerlichen Aufstiegs verborgene Unmöglichkeit der Objektivität von Sinn kraft des Subjekts schließlich auch den Sinnzusammenhang selbst der Kontingenz überführt, die zu benennen Gestaltung einmal sich vermaß. Die Entwicklung zur Negation des Sinns zahlt diesem das Seine heim. Während sie unausweichlich ist und ihre Wahrheit hat, wird sie begleitet von einem nicht im gleichen Maßstab Kunstfeindlichen sondern mesquin Mechanischen, die Entwicklungstendenz Reprivatisierenden; dieser Übergang geht zusammen mit der Ausrottung ästhetischer Subjektivität kraft ihrer eigenen Logik; sie hat zu zahlen für die von ihr erzeugte Unwahrheit am ästhetischen Schein. Auch die sogenannte absurde Literatur hat in ihren obersten Repräsentanten teil an der Dialektik, daß sie als Sinnzusammenhang, in sich teleologisch organisiert, ausdrückt, daß kein Sinn sei, und dadurch in bestimmter Negation die Kategorie des Sinns bewahrt; das ist es, was ihre Interpretation möglich macht und verlangt.

Kategorien wie Einheit, selbst Harmonie sind durch die Kritik am Sinn nicht ohne Spur verschwunden. Die bestimmte Antithese eines jeglichen Kunstwerks zur bloßen Empirie fordert dessen Kohärenz. Durch die Lücken des Gefüges dränge sonst, wie in der Montage, ungefüg ein, wogegen es sich verschließt. Soviel ist wahr am traditionellen Harmoniebegriff. Was von ihm überlebt, verzieht sich, mit der Negation des Kulinarischen, an die Spitze, das Ganze, so wenig es den Details mehr vorgeordnet ist. Noch wo die Kunst gegen ihre Neutralisierung zu einem Kontemplativen revoltiert, auf dem Äußersten von Unstimmigem und Dissonantem besteht, sind ihr jene Momente zugleich solche von Einheit; ohne diese würden sie nicht einmal dissonieren. Sogar wo Kunst ohne Mentalreservat dem Einfall gehorcht, ist, verwandelt bis zur Unkenntlichkeit, das Harmonieprinzip im Spiel, weil die Einfälle, damit sie zählen, nach der Redeweise der Künstler, sitzen müssen; damit ist ein eingreifend Organisiertes, Stimmiges zumindest als Fluchtpunkt mitgedacht. Der ästhetischen Erfahrung, wie übrigens der theoretischen, ist vertraut, daß Einfälle, die nicht sitzen, ohnmächtig verpuffen. Die parataktische Logizität der Kunst besteht im Gleichgewicht des Koordinierten, in jener Homöostase, in deren Begriff ästhetische Harmonie als Letztes sich sublimiert. Solche ästhetische Harmonie ist gegenüber ihren Elementen ein Negatives, dissoniert zu ihnen: diesen widerfährt ein Ähnliches wie einst musikalisch den Einzeltönen in der reinen Konsonanz, dem Dreiklang. Damit qualifiziert sich ästhetische Harmonie ihrerseits als Moment. Traditionelle Ästhetik irrt darin, daß sie es, das Verhältnis des Ganzen zu den Teilen, zum absolut Ganzen, zur Totalität übertreibt. Durch diese Verwechslung wird Harmonie zum Triumph übers Heterogene, Hoheitszeichen illusionärer Positivität. Die kulturphilosophische Ideologie, für die Geschlossenheit, Sinn und Positivität Synonyma sind, läuft regelmäßig auf die laudatio temporis acti hinaus. Einst, in geschlossenen Gesellschaften, habe jedes Kunstwerk Ort, Funktion und Legitimation besessen und sei darum mit Geschlossenheit gesegnet worden, während heute ins Leere gebaut würde und das Kunstwerk zum Scheitern auch in sich verurteilt. So offensichtlich der Tenor solcher Erwägungen, die durchweg in allzu sicherer Distanz zur Kunst sich halten und zu Unrecht den innerästhetischen Necessitäten überlegen sich dünken, ist es besser, sie auf ihr Maß an Einsicht zurückzuführen, als sie um ihrer Rolle willen abstrakt abzutun und dadurch, daß man nicht auf sie eingeht, sie womöglich zu konservieren. Keineswegs bedarf das Kunstwerk einer apriorischen Ordnung, in der es empfangen, beschützt, aufgenommen ist. Stimmt heute nichts mehr, so darum, weil das Stimmen von einst falsch war. Die Geschlossenheit des ästhetischen, letztlich außerästhetischen Bezugssystems und die Dignität des Kunstwerks selbst korrespondieren nicht. Die Fragwürdigkeit des Ideals einer geschlossenen Gesellschaft teilt sich auch dem des geschlossenen Kunstwerks mit. Unstreitig haben die Kunstwerke, wie die Reaktionäre unentwegt wiederholen, ihre Gebundenheit verloren. Der Übergang ins Offene wird zum horror vacui, daß sie ins Anonyme, schließlich ins Leere sprechen, ist ihnen auch immanent nicht nur zum

Segen: ihrer Authentizität nicht und nicht ihrer Relevanz. Was im ästhetischen Bereich als problematisch rangiert, stammt daher; der Rest wurde Beute der Langeweile. Jedes neuere Kunstwerk ist, um eines zu sein, der Gefahr gänzlichen Mißlingens ausgesetzt. Rühmte seinerzeit Hermann Grab, daß die Präformation des Stils in der Klaviermusik des siebzehnten und frühen achtzehnten Jahrhunderts handgreiflich Schlechtes nicht gestatte, so wäre zu entgegnen, eben so wenig sei darin das emphatisch Gute möglich. Bach war der Musik vor ihm und der seiner Epoche so unvergleichlich überlegen, weil er jene Präformation durchbrach. Selbst der Lukács der Romantheorie mußte konzedieren, daß die Kunstwerke nach dem Ende der angeblich sinnerfüllten Zeiten unendlich an Reichtum und Tiefe gewonnen hätten[65]. Fürs Überleben des Harmoniebegriffs als Moment spricht, daß Kunstwerke, die gegen das mathematische Harmonie-Ideal und die Forderung nach symmetrischen Verhältnissen aufbegehren und absolute Asymmetrie anstreben, nicht aller Symmetrie ledig werden. Asymmetrie ist, ihren kunstsprachlichen Valeurs nach, nur in Relation auf Symmetrie zu begreifen; ein jüngerer Beleg dafür sind die von Kahnweiler so genannten Phänomene der Verzerrung bei Picasso. Ähnlich hat die neue Musik der abgeschafften Tonalität dadurch Reverenz erwiesen, daß sie gegen ihre Rudimente äußerste Empfindlichkeit entwickelte; aus der Frühzeit von Atonalität stammt Schönbergs ironisches Wort über den »Mondfleck« aus dem Pierrot lunaire, er sei nach den Regeln strengen Satzes gearbeitet, Konsonanzen nur vorbereitet und auf schlechten Taktteilen erlaubt. Je weiter reale Naturbeherrschung fortschreitet, desto peinlicher wird es der Kunst, deren notwendigen Fortschritt in ihr selbst einzubekennen. In dem Harmonie-Ideal wittert sie Anbiederung an die verwaltete Welt, während doch ihre Opposition gegen jene Welt mit ansteigender Autonomie Naturbeherrschung fortsetzt. Sie ist ebenso ihre eigene Sache wie ihr konträr. Wie sehr derlei Innervationen von Kunst mit ihrer Stellung in der Realität verwachsen sind, war während der

---

[65] Vgl. Georg Lukács, Die Theorie des Romans. Ein geschichtsphilosophischer Versuch über die Formen der großen Epik, 2. Aufl., Neuwied a. Rh. u. Berlin 1963, passim.

ersten Nachkriegsjahre in zerbombten deutschen Städten zu fühlen. Angesichts des leibhaften Chaos lockte jäh die optische Ordnung noch einmal als segensreich, die das ästhetische Sensorium längst von sich gewiesen hatte. Rasch vordringende Natur aber, die Vegetation in den Ruinen, bereitete aller ferienhaften Naturromantik ihr verdientes Ende. Für einen geschichtlichen Augenblick kehrte wieder, was die traditionelle Ästhetik das ›Befriedigende‹ harmonischer und symmetrischer Verhältnisse genannt hatte. Wußte die traditionelle Ästhetik, Hegel inbegriffen, Harmonie am Naturschönen zu rühmen, so projizierte sie die Selbstbefriedigung von Herrschaft aufs Beherrschte. Die jüngste Entwicklung der Kunst dürfte ihr qualitativ Neues daran haben, daß sie aus Allergie gegen Harmonisierungen diese sogar als negierte beseitigen möchte, wahrhaft eine Negation der Negation mit deren Fatalität, dem selbstzufriedenen Übergang zu neuer Positivität, der Spannungslosigkeit so vieler Bilder und Musiken der Dezennien nach dem Krieg. Falsche Positivität ist der technologische Ort des Sinnverlustes. Was in den heroischen Zeiten der neuen Kunst als deren Sinn wahrgenommen wurde, hielt die Ordnungsmomente als bestimmt negierte fest; ihre Liquidation läuft im Effekt auf reibungslose und leere Identität hinaus. Noch die von harmonistisch-symmetrischen Vorstellungen befreiten Kunstwerke sind formal charakterisiert nach Ähnlichkeit und Kontrast, Statik und Dynamik, Setzung, Übergangsfeldern, Entwicklung, Identität und Rückkunft. Die Differenz zwischen dem ersten Auftreten eines ihrer Elemente und seiner sei's noch so modifizierten Wiederholung können sie nicht ausradieren. Subtiler stets wird das Vermögen, Harmonie- und Symmetrieverhältnisse in ihrer abstraktesten Gestalt zu spüren und zu nutzen. Wo etwa in Musik einmal eine mehr oder minder handfeste Reprise für Symmetrie sorgte, genügt bisweilen eine vage Ähnlichkeit von Klangfarben an verschiedenen Stellen zur Symmetrie. Die jeglichem statischen Bezug entronnene Dynamik schlägt, nicht länger ablesbar an einem ihr entgegengesetzten Festen, ins Schwebende, nicht Fortschreitende um. Die Zeitmaße von Stockhausen erinnern, ihrer Erscheinungsweise nach, an eine durchkomponierte Kadenz, eine auskomponierte, doch statische Dominante. Doch werden solche Invarianten, was sie sind, heute nur im Kontext der Veränderung; wer sie aus der dynamischen Komplexion der Geschichte wie des einzelnen Werks herausdestilliert, verfälscht sie sogleich.

Weil der Begriff geistiger Ordnung selber nichts taugt, ist er auch nicht vom Kulturraisonnement auf Kunst zu übertragen. Im Ideal der Geschlossenheit des Kunstwerks vermischt sich Ungleichnamiges: die unabdingbare Nötigung zur Kohärenz, die stets zerbrechliche Utopie der Versöhnung im Bilde, und die Sehnsucht des objektiv geschwächten Subjekts nach heteronomer Ordnung, ein Hauptstück deutscher Ideologie. Autoritäre Instinkte, die temporär nicht unmittelbar mehr sich befriedigen, toben sich aus in der imago absolut geschlossener Kultur, die Sinn verbürge. Geschlossenheit um ihrer selbst willen, unabhängig vom Wahrheitsgehalt und den Bedingungen des Geschlossenen ist eine Kategorie, welcher der ominöse Vorwurf des Formalismus tatsächlich gebührte. Freilich sind darum die positiven und affirmativen Kunstwerke – fast der gesamte Vorrat der traditionellen – nicht wegzufegen oder eilends zu verteidigen durch das allzu abstrakte Argument, auch sie seien, durch ihren schroffen Gegensatz zur Empirie, kritisch und negativ. Philosophische Kritik am unreflektierten Nominalismus verwehrt es, die Bahn fortschreitender Negativität – Negation objektiv verpflichtenden Sinnes – umstandslos als Bahn des Fortschritts von Kunst zu reklamieren. Wie viel durchgebildeter in sich auch ein Lied von Webern ist – die Allgemeinheit der Sprache noch von Schuberts Winterreise verschafft dieser auch ein Moment von Überlegenheit. Während erst der Nominalismus der Kunst ganz zu ihrer Sprache verhalf, ist doch keine Sprache radikal ohne das Medium eines Allgemeinen jenseits purer Besonderung, wiewohl ihrer bedürftig. Dies Übergreifende involviert etwas vom Affirmativen: dem Wort Einverständnis läßt es sich anhören. Affirmation und Authentizität sind zu nicht geringem Grad amalgamiert. Ein Argument ist das gegen kein einzelnes Gebilde, allenfalls gegen die Sprache von Kunst als solche. Keiner fehlt die Spur von Affirmation, insofern eine jegliche durch ihre schiere Existenz über die Not und Erniedrigung des bloß Existierenden sich erhebt. Je verbindlicher Kunst sich selbst ist, je reicher, dichter, geschlossener ihre Gebilde gestaltet sind, desto mehr tendiert sie zur Affirmation, indem sie, gleichgültig in welcher Gesinnung, suggeriert, es seien ihre eigenen Qualitäten die des Ansichseienden jenseits von Kunst. Die Apriorität des Affirmativen ist ihre ideologische Nachtseite. Sie lenkt den Widerschein der Möglichkeit auf das Existierende noch in dessen bestimmter Negation. Dies Moment von Affirmation verzieht sich aus der Unmittelbarkeit der Kunstwerke und dem, was sie sagen, und geht daran über, daß sie es überhaupt sagen[66]. Daß der Weltgeist nicht einlöste, was er versprach, verleiht heute den affirmativen Werken der Vergangenheit eher ein Rührendes, als daß sie noch eigentlich ideologisch wären; eher erscheint heute an den vollkommenen Werken böse ihre eigene Vollkommenheit als Monument von Gewalt, denn eine Verklärung, die zu durchsichtig ward, um Widerstand zu erwecken. Das Cliché sagt den großen Werken nach, daß sie bezwingen. Damit setzen sie ebenso die Gewalt fort wie sie sie neutralisieren; ihre Schuld ist ihre Unschuld. Die neue Kunst, mit ihrer Anfälligkeit, ihren Flecken, ihrer Fehlbarkeit ist die Kritik der in vielem stärkeren, gelungeneren der Tradition: Kritik am Gelingen. Sie hat ihre Basis in der Unzulänglichkeit dessen, was zulänglich erscheint; nicht nur in seinem affirmativen Wesen sondern auch darin, daß es um seinetwillen nicht ist, was es sein will. Gemeint sind etwa die puzzle-Aspekte des musikalischen Klassizismus, der Einschlag des Mechanischen in Bachs Verfahrensweise, in der großen Malerei das von oben her Arrangierte dessen, was unter dem Namen Komposition jahrhundertelang herrschte, um, wie Valéry bemerkte, mit dem Impressionismus plötzlich gleichgültig zu werden.

Das affirmative Moment ist eins mit dem von Naturbeherrschung. Was angetan ward, sei gut; indem Kunst, im Raum von Imagination, es nochmals verübte, macht sie es sich zu eigen und wird zum Triumphlied. Darin nicht weniger als im Albernen sublimiert sie den Zirkus. Damit gerät Kunst in unauflöslichen Konflikt mit der Idee der Rettung unterdrückter Natur. Noch das entspannteste Werk ist Resultat herrschaftlicher Anspannung, die gegen den beherrschenden Geist selbst sich wendet, der

---

66 Vgl. Theodor W. Adorno, Ist die Kunst heiter? in: Süddeutsche Zeitung, 15./16. 7. 1967 (Jg. 23, Nr. 168), Beilage.

zum Werk gebändigt wird. Prototyp dessen ist der Begriff des Klassischen. Erfahrung des Musters aller Klassizität, der griechischen Plastik, dürfte das Vertrauen in sie retrospektiv wie für spätere Epochen erschüttern. Jene Kunst hat die Distanz zum empirischen Dasein eingebüßt, in welcher die archaischen Bildwerke sich hielten. Die klassische Plastik war, nach der überlieferten ästhetischen These, auf die Identität des Allgemeinen oder der Idee und des Besonderen oder der Individualität aus: darum jedoch, weil sie bereits auf das sinnliche Erscheinen der Idee nicht länger sich verlassen konnte. Sollte sie sinnlich erscheinen, so mußte sie die empirisch individuierte Erscheinungswelt in sich und ihr Formprinzip integrieren. Das fesselt aber zugleich die volle Individuation; wahrscheinlich hatte die griechische Klassizität sie überhaupt noch nicht erfahren; das geschah erst, in Konkordanz mit der gesellschaftlichen Tendenz, in der hellenistischen Bilderwelt. Die vom Klassizismus veranstaltete Einheit des Allgemeinen und Besonderen war schon in attischen Zeiten nicht erreicht, geschweige denn später. Daher blicken die klassischen Bildwerke mit jenen leeren Augen, die eher – archaisch – erschrecken, als daß sie jene edle Einfalt und stille Größe ausstrahlten, welche das empfindsame Zeitalter auf sie projizierte. Was heute an der Antike sich aufdrängt, ist grundverschieden von der Korrespondenz mit dem europäischen Klassizismus in der Ära der Französischen Revolution und Napoleons, und noch der Baudelaireschen. Wer nicht als Philolog oder Archäologe einen Vertrag mit der Antike unterzeichnet, wie er freilich seit dem Humanismus stets wieder als unverächtlich sich erwies, an dem wird der normative Anspruch der Antike zunichte. Kaum etwas spricht mehr ohne langwierigen Beistand der Bildung, die Qualität der Werke selbst ist keineswegs über allem Zweifel. Was überwältigt ist das Formniveau. Kaum etwas Vulgäres, Barbarisches scheint überliefert, nicht einmal aus der Kaiserzeit, wo doch Ansätze zur manufakturellen Massenproduktion unverkennbar sind. Die Mosaiken auf den Fußböden der Häuser von Ostia, die vermutlich zu vermieten waren, bilden eine Form. Die reale Barbarei in der Antike: Sklaverei, Ausmordung, Verachtung des Menschenlebens, hat seit der attischen Klassizität wenig Spuren in der Kunst hinterlassen; wie unberührt diese, auch sonst in ›barbarischen Kulturen‹, sich erhielt, ist nicht ihr Ehrentitel. Zu erklären ist die Formimmanenz der antiken Kunst doch wohl damit, daß ihr die sinnliche Welt noch nicht, durch die weit über ihr unmittelbares Bereich hinaus sich ausbreitenden Sexualtabus, erniedrigt war; Baudelaires klassizistische Sehnsucht heftete sich eben daran. Was alles an Kunst wider Kunst unterm Kapitalismus mit der Gemeinheit paktiert, ist nicht allein Funktion des kommerziellen Interesses, das die verstümmelte Sexualität ausbeutet, sondern ebenso die Nachtseite der christlichen Verinnerlichung. In der konkreten Vergänglichkeit des Klassischen aber, die Hegel und Marx noch nicht erfuhren, offenbart sich die seines Begriffs und der aus diesem entfließenden Normen. Dem Dilemma von schalem Klassizismus und der Forderung nach Stimmigkeit des Gebildes scheint die Kontrastierung wahrhafter Klassizität zum Gips zu entgehen. Sie fruchtet eben so wenig wie etwa die von Moderne und Modernistisch. Was einem angeblich Echten zuliebe als dessen Zerfallsform exkludiert wird, ist meist in jenem als sein Ferment enthalten, und der säuberliche Schnitt macht es nur keimfrei und harmlos. Im Begriff von Klassizität ist zu distinguieren: er ist nichtsnutzig, solange er die Goethesche Iphigenie und den Schillerschen Wallenstein friedlich nebeneinander aufbahrt. Im populären Sprachgebrauch meint er die vielfach durch ökonomische Kontrollmechanismen erworbene gesellschaftliche Autorität; Brecht war, justament, dieser Sprachgebrauch nicht fremd. Derlei Klassizität spricht eher gegen die Werke, ist ihnen freilich so äußerlich, daß sie auch, durch allerhand Vermittlungen, authentischen Werken attestiert werden mag. Weiter bezieht die Rede vom Klassischen sich auf Stilgebarung, ohne daß dabei im übrigen zwischen Muster, legitimem Anschluß und vergeblicher Pseudomorphose so bündig sich unterscheiden ließe, wie es dem common sense behagt, der Klassizität gegen Klassizismus ausspielt. Mozart wäre nicht ohne den Klassizismus des ausgehenden achtzehnten Jahrhunderts und dessen antikisierende Gesinnung vorstellbar, doch die Spur der herbeizitierten Normen begründet keinen triftigen Einwand gegen die spezifische Qualität des klassischen Mozart. Endlich heißt Klassizität soviel wie immanentes Gelingen, die gewaltlose wie immer auch zerbrechliche Versöhnung des Einen und des Mannigfaltigen. Sie hat nichts mit Stil und Gesinnung zu tun, alles mit dem Gelingen; ihr gilt Valérys Sentenz, jedes gelungene romantische Kunstwerk sei durchs Gelingen klassisch[67]. Dieser Begriff von Klassizität ist am höchsten gespannt; allein der Kritik wert. Kritik an Klassizität indessen ist mehr denn die an formalen Prinzipien, als welche sie geschichtlich meist sich manifestierte. Das Formideal, das mit dem Klassizismus identifiziert wird, ist in Inhalt zurückzuübersetzen. Die Reinheit der Form ist der des sich bildenden, seiner Identität sich bewußt werdenden und des Nichtidentischen sich entäußernden Subjekts nachgebildet: ein negatives Verhältnis zum Nichtidentischen. Es impliziert aber die Distinktion der Form vom Inhalt, welche das klassizistische Ideal verdeckt. Einzig als Unterschiedenes, als Differenz vom Nichtidentischen konstituiert sich Form; in ihrem eigenen Sinn setzt der Dualismus sich fort, den sie verwischt. Die Gegenbewegung gegen die Mythen, welche der Klassizismus mit der Akme der griechischen Philosophie teilt, war die unmittelbare Antithesis zum mimetischen Impuls. Ihn ersetzte sie durch vergegenständlichende Nachahmung. Dadurch hat sie die Kunst umstandslos der griechischen Aufklärung subsumiert, das an ihr tabuiert, wodurch sie gegen die Herrschaft des auferlegten Begriffs das Unterdrückte vertritt, oder das, was durch dessen Maschen schlüpft. Während im Klassizismus ästhetisch das Subjekt sich aufrichtet, wird ihm, dem gegen das stumme Allgemeine beredten Besonderen, Gewalt angetan. In der bewunderten Allgemeinheit der klassischen Gebilde perpetuiert sich die verderbliche der Mythen, die Unausweichlichkeit des Bannes, als Norm der Gestaltung. Im Klassizismus, dem Ursprung der Autonomie von Kunst, verleugnet diese erstmals sich selber. Nicht zufällig waren alle Klassizismen seitdem im Bund mit der Wissenschaft. Bis heute hegt szientifische Gesinnung Antipathie gegen Kunst, die dem Ordnungsdenken, den Desideraten reinlicher Scheidung nicht zu Willen ist. Antinomisch ist, was verfährt, als ob keine Antinomik wäre, und artet unrettbar aus in das, wofür die bürgerliche Phrase den Terminus formvollendet bereithält, der alles über die Sache sagt. Nicht aus irrationalistischer Gesinnung korrespondieren qualitativ moderne Bewegungen

---

67 Vgl. Paul Valéry, Œuvres, éd. J. Hytier, Bd. 2, Paris 1966, S. 565 f.

vielfach baudelairisch mit archaischen, vorklassischen. Sie sind freilich der Reaktion nicht weniger exponiert als der Klassizismus durch den Wahn, die Haltung, die in archaischen Gebilden sich bekundet und der das emanzipierte Subjekt sich entrang, sei wieder einzunehmen, unbekümmert um Geschichte. Nur dann ist die Sympathie der Moderne mit der Archaik nicht repressiv ideologisch, wenn sie dem sich zukehrt, was auf der Bahn des Klassizismus blieb, nicht dem schlimmern Druck sich verschreibt, aus dem der Klassizismus sich befreite. Aber kaum ist das eine ohne das andere zu haben. Anstelle jener Identität von Allgemeinem und Besonderem geben die klassischen Werke deren abstrakt logischen Umfang, gleichsam eine Hohlform, die der Spezifikation vergebens wartet. Die Brüchigkeit des Paradigmas straft dessen paradigmatischen Rang Lügen und damit das klassizistische Ideal selbst.

Beherrscht wird die neuere Ästhetik von der Kontroverse über deren subjektive oder objektive Gestalt. Die Termini sind dabei äquivok. Gedacht wird einmal an den Ausgang von den subjektiven Reaktionen auf Kunstwerke, im Gegensatz zur intentio recta auf jene hin, die, nach einem gängigen Schema der Erkenntniskritik, vorkritisch sei. Weiter können die beiden Begriffe sich auf den Vorrang des objektiven oder subjektiven Moments in den Kunstwerken selber beziehen, etwa nach dem Modus der geisteswissenschaftlichen Unterscheidung von Klassischem und Romantischem. Schließlich wird nach der Objektivität des ästhetischen Geschmacksurteils gefragt. Die Bedeutungen sind zu distinguieren. Hegels Ästhetik war, wo die erste in Rede steht, objektiv gerichtet, während sie unterm Aspekt der zweiten Subjektivität entschiedener vielleicht hervorhob als seine Vorgänger, bei denen der Anteil des Subjekts auf die Wirkung auf einen sei es auch idealen oder transzendentalen Betrachter limitiert war. Die Subjekt-Objekt-Dialektik trägt bei Hegel in der Sache sich zu. Zu denken ist auch ans Verhältnis von Subjekt und Objekt im Kunstwerk, soweit es mit Gegenständen zu tun hat. Es ändert sich geschichtlich, lebt jedoch nach auch in den ungegenständlichen Gebilden, die zum Gegenstand Stellung beziehen, indem sie ihn tabuieren. Dennoch war der Ansatz der Kritik der Urteilskraft einer objektiven Ästhetik nicht nur feind. Sie hatte ihre Gewalt daran, daß sie, wie durchweg Kants Theorien, in den vom Generalstabsplan des Systems vorgezeichneten Positionen nicht sich häuslich einrichtete. Insofern nach seiner Lehre Ästhetik durchs subjektive Geschmacksurteil überhaupt konstituiert wird, wird es notwendig nicht nur zum Konstituens der objektiven Gebilde, sondern führt als solches objektive Nötigung mit sich, wie wenig auch diese auf allgemeine Begriffe zu bringen sei. Kant stand eine subjektiv vermittelte, doch objektive Ästhetik vor Augen. Der Kantische Begriff der Urteilskraft gilt, in subjektiv gerichteter Rückfrage, dem Zentrum objektiver Ästhetik, der Qualität, gut und schlecht, wahr und falsch im Kunstwerk. Die subjektive Rückfrage aber ist ästhetisch mehr als die epistemologische intentio obliqua, weil die Objektivität des Kunstwerks qualitativ anders, spezifischer durchs Subjekt vermittelt ist als die von Erkenntnis sonst. Fast ist es tautologisch, daß die Entscheidung, ob ein Kunstwerk eines sei, an dem Urteil darüber hängt, und der Mechanismus solcher Urteile – weit mehr eigentlich als die Urteilskraft als ›Vermögen‹ – bildet das Thema des Werks. »Die Definition des Geschmacks, welche hier zum Grunde gelegt wird, ist: daß er das Vermögen der Beurteilung des Schönen sei. Was aber dazu erfordert wird, um einen Gegenstand schön zu nennen, das muß die Analyse der Urteile des Geschmacks entdecken.«[68] Der Kanon des Werks ist die objektive Gültigkeit des Geschmacksurteils, die nicht garantiert und gleichwohl stringent sei. Präludiert wird die Situation aller nominalistischen Kunst. Kant möchte, analog zur Vernunftkritik, ästhetische Objektivität aus dem Subjekt begründen, nicht jene durch dieses ersetzen. Implizit ist ihm das Einheitsmoment des Objektiven und Subjektiven die Vernunft, ein subjektives Vermögen und gleichwohl, kraft seiner Attribute von Notwendigkeit und Allgemeinheit, Urbild aller Objektivität. Auch die Ästhetik steht bei Kant unterm Primat der diskursiven Logik: »Die Momente, worauf diese Urteilskraft in ihrer Reflexion Acht hat, habe ich nach Anleitung der logischen Funktionen zu urteilen aufgesucht (denn im Geschmacksurteile

---

68 Kant, a. a. O., S. 53 (Kritik der Urteilskraft, § 1).

ist immer noch eine Beziehung auf den Verstand enthalten). Die der Qualität habe ich zuerst in Betrachtung gezogen, weil das ästhetische Urteil über das Schöne auf diese zuerst Rücksicht nimmt.«[69] Die stärkste Stütze subjektiver Ästhetik, der Begriff des ästhetischen Gefühls, folgt aus der Objektivität, nicht umgekehrt. Es sagt, daß etwas so sei; Kant würde es, als ›Geschmack‹, nur dem zugesprochen haben, der in der Sache zu unterscheiden vermag. Es bestimmt sich nicht aristotelisch durch Mitleid und Furcht, die Affekte, die im Betrachter erregt würden. Die Kontamination des ästhetischen Gefühls mit den unmittelbaren psychologischen Emotionen durch den Begriff des Erregens verkennt die Modifikation realer Erfahrung durch die künstlerische. Sonst wäre unerklärlich, warum Menschen überhaupt der ästhetischen Erfahrung sich aussetzen. Das ästhetische Gefühl ist nicht das erregte; eher Staunen vorm Angeschauten als dem, worauf es ankäme; Überwältigtsein vom Unbegrifflichen und gleichwohl Bestimmten, nicht der ausgelöste subjektive Affekt darf an der ästhetischen Erfahrung irgend Gefühl heißen. Es geht auf die Sache, ist das Gefühl von ihr, kein Reflex des Betrachters. Strikt zu unterscheiden bleibt die betrachtende Subjektivität vom subjektiven Moment im Objekt, seinem Ausdruck sowohl wie seiner subjektiv vermittelten Form. Was aber ein Kunstwerk sei und nicht sei, läßt von Urteilskraft, der Frage nach gut oder schlecht, gar nicht sich trennen. Der Begriff eines schlechten Kunstwerks hat etwas Widersinniges: wo es schlecht wird, wo ihm seine immanente Konstitution mißlingt, verfehlt es seinen Begriff und sinkt unter das Apriori von Kunst herab. In der Kunst sind relative Werturteile, Berufung auf Billigkeit, Geltenlassen von halb Gelungenem, alle Excusen des gesunden Menschenverstands, auch der Humanität, schief: ihre Nachsicht schadet dem Kunstwerk, indem sie stillschweigend seinen Wahrheitsanspruch kassiert. Solange die Grenze der Kunst gegen die Realität nicht verwaschen ist, frevelt an jener die unabdingbar aus der Realität transplantierte Toleranz für schlechte Gebilde.

Mit Grund sagen, warum ein Kunstwerk schön, warum es wahr, stimmig, legitimiert sei, hieße aber selbst dann nicht, auf seine

69 A. a. O.

allgemeinen Begriffe es abzuziehen, wenn diese Operation, wie Kant es ersehnt und bestreitet, möglich wäre. In jedem Kunstwerk, nicht erst in der Aporie der reflektierenden Urteilskraft, schürzt sich der Knoten von Allgemeinem und Besonderem. Kants Einsicht nähert sich dem mit der Bestimmung des Schönen als dessen, »was ohne Begriff allgemein gefällt«[70]. Solche Allgemeinheit ist, trotz Kants verzweifelter Anstrengung, von Notwendigkeit nicht zu sondern; daß etwas ›allgemein gefällt‹ ist äquivalent dem Urteil, daß es einem jeden gefallen müsse, sonst einzig eine empirische Konstatierung. Allgemeinheit und implizite Notwendigkeit bleiben jedoch unabdingbar Begriffe, und deren Kantische Einheit, das Gefallen, ist dem Kunstwerk äußerlich. Die Forderung der Subsumtion unter eine Merkmaleinheit vergeht sich gegen jene Idee des Begreifens von innen her, die durch den Zweckbegriff in beiden Teilen der Kritik der Urteilskraft das klassifikatorische, der Erkenntnis des Gegenstands von innen nachdrücklich absagende Verfahren der ›theoretischen‹, nämlich naturwissenschaftlichen Vernunft korrigieren soll. Insofern ist die Kantische Ästhetik zwitterhaft und der Kritik Hegels schutzlos exponiert. Sein Schritt ist vom absoluten Idealismus zu emanzipieren; die Aufgabe, vor welcher Ästhetik heute steht. Die Ambivalenz von Kants Theorie indessen ist bedingt von seiner Philosophie, in welcher der Zweckbegriff nur die Kategorie zum Regulativ verlängert ebenso wie einschränkt. Er weiß, was Kunst mit der diskursiven Erkenntnis gemein hat; nicht, worin sie von dieser qualitativ divergiert; der Unterschied wird zu dem quasi mathematischen von Endlich und Unendlich. Keine einzelne der Regeln, unter welche das Geschmacksurteil zu subsumieren habe, auch nicht deren Totalität, besagt etwas über die Dignität eines Werks. Solange der Begriff der Notwendigkeit, als Konstituens des ästhetischen Urteils, nicht in sich reflektiert wird, wiederholt er einfach den Determinationsmechanismus der empirischen Realität, der nur schattenhaft, modifiziert in den Kunstwerken wiederkehrt; das allgemeine Wohlgefallen aber supponiert eine Zustimmung, die, ohne es sich einzugestehen, gesellschaftlichen Convenus unterliegt. Werden jedoch beide Mo-

---

70 A. a. O., S. 73 (Kritik der Urteilskraft, § 9).

mente ins Intelligible gespannt, so büßt die Kantische Lehre ihren Inhalt ein. Kunstwerke sind, keineswegs bloß der abstrakten Möglichkeit nach, denkbar, die seinen Momenten des Geschmacksurteils genügen und trotzdem nicht zureichen. Andere – wohl die neue Kunst insgesamt – widerstreiten jenen Momenten, gefallen keineswegs allgemein, ohne daß sie dadurch objektiv disqualifiziert wären. Kant erreicht die Objektivität der Ästhetik, auf die er aus ist, wie die der Ethik durch allgemeinbegriffliche Formalisierung. Diese ist dem ästhetischen Phänomen, als dem konstitutiv Besonderen, entgegen. An keinem Kunstwerk ist wesentlich, was ein jegliches, seinem reinen Begriff nach, sein muß. Die Formalisierung, Akt subjektiver Vernunft, drängt die Kunst in eben jenen bloß subjektiven Bereich, schließlich in die Zufälligkeit zurück, der Kant sie entreißen möchte und der Kunst selbst widerstreitet. Subjektive und objektive Ästhetik, als Gegenpole, stehen einer dialektischen gleichermaßen zur Kritik: jene, weil sie entweder abstrakt-transzendental oder kontingent je nach dem einzelmenschlichen Geschmack ist – diese, weil sie die objektive Vermitteltheit von Kunst durchs Subjekt verkennt. Im Gebilde ist Subjekt weder der Betrachter noch der Schöpfer noch absoluter Geist, vielmehr der an die Sache gebundene, von ihr präformiert, seinerseits durchs Objekt vermittelt.

Fürs Kunstwerk, und darum für die Theorie, sind Subjekt und Objekt dessen eigene Momente, dialektisch darin, daß woraus auch immer es sich zusammensetzt: Material, Ausdruck, Form, je gedoppelt beides sind. Die Materialien sind von der Hand derer geprägt, von denen das Kunstwerk sie empfing; Ausdruck, im Werk objektiviert und objektiv an sich, dringt als subjektive Regung ein; Form muß nach den Necessitäten des Objekts subjektiv gezeigt werden, wofern sie nicht zum Geformten mechanisch sich verhalten soll. Was, analog zu der Konstruktion eines Gegebenen in der Erkenntnistheorie, so objektiv undurchdringlich den Künstlern entgegentritt wie vielfach ihr Material, ist zugleich sedimentiertes Subjekt; das dem Anschein nach Subjektivste, der Ausdruck, objektiv auch derart, daß das Kunstwerk daran sich abarbeitet, ihn sich einverleibt; schließlich ein subjektives Verhalten, in dem Objektivität sich abdrückt. Die Reziprozität von Subjekt und Objekt im Werk aber, die keine Identität sein kann, hält sich in prekärer Balance. Der subjektive Prozeß der Hervorbringung ist nach seiner privaten Seite gleichgültig. Er hat aber auch eine objektive, als Bedingung dafür, daß die immanente Gesetzlichkeit sich realisiere. Als Arbeit, nicht als Mitteilung gelangt das Subjekt in der Kunst zu dem Seinen. Das Kunstwerk muß die Balance ambitionieren, ohne ihrer ganz mächtig zu sein: ein Aspekt des ästhetischen Scheincharakters. Der einzelne Künstler fungiert als Vollzugsorgan auch jener Balance. Im Produktionsprozeß sieht er einer Aufgabe sich gegenüber, von der es schwer fällt zu sagen, ob er auch nur diese sich stellte; der Marmorblock, in dem eine Skulptur, die Klaviertasten, in denen eine Komposition darauf warten, entbunden zu werden, sind für jene Aufgabe wahrscheinlich mehr als Metaphern. Die Aufgaben tragen ihre objektive Lösung in sich, wenigstens innerhalb einiger Variationsbreite, obwohl sie nicht die Eindeutigkeit von Gleichungen besitzen. Die Tathandlung des Künstlers ist das Minimale, zwischen dem Problem zu vermitteln, dem er sich gegenüber sieht und das selber bereits vorgezeichnet ist, und der Lösung, die ebenso potentiell in dem Material steckt. Hat man das Werkzeug einen verlängerten Arm genannt, so könnte man den Künstler verlängertes Werkzeug nennen, eines des Übergangs von der Potentialität zur Aktualität.

Der Sprachcharakter der Kunst führt auf die Reflexion, was aus der Kunst rede; das eigentlich, der Hervorbringende nicht und nicht der Empfangende, ist ihr Subjekt. Überdeckt wird das vom Ich der Lyrik, das für Jahrhunderte sich einbekannte und den Schein der Selbstverständlichkeit der poetischen Subjektivität zeitigte. Aber sie ist keineswegs mit dem Ich, das aus dem Gedicht redet, identisch. Nicht bloß des dichterischen Fiktionscharakters der Lyrik und der Musik wegen, wo der subjektive Ausdruck mit Zuständen des Komponisten kaum je unmittelbar zusammenfällt. Weit darüber hinaus ist prinzipiell das grammatische Ich des Gedichts von dem durchs Gebilde latent redenden erst gesetzt, das empirische Funktion des geistigen, nicht umgekehrt. Der Anteil des empirischen ist nicht, wie der Topos der Echtheit es möchte, der Ort von Authentizität. Offen, ob das latente Ich, das redende, in den Gattungen der Kunst das gleiche sei, und ob es sich verändert; es dürfte mit den Materialien der Künste qualitativ variieren; deren Subsumtion unter den fragwürdigen Oberbegriff der Kunst täuscht darüber. Jedenfalls ist es sachimmanent, konstituiert sich im Gebilde, durch den Akt von dessen Sprache; der real Hervorbringende ist im Verhältnis zum Gebilde ein Moment der Realität wie andere. Nicht einmal in der faktischen Produktion der Kunstwerke entscheidet die Privatperson. Implizit erfordert das Kunstwerk Arbeitsteilung, und das Individuum fungiert vorweg arbeitsteilig darin. Indem die Produktion ihrer Materie sich überantwortet, resultiert sie inmitten äußerster Individuation in einem Allgemeinen. Die Kraft solcher Entäußerung des privaten Ichs an die Sache ist das kollektive Wesen in jenem; es konstituiert den Sprachcharakter der Werke. Die Arbeit am Kunstwerk ist gesellschaftlich durchs Individuum hindurch, ohne daß es dabei der Gesellschaft sich bewußt sein müßte; vielleicht desto mehr, je weniger es das ist. Das je eingreifende einzelmenschliche Subjekt ist kaum mehr als ein Grenzwert, ein Minimales, dessen das Kunstwerk bedarf, um sich zu kristallisieren. Die Verselbständigung des Kunstwerks dem Künstler gegenüber ist keine Ausgeburt des Größenwahns von l'art pour l'art, sondern der einfachste Ausdruck seiner Beschaffenheit als eines gesellschaftlichen Verhältnisses, das in sich das Gesetz seiner eigenen Vergegenständlichung trägt: nur als Dinge werden die Kunstwerke zur Antithese des dinghaften Unwesens. Dem ist gemäß der zentrale Sachverhalt, daß aus den Kunstwerken, auch den sogenannten individuellen, ein Wir spricht und kein Ich, und zwar desto reiner, je weniger es äußerlich einem Wir und dessen Idiom sich adaptiert. Auch darin prägt die Musik gewisse Charaktere des Künstlerischen extrem aus, ohne daß ihr übrigens deshalb ein Vorrang gebührte. Sie sagt unmittelbar, gleichgültig was ihre Intention sei, Wir. Noch die protokollähnlichen Gebilde ihrer expressionistischen Phase verzeichnen Erfahrungen von Verbindlichkeit, und ihre eigene, ihre Gestaltungskraft haftet daran, ob sie wirklich aus ihnen sprechen. An der abendländischen Musik ließe sich dartun, wie sehr ihr wichtigster Fund, die harmonische Tiefendimension samt aller Kontrapunktik und Polyphonie, das aus dem chorischen Ritual in die Sache eingedrungene Wir ist. Es läßt seine Buchstäblichkeit ein, verwandelt sich zum immanenten Agens, und bewahrt doch den redenden Charakter. Dichtungen sind durch ihre unmittelbare Teilhabe an der kommunikativen Sprache, von der keine ganz loskommt, auf ein Wir bezogen; ihrer eigenen Sprachlichkeit zuliebe müssen sie sich abmühen, jener ihnen auswendigen, mitteilenden ledig zu werden. Aber dieser Prozeß ist nicht, wie er erscheint und sich selber dünkt, einer der puren Subjektivierung. Durch ihn schmiegt das Subjekt der kollektiven Erfahrung um so inniger sich an, je spröder es sich gegen ihren sprachlich vergegenständlichten Ausdruck macht. Bildende Kunst dürfte durch das Wie der Apperzeption reden. Ihr Wir ist geradeswegs das Sensorium seinem geschichtlichen Stande nach, bis es die Relation zur Gegenständlichkeit, die sich veränderte, vermöge der Ausbildung seiner Formensprache zerbricht. Was Bilder sagen ist ein Seht einmal; sie haben ihr kollektives Subjekt an dem, worauf sie deuten, es geht nach außen, nicht wie bei der Musik nach innen. In der Steigerung ihres Sprachcharakters ist die Geschichte der Kunst, die ihrer fortschreitenden Individualisierung gleichgesetzt wird, ebenso deren Gegenteil. Daß dies Wir jedoch nicht gesellschaftlich eindeutig, kaum eines bestimmter Klassen oder sozialer Positionen ist, das mag daher rühren, daß es Kunst emphatischen Anspruchs bis heute nur als bürgerliche gegeben hat; nach Trotzkis These kann nach dieser keine proletarische vorgestellt werden, einzig eine sozialistische. Das ästhetische Wir ist gesamtgesellschaftlich im Horizont einiger Unbestimmtheit, freilich auch so bestimmt wie die herrschenden Produktivkräfte und Produktionsverhältnisse einer Epoche. Während Kunst dazu versucht ist, eine nichtexistente Gesamtgesellschaft, deren nichtexistentes Subjekt zu antezipieren, und darin nicht bloß Ideologie, haftet ihr zugleich der Makel von dessen Nichtexistenz an. Dennoch bleiben die Antagonismen der Gesellschaft in ihr erhalten. Wahr ist Kunst, soweit das aus ihr Redende und sie selber zwiespältig, unversöhnt ist, aber diese Wahrheit wird ihr zuteil, wenn sie das Gespaltene synthesiert und dadurch erst in seiner Unversöhnlichkeit bestimmt. Paradox hat sie das Unversöhnte zu bezeugen und gleichwohl tendenziell zu versöhnen; möglich ist das nur ihrer nicht-diskursiven Sprache. In jenem Prozeß allein konkretisiert sich ihr Wir. Was aber aus ihr redet, ist wahrhaft ihr Subjekt insofern, als es aus ihr redet und nicht von ihr darge-

stellt wird. Der Titel des unvergleichlichen letzten Stücks aus Schumanns Kinderszenen, eines der frühesten Modelle expressionistischer Musik: »Der Dichter spricht«, notiert das Bewußtsein davon. Abbilden aber läßt das ästhetische Subjekt wahrscheinlich darum sich nicht, weil es, gesellschaftlich vermittelt, so wenig empirisch ist wie nur das transzendentale der Philosophie. »Die Objektivation des Kunstwerks geht auf Kosten der Abbildung von Lebendigem. Leben gewinnen die Kunstwerke erst, wo sie auf Menschenähnlichkeit verzichten. ›Der Ausdruck eines unverfälschten Gefühls ist immer banal. Je unverfälschter um so banaler. Um es nicht zu sein, muß man sich anstrengen.‹«[71]
Objektiv wird das Kunstwerk als durch und durch Gemachtes, vermöge der subjektiven Vermittlung all seiner Momente. Die erkenntniskritische Einsicht, daß der Anteil von Subjektivität und Verdinglichung korrelativ ist, bewährt sich erst recht ästhetisch. Der Scheincharakter der Kunstwerke, die Illusion ihres Ansichseins weist darauf zurück, daß sie in der Totalität ihres subjektiven Vermitteltseins an dem universalen Verblendungszusammenhang von Verdinglichung teilhaben; daß sie, marxisch gesprochen, ein Verhältnis lebendiger Arbeit notwendig so zurückspiegeln, als wäre es gegenständlich. Die Stimmigkeit, durch welche die Kunstwerke an Wahrheit partizipieren, involviert auch ihr Unwahres; in ihren exponierten Manifestationen hat Kunst von je dagegen revoltiert, und die Revolte ist heute in ihr eigenes Bewegungsgesetz übergegangen. Die Antinomie der Wahrheit und Unwahrheit von Kunst mag Hegel dazu bewogen haben, ihr Ende zu prognoszieren. Nicht verschlossen war der traditionellen Ästhetik die Einsicht, daß der Vorrang des Ganzen über die Teile konstitutiv des Vielen bedarf; daß er als bloße Setzung von oben her mißrät. Aber nicht minder konstitutiv ist, daß kein Kunstwerk dem genügt. Zwar will das Mannigfaltige im ästhetischen Kontinuum seine Synthesis; als zugleich außerästhetisch Bestimmtes jedoch entzieht es sich ihr. Die Synthesis, die aus dem Vielen extrapoliert wird, das potentiell sie in sich hat, ist unvermeidlich auch dessen Negation. Der Aus-

---

71 Theodor W. Adorno, Noten zur Literatur II, Frankfurt a. M. 1965, S. 79; Zitat im Zitat: Paul Valéry, Windstriche, a. a. O., S. 127.

gleich durch die Gestalt muß drinnen mißglücken, weil er draußen, meta-ästhetisch, nicht ist. Real ungeschlichtete Antagonismen lassen sich auch imaginär nicht schlichten; sie wirken in die Imagination hinein, und reproduzieren sich in deren eigener Unstimmigkeit, und zwar proportional zu dem Grad, mit dem sie ihre Stimmigkeit urgieren. Die Kunstwerke müssen auftreten, als wäre das Unmögliche ihnen möglich; die Idee der Vollkommenheit der Werke, von der keines, bei der Strafe seiner Nichtigkeit, sich dispensieren kann, war fragwürdig. Künstler haben es schwer nicht nur wegen ihres nach wie vor ungewissen Schicksals in der Welt, sondern weil sie der ästhetischen Wahrheit, der sie nachhängen, zwangshaft durch die eigene Anstrengung zuwider handeln. Soweit geschichtlich-real Subjekt und Objekt auseinandergetreten sind, ist Kunst möglich nur als durchs Subjekt hindurch gegangene. Denn Mimesis ans vom Subjekt nicht Hergerichtete ist nirgends anders als im Subjekt als Lebendigem. Das setzt sich fort in der Objektivation von Kunst durch ihren immanenten Vollzug, der des geschichtlichen Subjekts bedarf. Hofft das Kunstwerk durch seine Objektivation auf die dem Subjekt verborgene Wahrheit, so darum, weil das Subjekt selber nicht das Letzte ist. Das Verhältnis der Objektivität des Kunstwerks zum Vorrang des Objekts ist gebrochen. Sie zeugt für diesen im Stande des universalen Banns, der dem An sich Refugium gewährt nur noch im Subjekt, während seine Art Objektivität der vom Subjekt gewirkte Schein ist, Kritik an der Objektivität. Von solcher Objektwelt läßt sie nur die membra disiecto ein; einzig als demontierte wird jene dem Formgesetz kommensurabel.

Subjektivität, notwendige Bedingung des Kunstwerks, ist aber nicht als solche die ästhetische Qualität. Sie wird es erst durch Objektivation; insofern ist Subjektivität im Kunstwerk sich selbst entäußert und verborgen. Das verkennt Riegls Begriff des Kunstwollens. Gleichwohl trifft er ein für immanente Kritik Wesentliches: daß über den Rang von Kunstwerken nicht ein ihnen Äußerliches befindet. Sie – nicht freilich ihre Autoren – sind ihr eigenes Maß, nach der Wagnerschen Formel ihre selbstgesetzte Regel. Die Frage nach deren eigener Legitimation ist nicht jenseits von ihrer Erfüllung. Kein Kunstwerk ist nur, was es will, aber keines ist mehr, ohne daß es etwas will. Das kommt der Spontaneität recht nahe, obwohl gerade sie auch Unwillkürliches involviert. Sie manifestiert sich vorab in der Konzeption des Werks, seiner aus ihm selbst ersichtlichen Anlage. Auch sie ist keine abschlußhafte Kategorie: vielfach verändert sie die Selbstrealisierung der Werke. Fast ist es das Siegel von Objektivation, daß unter dem Druck immanenter Logik die Konzeption sich verschiebt. Dies ichfremde, dem vorgeblichen Kunstwollen konträre Moment ist den Künstlern, wie den Theoretikern, zuweilen schreckhaft, bekannt; Nietzsche hat von demselben Sachverhalt am Ende von »Jenseits von Gut und Böse« gesprochen. Das Moment des Ichfremden unterm Zwang der Sache ist wohl das Signum dessen, was mit dem Terminus genial gemeint war. Der Geniebegriff wäre, wenn irgend etwas an ihm zu halten ist, von jener plumpen Gleichsetzung mit dem kreativen Subjekt loszureißen, die aus eitel Überschwang das Kunstwerk ins Dokument seines Urhebers verzaubert und damit verkleinert. Die Objektivität der Werke, den Menschen in der Tauschgesellschaft ein Stachel, weil sie von Kunst, irrend, erwarten, sie mildere die Entfremdung, wird in den Menschen, der hinter dem Werk stehe, zurückübersetzt; meist ist er nur die Charaktermaske derer, die das Werk als Konsumartikel verkaufen wollen. Will man den Geniebegriff nicht einfach als romantischen Überrest abschaffen, so ist er auf seine geschichtsphilosophische Objektivität zu bringen. Die Divergenz von Subjekt und Individuum, präformiert im Kantischen Antipsychologismus, aktenkundig bei Fichte, affiziert auch die Kunst. Der Charakter des Authentischen, Verpflichtenden und die Freiheit des emanzipierten Einzelnen entfernen sich von einander. Der Geniebegriff ist ein Versuch, beides durch einen Zauberschlag zusammenzubringen, dem Einzelnen im Sondergebiet Kunst unmittelbar das Vermögen zum übergreifend Authentischen zu attestieren. Der Erfahrungsgehalt solcher Mystifikation ist, daß tatsächlich in der Kunst Authentizität, das universale Moment, anders als durchs principium individuationis nicht mehr möglich ist, so wie umgekehrt die allgemeine bürgerliche Freiheit die zum Besonderen, zur Individuation sein sollte. Nur wird von der Genie-Ästhetik dies Verhältnis blindlings, undialektisch in jenes Individuum verlegt, das da zugleich

Subjekt sein soll; der intellectus archetypus, in der Erkenntnistheorie ausdrücklich Idee, wird im Geniebegriff wie eine Tatsache der Kunst behandelt. Genie soll das Individuum sein, dessen Spontaneität mit der Tathandlung des absoluten Subjekts koinzidiert. Soviel ist richtig daran, wie die Individuation der Kunstwerke, vermittelt durch Spontaneität, das an ihnen ist, wodurch sie sich objektivieren. Falsch aber ist der Geniebegriff, weil Gebilde keine Geschöpfe sind und Menschen keine Schöpfer. Das bedingt die Unwahrheit der Genie-Ästhetik, welche das Moment des endlichen Machens, der τέχνη an den Kunstwerken zugunsten ihrer absoluten Ursprünglichkeit, quasi ihrer natura naturans unterschlägt und damit die Ideologie vom Kunstwerk als einem Organischen und Unbewußten in die Welt setzt, die dann zum trüben Strom des Irrationalismus sich verbreitet. Von Anbeginn lenkt die Akzentverschiebung der Genie-Ästhetik auf den Einzelnen, wie sehr sie auch der schlechten Allgemeinheit opponiert, auch von der Gesellschaft ab, indem sie den Einzelnen verabsolutiert. Trotz allen Mißbrauchs aber erinnert der Geniebegriff daran, daß das Subjekt im Kunstwerk nicht durchaus auf die Objektivation zu reduzieren ist. In der Kritik der Urteilskraft war der Geniebegriff die Zufluchtsstätte alles dessen, was der Hedonismus der Kantischen Ästhetik sonst entzog. Nur hat er Genialität, mit unübersehbarer Folge, einzig dem Subjekt reserviert, gleichgültig gegen die Ichfremdheit gerade dieses Moments, die später im Kontrast des Genies zur wissenschaftlichen und philosophischen Rationalität ideologisch ausgebeutet wurde. Die bei Kant beginnende Fetischisierung des Geniebegriffs als der abgetrennten, nach Hegels Sprache abstrakten Subjektivität, hat schon in Schillers Votivtafeln kraß elitäre Züge angenommen. Er wird potentiell zum Feind der Kunstwerke; mit einem Seitenblick auf Goethe soll der Mensch hinter jenen wesentlicher sein als sie selbst. Im Geniebegriff wird mit idealistischer Hybris die Idee des Schöpfertums vom transzendentalen Subjekt an das empirische, den produktiven Künstler zediert. Das behagt dem bürgerlichen Vulgärbewußtsein, ebenso wegen des Arbeitsethos in der Glorifizierung reinen Schöpfertums des Menschen ohne Rücksicht auf den Zweck, wie weil dem Betrachter die Bemühung um die Sache abgenommen wird: man speist ihn mit der Persönlichkeit, am Ende der Kitschbiographik der Künstler ab. Die Produzenten bedeutender Kunstwerke sind keine Halbgötter sondern fehlbare, oft neurotische und beschädigte Menschen. Ästhetische Gesinnung aber, die mit dem Genie tabula rasa macht, artet zur öden und schulmeisterlichen Handwerkerei, zum Nachpinseln von Schablonen aus. Das Wahrheitsmoment am Geniebegriff ist in der Sache zu suchen, dem Offenen, nicht in Wiederholung Gefangenen. Übrigens war der Geniebegriff, als er im späteren achtzehnten Jahrhundert in Schwang kam, noch keineswegs charismatisch; nach der Idee jener Periode sollte jeder Genie sein können, wofern er unkonventionell als Natur sich äußerte. Genie war Haltung, ›genialisch Treiben‹, beinahe Gesinnung; später erst wurde, vielleicht auch angesichts der Unzulänglichkeit bloßer Gesinnung in den Werken, Gnade daraus. Die Erfahrung realer Unfreiheit hat den Überschwang subjektiver Freiheit, als einer für alle, zerstört und dem Genie als Branche reserviert. Es wird desto mehr zur Ideologie, je weniger die Welt die menschliche ist und je neutralisierter der Geist, das Bewußtsein von ihr. Dem privilegierten Genie wird stellvertretend zugesprochen, was die Realität den Menschen allgemein verweigert. Was am Genie zu retten ist, das ist instrumentell zur Sache. Die Kategorie des Genialen ist am einfachsten belegbar, wo von einer Stelle mit Grund gesagt wird, sie sei genial. Phantasie allein genügt nicht zur Bestimmung. Geniales ist ein dialektischer Knoten: das Schablonenlose, nicht Repetierte, Freie, das zugleich das Gefühl des Notwendigen mit sich führt, das paradoxe Kunststück der Kunst und eines ihrer verläßlichsten Kriterien. Genial heißt soviel wie eine Konstellation treffen, subjektiv ein Objektives, der Augenblick, da die Methexis des Kunstwerks an der Sprache die Konvention als zufällig unter sich läßt. Signikatur des Genialen in der Kunst ist, daß das Neue kraft seiner Neuheit scheint, als wäre es immer schon dagewesen; in der Romantik wurde das notiert. Die Leistung der Phantasie ist weniger die creatio ex nihilo, an welche die kunstfremde Kunstreligion glaubt, als die Imagination authentischer Lösungen inmitten des gleichsam prä-existenten Zusammenhangs der Werke. Erfahrene Künstler mögen spöttisch über eine Passage sagen: hier wird er genial. Sie geißeln einen Einbruch von Phantasie in die Logik des Gebildes, der nicht wiederum dieser sich integriert; Momente solcher Art gibt es nicht bloß bei auftrumpfenden Kraftgenies sondern noch auf Schuberts Formniveau. Paradox und prekär bleibt das Geniale, weil frei Erfundenes und Notwendiges eigentlich nie ganz verschmolzen werden kann. Ohne die präsente Möglichkeit des Sturzes ist nichts genial in den Kunstwerken.

Wegen des Moments des nicht schon Dagewesenen war das Geniale mit dem Begriff der Originalität verkoppelt: ›Originalgenie‹. Allbekannt ist, daß die Kategorie der Originalität vor der Geniezeit keine Autorität ausübte. Daß im siebzehnten und früheren achtzehnten Jahrhundert Komponisten in ihren Werken ganze Komplexe, sei es aus eigenen Werken, sei es aus solchen anderer, wieder benutzten, oder daß Maler und Architekten ihre Entwürfe zur Ausführung Schülern anvertrauten, wird leicht für die Rechtfertigung von Unspezifischem und Schablonenhaftem und für die Denunziation von subjektiver Freiheit mißbraucht. Immerhin beweist, daß ehedem auf Originalität nicht kritisch reflektiert ward, keineswegs, daß nichts dergleichen in den Kunstwerken vorhanden gewesen wäre; ein Blick auf die Differenz Bachs von seinen Zeitgenossen reicht hin. Originalität, das spezifische Wesen des bestimmten Werkes, steht nicht willkürlich der Logizität der Werke, die ein Allgemeines impliziert, entgegen. Vielfach bewährt sie sich in einer konsequenzlogischen Durchbildung, deren mittlere Talente nicht fähig sind. Gleichwohl wird älteren, gar archaischen Werken gegenüber die Frage nach ihrer Originalität sinnlos, weil doch wohl der Zwang des Kollektivbewußtseins, in dem Herrschaft sich verschanzt, so groß war, daß Originalität, die etwas wie emanzipiertes Subjekt voraussetzt, anachronistisch wäre. Der Begriff der Originalität als des Ursprünglichen zitiert nicht sowohl ein Uraltes als das noch nicht Gewesene an den Werken, die utopische Spur darin. Das Originale darf der objektive Name jeden Werkes heißen. Ist aber Originalität historisch entsprungen, so ist sie auch mit dem historischen Unrecht verflochten: mit der bürgerlichen Prävalenz der Konsumgüter auf dem Markt, die als immergleiche ein Immerneues vortäuschen müssen, um Kunden zu gewinnen. Doch hat Originalität, mit ansteigender Autonomie der Kunst, wider den Markt sich gekehrt, auf dem sie einen Schwellenwert nie überschreiten durfte. Sie hat sich in die Werke zurückgezogen, in die Rücksichtslosigkeit ihrer Durchbildung. Betroffen bleibt sie vom geschichtlichen Schicksal der Kategorie des Individuums, von der sie abgeleitet war. Nicht länger gehorcht Originalität dem, womit man sie assoziierte, seit man darüber nachdachte, dem sogenannten Individualstil. Während dessen Niedergang mittlerweile von Traditionalisten beklagt wird, die in ihm ihrerseits konventionalisierte Güter verteidigen, nimmt in den fortgeschrittenen Werken der Individualstil, den konstruktiven Nötigungen gleichsam abgelistet, etwas vom Flecken, vom Manko, wenigstens vom Kompromiß an. Darum nicht zuletzt ist die avancierte Produktion weniger auf Originalität des einzelnen Gebildes aus als auf die Produktion neuer Typen. In ihre Erfindung beginnt Originalität sich umzusetzen. Sie verändert sich qualitativ in sich, ohne daß sie doch darüber verschwände.

Ihre Veränderung, die Originalität vom Einfall, vom unverwechselbaren Detail sondert, an dem sie ihre Substanz zu besitzen schien, wirft Licht auf Phantasie, ihr Organon. Sie galt, im Bann des Glaubens an das Subjekt als den Nachfolger des Schöpfers, für soviel wie die Fähigkeit, bestimmtes künstlerisches Seiendes gleich wie aus dem Nichts hervorzubringen. Ihr vulgärer Begriff, der absoluter Erfindung, ist das genaue Korrelat zum neuzeitlichen Wissenschaftsideal als der strikten Reproduktion eines bereits Vorhandenen; an dieser Stelle hat die bürgerliche Arbeitsteilung einen Graben gezogen, der ebenso die Kunst von jeglicher Vermittlung zur Realität trennt wie die Erkenntnis von allem, was jene Realität irgend transzendiert. Bedeutenden Kunstwerken war jener Phantasiebegriff wohl nie wesentlich; die Erfindung etwa von Phantasiewesen in aller neueren bildenden Kunst subaltern, der angeflogene musikalische Einfall, als Moment nicht zu leugnen, so lange kraftlos, wie er nicht durch das, was aus ihm wird, sein pures Vorhandensein überflügelt. Ist in den Kunstwerken alles und noch das Sublimste an das Daseiende gekettet, dem sie sich entgegenstemmen, so kann Phantasie nicht das billige Vermögen sein, dem Daseienden zu entfliehen, indem sie ein Nichtdaseiendes setzt, als ob es existierte.

Vielmehr rückt Phantasie, was immer die Kunstwerke an Daseiendem absorbieren, in Konstellationen, durch welche sie zum Anderen des Daseins werden, sei es auch allein durch dessen bestimmte Negation. Sucht man, wie die Erkenntnistheorie es taufte, in phantasierender Fiktion irgendein schlechterdings nichtseiendes Objekt sich vorzustellen, so wird man nichts zuwege bringen, was nicht in seinen Elementen und selbst in Momenten seines Zusammenhangs reduktibel wäre auf irgendwelches Seiende. Nur im Bann totaler Empirie erscheint, was dieser qualitativ sich entgegensetzt, doch wiederum als nichts anderes denn ein Daseiendes zweiter Ordnung nach dem Modell der ersten. Einzig durchs Seiende hindurch transzendiert Kunst zum Nichtseienden; sonst wird sie hilflose Projektion dessen, was ohnehin ist. Demgemäß ist Phantasie in den Kunstwerken keineswegs auf die jähe Vision beschränkt. So wenig Spontaneität von ihr wegzudenken ist, so wenig ist sie, der creatio ex nihilo das Nächste, das Ein und Alles der Kunstwerke. Der Phantasie mag primär im Kunstwerk ein Konkretes aufblitzen, zumal bei den Künstlern, deren Produktionsprozeß von unten nach oben führt. Ebenso jedoch wirkt Phantasie in einer Dimension, die dem Vorurteil für abstrakt gilt, im quasi leeren Umriß, der dann durch die ›Arbeit‹, jenem Vorurteil zufolge der Phantasie konträr, gefüllt und eingelöst wird. Auch spezifisch technologische Phantasie gibt es nicht erst heute: so in der Setzweise des Adagios von Schuberts Streichquintett, den Lichtwirbeln von Turners Seestücken. Phantasie ist auch, und wesentlich, die uneingeschränkte Verfügung über die Möglichkeiten der Lösung, die innerhalb eines Kunstwerks sich kristallisieren. Sie steckt nicht bloß in dem, was einem als Seiendes und zugleich als Rest eines Seienden anfliegt, sondern mehr noch vielleicht in dessen Veränderung. Die harmonische Variante des Hauptthemas in der Coda des ersten Satzes der Appassionata, mit der Katastrophenwirkung des verminderten Septimakkords, ist nicht weniger Produkt von Phantasie als das Dreiklangsthema in der brütenden Gestalt, die den Satz eröffnet; genetisch nicht auszuschließen, daß jene über das Ganze entscheidende Variante der primäre Einfall war und das Thema in seiner primären Form, rückwirkend gleichsam, aus ihm abgeleitet wurde. Keine geringere Phantasieleistung, daß in den späteren Partien der weiträumigen Durchführung des ersten Satzes der Eroica, als wäre nun keine Zeit mehr zur differenzierenden Arbeit, zu lapidar harmonischen Perioden übergegangen wird. Mit dem steigenden Vorrang der Konstruktion mußte die Substantialität des Einzeleinfalls sich mindern. Wie sehr Arbeit und Phantasie ineinander sind – ihre Divergenz ist stets Index des Mißlingens –, dafür spricht die Erfahrung der Künstler, daß Phantasie sich kommandieren läßt. Sie empfinden die Willkür zum Unwillkürlichen als das, was vom Dilettantismus sie abhebt. Auch subjektiv sind ästhetisch wie in der Erkenntnis Unmittelbarkeit und Mittelbares ihrerseits durch einander vermittelt. Kunst ist, nicht genetisch, aber ihrer Beschaffenheit nach, das drastischeste Argument gegen die erkenntnistheoretische Trennung von Sinnlichkeit und Verstand. Reflexion ist zur Phantasieleistung überaus fähig: das bestimmte Bewußtsein dessen, was ein Kunstwerk an einer Stelle braucht, zieht es herbei. Daß Bewußtsein töte, ist in der Kunst, die der Kronzeuge dafür sein soll, ein so albernes Cliché wie allerorten. Noch das Auflösende der Reflexion, ihr kritisches Moment, wird als Selbstbesinnung des Kunstwerks fruchtbar, die das Unzulängliche, Ungeformte, Unstimmige ausscheidet oder modifiziert. Umgekehrt hat die Kategorie des ästhetisch Dummen ihr fundamentum in re, den Mangel von Werken an immanenter Reflexion, etwa der auf den Stumpfsinn unfiltrierter Wiederholungen. Schlecht an den Kunstwerken ist Reflexion, die von außen sie steuert, ihnen Gewalt antut, aber wohin sie von sich aus wollen, dem ist subjektiv anders als durch Reflexion gar nicht zu folgen, und die Kraft dazu ist spontan. Involviert ein jegliches Kunstwerk einen – wahrscheinlich aporetischen – Problemzusammenhang, so entflösse daraus nicht die schlechteste Definition von Phantasie. Als Vermögen, im Kunstwerk Ansätze und Lösungen zu erfinden, darf sie das Differential von Freiheit inmitten der Determination heißen.

Die Objektivität von Kunstwerken ist so wenig wie irgend Wahrheit Residualbestimmung. Der Neoklassizismus hatte seinen Kurzschluß daran, daß er wähnte, ein Wunschbild von Objektivität, das ihm in vergangenen, verpflichtend scheinenden

Stilen vor Augen stand, zu erreichen, indem er in einer ihrerseits subjektiv verordneten und durchgeführten Prozedur das Subjekt im Werk abstrakt negierte und die imago eines subjektlosen An sich bereitete, welche das durch keinen Willensakt mehr eliminierbare Subjekt einzig an Beschädigungen kenntlich werden läßt. Die Einschränkung durch eine Strenge, die längstvergangene heteronome Formen nachahmt, gehorcht eben der subjektiven Willkür, die sie bändigen soll. Valéry umreißt das Problem, löst es nicht. Die bloß gewählte, gesetzte Form, die selbst Valéry zuzeiten verteidigt, ist so zufällig wie das von ihm verachtete Chaotische, ›Lebendige‹. Die Aporie der Kunst heute ist nicht durch willentliche Bindung an Autorität zu kurieren. Wie im Stande des ungemilderten Nominalismus ohne Gewalt zu etwas wie der Objektivität von Form zu gelangen sei, ist offen; von veranstalteter Geschlossenheit wird sie verhindert. Die Tendenz war synchron mit dem politischen Faschismus, dessen Ideologie ebenfalls fingierte, ein der Not und Unsicherheit der Subjekte unterm Spätliberalismus enthobener Zustand wäre zu hoffen von der Abdankung des Subjekts. Tatsächlich geschah sie im Auftrag mächtiger Subjekte. Nicht einmal das betrachtende Subjekt, in seiner Fehlbarkeit und Schwäche, hat dem Objektivitätsanspruch einfach zu weichen. Dafür spricht ein durchschlagendes Argument: sonst wäre der Kunstfremde, der Banause, der als beziehungslose tabula rasa das Kunstwerk auf sich wirken läßt, der Qualifizierteste es zu verstehen und zu beurteilen; der Unmusikalische der beste Kritiker von Musik. Wie Kunst selbst vollzieht auch ihre Erkenntnis sich dialektisch. Je mehr der Betrachter hinzugibt, desto größer die Energie, mit der er ins Kunstwerk eindringt, und die Objektivität gewahrt er innen. Der Objektivität wird er teilhaft, wo seine Energie, auch die seiner abwegig subjektiven ›Projektion‹, im Kunstwerk erlischt. Der subjektive Abweg mag das Kunstwerk gänzlich verfehlen, aber ohne den Abweg wird keine Objektivität sichtbar. – Jeder Schritt zur Vollkommenheit der Kunstwerke ist einer zu ihrer Selbstentfremdung, und das produziert dialektisch stets aufs neue jene Revolten, die man als Aufstand von Subjektivität gegen Formalismus welcher Art auch immer zu oberflächlich charakterisiert. Die zunehmende Integration der Kunstwerke, ihre immanente Forderung, ist auch ihr immanenter Widerspruch. Das Kunstwerk, das seine immanente Dialektik austrägt, spiegelt sie im Austrag zugleich als geschlichtet vor: das ist das ästhetisch Falsche am ästhetischen Prinzip. Die Antinomie ästhetischer Verdinglichung ist auch eine zwischen dem wie immer gebrochenen metaphysischen Anspruch der Werke, der Zeit enthoben zu sein, und der Vergänglichkeit alles dessen, was in der Zeit als Bleibendes sich setzt. Kunstwerke werden relativ, weil sie als absolut sich behaupten müssen. Der Satz Benjamins, der einmal im Gespräch fiel: Kunstwerke werden nicht erlöst, spielt darauf an. Die perennierende Revolte der Kunst gegen die Kunst hat ihr fundamentum in re. Ist es den Kunstwerken wesentlich, Dinge zu sein, so ist es ihnen nicht minder wesentlich, die eigene Dinglichkeit zu negieren, und damit wendet sich die Kunst gegen die Kunst. Das vollends objektivierte Kunstwerk fröre ein zum bloßen Ding, das seiner Objektivation sich entziehende regredierte auf die ohnmächtige subjektive Regung und versänke in der empirischen Welt.

Daß die Erfahrung von Kunstwerken adäquat nur als lebendige sei, sagt mehr als etwas über die Beziehung von Betrachtendem und Betrachtetem, über psychologische Kathexis als Bedingung ästhetischer Wahrnehmung. Lebendig ist ästhetische Erfahrung vom Objekt her, in dem Augenblick, in dem die Kunstwerke unter ihrem Blick selbst lebendig werden. So hat George in dem Gedicht »Der Teppich«[72], einer art poétique, die einem Band den Titel leiht, symbolistisch es gelehrt. Durch betrachtende Versenkung wird der immanente Prozeßcharakter des Gebildes entbunden. Indem es spricht, wird es zu einem in sich Bewegten. Was irgend am Artefakt die Einheit seines Sinnes heißen mag, ist nicht statisch sondern prozessual, Austrag der Antagonismen, die ein jegliches Werk notwendig in sich hat. Analyse reicht darum erst dann ans Kunstwerk heran, wenn sie die Beziehung seiner Momente aufeinander prozessual begreift, nicht durch Zerlegung es auf vermeintliche Urelemente reduziert. Daß Kunst-

---

72 Vgl. Stefan George, Werke, a. a. O., Bd. 1, S. 190.

werke kein Sein sondern ein Werden seien, ist technologisch faßbar. Ihre Kontinuität ist teleologisch von den Einzelmomenten gefordert. Ihrer sind sie bedürftig und fähig vermöge ihrer Unvollständigkeit, vielfach ihrer Unerheblichkeit. Durch ihre eigene Beschaffenheit vermögen sie in ihr Anderes überzugehen, setzen darin sich fort, wollen darin untergehen und determinieren durch ihren Untergang das auf sie Folgende. Solche immanente Dynamik ist gleichsam ein Element höherer Ordnung dessen, was die Kunstwerke sind. Wenn irgendwo, dann ähnelt hier die ästhetische Erfahrung der sexuellen, und zwar deren Kulmination. Wie in dieser das geliebte Bild sich verändert, wie darin Erstarrung mit dem Lebendigsten sich vereint, ist gleichsam das leibhafte Urbild ästhetischer Erfahrung. Immanent dynamisch sind aber nicht nur die einzelnen Werke; ebenso ihr Verhältnis zu einander. Das der Kunst ist geschichtlich allein durch die einzelnen, in sich stillgestellten Werke hindurch, nicht durch deren auswendige Beziehung, gar den Einfluß, den sie aufeinander ausüben sollen. Daher spottet Kunst der Verbaldefinition. Wodurch sie als Sein sich konstituiert, ist seinerseits dynamisch als Verhalten, eines zur Objektivität, das sowohl von ihr zurücktritt, wie Stellung zu ihr bezieht und in dieser abgewandelt sie festhält. Kunstwerke synthesieren unvereinbare, unidentische, aneinander sich reibende Momente; sie wahrhaft suchen die Identität des Identischen und des Nichtidentischen prozessual, weil noch ihre Einheit Moment ist, und nicht die Zauberformel fürs Ganze. Der Prozeßcharakter der Kunstwerke konstituiert sich dadurch, daß sie als Artefakte, von Menschen Gemachtes von vornherein im ›einheimischen Reich des Geistes‹ ihren Ort haben, aber, um irgend identisch mit sich selbst zu werden, ihres Nichtidentischen, Heterogenen, nicht bereits Geformten bedürfen. Der Widerstand der Andersheit gegen sie, auf welche sie doch angewiesen sind, veranlaßt sie dazu, die eigene Formsprache zu artikulieren, kein ungeformtes Fleckchen übrig zu lassen. Diese Reziprozität macht ihre Dynamik aus; das Unschlichtbare der Antithetik, daß jene in keinem Sein sich stillt. Kunstwerke sind es nur in actu, weil ihre Spannung nicht in der Resultante reiner Identität mit diesem oder jenem Pol terminiert. Andererseits werden sie nur als fertige, geronnene Objekte zum Kraftfeld ihrer Antagonismen; sonst liefen die verkapselten Kräfte nebeneinander her, oder auseinander. Ihr paradoxes Wesen, der Einstand, negiert sich selber. Ihre Bewegung muß stillstehen und durch ihren Stillstand sichtbar werden. Objektiv aber ist der immanente Prozeßcharakter der Kunstwerke, schon ehe sie irgend Partei ergreifen, der Prozeß, den sie gegen das ihnen Auswendige, das bloß Bestehende anstrengen. Alle Kunstwerke, auch die affirmativen, sind a priori polemisch. Der Idee eines konservativen Kunstwerks haftet Widersinn an. Indem sie von der empirischen Welt, ihrem Anderen emphatisch sich trennen, bekunden sie, daß diese selbst anders werden soll, bewußtlose Schemata von deren Veränderung. Noch bei dem Schein nach so unpolemischen, in einer nach dem Convenu reinen Sphäre des Geistes sich bewegenden Künstlern wie Mozart ist, abgesehen von den literarischen Vorwürfen, die er für seine größten Bühnenwerke sich wählte, das polemische Moment zentral, die Gewalt der Distanzierung, die wortlos das Armselige und Falsche dessen verurteilt, wovon sie sich distanziert. Ihre Gewalt gewinnt die Form bei ihm als bestimmte Negation; die Versöhnung, welche sie vergegenwärtigt, hat ihre schmerzhafte Süße, weil die Realität sie bis heute verweigerte. Die Entschiedenheit der Distanz, wie vermutlich die eines jeglichen eingreifenden, nicht leer mit sich selbst spielenden Klassizismus, konkretisiert die Kritik dessen, wovon abgestoßen wird. Was an den Kunstwerken knistert, ist der Laut der Reibung der antagonistischen Momente, die das Kunstwerk zusammenzubringen trachtet; Schrift nicht zuletzt deswegen, weil, wie in den Zeichen der Sprache, ihr Prozessuales in ihrer Objektivation sich verschlüsselt. Der Prozeßcharakter der Kunstwerke ist nichts anderes als ihr Zeitkern. Wird ihnen Dauer zur Intention, derart, daß sie das vermeintlich Ephemere aus sich entfernen und sich durch reine, unanfällige Formen oder gar das ominöse Allgemeinmenschliche von sich aus verewigen, so verkürzen sie ihr Leben, betreiben Pseudomorphose an den Begriff, der, als konstanter Umfang wechselnder Erfüllungen, seiner Form nach eben jene zeitlose Statik ambitioniert, gegen die der Spannungscharakter des Kunstwerks sich wehrt. Die Kunstwerke, sterbliche menschliche Gebilde, vergehen offensichtlich um so rascher, je verbissener sie dem sich entgegenstemmen. Wohl kann ihr Bleiben nicht aus dem Begriff ihrer Form ausgeschieden werden; ihr Wesen ist es nicht. Die exponiert sich vorwagenden, dem Anschein nach ihrem Untergang entgegeneilenden Werke pflegen bessere Chancen des Überlebens zu haben als die, welche um des Idols der Sicherheit willen ihren Zeitkern aussparen und, leer im Innersten, gleichwie zur Rache Beute der Zeit werden: Fluch des Klassizismus. Die Spekulation darauf, durch Zusatz eines Hinfälligen zu dauern, hilft schwerlich weiter. Denkbar, heute vielleicht gefordert sind Werke, die durch ihren Zeitkern sich selbst verbrennen, ihr eigenes Leben dem Augenblick der Erscheinung von Wahrheit drangeben und spurlos untergehen, ohne daß sie das im geringsten minderte. Die Noblesse einer solchen Verhaltensweise wäre der Kunst nicht unwürdig, nachdem ihr Edles zur Attitude und zur Ideologie verkam. Die Idee der Dauer der Werke ist Besitzkategorien nachgebildet, bürgerlich ephemer; manchen Perioden und großen Produktionen war sie fremd. Von Beethoven wird überliefert, er habe beim Abschluß der Appassionata gesagt, diese Sonate werde noch nach zehn Jahren gespielt werden. Die Konzeption Stockhausens, elektronische Werke, die nicht im herkömmlichen Sinn notiert sind, sondern sogleich in ihrem Material ›realisiert‹ werden, könnten mit diesem ausgelöscht werden, ist großartig als die einer Kunst von emphatischem Anspruch, die doch bereit wäre, sich wegzuwerfen. Wie andere Konstituentien, durch die Kunst einmal wurde, was sie ist, tritt auch ihr Zeitkern nach außen und sprengt ihren Begriff. Die üblichen Deklamationen gegen Mode, die das Vergängliche dem Nichtigen gleichsetzen, sind nicht nur dem Gegenbild einer Innerlichkeit gesellt, die politisch so sehr sich kompromittierte wie ästhetisch als Unfähigkeit zur Entäußerung und Verstocktheit im individuellen Sosein. Trotz ihrer kommerziellen Manipulierbarkeit reicht Mode in die Kunstwerke tief hinein, schlachtet sie nicht nur aus. Erfindungen wie die Picassosche der Lichtmalerei sind wie Transpositionen der Experimente der haute couture, Kleider aus Stoffen lediglich mit Nadeln für einen Abend um den Körper zu drapieren, anstatt sie im herkömmlichen Verstande zu schneidern. Mode ist eine der Figuren, durch welche die geschichtliche Bewegung des Sensorium affiziert und durch es hindurch die Kunstwerke, und zwar in minimalen, meist sich selbst verborgenen Zügen.

Prozeß ist das Kunstwerk wesentlich im Verhältnis von Ganzem und Teilen. Weder auf das eine noch auf das andere Moment abzuziehen, ist dies Verhältnis seinerseits ein Werden. Was irgend am Kunstwerk Totalität heißen darf, ist nicht das all seine Teile integrierende Gefüge. Es bleibt auch in seiner Objektivation ein vermöge der in ihm wirksamen Tendenzen erst sich Herstellendes. Umgekehrt sind die Teile nicht, als was sie durch Analyse fast unvermeidlich verkannt werden, Gegebenheiten: eher Kraftzentren, die zum Ganzen treiben, freilich, aus Not, von jenem auch präformiert sind. Der Strudel dieser Dialektik verschlingt schließlich den Begriff des Sinnes. Wo, nach dem Verdikt der Geschichte, die Einheit von Prozeß und Resultat nicht mehr gerät, wo zumal die Einzelmomente sich weigern, der wie immer auch latent vorgedachten Totalität sich anzubilden, zerreißt die aufklaffende Divergenz den Sinn. Ist das Kunstwerk in sich kein Festes, Endgültiges, sondern ein Bewegtes, dann teilt seine immanente Zeitlichkeit den Teilen und dem Ganzen darin sich mit, daß ihre Relation in der Zeit sich entfaltet, und daß sie jene zu kündigen vermögen. Leben Kunstwerke, vermöge ihres eigenen Prozeßcharakters, in der Geschichte, so können sie in dieser vergehen. Die Unveräußerlichkeit dessen, was auf dem Papier aufgezeichnet ist, was auf der Leinwand an Farbe, im Stein als Gestalt dauert, garantiert nicht die Unveräußerlichkeit des Kunstwerks in seinem Wesentlichen, dem Geist, einem selber Bewegten. Die Kunstwerke wandeln sich keineswegs allein mit dem, was verdinglichtes Bewußtsein für die nach geschichtlicher Lage sich ändernde Einstellung der Menschen zu den Kunstwerken hält. Solche Änderung ist äußerlich gegenüber der, welche sich in den Werken an sich zuträgt: die Ablösung einer ihrer Schichten nach der anderen, unabsehbar im Augenblick ihres Erscheinens; die Determination solcher Veränderung durch ihr hervortretendes und damit sich abspaltendes Formgesetz; die Verhärtung der transparent gewordenen Werke, ihr Veralten, ihr Verstummen. Am Ende ist ihre Entfaltung eins mit ihrem Zerfall.

An das, was ein Kunstwerk sei, reicht der Begriff des Artefakts, den ›Kunstwerk‹ übersetzt, nicht ganz heran. Wer weiß, daß ein Kunstwerk ein Gemachtes ist, weiß keineswegs, daß es ein Kunstwerk ist. Der überwertige Akzent auf dem Gemachtsein, mag er Kunst als menschliches Betrugsmanöver anschwärzen oder ihr angeblich schlecht Artifizielles, Verkünsteltes, im Gegensatz zum Wahn von Kunst als unmittelbarer Natur, sympathisiert gern mit der Banausie. Kunst einfach zu definieren, mochten bloß die verfügenden philosophischen Systeme wagen, die für alle Phänomene ihre Nische reservierten. Hegel hat zwar das Schöne definiert, doch nicht die Kunst, vermutlich, weil er sie in ihrer Einheit mit Natur und in der Differenz von ihr erkannte. In der Kunst ist der Unterschied zwischen der gemachten Sache und ihrer Genese, dem Machen, emphatisch: Kunstwerke sind das Gemachte, das mehr wurde als nur gemacht. Daran wird gerüttelt erst, seitdem Kunst sich als vergänglich erfährt. Die Verwechslung des Kunstwerks mit seiner Genese, so als wäre das Werden der Generalschlüssel des Gewordenen, verursacht wesentlich die Kunstfremdheit der Kunstwissenschaften: denn Kunstwerke folgen ihrem Formgesetz, indem sie ihre Genesis verzehren. Spezifisch ästhetische Erfahrung, das sich Verlieren an die Kunstwerke, ist um deren Genese unbekümmert. Deren Kenntnis ist ihr so äußerlich wie die Geschichte der Dedikation der Eroica dem, was musikalisch darin geschieht. Die Stellung authentischer Kunstwerke zur außerästhetischen Objektivität ist weniger darin zu suchen, daß diese auf den Produktionsvorgang einwirkte. Das Kunstwerk ist in sich selbst eine Verhaltensweise, die auf jene Objektivität noch in der Abkehr reagiert. Erinnert sei an die wirkliche und die imitierte Nachtigall aus der Kritik der Urteilskraft[73], das Motiv des berühmten, vielfach veroperten Märchens von Andersen. Die Betrachtung, die Kant daran anknüpft, substituiert die Kenntnis der Entstehung des Phänomens anstelle der Erfahrung dessen, was es ist. Gesetzt, der fingierte Bursche vermöchte tatsächlich, die Nachtigall so gut nachzuahmen, daß kein Unterschied zu hören wäre, so verurteilte das den Rekurs auf die Authentizität oder Nicht-Authentizität des Phä-

---

73 Vgl. Kant, a. a. O., S. 175 f. (Kritik der Urteilskraft, § 42).

nomens zur Gleichgültigkeit, obwohl Kant einzuräumen wäre, daß derlei Wissen die ästhetische Erfahrung färbt: man sieht ein Bild anders, wenn man den Namen des Malers kennt. Keine Kunst ist voraussetzungslos, und ihre Voraussetzungen lassen aus ihr so wenig sich eliminieren, wie sie aus ihnen als Notwendiges folgte. Andersen hat mit gutem Instinkt anstatt des Kantischen Handwerkers ein Spielwerk bemüht; Strawinskys Oper charakterisiert, was es ertönen läßt, als mechanisches Gedudel. Die Differenz vom natürlichen Gesang wird am Phänomen hörbar: sobald das Artefakt die Illusion des Natürlichen erwecken will, scheitert es.

Das Resultat des Prozesses sowohl wie er selbst im Stillstand ist das Kunstwerk. Es ist, was die rationalistische Metaphysik auf ihrer Höhe als Weltprinzip proklamierte, Monade: Kraftzentrum und Ding in eins. Kunstwerke sind gegeneinander verschlossen, blind, und stellen doch in ihrer Verschlossenheit vor, was draußen ist. So jedenfalls bieten sie der Tradition sich dar, als jenes lebendig Autarkische, das Goethe mit dem Synonym für Monade Entelechie zu nennen liebte. Möglich, daß der Zweckbegriff, je problematischer er in der organischen Natur wird, desto intensiver in die Kunstwerke sich zusammenzog. Als Moment eines übergreifenden Zusammenhangs des Geistes einer Epoche, verflochten mit Geschichte und Gesellschaft, reichen die Kunstwerke über ihr Monadisches hinaus, ohne daß sie Fenster hätten. Die Interpretation des Kunstwerks als eines in sich stillgestellten, kristallisierten, immanenten Prozesses nähert sich dem Begriff der Monade. Die These vom monadologischen Charakter der Werke ist so wahr wie problematisch. Ihre Stringenz und inwendige Gefügtheit haben sie der geistigen Herrschaft über die Wirklichkeit abgeborgt. Insofern ist ihnen transzendent, kommt ihnen von außen zu, wodurch sie zu einem Immanenzzusammenhang überhaupt werden. Jene Kategorien werden aber dabei so weitgehend modifiziert, daß nur der Schatten von Bündigkeit übrig ist. Unabdingbar setzt Ästhetik die Versenkung ins einzelne Werk voraus. Der Fortschritt sogar der akademischen Kunstwissenschaft in der Forderung immanenter Analyse, der Lossage von einer Verfahrungsweise, die um alles an der Kunst sich kümmerte außer um diese, ist nicht zu bestreiten. Gleichwohl ist der immanenten Analyse Selbsttäuschung gesellt. Keine Bestimmung des Besonderen eines Kunstwerks, die nicht ihrer Form nach, als Allgemeines, aus der Monade herausträte. Ansprüche des Begriffs, der von außen an jene herangetragen werden muß, um sie von innen aufzuschließen und wiederum zu sprengen, daß er nur aus der Sache geschöpft sei, wären verblendet. Die monadologische Konstitution der Kunstwerke an sich weist über sich hinaus. Wird sie verabsolutiert, so fällt die immanente Analyse der Ideologie als Beute zu, deren sie sich erwehrte, als sie in die Werke sich hineinbegeben wollte, anstatt Weltanschauung von ihnen abzuziehen. Heute bereits ist erkennbar, daß die immanente Analyse, einmal Waffe künstlerischer Erfahrung gegen die Banausie, als Parole mißbraucht wird, um von der verabsolutierten Kunst die gesellschaftliche Besinnung fernzuhalten. Ohne sie aber ist weder das Kunstwerk im Verhältnis zu dem zu begreifen, worin es selber ein Moment abgibt, noch dem eigenen Gehalt nach zu entziffern. Die Blindheit des Kunstwerks ist nicht nur Korrektiv des naturbeherrschend Allgemeinen sondern dessen Korrelat; wie allemal das Blinde und das Leere, abstrakt, zu einander gehören. Kein Besonderes im Kunstwerk ist legitim, das nicht durch seine Besonderung auch allgemein würde. Wohl fällt keiner Subsumtion der ästhetische Gehalt zu, aber ohne subsumierende Mittel wäre auch keiner zu denken; Ästhetik hätte vorm Kunstwerk gleichwie einem factum brutum zu kapitulieren. Doch ist das ästhetisch Bestimmte auf das Moment seiner Allgemeinheit einzig durch sein monadologisches Verschlossensein hindurch zu beziehen. Mit einer Regelmäßigkeit, die ein Strukturelles anzeigt, führen immanente Analysen, ist nur ihre Fühlung mit dem Gestalteten eng genug, auf allgemeine Bestimmungen im Extrem der Spezifikation. Das ist gewiß auch von der analytischen Methode bedingt: erklären heißt auf bereits Bekanntes reduzieren, und dessen Synthesis mit dem zu Erklärenden involviert unvermeidlich ein Allgemeines. Aber der Umschlag des Besonderen ins Allgemeine ist nicht weniger von der Sache determiniert. Wo diese zum Äußersten sich in sich zusammenzieht, vollstreckt sie Zwänge, die aus der Gattung stammen. Das musikalische Werk Anton Weberns, darin Sonatensätze zu Aphorismen schrumpfen, ist dafür exemplarisch. Ästhetik hat nicht, wie unterm Bann ihres Gegenstands, die Begriffe zu eskamotieren. An ihr ist es, diese von ihrer Äußerlichkeit zur Sache zu befreien und sie in diese hineinzutragen. Wenn irgendwo, dann hat in der Ästhetik Hegels Prägung von der Bewegung des Begriffs ihren Ort. Die Wechselwirkung von Allgemeinem und Besonderem, die in den Kunstwerken bewußtlos sich zuträgt, und welche die Ästhetik zum Bewußtsein zu erheben hat, ist die wahre Nötigung einer dialektischen Ansicht von der Kunst. Eingewandt könnte werden, dabei sei ein Rest dogmatischen Vertrauens wirksam. Außerhalb des Hegelschen Systems hätte, in keiner Sphäre, die Bewegung des Begriffs ihr Lebensrecht, nur dort könne die Sache als Leben des Begriffs gefaßt werden, wo die Totalität des Objektiven mit dem Geist koinzidieren solle. Zu erwidern ist, daß die Monaden, welche die Kunstwerke sind, durch ihr eigenes Prinzip der Besonderung aufs Allgemeine führen. Die allgemeinen Bestimmungen der Kunst sind nicht bloß die Not ihrer begrifflichen Reflexion. Sie bekunden die Grenze des Individuationsprinzips, das so wenig zu ontologisieren ist wie sein Widerpart. Die Kunstwerke gelangen desto dichter an jene Grenze, je kompromißloser sie das principium individuationis verfolgen; dem Kunstwerk, das als Allgemeines auftritt, haftet der Charakter der Zufälligkeit des Exempels seiner Gattung an: es ist schlecht individuell. Noch Dada war, als die aufs pure Dies hinweisende Gebärde, so allgemein wie das Demonstrativpronomen; daß der Expressionismus mächtiger als Idee war denn in seinen Produkten, dürfte daher rühren, daß seine Utopie des reinen τόδε τι noch ein Stück falschen Bewußtseins ist. Substantiell jedoch wird das Allgemeine an den Kunstwerken allein, indem es sich verändert. So wird bei Webern die allgemeine musikalische Form der Durchführung zum ›Knoten‹ und büßt ihre entwickelnde Funktion ein. An deren Stelle tritt die Reihung von Abschnitten verschiedener Intensitätsgrade. Dadurch werden die knotenartigen Partien zu einem ganz Anderen, Präsenteren, weniger Relationalen, als je die Durchführungen es waren. Die Dialektik des Allgemeinen und Besonderen steigt nicht nur in den Schacht des Allgemeinen, mitten im Besonderen, hinab. Ebenso bricht sie die Invarianz der allgemeinen Kategorien.

Wie wenig ein allgemeiner Begriff von Kunst an die Kunstwerke heranreicht, demonstrieren die Kunstwerke damit, daß, wie Valéry aussprach, nur wenige den strengen Begriff erfüllen. Schuld trägt nicht allein die Schwäche der Künstler angesichts des großen Begriffs ihrer Sache; eher jener selbst. Je reiner die Kunstwerke der hervortretenden Idee von Kunst nachhängen, desto prekärer wird die Beziehung der Kunstwerke auf ihr Anderes, die ihrerseits in deren Begriff gefordert ist. Konservierbar aber ist sie bloß um den Preis vorkritischen Bewußtseins, krampfhafter Naivetät: eine der Aporien von Kunst heute. Daß die obersten Werke nicht die reinsten sind sondern einen außerkünstlerischen Überschuß, zumal unverwandelt Stoffliches zu enthalten pflegen, zu Lasten ihrer immanenten Komposition, ist evident; nicht minder, daß, nachdem einmal die Durchbildung der Kunstwerke ohne Stütze an Unreflektiertem jenseits der Kunst als deren Norm sich ausformte, jenes Unreine nicht willentlich sich wiedereinführen läßt. Die Krisis des reinen Kunstwerks nach den europäischen Katastrophen ist nicht zu schlichten durch Ausbruch in eine außerkünstlerische Stofflichkeit, die mit moralischem Pathos übertönt, daß sie es sich leichter macht; die Linie des geringsten Widerstandes taugt am letzten zur Norm. Die Antinomie des Reinen und Unreinen in der Kunst ordnet dem Generelleren sich ein, daß Kunst nicht der Oberbegriff ihrer Gattungen sei. Diese differieren ebensowohl spezifisch, wie sie sich verfransen[74]. Die bei traditionalistischen Apologeten aller Grade so beliebte Frage ›Ist das noch Musik?‹ ist unfruchtbar; konkret indessen zu analysieren, was Entkunstung der Kunst sei, Praxis, welche die Kunst unreflektiert, diesseits ihrer eigenen Dialektik der außerästhetischen annähert. Demgegenüber will jene Standardfrage die Bewegung der diskret voneinander abgesetzten Momente, in der die Kunst besteht, mit Hilfe ihres abstrakten Oberbegriffs hemmen. Gegenwärtig jedoch regt Kunst dort sich am lebendigsten, wo sie ihren Oberbegriff zersetzt. In solcher Zersetzung ist sie sich treu, Verletzung des mimetischen Tabus über dem Unreinen als dem Hybriden. – Die Inadäquanz des Begriffs Kunst an diese registriert das Sensorium sprachlich

---

74 Vgl. Theodor W. Adorno, Ohne Leitbild, a. a. O., S. 168 ff.

etwa am Ausdruck Sprachkunstwerk. Ihn wählte ein Literarhistoriker, nicht ohne Folgerichtigkeit, für die Dichtungen. Aber er tut den Dichtungen auch Gewalt an, die Kunstwerke sind und, ihres relativ selbständigen diskursiven Elements wegen, doch nicht nur Kunstwerke und nicht durchaus. Kunst geht auch insofern keineswegs in den Kunstwerken auf, als Künstler immer auch an der Kunst arbeiten, nicht nur an den Werken. Was Kunst sei, ist unabhängig sogar vom Bewußtsein der Kunstwerke selbst. Zweckformen, Kultobjekte können zu Kunst geschichtlich erst werden; konzedierte man das nicht, so machte man sich abhängig vom Selbstverständnis der Kunst, deren Werden in ihrem eigenen Begriff lebt. Die von Benjamin urgierte Unterscheidung zwischen dem Kunstwerk und dem Dokument[75] bleibt soweit triftig, wie sie Gebilde abweist, die nicht in sich vom Formgesetz determiniert sind; manche aber sind es objektiv, auch wenn sie gar nicht als Kunst auftreten. Der Name der Ausstellungen »Documenta«, die große Verdienste haben, gleitet über die Schwierigkeit hinweg und leistet damit jener Historisierung ästhetischen Bewußtseins Vorschub, der sie, Museen des Zeitgenössischen, opponieren wollen. Begriffe solcher Art, vollends der sogenannter Klassiker der Moderne, schicken sich nur allzugut zum Spannungsverlust der Kunst nach dem Zweiten Krieg, die vielfach bereits im Moment ihres Erscheinens erschlafft. Sie bequemen dem Muster einer Epoche sich an, die für sich selbst den Titel Atomzeitalter parat hält.

Das geschichtliche Moment ist den Kunstwerken konstitutiv; die authentischen sind die, welche dem geschichtlichen Stoffgehalt ihrer Zeit vorbehaltlos und ohne die Anmaßung über ihr zu sein sich überantworten. Sie sind die ihrer selbst unbewußte Geschichtsschreibung ihrer Epoche; das nicht zuletzt vermittelt sie zur Erkenntnis. Eben das macht sie dem Historismus inkommensurabel, der, anstatt ihrem eigenen geschichtlichen Gehalt nachzufolgen, sie auf die ihnen auswendige Geschichte reduziert. Kunstwerke lassen desto wahrhaftiger sich erfahren, je mehr ihre geschichtliche Substanz die des Erfahrenden ist. Ideologisch

---

75 Vgl. Walter Benjamin, Schriften, a. a. O., Bd. 1, S. 538 f.

verblendet ist der bürgerliche Haushalt der Kunst auch in der Supposition, daß Kunstwerke, die weit genug zurückliegen, besser verstanden werden könnten als die der eigenen Zeit. Die Erfahrungsschichten, welche gegenwärtige Kunstwerke von Rang tragen; das, was in ihnen sprechen will, sind als objektiver Geist den Zeitgenossen unvergleichlich viel kommensurabler als Gebilde, deren geschichtsphilosophische Voraussetzungen dem aktuellen Bewußtsein entfremdet sind. Je intensiver man Bach begreifen will, desto rätselvoller blickt er mit all seiner Macht zurück. Kaum wohl fiele denn auch einem lebenden Komponisten, der nicht durch Stilwillen korrumpiert ist, eine Fuge ein, die besser wäre als ein Schulstück des Konservatoriums, als Parodie oder kümmerlicher Abguß des Wohltemperierten Klaviers. Die äußersten Schocks und Verfremdungsgesten der zeitgenössischen Kunst, Seismogramme einer allgemeinen und unausweichlichen Reaktionsform, sind näher, als was bloß nah erscheint allein vermöge seiner historischen Verdinglichung. Was allen für verständlich gilt, ist das unverständlich Gewordene; was die Manipulierten von sich wegschieben, insgeheim ihnen nur allzu verständlich; analog zum Diktum Freuds, das Unheimliche sei unheimlich als das heimlich allzu Vertraute. Darum wird es weggeschoben. Das jenseits des Vorhangs kulturelles Erbe, diesseits abendländische Tradition Getaufte wird akzeptiert, lediglich verfügbare und angedrehte Erfahrungen. Allvertraut sind sie der Konvention; das Allvertraute kaum mehr zu aktualisieren. Sie sind abgestorben im gleichen Augenblick, da sie unmittelbar zugänglich sein sollen; ihre spannungslose Zugänglichkeit ist ihr Ende. Zu demonstrieren wäre das ebenso daran, daß dunkle und fraglos unverstandene Werke im Pantheon der Klassizität aufgebahrt und hartnäckig wiederholt werden[76], wie daran, daß mit verschwindend wenigen, der exponierten Avantgarde vorbehaltenen Ausnahmen die Interpretationen traditioneller Werke falsch, sinnwidrig: objektiv unverständlich geraten. Das zu erkennen, bedarf es allerdings primär des Widerstands gegen den Schein der Verständlichkeit, der als Patina jene Werke und Interpretationen überzieht. Dagegen ist der ästhetische Konsu-

---

76 Vgl. Theodor W. Adorno, Moments musicaux. Neu gedruckte Aufsätze 1928–1962, Frankfurt a. M. 1964, S. 167 ff.

ment überaus allergisch: er fühlt, mit einigem Recht, daß, was er als seinen Besitz hütet, ihm geraubt wird, nur weiß er nicht, daß es ihm schon geraubt ist, sobald er als Besitz es reklamiert. Fremdheit zur Welt ist ein Moment der Kunst; wer anders denn als Fremdes sie wahrnimmt, nimmt sie überhaupt nicht wahr.

Geist in den Kunstwerken ist kein Hinzutretendes, sondern von ihrer Struktur gesetzt. Das ist zu nicht geringem Grad für den Fetischcharakter der Kunstwerke verantwortlich: indem ihr Geist aus ihrer Beschaffenheit folgt, erscheint er notwendig als Ansichseiendes, und sie sind Kunstwerke nur, wofern er so erscheint. Dennoch sind sie, samt der Objektivität ihres Geistes, ein Gemachtes. Reflexion muß den Fetischcharakter ebenso begreifen, als Ausdruck ihrer Objektivität gleichsam sanktionieren, wie kritisch auflösen. Insofern ist der Ästhetik ein kunstfeindliches Element beigemischt, das die Kunst wittert. Kunstwerke veranstalten das Unveranstaltete. Sie sprechen für es und tun ihm Gewalt an; sie kollidieren, indem sie ihrer Beschaffenheit als Artefakt folgen, mit jener. Die Dynamik, die jedes Kunstwerk in sich verschließt, ist sein Sprechendes. Eine der Paradoxien der Werke ist, daß sie, dynamisch in sich, überhaupt fixiert sind, während sie nur durch Fixierung zu Kunstwerken objektiviert werden. Wie sie denn, je insistenter man sie betrachtet, um so paradoxer werden: jedes Kunstwerk ist ein System von Unvereinbarkeit. Ihr Werden selbst vermöchte ohne Fixierung nicht sich darzustellen; Improvisationen pflegen bloß aneinanderzureihen, treten gleichsam auf der Stelle. Wortschrift und Notenschrift, einmal von außen gesehen, befremden durch die Paradoxie eines Daseienden, das seinem Sinn nach Werden ist. Die mimetischen Impulse, die das Kunstwerk bewegen, in ihm sich integrieren und es wieder desintegrieren, sind hinfällig sprachloser Ausdruck. Sprache werden sie durch ihre Objektivation als Kunst. Rettung von Natur, begehrt sie auf gegen deren Vergänglichkeit. Sprachähnlich wird das Kunstwerk im Werden der Verbindung seiner Elemente, eine Syntax ohne Worte noch in sprachlichen Gebilden. Was diese sagen, ist nicht, was ihre Worte sagen. In der intentionslosen Sprache erben die mimetischen Impulse an das Ganze sich fort, welches sie synthesiert. In Musik vermag ein Ereignis oder eine Situation eine ihnen vorhergehende Entwicklung nachträglich zu einem Ungeheuren zu prägen, auch wenn das Vorhergegangene an sich es gar nicht war. Solche retrospektive Verwandlung ist exemplarisch eine durch den Geist der Werke. Von den Gestalten, welche der psychologischen Theorie zugrunde liegen, unterscheiden die Kunstwerke sich dadurch, daß in ihnen die Elemente nicht nur, wie es auch in jenen möglich ist, mit einiger Selbständigkeit sich erhalten. Auch soweit sie erscheinen, sind sie nicht, wie die psychischen Gestalten es sein sollen, unmittelbar gegeben. Als geistig vermittelte treten sie in ein widerspruchsvolles Verhältnis zueinander, das in ihnen sich darstellt, wie sie es zu schlichten trachten. Die Elemente finden sich nicht in Juxtaposition, sondern reiben sich aneinander oder ziehen einander herbei, eines will das andere, oder eines stößt das andere ab. Das allein ist der Zusammenhang höher ambitionierter Gebilde. Die Dynamik der Kunstwerke ist das Sagende an ihnen, durch Vergeistigung erlangen sie die mimetischen Züge, die primär ihr Geist unterwirft. Die romantische Kunst hofft das mimetische Moment zu konservieren, indem sie es nicht durch Form vermittelt; durchs Ganze sagt, was kaum ein Einzelnes mehr sagen kann. Trotzdem kann sie die Nötigung zur Objektivation nicht einfach ignorieren. Sie setzt, was objektiv der Synthesis sich weigert, zum Unverbundenen herab. Dissoziiert sie sich in Details, so inkliniert sie nicht minder, im Gegensatz zu ihren Oberflächenqualitäten, zum abstrakt Formalen. Bei einem der größten Komponisten, Robert Schumann, verbündet diese Qualität sich wesentlich mit der Tendenz zum Zerfall. Die Reinheit, mit der sein Werk den unversöhnten Antagonismus ausprägt, verleiht ihm die Gewalt seines Ausdrucks und seinen Rang. Gerade wegen des abstrakten Fürsichseins der Form regrediert das romantische Kunstwerk hinter das klassizistische Ideal, das es als formalistisch verwirft. Dort war die Vermittlung von Ganzem und Teil weit nachdrücklicher aufgesucht, freilich nicht ohne resignative Züge sowohl des Ganzen, das an Typen sich orientiert, wie des Einzelnen, das aufs Ganze hin zugeschnitten ist. Allenthalben neigen die Verfallsformen von Romantik dem Akademismus zu. Unter solchem Aspekt drängt eine handfeste Typologie der Kunstwerke sich auf. Ein

Typus schreitet von oben, vom Ganzen her zum Unteren, der andere bewegt sich in der Gegenrichtung. Daß die beiden Typen einigermaßen distinkt sich durchhalten, bezeugt die Antinomie, die sie erzeugt und von keinem Typus aufzulösen ist, die Unversöhnlichkeit von Einheit und Besonderung. Beethoven hat der Antinomie sich gestellt, indem er, anstatt das Einzelne, nach der vorwaltenden Praxis des ihm vorhergehenden Zeitalters, schematisch auszulöschen, es, wahlverwandt dem reifen bürgerlichen Geist der Naturwissenschaften, entqualifizierte. Dadurch hat er nicht bloß Musik zum Kontinuum eines Werdenden integriert und die Form vor der heraufsteigenden Drohung der leeren Abstraktion behütet. Als untergehende gehen die Einzelmomente ineinander über und determinieren die Form durch ihren Untergang. Als Impuls zum Ganzen ist das Einzelne in Beethoven, und wiederum nicht, etwas, das nur im Ganzen wird, was es ist, an sich selbst aber zur relativen Unbestimmtheit bloßer Grundverhältnisse der Tonalität, hin zum Amorphen tendiert. Hört, liest man seine aufs äußerste artikulierte Musik nahe genug, so ähnelt sie einem Kontinuum des Nichts. Das tour de force eines jeden seiner großen Werke ist, daß buchstäblich hegelisch die Totalität des Nichts zu einer des Seins sich bestimmt, nur eben als Schein, nicht mit dem Anspruch absoluter Wahrheit. Doch wird dieser durch die immanente Stringenz als oberster Gehalt zumindest suggeriert. Das latent Diffuse, Ungreifbare nicht weniger als die bannende Gewalt, die es zum Etwas zusammenzwingt, repräsentieren polar das Naturmoment. Dem Dämon, dem kompositorischen Subjekt, das Blöcke schmiedet und schleudert, steht gegenüber das Ununterschiedene der kleinsten Einheiten, in welche ein jeglicher seiner Sätze sich dissoziiert, am Ende gar kein Material mehr sondern das nackte Bezugssystem der tonalen Grundverhältnisse. – Paradox jedoch sind die Kunstwerke auch insofern, als nicht einmal ihre Dialektik buchstäblich ist, nicht wie die Geschichte, ihr geheimes Modell, sich zuträgt. Dem Begriff des Artefakts reproduziert sie sich in seienden Gebilden, dem Gegenteil des Prozesses, der sie zugleich sind: Paradigma des illusionären Moments von Kunst. Von Beethoven wäre darauf zu extrapolieren, daß ihrer technischen Praxis nach alle authentischen Gebilde tours de force sind: manche Künstler der spätbürgerlichen Ära, Ravel, Valéry, haben das als ihre eigene Aufgabe erkannt. So kommt der Begriff des Artisten nach Hause. Das Kunststück ist keine Vorform von Kunst und keine Aberration oder Entartung sondern ihr Geheimnis, das sie verschweigt, um es am Ende preiszugeben. Thomas Manns provokatorischer Satz von der Kunst als höherem Jux spielte darauf an. Technologische wie ästhetische Analyse werden fruchtbar daran, daß sie des tour de force an den Werken innewerden. Auf dem obersten Formniveau wiederholt sich der verachtete Zirkusakt: die Schwerkraft besiegen; und die offene Absurdität des Zirkus: wozu all die Anstrengung, ist eigentlich schon der ästhetische Rätselcharakter. All das aktualisiert sich in Fragen der künstlerischen Interpretation. Ein Drama oder ein Musikstück richtig aufführen heißt, es richtig als Problem formulieren derart, daß die unvereinbaren Forderungen erkannt werden, die es an den Interpreten stellt. Die Aufgabe sachgerechter Wiedergabe ist prinzipiell unendlich.

Durch seinen Gegensatz zur Empirie setzt jedes Kunstwerk gleichsam programmatisch sich seine Einheit. Was durch den Geist hindurchging, bestimmt sich wider die schlechte Naturwüchsigkeit des Zufälligen und Chaotischen als Eines. Einheit ist mehr als bloß formal: kraft ihrer entringen die Kunstwerke sich dem tödlichen Auseinander. Die Einheit der Kunstwerke ist deren Zäsur zum Mythos. Sie erlangen an sich, ihrer immanenten Bestimmung nach, jene Einheit, die den empirischen Gegenständen rationaler Erkenntnis aufgeprägt ist: Einheit steigt aus ihren eigenen Elementen, dem Vielen auf, sie exstirpieren nicht den Mythos sondern besänftigen ihn. Wendungen wie die, ein Maler habe es verstanden, die Figuren einer Szene zu harmonischer Einheit zu komponieren, oder in einem Präludium Bachs mache der zur rechten Zeit und an der rechten Stelle angebrachte Orgelpunkt eine glückliche Wirkung – selbst Goethe verschmähte zuweilen nicht Formulierungen dieses Typus –, haben etwas altertümlich Provinzielles, weil sie hinter dem Begriff der immanenten Einheit zurückbleiben, freilich auch den Überschuß von Willkür in jedem Werk eingestehen. Sie loben den Makel ungezählter Werke, wenn nicht einen konstitutiven. Die materiale Einheit der Kunstwerke ist desto scheinhafter, in je höherem Grade ihre

Formen und Momente Topoi sind, nicht unmittelbar aus der Komplexion des einzelnen Werks stammen. Der Widerstand der neuen Kunst gegen den immanenten Schein, ihre Insistenz auf der realen Einheit des Unrealen hat den Aspekt, daß sie kein Allgemeines als in sich unreflektierte Unmittelbarkeit mehr duldet. Daß aber die Einheit nicht durchaus in den Einzelimpulsen der Werke entspringt, gründet nicht bloß in deren Zurichtung. Der Schein wird bedingt auch von jenen Impulsen. Während diese, sehnsüchtig, bedürftig, nach der Einheit blicken, die sie erfüllen und versöhnen könnten, wollen sie immer auch weg von ihr. Das Vorurteil der idealistischen Tradition zugunsten von Einheit und Synthesis hat das vernachlässigt. Einheit wird nicht zuletzt davon motiviert, daß die Einzelmomente durch ihre Richtungstendenz ihr entfliehen. Zerstreute Mannigfaltigkeit bietet sich der ästhetischen Synthesis nicht neutral dar, so wie das chaotische Material der Erkenntnistheorie, das qualitätslos weder seine Formung antezipiert noch durch ihre Maschen fällt. Ist die Einheit der Kunstwerke unvermeidlich auch die Gewalt, die dem Vielen angetan wird – die Wiederkehr von Ausdrücken wie dem von der Herrschaft über ein Material in der ästhetischen Kritik ist symptomatisch –, so muß das Viele die Einheit auch fürchten gleich den ephemeren und lockenden Bildern der Natur in den antiken Mythen. Die Einheit des Logos ist als abschneidende verstrickt in den Zusammenhang ihrer Schuld. Die Homerische Erzählung von der Penelope, die nächtens auftrennt, was sie des Tages gewirkt hat, ist eine ihrer selbst unbewußte Allegorie von Kunst: was die Listige an ihren Artefakten verübt, das verübt sie eigentlich an sich selbst. Seit dem Homerischen Gedicht ist die Episode nicht, wofür sie leicht mißverstanden wird, Zutat oder Rudiment sondern eine konstitutive Kategorie der Kunst: diese nimmt durch jene die Unmöglichkeit der Identität des Einen und des Vielen als Moment ihrer Einheit in sich hinein. Nicht weniger als Vernunft haben die Kunstwerke ihre List. Überließe man das Diffuse der Kunstwerke, ihre Einzelimpulse ihrer Unmittelbarkeit, sich selbst, so würden sie spurlos verpuffen. In Kunstwerken drückt sich ab, was sonst sich verflüchtigt. Durch die Einheit werden die Impulse zu einem Unselbständigen herabgesetzt; spontan sind sie nur noch metaphorisch. Das nötigt zur Kritik auch an sehr großen Kunstwerken. Die Vorstellung von Größe pflegt das Einheitsmoment als solches zu begleiten, zuweilen auf Kosten seiner Relation zum Nichtidentischen; dafür ist der Begriff von Größe in der Kunst selbst fragwürdig. Die autoritäre Wirkung großer Kunstwerke, zumal solcher der Architektur, legitimiert sie und verklagt sie. Integrale Form verschlingt sich mit Herrschaft, obwohl sie diese sublimiert; spezifisch französisch ist der Instinkt dagegen. Größe ist die Schuld der Werke, ohne solche Schuld langen sie nicht zu. Der Vorrang bedeutender Fragmente, und des fragmentarischen Charakters anderer, fertiggestellter, vor den runden Werken mag daher rühren. Manche nicht eben am höchsten geachteten Formtypen haben von je etwas dergleichen registriert. Quodlibet und Potpourri in der Musik, literarisch die scheinbar bequeme epische Lockerung des Ideals dynamischer Einheit bezeugen jenes Bedürfnis. Überall dort bleibt der Verzicht auf Einheit als Formprinzip, wie niedrig auch das Niveau sein mag, seinerseits Einheit sui generis. Aber sie ist unverbindlich, und ein Moment solcher Unverbindlichkeit den Kunstwerken wahrscheinlich verbindlich. Sobald sie sich stabilisiert, ist sie bereits verloren.

Wie Eines und Vieles in den Kunstwerken ineinander sind, läßt an der Frage nach ihrer Intensität sich fassen. Intensität ist die durch Einheit bewerkstelligte Mimesis, vom Vielen an die Totalität zediert, obwohl diese nicht derart unmittelbar gegenwärtig ist, daß sie als intensive Größe wahrgenommen werden könnte; die in ihr gestaute Kraft wird von ihr gleichsam ans Detail zurückerstattet. Daß in manchen seiner Momente das Kunstwerk sich intensiviert, schürzt, entlädt, wirkt in erheblichem Maß als sein eigener Zweck; die großen Einheiten von Komposition und Konstruktion scheinen nur um solcher Intensität willen zu existieren. Danach wäre, wider die gängige ästhetische Ansicht, das Ganze in Wahrheit um der Teile, nämlich seines καιρός, des Augenblicks wegen da, nicht umgekehrt; was der Mimesis entgegenarbeitet, will schließlich ihr dienen. Der vorkünstlerisch Reagierende, der Stellen aus einer Musik liebt, ohne auf die Form zu achten, vielleicht ohne sie zu bemerken, nimmt etwas wahr, was von ästhetischer Bildung mit Grund ausgetrieben wird und gleichwohl ihr essentiell bleibt. Wer kein Organ für schöne Stellen hat – auch in der Malerei, so wie Prousts Bergotte, der Sekunden vor seinem Tod gebannt wird von einem kleinen Stückchen Mauer auf einem Bild Vermeers –, ist dem Kunstwerk so fremd wie der zur Erfahrung von Einheit Unfähige. Gleichwohl empfangen jene Details ihre Leuchtkraft nur vermöge des Ganzen. Manche Takte Beethovens klingen wie der Satz aus den Wahlverwandtschaften »Wie ein Stern fuhr die Hoffnung vom Himmel hernieder«; so im langsamen Satz der d-moll-Sonate op. 31,2. Man muß lediglich die Stelle im Zusammenhang des Satzes spielen und dann allein, um zu hören, wie sehr sie ihr Inkommensurables, das Gefüge Überstrahlende, dem Gefüge verdankt. Zum Ungeheuren wird sie, indem ihr Ausdruck über das Vorhergehende durch die Konzentration einer gesanglichen, in sich vermenschlichten Melodie sich erhebt. Sie individuiert sich in Relation zur Totalität, durch diese hindurch; ihr Produkt so gut wie ihre Suspension. Auch Totalität, lückenloses Gefügtsein der Kunstwerke ist keine abschlußhafte Kategorie. Unabdingbar gegenüber der regressiv-atomistischen Wahrnehmung, relativiert sie sich, weil ihre Kraft allein in dem Einzelnen sich bewährt, in das sie hineinstrahlt.

Der Begriff des Kunstwerks impliziert den des Gelingens. Mißlungene Kunstwerke sind keine, Approximationswerte der Kunst fremd, das Mittlere ist schon das Schlechte. Es ist unvereinbar mit dem Medium der Besonderung. Mittlere Kunstwerke, der von wahlverwandten Geisteshistorikern gewürdigte gesunde Humusboden kleiner Meister supponiert ein Ideal ähnlich dem, was Lukács als ›normales Kunstwerk‹ zu verfechten nicht sich entblödete. Aber als Negation des schlecht Allgemeinen der Norm läßt Kunst normale Gebilde nicht zu und darum auch nicht mittlere, die sei es der Norm entsprechen, sei es ihren Stellenwert je nach ihrem Abstand von jener finden. Kunstwerke sind nicht zu skalieren; ihre Sichselbstgleichheit spottet der Dimension eines Mehr oder Weniger. Fürs Gelingen ist Stimmigkeit ein wesentliches Moment; keineswegs das einzige. Daß das Kunstwerk etwas treffe; der Reichtum an Einzelnem in der Einheit; der Gestus des Gewährenden noch in den sprödesten Gebilden:

das sind Muster von Forderungen, die der Kunst präsent sind, ohne daß sie auf der Koordinate Stimmigkeit sich antragen ließen; ihre Fülle ist wohl im Medium theoretischer Allgemeinheit nicht zu erlangen. Doch reichen sie hin, mit dem Begriff der Stimmigkeit auch den des Gelingens verdächtig zu machen, den ohnehin die Assoziation mit dem sich abzappelnden Musterschüler verunstaltet. Gleichwohl ist er nicht zu entbehren, soll nicht Kunst dem vulgären Relativismus anheimfallen, und er lebt in der Selbstkritik, die jedem Kunstwerk innewohnt und es erst zu einem macht. Immanent ist noch der Stimmigkeit, daß sie nicht ihr Ein und Alles sei; das scheidet ihren emphatischen Begriff vom akademischen. Was nur und durchaus stimmt, stimmt nicht. Das nichts als Stimmige, bar des zu Formenden, hört auf in sich etwas zu sein und artet zum Für anderes aus: das heißt akademische Glätte. Akademische Gebilde taugen nichts, weil die Momente, die ihre Logizität synthesieren müßte, gar keine Gegenimpulse hergeben, eigentlich gar nicht vorhanden sind. Die Arbeit ihrer Einheit ist überflüssig, tautologisch und, indem sie als Einheit von etwas auftritt, unstimmig. Gebilde dieses Typus sind trocken; allgemein ist Trockenheit der Stand abgestorbener Mimesis; ein Mimetiker par excellence wie Schubert wäre, nach der Temperamentenlehre, sanguinisch, feucht. Das mimetisch Diffuse kann Kunst sein, weil diese mit dem Diffusen sympathisiert; nicht die Einheit, die das Diffuse der Kunst zu Ehren abwürgt, anstatt es in sich zu empfangen. Nachdrücklich gelungen aber ist das Kunstwerk, dessen Form aus seinem Wahrheitsgehalt entfließt. Es braucht der Spuren seines Gewordenseins, des Artifiziellen nicht sich zu entschlagen; das phantasmagorische ist sein Widerpart, indem es durch seine Erscheinung als gelungen sich darstellt anstatt auszutragen, wodurch es vielleicht gelänge; das allein ist die Moral der Kunstwerke. Sie zu befolgen, nähern sie sich jenem Natürlichen, das man nicht ohne alles Recht von der Kunst verlangt; sie entfernen sich davon, sobald sie das Bild des Natürlichen in eigene Regie nehmen. Die Idee des Gelingens ist intolerant gegen die Veranstaltung. Sie postuliert objektiv ästhetische Wahrheit. Zwar ist keine ohne die Logizität des Werkes. Aber um ihrer inne zu werden, bedarf es des Bewußtseins des gesamten Prozesses, der im Problem eines jeden Werks sich zuspitzt. Durch diesen Prozeß ist die objektive Qualität selbst vermittelt. Kunstwerke haben Fehler und können an ihnen zunichte werden, aber es ist kein einzelner Fehler, der nicht in einem Richtigen sich zu legitimieren vermöchte, welches, wahrhaft als Bewußtsein des Prozesses, das Urteil kassierte. Kein Schulmeister müßte sein, wer aus kompositorischer Erfahrung gegen den ersten Satz des fis-moll-Quartetts von Schönberg Einwände erhöbe. Die unmittelbare Fortsetzung des ersten Hauptthemas, in der Bratsche, nimmt tongetreu das Motiv des zweiten Themas vorweg und verletzt dadurch die Ökonomie, welche vom durchgehaltenen Themendualismus den bündigen Kontrast verlangt. Denkt man jedoch den ganzen Satz zusammen, als einen Augenblick, so ist die Ähnlichkeit als andeutende Vorwegnahme sinnvoll. Oder: instrumentationslogisch wäre dem letzten Satz der Neunten Symphonie von Mahler entgegenzuhalten, daß zweimal hintereinander beim Wiedereintritt der Hauptstrophe deren Melodie in der gleichen charakteristischen Farbe, dem Solohorn, erscheint, anstatt daß sie dem Prinzip der Klangfarbenvariation unterworfen würde. Beim ersten Mal jedoch ist dieser Klang so eindringlich, exemplarisch, daß die Musik nicht davon loskommt, ihm nachgibt: so wird er zum Richtigen. Die Antwort auf die konkrete ästhetische Frage, warum ein Werk mit Grund schön genannt wird, besteht in der kasuistischen Durchführung einer solchen sich selbst reflektierenden Logik. Das empirisch Unabschließbare von derlei Reflexionen ändert nichts an der Objektivität dessen, was ihnen vor Augen steht. Der Einwand des gesunden Menschenverstands, die monadologische Strenge immanenter Kritik und der kategorische Anspruch des ästhetischen Urteils seien unvereinbar, weil jede Norm die Immanenz des Gefüges überschreite, während es ohne Norm zufällig bliebe, perpetuiert jene abstrakte Scheidung des Allgemeinen und Besonderen, die in den Kunstwerken zu Protest geht. Woran man des Richtigen oder Falschen eines Gebildes nach seinem eigenen Maß gewahr wird, das sind die Momente, in welchen Allgemeinheit konkret in der Monade sich durchsetzt. In dem in sich Gefügten oder miteinander Unvereinbaren steckt ein Allgemeines, ohne daß es der spezifischen Gestalt zu entreißen und zu hypostasieren wäre.

Das Ideologische, Affirmative am Begriff des gelungenen Kunstwerks hat sein Korrektiv daran, daß es keine vollkommenen Werke gibt. Existierten sie, so wäre tatsächlich die Versöhnung inmitten des Unversöhnten möglich, dessen Stand die Kunst angehört. In ihnen höbe Kunst ihren eigenen Begriff auf; die Wendung zum Brüchigen und Fragmentarischen ist in Wahrheit Versuch zur Rettung der Kunst durch Demontage des Anspruchs, sie wären, was sie nicht sein können und was sie doch wollen müssen; beide Momente hat das Fragment. Den Rang eines Kunstwerks definiert wesentlich, ob es dem Unvereinbaren sich stellt oder sich entzieht. Noch in den Momenten, die formal heißen, kehrt vermöge ihres Verhältnisses zum Unvereinbaren der Inhalt wieder, den ihr Gesetz gebrochen hat. Solche Dialektik in der Form macht ihre Tiefe aus; ohne sie wäre Form tatsächlich wofür sie dem Banausen gilt, leeres Spiel. Tiefe ist dabei nicht dem Abgrund subjektiver Innerlichkeit gleichzusetzen, der in den Kunstwerken sich öffne; vielmehr eine objektive Kategorie der Werke; das smarte Geschwätz von der Oberflächlichkeit aus Tiefe ist so subaltern wie die geweihten Lobreden auf diese. In oberflächlichen Gebilden greift die Synthesis nicht in die heterogenen Momente ein, auf welche sie sich bezieht; beides läuft unverbunden nebeneinander her. Tief sind Kunstwerke, welche weder das Divergente oder Widerspruchsvolle verdecken, noch es ungeschlichtet belassen. Indem sie es zur Erscheinung zwingen, die aus dem Ungeschlichteten herausgelesen wird, verkörpern sie die Möglichkeit von Schlichtung. Die Gestaltung der Antagonismen schafft sie nicht weg, versöhnt sie nicht. Indem sie erscheinen und alle Arbeit an ihnen bestimmen, werden sie zum Wesentlichen; dadurch, daß sie im ästhetischen Bild thematisch werden, tritt ihre Substantialität desto plastischer hervor. Manche geschichtlichen Phasen freilich gewährten größere Möglichkeiten der Versöhnung als die gegenwärtige, die sie radikal verweigert. Als gewaltlose Integration des Divergierenden jedoch transzendiert das Kunstwerk zugleich die Antagonismen des Daseins ohne den Trug, sie wären nicht mehr. Der innerste Widerspruch der Kunstwerke, der bedrohlichste und fruchtbarste, ist, daß sie unversöhnlich sind durch Versöhnung, während doch ihre konstitutive Unversöhnlichkeit auch ihnen selbst Versöhnung abschneidet. Mit Erkenntnis aber berühren sie sich in ihrer synthetischen Funktion, der Verbindung des Unverbundenen.

Nicht wegzudenken ist von Rang oder Qualität eines Kunstwerks das Maß seiner Artikulation. Generell dürften Kunstwerke desto mehr taugen, je artikulierter sie sind: wo nichts Totes, nichts Ungeformtes übrig ist; kein Feld, das nicht durch die Gestaltung hindurchgegangen wäre. Je tiefer es von dieser ergriffen ward, desto gelungener das Werk. Artikulation ist die Rettung des Vielen im Einen. Als Anweisung für die künstlerische Praxis heißt das Verlangen nach ihr soviel wie, daß jede spezifische Formidee bis ins Extrem muß getrieben werden. Auch die inhaltlich der Deutlichkeit konträre des Vagen bedarf, um im Kunstwerk sich zu realisieren, der äußersten Deutlichkeit ihrer Formung, wie etwa bei Debussy. Sie ist nicht zu verwechseln mit auftrumpfend exaltierter Gestik, obwohl die Gereiztheit dagegen eher der Angst entspringt als dem kritischen Bewußtsein. Was als style flamboyant immer noch in Mißkredit steht, kann nach dem Maß der Sache, die sich darstellen soll, höchst adäquat, ›sachlich‹ sein. Auch wo Gemäßigtes, Ausdrucksloses, Gebändigtes, Mittleres angestrebt wird, muß es mit äußerster Energie durchgeführt werden; unentschiedene, mittelmäßige Mitte ist so schlecht wie die Harlekinade und Aufregung, die sich durch die Wahl unangemessener Mittel übertreibt. Je artikulierter das Werk, desto mehr spricht seine Konzeption aus ihm; Mimesis erhält Sukkurs vom Gegenpol her. Während die Kategorie der Artikulation, korrelativ zum Individuationsprinzip, erst im neueren Zeitalter reflektiert ward, hat sie objektiv rückwirkende Gewalt auch über die älteren Werke: deren Rang kann nicht vom späteren geschichtlichen Verlauf isoliert werden. Vieles Ältere muß hinunter, weil die Schablone es von Artikulation dispensierte. Prima facie könnte man das Artikulationsprinzip, als eines der Verfahrensweise, in Analogie zur fortschreitenden subjektiven Vernunft setzen und es auf jene formale Seite nehmen, die durch die dialektische Behandlung der Kunst zum Moment relegiert wird. Ein solcher Begriff von Artikulation wäre zu billig. Denn sie besteht nicht in der Distinktion als einem Mittel der Einheit allein, sondern in der Realisierung jenes Unterschiedenen, das nach Hölderlins Wort gut ist[77]. Ästhetische Einheit empfängt ihre Dignität durchs Mannigfaltige selbst. Sie läßt dem Heterogenen Gerechtigkeit widerfahren. Das Gewährende der Kunstwerke, Antithesis ihres immanent-disziplinären Wesens, haftet an ihrem wie immer auch asketisch sich verbergenden Reichtum; Fülle schützt sie vor der Schmach des Wiederkäuens. Sie verheißt, was die Realität versagt, aber als eines der Momente unterm Formgesetz, nicht als etwas, womit das Werk aufwartete. Wie sehr ästhetische Einheit ihrerseits Funktion des Mannigfaltigen ist, zeigt sich daran, daß Gebilde, die, aus abstrakter Feindschaft gegen Einheit, sich in die Mannigfaltigkeit aufzulösen trachten, einbüßen, wodurch das Unterschiedene zum Unterschiedenen überhaupt wird. Werke des absoluten Wechsels, der Vielheit ohne Bezug auf ein Eines, werden eben dadurch undifferenziert, monoton, ein Einerlei.

Der Wahrheitsgehalt der Kunstwerke, von dem ihr Rang schließlich abhängt, ist bis ins Innerste geschichtlich. Er verhält sich nicht relativ zur Geschichte derart, daß er, und damit der Rang der Kunstwerke, einfach mit der Zeit variierte. Wohl hat eine solche Variation statt: und Kunstwerke von Qualität etwa vermögen durch Geschichte sich zu entblättern. Dadurch indessen fallen Wahrheitsgehalt, Qualität nicht dem Historismus anheim. Geschichte ist den Werken immanent, kein äußeres Schicksal, keine wechselnde Einschätzung. Geschichtlich wird der Wahrheitsgehalt dadurch, daß im Werk richtiges Bewußtsein sich objektiviert. Dies Bewußtsein ist kein vages An-der-Zeit-Sein, kein καιρός; das gäbe dem Weltverlauf recht, der nicht die Entfaltung der Wahrheit ist. Vielmehr heißt richtiges Bewußtsein, seitdem das Potential von Freiheit aufging, das fortgeschrittenste Bewußtsein der Widersprüche im Horizont ihrer möglichen Versöhnung. Kriterium fortgeschrittensten Bewußtseins ist der Stand der Produktivkräfte im Werk, zu dem auch, im Zeitalter seiner konstitutiven Reflektiertheit, die Position gehört, die es gesellschaftlich bezieht. Als Materialisation fortgeschrittensten Bewußtseins, welche die produktive Kritik des je gegebenen ästhetischen und außerästhetischen Zustands einschließt, ist der Wahrheitsgehalt

---

77 Vgl. Hölderlin, a. a. O., Bd. 2, S. 328.

der Kunstwerke bewußtlose Geschichtsschreibung, verbündet mit dem bis heute stets wieder Unterlegenen. Was freilich fortgeschritten sei, ist nicht stets so eindeutig, wie die Innervation der Mode es diktieren möchte; auch sie bedarf der Reflexion. Zur Entscheidung übers Forgeschrittensein gehört der gesamte Stand der Theorie hinzu, sie läßt sich nicht an isolierten Momenten festmachen. Vermöge ihrer handwerklichen Dimension hat alle Kunst etwas vom blinden Machen. Dies Stück Geist der Zeit bleibt permanent des Reaktionären verdächtig. Auch in der Kunst schleift das Operationelle die kritische Spitze ab; daran findet das Selbstvertrauen der technischen Produktivkräfte auf ihre Identität mit fortgeschrittenstem Bewußtsein seine Grenze. Kein modernes Werk von Rang, wäre es auch subjektiv und der Stilgebarung nach retrospektiv, kann dem sich entziehen. Gleichgültig, wieviel an theologischer Wiederherstellung in den Werken Anton Bruckners intentioniert sein mag, sie sind mehr als diese vorgebliche Intention. Am Wahrheitsgehalt haben sie teil, eben weil sie, über Stock und über Stein, die harmonischen und instrumentatorischen Funde ihrer Periode sich zugeeignet haben; was sie als Ewiges möchten, wird substantiell bloß als Modernes, und in seinem Widerspruch zur Moderne. Das Rimbaudsche il faut être absolument moderne, modern seinerseits, bleibt normativ. Weil jedoch Kunst ihren Zeitkern nicht in stofflicher Aktualität sondern in ihrer immanenten Durchbildung hat, wendet jene Norm bei aller Reflektiertheit sich an ein in gewissem Sinn Bewußtloses, an die Innervation, den Ekel vorm Abgestandenen. Das Organ dafür ist dicht an dem, was dem Kulturkonservatismus anathema ist, der Mode. Sie hat ihre Wahrheit als bewußtloses Bewußtsein des Zeitkerns von Kunst, und hat soweit normatives Recht, wie sie nicht ihrerseits von Verwaltung und Kulturindustrie manipuliert, vom objektiven Geist losgerissen wird. Große Künstler seit Baudelaire waren mit der Mode im Komplott; denunzierten sie jene, so wurden sie von den Impulsen ihrer eigenen Arbeit Lügen gestraft. Während Kunst der Mode widersteht, wo sie heteronom sie nivellieren möchte, ist sie mit ihr einig im Instinkt für die Jahreszahl, in der Aversion gegen Provinzialismus, gegen jenes Subalterne, das von sich fernzuhalten den einzigen menschenwürdigen Begriff künstlerischen

Niveaus abgibt. Selbst Künstler wie Richard Strauss, vielleicht sogar Monet haben an Qualität verloren, als sie, scheinbar ihrer selbst und des Gewonnenen froh, die Kraft zur geschichtlichen Innervation und zur Zueignung fortgeschrittenerer Materialien einbüßten.

Subjektive Regung jedoch, die das Fällige registriert, ist die Erscheinung eines dahinter geschehenden Objektiven, der Entfaltung der Produktivkräfte, welche die Kunst im Innersten mit der Gesellschaft gemein hat, der sie zugleich durch ihre eigene Entfaltung opponiert. Diese hat in der Kunst vielfachen Sinn. Sie ist eines der Mittel, die sich in ihrer Autarkie auskristallisieren; weiter die Absorption von Techniken, die außerhalb der Kunst, gesellschaftlich entstehen und die zuzeiten ihr, als fremde und antagonistische, nicht nur Fortschritte bringen; schließlich entfalten sich auch in der Kunst die menschlichen Produktivkräfte, etwa die subjektive Differenziertheit, obwohl solcher Fortschritt vielfach vom Schatten der Rückbildung in anderen Dimensionen begleitet wird. Fortgeschrittenes Bewußtsein versichert sich des Materialstandes, in dem Geschichte sich sedimentiert bis zu dem Augenblick, auf den das Werk antwortet; eben darin ist es aber auch verändernde Kritik der Verfahrensweise; es reicht ins Offene, über den status quo hinaus. Irreduzibel an solchem Bewußtsein ist das Moment der Spontaneität; in ihr spezifiziert sich der Geist der Zeit, seine bloße Reproduktion wird überschritten. Was nicht bloß die vorhandenen Prozeduren wiederholt, ist aber wiederum geschichtlich produziert, dem Wort von Marx gemäß, daß jede Epoche die Aufgaben löst, die ihr sich stellen[78]; in jeder scheinen tatsächlich die ästhetischen Produktivkräfte, Begabungen heranzuwachsen, die gleichwie aus zweiter Natur auf den Stand der Technik ansprechen und in einer Art sekundärer Mimesis ihn weitertreiben; so sehr sind Kategorien, die für außerzeitlich, für Naturanlagen gelten, zeitlich vermittelt: der kinematographische Blick als Angeborenes. Gewährt wird ästhetische Spontaneität vom Verhältnis zum außerästhetisch Realen: bestimmter Widerstand dagegen, durch Anpassung

---

78 Vgl. Karl Marx und Friedrich Engels, Werke, Bd. 13, 2. Aufl., Berlin 1964, S. 9 (Marx, Zur Kritik der politischen Ökonomie; Vorwort).

hindurch. Wie Spontaneität, welche traditionelle Ästhetik als das Schöpferische von der Zeit eximieren wollte, zeitlich ist in sich, so partizipiert sie an der im Einzelnen sich individuierenden Zeit; das verschafft ihr die Möglichkeit des Objektiven in den Werken. Der Einbruch des Zeitlichen in die Werke ist dem Begriff des Kunstvollen zu konzedieren, so wenig auch jene derart auf einen subjektiven Nenner zu bringen sind, wie es in der Vorstellung des Wollens liegt. Wie im Parsifal wird in Kunstwerken, auch den sogenannten Zeitkünsten, Zeit zum Raum.

Das spontane Subjekt ist, kraft dessen, was es in sich aufspeichert nicht minder als durch den eigenen Vernunftcharakter, der auf die Logizität der Kunstwerke sich überträgt, ein Allgemeines, als das Jetzt und Hier Hervorbringende ein zeitlich Besonderes. In der alten Lehre vom Genie war das registriert, nur, zu Unrecht, einem Charisma gutgeschrieben. Diese Koinzidenz geht in die Kunstwerke ein. Mit ihr wird das Subjekt zum ästhetisch Objektiven. Objektiv, keineswegs nur der Rezeption nach, verändern sich darum die Werke: die in ihnen gebundene Kraft lebt fort. Dabei ist im übrigen von der Rezeption nicht schematisch abzusehen; Benjamin redete einmal von den Spuren, welche die ungezählten Augen der Betrachter auf manchen Bildern hinterließen[79], und das Goethesche Diktum, es sei schwer zu beurteilen, was einmal eine große Wirkung getan hat, bezeichnet mehr als bloß den Respekt vor etablierter Meinung. Die Veränderung der Werke wird von ihrer Fixierung, in Stein oder auf der Leinwand, in literarischen oder in Notentexten nicht gebannt; obwohl an solcher Fixierung der wie immer mythisch befangene Wille seinen Anteil hat, die Werke aus der Zeit heraus zu stauen. Das Fixierte ist Zeichen, Funktion, nicht an sich; der Prozeß zwischen ihm und dem Geist ist die Geschichte der Werke. Ist jedes Werk Einstand, so vermag ein jedes abermals in Bewegung zu geraten. Die einstehenden Momente sind unversöhnlich miteinander. Die Entfaltung der Werke ist das Nachleben ihrer immanenten Dynamik. Was Werke durch die Konfiguration

---

79 Vgl. Walter Benjamin, Schriften, a. a. O., Bd. 1, S. 462. – *Benjamin zitiert a. a. O. aus Prousts Temps retrouvé. (Anm. d. Hrsg.)*

ihrer Elemente sagen, bedeutet in verschiedenen Epochen objektiv Verschiedenes, und das affiziert schließlich ihren Wahrheitsgehalt. Werke mögen uninterpretierbar werden, verstummen; vielfach werden sie schlecht; überhaupt dürfte die innere Veränderung von Werken meist ein Absinken, ihren Sturz in die Ideologie involvieren. Es gibt immer weniger Gutes aus der Vergangenheit. Der Vorrat der Kultur schrumpft: die Neutralisierung zum Vorrat ist der auswendige Aspekt des inwendigen Zerfalls der Werke. Ihre geschichtliche Veränderung erstreckt sich auch aufs Formniveau. Während heute keine emphatische Kunst mehr denkbar ist, die nicht den Anspruch aufs höchste stellte, ist es noch keine Bürgschaft des Überlebens. Umgekehrt werden an Werken, die von sich aus gar nicht die größten Ambitionen hegen mochten, zuweilen Qualitäten sichtbar, die sie an Ort und Stelle schwerlich hatten. Claudius, Hebel sind widerstandsfähiger als hochmögende Autoren wie Hebbel oder der Flaubert der Salambô; die Form der Parodie, die auf dem niedrigeren Formniveau gegen das höhere nicht schlecht gedeiht, kodifiziert das Verhältnis. Niveaus sind festzuhalten und zu relativieren.

Werden aber die fertigen Werke erst, was sie sind, weil ihr Sein ein Werden ist, so sind sie ihrerseits auf Formen verwiesen, in denen jener Prozeß sich kristallisiert: Interpretation, Kommentar, Kritik. Sie sind nicht bloß an die Werke von denen herangebracht, die mit ihnen sich beschäftigen, sondern der Schauplatz der geschichtlichen Bewegung der Werke an sich und darum Formen eigenen Rechts. Sie dienen dem Wahrheitsgehalt der Werke als einem diese Überschreitenden und scheiden ihn – die Aufgabe der Kritik – von den Momenten seiner Unwahrheit. Daß in ihnen die Entfaltung der Werke glücke, dazu müssen jene Formen bis zur Philosophie sich schärfen. Von innen her, in der Bewegung der immanenten Gestalt der Kunstwerke und der Dynamik ihres Verhältnisses zum Begriff der Kunst, manifestiert sich am Ende, wie sehr Kunst, trotz und wegen ihres monadologischen Wesens, Moment in der Bewegung des Geistes ist und der gesellschaftlich realen. Das Verhältnis zu vergangener Kunst ebenso wie die Schranken von deren Apperzipierbarkeit haben ihren Ort im gegenwärtigen Stand des Bewußtseins als positives oder negatives Aufgehobensein; alles andere ist nichts als Bildung. Jedes inventarisierende Bewußtsein der künstlerischen Vergangenheit ist falsch. Erst einer befreiten, versöhnten Menschheit wird einmal vielleicht die Kunst der Vergangenheit ohne Schmach, ohne die verruchte Rancune gegen die zeitgenössische Kunst sich geben, als Wiedergutmachung an den Toten. Das Gegenteil einer genuinen Beziehung zum Geschichtlichen der Werke als ihrem eigenen Gehalt ist ihre eilfertige Subsumtion unter die Geschichte, ihre Zuweisung an historische Orte. In Zermatt präsentiert sich das Matterhorn, Kinderbild des absoluten Bergs, wie wenn es der einzige Berg auf der ganzen Welt wäre; auf dem Gorner Grat als Glied der ungeheuren Kette. Aber nur von Zermatt aus läßt auf den Gorner Grat sich gelangen. Nicht anders steht es um die Perspektive auf die Werke.

Die Interdependenz von Rang und Geschichte darf nicht nach dem hartnäckigen Cliché der vulgären Geisteswissenschaft vorgestellt werden, Geschichte sei die Instanz, die über den Rang entscheidet. Damit wird einzig die eigene Unfähigkeit geschichtsphilosophisch rationalisiert, so als ob jetzt und hier nicht mit Grund sich urteilen ließe. Derlei Demut hat vorm pontifikalen Kunstrichter nichts voraus. Vorsichtige und gespielte Neutralität ist bereit, unter herrschende Meinungen sich zu ducken. Ihr Konformismus erstreckt sich noch auf die Zukunft. Sie vertraut auf den Gang des Weltgeists, auf jene Nachwelt, der das Echte unverloren sei, während Weltgeist unterm fortwährenden Bann das alte Unwahre bestätigt und tradiert. Gelegentliche große Entdeckungen oder Ausgrabungen wie die Grecos, Büchners, Lautréamonts haben ihre Kraft gerade daran, daß der Geschichtsgang als solcher keineswegs dem Guten beisteht. Auch im Hinblick auf bedeutende Kunstwerke muß er, nach Benjamins Wort, gegen den Strich gebürstet werden[80], und niemand vermag zu sagen, was an Bedeutendem in der Geschichte der Kunst vernichtet ward, oder so tief vergessen, daß es nicht wiederzufinden ist, oder so verketzert, daß es nicht einmal zum Appell kommen kann: selten duldet die Gewalt der historischen Realität auch nur geistige Revisionen. Gleichwohl ist die Konzeption des Urteils der Geschichte nicht bloß nichtig. Seit Jahrhun-

---

80 Vgl. a. a. O., S. 498.

derten abundieren Beispiele fürs Unverständnis der Zeitgenossen; die Forderung nach Neuem und Originalem seit dem Ende des feudalen Traditionalismus kollidiert notwendig mit jeweils geltenden Anschauungen; tendenziell wird gleichzeitige Rezeption immer schwieriger. Auffällig immerhin, wie wenig Kunstwerke obersten Ranges sogar in der Epoche des Historismus zutage gefördert wurden, der doch alles Erreichbare durchwühlte. Mit Widerstreben wäre weiter zuzugestehen, daß die berühmtesten Werke der berühmtesten Meister, Fetische in der Warengesellschaft, doch vielfach, wenngleich nicht stets, der Qualität nach den vernachlässigten überlegen sind. Im Urteil der Geschichte verschränkt sich Herrschaft als herrschende Ansicht mit der sich entfaltenden Wahrheit der Werke. Als Antithese zur bestehenden Gesellschaft erschöpft sie sich nicht in deren Bewegungsgesetzen, sondern hat ein eigenes, diesen konträres; und in der realen Geschichte steigt nicht nur die Repression an sondern auch das Potential von Freiheit, das mit dem Wahrheitsgehalt von Kunst solidarisch ist. Die Meriten eines Werkes, sein Formniveau, seine inwendige Gefügtheit pflegen erst dann erkennbar zu werden, wenn das Material veraltet oder wenn das Sensorium gegen die auffälligsten Merkmale der Fassade abgestumpft sind. Beethoven konnte als Komponist wahrscheinlich erst gehört werden, nachdem der Gestus des Titanischen, seine primäre Wirkung, von den krasseren Effekten Jüngerer wie Berlioz überboten war. Die Superiorität der großen Impressionisten über Gauguin zeichnet sich erst ab, seitdem dessen Innovationen angesichts späterer verblaßt sind. Damit jedoch die Qualität geschichtlich sich entfalte, bedarf es nicht ihrer allein, an sich, sondern dessen was darauf folgt und dem Älteren Relief verleiht; vielleicht sogar herrscht eine Relation zwischen der Qualität und einem Prozeß des Absterbens. Manchen Kunstwerken wohnt die Kraft inne, die gesellschaftliche Schranke zu durchbrechen, die sie erreichten. Während die Schriften Kafkas durch die eklatante empirische Unmöglichkeit des Erzählten das Einverständnis der Romanleser verletzten, wurden sie eben vermöge solcher Verletzung allen verständlich. Die von Abendländern und Stalinisten unisono ausposaunte Ansicht von der Unverständlichkeit neuer Kunst trifft deskriptiv weithin zu; falsch ist sie, weil sie die Rezeption als feste Größe behandelt und die Eingriffe ins Bewußtsein unterschlägt, deren inkompatible Werke fähig sind. In der verwalteten Welt ist die adäquate Gestalt, in der Kunstwerke aufgenommen werden, die der Kommunikation des Unkommunizierbaren, die Durchbrechung des verdringlichten Bewußtseins. Werke, in denen die ästhetische Gestalt, unterm Druck des Wahrheitsgehalts, sich transzendiert, besetzen die Stelle, welche einst der Begriff des Erhabenen meinte. In ihnen entfernen Geist und Material sich voneinander im Bemühen, Eines zu werden. Ihr Geist erfährt sich als sinnlich nicht Darstellbares, ihr Material, das, woran sie außerhalb ihres Confiniums gebunden sind, als unversöhnbar mit ihrer Einheit des Werkes. Der Begriff des Kunstwerks ist Kafka so wenig mehr angemessen, wie der des Religiösen je es war. Das Material – nach Benjamins Formulierung zumal die Sprache – wird kahl, nackt sichtbar; Geist empfängt von ihm die Qualität zweiter Abstraktheit. Kants Lehre vom Gefühl des Erhabenen beschreibt erst recht eine Kunst, die in sich erzittert, indem sie sich um des scheinlosen Wahrheitsgehalts willen suspendiert, ohne doch, als Kunst, ihren Scheincharakter abzustreifen. Zur Invasion des Erhabenen in die Kunst trug einst der Naturbegriff der Aufklärung bei. Mit der Kritik an der absolutistischen, Natur als ungestüm, ungehobelt, plebejisch tabuierenden Formenwelt drang in der europäischen Gesamtbewegung gegen Ende des achtzehnten Jahrhunderts in die Kunstübung ein, was Kant als erhaben der Natur reserviert hatte und was in ansteigenden Konflikt mit dem Geschmack geriet. Die Entfesselung des Elementarischen war eins mit der Emanzipation des Subjekts und damit dem Selbstbewußtsein des Geistes. Es vergeistigt als Natur die Kunst. Ihr Geist ist Selbstbesinnung auf sein eigenes Naturhaftes. Je mehr Kunst ein Nichtidentisches, unmittelbar dem Geist Entgegengesetztes in sich hineinnimmt, desto mehr muß sie sich vergeistigen. Umgekehrt hat Vergeistigung ihrerseits der Kunst zugeführt, was, sinnlich nicht wohlgefällig und abstoßend, dieser zuvor tabu war; das sensuell nicht Angenehme hat Affinität zum Geist. Die Emanzipation des Subjekts in der Kunst ist die von deren eigener Autonomie; ist sie von der Rücksicht auf Rezipierende befreit, so wird ihr die sinnliche Fassade gleichgültiger. Diese verwandelt sich in eine Funktion des Gehalts. Er kräftigt sich am nicht bereits gesellschaftlich Approbierten und Vorgeformten. Nicht durch Ideen, die sie bekundete, vergeistigt sich Kunst, sondern durchs Elementarische. Es ist jenes Intentionslose, das den Geist in sich zu empfangen vermag; die Dialektik von beidem ist der Wahrheitsgehalt. Ästhetische Spiritualität hat von je mit dem ›fauve‹, dem Wilden besser sich vertragen als mit dem kulturell Okkupierten. Als Vergeistigtes wird das Kunstwerk an sich, was man ihm sonst als Wirkung auf anderen Geist, als Katharsis zusprach, Sublimierung von Natur. Das Erhabene, das Kant der Natur vorbehielt, wurde nach ihm zum geschichtlichen Konstituens von Kunst selber. Das Erhabene zieht die Demarkationslinie zu dem, was später Kunstgewerbe hieß. Kants Vorstellung von der Kunst war insgeheim die eines Dienenden. Kunst wird human in dem Augenblick, da sie den Dienst kündigt. Unvereinbar ist ihre Humanität mit jeglicher Ideologie des Dienstes am Menschen. Treue hält sie den Menschen allein durch Inhumanität gegen sie.

Durch ihre Transplantation in die Kunst wird die Kantische Bestimmung des Erhabenen über sich hinausgetrieben. Ihr zufolge erfährt der Geist an seiner empirischen Ohnmacht der Natur gegenüber sein Intelligibles als jener entrückt. Indem jedoch Erhabenes angesichts der Natur soll gefühlt werden können, wird der subjektiven Konstitutionstheorie gemäß Natur ihrerseits erhaben, Selbstbesinnung angesichts ihres Erhabenen antezipiert etwas von der Versöhnung mit ihr. Natur, nicht länger vom Geist unterdrückt, befreit sich von dem verruchten Zusammenhang von Naturwüchsigkeit und subjektiver Souveränität. Solche Emanzipation wäre die Rückkehr von Natur, und sie, Gegenbild bloßen Daseins, ist das Erhabene. In den Zügen des Herrschaftlichen, die seiner Macht und Größe einbeschrieben sind, spricht es gegen die Herrschaft. Dem kommt Schillers Diktum nahe, der Mensch sei nur da ganz Mensch, wo er spiele; mit der Vollendung seiner Souveränität läßt er den Bann von deren Zweck unter sich. Je dichter die empirische Realität dagegen sich sperrt, desto mehr zieht sich Kunst ins Moment des Erhabenen zusammen; zart verstanden, war, nach dem Sturz formaler Schönheit, die Moderne hindurch von den traditionellen ästhetischen Ideen seine allein übrig. Noch die Hybris der Kunstreligion, der Selbsterhöhung der Kunst zum Absoluten, hat ihr Wahrheitsmoment an der Allergie gegen das nicht Erhabene an der Kunst, jenes Spiel, das bei der Souveränität des Geistes es beläßt. Was bei Kierkegaard, subjektivistisch, ästhetischer Ernst heißt, die Erbschaft des Erhabenen, ist der Umschlag der Werke in ein Wahres vermöge ihres Gehalts. Die Aszendenz des Erhabenen ist eins mit der Nötigung der Kunst, die tragenden Widersprüche nicht zu überspielen, sondern sie in sich auszukämpfen; Versöhnung ist ihnen nicht das Resultat des Konflikts; einzig noch, daß er Sprache findet. Damit wird aber das Erhabene latent. Kunst, die auf einen Wahrheitsgehalt drängt, in den das Ungeschlichtete der Widersprüche fällt, ist nicht jener Positivität der Negation mächtig, welche den traditionellen Begriff des Erhabenen als eines gegenwärtig Unendlichen beseelte. Dem korrespondiert der Niedergang der Spielkategorien. Noch im neunzehnten Jahrhundert bestimmt eine berühmte klassizistische Theorie die Musik, gegen Wagner, als Spiel tönend bewegter Formen; gern hat man die Ähnlichkeit musikalischer Verläufe mit den optischen des Kaleidoskops, einer hintersinnigen Erfindung des Biedermeiers, hervorgehoben. Man braucht diese Ähnlichkeit nicht kulturgläubig zu leugnen: die Zusammenbruchsfelder in symphonischer Musik wie der Mahlerschen haben ihr treues Analogon in den Situationen des Kaleidoskops, darin eine Serie leicht variierender Bilder einstürzt und eine qualitativ veränderte Konstellation sichtbar wird. Nur ist an der Musik ihr begrifflich Unbestimmtes, ihr Wechsel, ihre Artikulation durch ihre eigenen Mittel höchst bestimmt, und an der Totalität der Bestimmungen, die sie sich selbst gibt, gewinnt sie den Inhalt, den der Begriff des Formenspiels ignoriert. Was als erhaben auftritt, klingt hohl, was unverdrossen spielt, regrediert auf das Läppische, von dem es abstammt. Freilich wächst mit der Dynamisierung der Kunst, ihrer immanenten Bestimmung als eines Tuns, insgeheim auch ihr Spielcharakter an; das bedeutendste Orchesterwerk von Debussy hieß, ein halbes Jahrhundert vor Beckett, Jeux. Kritik an Tiefe und Ernst, einmal zielend gegen die Überhebung provinzieller Innerlichkeit, ist unterdessen nicht weniger Ideologie als jene, Rechtfertigung des betriebsamen und bewußtlosen Mitmachens, der Aktivität um ihrer selbst willen. Freilich schlägt am Ende das Erhabene in sein Gegenteil um. Konkreten Kunstwerken gegenüber wäre vom Erhabenen überhaupt nicht mehr zu reden ohne das Salbadern von Kulturreligion, und das rührt her von der Dynamik der Kategorie selber. Den Satz, vom Erhabenen zum Lächerlichen sei nur ein Schritt, hat Geschichte eingeholt, in all ihrem Grauen ihn selbst vollzogen, so wie Napoleon ihn äußerte, als sein Glück sich wendete. An Ort und Stelle meinte der Satz grandiosen Stil, pathetischen Vortrag, der, durchs Mißverhältnis zwischen seinem Anspruch und seiner möglichen Erfüllung, meist durch ein sich einschleichendes Pedestres, Komik bewirke. Aber das an Entgleisungen Visierte trägt im Begriff des Erhabenen selbst sich zu. Erhaben sollte die Größe des Menschen als eines Geistigen und Naturbezwingenden sein. Enthüllt sich jedoch die Erfahrung des Erhabenen als Selbstbewußtsein des Menschen von seiner Naturhaftigkeit, so verändert sich die Zusammensetzung der Kategorie erhaben. Sie war selbst in ihrer Kantischen Version von der Nichtigkeit des Menschen tingiert; an ihr, der Hinfälligkeit des empirischen Einzelwesens, sollte die Ewigkeit seiner allgemeinen Bestimmung, des Geistes, aufgehen. Wird jedoch Geist selber auf sein naturhaftes Maß gebracht, so ist in ihm die Vernichtung des Individuums nicht länger positiv aufgehoben. Durch den Triumph des Intelligiblen im Einzelnen, der geistig dem Tod standhält, plustert er sich auf, als wäre er, Träger des Geistes, trotz allem absolut. Das überantwortet ihn der Komik. Dem Tragischen selber schreibt avancierte Kunst die Komödie, Erhabenes und Spiel konvergieren. Das Erhabene markiert die unmittelbare Okkupation des Kunstwerks durch Theologie; sie vindiziert den Sinn des Daseins, ein letztes Mal, kraft seines Untergangs. Gegen das Verdikt darüber vermag die Kunst nichts von sich aus. Etwas an Kants Konstruktion des Erhabenen widersteht dem Einwand, er hätte es bloß darum dem Naturgefühl reserviert, weil er große subjektive Kunst noch nicht erfahren hatte. Bewußtlos drückt seine Lehre aus, das Erhabene sei mit dem Scheincharakter der Kunst nicht vereinbar; ähnlich vielleicht wie Haydn auf Beethoven reagierte, den er den Großmogul nannte. Als die bürgerliche Kunst nach dem Erhabenen die Hand ausstreckte und dadurch zu sich selbst kam, war ihr bereits die Bewegung des Erhabenen auf seine Negation hin einbeschrieben. Theologie ihrerseits ist spröde gegen ihre ästhetische Integration. Erhabenes als Schein hat auch seinen Widersinn und trägt bei zur Neutralisierung von Wahrheit; Tolstois Kreutzersonate klagte dessen die Kunst an. Im übrigen zeugt gegen die subjektive Gefühlsästhetik, daß die Gefühle, auf denen sie basiert, Schein seien. Nicht jene sind es, sie sind real; der Schein haftet an den ästhetischen Gebilden. Kants Askese gegen das ästhetisch Erhabene antezipiert objektiv die Kritik des heroischen Klassizismus und der davon derivierten emphatischen Kunst. Indem er jedoch das Erhabene ins überwältigend Große, die Antithese von Macht und Ohnmacht setzte, hat er ungebrochen seine fraglose Komplizität mit Herrschaft bejaht. Ihrer muß Kunst sich schämen, und das Nachhaltige, welches die Idee des Erhabenen wollte, umkehren. Kant bereits entging keineswegs, daß erhaben nicht das quantitativ Große als solches war: mit tiefem Recht hat er den Begriff des Erhabenen durch den Widerstand des Geistes gegen die Übermacht definiert. Das Gefühl des Erhabenen gilt nicht dem Erscheinenden unmittelbar; die hohen Berge sprechen als Bilder eines vom Fesselnden, Einengenden befreiten Raums und von der möglichen Teilhabe daran, nicht indem sie erdrücken. Erbe des Erhabenen ist die ungemilderte Negativität, nackt und scheinlos wie einmal der Schein des Erhabenen es verhieß. Dies ist aber zugleich das des Komischen, das ehedem vom Gefühl des Kleinen, sich Aufspreizenden und Insignifikativen sich nährte und meist für etablierte Herrschaft sprach. Komisch ist das Nichtige durch den Anspruch der Relevanz, den es durch sein bloßes Dasein anmeldet und mit dem es auf die Seite des Gegners sich schlägt; so nichtig aber ist, einmal durchschaut, der Gegner, Macht und Größe ihrerseits geworden. Tragik und Komik gehen in der neuen Kunst unter und erhalten als untergehende sich in ihr.

Was den Kategorien Tragik und Komik widerfuhr, bezeugt den Niedergang der ästhetischen Gattungen als Gattungen. Kunst ist einbezogen in den Gesamtprozeß des vordringenden Nominalismus, seitdem der mittelalterliche ordo gesprengt ward. Kein Allgemeines ist ihr in Typen mehr vergönnt und die älteren werden vom Strudel ergriffen. Croces kunstkritische Erfahrung, jedes Werk sei, wie es englisch heißt, on its own merits zu beurteilen, trug jene geschichtliche Tendenz in die theoretische Ästhetik. Wohl nie hat ein Kunstwerk, das zählt, seiner Gattung ganz entsprochen. Bach, von dem die Schulregeln der Fuge abgezogen sind, schrieb keinen Zwischensatz nach dem Muster der Sequenzierung im doppelten Kontrapunkt, und die Nötigung, vom mechanischen Muster abzuweichen, wurde schließlich den Konservatoriumsregeln selbst inkorporiert. Der ästhetische Nominalismus war die von Hegel versäumte Konsequenz seiner Lehre vom Vorrang der dialektischen Stufen über die abstrakte Totalität. Aber Croces verspätete Konsequenz verwässert die Dialektik, indem sie mit den Gattungen das Moment der Allgemeinheit bloß kassiert, anstatt im Ernst es aufzuheben. Das ordnet Croces Gesamttendenz sich ein, den wiederentdeckten Hegel dem damaligen Zeitgeist zu adaptieren durch eine mehr oder minder positivistische Entwicklungslehre. So wenig die Künste als solche spurlos in der Kunst verschwinden, so wenig die Gattungen und Formen in jeder einzelnen Kunst. Fraglos war die attische Tragödie auch der Niederschlag eines so Allgemeinen wie der Versöhnung des Mythos. Große autonome Kunst entstand im Einverständnis mit der Emanzipation des Geistes und so wenig ohne das Element des Allgemeinen wie dieser. Das principium individuationis aber, das die Forderung des ästhetisch Besonderen involviert, ist nicht nur als Prinzip seinerseits allgemein, sondern dem sich befreienden Subjekt inhärent. Sein Allgemeines, Geist, ist dem eigenen Sinn nach nicht jenseits der besonderen Einzelnen, die ihn tragen. Der χωρισμός von Subjekt und Individuum gehört einer sehr späten philosophischen Reflexionsstufe an, ersonnen, um das Subjekt ins Absolute zu überhöhen. Das substantielle Moment der Gattungen und Formen hat seinen Ort in den geschichtlichen Bedürfnissen ihrer Materialien. So ist die Fuge gebunden an tonale Verhältnisse; und von der nach Beseitigung der Modalität zur Alleinherrschaft gelangten Tonalität in der imitatorischen Praxis, als deren Telos, gleichsam gefordert. Spezifische Prozeduren wie die reale oder tonale Beantwortung eines Fugenthemas sind musikalisch sinnvoll eigentlich nur, sobald die überkommene Polyphonie mit der neuen Aufgabe sich konfrontiert sieht, die homophone Schwerkraft der Tonalität aufzuheben, Tonalität sowohl dem polyphonen Raum zu integrieren wie das kontrapunktische und harmonische Stufendenken einzulassen. Alle Eigentümlichkeiten der Fugenform wären aus jener den Komponisten keineswegs bewußten Necessität abzuleiten. Fuge ist die Organisationsform der tonal gewordenen und durchrationalisierten Polyphonie; insofern reicht sie weiter als ihre einzelnen Realisierungen und ist doch nicht ohne sie. Darum ist auch die Emanzipation vom Schema, in diesem, allgemein vorgezeichnet. Hat die Tonalität keine Verbindlichkeit mehr, werden Grundkategorien der Fuge wie der Unterschied von dux und comes, die normierte Struktur der Antwort, vollends das der Rückkunft der Haupttonart dienende reprisenhafte Element der Fuge, funktionslos, technisch falsch. Begehrt das differenzierte und dynamisierte Ausdrucksbedürfnis der einzelnen Komponisten nicht länger die Fuge, die übrigens weit differenzierter war, als es dem Freiheitsbewußtsein dünkt, so ist sie gleichzeitig objektiv, als Form unmöglich geworden. Wer dennoch die bald sich archaisierende Form benutzt, muß sie ›auskonstruieren‹, ihre nackte Idee anstelle ihrer Konkretion hervortreten lassen; Analoges gilt für andere Formen. Konstruktion der vorgegebenen Form aber wird zum Als ob und trägt bei zu ihrer Zerstörung. Die historische Tendenz ihrerseits hat das Moment des Allgemeinen. Fugen wurden erst geschichtlich zu Fesseln. Formen wirken zuzeiten inspirierend. Die totale motivische Arbeit, und damit die konkrete Durchbildung von Musik, hatte das Allgemeine der Fugenform zu ihrer Voraussetzung. Auch der Figaro wäre nie geworden, was er ist, hätte nicht seine Musik nach dem getastet, was Oper verlangt, und das impliziert die Frage, was Oper sei. Und daß Schönberg, willentlich oder nicht, Beethovens Reflexion fortsetzt, wie man auf die rechte Weise Quartette schriebe, führte zu jener Expansion des Kontrapunkts, die dann das gesamte musikalische Material umstülpte. Der Ruhm des Künstlers als Schöpfer tut ihm Unrecht, indem er zur willkürlichen Erfindung relegiert, was es nicht ist. Wer authentische Formen schafft, erfüllt sie. – Croces Einsicht, die einen Restbestand von Scholastik und zopfigem Rationalismus ausfegte, folgten die Werke nach; der Klassizist hätte es so wenig gebilligt wie sein Meister Hegel. Die Nötigung zum Nominalismus aber geht nicht von der Reflexion aus sondern vom Zug der Werke, insofern von einem Allgemeinen von Kunst. Seit unvordenklichen Zeiten trachtete sie, das Besondere zu erretten; fortschreitende Besonderung war ihr immanent. Von je waren die gelungenen Werke die, in denen die Spezifikation am weitesten gediehen war. Die allgemeinen ästhetischen Gattungsbegriffe, die immer wieder normativ sich etablierten, waren stets wohl befleckt von der didaktischen Reflexion, welche über die durch Besonderung vermittelte Qualität zu verfügen hoffte, indem sie bedeutende Werke auf Merkmaleinheiten brachte, an denen dann gemessen wurde, ohne daß sie notwendig das Wesentliche der Werke gewesen wären. Die Gattung speichert die Authentizität der einzelnen Gebilde in sich auf. Dennoch ist die Tendenz zum Nominalismus nicht einfach identisch mit der Entfaltung der Kunst zu ihrem begriffsfeindlichen Begriff. Die Dialektik des Allgemeinen und Besonderen schafft jedoch nicht, wie der trübe Symbolbegriff, ihre Differenz weg. Das principium individuationis in der Kunst, ihr immanenter Nominalismus ist eine Anweisung, kein vorfindlicher Sachverhalt. Sie befördert nicht bloß die Besonderung und damit radikale Durchbildung der einzelnen Werke. Indem sie die Allgemeinheiten aufreiht, an denen jene sich orientierten, verwischt sie zugleich die Demarkationslinie gegen die unausgeformte, rohe Empirie, bedroht die Durchbildung der Werke nicht weniger, als sie sie entbindet. Der Aufstieg des Romans im bürgerlichen Zeitalter, der nominalistischen und insofern paradoxen Form par excellence, ist dafür prototypisch; aller Verlust der neueren Kunst an Authentizität datiert darauf zurück. Das Verhältnis von Allgemeinem und Besonderem ist nicht so simpel, wie der nominalistische Zug es suggeriert, auch nicht so trivial wie die Lehre der traditionellen Ästhetik, daß das Allgemeine sich besondern müsse. Die bündige Disjunktion von Nominalismus und Universalismus gilt nicht. Ebenso wahr ist, was der schmählich vergessene August Halm in der Musik akzentuierte, die Existenz und Teleologie objektiver Gattungen und Typen, wie daß auf diese kein Verlaß ist, daß sie attackiert werden müssen, um ihr substantielles Moment zu bewähren. In der Geschichte der Formen schlägt Subjektivität, die sie zeitigte, qualitativ um und verschwindet in jenen. So gewiß Bach die Form der Fuge aus Ansätzen seiner Vorgänger produzierte; so gewiß sie sein subjektives Produkt ist und eigentlich als Form nach ihm verstummte, so sehr war der Prozeß, in dem er sie hervorbrachte, auch objektiv determiniert, Beseitigung des unfertig Rudimentären, Unausgebildeten. Das von ihm Vollbrachte zog die Konsequenz aus dem, was unstimmig in den älteren Canzonen und Ricercaren wartete und forderte. Nicht weniger dialektisch sind die Gattungen als das Besondere. Entsprungen und vergänglich, haben sie gleichwohl etwas mit Platonischen Ideen gemein. Je authentischer die Werke desto mehr folgen sie einem objektiv Gefordertem, der Stimmigkeit der Sache, und sie ist stets allgemein. Die Kraft des Subjekts besteht in der Methexis daran, nicht in seiner bloßen Kundgabe. Die Formen präponderieren so lange übers Subjekt, bis die Stimmigkeit der Gebilde mit jenen nicht mehr koinzidiert. Das Subjekt sprengt sie um der Stimmigkeit willen, aus Objektivität. Den Gattungen wurde das einzelne Werk nicht dadurch gerecht, daß es ihnen sich subsumiert, sondern durch den Konflikt, in welchem es sie lange rechtfertigte, dann aus sich erzeugte, schließlich tilgte. Je spezifischer das Werk desto treuer erfüllt es seinen Typus: der dialektische Satz, das Besondere sei das Allgemeine, hat sein Modell an der Kunst. Bei Kant ist das erstmals visiert, und schon entschärft. Unterm Aspekt der Teleologie fungiert Vernunft bei ihm in der Ästhetik als total, identitätssetzend. Rein erzeugt, kennt für Kant das Kunstwerk am Ende gar kein Nichtidentisches. Seine Zweckhaftigkeit, in der diskursiven Erkenntnis als dem Subjekt unerreichbar von der Transzendentalphilosophie tabuiert, wird dieser in der Kunst sozusagen hantierbar. Die Allgemeinheit im Besonderen ist beschrieben gleichwie ein Prästabiliertes; der Geniebegriff muß dazu herhalten, sie zu garantieren; eigentlich explizit wird sie kaum. Individuation entfernt dem einfachen Wortsinn nach Kunst primär vom Allgemeinen. Daß sie à fond perdu sich individuieren muß, macht die Allgemeinheit problematisch; Kant hat das gewußt. Wird sie als bruchlos möglich supponiert, so scheitert sie vorweg; wird sie weggeworfen, um gewonnen zu werden, so muß sie keineswegs wiederkehren; sie ist verloren, wofern das Individuierte nicht von sich aus, ohne deus ex machina, ins Allgemeine übergeht. Die Bahn, die allein den Kunstwerken als die ihres Gelingens offen bleibt, ist auch die fortschreitender Unmöglichkeit. Hilft längst der Rekurs aufs vorgegebene Allgemeine der Gattungen nicht mehr, so nähert sich das radikal Besondere dem Rand von Kontingenz und absoluter Gleichgültigkeit, und kein Mittleres besorgt den Ausgleich.

In der Antike ging die ontologische Ansicht von der Kunst, auf welche die der Gattungsästhetik zurückdatiert, auf eine kaum mehr nachvollziehbare Weise mit ästhetischem Pragmatismus zusammen. Bei Platon wird Kunst, wie man weiß, mit schelem Blick je nach ihrer präsumtiven staatspolitischen Nützlichkeit bewertet. Die Aristotelische Ästhetik blieb eine der Wirkung, freilich bürgerlich aufgeklärter und humanisiert insofern, als sie die Wirkung der Kunst in den Affekten der Einzelnen aufsucht, gemäß den hellenistischen Privatisierungstendenzen. Die von beiden postulierten Wirkungen mögen schon damals fiktiv gewesen sein. Gleichwohl ist die Allianz von Gattungsästhetik und Pragmatismus nicht so widersinnig wie auf den ersten Blick. Früh bereits mochte der in aller Ontologie lauernde Konventionalismus mit dem Pragmatismus als allgemeiner Zweckbestimmung sich arrangieren; das principium individuationis ist nicht nur den Gattungen sondern auch der Subsumtion unter die gerade herrschende Praxis entgegen. Die den Gattungen konträre Versenkung ins Einzelwerk führt auf dessen immanente Gesetzlichkeit. Die Werke werden Monaden; das zieht sie von dem nach außen gerichteten disziplinären Effekt ab. Wird die Disziplin der Werke, die sie ausübten oder stützten, zu ihrer eigenen Gesetzmäßigkeit, so büßen sie ihre krud autoritären Züge den Menschen gegenüber ein. Autoritäre Gesinnung und Nachdruck auf möglichst reinen und unvermischten Gattungen vertragen sich gut; unreglementierte Konkretion erscheint autoritärem Denken befleckt, unrein; die Theorie der »Authoritarian Personality« hat das als intolerance of ambiguity vermerkt, sie ist in aller hierarchischen Kunst und Gesellschaft unverkennbar. Ob freilich der Begriff des Pragmatismus auf die Antike ohne Verzerrung angewandt werden kann, ist offen. Als Doktrin von der

Meßbarkeit geistiger Gebilde an ihrer realen Wirkung supponiert er jenen Bruch von außen und innen, von Individuum und Kollektivität, der die Antike allmählich erst durchfurchte und nie so vollkommen wie die bürgerliche Welt; kollektive Normen hatten nicht durchaus den gleichen Stellenwert wie in der Moderne. Doch scheint heute bereits wieder die Versuchung größer, geschichtsphilosophisch die Divergenzen zwischen chronologisch weit auseinanderliegenden Theoremen zu überspannen, unbekümmert um die Invarianz ihrer herrschaftlichen Züge. Die Komplizität von Platons Urteilen über die Kunst mit jenen ist so offenbar, daß es eines ontologischen entêtement bedarf, um sie mit der Beteuerung, all das sei ganz anders gemeint gewesen, wegzuinterpretieren.

Der fortschreitende philosophische Nominalismus liquidierte die Universalien, längst ehe der Kunst die Gattungen und ihr Anspruch als gesetzte und hinfällige Konventionen, als tot und formelhaft sich darstellten. Die Gattungsästhetik hat sich wohl nicht nur dank der Autorität des Aristoteles auch im nominalistischen Zeitalter, den deutschen Idealismus hindurch behauptet. Die Vorstellung von der Kunst als einer irrationalen Sondersphäre, in die alles relegiert wird, was aus dem Szientivismus herausfällt, mag an solchem Anachronismus beteiligt gewesen sein; mehr noch wahrscheinlich, daß nur mit Hilfe der Gattungsbegriffe die theoretische Reflexion einen ästhetischen Relativismus glaubte vermeiden zu können, welcher der undialektischen Ansicht mit radikaler Individuation sich verkoppelt. Die Konventionen selbst locken – prix du progrès – als entmächtigte. Sie scheinen Nachbilder der Authentizität, an der Kunst verzweifelt, ohne doch diese zu verpflichten; daß sie nicht ernst genommen werden können, wird zum Surrogat unerreichbarer Heiterkeit; in sie, die willentlich zitierte, flüchtet sich das ästhetisch niedergehende Moment des Spiels. Funktionslos geworden, fungieren die Konventionen als Masken. Diese aber rechnen zu den Ahnen der Kunst; jedes Werk mahnt in der Erstarrung, die zum Werk es macht, ans Maskenhafte. Zitierte und verzerrte Konventionen sind ein Stück Aufklärung insofern, als sie die magischen Masken dadurch entsühnen, daß sie sie zum Spiel wiederholen; freilich stets fast geneigt, sich positiv zu setzen und

Kunst in den repressiven Zug zu integrieren. Im übrigen waren Konventionen und Gattungen nicht nur der Gesellschaft zu willen; manche, wie der Topos von der Magd als Herrin, waren allerdings bereits entschärfte Rebellion. Insgesamt wäre die Distanz der Kunst von der kruden Empirie, in der ihr Autonomie zuwuchs, ohne Konventionen nicht zu erlangen gewesen; niemand mochte die Commedia dell'arte naturalistisch mißverstehen. Konnte sie nur in einer noch geschlossenen Gesellschaft gedeihen, so stellte diese die Bedingungen bei, durch welche Kunst zum Dasein in jenen Widerstand trat, in dem ihr gesellschaftlicher Widerstand sich verkappt. Das Pseudos der Nietzscheschen Verteidigung der Konventionen, entsprungen in ungebrochenem Widerstand gegen die Bahn des Nominalismus und in Ressentiment gegen den Fortschritt ästhetischer Materialbeherrschung, war es, daß er die Konventionen buchstäblich, dem simplen Wortsinn nach, als Übereinkunft, als willkürlich Gemachtes und der Willkür Anheimgestelltes mißdeutete. Weil er den sedimentierten geschichtlichen Zwang in den Konventionen übersah, sie dem puren Spiel zurechnete, konnte er sie ebenso bagatellisieren wie mit der Geste des Justament verteidigen. Dadurch wurde sein Ingenium, an Differenziertheit allen Zeitgenossen voraus, in den Bannkreis ästhetischer Reaktion verschlagen, und schließlich vermochte er nicht mehr, die Formniveaus auseinanderzuhalten. Das Postulat des Besonderen hat das negative Moment, der Herabsetzung der ästhetischen Distanz zu dienen und dadurch mit dem Bestehenden zu paktieren; was darin als vulgär Anstoß erregte, verletzt nicht bloß die soziale Hierarchie, sondern schickt sich auch zum Kompromiß der Kunst mit dem kunstfremd Barbarischen. Indem die Konventionen zu Formgesetzen der Gebilde wurden, haben sie jene im Innersten gefestigt und gegen die Nachahmung des äußeren Lebens spröde gemacht. Konventionen enthalten ein dem Subjekt Auswendiges und Heterogenes, gemahnen es jedoch der eigenen Grenzen, des ineffabile seiner Zufälligkeit. Je mehr das Subjekt erstarkt und komplementär die gesellschaftlichen und die von diesen derivierten geistigen Ordnungskategorien an Verbindlichkeit einbüßen, desto weniger ist zwischen dem Subjekt und den Konventionen auszugleichen. Zum Sturz der Konventionen führt der zunehmende Bruch von innen und außen. Setzt dann das abgespaltene Subjekt die Konventionen aus Freiheit von sich aus, so erniedrigt der Widerspruch sie zur bloßen Veranstaltung: als gewählte oder dekretierte versagen sie, was das Subjekt von ihnen sich erwartet. Was an den Kunstwerken später als spezifische Qualität, als Unverwechselbares und Unaustauschbares des je einzelnen Gebildes hervortrat und zum Relevanten wurde, war Abweichung von der Gattung, bis es in die neue Qualität umschlug; diese ist durch die Gattung vermittelt. Daß der Kunst universelle Momente ebenso unabdingbar sind, wie sie ihnen sich entgegenstemmt, ist zu begreifen aus ihrer Sprachähnlichkeit. Denn Sprache ist dem Besonderen feind und doch auf dessen Errettung gerichtet. Sie hat das Besondere vermittelt durch Allgemeinheit und in der Konstellation von Allgemeinem, aber läßt den eigenen Universalien nur dann Gerechtigkeit widerfahren, wenn sie nicht starr, mit dem Schein ihres Ansichseins verwandt werden, sondern zum Äußersten konzentriert auf das spezifisch Auszudrückende. Die Universalien der Sprache empfangen ihre Wahrheit durch einen ihnen gegenläufigen Prozeß. »Jedes heilsame, ja jedes nicht im innersten verheerende Wirken der Schrift beruht in ihrem (des Wortes, der Sprache) Geheimnis. In wievielerlei Gestalten auch die Sprache sich wirksam erweisen mag, sie wird es nicht durch die Vermittlung von Inhalten, sondern durch das reinste Erschließen ihrer Würde und ihres Wesens tun. Und wenn ich von anderen Formen der Wirksamkeit – als Dichtung und Prophetie – hier absehe, so erscheint es mir immer wieder, daß die kristallreine Elimination des Unsagbaren in der Sprache die uns gegebene und nächstliegende Form ist, innerhalb der Sprache und insofern durch sie zu wirken. Diese Elimination des Unsagbaren scheint mir gerade mit der eigentlich sachlichen, der nüchternen Schreibweise zusammenzufallen und die Beziehung zwischen Erkenntnis und Tat eben innerhalb der sprachlichen Magie anzudeuten. Mein Begriff sachlichen und zugleich hochpolitischen Stils und Schreibens ist: hinzuführen auf das dem Wort Versagte; nur wo diese Sphäre des Wortlosen in unsagbar reiner Macht sich erschließt, kann er magische Funken zwischen Wort und bewegender Tat überspringen, wo die Einheit dieser beiden gleich wirklichen ist. Nur die intensive Richtung der

Worte in den Kern des innersten Verstummens hinein gelangt zur Wirkung. Ich glaube nicht daran, daß das Wort dem Göttlichen irgendwo ferner stünde als das ›wirkliche‹ Handeln, also ist es auch nicht anders fähig, ins Göttliche zu führen als durch sich selbst und seine eigene Reinheit. Als Mittel genommen wuchert es.«[81] Was Benjamin die Elimination des Unsagbaren nennt, ist nichts anderes als die Konzentration der Sprache aufs Besondere, der Verzicht, ihre Universalien unmittelbar als metaphysische Wahrheit zu setzen. Die dialektische Spannung zwischen Benjamins extrem objektivistischer und insofern universalistischer Sprachmetaphysik und einer Formulierung, die fast wörtlich mit der berühmt gewordenen, übrigens erst fünf Jahre später veröffentlichten und Benjamin unbekannten Wittgensteins übereinstimmt, ist übertragbar auf die Kunst, mit dem freilich entscheidenden Zusatz, daß die ontologische Askese der Sprache der einzige Weg sei, das Unsagbare gleichwohl zu sagen. In Kunst sind Universalien am kräftigsten, wo sie der Sprache am nächsten kommt: etwas sagt, das, indem es gesagt wird, sein Jetzt und Hier übersteigt; solche Transzendenz aber gelingt der Kunst nur vermöge ihrer Tendenz auf radikale Besonderung; dadurch, daß sie nichts sagt, als was sie kraft der eigenen Durchbildung, in immanentem Prozeß sagen kann. Das sprachähnliche Moment der Kunst ist ihr Mimetisches; beredt allgemein wird sie einzig in der spezifischen Regung, weg vom Allgemeinen. Die Paradoxie, daß Kunst es sagt und doch nicht sagt, hat zum Grunde, daß jenes Mimetische, durch welches sie es sagt, als Opakes und Besonderes dem Sagen zugleich opponiert.

Konventionen im Stande ihrer wie immer schon schwanken Ausgleichung mit des Subjekt heißen Stil. Sein Begriff bezieht sich ebenso auf das umfassende Moment, durch welches Kunst Sprache wird – der Inbegriff aller Sprache an Kunst ist ihr Stil –, wie auf das Fesselnde, das irgend noch mit Besonderung sich vertrug. Ihren vielbejammerten Niedergang haben die Stile sich verdient, sobald solcher Friede als Illusion kenntlich ward. Zu beklagen ist nicht, daß Kunst der Stile sich begab, sondern daß

---

[81] Walter Benjamin, Briefe, hg. von G. Scholem und Th. W. Adorno, Frankfurt a. M. 1966, Bd. 1, S. 126 f.

sie unterm Bann ihrer Autorität Stile fingierte; alle Stillosigkeit des neunzehnten Jahrhunderts läuft darauf hinaus. Objektiv rührt die Trauer über den Stilverlust, meist freilich nichts als Schwäche zur Individuation, daher, daß nach dem Zerfall der kollektiven Verbindlichkeit von Kunst, oder dem ihres Scheins – denn die Allgemeinheit der Kunst trug immer Klassencharakter und war insofern partikular –, die Werke so wenig radikal durchgebildet wurden, wie die frühen Automobile vom Vorbild der Chaisen, die frühen Photographien von dem der Portraits loskamen. Der überkommene Kanon ist demontiert, Kunstwerke aus Freiheit können nicht unter fortwährender gesellschaftlicher Unfreiheit gedeihen, und deren Male sind ihnen eingebrannt, selbst wo sie gewagt werden. In der Stilkopie, einem der ästhetischen Urphänomene des neunzehnten Jahrhunderts, wird man aber jenes spezifisch Bürgerliche zu suchen haben, das Freiheit zugleich verspricht und kupiert. Alles soll dem Zugriff verfügbar sein, aber er regrediert auf Wiederholung des Verfügbaren, das es gar nicht ist. In Wahrheit wäre bürgerliche Kunst, als konsequent autonome, mit der vorbürgerlichen Idee von Stil gar nicht zu vereinen; daß sie so zäh dieser Konsequenz sich verschloß, drückt die Antinomie bürgerlicher Freiheit selbst aus. Sie resultiert in Stillosigkeit: nichts mehr, woran man, nach Brechts Diktum, sich halten kann, aber unterm Zwang von Markt und Anpassung auch nicht die Möglichkeit, Authentisches frei aus sich heraus zu vollbringen; darum wird das bereits Verurteilte heraufgerufen. Die viktorianischen Wohnhausserien, die Baden verunstalten, sind Parodien der Villa bis in die Slums hinein. Die Verwüstungen aber, die man dem stillosen Zeitalter zuschreibt und ästhetisch kritisiert, sind gar nicht Ausdruck eines kitschigen Geistes der Zeit, sondern Produkte eines Außerkünstlerischen, der falschen Rationalität vom Profit gesteuerter Industrie. Indem das Kapital für seine Zwecke mobilisiert, was ihm die irrationalen Momente der Kunst dünken, zerstört es diese. Ästhetische Rationalität und Irrationalität werden gleichermaßen vom Fluch der Gesellschaft verstümmelt. Kritik am Stil ist durch dessen polemisch-romantisches Wunschbild verdrängt; weitergetrieben, ereilte sie wohl die gesamte traditionelle Kunst. Authentische Künstler wie Schönberg haben heftig gegen den

Stilbegriff aufbegehrt; es ist ein Kriterium radikaler Moderne, ob sie diesen kündigt. Nie reichte der Stilbegriff unmittelbar an die Qualität von Werken heran; die ihren Stil am genauesten zu repräsentieren scheinen, haben stets den Konflikt mit ihm ausgetragen; Stil selbst war die Einheit von Stil und seiner Suspension. Jedes Werk ist Kraftfeld auch in seinem Verhältnis zum Stil, selbst noch in der Moderne, hinter deren Rücken sich ja gerade dort, wo sie dem Stilwillen absagte, unter dem Zwang des Durchbildens etwas wie Stil konstituierte. Je mehr die Kunstwerke ambitionieren, desto energischer tragen sie den Konflikt aus, sei es auch unter Verzicht auf jenes Gelingen, in dem sie ohnehin Affirmation wittern. Nachträglich verklären allerdings ließ sich der Stil nur, weil er trotz seiner repressiven Züge den Kunstwerken nicht einfach von außen aufgeprägt war, sondern, wie Hegel es mit Hinblick auf die Antike zu nennen liebte, in einigem Maß substantiell. Er infiltriert das Kunstwerk mit etwas wie objektivem Geist; selbst die Momente von Spezifikation hat er hervorgelockt, zur eigenen Realisierung Spezifisches verlangt. In Perioden, in denen jener objektive Geist nicht durchaus gesteuert war, Spontaneitäten von einst nicht total verwaltete, war am Stil auch Glück. Für die subjektive Kunst Beethovens war konstitutiv die in sich durch und durch dynamische Form der Sonate und damit der spät-absolutistische Stil des Wiener Klassizismus, der erst durch Beethoven zu sich selbst kam, der ihn auskomponierte. Nichts derart ist mehr möglich, Stil liquidiert. Dagegen wird uniform der Begriff des Chaotischen aufgerufen. Durchweg projiziert er bloß die Unfähigkeit, der spezifischen Logik der Sache zu folgen, auf diese; verblüffend regelmäßig sind die Invektiven gegen neue Kunst mit bestimmbarem Mangel an Verständnis, oftmals an einfachster Kenntnis gepaart. Unwiderruflich durchschaut ist das Verpflichtende der Stile als Reflex des Zwangscharakters der Gesellschaft, den die Menschheit, intermittierend und mit unablässig drohendem Rückschlag, abzuschütteln trachtet; ohne die objektive Struktur einer geschlossenen und darum repressiven Gesellschaft ist obligatorischer Stil nicht vorstellbar. Auf die einzelnen Kunstwerke ist der Stilbegriff allenfalls als Inbegriff seiner Sprachmomente anzuwenden: das Werk, das keinem Stil sich subsumiert, muß seinen Stil oder, wie Berg es nannte, seinen ›Ton‹ haben. Unleugbar dabei, daß in der jüngsten Entwicklung die je in sich durchgebildeten Kunstwerke sich einander annähern. Was die akademische Historie Personalstil nennt, geht zurück. Will er sich protestierend am Leben erhalten, so prallt er unweigerlich fast mit der immanenten Gesetzmäßigkeit des Einzelwerks zusammen. Vollkommene Negation des Stils scheint in Stil umzuschlagen. Die Entdeckung konformistischer Züge im Nonkonformismus[82] jedoch ist unterdessen zur Binsenwahrheit geworden, gut einzig dazu, daß das schlechte Gewissen des Konformismus sich ein Alibi holt bei dem, was es anders will. Dadurch wird die Dialektik des Besonderen zum Allgemeinen hin nicht gemindert. Daß in den nominalistisch avancierten Kunstwerken Allgemeines, zuweilen Konventionelles wiederkehrt, ist kein Sündenfall sondern verursacht von ihrem Sprachcharakter: er erzeugt mit jeder Stufe und in der fensterlosen Monade ein Vokabular. So benutzt die Dichtung des Expressionismus, nach dem Aufweis von Mautz[83], gewisse Konventionen über Farbvaleurs, die auch in Kandinskys Buch sich identifizieren lassen. Ausdruck, die heftigste Antithese zur abstrakten Allgemeinheit, mag, um sprechen zu können, wie es in seinem Begriff liegt, solcher Konventionen bedürfen. Beharrte er auf dem Punkt der absoluten Regung, so könnte er diese nicht so weit bestimmen, daß sie aus dem Kunstwerk spräche. Wenn in allen ästhetischen Medien der Expressionismus, wider seine Idee, Stilähnliches herbeizog, so war das nur bei seinen subalternen Repräsentanten Akkomodation an den Markt: sonst folgte es aus jener Idee. Um sich zu realisieren, muß sie Aspekte eines über das τόδε τι Hinausreichenden annehmen und verhindert damit wieder ihre Realisierung.

Naive Stilgläubigkeit geht zusammen mit der Rancune gegen den Begriff des Fortschritts der Kunst. Kulturphilosophische Raisonnements pflegen, verstockt gegen die immanenten Tenden-

---

82 Vgl. Theodor W. Adorno, Minima moralia. Reflexionen aus dem beschädigten Leben, 2. Aufl., Frankfurt a. M. 1962, S. 275 ff.
83 Vgl. Kurt Mautz, Die Farbensprache der expressionistischen Lyrik, in: Deutsche Vierteljahrsschrift für Literaturwissenschaft und Geistesgeschichte 31 (1957), S. 198 ff.

zen, die zum künstlerischen Radikalismus treiben, wohlweise darauf sich zu berufen, daß der Fortschrittsbegriff selbst überholt, schlechtes Relikt des neunzehnten Jahrhunderts sei. Das verschafft ihnen den Schein geistiger Überlegenheit über die technologische Befangenheit avantgardistischer Künstler, und einigen demagogischen Effekt; sie erteilen dem verbreiteten, auf die Kulturindustrie heruntergekommenen und von ihr gezüchteten Anti-Intellektualismus den intellektuellen Segen. Der ideologische Charakter solcher Bestrebungen indessen dispensiert nicht von der Reflexion über das Verhältnis der Kunst zum Fortschritt. In ihr gilt sein Begriff, wie Hegel und Marx wußten, nicht ebenso ungebrochen wie für die technischen Produktivkräfte. Bis ins Innerste ist die Kunst in die geschichtliche Bewegung anwachsender Antagonismen verflochten. In ihr gibt es so viel und so wenig Fortschritt wie in der Gesellschaft. Hegels Ästhetik krankt nicht zuletzt daran, daß sie, wie das gesamte System schwankend zwischen Denken in Invarianten und ungegängelt dialektischem, zwar das geschichtliche Moment von Kunst als eines der ›Entfaltung der Wahrheit‹ wie keiner vor ihm begriff, trotzdem jedoch den Kanon der Antike konserviert hat. Anstatt Dialektik in den ästhetischen Fortschritt hineinzutragen, hat er diesen gebremst; eher war ihm Kunst vergänglich als ihre prototypischen Gestalten. Unabsehbar waren die Folgen in den kommunistischen Ländern hundert Jahre später: ihre reaktionäre Kunsttheorie nährt sich, nicht ohne einigen Zuspruch von Marx, vom Hegelschen Klassizismus. Daß laut Hegel einmal die Kunst die adäquate Stufe des Geistes gewesen sein soll und es nicht mehr sei, bekundet ein Vertrauen in den realen Fortschritt im Bewußtsein der Freiheit, das bitter enttäuscht wurde. Ist Hegels Theorem von Kunst als dem Bewußtsein von Nöten stichhaltig, so ist sie auch nicht veraltet. Tatsächlich trat das von ihm prognostizierte Ende der Kunst in den einhundertfünfzig Jahren seitdem nicht ein. Keineswegs wurde ein bereits Verurteiltes leer bloß weiterbetrieben; der Rang der bedeutendsten Produkte der Epoche und erst recht der als dekadent verketzerten, ist nicht mit denen zu diskutieren, die ihn von außen und darum von unten her annullieren möchten. Noch der äußerste Reduktionismus im Bewußtsein der Nöte von Kunst selber, der Gestus ihres Verstummens und Verschwindens, bewegt gleichwie in einem Differential sich weiter. Weil es in der Welt noch keinen Fortschritt gibt, gibt es einen in der Kunst; »il faut continuer«. Freilich bleibt Kunst verstrickt in das, was bei Hegel Weltgeist heißt, und darum mitschuldig, aber dieser Schuld könnte sie entgehen nur, indem sie sich abschaffte, und damit leistete sie erst recht der sprachlosen Herrschaft Vorschub und wiche der Barbarei. Kunstwerke, die ihrer Schuld ledig werden wollen, schwächen sich als Kunstwerke. Man betete wiederum dem Weltgeist seine Einsinnigkeit allzu treu nach, brächte man ihn einzig auf den Begriff von Herrschaft. Kunstwerke, die in manchen Phasen über den geschichtlichen Augenblick hinausschießender Befreiung brüderlich mit dem Weltgeist sind, verdanken ihm Atem, Frische, alles, wodurch sie Zurichtung und Immergleichheit übersteigen. In dem Subjekt, das in solchen Werken die Augen aufschlägt, erwacht Natur zu sich, und der geschichtliche Geist selber hat Anteil an ihrer Erweckung. So sehr jeglicher Fortschritt der Kunst seinem Wahrheitsgehalt zu konfrontieren, keiner zu fetischisieren ist, so armselig wäre die Unterscheidung von gutem als maßvollem und schlechtem als verwildertem Fortschritt. Unterdrückte Natur pflegt reiner laut zu werden in den artifiziell gescholtenen Werken, die nach dem Stand der technischen Produktivkräfte zum Äußersten fortschreiten, als in den bedächtigen, deren partis pris für Natur mit realer Naturbeherrschung so einig ist wie der Waldfreund mit der Jagd. Weder ist ein Fortschritt der Kunst zu verkünden, noch zu leugnen. Kein späteres Werk könnte dem Wahrheitsgehalt von Beethovens letzten Quartetten sich an die Seite stellen, ohne daß doch deren Position, nach Material, Geist und Verfahrungsweise, noch einmal, und wäre es von der größten Begabung, sich einnehmen ließe.

Die Schwierigkeit, über den Fortschritt von Kunst generell zu urteilen, ist eine der Struktur ihrer Geschichte. Diese ist inhomogen. Allenfalls formen sich sukzessiv-kontinuierliche Reihen, die dann, vielfach unter gesellschaftlichem Druck, der auch einer zur Anpassung sein kann, abbrechen; kontinuierliche künstlerische Entwicklungen haben bis heute relativ konstanter sozialer Bedingungen bedurft. Kontinuitäten der Gattung verlaufen parallel zu gesellschaftlicher Kontinuität und Homogenität; gemutmaßt mag werden, daß in der Verhaltensweise des italienischen Publikums zur Oper von den Neapolitanern bis Verdi, vielleicht bis Puccini, nicht gar zuviel sich änderte; und eine ähnliche Kontinuität der Gattung, gekennzeichnet durch in sich einigermaßen folgerechte Entwicklung der Mittel und Verbote, dürfte an der spätmittelalterlichen Polyphonie zu konstatieren sein. Die Korrespondenz geschlossener historischer Abläufe in der Kunst und womöglich statischer Sozialstrukturen indiziert die Beschränktheit der Gattungsgeschichte; bei abrupten sozialen Strukturveränderungen, wie dem Anspruch eines erstarkenden Bürgertums als Publikum, verändern sich abrupt Gattungen und Stiltypen. Die Generalbaßmusik, in ihren Anfängen primitiv bis zur Regression, verdrängte die hochentwickelte niederländische und italienische Polyphonie, und deren mächtige Reprise in Bach wurde nach dessen Tod für Dezennien spurlos zur Seite geschoben. Nur desultorisch kann von einem Übergang von Werk zu Werk die Rede sein. Spontaneität, der Drang ins Unerfaßte, der von Kunst nicht wegzudenken ist, hätte sonst keinen Raum, ihre Geschichte wäre mechanisch determiniert. Das reicht bis in die Produktion einzelner bedeutender Künstler; ihre Linie ist oft brüchig, nicht nur bei angeblich proteischen Naturen, die an wechselnden Modellen Halt suchen, sondern auch bei den wählerischesten. Zu dem, was sie bereits vollbracht haben, setzen sie zuweilen schroffe Antithesen, sei es, weil sie die Möglichkeiten eines Typus in ihrer Produktion als erschöpft betrachten, sei es präventiv gegen die Gefahr von Erstarrung und Wiederholung. Bei manchen verläuft die Produktion geradezu so, als wollte das Neue nachholen, was das Vorhergehende, indem es sich konkretisierte und damit stets auch einschränkte, versagen mußte. Kein einzelnes Werk ist, was die traditionelle idealistische Ästhetik rühmt, Totalität. Ein jegliches ist unzulänglich sowohl wie unvollständig, aus seinem eigenen Potential herausgeschnitten, und das wirkt der direkten Fortsetzung entgegen, sieht man ab etwa von gewissen Serien, in denen insbesondere Maler eine Konzeption nach ihren Entfaltungsmöglichkeiten ausprobieren. Diese diskontinuierliche Struktur ist aber so wenig kausal notwendig wie zufällig und disparat. Wird nicht von einem Werk zum anderen übergegangen, so steht doch ihre Sukzession unter der Einheit des Problems. Fortschritt, die Negation des Vorhandenen durch neue Ansätze, findet innerhalb jener Einheit statt. Fragestellungen, die von vorhergehenden Werken sei's nicht gelöst, sei's durch ihre eigenen Lösungen aufgeworfen worden sind, warten auf ihre Behandlung, und sie necessisiert zuweilen einen Bruch. Doch ist auch die Einheit des Problems keine durchgängige Struktur der Geschichte von Kunst. Probleme können vergessen werden, historische Antithesen sich ausbilden, in denen die Thesis nicht länger aufgehoben ist. Wie wenig phylogenetisch ein Fortschritt der Kunst ungebrochen stattfindet, ist ontogenetisch zu lernen. Neuerer sind selten des Älteren mächtiger als ihre Vorgänger; oft weniger mächtig. Kein ästhetischer Fortschritt ohne ein Vergessen; keiner darum ohne jegliche Regression. Brecht hat Vergessen zum Programm erklärt, aus Motiven einer Kulturkritik, die mit Grund die Tradition des Geistes als goldene Kette der Ideologie beargwöhnt. Phasen des Vergessens und komplementär solche des Wiederauftretens von längst Tabuiertem, wie bei Brecht der didaktischen Poesie, erstrecken sich offenbar weniger auf einzelne Gebilde als auf Gattungen; auch Tabus wie das, welches heute die subjektive, zumal erotische Lyrik ereilt, die einst Ausdruck von Emanzipation war. Kontinuität ist überhaupt nur aus sehr weiter Distanz zu konstruieren. Die Geschichte von Kunst hat eher Knotenstellen. Während immerhin von partieller Gattungsgeschichte – der Landschaftsmalerei, des Portraits, der Oper – die Rede sein kann, ist sie nicht übermäßig zu belasten. Drastisch belegt wird das von der Praxis der Parodien und Kontrafakturen in der älteren Musik. Im œuvre Bachs ist seine Verfahrungsweise, die Komplexion und Dichte des Komponierten, wahrhaft fortschreitend, wesentlicher, als ob er weltlich oder geistlich, vokal oder instrumental schrieb; insofern wirkt der Nominalismus zurück auf die Erkenntnis älterer Kunst. Die Unmöglichkeit einer einsinnigen Konstruktion der Geschichte von Kunst, und das Fatale aller Rede von Fortschritt, den es gibt und nicht gibt, gründet im Doppelcharakter von Kunst als einem freilich noch in seiner Autonomie sozial determinierten Autonomen und einem Sozialen. Wo der Sozialcharakter der Kunst den autonomen überwältigt, wo ihre immanente Struktur gesellschaftlichen Verhältnissen eklatant widerspricht, ist Autonomie das Opfer und mit ihr die Kontinuität; es ist eine der Schwächen von Geistesgeschichte, daß sie das idealistisch ignoriert. Meist siegen, wo Kontinuität zerreißt, die Produktionsverhältnisse über die Produktivkräfte; kein Anlaß, in solchen gesellschaftlichen Triumph einzustimmen. Kunst wird durchs Gesellschaftsganze, will sagen: ihre je herrschende Struktur vermittelt. Ihre Geschichte reiht sich nicht aus Einzelkausalitäten, keine eindeutigen Notwendigkeiten geleiten vom einen Phänomen zum anderen. Notwendig darf sie bloß im Hinblick auf die soziale Gesamttendenz heißen; nicht in ihren singulären Manifestationen. Gleich falsch ist ihre bündige Konstruktion von oben her und der Glaube an die genialische Inkommensurabilität der einzelnen Gebilde, welche sie dem Reich der Notwendigkeit entführt. Keine widerspruchslose Theorie der Geschichte von Kunst ist zu entwerfen: Wesen ihrer Geschichte widersprüchlich in sich.

Fraglos schreiten die geschichtlichen Materialien und ihre Beherrschung: Technik fort; Erfindungen wie die der Perspektive in der Malerei, der Mehrstimmigkeit in der Musik sind dafür die gröbsten Exempel. Darüber hinaus ist Fortschritt auch innerhalb einmal gesetzter Verfahrensweisen unleugbar, deren folgerichtige Durchbildung; so die Differenzierung des harmonischen Bewußtseins vom Generalbaßzeitalter bis zur Schwelle der neuen Musik, oder der Übergang vom Impressionismus zum Pointillismus. Solcher unverkennbare Fortschritt jedoch ist nicht ohne weiteres einer der Qualität. Was in der Malerei von Giotto und Cimabue bis zu Piero de la Francesca an Mitteln gewonnen ward, kann nur Blindheit abstreiten; daraus zu folgern, die Bilder Pieros wären besser als die Fresken von Assisi, wäre schulmeisterlich. Während dem einzelnen Werk gegenüber die Frage nach der Qualität möglich und der Entscheidung fähig ist, und dadurch auch Relationen im Urteil über verschiedene Werke impliziert sind, gehen solche Urteile in kunstfremde Pedanterie über, sobald unter der Form ›besser als‹ verglichen wird: derlei Kontroversen sind durch nichts vorm Bildungsgeschwätz gefeit. So sehr die Werke ihrer Qualität nach voneinander sich abheben, so inkommensurabel sind sie doch zugleich. Sie kommunizieren untereinander allein antithetisch: »ein Werk ist der Todfeind des anderen«. Vergleichbar werden sie nur, indem sie sich vernichten, durch ihr Leben ihre Sterblichkeit realisieren. Kaum, und wenn irgend, dann nur in concreto, ist auszumachen, welche archaischen und primitiven Züge solche der Verfahrungsweise sind, welche aus der objektiven Idee der Sache folgen; beides läßt nur willkürlich sich trennen. Mängel selber mögen beredt werden, Vorzüge in geschichtlicher Entfaltung den Wahrheitsgehalt beeinträchtigen. So antinomisch ist die Geschichte von Kunst. Die subkutane Struktur von Bachs bedeutendsten Instrumentalwerken ist fraglos nur durch eine Orchesterpalette zur Erscheinung zu verhalten, die ihm nicht zur Verfügung stand; albern jedoch wäre es, wollte man mittelalterlichen Bildern perspektivische Fertigkeiten wünschen, die sie ihres spezifischen Ausdrucks beraubten. – Fortschritte sind durch Fortschritt überholbar. Die Minderung, schließlich Tilgung der Perspektive in der neuen Malerei erzeugt Korrespondenzen zur vorperspektivischen, die das Vorvergangene über das dazwischen Liegende erhöhen; werden aber primitivere, überholte Verfahrungsweisen für die Gegenwart gewollt, wird der Fortschritt der Materialbeherrschung in der zeitgenössischen Produktion verketzert und revoziert, so verkehren solche Korrespondenzen sich ihrerseits in Banausie. Selbst fortschreitende Materialbeherrschung ist zuweilen durch Verluste in der Materialbeherrschung zu bezahlen. Die nähere Kenntnis der ehedem als primitiv abgefertigten exotischen Musiken spricht dafür, daß Mehrstimmigkeit und Rationalisierung der abendländischen Musik – beides voneinander untrennbar –, die ihr all ihren Reichtum und all ihre Tiefe öffneten, das Differenzierungsvermögen, das in minimalen rhythmischen und melodischen Abweichungen der Monodie lebendig ist, abstumpfte; das Starre, für europäische Ohren Monotone der exotischen Musiken war offenbar die Bedingung jener Differenzierung. Ritualer Druck hat das Differenzierungsvermögen in dem schmalen Bereich gestärkt, wo es geduldet war, während die europäische Musik, unter geringerem Druck, solcher Korrektive weniger bedurfte. Dafür hat wohl sie allein volle Autonomie – Kunst erreicht, und das Bewußtsein, das ihr immanent ist, vermag nicht nach Belieben aus ihr herauszutreten und sich zu erweitern. Unleugbar ist ein feineres Differenzierungsvermögen, wo auch immer, ein Stück ästhetischer Materialbeherrschung, mit Vergeistigung verkoppelt; das subjektive Korrelat objektiver Verfügung, die Fähigkeit, das möglich Gewordene aufzuspüren, und dadurch wird Kunst freier zu dem Ihren, dem Einspruch gegen Materialbeherrschung selbst. Willkür im Unwillkürlichen ist eine paradoxe Formel für die mögliche Auflösung der Antinomie ästhetischer Herrschaft. Materialbeherrschung impliziert Vergeistigung, die freilich als Verselbständigung des Geistes gegenüber seinem Anderen sogleich wieder sich gefährdet. Der souveräne ästhetische Geist hat ein Penchant, mehr sich mitzuteilen, als die Sache zum Sprechen zu bringen, so wie es allein der vollen Idee von Vergeistigung genügte. Der prix du progrès wohnt dem Fortschritt selbst inne. Das krasseste Symptom jenes Preises, die absinkende Authentizität und Verbindlichkeit, das anwachsende Gefühl des Zufälligen ist mit dem Fortschritt der Materialbeherrschung als der ansteigenden Durchbildung des je Einzelnen unmittelbar identisch. Ungewiß, ob solcher Verlust tatsächlich ist oder Schein. Dem naiven Bewußtsein, wie noch dem des Musikers, mag ein Lied aus der Winterreise authentischer dünken als eines von Webern, als sei dort ein Objektives getroffen, hier der Gehalt auf bloß individuelle Erfahrung eingeengt. Aber diese Distinktion ist fragwürdig. In Gebilden von der Dignität der Webernschen ist die Differenzierung, die fürs ununterrichtete Ohr der Objektivität des Gehalts Abtrag tut, eins mit dem fortschreitenden Vermögen, die Sache genauer auszuformen, vom Rest des Schematischen zu befreien, und eben das heißt Objektivation. Der intimen Erfahrung authentischer neuer Kunst zergeht das Gefühl der Kontingenz, das sie bereitet, solange eine Sprache als notwendig empfunden wird, die nicht einfach von subjektivem Ausdrucksbedürfnis demoliert ward sondern, durch es hindurch, im Objektivationsprozeß. Die Kunstwerke in sich sind freilich gegen die Transformation ihres Verbindlichen in die Monade nicht indifferent. Daß sie gleichgültiger zu werden scheinen, ist nicht bloß aus sinkender gesellschaftlicher Wirkung zu erklären. Einiges spricht dafür, daß die Werke durch die Wendung zu ihrer reinen Immanenz ihren Reibungskoeffizienten einbüßen, ein Moment ihres Wesens; daß sie gleichgültiger werden auch an sich selbst. Daß jedoch radikal abstrakte Bilder ohne

Ärgernis in Repräsentationsräumen aufgehängt werden können, rechtfertigt keine Restauration von Gegenständlichkeit, die a priori behagt, auch wenn man für Zwecke der Versöhnung mit dem Objekt Ché Guevara erwählt. Schließlich ist Fortschritt doch nicht nur einer von Materialbeherrschung und Vergeistigung sondern einer des Geistes im Hegelschen Sinn des Bewußtseins seiner Freiheit. Ob die Materialbeherrschung bei Beethoven über die Bachs hinaus fortschritt, darüber ist endlos zu disputieren; von diesem und jenem wird das Material nach verschiedenen Dimensionen vollkommener gemeistert. Die Frage, wer von beiden höher rangiere, ist müßig; nicht die Einsicht, daß die Stimme der Mündigkeit des Subjekts, Emanzipation vom Mythos und Versöhnung mit diesem, also der Wahrheitsgehalt, bei Beethoven weiter gedieh als bei Bach. Dies Kriterium überflügelt jegliches andere.

Der ästhetische Name für Materialbeherrschung, Technik, dem antiken Gebrauch entlehnt, welcher die Künste den handwerklichen Tätigkeiten zurechnete, ist in seiner gegenwärtigen Bedeutung jungen Datums. Er trägt die Züge einer Phase, in der, analog zur Wissenschaft, die Methode der Sache gegenüber als ein Selbständiges erschien. Alle künstlerischen Verfahrungsweisen, die das Material formen und von ihm sich leiten lassen, rücken retrospektiv unter dem technologischen Aspekt zusammen, auch jene, die von der handwerklichen Praxis mittelalterlicher Güterproduktion noch nicht sich trennten, mit der, aus Widerstand gegen die kapitalistische Integration, Kunst die Verbindung nie gänzlich abbrach. Die Schwelle zwischen Handwerk und Technik an der Kunst ist nicht, wie in der materiellen Produktion, strikte Quantifizierung der Verfahren, unvereinbar mit dem qualitativen Telos; auch nicht die Einführung von Maschinen; vielmehr das Überwiegen freier Verfügung über die Mittel durch Bewußtsein, im Gegensatz zum Traditionalismus, unter dessen Hülle jene Verfügung heranreifte. Angesichts des Gehalts ist der technische Aspekt nur einer unter anderen; kein Kunstwerk nichts als der Inbegriff seiner technischen Momente. Daß der Blick auf die Werke, der an ihnen nichts gewahrt, als wie sie gemacht sind, diesseits der künstlerischen Erfahrung verbleibe, ist zwar ein fix apologetisch aufgebotener Topos der Kulturideologie, behält aber sein Wahres gegen die Nüchternheit dort, wo Nüchternheit verlassen wird. Konstitutiv jedoch für die Kunst ist Technik, weil in ihr sich zusammenfaßt, daß jedes Kunstwerk von Menschen gemacht ward, daß sein Kunsthaftes ihr Produkt wird. Technik und Gehalt sind zu unterscheiden; ideologisch ist erst die Abstraktion, welche das Übertechnische aus der angeblichen bloßen Technik herausklaubt, als erzeugten nicht in bedeutenden Gebilden diese und der Gehalt sich wechselfältig. Der nominalistische Durchbruch Shakespeares zur sterblichen und in sich unendlich reichen Individualität als Gehalt ist ebenso Funktion der antitektonischen, quasi epischen Reihung kürzerer Szenen, wie diese episodische Technik vom Gehalt erzwungen wird, einer metaphysischen Erfahrung, welche die sinngebende Ordnung der alten Einheiten sprengt. In dem pfäffischen Wort Aussage ist das dialektische Verhältnis von Gehalt und Technik zur simplen Dichotomie verdinglicht. Schlüsselcharakter hat Technik für die Erkenntnis von Kunst; sie allein geleitet die Reflexion ins Innere der Werke; freilich nur den, welcher ihre Sprache spricht. Weil der Gehalt kein Gemachtes ist, umschreibt Technik nicht das Ganze der Kunst, aber nur aus ihrer Konkretion ist der Gehalt zu extrapolieren. Technik ist die bestimmbare Figur des Rätsels an den Kunstwerken, rational und begriffslos in eins. Sie erlaubt das Urteil in der Zone des Urteilslosen. Wohl komplizieren die technischen Fragen der Kunstwerke sich unendlich und sind nicht mit einem Spruch zu schlichten. Aber prinzipiell sind sie immanent entscheidbar. Mit dem Maß der ›Logik‹ der Werke gewährt Technik noch das ihrer Suspension. Sie freilich herauszuoperieren wäre der vulgären Gewohnheit genehm, und falsch. Denn die Technik eines Werks ist konstituiert durch dessen Probleme, durch die aporetische Aufgabe, die es objektiv sich setzt. Nur an ihr ist abzulesen, was die Technik eines Werks sei, ob sie zureicht oder nicht, so wie umgekehrt das objektive Problem des Werks nur seiner technischen Komplexion zu entnehmen ist. Läßt kein Werk sich verstehen, ohne daß seine Technik verstanden wäre, so läßt diese ebensowenig sich verstehen ohne Verständnis des Werks. Wieweit eine Technik jenseits der Spezifikation des Werks allgemein ist oder monadologisch, variiert in der Geschichte, doch sorgte auch in den vergötzten Perioden verbindlicher Stile Technik dafür, daß jene nicht abstrakt das Werk regierten, sondern in die Dialektik seiner Individuation eingingen. Wieviel schwerer Technik wiegt, als kunstfremder Irrationalismus Wort haben möchte, ist an dem Einfachen zu lernen, daß dem Bewußtsein, einmal seine Fähigkeit zur Erfahrung von Kunst überhaupt vorausgesetzt, diese um so reicher sich entfaltet, je tiefer es in ihre Komplexion eindringt. Das Verständnis wächst mit dem der technischen Faktur. Daß Bewußtsein töte, ist ein Ammenmärchen; tödlich ist einzig falsches Bewußtsein. Metier macht Kunst dem Bewußtsein zunächst darum kommensurabel, weil es weithin erlernbar ist. Was ein Lehrer stringent an den Arbeiten seines Schülers beanstandet, ist das erste Modell eines Mangels an Metier; die Korrekturen das von Metier selber. Vorkünstlerisch sind diese Modelle so weit, wie sie vorgegebene Muster und Regeln wiederholen; sie treiben weiter, indem verwendete technische Mittel mit der erstrebten Sache verglichen werden. Auf einer primitiven Stufe, über die freilich der gängige Kompositionsunterricht selten hinausgelangt, wird der Lehrer Quintenparallelen tadeln und an ihrer Statt bessere Stimmführungen vorschlagen; ist er aber kein Schulfuchser, so wird er dem Schüler demonstrieren, daß Quintenparallelen als präzises Kunstmittel für intendierte Wirkungen wie bei Debussy legitim sind, ja daß das Verbot außerhalb des tonalen Bezugssystems seinen Sinn verliert. Metier läßt seine ablösbare und beschränkte Gestalt unter sich. Der erfahrene Blick, der über eine Partitur, eine Graphik geht, versichert, mimetisch fast, vor aller Analyse sich dessen, ob das objet d'art Metier hat, und innerviert sein Formniveau. Dabei darf es nicht bleiben. Es bedarf der Rechenschaft über das Metier, das primär wie ein Hauch, eine Aura der Gebilde sich darstellt, in sonderbarem Widerspruch zu den Vorstellungen der Dilettanten vom künstlerischen Können. Das auratische Moment, das, paradox scheinbar, dem Metier sich verbindet, ist das Gedächtnis der Hand, die zart, liebkosend fast über die Konturen des Gebildes fuhr und sie, indem sie sie artikulierte, auch milderte. Solche Rechenschaft gibt die Analyse, und sie wiederum steckt im Metier selbst. Gegenüber der synthesierenden Funktion der Kunstwerke, die alle kennen, wird das analytische Moment wunderlich vernachlässigt. Seinen Ort hat es am Gegenpol der Synthesis, in der Ökonomie der Elemente, aus denen das Gebilde sich fügt; nicht minder jedoch als die Synthesis inhäriert es, objektiv, dem Kunstwerk. Der Kapellmeister, der ein Werk analysiert, um es adäquat aufzuführen, anstatt es zu mimen, wiederholt eine Bedingung der Möglichkeit des Werkes selbst. Indices eines höheren Begriffs von Metier sind von der Analyse einzuholen; musikalisch etwa der ›Fluß‹ eines Stücks: daß es nicht in einzelnen Takten gedacht ist sondern über sie hinweg, in Bögen; oder daß Impulse weitergetragen werden, sich fortsetzen, anstatt in Angestücktem zu erlahmen. Solche Bewegung des Begriffs der Technik ist der wahre gradus ad Parnassum. Nur an ästhetischer Kasuistik wird das recht evident. Als Alban Berg die naive Frage verneinte, ob nicht an Strauss wenigstens dessen Technik zu bewundern sei, zielte er aufs Unverbindliche des Straussischen Verfahrens, das mit Bedacht eine Folge von Wirkungen kalkuliert, ohne daß rein musikalisch die eine aus der anderen hervorginge oder von ihr gefordert wäre. Solche technische Kritik höchst technischer Gebilde freilich ignoriert eine Konzeption, welche das Prinzip der Überraschung in Permanenz erklärt und ihre Einheit geradezu in die irrationalistische Suspension dessen verlegt, was der Tradition des obligaten Stils Logik, Einheit hieß. Nahe liegt der Einwand, ein solcher Begriff von Technik verließe die Immanenz des Werks, ergehe von außen, vom Ideal einer Schule her, die, wie die Schönbergsche, im Postulat entwickelnder Variation so anachronistisch die überkommene musikalische Logik festhält, um sie gegen die Tradition zu mobilisieren. Aber der Einwand verfehlte den künstlerischen Sachverhalt. Bergs Kritik am Straussischen Metier ist triftig, weil, wer Logik refüsiert, zu jener Durchbildung unfähig ist, der jenes Metier dient, auf das Strauss seinerseits verpflichtet war. Wohl entspringen die Brüche und Sprünge des schon Berliozschen imprévu dem Gewollten; zugleich jedoch stören sie es, den Schwung des musikalischen Verlaufs, der durch schwungvollen Gestus surrogiert wird. So durchaus zeitlich-dynamisch angelegte Musik wie die Straussens ist inkompatibel mit einem Verfahren, das die zeitliche Sukzession nicht stimmig organisiert. Zweck und Mittel widersprechen einander. Der Widerspruch beruhigt sich aber nicht bei dem Inbegriff der Mittel, sondern greift auf den Zweck über, die Verherrlichung der Kontingenz, die als freies Leben zelebriert, was nichts ist als die Anarchie der Warenproduktion und die Brutalität derer, welche sie beherrschen. Mit einem falschen Begriff von Kontinuität operierte noch die Ansicht eines geraden Fortschritts der künstlerischen Technik, unabhängig vom Gehalt; technische Freiheitsbewegungen vermögen von der Unwahrheit des Gehalts affiziert zu werden. Wie innig Technik und Gehalt, dem Convenu entgegen, kohibiert sind, sprach Beethoven in dem Satz aus, viele der Wirkungen, welche man gemeinhin dem Naturgenie des Komponisten zuschriebe, seien in Wahrheit einzig der geschickten Verwendung des verminderten Septimakkords zu danken; die Würde solcher Nüchternheit verurteilt alles Geschwätz von Schöpfertum; erst Beethovens Sachlichkeit läßt dem ästhetischen Schein wie dem Scheinlosen Gerechtigkeit widerfahren. Die Erfahrung von Unstimmigkeiten zwischen der Technik, dem, was das Kunstwerk will, zumal seiner expressiv-mimetischen Schicht, und seinem Wahrheitsgehalt bewirkt mitunter Revolten gegen Technik. Ihrem Begriff ist es endogen, sich zu verselbständigen auf Kosten ihres Zwecks, als leerlaufende Fertigkeit sich zum Selbstzweck zu werden. Dagegen reagierte der Fauvismus der Malerei; analog der Schönberg der freien Atonalität im Verhältnis zum Orchesterglanz der neudeutschen Schule. In dem Aufsatz »Probleme des Kunstunterrichts«[84] hat er, der mehr als jeder andere Musiker seiner Epoche auf stimmiges Handwerk drang, ausdrücklich den Glauben an die alleinseligmachende Technik angegriffen. Verdinglichte Technik zieht zuweilen Korrektive herbei, die dem ›Wilden‹, Barbarischen, technisch Primitiven, Kunstfeindlichen sich nähern. Was prägnant neue Kunst heißt, wurde von diesem Impuls herausgeschleudert; er konnte sich nicht häuslich bei sich einrichten und setzte allerorten wieder in Technik sich um. Doch war er keineswegs rückschrittlich. Technik ist nicht Abundanz der Mittel sondern das aufgespeicherte Vermögen, dem sich anzumessen, was objektiv die Sache von sich aus verlangt. Diese Idee von Technik wird zuzeiten durch Reduktion der Mittel mehr geför-

---

84 Vgl. Arnold Schönberg, Probleme des Kunstunterrichts, in: Musikalisches Taschenbuch 1911, 2. Jg., Wien 1911.

dert als durch deren Häufung, die sie verbraucht. Schönbergs karge Klavierstücke op. 11 überragen, mit der großartigen Unbeholfenheit ihres frischen Ansatzes, technisch das Orchester des Heldenlebens, von dessen Partiturbild man nur einen Bruchteil tatsächlich hört, so daß die Mittel bereits ihrem allernächsten Zweck, der akustischen Erscheinung des Imaginierten, nicht mehr helfen. Man fragt sich, ob die zweite Technik des reifen Schönberg nicht hinter den Akt der Suspension der ersten zurückfiel. Aber auch die Verselbständigung der Technik, welche sie in ihre Dialektik verwickelt, ist nicht bloß der Sündenfall von Routine, als welcher sie dem reinen Ausdrucksbedürfnis erscheint. Ihrer Verschwisterung mit dem Gehalt wegen hat Technik ein legitimes Eigenleben. Kunst pflegt verwandelnd solcher Momente zu bedürfen, auf die sie verzichten mußte. Daß bis heute künstlerische Revolutionen reaktionär wurden, ist dadurch weder erklärt noch entschuldigt, aber doch damit verbunden. Verbote haben ein regressives Moment, auch das von luxurierender Fülle und Komplexität; nicht zuletzt darum lockert es sich, ob auch mit den Refus durchtränkt. Das ist eine der Dimensionen im Prozeß von Versachlichung. Als etwa zehn Jahre nach dem Zweiten Krieg die Komponisten der nach-Webernschen Punktualität satt wurden, frappant im Marteau sans maître von Boulez, wiederholte sich der Vorgang, diesmal als Kritik der Ideologie des absoluten Neubeginns, des ›Kahlschlags‹. Vier Dezennien früher mochte der Übergang Picassos von den Demoiselles d'Avignon zum synthetischen Kubismus verwandten Sinnes gewesen sein. Im Aufkommen und Vergehen technischer Allergien äußern sich dieselben geschichtlichen Erfahrungen wie im Gehalt; darin kommuniziert dieser mit der Technik. – Die Kantische Idee der Zweckmäßigkeit, welche bei ihm den Konnex zwischen der Kunst und dem Inwendigen der Natur herstellt, ist der Technik nächstverwandt. Wodurch die Kunstwerke als zweckmäßige so sich organisieren, wie es dem bloßen Dasein versagt ist, das ist ihre Technik; durch sie allein werden sie zweckmäßig. Der Nachdruck auf Technik in der Kunst befremdet den Banausen seiner Nüchternheit wegen: ihr ist die Herkunft von der prosaischen Praxis allzusehr anzumerken, vor der es der Kunst graut. Nirgends macht sie so sehr des Illusionären sich schuldig wie im unabdingbar

technischen Aspekt ihres Zaubers, denn nur durch Technik, das Medium ihrer Kristallisation, entfernt Kunst sich von jenem Prosaischen. Sie sorgt dafür, daß das Kunstwerk mehr als ein Agglomerat von faktisch Vorhandenem ist, und dies Mehr ist ihr Gehalt.
In der Sprache der Kunst sind Ausdrücke wie Technik, Metier, Handwerk Synonyma. Das deutet auf jenen anachronistisch handwerklichen Aspekt, der Valérys Schwermut nicht entgangen ist. Er mischt ihrer Existenz etwas Idyllisches bei in einem Zeitalter, in dem kein Wahres mehr harmlos sein darf. Wo jedoch autonome Kunst die industriellen Verfahrungsweisen im Ernst absorbierte, blieben sie ihr äußerlich. Massenweise Reproduzierbarkeit ist ihr keineswegs derart zum immanenten Formgesetz geworden, wie die Identifikation mit dem Angreifer gern es ihr attestiert. Selbst im Film klaffen die industriellen und ästhetisch-handwerklichen Momente, unter gesellschaftlich-ökonomischem Druck, auseinander. Die radikale Industrialisierung von Kunst, ihre ungeschmälerte Anpassung an die erreichten technischen Standards kollidiert mit dem, was an Kunst der Eingliederung sich verweigert. Strebt Technik dem Fluchtpunkt von Industrialisierung zu, so geht sie ästhetisch nach wie vor auf Kosten der immanenten Durchbildung und damit auf die von Technik selbst. Das flößt der Kunst ein archaisches Moment ein, das sie kompromittiert. Die fanatische Vorliebe von Generationen Jugendlicher für den Jazz protestiert bewußtlos dagegen und bekundet zugleich den involvierten Widerspruch, weil die Produktion, die der Industrie sich adaptierte oder wenigstens gebärdet, als hätte sie es getan, ihrer Komplexion nach hilflos hinter den künstlerischen, kompositorischen Produktivkräften herhinkt. Die heute in den verschiedensten Medien konstatierte Tendenz zur Manipulation des Zufalls ist vermutlich, neben anderem, auch der Versuch, das Unzeitgemäße, gleichsam Überflüssige handwerkerlicher Verfahren in der Kunst zu vermeiden, ohne sie der Zweckrationalität von Massenproduktion auszuliefern. Der ebenso unabweislichen wie wegen ihrer Beflissenheit und der gesellschaftlich naiven Spitzmarke für die Epoche zu beargwöhnenden Frage nach Kunst im technischen Zeitalter läßt sich näherrücken wohl nur durch Reflexion aufs Verhältnis der Kunstwerke zur Zweck-

mäßigkeit. Zwar werden die Kunstwerke durch Technik als ein in sich Zweckmäßiges bestimmt. Ihr terminus ad quem aber hat seinen Ort allein in ihnen selbst, nicht außerhalb. Darum bleibt auch die Technik ihrer immanenten Zweckmäßigkeit ›ohne Zweck‹, während doch Technik konstant außerästhetische zum Modell hat. Kants paradoxe Formulierung drückt ein antinomisches Verhältnis aus, ohne daß der Antinomiker es expliziert hätte: durch ihre Technisierung, die sie unabdingbar an Zweckformen kettet, geraten die Kunstwerke zu ihrer Zwecklosigkeit in Widerspruch. Im Kunstgewerbe werden Produkte etwa Zwecken wie der auf Minderung des Luftwiderstands abzielenden Stromlinienform angeglichen, ohne daß die Stühle solchen Widerstand zu erwarten hätten. Kunstgewerbe aber ist ein Menetekel der Kunst. Ihr unabdingbar rationales Moment, das zu ihrer Technik sich zusammenfaßt, arbeitet gegen sie. Nicht als ob Rationalität das Unbewußte, die Substanz oder was immer töte; Technik hat die Kunst erst befähigt, Unbewußtes zu rezipieren. Aber das rational rein durchgebildete Kunstwerk kassierte kraft eben seiner absoluten Autonomie die Differenz vom empirischen Dasein; gliche, ohne sie nachzuahmen, seinem Widerpart, den Waren sich an. Von den vollkommen zweckrationalen Gebilden wäre es nicht mehr zu unterscheiden außer dadurch, daß es keinen Zweck hat, und das freilich dementierte es. Die Totalität innerästhetischer Zweckmäßigkeit mündet ins Problem der Zweckmäßigkeit von Kunst jenseits ihres Bereichs und vor ihm versagt sie. Nach wie vor gilt das Urteil, es sei das strikt technische Kunstwerk gescheitert, und solche, die der eigenen Technik Einhalt gebieten, sind inkonsequent. Ist Technik der Inbegriff der Sprache von Kunst, so liquidiert sie doch ihre Sprache; dem kann sie nicht sich entwinden. So wenig wie irgendwo ist in der Kunst der Begriff der technischen Produktivkraft zu fetischisieren. Sonst wird sie zum Reflex jener Technokratie, die gesellschaftlich eine unter dem Schein von Rationalität verkappte Form von Herrschaft ist. Technische Produktivkräfte sind nichts für sich. Sie empfangen ihren Stellenwert einzig im Verhältnis zu ihrem Zweck im Gebilde, schließlich zum Wahrheitsgehalt des Gedichteten, Komponierten, Gemalten. Allerdings ist solche Zweckmäßigkeit der Mittel in der Kunst nicht durchsichtig. In der Technologie versteckt der Zweck sich nicht selten, ohne daß jene unmittelbar an dem Zweck sich mäße. Wurde im früheren neunzehnten Jahrhundert die Technik der Instrumentation entdeckt und rasch weitergetrieben, so hatte das sicher Saint-Simonistisch technokratische Züge. Die Relation auf den Zweck einer Integration der Gebilde in all ihren Dimensionen ist erst auf einer späteren Stufe hervorgetreten, hat dann freilich wiederum die Orchestertechnik ihrerseits qualitativ verändert. Die Verschlungenheit von Zweck und Mittel in der Kunst mahnt zur Vorsicht mit kategorischen Urteilen über ihr quid pro quo. Gleichwohl ist ungewiß, ob die Anpassung an außerästhetische Technik innerästhetisch ohne weiteres Fortschritt sei. Schwerlich war es die Symphonie fantastique, ein Seitenstück früher Weltausstellungen, verglichen mit dem gleichzeitigen Beethovenschen Spätwerk. Von jenen Jahren an hat die Aushöhlung der subjektiven Vermittlung – bei Berlioz: der Mangel an eigentlich kompositorischer Durchbildung –, die regelmäßig fast die Technifizierung begleitet, auch ihre schädliche Wirkung auf die Sache; keineswegs ist das technologische Kunstwerk a priori stimmiger als das, welches als Antwort auf die Industrialisierung in sich zurückgeht, häufig erpicht auf den Effekt als ›Wirkung ohne Ursache‹. Triftig an den Erwägungen über Kunst im journalistisch so genannten technischen Zeitalter, das ja ebensosehr durch die gesellschaftlichen Produktionsverhältnisse wie durch den Stand der Produktivkräfte gekennzeichnet ist, die von jenen umklammert werden, ist nicht sowohl die Adäquanz von Kunst an die technische Entwicklung als die Veränderung konstitutiver Erfahrungsweisen, welche in den Kunstwerken sich niederschlagen. Die Frage ist die nach der ästhetischen Bilderwelt: die vorindustrielle mußte unrettbar hinab. Der Satz, mit dem Benjamins Reflexionen über den Surrealismus anhoben: »Es träumt sich nicht mehr recht von der blauen Blume«[85] hat Schlüsselcharakter. Kunst ist Mimesis an die Bilderwelt und in eins damit deren Aufklärung durch Formen der Verfügung. Die Bilderwelt aber, durch und durch geschichtlich, wird verfehlt durch die Fiktion von einer, welche die Verhältnisse auslöschte, unter denen die

---

85 Walter Benjamin, Schriften, a. a. O., Bd. 1, S. 421.

Menschen leben. Aus dem Dilemma, ob und wie Kunst möglich sei, die, wie unbelehrbare Harmlosigkeit es sich vorstellt, in die Gegenwart passe, führt nicht die Verwendung technischer Mittel an sich heraus, die parat liegen und nach dem kritischen Bewußtsein der Kunst von ihr benutzt werden können, sondern die Authentizität einer Erfahrungsweise, die in keine ihr verlorene Unmittelbarkeit sich festmacht. Unmittelbarkeit des ästhetischen Verhaltens ist einzig noch eine zum universal Vermittelten. Daß der Waldgänger heute, wofern er nicht planvoll die abgelegensten Landschaften sich errechnet, über sich die Düsenflugzeuge tosen hört, macht nicht einfach Natur gegenständlich, etwa als ein von Lyrik zu Feierndes, inaktuell. Der mimetische Impuls wird davon tangiert. Naturlyrik ist anachronistisch nicht bloß vom Stoff her: ihr Wahrheitsgehalt ist geschwunden. Das mag den anorganischen Aspekt der Dichtung Becketts wie der Celans erklären helfen. Weder hängt sie der Natur nach noch der Industrie; gerade deren Integration verleitet zur Poetisierung, die schon eine Seite des Impressionismus war, und trägt ihr Scherflein bei zum Frieden mit der Friedlosigkeit. Kunst, als antezipierende Reaktionsform, kann weder mehr – wenn anders sie es je konnte – unberührte Natur sich einverleiben noch die Industrie, die sie versengte; die Unmöglichkeit von beidem ist wohl das verborgene Gesetz der ästhetischen Gegenstandslosigkeit. Die Bilder des Postindustriellen sind die eines Toten; sie mögen vorwegnehmend ähnlich den Atomkrieg bannen, wie vor vierzig Jahren der Surrealismus Paris in der imago errettete, indem er es darstellte, als weideten die Kühe darin, nach denen dann der Kurfürstendamm des zerbombten Berlin von der Bevölkerung umbenannt wurde. Über aller künstlerischen Technik liegt, im Verhältnis zu ihrem Telos, ein Schatten von Irrationalität, Gegenteil dessen, weswegen der ästhetische Irrationalismus sie schilt; und dieser Schatten ist der Technik anathema. Allerdings ist aus den Techniken ein Moment von Allgemeinheit so wenig fortzudenken wie aus der nominalistischen Entwicklungstendenz insgesamt. Der Kubismus oder die Komposition mit zwölf nur aufeinander bezogenen Tönen sind der Idee nach allgemeine Prozeduren im Zeitalter der Negation ästhetischer Allgemeinheit. Die Spannung zwischen objektivierender Technik und dem mimetischen Wesen der Kunstwerke wird ausgetragen in der Anstrengung, das Flüchtige, Enteilende, Vergängliche, als ein gegen Verdinglichung Gefeites und ihr gesellt, in Dauer zu erretten. Wahrscheinlich hat der Begriff künstlerischer Technik sich spezifiziert nur in jener Sisyphusanstrengung; er ist wahlverwandt dem tour de force. Valérys Theorie, eine rationale der ästhetischen Irrationalität, kreist darum. Übrigens mag der Impuls der Kunst, das Enteilende, nicht das Bleibende zu objektivieren, ihre Geschichte durchziehen. Hegel hat das verkannt und darum inmitten von Dialektik den Zeitkern ihres Wahrheitsgehalts. Die Subjektivierung der Kunst durchs neunzehnte Jahrhundert hindurch, die zugleich deren technische Produktivkräfte entfesselte, hat nicht die objektive Idee der Kunst geopfert, sondern, indem sie sie verzeitlichte, sie reiner herausmodelliert als je klassizistische Reinheit. Das höchste Recht freilich, das dem mimetischen Impuls dadurch widerfährt, wird zum höchsten Unrecht, weil Bleiben, Objektivation den mimetischen Impuls am Ende verneint. Aber die Schuld ist in der Idee von Kunst aufzusuchen, ist nicht die ihres vorgeblichen Niedergangs.

Ästhetischer Nominalismus ist ein Prozeß in der Form und wird Form seinerseits: auch darin vermitteln sich Allgemeines und Besonderes. Die nominalistischen Verbote vorgegebener Formen sind als Anweisungen kanonisch. Kritik an den Formen ist mit der an ihrer formalen Zulänglichkeit verschlungen. Prototypisch ist der für jede Formenlehre relevante Unterschied des Geschlossenen und Offenen. Offene Formen sind diejenigen allgemeinen Gattungskategorien, welche den Ausgleich mit der nominalistischen Kritik am Allgemeinen suchen. Diese stützt sich auf die Erfahrung, daß die von den Kunstwerken prätendierte Einheit von Allgemeinem und Besonderem prinzipiell mißlingt. Kein vorgegeben Allgemeines empfängt das Besondere, das nicht aus der Gattung fließt, konfliktlos in sich. Die perpetuierte Allgemeinheit der Formen wird deren eigenem Sinn inkompatibel, die Verheißung des Runden, Überwölbenden, in sich Ruhenden nicht erfüllt. Denn sie gilt jenem den Formen Heterogenen, das Identität mit ihnen wahrscheinlich nie duldete. Formen, die klappern, nachdem ihr Augenblick vorbei ist, tun der Form selbst Unrecht. Die ihrem Anderen gegenüber vergegenständlichte

Form ist bereits keine mehr. Das Formgefühl Bachs, der in manchem dem bürgerlichen Nominalismus opponierte, bestand nicht im Respekt sondern darin, daß er die tradierten Formen in Fluß hielt oder richtiger: sie gar nicht erst sich verfestigen ließ: nominalistisch aus Formgefühl. Was ein von Rancune nicht freies Cliché den Romanen als Formbegabung nachrühmt, hat sein Richtiges am Vermögen, die Formen labil zum Geformten zu halten, diesem aus sinnlicher Sympathie nachzugeben, anstatt es bloß zu bändigen; nicht in der wie immer auch glücklichen Handhabung von Formen als solchen. Gefühl für Formen belehrt über deren Problematik: daß Anfang und Ende eines musikalischen Satzes, ausgewogene Komposition eines Bildes, Rituale der Bühne wie Tod oder Hochzeit der Helden vergeblich sind durch Willkür: das Gestaltete honoriert nicht die Form der Gestaltung. Wird jedoch der Verzicht auf Rituale in der Idee der offenen Gattung – sie ist oft selber, wie das Rondo, konventionell genug – der Lüge des Notwendigen ledig, so wird jene Idee desto ungeschützter der Zufälligkeit konfrontiert. Das nominalistische Kunstwerk soll zu einem dadurch werden, daß es rein von unten her sich organisiert, anstatt daß ihm Organisationsprinzipien aufgestülpt würden. Aber kein blind sich selbst überlassenes Kunstwerk hat in sich jene Kraft der Organisation, die ihm die verbindlichen Grenzen zöge: mit ihr es zu belehnen, wäre tatsächlich fetischistisch. Losgelassener ästhetischer Nominalismus liquidiert, wie die philosophische Kritik am Aristoteles, alle Form als Überrest eines geistigen Ansichseins. Er terminiert in der buchstäblichen Faktizität und sie ist mit Kunst unversöhnbar. An einem Künstler vom beispiellosen Formniveau Mozarts wäre zu zeigen, wie dicht seine kühnsten und darum authentischesten Formgebilde an den nominalistischen Zerfall rücken. Der Charakter des Kunstwerks als eines Artefakts ist mit dem Postulat des rein der Sache sich Überlassens unvereinbar. Indem Kunstwerke gemacht werden, empfangen sie in sich jenes Moment des Veranstalteten, das von ›Regie‹, das der nominalistischen Empfindlichkeit unerträglich ist. In der Insuffizienz der offenen Formen – ein schlagendes Exempel sind die Schwierigkeiten Brechts beim Schreiben überzeugender Schlüsse seiner Theaterstücke – kulminiert die geschichtliche Aporie des Nominalismus der

Kunst. Im übrigen ist ein qualitativer Sprung in der Gesamttendenz zur offenen Form nicht zu vernachlässigen. Die älteren offenen Formen bildeten sich an den überlieferten, die sie modifizierten, aber von denen sie mehr als nur den Umriß bewahrten. Der Wiener klassizistische Sonatensatz war eine zwar dynamische, aber geschlossene Form, und ›prekär seine Geschlossenheit; das Rondo, mit der absichtlichen Unverbindlichkeit des Wechselspiels von Refrain und Gängen, ›Couplets‹, eine dezidiert offene. In der Fiber des Komponierten jedoch war die Differenz nicht gar so erheblich. Von Beethoven bis Mahler war das ›Sonatenrondo‹ gebräuchlich, das die Durchführung der Sonate ins Rondo transplantierte, das Spielerische der offenen Form und die Verbindlichkeit der geschlossenen ausbalancierend. Geschehen konnte das, weil die Rondoform ihrerseits nicht buchstäblich der Kontingenz sich verschrieb, sondern einzig, im Geist des nominalistischen Zeitalters und im Gedächtnis an den weit älteren der Rundgesänge, den Wechsel von Chor und Vorsänger, der Forderung nach Unverbindlichem als etablierte Form sich anpaßte. Das Rondo lieh sich eher der billigen Standardisierung als die dynamisch entwickelnde Sonate, deren Dynamik, trotz ihrer Geschlossenheit, Typisierung nicht zuließ. Das Formgefühl, das im Rondo Kontingenz wenigstens zum Schein herbeizitiert hatte, verlangte nach Garantien, um nicht die Gattung zu sprengen. Vorformen bei Bach wie das Presto des Italienischen Konzerts waren flexibler, weniger starr, mehr ineinander gearbeitet als die einem späteren Stadium des Nominalismus zugehörigen Mozartschen Rondos. Der qualitative Umschlag geschah, als anstelle des Oxymorons der offenen Form eine Verfahrungsweise trat, welche ohne Blick auf die Gattungen nach dem nominalistischen Gebot sich richtete; paradoxer Weise waren die Resultate geschlossener als ihre konzilianten Vorläufer; der nominalistische Drang zum Authentischen widerstrebt den Spielformen als Abkömmlingen des feudalen Divertissements. Der Ernstfall bei Beethoven ist bürgerlich. Zufälligkeit griff auf den Formcharakter über. Am Ende ist Zufälligkeit eine Funktion anwachsender Durchgestaltung. Scheinbar Peripheres wie die temporäre Schrumpfung des Umfangs musikalischer Kompositionen, auch die Kleinformate der besten Bilder von Klee mögen so sich erklären. Resignation vor Zeit und Raum wichen vor der Krisis der nominalistischen Form auf den Punkt als einen von Indifferenz zurück. Action painting, informelle Malerei, Aleatorik möchten das resignative Moment ins Extrem treiben: das ästhetische Subjekt dispensiert sich von der Last der Formung des ihm gegenüber Zufälligen, die es länger zu tragen verzweifelt; es schiebt die Verantwortung der Organisation gleichsam dem Kontingenten selbst zu. Der Gewinn steht abermals falsch zu Buche. Die vermeintlich aus dem Kontingenten und Heterogenen destillierte Formgesetzlichkeit bleibt ihrerseits heterogen, fürs Kunstwerk unverbindlich; kunstfremd als buchstäbliche. Statistik wird zum Trost für die Absenz der traditionellen Formen. Diese Situation schließt in sich die Figur der Kritik an ihr ein. Nominalistische Kunstwerke bedürfen stets wieder des Eingriffs der lenkenden Hand, die sie ihres Prinzips wegen cachieren. In die extrem sachliche Kritik des Scheins gerät ein Scheinhaftes hinein, so unabdingbar vielleicht wie der ästhetische Schein aller Kunstwerke. Vielfach wird die Notwendigkeit verspürt, in künstlerischen Produkten des Zufalls diese gleichsam stilisierenden Prozeduren der Auswahl zu unterwerfen. Corriger la fortune ist das Menetekel des nominalistischen Kunstwerks. Seine fortune ist keine sondern jener schicksalhafte Bann, aus dem die Kunstwerke sich am Zopf herausziehen möchten, seitdem sie in der Antike den Prozeß gegen den Mythos anstrengten. Unvergleichlich an Beethoven, dessen Musik vom nominalistischen Motiv nicht weniger affiziert war als die Hegelsche Philosophie, daß er den von der Formproblematik postulierten Eingriff mit Autonomie, mit der Freiheit des zum Bewußtsein seiner selbst gelangenden Subjekts durchdrang. Was vom Standpunkt des rein sich selbst überlassenen Kunstwerks aus als Gewalt erscheinen mußte, legitimierte er aus dessen Gehalt. Kein Kunstwerk verdient seinen Namen, welches das seinem eigenen Gesetz gegenüber Zufällige von sich weghielte. Denn Form ist dem eigenen Begriff nach nur Form von etwas, und dies Etwas darf nicht zur bloßen Tautologie der Form werden. Aber die Notwendigkeit dieser Beziehung der Form auf ihr Anderes untergräbt jene; sie kann nicht als das dem Heterogenen gegenüber Reine geraten, das sie als Form ebenso sein will, wie sie des Heterogenen bedarf. Die Immanenz der Form im Heterogenen hat ihre Grenze. Trotzdem war die Geschichte der gesamten bürgerlichen Kunst hindurch nichts möglich als die Anstrengung, die Antinomie des Nominalismus wenn nicht aufzulösen, so ihrerseits zu gestalten, Form aus deren Negation zu gewinnen. Darin ist die Geschichte der neueren Kunst zur philosophischen nicht in bloßer Analogie sondern dasselbe. Was Hegel die Entfaltung der Wahrheit nannte, war in solcher Bewegung das gleiche.

Die Nötigung, das nominalistische Moment zur Objektivation zu verhalten, der es zugleich widerstrebt, zeitigt das Konstruktionsprinzip. Konstruktion ist die Form der Werke, die ihnen nicht länger fertig auferlegt ist, die aber auch nicht aus ihnen aufsteigt, sondern die ihrer Reflexion durch subjektive Vernunft entspringt. Historisch stammt der Konstruktionsbegriff aus der Mathematik; in der spekulativen Philosophie Schellings wurde er erstmals auf Sachhaltiges übertragen: das diffus Kontingente und das Formbedürfnis sollte er auf den Generalnenner bringen. Dem kommt der Konstruktionsbegriff in der Kunst recht nahe. Weil sie auf keine Objektivität von Universalien mehr sich verlassen kann und doch dem eigenen Begriff nach Objektivation der Impulse ist, wird Objektivation funktionalisiert. Indem der Nominalismus die Decke der Formen zerschlug, hat er Kunst in ein plein air versetzt, längst ehe das zum unmetaphorischen Programm wurde. Gedanke wie Kunst wurden dynamisiert. Kaum verallgemeinert es unbillig, daß nominalistische Kunst einzig in immanentem Werden, im Prozeßcharakter eines jeglichen Werks die Chance von Objektivation wahrnehme. Die dynamische Objektivation indessen, die Bestimmung des Kunstwerks zum Sein in sich selbst, involviert ein statisches Moment. In der Konstruktion schlägt Dynamik vollends in Statik um: das konstruierte Gebilde steht. Dadurch stößt der Fortschritt des Nominalismus an seine eigene Decke. Literarisch war der Prototyp von Dynamisierung die Intrige, musikalisch die Durchführung. Das emsige und seinem Zweck nach sich selbst undurchsichtige, befangene Tun wurde in Haydns Durchführungen zum objektiven Bestimmungsgrund dessen, was als Ausdruck subjektiven Humors apperzipiert wird. Die partikulare Aktivität der Motive, die ihre Interessen verfolgen und der Versicherung – einem ontologischen Residuum gleichsam – glauben, eben dadurch dienten sie der Harmonie des Ganzen, mahnt unverkennbar an das eifrige, schlaue und borniert Gehabe von Intriganten, den Nachfahren des dummen Teufels; dessen Dummheit sickert noch in die emphatischen Gebilde des dynamischen Klassizismus ein, so wie sie im Kapitalismus fortwest. Die ästhetische Funktion von dergleichen Mitteln war es, dynamisch, durch ein Werden, den vom Singulären ausgelösten Prozeß, das vom Kunstwerk unmittelbar Gesetzte, seine Prämissen zu bestätigen als Resultat. Es ist eine Art List der Unvernunft, welche den Intriganten seiner Borniertheit entkleidet; das selbstherrliche Individuum wird zu dessen Affirmation. Die ungemein zählebige Reprise in der Musik verkörpert Bestätigung und, als Wiederholung eines eigentlich Unwiederholbaren, Beschränktheit gleichermaßen. Intrige, Durchführung sind nicht nur subjektive Tätigkeit, zeitliches Werden für sich. Nicht weniger repräsentieren sie in den Werken entbundenes, blindes und sich verzehrendes Leben. Gegen es sind die Kunstwerke nicht länger ein Bollwerk. Jede Intrige, im wörtlichen und übertragenen Verstande, sagt: so geht es zu, so ist es draußen. In der Darstellung von solchem »Comment c'est« werden die ahnungslosen Kunstwerke von ihrem Anderen durchdrungen, ihr Eigenes, die Bewegung zur Objektivation, von jenem Heterogenen motiviert. Möglich ist das, weil Intrige und Durchführung, subjektive Kunstmittel, in Werke transplantiert, in diesen jenen Charakter der subjektiven Objektivation annehmen, den sie in der Realität besitzen; der gesellschaftlichen Arbeit samt ihrer eigenen Borniertheit: ihrer potentiellen Überflüssigkeit vorhalten. Solche Überflüssigkeit ist wahrhaft der Koinzidenzpunkt der Kunst und des realen gesellschaftlichen Betriebs. Worin ein Drama, ein sonatenhaftes Produkt der bürgerlichen Ära ›gearbeitet‹: nämlich in kleinste Motive zerlegt und durch deren dynamische Synthesis vergegenständlicht wird, darin hallt, bis zum Sublimsten, die Warenproduktion nach. Der Zusammenhang solcher technischer Verfahren mit materiellen, seit der Manufakturperiode entwickelten, ist noch unerhellt, doch schlagend evident. Mit Intrige und Durchführung aber wandert das Getriebe nicht nur als heterogenes Leben in die Werke ein sondern auch als dessen eigenes Gesetz: die nominalistischen

Kunstwerke waren ihrer selbst unkundige tableaux économiques. Das ist der geschichtsphilosophische Ursprung des neueren Humors. Wohl wird durchs Getriebe draußen das Leben reproduziert. Es ist Mittel zum Zweck. Aber es unterjocht alle Zwecke, bis es sich selbst Zweck wird, wahrhaft absurd. In der Kunst wiederholt sich das darin, daß die Intrigen, Durchführungen, Handlungen, in der Depravation die Verbrechen der Kriminalromane, alles Interesse absorbieren. Die Lösungen dagegen, auf die sie zielen, sinken zur Schablone herab. So widerspricht das reale Getriebe, der eigenen Bestimmung nach nur ein Für etwas, jener Bestimmung, wird albern an sich und fürs ästhetische Ingenium lächerlich. Haydn, einer der größten Komponisten, hat durch die Gestaltung seiner Finali die Nichtigkeit der Dynamik, durch welche sie sich objektivieren, paradigmatisch dem Kunstwerk zugeeignet; was irgend an Beethoven mit Fug Humor heißen darf, hat seinen Ort in der gleichen Schicht. Je mehr indessen Intrige und Dynamik Selbstzweck werden — die Intrige zu stofflichem Aberwitz etwa schon in den Liaisons dangereuses —, desto komischer werden sie auch in der Kunst; desto mehr der Affekt, der subjektiv jener Dynamik zugeordnet ist, zur Wut über den verlorenen Groschen, dem Moment von Gleichgültigkeit an der Individuation. Das dynamische Prinzip, von dem Kunst am längsten und nachdrücklichsten die Homöostase zwischen Allgemeinem und Besonderem sich erhoffen durfte, geht zu Protest. Auch es wird vom Formgefühl entzaubert, als ein Läppisches empfunden. Diese Erfahrung reicht zurück bis in die Mitte des neunzehnten Jahrhunderts. Baudelaire, Apologet der Form nicht weniger denn Lyriker der vie moderne, hat sie in der Widmung des Spleen de Paris ausgedrückt durch den Satz, er könne abbrechen, wo es ihm beliebe, auch wo es dem Leser in seiner Lektüre beliebt, »denn ich knüpfe seinen widerspenstigen Willen nicht an den endlosen Faden einer überflüssigen Verwicklung«[86]. Was die nominalistische Kunst durchs Werden organisierte, wird nun, da man die Absicht der Funktion merkt, und sie verstimmt, als überflüssig gebrandmarkt. Der Kronzeuge der gesamten

---

86 Charles Baudelaire, Le spleen de Paris. Lyrische Prosa, übertr. von D. Roser, München u. Eßlingen 1960, S. 5.

Ästhetik des l'art pour l'art streckt in seinem Satz gleichsam die Waffen: sein dégoût greift über auf das dynamische Prinzip, welches das Werk als Ansichseiendes aus sich entläßt. Seitdem wird das Gesetz aller Kunst ihr Antigesetz. Wie dem bürgerlich nominalistischen Kunstwerk die statische Formapriorität veraltete, so veraltet nun die ästhetische Dynamik, gemäß der zuerst von Kürnberger formulierten, aber jede Zeile, jeden Vers von Baudelaire durchzuckenden Erfahrung, daß kein Leben mehr sei. Das hat sich in der Situation der gegenwärtigen Kunst nicht geändert. Der Prozeßcharakter wird von der Kritik am Schein ereilt, nicht bloß am ästhetischen allgemeinen, sondern an dem des Fortschritts inmitten der realen Immergleichheit. Der Prozeß wird als Wiederholung demaskiert; Kunst muß seiner sich schämen. Chiffriert ist in der Moderne das Postulat einer Kunst, welche der Disjunktion von Statik und Dynamik nicht länger sich beugt. Indifferent gegen das herrschende Cliché von Entwicklung, sieht Beckett seine Aufgabe darin, in einem unendlich kleinen Raum, auf dem dimensionslosen Punkt sich zu bewegen. Dies ästhetische Konstruktionsprinzip wäre als das von Il faut continuer jenseits von Statik; jenseits von Dynamik als auf der Stelle Treten, Einbekenntnis ihrer Vergeblichkeit. In Konkordanz damit bewegen alle konstruktivistischen Techniken der Kunst auf Statik sich hin. Das Telos der Dynamik des Immergleichen ist einzig noch Unheil; dem sieht Becketts Dichtung ins Auge. Bewußtsein durchschaut das Beschränkte des schrankenlos sich selbst genügenden Fortgangs als Illusion des absoluten Subjekts, gesellschaftliche Arbeit spottet ästhetisch des bürgerlichen Pathos, nachdem die Überflüssigkeit der Arbeit real in Reichweite kam. Einhalt gebietet der Dynamik der Kunstwerke sowohl die Hoffnung auf die Abschaffung von Arbeit wie die Drohung des Kältetodes; beides meldet objektiv in ihr sich an, von sich aus kann sie nicht wählen. Das Potential von Freiheit, das in ihr absehbar wird, ist zugleich von der gesellschaftlichen Verfassung inhibiert und ist darum auch der Kunst nicht substantiell. Daher die Ambivalenz ästhetischer Konstruktion. Ebensowohl vermag sie die Abdankung des geschwächten Subjekts zu kodifizieren und absolute Entfremdung zur Sache der Kunst zu machen, die das Gegenteil wollte, wie die imago eines versöhnten Zustands zu antezipieren, der selber über Statik und Dynamik wäre. Manche Querverbindung mit der Technokratie läßt argwöhnen, daß das Konstruktionsprinzip ästhetisch der verwalteten Welt hörig bleibt; aber es mag terminieren in einer noch unbekannten ästhetischen Form, deren rationale Organisation auf die Abschaffung aller Verwaltungskategorien samt ihrer Reflexe in der Kunst deutet.

Vor der Emanzipation des Subjekts war fraglos Kunst, in gewissem Sinn, unmittelbarer ein Soziales als danach. Ihre Autonomie, Verselbständigung der Gesellschaft gegenüber, war Funktion des seinerseits wieder mit der Sozialstruktur zusammengewachsenen bürgerlichen Freiheitsbewußtseins. Ehe es sich bildete, war Kunst zwar an sich in Widerspruch zu gesellschaftlicher Herrschaft und ihrer Verlängerung in den mores, nicht aber für sich. Konflikte gab es, seit dem Verdikt im Platonischen Staat, desultorisch, die Idee einer von Grund auf oppositionellen Kunst jedoch hätte niemand konzipiert, und soziale Kontrollen wirkten weit direkter als in der bürgerlichen Ära bis zur Schwelle der totalen Staaten. Andererseits integrierte das Bürgertum die Kunst sich vollständiger als je eine frühere Gesellschaft. Der Druck des ansteigenden Nominalismus trieb den latent stets vorhandenen gesellschaftlichen Charakter der Kunst zunehmend nach außen; im Roman ist er unvergleichlich viel evidenter als etwa im hochstilisierten und distanzierten Ritterepos. Das Einströmen von Erfahrungen, die nicht länger von apriorischen Gattungen zurechtgestutzt werden; die Nötigung, die Form aus jenen Erfahrungen, von unten her, zu konstituieren, sind bereits dem puren ästhetischen Stand nach, vor allem Inhalt, ›realistisch‹. Nicht länger vorweg durchs Stilisationsprinzip sublimiert, wird das Verhältnis des Inhalts zu der Gesellschaft, aus der er stammt, zunächst weit ungebrochener, und keineswegs bloß in der Literatur. Selbst die sogenannten niederen Gattungen hatten von der Gesellschaft Abstand gehalten, auch wo sie, wie die attische Komödie, bürgerliche Verhältnisse und Vorgänge des Alltags thematisch machten; die Flucht ins Niemandsland ist kein Bockssprung des Aristophanes sondern wesentliches Moment seiner Form. Ist Kunst, ihrer einen Seite nach, als Produkt gesellschaftlicher Arbeit des Geistes stets fait social, so wird sie es mit ihrer Verbürgerlichung ausdrücklich. Sie traktiert das Verhältnis des Artefakts zur empirischen Gesellschaft als Gegenstand; am Beginn dieser Entwicklung steht der Don Quixote. Gesellschaftlich aber ist Kunst weder nur durch den Modus ihrer Hervorbringung, in dem jeweils die Dialektik von Produktivkräften und Produktionsverhältnissen sich konzentriert, noch durch die gesellschaftliche Herkunft ihres Stoffgehalts. Vielmehr wird sie zum Gesellschaftlichen durch ihre Gegenposition zur Gesellschaft, und jene Position bezieht sie erst als autonome. Indem sie sich als Eigenes in sich kristallisiert, anstatt bestehenden gesellschaftlichen Normen zu willfahren und als ›gesellschaftlich nützlich‹ sich zu qualifizieren, kritisiert sie die Gesellschaft, durch ihr bloßes Dasein, so wie es von Puritanern aller Bekenntnisse mißbilligt wird. Nichts Reines, nach seinem immanenten Gesetz Durchgebildetes, das nicht wortlos Kritik übte, die Erniedrigung durch einen Zustand denunzierte, der auf die totale Tauschgesellschaft sich hinbewegt: in ihr ist alles nur für anderes. Das Asoziale der Kunst ist bestimmte Negation der bestimmten Gesellschaft. Freilich bietet durch ihre Absage an die Gesellschaft, die der Sublimierung durchs Formgesetz gleichkommt, autonome Kunst ebenso als Vehikel der Ideologie sich an: in der Distanz läßt sie die Gesellschaft, vor der ihr schaudert, auch unbehelligt. Auch das ist mehr als nur Ideologie: Gesellschaft nicht bloß die Negativität, welche das ästhetische Formgesetz verurteilt, sondern noch in ihrer fragwürdigsten Gestalt der Inbegriff des sich produzierenden und reproduzierenden Lebens der Menschen. Von diesem Moment so wenig wie von Kritik konnte Kunst sich dispensieren, solange nicht der gesellschaftliche Prozeß als einer zur Selbstvernichtung sich offenbarte; und es ist nicht in die Macht von Kunst als einem Urteilslosen gegeben, durch Intentionen beides zu scheiden. Reine Produktivkraft wie die ästhetische, einmal vom heteronomen Diktat befreit, ist objektiv das Gegenbild der gefesselten, aber auch das Paradigma des verhängnisvollen Tuns um seiner selbst willen. Einzig durch ihre gesellschaftliche Resistenzkraft erhält Kunst sich am Leben; verdinglicht sie sich nicht, so wird sie Ware. Was sie zur Gesellschaft beiträgt, ist nicht Kommunikation mit jener sondern ein sehr Mittelbares, Widerstand, in dem kraft der innerästhetischen Entwicklung die gesellschaftliche sich reproduziert, ohne daß sie nachgeahmt würde. Radikale Moderne wahrt die Immanenz der Kunst, bei Strafe ihrer Selbstaufhebung, derart, daß Gesellschaft einzig verdunkelt wie in den Träumen in sie eingelassen wird, denen man die Kunstwerke von je verglich. Nichts Gesellschaftliches in der Kunst ist es unmittelbar, auch nicht wo sie es ambitioniert. Jüngst mußte der gesellschaftlich engagierte Brecht, um seiner Haltung irgend zum künstlerischen Ausdruck zu verhelfen, von eben der gesellschaftlichen Realität sich entfernen, auf die seine Stücke es abgesehen haben. Er bedurfte jesuitischer Veranstaltungen, um, was er schrieb, so weit als sozialistischen Realismus zu tarnen, daß er der Inquisition entging. Musik plaudert aus der Schule aller Kunst. Wie in ihr die Gesellschaft, ihre Bewegung und ihre Widersprüche, nur schattenhaft vorkommen, aus ihr sprechend zwar, doch der Identifikation bedürftig, so ist es um jene in aller Kunst bestellt. Wo diese Gesellschaft abzubilden scheint, wird sie erst recht zum Als ob. Das Brechtische China ist, aus konträren Motiven, nicht weniger stilisiert als das Schillersche Messina. Alle moralischen Urteile über Roman- oder dramatische Figuren waren nichtig, selbst wenn sie den Urbildern zu Recht widerfuhren; Diskussionen darüber, ob der positive Held negative Züge tragen dürfe, bleiben so schwachsinnig, wie sie dem klingen, der sie jenseits des Bannkreises vernimmt. Form wirkt als Magnet, der die Elemente aus der Empirie in einer Weise ordnet, die sie dem Zusammenhang ihrer außerästhetischen Existenz entfremdet, und nur dadurch mögen sie der außerästhetischen Essenz mächtig werden. Umgekehrt vereint sich in der Praxis der Kulturindustrie sklavischer Respekt vor empirischen Details, der lückenlose Schein photographischer Treue nur desto erfolgreicher mit ideologischer Manipulation durch die Verwertung jener Elemente. Gesellschaftlich an der Kunst ist ihre immanente Bewegung gegen die Gesellschaft, nicht ihre manifeste Stellungnahme. Ihr geschichtlicher Gestus stößt die empirische Realität von sich ab, deren Teil doch die Kunstwerke als Dinge sind. Soweit von Kunstwerken eine gesellschaftliche Funktion sich prädizieren läßt, ist es ihre Funktionslosigkeit. Sie verkörpern durch ihre Differenz von der verhexten Wirklichkeit negativ einen Stand, in dem, was ist, an die rechte Stelle käme, an seine eigene. Ihr Zauber ist Entzauberung. Ihr gesellschaftliches Wesen bedarf der Doppelreflexion auf ihr Fürsichsein und auf ihre Relationen zur Gesellschaft. Ihr Doppelcharakter ist manifest in all ihren Erscheinungen; sie changieren und widersprechen sich selbst. Plausibel wurde von sozial progressiven Kritikern dem vielfach mit politischer Reaktion liierten l'art pour l'art-Programm der Fetischismus im Begriff des reinen, allein sich selbst genügenden Kunstwerks vorgeworfen. Daran trifft zu, daß die Kunstwerke, Produkte gesellschaftlicher Arbeit, ihrem Formgesetz untertan oder eines erzeugend, sich abdichten gegen das, was sie selbst sind. Insofern könnte ein jedes Kunstwerk vom Verdikt falschen Bewußtseins ereilt und der Ideologie zugerechnet werden. Formal sind sie, unabhängig von dem was sie sagen, Ideologie darin, daß sie a priori Geistiges als ein von den Bedingungen seiner materiellen Produktion Unabhängiges und darum höher Geartetes setzen und über die uralte Schuld in der Trennung körperlicher und geistiger Arbeit täuschen. Was durch jene Schuld zum Höheren ward, wird durch sie erniedrigt. Darum erschöpfen Kunstwerke mit Wahrheitsgehalt nicht sich im Begriff der Kunst; l'art pour l'art-Theoretiker wie Valéry haben darauf aufmerksam gemacht. Aber mit ihrem schuldhaften Fetischismus sind die Kunstwerke nicht abgetan, so wenig wie irgendein Schuldhaftes; denn nichts in der universal gesellschaftlich vermittelten Welt steht außerhalb ihres Schuldzusammenhangs. Der Wahrheitsgehalt der Kunstwerke jedoch, der auch ihre gesellschaftliche Wahrheit ist, hat ihren Fetischcharakter zur Bedingung. Das Prinzip des Füranderesseins, scheinbar Widerpart des Fetischismus, ist das des Tausches und in ihm vermummt sich die Herrschaft. Fürs Herrschaftslose steht ein nur, was jenem nicht sich fügt; für den verkümmerten Gebrauchswert das Nutzlose. Kunstwerke sind die Statthalter der nicht länger vom Tausch verunstalteten Dinge, des nicht durch den Profit und das falsche Bedürfnis der entwürdigten Menschheit Zugerichteten. Im totalen Schein ist der ihres Ansichseins Maske der Wahrheit. Der Hohn von Marx über den Schandpreis, den Milton fürs Verlorene Paradies erhielt, das ja nicht auf dem Markt als gesellschaftlich nützliche Arbeit sich ausweist[87], ist als deren Denunziation die stärkste Verteidigung der Kunst gegen ihre bürgerliche Funktionalisierung, die in ihrer undialektisch gesellschaftlichen Verdammung sich fortsetzt. Eine befreite Gesellschaft wäre jenseits der Irrationalität ihrer faux frais und jenseits der Zweck-Mittel-Rationalität des Nutzens. Das chiffriert sich in der Kunst und ist ihr gesellschaftlicher Sprengkopf. Sind die magischen Fetische eine der geschichtlichen Wurzeln der Kunst, so bleibt den Kunstwerken ein Fetischistisches beigemischt, das dem Warenfetischismus entragt. Weder können sie es aus sich ausscheiden noch verleugnen; auch gesellschaftlich ist das emphatische Moment des Scheins an den Kunstwerken als Korrektiv das Organon von Wahrheit. Kunstwerke, welche nicht so fetischistisch auf ihrer Stimmigkeit bestehen, als wären sie das Absolute, das sie nicht sein können, sind vorweg wertlos; wohl aber wird die Fortexistenz von Kunst prekär, sobald sie ihres Fetischismus sich bewußt wird und – wie seit der Mitte des neunzehnten Jahrhunderts – auf ihn sich versteift. Ihre Verblendung kann sie nicht advozieren, ohne sie wäre sie nicht. Das treibt sie in die Aporie. Ein wenig über diese hinaus blickt nichts als die Einsicht in die Rationalität ihrer Irrationalität. Kunstwerke, die durch real höchst fragwürdige politische Eingriffe des Fetischismus sich entäußern wollen, verstricken sich durch unvermeidliche und vergebens angepriesene Simplifizierung regelmäßig gesellschaftlich in falsches Bewußtsein. In der kurzatmigen Praxis, der sie blind sich verschreiben, wird ihre eigene Blindheit prolongiert.

Die Objektivation der Kunst, von der Gesellschaft draußen her ihr Fetischismus, ist ihrerseits gesellschaftlich als Produkt der Arbeitsteilung. Darum ist das Verhältnis der Kunst zur Gesellschaft nicht vorwiegend in der Sphäre der Rezeption aufzusuchen. Es ist dieser vorgängig: in der Produktion. Das Interesse an der gesellschaftlichen Dechiffrierung der Kunst muß dieser sich zukehren, anstatt mit der Ermittlung und Klassifizierung von Wirkungen sich abspeisen zu lassen, die vielfach aus gesell-

---

87 Vgl. Karl Marx und Friedrich Engels, Werke, Bd. 26, 1. Teil, Berlin 1965, S. 377 (Marx, Theorien über den Mehrwert, 1. Teil; Beilagen).

schaftlichem Grunde von den Kunstwerken und ihrem objektiven gesellschaftlichen Gehalt gänzlich divergieren. Die menschlichen Reaktionen auf Kunstwerke sind seit undenklichen Zeiten aufs äußerste vermittelt, nicht unmittelbar auf die Sache bezogen; heute gesamtgesellschaftlich. Wirkungsforschung reicht weder an Kunst als Gesellschaftliches heran noch darf sie gar, wie sie unter positivistischem Geist es usurpiert, der Kunst Normen diktieren. Die Heteronomie, die durch die normative Wendung von Rezeptionsphänomenen der Kunst zugemutet würde, überträfe als ideologische Fessel alles Ideologische, das ihrer Fetischisierung inhärieren mag. Kunst und Gesellschaft konvergieren im Gehalt, nicht in einem dem Kunstwerk Äußerlichen. Das bezieht sich auch auf die Geschichte der Kunst. Kollektivierung des Individuums geht auf Kosten der gesellschaftlichen Produktivkraft. In der Geschichte von Kunst kehrt die reale wieder vermöge des Eigenlebens der aus dieser stammenden und dann von ihr abgesonderten Produktivkräfte. Darauf basiert die Erinnerung des Vergänglichen durch die Kunst. Sie bewahrt und vergegenwärtigt es, indem sie es verändert: das ist die gesellschaftliche Erklärung ihres Zeitkerns. Der Praxis sich enthaltend, wird Kunst zum Schema gesellschaftlicher Praxis: jedes authentische Kunstwerk wälzt in sich um. Während indessen Gesellschaft vermöge der Identität der Kräfte und auch der Verhältnisse in die Kunst gelangt, um darin zu verschwinden, hat umgekehrt Kunst, und wäre es die jeweils avancierteste, in sich die Tendenz zu ihrer Vergesellschaftung, zu ihrer sozialen Integration. Nur bringt ihr diese nicht, wie ein fortschrittsfreudiges Cliché es rühmt, durch nachträgliche Bestätigung den Segen von Gerechtigkeit. Meist schleift die Rezeption ab, worin sie bestimmte Negation der Gesellschaft war. Kritisch pflegen die Werke in der Ära ihres Erscheinens zu wirken; später werden sie, nicht zuletzt veränderter Verhältnisse wegen, neutralisiert. Neutralisierung ist der gesellschaftliche Preis der ästhetischen Autonomie. Liegen aber die Kunstwerke einmal im Pantheon der Bildungsgüter begraben, so sind auch sie selbst, ihr Wahrheitsgehalt beschädigt. In der verwalteten Welt ist Neutralisierung universal. Einmal begehrte der Surrealismus gegen die Fetischisierung der Kunst als Sondersphäre auf, wurde aber als die Kunst, die er doch auch war, über die reine Gestalt des Protests hinausgetrieben. Maler, bei denen nicht, wie bei André Masson, die Qualität der peinture den Ausschlag gab, bewerkstelligten eine Art Ausgleich zwischen Skandal und gesellschaftlicher Rezeption. Schließlich wurde Salvador Dali ein society-Maler zweiter Potenz, der Laszlo oder Van Dongen einer Generation, die sich im vagen Gefühl eines für Jahrzehnte stabilisierten Krisenzustands schmeichelte, ›sophisticated‹ zu sein. Damit war das falsche Nachleben des Surrealismus gestiftet. Moderne Strömungen, in denen schockhaft einbrechende Inhalte das Formgesetz zerrütteten, sind prädestiniert dazu, mit der Welt zu paktieren, die unsublimierte Stofflichkeit anheimelnd empfindet, sobald der Stachel entfernt ist. Im Zeitalter totaler Neutralisierung freilich bahnt falsche Versöhnung im Bereich radikal abstrakter Malerei ebenfalls sich an: Ungegenständliches eignet sich zum Wandschmuck des neuen Wohlstands. Ob dadurch auch die immanente Qualität sich mindert, ist ungewiß; die Begeisterung, mit der Reaktionäre die Gefahr unterstreichen, spricht gegen diese. Tatsächlich idealistisch wäre es, das Verhältnis von Kunst und Gesellschaft allein in den gesellschaftlichen Strukturproblemen, als sozial vermittelten, zu lokalisieren. Der Doppelcharakter von Kunst: der von Autonomie und fait social äußert stets wieder sich in handfesten Abhängigkeiten und Konflikten der beiden Sphären. Vielfach wird unmittelbar gesellschaftlich-ökonomisch in die künstlerische Produktion eingegriffen; gegenwärtig etwa durch langfristige Verträge von Malern mit Kunsthändlern, die das begünstigen, was kunstgewerblich eigene Note, schnodderig Masche heißt. Daß der deutsche Expressionismus seinerzeit so rasch sich verflüchtigte, mag künstlerische Gründe haben im Konflikt zwischen der Idee des Werkes, auf das er noch ausging, und der spezifischen des absoluten Schreis. Nicht ohne Verrat sind expressionistische Werke ganz gelungen. Mitspielte weiter, daß das Genre politisch veraltete, als sein revolutionärer Impetus sich nicht realisierte und als die Sowjetunion radikale Kunst zu verfolgen begann. Nicht zu unterschlagen jedoch ist, daß die Autoren der damals nicht rezipierten Bewegung – sie wurde es erst vierzig oder fünfzig Jahre später – gezwungen waren zu leben und, wie man in Amerika sagt, to go commercial; an den meisten deutschen

expressionistischen Schriftstellern, die den ersten Weltkrieg überlebten, wäre das zu demonstrieren. Soziologisch ist am Schicksal der Expressionisten der Primat des bürgerlichen Berufsbegriffs über das reine Ausdrucksbedürfnis zu lernen, das, wie immer naiv und verwässert, die Expressionisten inspirierte. In der bürgerlichen Gesellschaft sind die Künstler, wie alle geistig Produzierenden, genötigt weiterzumachen, sobald sie einmal als Künstler firmieren. Ausgediente Expressionisten haben nicht ungern verheißungsvoll marktgängige Themen sich ausgewählt. Der Mangel an immanenter Nötigung zur Produktion bei gleichzeitigem wirtschaftlichen Zwang zu ihrer Fortsetzung teilt dem Produkt als dessen objektive Gleichgültigkeit sich mit.
Unter den Vermittlungen von Kunst und Gesellschaft ist die stoffliche, die Behandlung offen oder verhüllt gesellschaftlicher Gegenstände, die oberflächlichste und trügerischste. Daß die Plastik eines Kohlenträgers gesellschaftlich a priori mehr besage als eine ohne proletarische Helden, wird nachgerade nur dort noch nachgebetet, wo die Kunst, nach volksdemokratischem Sprachgebrauch, strikt ›meinungsbildend‹, als wirkender Faktor in die Realität einbezogen und deren Zwecken subsumiert wird, meist um die Produktion zu steigern. Meuniers idealisierter Kohlenträger fügte sich samt seinem Realismus jener bürgerlichen Ideologie ein, die dadurch mit dem damals noch sichtbaren Proletariat fertig wurde, indem sie auch ihm schönes Menschentum und edle Physis bescheinigte. Auch ungeschminkter Naturalismus geht vielfach mit verdrücktem, psychoanalytisch: analem Vergnügen, dem deformierten bürgerlichen Charakter zusammen. Leicht weidet er sich an dem Elend und der Verkommenheit, die er geißelt; Zola hat wie Blut- und Boden-Autoren die Fruchtbarkeit verherrlicht und antisemitische Clichés verwendet. Keine Grenze zwischen Aggressivität und Konformismus der Anklage ist in der Stoffschicht zu ziehen. Die Vortragsbezeichnung über einem Agitprop-Chor, der Arbeitslosen in den Mund gelegt war: er solle häßlich gesungen werden, mochte um 1930 als Gesinnungspaß fungieren, wie er kaum je von fortgeschrittenem Bewußtsein zeugte; stets aber war ungewiß, ob die künstlerische Attitüde des Gröhlens und der Roheit diese in der Realität denunziert oder mit ihr sich identifiziert. Denunziation wäre wohl nur dem

möglich, was stoffgläubige Sozialästhetik vernachlässigt, der Gestaltung. Gesellschaftlich entscheidet an den Kunstwerken, was an Inhalt aus ihren Formstrukturen spricht. Kafka, in dessen Werk der Monopolkapitalismus nur entfernt erscheint, kodifiziert am Abhub der verwalteten Welt getreuer und mächtiger, was den Menschen unterm totalen gesellschaftlichen Bann widerfährt, als Romane über korrupte Industrietrusts. Daß Form der Ort des gesellschaftlichen Gehalts sei, ist bei Kafka zu konkretisieren an der Sprache. Auf deren Sachlichkeit, das Kleistische ist häufig aufmerksam gemacht worden, und seine ebenbürtigen Leser haben den Widerspruch zu den durch ihren imaginären Charakter so nüchterner Darstellung entrückten Vorgängen erkannt. Aber nicht nur wird jener Kontrast dadurch produktiv, daß er das Unmögliche durch quasi realistische Deskription in bedrohliche Nähe holt. Gleichwohl hat die für engagierte Ohren allzu artistische Kritik an den realistischen Zügen der Kafkaschen Form ihren gesellschaftlichen Aspekt. Durch manche dieser Züge wird Kafka einem Ideal von Ordnung, womöglich von einfachem Leben und bescheidener Tätigkeit an der zugewiesenen Stelle erträglich, das seinerseits Deckbild sozialer Repression ward. Der sprachliche Habitus des So-und-nicht-anders-Seins ist das Medium, kraft dessen der gesellschaftliche Bann Erscheinung wird. Ihn zu nennen hütet Kafka sich weislich, als würde sonst der Bann gebrochen, dessen unüberwindliche Allgegenwart den Raum des Kafkaschen Werks definiert und der, als sein Apriori, nicht thematisch werden kann. Seine Sprache ist das Organon jener Konfiguration von Positivismus und Mythos, die gesellschaftlich jetzt erst ganz durchschaubar wird. Verdinglichtes Bewußtsein, das die Unausweichlichkeit und Unabänderlichkeit des Seienden voraussetzt und bestätigt, ist als Erbe des alten Banns die neue Gestalt des Mythos des Immergleichen. Kafkas epischer Stil ist, in seinem Archaismus, Mimesis an die Verdinglichung. Während sein Werk den Mythos zu transzendieren sich versagen muß, macht es in ihm den Verblendungszusammenhang der Gesellschaft kenntlich durch das Wie, die Sprache. Seinem Bericht ist der Aberwitz so selbstverständlich, wie er der Gesellschaft geworden ist. Sozial stumm sind Produkte, die ihr Soll erfüllen, indem sie das Gesellschaftliche, von dem sie handeln, tel quel wieder von sich geben und solchen Stoffwechsel mit der zweiten Natur als Abspiegelung sich zum höheren Ruhm anrechnen. Das künstlerische Subjekt an sich ist gesellschaftlich, nicht privat. Keineswegs wird es gesellschaftlich durch Zwangskollektivierung oder Stoffwahl. Im Zeitalter des repressiven Kollektivismus hat Kunst die Kraft des Widerstands gegen die kompakte Majorität, die zu einem Kriterium der Sache und ihrer gesellschaftlichen Wahrheit geworden ist, im einsam und ungedeckt Produzierenden, ohne daß dadurch im übrigen kollektive Produktionsformen wie die von Schönberg projektierten Komponierateliers ausgeschlossen würden. Indem der Künstler in seiner Produktion zur eigenen Unmittelbarkeit stets auch negativ sich verhält, gehorcht er bewußtlos einem gesellschaftlich Allgemeinen: bei jeder geglückten Korrektur sieht ihm das Gesamtsubjekt über die Schulter, das noch nicht geglückt ist. Die Kategorien künstlerischer Objektivität sind mit der gesellschaftlichen Emanzipation, wo die Sache aus ihrem eigenen Impetus heraus von gesellschaftlicher Konvention und Kontrolle sich befreit. Dabei dürfen die Kunstwerke es nicht bei einer vagen und abstrakten Allgemeinheit belassen wie der Klassizismus. Gespaltenheit und damit der konkrete geschichtliche Stand des ihnen Heterogenen ist ihre Bedingung. Ihre gesellschaftliche Wahrheit hängt daran, daß sie jenem Gehalt sich öffnen. Er wird ebenso zu ihrem Stoff, den sie sich anbilden, wie ihr Formgesetz die Spaltung nicht glättet sondern, indem es sie zu gestalten erheischt, sie zur eigenen Sache macht. – So tief – und weithin noch dunkel – der Anteil der Wissenschaft an der Entfaltung der künstlerischen Produktivkräfte ist; so sehr gerade durch der Wissenschaft abgelernte Methoden Gesellschaft in die Kunst hineinreicht, so wenig wird darum doch die künstlerische Produktion, und wäre es die eines integralen Konstruktivismus, wissenschaftlich. Alle wissenschaftlichen Funde verlieren in ihr den Charakter der Wörtlichkeit: an der Modifikation der optisch-perspektivischen Gesetze in der Malerei, der natürlichen Obertonverhältnisse in der Musik wäre das zu entnehmen. Wenn die von der Technik verängstigte Kunst sich ihr Plätzchen zu konservieren trachtet, indem sie ihren eigenen Übergang in Wissenschaft verkündet, so verkennt sie den Stellenwert der Wissenschaften in der empirischen Realität. Andererseits ist auch nicht, wie es dem Irrationalismus beliebte, das ästhetische Prinzip als sakrosankt wider Wissenschaften auszuspielen. Kunst ist kein unverbindliches kulturelles Komplement der Wissenschaft sondern zu ihr kritisch gespannt. Was etwa den gegenwärtigen Geisteswissenschaften als ihre immanente Unzulänglichkeit: ihr Mangel an Geist vorzuwerfen ist, das ist stets fast zugleich Mangel an ästhetischem Sinn. Nicht umsonst wird die approbierte Wissenschaft zur Wut gereizt, wann immer in ihrem Umkreis sich regt, was sie der Kunst attribuiert, um in ihrem eigenen Betrieb ungeschoren zu bleiben; daß einer schreiben kann, macht ihn wissenschaftlich suspekt. Grobheit des Denkens ist die Unfähigkeit, in der Sache zu differenzieren, und Differenziertheit eine ästhetische Kategorie sowohl wie eine der Erkenntnis. Wissenschaft und Kunst sind nicht zu verschmelzen, aber die in beiden geltenden Kategorien sind nicht absolut verschieden. Das konformierende Bewußtsein will es umgekehrt, einerseits unkräftig zur Unterscheidung von beidem, andererseits nicht willens zur Einsicht, daß in den nichtidentischen Sphären identische Kräfte wirken. Das gilt moralisch nicht minder. Brutalität gegen die Sachen ist potentiell eine gegen die Menschen. Das Rohe, subjektiver Kern des Bösen, wird von Kunst, der das Ideal des Durchgeformten unabdingbar ist, a priori negiert: das, nicht die Verkündigung moralischer Thesen oder die Erzielung moralischer Wirkung ist ihre Teilhabe an der Moral und verbindet sie einer menschenwürdigeren Gesellschaft.

Gesellschaftliche Kämpfe, Klassenverhältnisse drücken in der Struktur von Kunstwerken sich ab; die politischen Positionen, die Kunstwerke von sich aus beziehen, sind demgegenüber Epiphänomene, meist zu Lasten der Durchbildung der Kunstwerke und damit am Ende auch ihres gesellschaftlichen Wahrheitsgehalts. Mit Gesinnung ist wenig getan. Zu streiten wird darüber sein, wie weit die attische Tragödie, auch die Euripideische, in den heftigen sozialen Konflikten der Epoche Partei ergriff; die Richtungstendenz der tragischen Form gegenüber den mythischen Stoffen jedoch, die Lösung des Bannes von Schicksal und die Geburt von Subjektivität, bezeugt ebenso gesellschaftliche Emanzipation von feudal-familialen Zusammenhängen wie, in der Kollision zwischen mythischer Satzung und Subjektivität, den Antagonismus zwischen der dem Schicksal verbündeten Herrschaft und der zur Mündigkeit erwachenden Humanität. Daß die geschichtsphilosophische Tendenz sowohl wie der Antagonismus zum Formapriori geworden sind, anstatt bloß stofflich behandelt zu werden, verleiht der Tragödie ihre gesellschaftliche Substantialität: Gesellschaft erscheint in ihr desto authentischer, je weniger sie intendiert wird. Die Parteilichkeit, welche die Tugend von Kunstwerken nicht weniger als von Menschen ist, lebt in der Tiefe, in der gesellschaftliche Antinomien zur Dialektik der Formen werden: indem Künstler ihnen durch die Synthesis des Gebildes zur Sprache verhelfen, tun sie gesellschaftlich das Ihre; selbst Lukács fühlte sich, in seiner Spätzeit, zu derlei Erwägungen genötigt. Gestaltung, welche die wortlosen und stummen Widersprüche artikuliert, hat dadurch Züge einer Praxis, die nicht nur vor der realen sich flüchtet; genügt dem Begriff von Kunst selbst als einer Verhaltensweise. Sie ist eine Gestalt von Praxis und muß nicht dafür sich entschuldigen, daß sie nicht direkt agiert: selbst dann vermöchte sie es nicht, wenn sie es wollte, die politische Wirkung auch der sogenannten engagierten ist höchst ungewiß. Die gesellschaftlichen Standpunkte der Künstler mögen ihre Funktion beim Einbruch ins konformierende Bewußtsein haben, in der Entfaltung der Werke treten sie zurück. Über den Wahrheitsgehalt Mozarts besagt es nichts, daß er beim Tod Voltaires abscheuliche Ansichten äußerte. Im Zeitalter ihres Erscheinens freilich ist von dem, was Kunstwerke wollen, auch nicht zu abstrahieren; wer Brecht einzig seiner künstlerischen Meriten wegen würdigt, verfehlt ihn nicht weniger, als wer über seine Bedeutung nach seinen Thesen urteilt. Die Immanenz der Gesellschaft im Werk ist das wesentliche gesellschaftliche Verhältnis der Kunst, nicht die Immanenz von Kunst in der Gesellschaft. Weil der gesellschaftliche Gehalt der Kunst nicht außerhalb ihres principium individuationis angesiedelt sondern in der Individuation beheimatet ist, ihrerseits einem Sozialen, ist der Kunst ihr eigenes gesellschaftliches Wesen verhüllt und erst von ihrer Interpretation zu ergreifen.

Noch in Kunstwerken jedoch, die bis ins Innerste mit Ideologie versetzt sind, vermag der Wahrheitsgehalt sich zu behaupten.

Ideologie, als gesellschaftlich notwendiger Schein, ist in solcher Notwendigkeit stets auch die verzerrte Gestalt des Wahren. Es ist eine Schwelle des gesellschaftlichen Bewußtseins von Ästhetik gegen die Banausie, daß sie die gesellschaftliche Kritik am Ideologischen von Kunstwerken reflektiert, anstatt sie nachzubeten. Ein Modell des Wahrheitsgehalts eines in seinen Intentionen durchaus ideologischen œuvres ist Stifter. Ideologisch sind nicht nur die konservativ-restaurativ ausgewählten Stoffe und das fabula docet, sondern auch die objektivistische Formgebarung, welche mikrologisch zarte Empirie, ein sinnvoll richtiges Leben, von dem sich erzählen ließe, suggeriert. Darum wurde Stifter zum Abgott eines edel-retrospektiven Bürgertums. Die Schichten, die ihm seine halb esoterische Popularität verschafften, blättern ab. Damit jedoch ist nicht das letzte Wort über ihn gesagt, Versöhntheit und Versöhnlichkeit zumal seiner Spätphase sind outriert. Objektivität erstarrt zur Maske, beschworenes Leben wird zum abweisenden Ritual. Durch die Exzentrizität des Mittleren schimmert das verschwiegene und verleugnete Leid des entfremdeten Subjekts hindurch und die Unversöhntheit des Zustands. Blaß und fahl ist das Licht über seiner reifen Prosa, als wäre sie allergisch gegen das Glück der Farbe; sie wird gleichsam zur Graphik reduziert durch den Ausschluß des Störenden und Ungebärdigen einer sozialen Realität, die mit der Gesinnung des Dichters so unvereinbar ist wie mit dem epischen Apriori, das er krampfhaft von Goethe übernahm. Was gegen den Willen dieser Prosa durch die Diskrepanz ihrer Form und der bereits kapitalistischen Gesellschaft sich zuträgt, wächst ihrem Ausdruck zu. Ideologische Überspannung verleiht dem Werk mittelbar seinen unideologischen Wahrheitsgehalt, seine Überlegenheit über alle Literatur tröstenden Zuspruchs und beflissen landschaftlicher Geborgenheit und erwirbt ihm die authentische Qualität, die Nietzsche bewunderte. Er übrigens ist das Paradigma dafür, wie wenig dichterische Intention, sogar der von einem Kunstwerk unmittelbar verkörperte oder vertretene Sinn seinem objektiven Gehalt gleicht; bei ihm ist der Gehalt wahrhaft die Negation des Sinns, wäre aber nicht, ohne daß dieser vom Kunstwerk vermeint wäre und dann durch dessen eigene Komplexion aufgehoben. Affirmation wird zur Chiffre von Verzweiflung, und die reinste Negativität des Gehalts enthält, wie bei Stifter, ein Gran von Affirmation. Der Glanz, den heute die alle Affirmation tabuierenden Kunstwerke ausstrahlen, ist die Erscheinung des affirmativen ineffabile, des Aufgangs eines Nichtseienden, als ob es doch wäre. Sein Anspruch zu sein erlischt im ästhetischen Schein, was nicht ist, wird jedoch dadurch, daß es erscheint, versprochen. Die Konstellation von Seiendem und Nichtseiendem ist die utopische Figur von Kunst. Während sie zur absoluten Negativität gedrängt wird, ist sie kraft eben jener Negativität kein absolut Negatives. Das antinomische Wesen des affirmativen Rests teilt sich den Kunstwerken keineswegs erst in ihrer Stellung zum Seienden als der Gesellschaft mit, sondern immanent, und verbreitet Zwielicht über sie. Keine Schönheit kann heute der Frage mehr ausweichen, ob sie denn auch schön sei und nicht durch prozeßlose Affirmation erschlichen. Der Widerwille gegen Kunstgewerbe ist, verschoben, das schlechte Gewissen von Kunst überhaupt, das sich beim Aufklingen eines jeglichen Akkords, im Angesicht einer jeglichen Farbe regt. Gesellschaftliche Kritik an Kunst braucht diese nicht erst von außen abzutasten: sie wird von den innerästhetischen Formationen gezeitigt. Die gesteigerte Empfindlichkeit des ästhetischen Sinnes nähert asymptotisch der gesellschaftlich motivierten gegen Kunst sich an. – Ideologie und Wahrheit der Kunst verhalten sich zueinander nicht wie Schafe und Böcke. Sie hat das eine nicht ohne das andere, solche Reziprozität lockt ihrerseits ebenso zum ideologischen Mißbrauch, wie sie zur summarischen Abfertigung im Kahlschlag-Stil ermuntert. Nur ein Schritt ist von der Utopie des sich selbst Gleichseins der Kunstwerke zum Gestank der himmlischen Rosen, welche die Kunst, wie nach Schillers Tirade die Frauen, ins irdische Leben streue. Je schamloser die Gesellschaft zu jener Totalität übergeht, in der sie wie allem auch der Kunst ihren Stellenwert zuweist, desto vollständiger polarisiert sie sich nach Ideologie und Protest; und diese Polarisierung gerät ihr schwerlich zum Guten. Der absolute Protest engt sie ein und springt um auf ihre eigene raison d'être, die Ideologie verdünnt sich zur armseligen und autoritären Kopie der Realität.

In der nach der Katastrophe auferstandenen Kultur vollends nimmt Kunst durch ihr schieres Dasein, vor allem Inhalt und

Gehalt, ein Ideologisches an. Ihr Mißverhältnis zu dem geschehenen und drohenden Grauen verdammt sie zum Zynismus; noch dort lenkt sie davon ab, wo sie ihm sich stellt. Ihre Objektivation impliziert Kälte der Realität gegenüber. Das degradiert sie zur Spießgesellin derselben Barbarei, der sie nicht minder verfällt, wo sie die Objektivation drangibt und unvermittelt, wäre es auch durchs polemische Engagement, mitspielt. Jedes Kunstwerk heute, auch das radikale, hat seinen konservativen Aspekt; seine Existenz hilft, die Sphären von Geist und Kultur zu befestigen, deren reale Ohnmacht und deren Komplizität mit dem Prinzip des Unheils nackt zutage treten. Aber dies Konservative, wider den Trend zur sozialen Integration stärker in den avanciertesten Gebilden als in den gemäßigten, ist nicht nur wert, daß es zugrunde geht. Einzig wofern Geist, in seiner fortgeschrittensten Gestalt, überlebt und weitertreibt, ist überhaupt Widerstand gegen die Allherrschaft der gesellschaftlichen Totale möglich. Eine Menschheit, der nicht der fortschreitende Geist übermachte, was sie zu liquidieren sich anschickt, versänke in jener Barbarei, die eine vernünftige Einrichtung der Gesellschaft verhindern soll. Kunst verkörpert noch als tolerierte in der verwalteten Welt, was nicht sich einrichten läßt und was die totale Einrichtung unterdrückt. Die neugriechischen Tyrannen wußten, warum sie Becketts Stücke verboten, in denen kein politisches Wort fällt. Asozialität wird zur sozialen Legitimation von Kunst. Um der Versöhnung willen müssen die authentischen Werke jede Erinnerungsspur von Versöhnung tilgen. Gleichwohl wäre die Einheit, der noch das Dissoziative nicht entrinnt, nicht ohne die alte Versöhnung. Kunstwerke sind a priori gesellschaftlich schuldig, während ein jedes, das den Namen verdient, seine Schuld zu büßen trachtet. Die Möglichkeit zu überleben haben sie daran, daß ihre Anstrengung zur Synthesis auch Unversöhnlichkeit ist. Ohne die Synthesis, welche das Kunstwerk als autonomes der Realität konfrontiert, wäre nichts außerhalb von deren Bann; das Prinzip der Abtrennung des Geistes, das den Bann um sich verbreitet, ist auch das, welches ihn durchbricht, indem es ihn bestimmt.

Daß die nominalistische Tendenz der Kunst im Extrem der Abschaffung vorgegebener Ordnungskategorien soziale Implikate hat, ist an den Feinden neuer Kunst, bis zu Emil Staiger, evident. Ihre Sympathie für das, was in ihrer Sprache Leitbild heißt, ist unmittelbar eine mit gesellschaftlicher, zumal sexueller Repression. Die Verbindung sozialreaktionärer Haltung mit Haß gegen die künstlerische Moderne, der Analyse des autoritätshörigen Charakters einleuchtend, wird von der alten und neuen faschistischen Propaganda dokumentiert und bestätigt sich auch der empirischen Sozialforschung. Die Wut gegen die vorgebliche Zerstörung sakrosankter und eben darum schon gar nicht mehr erfahrener Kulturgüter ist Deckbild der real zerstörenden Wünsche der Entrüsteten. Dem herrschenden Bewußtsein ist eines, das es anders möchte, durch Abweichung vom Verhärteten allemal chaotisch. Regelmäßig wettern solche am heftigsten gegen die Anarchie der neuen Kunst, mit der es meist gar nicht so weit her ist, die durch grobe Fehler auf dem simpelsten Informationsniveau der Unkenntnis des Verhaßten sich überführen; unansprechbar sind sie auch darin, daß sie, was abzulehnen sie vorweg entschlossen sind, gar nicht erst erfahren mögen. Unbestreitbar die Mitschuld der Arbeitsteilung an alldem. So wenig der nicht Spezialisierte ohne weiteres die jüngsten Entwicklungen der Kernphysik versteht, so wenig wird ein Nichtfachmann sehr komplexe neue Musik oder Malerei begreifen. Während man aber, im Vertrauen auf die prinzipiell von jedem nachvollziehbare Rationalität, die auf die jüngsten physikalischen Theoreme führt, mit deren Unverständlichkeit sich abfindet, wird sie in der neuen Kunst als schizoide Willkür gebrandmarkt, obwohl das ästhetisch Unverständliche nicht weniger als wissenschaftliche Esoterik von Erfahrung weggeschafft werden kann. Kunst vermag einzig noch durch konsequente Arbeitsteilung hindurch ihre humane Allgemeinheit irgend zu realisieren: alle andere ist falsches Bewußtsein. Gebilde von Qualität sind, als in sich durchgeformt, objektiv weniger chaotisch als ungezählte mit ordentlicher Fassade, die ihnen notdürftig aufgeklatscht ist, während ihre eigene Gestalt darunter zerbröckelt. Das stört wenige. Tief neigt der bürgerliche Charakter dazu, wider bessere Einsicht am Schlechten festzuhalten; ein Grundbestand von Ideologie ist es, daß sie nie ganz geglaubt wird, von Selbstverachtung schreitet sie zur Selbstzerstörung fort. Das halbgebildete Bewußtsein beharrt auf dem ›Mir gefällt es‹, zynisch-verlegen darüber lächelnd, daß der Kulturschund eigens fabriziert wird, um den Konsumenten hinters Licht zu führen: Kunst soll als Freizeitbeschäftigung bequem und unverbindlich sein; den Betrug nehmen sie in Kauf, weil sie insgeheim ahnen, daß das Prinzip ihres eigenen gesunden Realismus der Betrug des Gleich um Gleich ist. In solchem falschen und zugleich kunstfeindlichen Bewußtsein entfaltet sich das Fiktionsmoment der Kunst, ihr Scheincharakter in der bürgerlichen Gesellschaft: mundus vult decipi lautet ihr kategorischer Imperativ für den künstlerischen Konsum. Davon wird jegliche vorgeblich naive künstlerische Erfahrung mit Fäulnis überzogen; insofern ist sie unnaiv. Objektiv wird das vorherrschende Bewußtsein zu jenem verstockten Verhalten bewogen, weil die Vergesellschafteten vor dem Begriff der Mündigkeit, auch der ästhetischen, versagen müssen, den die Ordnung postuliert, welche sie als die ihre beanspruchen und um jeden Preis festhalten. Der kritische Begriff von Gesellschaft, der den authentischen Kunstwerken ohne ihr Zutun inhäriert, ist unvereinbar mit dem, was die Gesellschaft sich selbst dünken muß, um so fortzufahren, wie sie ist; das herrschende Bewußtsein kann von seiner eigenen Ideologie nicht sich befreien, ohne die gesellschaftliche Selbsterhaltung zu schädigen. Das verleiht scheinbar abseitigen ästhetischen Kontroversen ihre soziale Relevanz.

Daß Gesellschaft in den Kunstwerken, mit polemischer Wahrheit sowohl wie ideologisch, ›erscheint‹, verleitet zur geschichtsphilosophischen Mystifizierung. Allzu leicht könnte Spekulation auf eine vom Weltgeist veranstaltete prästabilierte Harmonie zwischen der Gesellschaft und den Kunstwerken verfallen. Aber Theorie muß vor ihrem Verhältnis nicht kapitulieren. Der Prozeß, der in den Kunstwerken sich vollzieht und in ihnen stillgestellt wird, ist als gleichen Sinnes mit dem gesellschaftlichen Prozeß zu denken, in den die Kunstwerke eingespannt sind; nach Leibnizens Formel repräsentieren sie ihn fensterlos. Die Konfiguration der Elemente des Kunstwerks zu dessen Ganzem gehorcht immanent Gesetzen, die denen der Gesellschaft draußen verwandt sind. Gesellschaftliche Produktivkräfte sowohl wie Produktionsverhältnisse kehren der bloßen Form nach, ihrer Faktizität entäußert, in den Kunstwerken wieder, weil künstlerische Arbeit gesellschaftliche Arbeit ist; stets sind es auch ihre Produkte. Nicht an sich sind die Produktivkräfte in den Kunstwerken verschieden von den gesellschaftlichen sondern nur durch ihre konstitutive Absentierung von der realen Gesellschaft. Kaum etwas dürfte in den Kunstwerken getan oder erzeugt werden, was nicht sein wie immer auch latentes Vorbild in gesellschaftlicher Produktion hätte. Die verbindliche Kraft der Kunstwerke jenseits des Bannkreises ihrer Immanenz gründet in jener Affinität. Sind tatsächlich die Kunstwerke absolute Ware als jenes gesellschaftliche Produkt, das jeden Schein des Seins für die Gesellschaft abgeworfen hat, den sonst Waren krampfhaft aufrecht erhalten, so geht das bestimmende Produktionsverhältnis, die Warenform, ebenso in die Kunstwerke ein wie die gesellschaftliche Produktivkraft und der Antagonismus zwischen beidem. Die absolute Ware wäre der Ideologie ledig, welche der Warenform innewohnt, die prätendiert, ein Für anderes zu sein, während sie ironisch ein bloßes Für sich: das für die Verfügenden ist. Solcher Umschlag von Ideologie in Wahrheit freilich ist einer des ästhetischen Gehalts, keiner der Stellung der Kunst zur Gesellschaft unmittelbar. Auch die absolute Ware ist verkäuflich geblieben und zum ›natürlichen Monopol‹ geworden. Daß Kunstwerke, wie einmal Krüge und Statuetten, auf dem Markt feilgeboten werden, ist nicht ihr Mißbrauch sondern die einfache Konsequenz aus ihrer Teilhabe an den Produktionsverhältnissen. Durchaus unideologisch ist Kunst wohl überhaupt nicht möglich. Durch ihre bloße Antithese zur empirischen Realität wird sie es nicht; Sartre[88] hat mit Recht hervorgehoben, daß das l'art pour l'art-Prinzip, das in Frankreich seit Baudelaire ähnlich prävaliert wie in Deutschland das ästhetische Ideal der Kunst als moralischer Zwangsanstalt, vom Bürgertum als Mittel der Neutralisierung von Kunst ebenso willig rezipiert wurde, wie man in Deutschland die Kunst als kostümierten Bundesgenossen sozialer Kontrolle der Ordnung einverleibte. Was Ideologie ist am l'art pour l'art-Prinzip, hat seinen Ort nicht in der energischen Antithese der Kunst zur Empirie sondern in der Abstraktheit und

---

88 Jean-Paul Sartre, Was ist Literatur? Ein Essay, übertr. von H. G. Brenner, Hamburg 1958, S. 20.

Fazilität jener Antithese. Die Idee der Schönheit, welche das l'art pour l'art-Prinzip aufrichtet, soll zwar, jedenfalls in der nach-Baudelaireschen Entwicklung, nicht formal-klassizistisch sein, schneidet aber doch jeden Inhalt als störend ab, der nicht schon diesseits des Formgesetzes, also gerade anti-artistisch, einem dogmatischen Kanon des Schönen sich beugt: solchen Geistes moniert George in einem Brief an Hofmannsthal, daß dieser in einer Bemerkung zum Tod des Tizian den Maler an der Pest sterben lasse[89]. Der Schönheitsbegriff des l'art pour l'art wird eigentümlich leer und stoffbefangen zugleich, eine Jugendstilveranstaltung, wie sie in den Ibsenschen Formeln vom Weinlaub im Haar und vom In Schönheit Sterben sich verriet. Schönheit, ohnmächtig zur Bestimmung ihrer selbst, die sie nur an ihrem Anderen gewönne, eine Luftwurzel gleichsam, wird verstrickt ins Schicksal des erfundenen Ornaments. Beschränkt ist diese Idee des Schönen, weil sie in unmittelbare Antithese zur als häßlich verstoßenen Gesellschaft sich begibt, anstatt, wie noch Baudelaire und Rimbaud, ihre Antithese aus dem Inhalt – bei Baudelaire der imagerie von Paris – zu ziehen und zu erproben: so allein würde die Distanz zum Eingriff bestimmter Negation. Gerade die Autarkie der neuromantischen und symbolistischen Schönheit, ihre Zimperlichkeit jenen gesellschaftlichen Momenten gegenüber, an denen allein Form eine würde, hat sie so rasch konsumfähig gemacht. Sie betrügt dadurch über die Warenwelt, daß sie sie ausspart; das qualifiziert sie als Ware. Ihre latente Warenform hat innerkünstlerisch die Gebilde des l'art pour l'art zu dem Kitsch verurteilt, als der sie heute belächelt werden. An Rimbaud wäre zu zeigen, wie in seinem Artismus die schneidende Antithese zur Gesellschaft und Willfähriges: die Rilkesche Verzückung über den Duft der alten Truhe, auch Cabaret-Chansons, unverbunden nebeneinander stehen; schließlich triumphierte die Versöhnlichkeit, und das l'art pour l'art-Prinzip war nicht zu retten. Auch gesellschaftlich ist darum die Situation von Kunst heute aporetisch. Läßt sie von ihrer Autonomie nach, so verschreibt sie sich dem Betrieb der bestehenden Gesellschaft; bleibt

---

89 Vgl. Briefwechsel zwischen George und Hofmannsthal, hg. von R. Boehringer, 2. Aufl., München u. Düsseldorf 1953, S. 42.

sie strikt für sich, so läßt sie als harmlose Sparte unter anderen nicht minder gut sich integrieren. In der Aporie erscheint die Totalität der Gesellschaft, die verschluckt, was immer auch geschieht. Daß Werke der Kommunikation absagen, ist eine notwendige, keineswegs die zureichende Bedingung ihres unideologischen Wesens. Zentrales Kriterium ist die Kraft des Ausdrucks, durch dessen Spannung die Kunstwerke mit wortlosem Gestus beredt werden. Im Ausdruck enthüllen sie sich als gesellschaftliches Wundmal; Ausdruck ist das soziale Ferment ihrer autonomen Gestalt. Kronzeuge dafür wäre Picassos Guernica-Bild, das bei strikter Unvereinbarkeit mit dem verordneten Realismus, gerade durch inhumane Konstruktion, jenen Ausdruck gewinnt, der es zum sozialen Protest schärft jenseits aller kontemplativen Mißverständlichkeit. Die gesellschaftlich kritischen Zonen der Kunstwerke sind die, wo es wehtut; wo an ihrem Ausdruck geschichtlich bestimmt die Unwahrheit des gesellschaftlichen Zustands zutage kommt. Darauf eigentlich reagiert die Wut.
Kunstwerke vermögen es, ihr Heteronomes, ihre Verflochtenheit in die Gesellschaft, sich zuzueignen, weil sie selbst stets zugleich auch ein Gesellschaftliches sind. Gleichwohl hat ihre Autonomie, mühsam der Gesellschaft abgezwungen und gesellschaftlich entsprungen in sich, die Möglichkeit des Rückschlags in Heteronomie; alles Neue ist schwächer als das akkumulierte Immergleiche und bereit, dorthin zu regredieren, woher es kam. Das in der Objektivation der Werke verkapselte Wir ist nicht radikal anders als das auswendige, wenn auch häufig Residuum eines real vergangenen. Darum ist der kollektive Appell nicht bloß der Sündenfall der Werke, sondern etwas in ihrem Formgesetz impliziert ihn. Nicht aus purer Obsession mit Politik mag die große griechische Philosophie der ästhetischen Wirkung so viel mehr Gewicht verleihen, als ihr objektiver Tenor erwarten läßt. Seitdem Kunst in die theoretische Besinnung einbezogen ward, ist diese in Versuchung, indem sie über die Kunst sich erhebt, unter sie herabzusinken und sie Machtverhältnissen auszuliefern. Was man heute Ortsbestimmung nennt, muß aus dem ästhetischen Bannkreis heraustreten; die wohlfeile Souveränität, die der Kunst ihre soziale Stelle zuweist, behandelt sie, nachdem sie ihre Formimmanenz als eitel naive Selbsttäuschung abgetan hat,

leicht, wie wenn sie nichts anderes wäre denn das, wozu ihr Stellenwert in der Gesellschaft sie verurteilt. Die Zensuren, die Platon der Kunst erteilt je nach dem, ob sie den militärischen Tugenden der von ihm mit Utopie verwechselten Volksgemeinschaft entspricht oder nicht, seine totalitäre Rancune gegen wirkliche oder gehässig erfundene Dekadenz, auch seine Aversion gegen die Lügen der Dichter, die doch nichts anderes sind als der Scheincharakter von Kunst, den er zur bestehenden Ordnung ruft – all das befleckt den Begriff der Kunst im gleichen Augenblick, da er erstmals reflektiert wird. Die Reinigung der Affekte in der Aristotelischen Poetik bekennt sich zwar nicht mehr so unverhohlen zu Herrschaftsinteressen, wahrt sie aber doch, indem sein Ideal von Sublimierung Kunst damit beauftragt, anstelle der leibhaften Befriedigung von Instinkten und Bedürfnissen des visierten Publikums den ästhetischen Schein als Ersatzbefriedigung zu instaurieren: Katharsis ist eine Reinigungsaktion gegen die Affekte, einverstanden mit Unterdrückung. Überaltert ist die Aristotelische Katharsis als ein Stück Kunstmythologie, den tatsächlichen Wirkungen inadäquat. Dafür haben die Kunstwerke in sich durch Vergeistigung vollbracht, was die Griechen auf ihre auswendige Wirkung projizierten: sie sind, im Prozeß zwischen Formgesetz und Stoffgehalt, ihre eigene Katharsis. Sublimierung, auch die ästhetische, hat fraglos am zivilisatorischen Progress teil und am innerkünstlerischen selbst, aber auch ihre ideologische Seite: das Ersatzmittel Kunst raubt der Sublimierung kraft seiner Unwahrheit die Würde, welche der gesamte Klassizismus für jene reklamiert, der mehr als zweitausend Jahre geschützt von der Autorität des Aristoteles überdauerte. Die Lehre von der Katharsis imputiert eigentlich der Kunst schon das Prinzip, welches am Ende die Kulturindustrie in die Gewalt nimmt und verwaltet. Index solcher Unwahrheit ist der begründete Zweifel daran, ob die segensreiche Aristotelische Wirkung je stattfand; Ersatz dürfte eh und je verdrückte Instinkte ausgebrütet haben. – Noch die Kategorie des Neuen, die im Kunstwerk repräsentiert, was noch nicht gewesen ist und wodurch es transzendiert, trägt das Mal des Immergleichen unter stets neuer Hülle. Das bis heute gefesselte Bewußtsein ist wohl des Neuen nicht einmal im Bilde mächtig: es träumt vom Neuen, aber vermag das Neue selbst nicht zu träumen. War die Emanzipation der Kunst nur durch Rezeption des Warencharakters als des Scheins ihres Ansichseins möglich, so fällt umschlagend mit der späteren Entwicklung der Warencharakter aus den Kunstwerken abermals heraus; dazu hat der Jugendstil nicht wenig beigetragen, mit der Ideologie der Heimzitierung von Kunst ins Leben und ebenso mit den Sensationen von Wilde, d'Annunzio und Maeterlinck, Präludien der Kulturindustrie. Fortschreitende subjektive Differenzierung, die Steigerung und Ausbreitung des Bereichs ästhetischer Reize, machte diese verfügbar; sie konnten für den Kulturmarkt produziert werden. Die Einstimmung der Kunst auf flüchtigste individuelle Reaktionen verbündete sich mit ihrer Verdinglichung, ihre zunehmende Ähnlichkeit mit subjektiv Physischem entfernte sie in der Breite der Produktion von ihrer Objektivität und empfahl sich dem Publikum; insofern war die Parole l'art pour l'art das Deckbild ihres Gegenteils. Soviel ist wahr am Gezeter über Dekadenz, daß subjektive Differenzierung einen Aspekt von Ichschwäche hat, denselben wie die Geistesart der Kunden der Kulturindustrie; das wußte diese zu verwerten. Kitsch ist nicht, wie der Bildungsglaube es möchte, bloßes Abfallsprodukt der Kunst, entstanden durch treulose Akkommodation, sondern lauert in ihr auf die stets wiederkehrenden Gelegenheiten, aus der Kunst hervorzuspringen. Während Kitsch koboldhaft jeder Definition, auch der geschichtlichen, entschlüpft, ist eines seiner hartnäckigen Charakteristika die Fiktion und damit Neutralisierung nicht vorhandener Gefühle. Kitsch parodiert die Katharsis. Dieselbe Fiktion aber macht auch Kunst von Anspruch, und sie war ihr wesentlich: Dokumentation real vorhandener Gefühle, das Wieder-von-sich-Geben psychischen Rohstoffs ist ihr fremd. Vergebens, abstrakt die Grenzen ziehen zu wollen zwischen ästhetischer Fiktion und dem Gefühlsplunder des Kitsches. Als Giftstoff ist er aller Kunst beigemischt; ihn aus sich auszuscheiden, ist eine ihrer verzweifelten Anstrengungen heute. Komplementär zum hergestellten und verschacherten Gefühl verhält sich die Kategorie des Vulgären, die auch alles verkäufliche Gefühl trifft. Was an Kunstwerken vulgär sei, ist so schwer zu bestimmen, wie die von Erwin Ratz aufgeworfene Frage zu beantworten, wodurch Kunst, ihrem apriorischen Gestus nach Protest gegen Vulgarität, dieser doch integriert werden könne. Nur verstümmelt repräsentiert das Vulgäre das von der sogenannten hohen Kunst draußen gehaltene Plebejische. Wo jene von plebejischen Momenten ohne Augenzwinkern sich inspirieren ließ, hat sie eine Schwere gewonnen, die das Gegenteil des Vulgären ist. Vulgär ward Kunst durch Herablassung: wo sie, zumal durch Humor, ans deformierte Bewußtsein appelliert und es bestätigt. Der Herrschaft paßte es ins Konzept, wenn das, was sie aus den Massen gemacht hat und wozu sie die Massen drillt, aufs Schuldkonto der Massen verbucht würde. Kunst achtet die Massen, indem sie ihnen gegenübertritt als dem, was sie sein könnten, anstatt ihnen in ihrer entwürdigten Gestalt sich anzupassen. Gesellschaftlich ist das Vulgäre in der Kunst die subjektive Identifikation mit der objektiv reproduzierten Erniedrigung. Anstelle des den Massen Vorenthaltenen wird von ihnen reaktiv, aus Rancune genossen, was von Versagung bewirkt ist und die Stelle des Versagten usurpiert. Daß niedrige Kunst, Unterhaltung selbstverständlich und gesellschaftlich legitim sei, ist Ideologie; jene Selbstverständlichkeit ist allein Ausdruck der Allgegenwart von Repression. Modell des ästhetisch Vulgären ist das Kind, das auf der Reklame das Auge halb zukneift, wenn es das Stück Schokolade sich schmekken läßt, als wäre das Sünde. Im Vulgären kehrt das Verdrängte mit den Malen der Verdrängung wieder; subjektiv Ausdruck des Mißlingens eben jener Sublimierung, welche die Kunst als Katharsis so übereifrig preist und sich als Verdienst zuschreibt, weil sie spürt, wie wenig sie bis heute – gleich aller Kultur – glückte. Im Zeitalter totaler Verwaltung braucht Kultur gar nicht mehr primär die von ihr geschaffenen Barbaren zu erniedrigen; es genügt, daß sie die Barbarei, die seit Äonen subjektiv sich sedimentierte, durch ihre Rituale bekräftigt. Daß das, woran Kunst wie auch immer mahnt, nicht ist, löst Wut aus; sie wird aufs Bild jenes Anderen übertragen, es wird beschmiert. Archetypen des Vulgären, das die Kunst des emanzipatorischen Bürgertums in ihren Clowns, Dienern und Papagenos zuweilen genial im Zaum hielt, sind die grinsenden Reklameschönheiten geworden, in deren Preis zugunsten von Zahnpastenmarken die Plakate aller Länder sich vereinigen, und denen solche, die um soviel weiblichen Glanz sich betrogen wissen, die allzu blendenden Zähne anschwärzen und in heiliger Unschuld die Wahrheit über den Glanz der Kultur sichtbar machen. Dies Interesse zumindest wird vom Vulgären wahrgenommen. Weil ästhetische Vulgarität undialektisch die Invariante sozialer Erniedrigung nachmacht, hat sie keine Geschichte; die Graffiti feiern ihre ewige Wiederkehr. Kein Stoff dürfte je als vulgär von der Kunst tabuiert werden; Vulgarität ist ein Verhältnis zu den Stoffen und denen, an welche appelliert wird. Ihre Expansion zum Totalen hat mittlerweile verschluckt, was als edel und sublim sich geriert: einer der Gründe für die Liquidation des Tragischen. In den zweiten Aktschlüssen der Budapester Operetten ist es verendet. Heute ist alles, was als leichte Kunst firmiert, zu verwerfen; nicht minder jedoch das Edle, die abstrakte Antithesis zur Verdinglichung und deren Beute zugleich. Gern liiert es sich seit Baudelaireschen Tagen mit politischer Reaktion, als wäre Demokratie als solche, die quantitative Kategorie der Masse, der Grund des Vulgären und nicht die fortdauernde Unterdrückung inmitten von Demokratie. Dem Edlen in der Kunst ist ebenso die Treue zu halten, wie es die eigene Schuldhaftigkeit, seine Komplizität mit dem Privileg, reflektieren muß. Seine Zufluchtsstätte ist einzig noch Unbeirrbarkeit und Resistenzkraft des Formens. Zum Schlechten, seinerseits Vulgären wird das Edle durch seine Selbstsetzung, denn bis heute ist kein Edles. Während, seit Hölderlins Vers, nicht Heiliges mehr zum Gebrauche taugt[90], zehrt am Edlen ein Widerspruch, wie der Halbwüchsige ihn spüren mochte, der politisch sympathisierend eine sozialistische Zeitung las und zugleich von Sprache und Gesinnung, dem subalternen Unterstrom der Ideologie einer Kultur für alle, angewidert wurde. Wofür allerdings jene Zeitung tatsächlich Partei ergriff, war nicht das Potential eines befreiten Volkes sondern Volk als Komplement der Klassengesellschaft, das statisch vorgestellte Universum der Wähler, mit dem zu rechnen sei.

Der Gegenbegriff zum ästhetischen Verhalten schlechthin ist der des Banausischen, vielfach ins Vulgäre hinüberspielend, davon unterschieden durch Gleichgültigkeit oder Haß, wo Vulgarität

---

90 Vgl. Hölderlin, a. a. O., Bd. 2, S. 230 (»Einst hab ich die Muse gefragt«).

mit Gier schmatzt. Gesellschaftlich Mitschuldiger des ästhetisch Edlen, billigt die Ächtung des Banausen geistiger Arbeit unmittelbar höheren Rang zu als körperlicher. Daß die Kunst es besser hat, wird ihrem Selbstbewußtsein und den ästhetisch Reagierenden zum Besseren an sich. Sie bedarf der permanenten Selbstkorrektur dieses ideologischen Moments. Ihrer ist sie fähig, weil sie, die Negation praktischen Wesens, selber gleichwohl auch Praxis ist, und zwar keineswegs bloß durch ihre Genese, das Tun, dessen ein jegliches Artefakt bedarf. Bewegt ihr Gehalt sich in sich selbst, bleibt er nicht dasselbe, so werden die objektivierten Kunstwerke in ihrer Geschichte abermals zu praktischen Verhaltensweisen und kehren der Realität sich zu. Darin ist Kunst eines Sinnes mit Theorie. Sie wiederholt in sich, modifiziert und, wenn man will, neutralisiert, Praxis und bezieht dadurch Positionen. Die Beethovensche Symphonik, die bis in ihren geheimen Chemismus hinein der bürgerliche Produktionsprozeß wie Ausdruck des perennierenden Unheils ist, das er mit sich führt, wird zugleich durch ihren Gestus tragischer Affirmation zum fait social: so wie es ist, müsse, solle es sein und deshalb sei es gut. Ebenso gehört jene Musik dem revolutionären Emanzipationsprozeß des Bürgertums an, wie sie dessen Apologetik antezipiert. Je tiefer die Kunstwerke dechiffriert werden, desto weniger bleibt ihr Gegensatz zur Praxis absolut; auch sie sind ein Anderes als ihr Erstes, ihr Fundament, nämlich jener Gegensatz, und exponieren dessen Vermittlung. Sie sind weniger als Praxis und mehr. Weniger, weil sie, wie in Tolstois Kreutzersonate ein für allemal kodifiziert ward, vor dem, was getan werden muß, zurückweichen, vielleicht es hintertreiben, obwohl sie das weniger vermögen dürften, als Tolstois asketisches Renegatentum unterstellte. Ihr Wahrheitsgehalt ist vom Begriff der Menschheit nicht loszureißen. Durch alle Vermittlungen, alle Negativität hindurch sind sie Bilder einer veränderten Menschheit, können durch Abstraktion von jener Veränderung nicht in sich zur Ruhe kommen. Mehr aber als Praxis ist Kunst, weil sie durch ihre Abkehr von jener zugleich die bornierte Unwahrheit am praktischen Wesen denunziert. Davon mag unmittelbare Praxis so lange nichts wissen, wie die praktische Einrichtung der Welt nicht gelungen ist. Die Kritik, welche Kunst a priori übt, ist die an Tätigkeit als dem Kryptogramm von Herrschaft. Praxis tendiert ihrer schieren Form nach zu dem hin, was abzuschaffen ihre Konsequenz wäre; Gewalt ist ihr immanent und erhält sich in ihren Sublimierungen, während Kunstwerke, noch die aggressivsten, für Gewaltlosigkeit stehen. Sie setzen ihr Memento wider jenen Inbegriff des praktischen Betriebs und des praktischen Menschen, hinter dem der barbarische Appetit der Gattung sich verbirgt, die so lange noch nicht Menschheit ist, wie sie von ihm sich beherrschen läßt und mit Herrschaft sich fusioniert. Das dialektische Verhältnis der Kunst zur Praxis ist das ihrer gesellschaftlichen Wirkung. Daß Kunstwerke politisch eingreifen, ist zu bezweifeln; geschieht es einmal, so ist es ihnen meist peripher; streben sie danach, so pflegen sie unter ihren Begriff zu gehen. Ihre wahre gesellschaftliche Wirkung ist höchst mittelbar, Teilhabe an dem Geist, der zur Veränderung der Gesellschaft in unterirdischen Prozessen beiträgt und in Kunstwerken sich konzentriert; solche Teilhabe gewinnen diese allein durch ihre Objektivation. Die Wirkung der Kunstwerke ist die der Erinnerung, die sie durch ihre Existenz zitieren, kaum die, daß auf ihre latente Praxis eine manifeste anspricht; von deren Unmittelbarkeit hat ihre Autonomie allzuweit sich wegbewegt. Weist die geschichtliche Genese der Kunstwerke auf Wirkungszusammenhänge zurück, so verschwinden diese nicht spurlos in ihnen; der Prozeß, den ein jedes Kunstwerk in sich vollzieht, wirkt als Modell möglicher Praxis, in der etwas wie ein Gesamtsubjekt sich konstituiert, in die Gesellschaft zurück. So wenig es in der Kunst auf die Wirkung, so sehr es auf ihre eigene Gestalt ankommt: ihre eigene Gestalt wirkt gleichwohl. Deshalb sagt die kritische Analyse der Wirkung manches über das, was die Kunstwerke in ihrer Dinghaftigkeit in sich verschließen; am ideologischen Effekt Wagners wäre das darzutun. Falsch ist nicht die gesellschaftliche Reflexion auf die Kunstwerke und ihren Chemismus, sondern die abstrakte gesellschaftliche Zuordnung von oben her, die gleichgültig ist gegen die Spannung zwischen Wirkungszusammenhang und Gehalt. Wie weit im übrigen Kunstwerke praktisch eingreifen, wird nicht nur von ihnen determiniert sondern mehr noch von der geschichtlichen Stunde. Die Komödien Beaumarchais' waren gewiß nicht engagiert im

Stil Brechts oder Sartres, hatten aber tatsächlich wohl einigen politischen Effekt, weil ihr handfester Inhalt mit einem geschichtlichen Zug harmonierte, der geschmeichelt darin sich wiederfand und genoß. Gesellschaftliche Wirkung von Kunst ist offenbar paradox als eine aus zweiter Hand; was an ihr der Spontaneität zugeschrieben wird, hängt seinerseits ab von der gesellschaftlichen Gesamttendenz. Umgekehrt war das Werk Brechts, das spätestens seit der Johanna verändern wollte, wahrscheinlich gesellschaftlich ohnmächtig, und der Kluge hat darüber schwerlich sich getäuscht. Auf seine Wirkung trifft die angelsächsische Formel vom preaching to the saved zu. Sein Programm von Verfremdung war, den Zuschauer zum Denken zu veranlassen. Brechts Postulat denkenden Verhaltens konvergiert merkwürdig mit dem einer objektiv erkennenden Haltung, die bedeutende autonome Kunstwerke als die adäquate vom Betrachter, Hörer, Leser erwarten. Sein didaktischer Gestus jedoch ist intolerant gegen die Mehrdeutigkeit, an der Denken sich entzündet: er ist autoritär. Das mag Brechts Reaktion auf die von ihm gespürte Wirkungslosigkeit seiner Lehrstücke gewesen sein: durch die Herrschaftstechnik, deren Virtuose er war, wollte er die Wirkung erzwingen, so wie er einst seinen Ruhm zu organisieren plante. Gleichwohl ist, nicht zuletzt durch Brecht, das Selbstbewußtsein des Kunstwerks als eines Stücks politischer Praxis dem Kunstwerk als Kraft wider seine ideologische Verblendung zugewachsen. Brechts Praktizismus wurde zur ästhetischen Formante seiner Werke und ist aus ihrem Wahrheitsgehalt, einem unmittelbaren Wirkungszusammenhängen Entrückten, nicht zu eliminieren. Der akute Grund der gesellschaftlichen Unwirksamkeit von Kunstwerken heute, die sich nicht an krude Propaganda zedieren, ist, daß sie, um dem allherrschenden Kommunikationssystem zu widerstehen, der kommunikativen Mittel sich entschlagen müssen, die sie vielleicht an die Bevölkerungen heranbrächten. Praktische Wirkung üben Kunstwerke allenfalls in einer kaum dingfest zu machenden Veränderung des Bewußtseins aus, nicht indem sie haranguieren; ohnehin verpuffen agitatorische Effekte sehr rasch, vermutlich weil sogar Kunstwerke jenes Typus unter der Generalklausel von Irrationalität wahrgenommen werden: ihr Prinzip, das sie nicht loswerden, unterbricht die direkte praktische Zündung. Ästhetische Bildung führt aus der vorästhetischen Kontamination von Kunst und Realität heraus. Distanzierung, ihr Ergebnis, legt nicht nur den objektiven Charakter des Kunstwerks frei. Sie betrifft auch das subjektive Verhalten, durchschneidet primitive Identifikationen, setzt den Rezipierenden als empirisch-psychologische Person zugunsten seines Verhältnisses zur Sache außer Aktion. Kunst bedarf subjektiv der Entäußerung; sie war auch von Brechts Kritik an der Einfühlungsästhetik gemeint. Sie ist aber praktisch insoweit, als sie den, der Kunst erfährt und aus sich heraustritt, eben dadurch als ζῶον πολιτικόν bestimmt, so wie Kunst ihrerseits, objektiv, Praxis ist als Bildung von Bewußtsein; dazu aber wird sie einzig, indem sie nichts aufredet. Wer sachlich dem Kunstwerk sich gegenüberstellt, wird kaum derart von ihm sich begeistern lassen, wie es im Begriff direkten Appells liegt. Es wäre unvereinbar mit der erkennenden Haltung, die dem Erkenntnischarakter der Werke gemäß ist. Dem objektiven Bedürfnis nach einer Veränderung des Bewußtseins, die in Veränderung der Realität übergehen könnte, entsprechen die Kunstwerke durch den Affront der herrschenden Bedürfnisse, die Umbelichtung des Vertrauten, zu der sie von sich aus tendieren. Sobald sie die Wirkung, an deren Absenz sie leiden, durch Anpassung an vorhandene Bedürfnisse zu erlangen hoffen, bringen sie die Menschen um eben das, was sie, um die Phraseologie des Bedürfnisses ernst zu nehmen und gegen sich selbst zu wenden, ihnen geben könnten. Die ästhetischen Bedürfnisse sind einigermaßen vag und unartikuliert; daran dürften auch die Praktiken der Kulturindustrie nicht so viel geändert haben, wie sie es glauben machen wollen und wie man es leicht unterstellt. Daß Kultur mißlang, impliziert, daß es subjektive kulturelle Bedürfnisse, losgelöst von Angebot und Verbreitungsmechanismen, eigentlich nicht gibt. Das Bedürfnis nach Kunst selbst ist weithin Ideologie, es ginge auch ohne Kunst, nicht nur objektiv sondern auch im Seelenhaushalt der Konsumenten, die unter veränderten Bedingungen ihrer Existenz mühelos zum Wechsel ihres Geschmacks zu veranlassen sind, wofern er nur der Linie des geringsten Widerstands folgt. In einer Gesellschaft, die den Menschen abgewöhnt, über sich hinaus zu denken, ist, was die Reproduktion ihres Lebens übersteigt und wovon ihnen eingebläut wird, daß sie ohne es nicht auskämen, überflüssig. Soviel Wahrheit hat die jüngste Rebellion gegen die Kunst, daß angesichts des absurd fortwährenden Mangels, der erweitert sich reproduzierenden Barbarei, der allgegenwärtigen Drohung der totalen Katastrophe die Phänomene, die an der Erhaltung des Lebens sich desinteressieren, einen dümmlichen Aspekt annehmen. Während die Künstler gleichgültig sein können gegen einen Kulturbetrieb, der ohnehin alles verschluckt und nichts, sogar das Bessere nicht ausschließt, teilt er doch allem, was in ihm gedeiht, etwas von seiner objektiven Gleichgültigkeit mit. Was noch Marx einigermaßen harmlos an kulturellen Bedürfnissen im Begriff des gesamtkulturellen Standards unterstellte, hat seine Dialektik daran, daß unterdessen der Kultur mehr Ehre antut, wer auf sie verzichtet und bei ihren Festivals nicht mitspielt, als wer durch ihren Nürnberger Trichter sich abspeisen läßt. Gegen kulturelle Bedürfnisse sprechen ästhetische Motive nicht weniger als reale. Die Idee der Kunstwerke will den ewigen Tausch von Bedürfnis und Befriedigung unterbrechen, nicht durch Ersatzbefriedigungen am ungestillten Bedürfnis sich vergehen. Eine jede ästhetische und soziologische Bedürfnistheorie bedient sich dessen, was mit einem charakteristisch altmodischen Ausdruck ästhetisches Erlebnis heißt. Dessen Insuffizienz ist an der Beschaffenheit der Kunsterlebnisse selbst abzulesen, wenn anders es etwas dergleichen geben soll. Ihre Supposition beruht auf der Annahme einer Äquivalenz zwischen dem Erlebnisgehalt – grob: dem emotionellen Ausdruck – von Werken und dem subjektiven Erlebnis des Rezipierenden. Er soll in Aufregung geraten, wenn Musik sich aufgeregt gebärdet, während er doch, wofern er etwas versteht, emotional eher desto unbeteiligter sich verhalten sollte, je aufdringlicher die Sache gestikuliert. Schwer könnte die Wissenschaft etwas Kunstfremderes sich ausdenken als jene Experimente, in denen man ästhetische Wirkung und ästhetisches Erlebnis am Pulsschlag zu messen sich einbildete. Die Quelle jener Äquivalenz ist trüb. Was da angeblich erlebt oder nacherlebt werden soll, nach populärer Vorstellung die Gefühle der Autoren, sind ihrerseits nur ein Teilmoment in den Werken und gewiß nicht das entscheidende. Diese sind nicht Protokolle von Regungen – solche Protokolle sind bei den Hörern immer noch höchst unbeliebt und dürften am allerletzten ›nacherlebt‹ werden –, sondern durch den autonomen Zusammenhang radikal modifiziert. Das Wechselspiel des konstruktiven und des mimetisch expressiven Elements in der Kunst wird von der Erlebnistheorie einfach unterschlagen oder verfälscht: die supponierte Äquivalenz ist keine, lediglich ein Partikulares wird herausgeklaubt. Abermals aus dem ästhetischen Zusammenhang entfernt, in Empirie zurückübersetzt, wird es zum zweiten Mal zu einem Anderen, als was es allenfalls im Werk ist. Betroffenheit durch bedeutende Werke benutzt diese nicht als Auslöser für eigene, sonst verdrängte Emotionen. Sie gehört dem Augenblick an, in denen der Rezipierende sich vergißt und im Werk verschwindet: dem von Erschütterung. Er verliert den Boden unter den Füßen; die Möglichkeit der Wahrheit, welche im ästhetischen Bild sich verkörpert, wird ihm leibhaft. Solche Unmittelbarkeit im Verhältnis zu den Werken, eine im großen Sinn, ist Funktion von Vermittlung, von eindringender und umfassender Erfahrung; diese verdichtet sich im Augenblick, und dazu bedarf es des ganzen Bewußtseins, nicht punktueller Reize und Reaktionen. Die Erfahrung von Kunst als die ihrer Wahrheit oder Unwahrheit ist mehr als subjektives Erlebnis: sie ist Durchbruch von Objektivität im subjektiven Bewußtsein. Durch jene wird sie eben dort vermittelt, wo die subjektive Reaktion am intensivsten ist. Bei Beethoven sind manche Situationen die scène à faire, vielleicht sogar mit dem Makel des Inszenierten. Der Eintritt der Reprise der Neunten Symphonie feiert als Resultat des symphonischen Prozesses dessen ursprüngliche Setzung. Sie erdröhnt als ein überwältigendes So ist es. Darauf mag Erschütterung antworten, getönt von der Furcht vor der Überwältigung; indem die Musik affirmiert, sagt sie auch die Wahrheit über die Unwahrheit. Urteilslos deuten die Kunstwerke gleichwie mit dem Finger auf ihren Gehalt, ohne daß er diskursiv würde. Die spontane Reaktion des Rezipierenden ist Mimesis an die Unmittelbarkeit dieses Gestus. In ihm jedoch erschöpfen die Werke sich nicht. Die Position, die jene Stelle durch ihren Gestus bezieht, unterliegt, einmal integriert, der Kritik: ob die Macht des So- und nicht Andersseins, auf deren Epiphanie solche Augenblicke der Kunst es abgesehen haben, Index ihrer eigenen Wahrheit sei. Volle Erfahrung, terminierend im Urteil über das urteilslose Werk, verlangt die Entscheidung darüber und deswegen den Begriff. Das Erlebnis ist einzig ein Moment solcher Erfahrung und ein fehlbares, mit der Qualität des Überredetwerdens. Werke des Typus der Neunten Symphonie üben Suggestion aus: die Gewalt, die sie durch ihr eigenes Gefüge erlangen, springt auf die Wirkung über. In der auf Beethoven folgenden Entwicklung ist die Suggestivkraft der Werke, ursprünglich der Gesellschaft entlehnt, auf die Gesellschaft zurückgeschlagen, agitatorisch und ideologisch geworden. Erschütterung, dem üblichen Erlebnisbegriff schroff entgegengesetzt, ist keine partikulare Befriedigung des Ichs, der Lust nicht ähnlich. Eher ist sie ein Memento der Liquidation des Ichs, das als erschüttertes der eigenen Beschränktheit und Endlichkeit innewird. Diese Erfahrung ist konträr zur Schwächung des Ichs, welche die Kulturindustrie betreibt. Ihr wäre die Idee von Erschütterung eitel Torheit; das wohl ist die innerste Motivation der Entkunstung der Kunst. Das Ich bedarf, damit es nur um ein Winziges über das Gefängnis hinausschaue, das es selbst ist, nicht der Zerstreuung sondern der äußersten Anspannung; das bewahrt Erschütterung, übrigens ein unwillkürliches Verhalten, vor der Regression. Kant hat in der Ästhetik des Erhabenen die Kraft des Subjekts als dessen Bedingung getreu dargestellt. Wohl ist die Vernichtung des Ichs im Angesicht der Kunst so wenig wörtlich zu verstehen wie diese. Weil aber auch, was man ästhetische Erlebnisse nennt, als Erlebnis psychologisch real ist, wäre unter ihnen schwerlich etwas vorzustellen, übertrüge man den Scheincharakter der Kunst auf sie. Erlebnisse sind kein Als ob. Zwar verschwindet das Ich im Augenblick von Erschütterung nicht real; der Rausch, der dahin sich bewegt, ist unvereinbar mit künstlerischer Erfahrung. Für Momente indessen wird das Ich real der Möglichkeit inne, seine Selbsterhaltung unter sich zu lassen, ohne daß es doch dazu ausreichte, jene Möglichkeit zu realisieren. Nicht die ästhetische Erschütterung ist Schein, sondern ihre Stellung zur Objektivität: in ihrer Unmittelbarkeit fühlt sie das Potential, als wäre es aktualisiert. Ergriffen wird das Ich von dem unmetaphorischen, den ästhetischen Schein zerbrechenden Bewußtsein: daß es nicht das letzte, selber scheinhaft sei. Das verwandelt die Kunst dem Subjekt in das, was sie an sich ist, den geschichtlichen Sprecher unterdrückter Natur, kritisch am Ende gegen das Ichprinzip, den inwendigen Agenten von Unterdrückung. Die subjektive Erfahrung wider das Ich ist ein Moment der objektiven Wahrheit von Kunst. Wer dagegen Kunstwerke erlebt, indem er sie auf sich bezieht, erlebt sie nicht; was fürs Erlebnis gilt, ist kulturell angedrehtes Surrogat. Selbst von ihm macht man sich noch zu simple Vorstellungen. Die Produkte der Kulturindustrie, flacher und standardisierter als je einer ihrer Liebhaber sein kann, dürften stets zugleich jene Identifikation verhindern, auf welche sie abzielen. Die Frage, was die Kulturindustrie den Menschen antue, ist wahrscheinlich allzu naiv, ihr Effekt weit unspezifischer, als die Form der Frage suggeriert. Die leere Zeit wird mit Leerem ausgefüllt, nicht einmal falsches Bewußtsein produziert, nur bereits vorhandenes mit Anstrengung so gelassen, wie es ist.

Das Moment objektiver Praxis, das der Kunst einwohnt, wird zu subjektiver Intention, wo ihre Antithese zur Gesellschaft, durch deren objektive Tendenz und durch die kritische Reflexion der Kunst, unversöhnbar wird. Der gängige Name dafür lautet Engagement. Engagement ist eine höhere Reflexionsstufe als Tendenz; will nicht einfach mißliebige Zustände verbessern, obwohl Engagierte allzu leicht mit Maßnahmen sympathisieren; es zielt auf Veränderung der Bedingungen von Zuständen, nicht auf den blanken Vorschlag; insofern neigt Engagement der ästhetischen Kategorie des Wesens zu. Das polemische Selbstbewußtsein der Kunst setzt ihre Vergeistigung voraus; je empfindlicher sie gegen die sinnliche Unmittelbarkeit wird, der man ehedem sie gleichsetzte, desto kritischer wird ihre Haltung zur rohen Realität, die, Verlängerung des naturwüchsigen Zustandes, durch die Gesellschaft erweitert sich reproduziert. Nicht nur formal schärft der kritisch reflexive Zug von Vergeistigung das Verhältnis der Kunst zu ihrem Stoffgehalt. Hegels Abwendung von der sensualistischen Geschmacksästhetik ging sowohl mit der Vergeistigung des Kunstwerks wie mit der Akzentuierung seines Stoffgehalts zusammen. Durch Vergeistigung wird das Kunstwerk an sich zu dem, was man ihm einst unbesehen als Wirkung auf anderen Geist zutraute oder attestierte. – Der Begriff des

Engagements ist nicht allzu wörtlich zu nehmen. Wird er zur Norm einer Zensur, so wiederholt sich in der Stellung zu den Kunstwerken jenes Moment herrschaftlicher Kontrolle, dem sie vor allem kontrollierbaren Engagement opponieren. Dadurch jedoch werden Kategorien wie die der Tendenz, sogar ihre plumpen Abkömmlinge nicht einfach nach dem Gefallen der Geschmacksästhetik außer Aktion gesetzt. Was sie anmelden, wird zu ihrem legitimen Stoffgehalt in einer Phase, da sie an nichts anderem sich entzünden als an Sehnsucht und Willen, daß es anders werde. Aber das dispensiert sie nicht vom Formgesetz; noch geistiger Inhalt bleibt Stoff und wird von den Kunstwerken aufgezehrt, auch wenn er ihrem Selbstbewußtsein das Wesentliche dünkt. Brecht lehrte wohl nichts, was nicht unabhängig von seinen Stücken, und bündiger in der Theorie, erkannt worden oder den auf ihn geeichten Zuschauern vertraut gewesen wäre: daß die Reichen es besser haben als die Armen, daß es unrecht auf der Welt zugeht, daß bei formaler Gleichheit Unterdrückung fortbesteht, daß private Güte von der objektiven Bosheit zu ihrem Gegenteil gemacht wird; daß – freilich eine dubiose Weisheit – Güte der Maske des Bösen bedarf. Aber die sententiöse Drastik, mit der er dergleichen keineswegs taufrische Einsichten in szenische Gesten übersetzte, verhalf seinen Werken zu ihrem Ton; Didaxe führte ihn zu seinen dramaturgischen Neuerungen, die das zermorschte psychologische und Intrigen-Theater stürzten. In seinen Stücken gewannen die Thesen eine ganz andere Funktion als die, welche sie inhaltlich meinten. Sie wurden konstitutiv, prägten das Drama zu einem Anti-Illusionären, trugen bei zum Zerfall der Einheit des Sinnzusammenhangs. Das macht ihre Qualität aus, nicht das Engagement, aber sie haftet am Engagement, es wird zu ihrem mimetischen Element. Brechts Engagement tut dem Kunstwerk nochmals gleichsam an, wohin es geschichtlich von sich aus gravitiert: zerrüttet es. Im Engagement kommt, wie vielfach, ein in der Kunst Verschlossenes durch steigende Verfügung, Machbarkeit nach außen. Was die Werke an sich gewesen sind, werden sie für sich. Die Immanenz der Werke, ihre quasi apriorische Distanz von Empirie, wäre nicht ohne die Perspektive eines real, durch ihrer selbst bewußte Praxis veränderten Zustands. Shakespeare hat in Romeo und Julia nicht die Liebe ohne familiale Bevormundung propagiert, aber ohne die Sehnsucht nach einem Zustand, wo Liebe nicht länger von der patriarchalen und jeglicher Macht verstümmelt und verurteilt wäre, hätte die Gegenwart der beiden ineinander Versunkenen nicht die Süße, über welche die Jahrhunderte bis heute nichts vermochten – die wortlose, bilderlose Utopie; das Tabu der Erkenntnis über jeglicher positiven waltet auch über den Kunstwerken. Praxis ist nicht die Wirkung der Werke, aber verkapselt in ihrem Wahrheitsgehalt. Darum vermag Engagement zur ästhetischen Produktivkraft zu werden. Generell ist das Geblök gegen Tendenz und gegen Engagement gleich subaltern. Die ideologische Sorge, Kultur rein zu halten, gehorcht dem Wunsch, daß in der fetischisierten Kultur damit real alles beim Alten bleibt. Solche Entrüstung versteht sich nicht schlecht mit der am Gegenpol üblichen, standardisiert zur Phrase vom elfenbeinernen Turm, aus dem die Kunst in einem Zeitalter, das eifrig sich als das der Massenkommunikation deklariert, herauszutreten habe. Der gemeinsame Nenner ist die Aussage; Brechts Geschmack hat das Wort vermieden, die Sache war dem Positivisten in ihm nicht fremd. Beide Haltungen widerlegen sich drastisch. Der Don Quixote mag einer partikularen und irrelevanten Tendenz gedient haben, der, den aus feudalen Zeiten in die bürgerliche fortgeschleppten Ritterroman abzuschaffen. Kraft des Vehikels dieser bescheidenen Tendenz ist er zum exemplarischen Kunstwerk geworden. Der Antagonismus literarischer Gattungen, von dem Cervantes ausging, wurde ihm unter der Hand zu einem der Weltalter, schließlich metaphysisch, authentischer Ausdruck der Krisis immanenten Sinnes in der entzauberten Welt. Tendenzlose Werke wie der Werther dürften zur Emanzipation des bürgerlichen Bewußtseins in Deutschland erheblich beigetragen haben. Indem Goethe den Zusammenstoß der Gesellschaft mit dem Gefühl des als ungeliebt sich Erfahrenden bis zu dessen Vernichtung gestaltete, protestierte er wirksam gegen die verhärtete Kleinbürgerlichkeit, ohne sie zu nennen. Das Gemeinsame der beiden zensorischen Grundpositionen des bürgerlichen Bewußtseins jedoch: daß das Kunstwerk nicht dürfe verändern wollen und daß es für alle da zu sein habe, ist das Plaidoyer für den status quo; jene verteidigt den Frieden der Kunstwerke mit der Welt, diese wacht darüber, daß es nach den sanktionierten Formen des öffentlichen Bewußtseins sich richte. In der Absage an den status quo konvergieren heute Engagement und Hermetik. Eingriff wird vom verdinglichten Bewußtsein verpönt, weil es das selbst schon verdinglichte Kunstwerk ein zweites Mal verdinglicht; seine Objektivation gegen die Gesellschaft wird ihm zu dessen gesellschaftlicher Neutralisierung. Die nach außen gewandte Seite der Kunstwerke aber wird zu ihrem Wesen verfälscht ohne Rücksicht auf ihre Formation in sich, schließlich ihren Wahrheitsgehalt. Kein Kunstwerk indessen kann gesellschaftlich wahr sein, das nicht wahr auch bei sich selbst wäre; so wenig mehr, umgekehrt, gesellschaftlich falsches Bewußtsein zum ästhetisch Authentischen werden kann. Gesellschaftlicher und immanenter Aspekt der Kunstwerke koinzidieren nicht, divergieren aber auch nicht so durchaus, wie Kulturfetischismus und Praktizismus gleichermaßen es möchten. Wodurch der Wahrheitsgehalt der Werke kraft ihrer ästhetischen Komplexion über diese hinausweist, hat er allemal seinen gesellschaftlichen Stellenwert. Solche Doppelschlächtigkeit ist keine abstrakt der Sphäre Kunst als ganzer vorgeordnete Generalklausel. Sie ist jedem einzelnen Werk eingeprägt, das Lebenselement von Kunst. Ein Gesellschaftliches wird sie durch ihr An sich, ein An sich durch die in ihr wirksame gesellschaftliche Produktivkraft. Die Dialektik des Gesellschaftlichen und des An sich der Kunstwerke ist insofern eine von deren eigener Beschaffenheit, als sie kein Inneres toleriert, das nicht sich entäußerte, kein Äußeres, das nicht Träger des Inwendigen – des Wahrheitsgehalts – wäre.

Die Doppelschlächtigkeit der Kunstwerke als autonomer Gebilde und gesellschaftlicher Phänomene läßt leicht die Kriterien oszillieren: autonome Werke reizen zum Verdikt des gesellschaftlich Gleichgültigen, schließlich des frevlerisch Reaktionären; umgekehrt, solche, die gesellschaftlich eindeutig, diskursiv urteilen, negieren dadurch die Kunst und mit ihr sich selbst. Immanente Kritik dürfte diese Alternative brechen. Wohl gebührte Stefan George der Einwand des sozial Reaktionären längst vor den Kernsprüchen seines geheimen Deutschland; nicht minder der Arme-Leute-Dichtung der späten achtziger und frühen neunziger Jahre, Arno Holz etwa, der des unterästhetisch

Plumpen. Beide Typen jedoch wären ihrem eigenen Begriff zu konfrontieren. Georges sich selbst inszenierende aristokratische Allüren widersprechen der selbstverständlichen Superiorität, die sie postulieren, und versagen dadurch artistisch; die Zeile »Und – dass uns nicht ein myrthenbüschel fehlt«[91] veranlaßt zum Lächeln ebenso wie die von dem spätrömischen Kaiser, der, nachdem er seinen Bruder umbringen ließ, leise nur die Purpurschleppe rafft[92]. Das Gewaltsame von Georges sozialer Attitüde, einer mißglückten Identifikation, teilt seiner Lyrik in den Gewaltakten der Sprache sich mit, welche die Reinheit des ganz auf sich gestellten Gebildes beflecken, der George nachhängt. Falsches gesellschaftliches Bewußtsein wird im programmatischen Ästhetizismus zum schrillen Ton, der jenen Lügen straft. Ohne daß der Rangunterschied zwischen dem trotz allem großen Lyriker und den minderen Naturalisten verkannt würde, ist an diesen ein Komplementäres zu konstatieren: der soziale, kritische Gehalt ihrer Stücke und Gedichte ist stets fast oberflächlich, hinter der zu ihrer Zeit bereits voll ausgebildeten und von ihnen kaum ernsthaft rezipierten Theorie der Gesellschaft zurückgeblieben. Ein Titel wie Sozialaristokraten genügt zum Beleg. Weil sie die Gesellschaft künstlerisch beredeten, fühlten sie sich zu vulgärem Idealismus verpflichtet, etwa in der imago des Arbeiters, dem etwas Höheres vorschwebe, was immer das sein mag, und der durchs Schicksal seiner Klassenzugehörigkeit daran verhindert werde, es zu erreichen. Die Frage nach der Legitimation seines gutbürgerlichen Aufstiegsideals bleibt draußen. Der Naturalismus war durch Neuerungen wie den Verzicht auf traditionelle Formkategorien, etwa geschürzte, in sich geschlossene Handlung, bei Zola zuweilen sogar den empirischen Zeitverlauf, avancierter als sein Begriff. Rücksichtslose, gleichsam begriffslose Darstellung empirischer Details wie im Ventre de Paris destruiert die gewohnten Oberflächenzusammenhänge des Romans, gar nicht unähnlich seiner späteren, monadologisch-assoziativen Form. Dafür regrediert der Naturalismus, wo er nicht ins Extrem sich wagt. Intentionen zu verfolgen, widerspricht seinem Prinzip. Natura-

---

91 Stefan George, Werke, a. a. O., Bd. 1, S. 14 (»Neuländische Liebesmahle II«).
92 Vgl. a. a. O., S. 50 (»O mutter meiner mutter und Erlauchte«).

listische Stücke abundieren von Stellen, denen die Absicht anzumerken ist: die Menschen sollen reden, wie ihnen der Schnabel gewachsen sei, und reden auf Anweisung des regieführenden Dichters, wie nie einer reden würde. Auf dem realistischen Theater ist es bereits unstimmig, daß die Menschen, ehe sie nur den Mund öffnen, so genau wissen, was sie sagen wollen. Vielleicht ließe sonst ein realistisches Stück gar nicht nach seiner Konzeption sich organisieren und würde contre cœur dadaistisch, aber durchs unvermeidliche Minimum an Stilisation bekennt der Realismus seine Unmöglichkeit ein und schafft virtuell sich ab. Unter der Kulturindustrie ist daraus der Massenbetrug geworden. Die begeistert einstimmige Ablehnung Sudermanns dürfte zum Grunde haben, daß seine Reißer herausließen, was die begabtesten Naturalisten cachierten, das Angedrehte und Fiktive jenes Gestus, der suggeriert, kein Wort sei Fiktion, während diese doch ein jedes auf der Bühne trotz seiner Gegenwehr überzieht. A priori Kulturgüter, lassen derlei Produkte zu einem naiven und affirmativen Bild von der Kultur sich verleiten. Auch ästhetisch gibt es nicht zweierlei Wahrheit. Wie die kontradiktorischen Desiderate ohne die schlechte Mitte zwischen vermeintlich guter Gestaltung und angemessenem sozialen Inhalt sich wechselfältig zu durchdringen vermögen, ist an Becketts Dramatik zu entnehmen. Ihre assoziative Logik, in der ein Satz den folgenden oder die Replik herbeizieht, wie in Musik ein Thema seine Fortsetzung oder seinen Kontrast, verschmäht jegliche Nachahmung der empirischen Erscheinung. Danach wird, gekappt, das empirisch Wesentliche seinem genauen geschichtlichen Stellenwert nach hereingenommen und dem Spielcharakter integriert. Dieser drückt wie den objektiven Stand des Bewußtseins den der Realität aus, welche den Bewußtseinsstand prägt. Die Negativität des Subjekts als wahre Gestalt von Objektivität kann nur in radikal subjektiver Gestaltung, nicht in der Supposition vermeintlich höherer Objektivität sich darstellen. Die kindisch-blutigen Clownsfratzen, zu denen bei Beckett das Subjekt sich desintegriert, sind die historische Wahrheit über es; kindisch ist der sozialistische Realismus. In Godot ist das Verhältnis von Herrschaft und Knechtschaft thematisch samt seiner senil irren Gestalt in einer Phase, da die Verfügung über fremde Arbeit andauert, während die Menschheit, um sich zu erhalten, ihrer nicht mehr bedürfte. Das Motiv, wahrhaft eines der Wesensgesetzlichkeit der gegenwärtigen Gesellschaft, wird im Endspiel weiter durchgeführt. Beide Male schleudert Becketts Technik es an die Peripherie: aus dem Hegelkapitel wird die Anekdote, mit sozialkritischer Funktion nicht weniger als mit dramaturgischer. Im Endspiel ist die tellurische Teilkatastrophe, von Becketts Clownswitzen der blutigste, wie stofflich so formal die Voraussetzung; sie hat der Kunst ihr Konstituens, ihre Genese zerschlagen. Sie emigriert auf einen Standpunkt, der keiner mehr ist, denn keiner mehr existiert, von dem aus die Katastrophe zu benennen wäre oder, mit einem Wort, das in solchem Zusammenhang endgültig seiner Lächerlichkeit sich überführte, zu gestalten. Das Endspiel ist weder ein Atomstück noch inhaltslos: die bestimmte Negation seines Inhalts wird zum Formprinzip und zur Negation von Inhalt überhaupt. Der Kunst, die durch ihren Ansatz, ihre Distanz zu einer Praxis, angesichts der tödlichen Drohung, durch Harmlosigkeit der bloßen Form nach vor allem Inhalt Ideologie wurde, erteilt Becketts œuvre die furchtbare Antwort. Der Influx des Komischen in die emphatischen Gebilde erklärt sich eben damit. Er hat seinen gesellschaftlichen Aspekt. Indem sie gleichwie mit verbundenen Augen sich einzig aus sich selbst heraus bewegen, wird ihnen die Bewegung zu einer auf der Stelle und deklariert sich als solche, der konzessionslose Ernst des Gebildes als unernst, als Spiel. Kunst vermag mit ihrer eigenen Existenz nur dadurch zu versöhnen, daß sie die eigene Scheinhaftigkeit, ihren inwendigen Hohlraum nach außen kehrt. Ihr verbindlichstes Kriterium heute ist, daß sie, allem realistischen Trug unversöhnt, ihrer eigenen Komplexion nach kein Harmloses mehr in sich duldet. In jeder noch möglichen muß soziale Kritik zur Form erhoben werden, zur Abblendung jeglichen manifesten sozialen Inhalts.

Mit der fortschreitenden Organisation aller kulturellen Bereiche wächst der Appetit darauf, der Kunst ihren Platz in der Gesellschaft theoretisch und wohl auch praktisch anzuweisen; ungezählte round table-Konferenzen und Symposien sind darauf aus. Nachdem man einmal die Kunst als soziale Tatsache erkannt hat, fühlt die soziologische Ortsbestimmung ihr sich gleichsam überlegen und disponiert über sie. Supponiert wird vielfach die Objektivität wertfrei positivistischer Erkenntnis oberhalb der vermeintlich bloß subjektiven ästhetischen Einzelstandpunkte. Derlei Bestrebungen erfordern ihrerseits soziale Kritik. Sie wollen den Primat der Administration, der verwalteten Welt stillschweigend auch dem gegenüber, was von totaler Vergesellschaftung nicht erfaßt werden will oder wenigstens dagegen sich aufbäumt. Die Souveränität des topographischen Blicks, der die Phänomene lokalisiert, um ihre Funktion und ihr Existenzrecht zu überprüfen, ist usurpatorisch. Sie ignoriert die Dialektik von ästhetischer Qualität und funktionaler Gesellschaft. A priori wird der Akzent, wenn nicht auf den ideologischen Effekt, so zumindest auf die Konsumierbarkeit von Kunst verschoben und von all dem dispensiert, woran die gesellschaftliche Reflexion von Kunst heute ihren Gegenstand hätte: es wird konformistisch vorentschieden. Da die verwaltungstechnische Expansion mit dem Wissenschaftsapparat von Enquêten und Ähnlichem fusioniert ist, spricht sie jenen Typus von Intellektuellen an, die zwar etwas von den neuen gesellschaftlichen Necessitäten spüren, nichts aber von denen der neuen Kunst. Ihre Mentalität ist die jenes imaginären bildungssoziologischen Vortrags, der den Titel tragen sollte: ›Die Funktion des Fernsehens für die Anpassung Europas an die Entwicklungsländer‹. Gesellschaftliche Reflexion von Kunst hat nicht in solchem Geist einen Beitrag zu leisten, sondern ihn thematisch zu machen und dadurch ihm zu widerstehen. Nach wie vor gilt Steuermanns Wort, je mehr für die Kultur geschehe, desto schlechter sei es für sie.

Die immanenten Schwierigkeiten der Kunst nicht weniger als ihre gesellschaftliche Isolierung sind im gegenwärtigen Bewußtsein zumal der Jugend der Protestaktionen zum Verdikt geworden. Das hat seinen historischen Index, und die die Kunst abschaffen wollen, wären die letzten, es zuzugestehen. Avantgardistische Störungen ästhetisch avantgardistischer Veranstaltungen sind so illusionär wie der Glaube, sie seien revolutionär und gar Revolution eine Gestalt des Schönen: Amusie ist nicht über sondern unter der Kultur, Engagement vielfach nichts als Mangel an Talent oder an Anspannung, Nachlassen der Kraft. Mit ihrem jüngsten, freilich schon im Faschismus praktizierten Trick funktioniert Ichschwäche, die Unfähigkeit zur Sublimierung, sich ins Höhere um, belohnt die Linie des geringsten Widerstands mit einer moralischen Prämie. Die Zeit der Kunst sei vorüber, es käme darauf an, ihren Wahrheitsgehalt, der mit dem gesellschaftlichen umstandslos identifiziert wird, zu verwirklichen: das Verdikt ist totalitär. Was gegenwärtig beansprucht, rein aus dem Material herausgelesen zu sein und durch seine Stumpfheit wohl das stichhaltigste Motiv fürs Verdikt über die Kunst liefert, tut in Wahrheit dem Material Gewalt an. In dem Augenblick, da zum Verbot geschritten wird und dekretiert, es dürfe nicht mehr sein, gewinnt die Kunst inmitten der verwalteten Welt jenes Daseinsrecht zurück, das ihr abzusprechen selber einem Verwaltungsakt ähnelt. Wer Kunst abschaffen will, hegt die Illusion, die entscheidende Veränderung sei nicht versperrt. Der outrierte Realismus ist unrealistisch. Die Entstehung jedes authentischen Werkes widerlegt das Pronunciamento, es könne nicht mehr entstehen. Die Abschaffung der Kunst in einer halbbarbarischen und auf die ganze Barbarei sich hinbewegenden Gesellschaft macht sich zu deren Sozialpartner. Während sie immerzu Konkret sagen, urteilen sie abstrakt und summarisch, blind gegen sehr genaue, uneingelöste, durch den jüngsten ästhetischen Aktionismus verdrängte Aufgaben und Möglichkeiten, wie die einer wahrhaft befreiten, durch die Freiheit des Subjekts hindurchgehenden, nicht dem dinghaft entfremdeten Zufall sich anheimgebenden Musik. Aber nicht mit der Notwendigkeit von Kunst ist zu argumentieren. Die Frage danach ist falsch gestellt, weil die Notwendigkeit von Kunst, wenn es denn durchaus so sein soll, wo es ums Reich der Freiheit geht, ihre Nicht-Notwendigkeit ist. An Notwendigkeit sie zu messen, prolongiert insgeheim das Tauschprinzip, die Spießbürgersorge, was er dafür bekomme. Das Verdikt, es ginge nicht mehr, kontemplativ einen vermeintlichen Zustand achtend, ist selber ein bürgerlicher Ladenhüter, das Stirnrunzeln, wohin all das denn führen solle. Vertritt aber Kunst das An sich, das noch nicht ist, so will sie aus eben dieser Art Teleologie hinaus. Geschichtsphilosophisch wiegen Werke um so schwerer, je weniger sie im Begriff ihrer Entwicklungsstufe aufgehen. Das Wohin ist eine Form verkappter sozialer Kontrolle. Auf nicht wenige gegenwärtige Produkte paßt denn auch die Charakteristik einer Anarchie, die das Schluß damit selbst gleichsam impliziert. Das abfertigende Urteil über die Kunst, das den Produkten auf den Leib geschrieben ist, welche die Kunst substituieren möchten, gleicht dem der Red Queen von Lewis Carroll: Head off. Nach derlei Enthauptungen, einem Pop, in dem die Popular Music sich verlängert, wächst der Kopf wieder nach. Alles hat Kunst zu fürchten, nicht den Nihilismus der Impotenz. Durch ihre gesellschaftliche Ächtung wird sie zu eben dem fait social degradiert, in dessen Rolle wieder zu schlüpfen sie sich weigert. Die Marxische Ideologienlehre, zwieschlächtig in sich, wird zur totalen Ideologienlehre Mannheimschen Stils umgefälscht und auf die Kunst unbesehen übertragen. Ist Ideologie gesellschaftlich falsches Bewußtsein, so ist nach simpler Logik nicht jegliches Bewußtsein ideologisch. Die letzten Quartette Beethovens wird nur der in den Orkus obsoleten Scheins stoßen, der sie nicht kennt und nicht versteht. Ob Kunst heute möglich sei, ist nicht von oben her zu entscheiden, nach dem Maß der gesellschaftlichen Produktionsverhältnisse. Die Entscheidung hängt ab vom Stand der Produktivkräfte. Der schließt aber ein, was möglich, aber nicht verwirklicht ist, eine Kunst, die nicht von der positivistischen Ideologie sich terrorisieren läßt. So legitim Herbert Marcuses Kritik am affirmativen Charakter der Kultur war, so sehr verpflichtet sie dazu, in das einzelne Produkt einzugehen: sonst wird ein Antikulturbund daraus, schlecht wie nur Kulturgüter. Rabiate Kulturkritik ist nicht radikal. Ist Affirmation tatsächlich ein Moment von Kunst, so war selbst sie so wenig je durchaus falsch wie die Kultur, weil sie mißlang, ganz falsch ist. Sie dämmt Barbarei, das Schlimmere, ein; unterdrückt Natur nicht nur, sondern bewahrt sie durch ihre Unterdrückung hindurch; in dem vom Ackerbau entlehnten Begriff der Kultur schwingt das mit. Leben hat sich, auch mit dem Prospekt eines richtigen, durch Kultur perpetuiert; in authentischen Kunstwerken hallt das Echo davon wider. Affirmation hüllt nicht das Bestehende in Gloriolen; sie wehrt sich gegen den Tod, das Telos aller Herrschaft, in Sympathie mit dem, was ist. Nicht um weniger ist daran zu zweifeln als um den Preis, daß Tod selber Hoffnung sei.

Der Doppelcharakter der Kunst als eines von der empirischen

Realität und damit dem gesellschaftlichen Wirkungszusammenhang sich Absondernden, das doch zugleich in die empirische Realität und die gesellschaftlichen Wirkungszusammenhänge hineinfällt, kommt unmittelbar an den ästhetischen Phänomenen zutage. Diese sind beides, ästhetisch und faits sociaux. Sie bedürfen einer gedoppelten Betrachtung, die so wenig unvermittelt in eins zu setzen ist, wie ästhetische Autonomie und Kunst als Gesellschaftliches. Der Doppelcharakter wird physiognomisch lesbar, wann immer man Kunst, gleichgültig, ob sie als solche geplant war oder nicht, von außen sich anhört oder ansieht, und allerdings bedarf sie stets wieder jenes Von außen, um vor der Fetischisierung ihrer Autonomie beschützt zu werden. Musik kann, im Caféhaus gespielt oder, wie vielfach in Amerika, durch telefonische Anlagen für die Gäste von Restaurants übertragen, zu einem gänzlich Anderen werden, zu dessen Ausdruck das Gesumm Redender, das Geklapper von Tellern und alles Mögliche hinzugehört. Sie erwartet die Unaufmerksamkeit der Hörer, um ihre Funktion zu erfüllen, kaum weniger als im Stand ihrer Autonomie deren Aufmerksamkeit. Ein Potpourri addiert sich zuweilen aus Bestandteilen von Kunstwerken, aber durch die Montage verwandeln sie sich bis ins Innerste. Zwecke wie der des Anwärmens, der Übertäubung des Schweigens formen sie um, das, was man mit Stimmung bezeichnet, die zur Ware gewordene Negation der vom Grau der Warenwelt bereiteten Langeweile. Die Sphäre der Unterhaltung, längst in die Produktion eingeplant, ist die Herrschaft dieses Moments der Kunst über ihre Phänomene insgesamt. Beide Momente sind antagonistisch. Die Unterordnung autonomer Kunstwerke unter das gesellschaftliche Zweckmoment, das in jedem vergraben ist und aus dem in langwierigem Prozeß die Kunst aufstand, verletzt sie an der empfindlichsten Stelle. Wer jedoch etwa, vom Ernst einer Musik plötzlich betroffen, im Café sehr intensiv zuhört, mag virtuell sich realitätsfremd, für die anderen lächerlich benehmen. In jenem Antagonismus erscheint in Kunst das Grundverhältnis von ihr und der Gesellschaft. Die Erfahrung der Kunst von außen zerstört deren Kontinuum, wie die Potpourris willentlich es in der Sache zerstören. Von einem Beethovenschen Orchestersatz bleibt in den Couloirs des Konzertgebäudes wenig anderes übrig als die imperialen Paukenschläge; schon in der Partitur repräsentieren sie einen autoritären Gestus, den das Werk von der Gesellschaft erborgte, um ihn dann in seiner Durchbildung zu sublimieren. Denn die beiden Charaktere der Kunst sind nicht durchaus indifferent gegeneinander. Verirrt sich ein Stück authentischer Musik in die Sozialsphäre des Hintergrunds, so vermag es unerwartet diese zu transzendieren durch die Reinheit, welche der Gebrauch befleckt. Andererseits ist an den authentischen Gebilden, gleich jenen Paukenschlägen Beethovens, ihre gesellschaftliche Abstammung von heteronomen Zwecken nicht abzuwaschen; was Richard Wagner an Mozart als Rest von Divertissement irritierte, hat seitdem zum soupçon auch gegen solche Gebilde sich geschärft, die von sich aus dem Divertissement Valet gegeben haben. Die Stellung der Künstler in der Gesellschaft, soweit sie für die Massenrezeption in Betracht kommt, begibt nach dem Zeitalter der Autonomie tendenziell sich ins Heteronome zurück. Waren die Künstler vor der Französischen Revolution Bediente, so werden sie zu Entertainers. Kulturindustrie ruft ihre cracks mit Vornamen wie die Oberkellner und Friseure das jet set. Die Abschaffung des Unterschieds zwischen dem Künstler als ästhetischem Subjekt und als empirischer Person bezeugt zugleich, daß die Distanz des Kunstwerks zur Empirie eingezogen ward, ohne daß doch die Kunst ins freie Leben sich zurückbegeben hätte, das es nicht gibt. Ihre Nähe steigert den Profit, die Unmittelbarkeit ist schwindelhaft veranstaltet. Von der Kunst her gesehen haftet deren Doppelcharakter all ihren Gebilden als Makel unehrlicher Herkunft an, so wie gesellschaftlich die Künstler einmal als unehrliche Leute behandelt wurden. Jene Herkunft aber ist auch der Ort ihres mimetischen Wesens. Das Unehrliche, das die Würde ihrer Autonomie dementiert, die sich aufbläht aus schlechtem Gewissen über ihre Teilhabe am Gesellschaftlichen, gereicht ihr, von außen, zur Ehre als Hohn auf die Ehrlichkeit gesellschaftlich nützlicher Arbeit.

Das Verhältnis von gesellschaftlicher Praxis und Kunst, stets variabel, dürfte während der letzten vierzig oder fünfzig Jahre abermals eingreifend sich verändert haben. Während des Ersten Kriegs und vor Stalin paarten sich künstlerisch und politisch avancierte Gesinnung; wer damals wach zu existieren begann, dem dünkt Kunst a priori, was sie geschichtlich keineswegs war: a priori politisch links. Seitdem haben die Schdanows und Ulbrichts mit dem Diktat des sozialistischen Realismus die künstlerische Produktivkraft gefesselt nicht nur sondern gebrochen; die ästhetische Regression, die sie verschuldeten, ist gesellschaftlich wiederum als kleinbürgerliche Fixierung durchsichtig. Mit der Spaltung in die beiden Blöcke haben dagegen in den Dezennien nach dem Zweiten Krieg die Herrschenden im Westen mit radikaler Kunst ihren widerruflichen Frieden gemacht; die abstrakte Malerei wird von der großen deutschen Industrie gefördert, in Frankreich heißt der Kulturminister des Generals André Malraux. Avantgardistische Doktrinen können, faßt man ihren Gegensatz zur communis opinio nur abstrakt genug und bleiben sie einigermaßen gemäßigt, zuweilen elitär umfunktioniert werden; die Namen Pound und Eliot stehen dafür ein. Benjamin hat bereits am Futurismus das faschistische Penchant notiert[93], das auf periphere Züge der Baudelaireschen Moderne zurückdatiert. Immerhin mag beim späten Benjamin dort, wo er von ästhetischer Avantgarde sich distanziert, wo sie nicht das Ticket der kommunistischen Partei unterschreibt, Brechts Feindschaft gegen die Tuis hereinspielen. Die elitäre Absonderung der avancierten Kunst ist weniger ihr aufzubürden als der Gesellschaft; die unbewußten Standards der Massen sind die gleichen, deren die Verhältnisse zu ihrer Erhaltung bedürfen, in welche die Massen integriert sind, und der Druck heteronomen Lebens zwingt sie zur Zerstreuung, verhindert die Konzentration eines starken Ichs, welche das nicht Schablonenhafte erheischt. Das brütet Rancune aus: in den Massen gegen das auch durchs Bildungsprivileg ihnen Versagte; in der Haltung nicht weniger ästhetisch Fortgeschrittener seit Strindberg und Schönberg gegen die Massen. Der klaffende Zwiespalt zwischen ihren ästhetischen trouvailles und einer Gesinnung, die an Inhalt und Intention sich manifestiert, schädigt empfindlich die künstlerische Stimmigkeit. Die inhaltlich gesellschaftliche Interpretation älterer Literatur ist von schwankendem Wert. Genial war die Deutung griechischer Mythen, wie dessen von Kadmos, durch Vico. Die

---

93 Vgl. Walter Benjamin, Schriften, a. a. O., Bd. 1, S. 395 ff.

Handlung Shakespearescher Stücke dagegen auf die Idee von Klassenkämpfen zu bringen, wie wohl Brecht es intendierte, führt, abgesehen von Stücken, wo Klassenkämpfe unmittelbar thematisch sind, schwerlich allzu weit und am Wesentlichen der Dramen vorbei. Nicht daß dies Wesentliche gesellschaftlich indifferent, rein menschlich, zeitlos wäre – all das sind Flausen. Aber der gesellschaftliche Zug wird vermittelt durch die objektive Formgesinnung der Dramen, nach dem Ausdruck von Lukács die ›Perspektive‹. Gesellschaftlich in Shakespeare sind Kategorien wie Individuum, Leidenschaft, Züge wie der bürgerliche Konkretismus des Caliban, wohl auch die windigen Kaufleute von Venedig, die Konzeption einer halb-matriarchalen Vorwelt in Macbeth und Lear; vollends der Ekel vor der Macht in Antonius und Cleopatra, noch der Gestus des abdankenden Prospero. Demgegenüber sind die aus der römischen Historie bezogenen Konflikte von Patriziern und Plebejern Bildungsgüter. An Shakespeare mag nicht weniger sich indizieren als die Fragwürdigkeit der Marxischen These, alle Geschichte sei die von Klassenkämpfen, wofern man jene These verbindlich nimmt. Klassenkampf setzt objektiv einen hohen Grad sozialer Integration und Differenzierung, subjektiv ein Klassenbewußtsein voraus, wie es erst in der bürgerlichen Gesellschaft rudimentär entwickelt wurde. Nicht neu, daß Klasse selbst, die gesellschaftliche Subsumtion von Atomen unter einen Allgemeinbegriff, der die ebenso für sie konstitutiven wie ihnen heteronomen Beziehungen ausdrückt, strukturell ein Bürgerliches sei. Soziale Antagonismen sind uralt; zu Klassenkämpfen wurden sie vordem bloß desultorisch: wo eine der bürgerlichen Gesellschaft verwandte Marktökonomie sich formiert hatte. Darum hat die Interpretation alles Geschichtlichen auf Klassenkämpfe ein leise anachronistisches air, wie denn überhaupt das Modell, von dem aus Marx konstruierte und extrapolierte, das des liberalen Unternehmerkapitalismus war. Wohl schimmern die sozialen Antagonismen allerorten bei Skakespeare durch, manifestieren sich jedoch durch die Individuen hindurch, kollektiv nur in Massenszenen, die Topoi wie dem der Überredbarkeit folgen. Soviel freilich ist dem gesellschaftlichen Blick auf Shakespeare evident, daß er nicht Bacon kann gewesen sein. Der frühbürgerlich dialektische Dramatiker blickte weniger aus der Perspektive des Fortschritts als der seiner Opfer aufs theatrum mundi. Diese Verstrickung zu zerschneiden, durch gesellschaftliche wie ästhetische Mündigkeit, wird von der gesellschaftlichen Struktur prohibitiv erschwert. Dürfen in der Kunst formale Charakteristiken nicht umstandslos politisch interpretiert werden, so ist doch in ihr kein Formales ohne inhaltliche Implikate, und die reichen bis zur Politik. In der Befreiung der Form, wie alle genuin neue Kunst sie will, verschlüsselt sich vor allem anderen die Befreiung der Gesellschaft, denn Form, der ästhetische Zusammenhang alles Einzelnen, vertritt im Kunstwerk das soziale Verhältnis; darum ist die befreite Form dem Bestehenden anstößig. Gestützt wird das von der Psychoanalyse. Ihr zufolge begehrt alle Kunst, Negation des Realitätsprinzips, gegen die Vaterimago auf und ist insofern revolutionär. Das impliziert objektiv politische Teilnahme des Unpolitischen. Solange das gesellschaftliche Gefüge noch nicht so zusammengebacken war, daß bereits die schiere Form als Einspruch subversiv wirkte, solange war auch das Verhältnis der Kunstwerke zur vorgegebenen sozialen Realität läßlicher. Ohne an diese durchaus sich zu zedieren, mochten sie deren Elemente ohne viel Federlesens sich zueignen, ihr sinnfällig ähnlich bleiben, mit ihr kommunizieren. Heute ist das sozialkritische Moment der Kunstwerke zur Opposition gegen die empirische Realität als solche geworden, weil diese zur verdoppelnden Ideologie ihrer selbst, zum Inbegriff von Herrschaft wurde. Daß darüber Kunst nicht ihrerseits gesellschaftlich gleichgültig, leeres Spiel und Dekoration des Betriebs werde, hängt davon ab, in welchem Maß ihre Konstruktionen und Montagen zugleich Demontagen sind, zerstörend die Elemente der Realität in sich empfangen, die sie aus Freiheit zu einem Anderen zusammenfügen. Ob Kunst, indem sie die empirische Realität aufhebt, die Beziehung zur aufgehobenen konkretisiert, das macht die Einheit ihres ästhetischen und gesellschaftlichen Kriteriums aus und hat darum eine Art von Prärogative. Dann duldet sie, ohne daß sie von politischen Praktikern die diesen genehme Aussage sich zumuten ließe, keinen Zweifel, worauf sie hinausmöchte. Picasso und Sartre optierten ohne Scheu vor dem Widerspruch für eine Politik, die, wofür sie ästhetisch einstehen, verpönt und sie selber notdürftig gerade soweit gelten läßt, wie ihre Namen Propagandawert haben. Imponierend ist ihre Haltung, weil sie den Widerspruch, der seinen objektiven Grund hat, nicht subjektiv, durchs eindeutige Bekenntnis zur einen These oder zur entgegengesetzten, auflösen. Kritik an ihrer Haltung ist triftig nur als eine an der Politik, für die sie votieren; der selbstzufriedene Hinweis darauf, daß sie sich ins eigene Fleisch schnitten, verfängt nicht. Unter den Aporien des Zeitalters ist nicht die geringfügigste, daß kein Gedanke mehr wahr ist, der nicht auch die Interessen dessen, der ihn hegt, und wären es die objektiven, verletzt.

Mit erheblicher Konsequenz wird heute zwischen dem autonomen und gesellschaftlichen Wesen der Kunst unterschieden durch die Nomenklatur Formalismus und sozialistischer Realismus. Mit dieser Nomenklatur schlachtet die verwaltete Welt noch die objektive Dialektik für ihre Zwecke aus, die im Doppelcharakter eines jeden Kunstwerks lauert: er wird zur Disjunktion von Schafen und Böcken. Falsch ist die Dichotomie, weil sie die beiden gespannten Elemente als einfache Alternative präsentiert. Der einzelne Künstler habe zu wählen. Regelmäßig fällt dabei, dank der billigen Souveränität einer gesellschaftlichen Generalstabskarte, das Licht auf die antiformalistischen Richtungen; die anderen seien arbeitsteilig beschränkt, übernähmen womöglich naiv bürgerliche Illusionen. Die liebende Sorge, mit der Apparatschiks refraktäre Künstler aus der Isolierung geleiten, reimt sich auf die Ermordung Meyerholds. In Wahrheit ist der Gegensatz formalistischer und antiformalistischer Kunst in seiner Abstraktheit nicht zu halten, sobald Kunst irgend mehr sein will als offener oder verdeckter pep talk. In der Zeit um den ersten Weltkrieg oder etwas später polarisierte sich die moderne Malerei nach Kubismus und Surrealismus. Aber der Kubismus selbst revoltierte inhaltlich gegen die bürgerliche Vorstellung der bruchlos reinen Immanenz der Kunstwerke. Umgekehrt haben bedeutende, zu keiner Konnivenz mit dem Markt bereite Surrealisten wie Max Ernst und André Masson, die ursprünglich gegen die Sphäre Kunst selbst protestierten, formalen Prinzipien, Masson in weitem Maß der Entgegenständlichung sich angenähert, je mehr die Idee des Schocks, die in den Stoffen rasch sich verbraucht, in Malweise sich umsetzte. Soll durch Blitzlicht die gewohnte Welt als Schein und Illusion entlarvt werden, ist teleologisch bereits zum Ungegenständlichen übergegangen. Der Konstruktivismus, offizieller Widerpart des Realismus, hat durch die Sprache der Ernüchterung tiefere Verwandtschaft mit den geschichtlichen Veränderungen der Realität als ein Realismus, der längst mit romantischem Lack überzogen ist, weil sein Prinzip, die vorgespiegelte Versöhnung mit dem Objekt, unterdessen zur Romantik wurde. Die Impulse des Konstruktivismus waren inhaltlich, die wie immer auch problematische Adäquanz der Kunst an die entzauberte Welt, die ästhetisch mit den herkömmlich realistischen Mitteln ohne Akademismus nicht mehr zu bewerkstelligen war. Was irgend heute informell heißen mag, wird ästhetisch überhaupt bloß, indem es zur Form sich artikuliert; sonst wäre es nichts als Dokument. Bei exemplarischen Künstlern der Epoche wie Schönberg, Klee, Picasso finden das expressiv mimetische Moment und das konstruktive sich in gleicher Intensität, und zwar nicht in der schlechten Mitte des Übergangs sondern nach den Extremen hin: beides aber ist inhaltlich zugleich, Ausdruck die Negativität des Leidens, Konstruktion der Versuch, dem Leiden an der Entfremdung standzuhalten, indem sie überboten wird im Horizont ungeschmälerter und darum nicht länger gewalttätiger Rationalität. Wie im Gedanken, dem Form und Inhalt ebenso unterschieden wie durch einander vermittelt sind, so sind sie es in der Kunst. Solange sind die Begriffe fortschrittlich und reaktionär auf Kunst kaum anzuwenden, wie man der abstrakten Dichotomie von Form und Inhalt willfahrt. Sie wiederholt sich in Behauptung und Gegenbehauptung. Die einen nennen Künstler reaktionär, weil sie gesellschaftlich reaktionäre Thesen verträten oder durch die Gestalt ihrer Werke, in freilich dekretierter, nicht faßlicher Weise, politischer Reaktion Beistand leisteten; die andern, weil sie hinter dem Stand der künstlerischen Produktivkräfte zurückgeblieben sind. Aber der Gehalt bedeutender Kunstwerke kann von der Gesinnung der Autoren abweichen. Daß Strindberg die bürgerlich-emanzipatorischen Intentionen Ibsens repressiv auf den Kopf stellte, ist evident. Andererseits sind seine formalen Innovationen, die Auflösung des dramatischen Realismus und die Rekonstruktion traumhafter Erfahrung, objektiv kritisch. Den Übergang der Gesellschaft zum Grauen bezeugen sie authentischer als die tapfersten Anklagen Gorkis. Insofern sind sie auch gesellschaftlich fortgeschritten, das heraufdämmernde Selbstbewußtsein der Katastrophe, zu welcher die bürgerlich individualistische Gesellschaft sich rüstet: in ihr wird der absolut Einzelne so sehr zum Gespenst wie in der Gespenstersonate. Den Kontrapunkt dazu setzen die obersten Produkte des Naturalismus: das durch nichts gemilderte Entsetzen des ersten Teils von Hauptmanns Hannele läßt das getreue Abbild in wildesten Ausdruck umschlagen. Soziale Kritik an dem durch Verordnung aufgewärmten Realismus zählt jedoch nur dann, wenn sie vor dem l'art pour l'art nicht kapituliert. Das gesellschaftlich Unwahre an jenem Protest gegen die Gesellschaft ist geschichtlich hervorgetreten. Das Gewählte ist, etwa bei Barbey d'Aurevilly, verblaßt zu einer altmodischen Naivetät, die den künstlichen Paradiesen am letzten anstünde; der Satanismus ist, wie es schon Huxley auffiel, komisch geworden. Das Böse, das Baudelaire wie Nietzsche im liberalistischen neunzehnten Jahrhundert vermißten und das ihnen nichts war denn die Maske des nicht länger viktorianisch unterdrückten Triebes, brach als Produkt des unterdrückten im zwanzigsten mit einer Bestialität in die zivilisatorischen Hürden ein, der gegenüber Baudelaires Greuelblasphemien eine Harmlosigkeit gewannen, die von ihrem Pathos grotesk absticht. Baudelaire hat, bei aller Überlegenheit des Ranges, den Jugendstil präludiert. Dessen Pseudos war die Verschönung des Lebens ohne dessen Veränderung; Schönheit selber wurde darüber ein Leeres und ließ wie alle abstrakte Negation dem Negierten sich integrieren. Die Phantasmagorie einer von Zwecken ungestörten ästhetischen Welt verhilft der unterästhetischen zum Alibi.

Von Philosophie, überhaupt vom theoretischen Gedanken kann gesagt werden, sie leide insofern an einer idealistischen Vorentscheidung, als sie nur Begriffe zur Verfügung hat; einzig durch sie handelt sie von dem, worauf sie gehen, hat es nie selbst. Ihre Sisyphusarbeit ist es, die Unwahrheit und Schuld, die sie damit auf sich lädt, zu reflektieren und dadurch womöglich zu berichtigen. Sie kann nicht ihr ontisches Substrat in die Texte kleben; indem sie davon spricht, macht sie es bereits zu dem, wovon sie es abheben will. Die Unzufriedenheit damit registriert die moderne Kunst, seit Picasso seine Bilder mit den ersten Zeitungsfetzen störte; alle Montage leitet davon sich her. Dem sozialen Moment wird dadurch ästhetisch sein Recht werden, daß es nicht nachgeahmt, gleichsam kunstfähig gemacht, vielmehr der Kunst durch Sabotage an ihr injiziert wird. Sie selbst läßt ebenso den Trug ihrer reinen Immanenz explodieren, wie die empirischen Trümmer, ihrem eigenen Zusammenhang entäußert, den immanenten Konstruktionsprinzipien sich fügen. Kunst möchte, durch sichtbare, von ihr vollzogene Zession an krude Stoffe, etwas von dem wiedergutmachen, was Geist: Gedanke wie Kunst, dem Anderen antut, worauf er sich bezieht und was er sprechen lassen möchte. Das ist der bestimmbare Sinn des sinnlosen, intentionsfeindlichen Moments der modernen Kunst, bis zur Verfransung der Künste und zu den happenings. Damit wird nicht sowohl über die traditionelle Kunst pharisäisch-arriviertes Gericht gehalten als versucht, noch die Negation der Kunst mit deren eigener Kraft zu absorbieren. Was an der traditionellen Kunst gesellschaftlich nicht mehr möglich ist, büßt darum nicht alle Wahrheit ein. Es sinkt in eine historische Gesteinsschicht, die anders als durch Negation dem lebendigen Bewußtsein nicht mehr erreichbar ist, ohne die aber keine Kunst wäre: die des stummen Hinweises auf das, was schön sei, ohne daß dabei zwischen Natur und Werk gar so strikt unterschieden wäre. Dies Moment ist dem zerrüttenden konträr, an das die Wahrheit von Kunst überging, lebt aber darin fort, daß es als formende Kraft die Gewalt dessen anerkennt, woran es sich mißt. In dieser Idee ist Kunst verwandt dem Frieden. Ohne Perspektive auf ihn wäre sie so unwahr wie durch antezipierte Versöhnung. Das Schöne in der Kunst ist der Schein des real Friedlichen. Dem neigt noch die unterdrückende Gewalt der Form sich zu in der Vereinigung des Feindlichen und Auseinanderstrebenden.

Der Schluß von philosophischem Materialismus auf ästhetischen Realismus ist falsch. Wohl impliziert Kunst, als eine Gestalt von Erkenntnis, Erkenntnis der Realität, und es ist keine Realität, die nicht gesellschaftlich wäre. So sind Wahrheitsgehalt und gesellschaftlicher vermittelt, obwohl der Erkenntnischarakter der Kunst, ihr Wahrheitsgehalt, die Erkenntnis der Realität als des

Seienden transzendiert. Soziale Erkenntnis wird sie, indem sie das Wesen ergreift; nicht es beredet, bebildert, irgend imitiert. Sie verhält es durch ihre eigene Komplexion zum Erscheinen wider die Erscheinung. Die epistemologische Kritik des Idealismus, die dem Objekt ein Moment von Vormacht verschafft, ist nicht simpel auf die Kunst zu übertragen. Objekt in ihr und in der empirischen Realität ist ein durchaus verschiedenes. Das der Kunst ist das von ihr hervorgebrachte Gebilde, das die Elemente der empirischen Realität ebenso in sich enthält wie versetzt, auflöst, nach seinem eigenen Gesetz rekonstruiert. Einzig durch solche Transformation, nicht durch ohnehin stets fälschende Photographie, gibt sie der empirischen Realität das Ihre, die Epiphanie ihres verborgenen Wesens und den verdienten Schauer vor ihm als dem Unwesen. Der Vorrang des Objekts behauptet ästhetisch allein sich am Charakter der Kunst als bewußtloser Geschichtsschreibung, Anamnesis des Unterlegenen, Verdrängten, vielleicht Möglichen. Der Vorrang des Objekts, als potentielle Freiheit dessen was ist von der Herrschaft, manifestiert sich in der Kunst als ihre Freiheit von den Objekten. Ist es an ihr, an ihrem Anderen ihren Gehalt zu ergreifen, so wird ihr zugleich dies Andere nur in ihrem Immanenzzusammenhang zuteil; es ist ihr nicht zu imputieren. Kunst negiert die Negativität am Vorrang des Objekts, sein Unversöhntes, Heteronomes, das sie noch durch den Schein der Versöhntheit ihrer Gebilde hervortreten läßt.

Ein Argument des Diamat ermangelt prima vista nicht der Überzeugungskraft. Der Standpunkt der radikalen Moderne sei der des Solipsismus, einer Monade, die der Intersubjektivität borniert sich versperre. Verdinglichte Arbeitsteilung laufe Amok. Das spotte der Humanität, die zu verwirklichen wäre. Der Solipsismus selbst indessen sei, wie die materialistische Kritik und längst vor ihr die große Philosophie demonstriert habe, illusionär, die Verblendung der Unmittelbarkeit des Für sich, das ideologisch die eigenen Vermittlungen nicht Wort haben wolle. Wahr ist, daß Theorie mit der Einsicht in die universale gesellschaftliche Vermittlung den Solipsismus begreifend unter sich läßt. Aber Kunst, die zum Bewußtsein ihrer selbst getriebene Mimesis, ist doch an die Regung, die Unmittelbarkeit von Erfahrung gebunden; sonst würde sie ununterscheidbar von der Wissenschaft, bestenfalls Abschlagszahlung auf diese, meist nur Sozialreportage. Kollektive Produktionsweisen kleinster Gruppen sind heute schon denkbar, in manchen Medien gefordert; Ort von Erfahrung in allen bestehenden Gesellschaften sind die Monaden. Weil Individuation, samt dem Leiden, das sie involviert, gesellschaftliches Gesetz ist, wird einzig individuell Gesellschaft erfahrbar. Die Substruktion eines unmittelbaren Kollektivsubjekts wäre erschlichen und verurteilte das Kunstwerk zur Unwahrheit, weil sie ihm die einzige Möglichkeit von Erfahrung entzöge, die heute offen ist. Orientiert Kunst sich korrektiv, aus theoretischer Einsicht, an ihrem eigenen Vermitteltsein und sucht aus dem als gesellschaftlicher Schein durchschauten Monadencharakter herauszuspringen, so bleibt die theoretische Wahrheit ihr äußerlich und wird zur Unwahrheit: das Kunstwerk opfert heteronom seine immanente Bestimmtheit. Gerade nach kritischer Theorie führt das bloße Bewußtsein von der Gesellschaft nicht real über die gesellschaftlich vorgezeichnete, objektive Struktur hinaus und gewiß nicht das Kunstwerk, das seinen Bedingungen nach selbst auch ein Stück sozialer Realität ist. Die Fähigkeit, die der Diamat antimaterialistisch dem Kunstwerk bescheinigt und ihm abverlangt, gewinnt es allenfalls, wo es in der monadologisch verschlossenen eigenen Struktur die ihm objektiv vorgezeichnete, seine Situation, so weit treibt, daß es zu deren Kritik wird. Die wahre Schwelle zwischen Kunst und anderer Erkenntnis mag sein, daß diese über sich selbst hinauszudenken vermag, ohne abzudanken, Kunst aber nichts Stichhaltiges hervorbringt, was sie nicht von sich aus, auf dem geschichtlichen Standort, auf dem sie sich findet, füllte. Die Innervation des ihr geschichtlich Möglichen ist der künstlerischen Reaktionsform wesentlich. Der Ausdruck Substantialität hat in der Kunst daran seinen Sinn. Will Kunst, um theoretisch höherer sozialer Wahrheit willen, mehr als die ihr erreichbare und von ihr zu gestaltende Erfahrung, so wird sie weniger, und die objektive Wahrheit, die sie sich zum Maß setzt, verdirbt sich zur Fiktion. Sie verkleistert den Bruch von Subjekt und Objekt. So sehr ist der angedrehte Realismus deren falsche Versöhnung, daß die utopistischen Phantasien von zukünftiger Kunst keine auszudenken vermöchten, die abermals realistisch wäre, ohne aufs neue in die Unfreiheit sich zu begeben. Kunst hat ihr Anderes darum in ihrer Immanenz, weil diese gleich dem Subjekt in sich gesellschaftlich vermittelt ist. Zum Sprechen bringen muß sie ihren latenten gesellschaftlichen Gehalt: in sich hineingehen, um über sich hinauszugehen. Kritik am Solipsismus übt sie durch die Kraft zur Entäußerung in ihrer eigenen Verfahrensweise als der zur Objektivation. Vermöge ihrer Form transzendiert sie das bloße und befangene Subjekt; was willentlich seine Befangenheit übertäuben möchte, gerät infantil und macht sich aus der Heteronomie auch noch ein ethisch-soziales Verdienst. Würde all dem entgegnet, wohl seien auch die Volksdemokratien des verschiedensten Typus noch antagonistisch, und darum wäre auch in ihnen kein anderer Standpunkt als der entfremdete einzunehmen, vom verwirklichten Humanismus jedoch wäre das zu hoffen, der selig moderner Kunst nicht mehr bedürfte und es sich bei der traditionellen wieder wohl sein lassen könnte, so ist solche Konzession von der Doktrin des überwundenen Individualismus nicht so verschieden, wie sie klingt. Zugrunde liegt, grob gesagt, das spießbürgerliche Cliché, die moderne Kunst sei so häßlich wie die Welt, in der sie entstand; die Welt habe sie verdient, anders sei es nicht möglich, aber so könne es doch nicht immer bleiben. In Wahrheit gibt es da nichts zu überwinden; das Wort ist index falsi. Daß der antagonistische Zustand, das, was beim jungen Marx Entfremdung und Selbstentfremdung hieß, keines der schwächsten Agenzien in der Bildung der neuen Kunst war, ist unbestritten. Aber diese war eben kein Abbild, nicht die Reproduktion jenes Zustands. In seiner Denunziation, in seiner Versetzung in die imago ist sie zu seinem Anderen geworden und so frei, wie der Zustand den Lebendigen es verbietet. Möglich, daß einer befriedeten Gesellschaft die vergangene Kunst wieder zufällt, die heute zum ideologischen Komplement der unbefriedeten geworden ist; daß dann aber die neu entstehende zu Ruhe und Ordnung, zu affirmativer Abbildlichkeit und Harmonie zurückkehrte, wäre das Opfer ihrer Freiheit. Auch die Gestalt von Kunst in einer veränderten Gesellschaft auszumalen steht nicht an. Wahrscheinlich ist sie ein Drittes zur vergangenen und gegenwärtigen, aber mehr zu wünschen wäre, daß eines besseren

Tages Kunst überhaupt verschwände, als daß sie das Leid vergäße, das ihr Ausdruck ist und an dem Form ihre Substanz hat. Es ist der humane Gehalt, den Unfreiheit zu Positivität verfälscht. Würde zukünftige Kunst wunschgemäß wieder positiv, so wäre der Verdacht realer Fortdauer der Negativität akut; er ist es stets, Rückfall droht unablässig, und Freiheit, die doch Freiheit vom Prinzip des Besitzes wäre, kann nicht besessen werden. Was aber wäre Kunst als Geschichtsschreibung, wenn sie das Gedächtnis des akkumulierten Leidens abschüttelte.

Paralipomena

Ästhetik präsentiert der Philosophie die Rechnung dafür, daß der akademische Betrieb sie zur Branche degradierte. Sie verlangt von Philosophie, was sie versäumt: daß sie die Phänomene aus ihrem puren Dasein herausnimmt und zur Selbstbesinnung verhält, Reflexion des in den Wissenschaften Versteinerten, nicht eine eigene Wissenschaft jenseits von jenen. Damit beugt Ästhetik sich dem, was ihr Gegenstand, gleich einem jeden, unmittelbar zunächst will. Jedes Kunstwerk bedarf, um ganz erfahren werden zu können, des Gedankens und damit der Philosophie, die nichts anderes ist als der Gedanke, der sich nicht abbremsen läßt. Verstehen ist eins mit Kritik; die Fähigkeit des Verstehens, des Verstandenen als eines Geistigen innezuwerden, keine andere als die, wahr und falsch darin zu unterscheiden, wie sehr auch diese Unterscheidung abweichen muß vom Verfahren der gewöhnlichen Logik. Kunst ist, emphatisch, Erkenntnis, aber nicht die von Objekten. Ein Kunstwerk begreift einzig, wer es als Komplexion von Wahrheit begreift. Die betrifft unausweichlich sein Verhältnis zur Unwahrheit, zur eigenen und zu der außer ihm; jedes andere Urteil über Kunstwerke bliebe zufällig. Damit verlangen Kunstwerke ein adäquates Verhältnis zu sich. Darum postulieren sie, was einmal die Philosophie der Kunst zu leisten vorhatte und was sie in ihrer überlieferten Gestalt vorm heutigen Bewußtsein so wenig wie vor den gegenwärtigen Werken mehr leistet.

Wertfreie Ästhetik ist Nonsens. Kunstwerke verstehen heißt, wie übrigens Brecht wohl wußte, des Moments ihrer Logizität innewerden und ihres Gegenteils, auch ihrer Brüche und dessen, was sie bedeuten. Keiner könnte die Meistersinger verstehen, der nicht das von Nietzsche denunzierte Moment, daß Positivität darin narzißtisch gespielt wird, wahrnähme, also das Moment der Unwahrheit. Die Trennung von Verstehen und Wert ist szientifisch veranstaltet; ohne Werten wird ästhetisch nichts verstanden und umgekehrt. In Kunst ist mit mehr Fug von Wert zu reden als sonstwo. Jedes Werk sagt wie ein Mime: bin ich nicht gut; darauf antwortet wertendes Verhalten.

Während der Versuch von Ästhetik heute die Kritik ihrer allgemeinen Prinzipien und Normen als bindend voraussetzt, muß er notwendig selbst im Medium des Allgemeinen sich halten. Den Widerspruch wegzuschaffen steht nicht bei der Ästhetik. Sie muß ihn auf sich nehmen und reflektieren, dem theoretischen Bedürfnis folgend, das Kunst im Zeitalter ihrer Reflexion kategorisch anmeldet. Die Nötigung zu solcher Allgemeinheit legitimiert aber keine positive Invariantenlehre. In den zwangsläufig allgemeinen Bestimmungen fassen die Resultate des geschichtlichen Prozesses sich zusammen, eine Aristotelische Sprachfigur variierend: was Kunst war. Die allgemeinen Bestimmungen von Kunst sind die dessen, wozu sie wurde. Die historische Situation, irr geworden an der raison d'être von Kunst überhaupt, tastet rückwärts schauend nach dem Begriff von Kunst, die retrospektiv zu etwas wie Einheit zusammenschießt. Diese ist nicht abstrakt sondern die Entfaltung der Kunst zu ihrem eigenen Begriff. Allerorten setzt darum die Theorie als ihre eigene Bedingung, nicht als Beleg und Beispiel konkrete Analysen voraus. Zur geschichtlichen Wendung ins Allgemeine war bereits Benjamin, der philosophisch die Versenkung in konkrete Kunstwerke ins Extrem gesteigert hatte, in der Reproduktionstheorie[1] veranlaßt.

Der Forderung, Ästhetik sei Reflexion künstlerischer Erfahrung, ohne daß diese ihren dezidiert theoretischen Charakter aufweichen dürfe, ist methodisch am besten zu genügen, indem modellartig in die traditionellen Kategorien eine Bewegung des Begriffs hineingetragen wird, die sie der künstlerischen Erfahrung konfrontiert. Dabei ist kein Kontinuum zwischen den Polen zu konstruieren. Das Medium der Theorie ist abstrakt und sie darf nicht durch illustrative Beispiele darüber täuschen. Wohl aber mag zu-

---

1 Vgl. Walter Benjamin, Schriften, a. a. O., Bd. 1, S. 366 ff.

weilen, wie einst in der Hegelschen Phänomenologie, zwischen der Konkretion geistiger Erfahrung und dem Medium des allgemeinen Begriffs jäh der Funke zünden, derart, daß das Konkrete nicht als Beispiel illustriert sondern die Sache selbst ist, welche das abstrakte Raisonnement einkreist, ohne das doch der Name nicht gefunden werden könnte. Dabei ist von der Produktionsseite her zu denken: den objektiven Problemen und Desideraten, welche die Produkte präsentieren. Der Vorrang der Produktionssphäre in den Kunstwerken ist der ihres Wesens als der Produkte gesellschaftlicher Arbeit gegenüber der Kontingenz ihrer subjektiven Hervorbringung. Die Beziehung auf die traditionellen Kategorien aber ist unumgänglich, weil allein die Reflexion jener Kategorien es erlaubt, die künstlerische Erfahrung der Theorie zuzubringen. In der Veränderung der Kategorien, die solche Reflexion ausdrückt und bewirkt, dringt die geschichtliche Erfahrung in die Theorie ein. Durch die historische Dialektik, welche der Gedanke in traditionellen Kategorien freisetzt, verlieren diese ihre schlechte Abstraktheit, ohne doch das Allgemeine zu opfern, das dem Gedanken inhäriert: Ästhetik zielt auf konkrete Allgemeinheit. Die ingeniöseste Analyse einzelner Gebilde ist nicht unmittelbar schon Ästhetik; das ist ihr Makel sowohl wie ihre Superiorität über das, was sich Kunstwissenschaft nennt. Von der aktuellen künstlerischen Erfahrung her jedoch legitimiert sich der Rekurs auf die traditionellen Kategorien, die in der gegenwärtigen Produktion nicht verschwinden sondern noch in ihrer Negation wiederkehren. Erfahrung terminiert in Ästhetik: sie erhebt zu Konsequenz und Bewußtsein, was in den Kunstwerken vermischt, inkonsequent, im Einzelwerk unzulänglich sich zuträgt. Unter diesem Aspekt handelt auch nichtidealistische Ästhetik von ›Ideen‹.

Die qualitative Differenz von Kunst und Wissenschaft läßt diese nicht einfach gewähren als Instrument, jene zu erkennen. Die Kategorien, die sie dabei heranbringt, stehen zu den innerkünstlerischen so quer, daß deren Projektion auf wissenschaftliche Begriffe unweigerlich wegklärt, was zu erklären sie vorhat. Die zunehmende Relevanz der Technologie in den Kunstwerken darf nicht dazu verleiten, sie jenem Typus von Vernunft zu unterstellen, der die Technologie hervorbrachte und in ihr sich fortsetzt.

Vom Klassischen überlebt die Idee der Kunstwerke als eines Objektiven, vermittelt durch Subjektivität. Sonst wäre Kunst tatsächlich ein an sich beliebiger, für die anderen gleichgültiger und womöglich historisch rückständiger Zeitvertreib. Sie nivellierte sich zum Ersatzprodukt einer Gesellschaft, deren Kraft nicht länger vom Erwerb des Lebensunterhalts verbraucht wird und in der gleichwohl unmittelbare Triebbefriedigung limitiert ist. Dem widerspricht Kunst als hartnäckiger Einspruch gegen jenen Positivismus, der sie dem universalen Für anderes beugen möchte. Nicht daß sie, einbezogen in den gesellschaftlichen Verblendungszusammenhang, nicht doch sein könnte, was sie nicht Wort haben will. Aber ihr Dasein ist unvereinbar mit der Macht, die dazu sie erniedrigen, sie brechen möchte. Was aus bedeutenden Werken spricht, ist dem Totalitätsanspruch subjektiver Vernunft entgegen. Deren Unwahrheit wird an der Objektivität der Kunstwerke offenbar. Abgelöst von ihrem immanenten Anspruch auf Objektivität wäre Kunst nichts als ein mehr oder minder organisiertes System von Reizen, welche Reflexe bedingen, die die Kunst von sich aus, autistisch und dogmatisch jenem System zuschriebe anstatt denen, auf welche es einwirkt. Damit würde der Unterschied des Kunstwerks von den bloßen sensuellen Qualitäten verschwinden, es wäre ein Stück Empirie, amerikanisch gesprochen: a battery of tests, und das adäquate Mittel von Kunst Rechenschaft zu geben der program analyzer oder Erhebungen über durchschnittliche Reaktionen von Gruppen auf Kunstwerke oder Gattungen; nur daß, vielleicht aus Respekt vor den anerkannten Branchen der Kultur, der Positivismus selten so weit zu gehen scheint, wie es in der Konsequenz seiner eigenen Methode liegt. Bestreitet er, als Lehre von der Erkenntnis, jeglichen objektiven Sinn und rechnet er jeden Gedanken, der nicht auf Protokollsätze reduzibel ist, der Kunst zu, so negiert er damit, ohne es einzugestehen, a limine die Kunst, die er so wenig ernst nimmt wie der müde Geschäftsmann, der sich von ihr massieren läßt; er wäre, entspräche Kunst den positivistischen Kriterien, ihr transzendentales Subjekt. Der Kunstbegriff, auf den der Positivismus hinaus möchte, konvergiert mit dem der Kulturindustrie, die tatsächlich ihre Produkte als die Reizsysteme organisiert, welche die subjektive Projektionstheorie für Kunst unterschiebt. Hegels Argument gegen die subjektive, auf die Empfindung der Rezipierenden gegründete Ästhetik war deren Zufälligkeit. Bei dieser ist es nicht geblieben. Das subjektive Wirkungsmoment wird von der Kulturindustrie kalkuliert, nach statistischem Durchschnittswert zum allgemeinen Gesetz. Es ist objektiver Geist geworden. Das jedoch schwächt jene Kritik Hegels nicht ab. Denn die Allgemeinheit gegenwärtigen Stils ist das negativ Unmittelbare, die Liquidation jeglichen Wahrheitsanspruchs der Sache ebenso wie der permanente Betrug an den Rezipierenden durch die implizite Versicherung, um ihretwillen sei da, wodurch ihnen bloß das Geld wieder abgenommen wird, das die konzentrierte ökonomische Macht ihnen zuschießt. Das lenkt erst recht die Ästhetik – und auch die Soziologie, soweit sie als eine vorgeblicher Kommunikationen der subjektiven Ästhetik Zutreiberdienste leistet – auf die Objektivität des Kunstwerks. Im praktischen Forschungsbetrieb widersetzen sich positivistisch Gesonnene, die etwa mit dem Murray-Test operieren, bereits jeder auf den objektiven Ausdrucksgehalt der Testbilder gerichteten Analyse, die sie, als allzu abhängig vom Betrachter, für wissenschaftsunwürdig befinden; vollends müßten sie derart Kunstwerken gegenüber verfahren, die nicht, wie jener Test, auf Rezipierende hin angelegt sind sondern diese mit ihrer Objektivität konfrontieren. Mit der bloßen Beteuerung freilich, Kunstwerke seien keine Summe von Reizen, hätte der Positivismus so leichtes Spiel wie mit aller Apologetik. Er könnte sie als Rationalisierung und Projektion abtun, gut lediglich dazu, sich selbst sozialen Status zu verschaffen, nach dem Muster des Verhaltens von Millionen Bildungsphilistern zur Kunst. Oder er könnte, radikaler, die Objektivität der Kunst als animistisches Residuum disqualifizieren, das der Aufklärung zu weichen habe wie jedes andere. Wer die Erfahrung von der Objektivität nicht sich abmarkten lassen, nicht den Kunstfremden Autorität über die Kunst einräumen möchte, muß immanent verfahren, an die subjektiven Reaktionsweisen anknüpfen, für deren bloße Spiegelung dem positivistischen Menschenverstand Kunst und ihr

Gehalt gilt. Wahr ist am positivistischen Ansatz die Platitude, daß ohne Erfahrung der Kunst von dieser nichts gewußt wird und nicht die Rede sein kann. Aber in jene Erfahrung fällt eben der Unterschied, welchen der Positivismus ignoriert: drastisch der, ob man einen Schlager, an dem nichts zu verstehen ist, als Leinwand für allerhand psychologische Projektionen benutzt, oder ob man ein Werk dadurch versteht, daß man seiner eigenen Disziplin sich unterwirft. Was die philosophische Ästhetik zum Befreienden, nach ihrer Sprache Raum und Zeit Transzendierenden der Kunst überhöhte, war die Selbstnegation des Betrachtenden, der im Werk virtuell erlischt. Dazu nötigen ihn die Werke, deren jedes index veri et falsi ist; nur wer seinen objektiven Kriterien sich stellt, versteht es; wer um sie nicht sich schert, ist der Konsument. Im adäquaten Verhalten zur Kunst ist trotzdem das subjektive Moment bewahrt: je größer die Anstrengung, das Werk und seine strukturelle Dynamik mitzuvollziehen, je mehr Subjekt die Betrachtung in jenes hineinsteckt, desto glücklicher wird das Subjekt selbstvergessen der Objektivität inne: auch in der Rezeption vermittelt Subjektivität die Objektivität. Das Subjekt wird an jeglichem Schönen, wie Kant allein am Erhabenen es konstatierte, seiner Nichtigkeit sich bewußt und gelangt über sie hinaus zu dem, was anders ist. Die Kantische Lehre krankt allein daran, daß sie den Widerpart solcher Nichtigkeit zum positiv Unendlichen erklärte und wiederum ins intelligible Subjekt verlegte. Der Schmerz im Angesicht des Schönen ist die Sehnsucht nach jenem vom subjektiven Block dem Subjekt Versperrten, von dem es doch weiß, daß es wahrer ist als es selbst. Erfahrung, die ohne Gewalt des Blocks ledig wäre, wird eingeübt von der Ergebung des Subjekts ins ästhetische Formgesetz. Der Betrachter geht den Vertrag mit dem Kunstwerk ein, damit es spreche. Banausisch überträgt das Besitzverhältnis auf das diesem schlechterdings Entrückte, wer darauf pocht, daß er vom Kunstwerk etwas ›habe‹; er verlängert die Verhaltensweise ungebrochener Selbsterhaltung, ordnet das Schöne jenem Interesse unter, welches es, nach Kants unüberholter Einsicht, transzendiert. Daß aber gleichwohl kein Schönes ohne Subjekt sei, daß es zu einem An sich nur durch sein Für anderes hindurch werde, ist verschuldet von der Selbstsetzung des Subjekts. Weil diese das Schöne verstörte, bedarf es des Subjekts, im Bilde daran zu erinnern. Die Schwermut des Abends ist nicht die Stimmung dessen, der sie fühlt, aber sie ergreift nur den, der so sehr sich differenziert hat, so sehr Subjekt wurde, daß er nicht blind ist gegen sie. Erst das starke und entfaltete Subjekt, Produkt aller Naturbeherrschung und ihres Unrechts, hat auch die Kraft, vorm Objekt zurückzutreten und seine Selbstsetzung zu revozieren. Das Subjekt des ästhetischen Subjektivismus aber ist schwach, ›outer directed‹. Die Überschätzung des subjektiven Moments im Kunstwerk und die Beziehungslosigkeit zu diesem sind Äquivalente. Nur dann wird das Subjekt zum Wesen des Kunstwerks, wenn es diesem fremd, äußerlich gegenübertritt und die Fremdheit kompensiert, indem es sich anstelle der Sache unterschiebt. Allerdings ist die Objektivität des Kunstwerks der Erkenntnis nicht voll und adäquat gegeben, und in den Werken keineswegs fraglos; die Differenz zwischen dem von deren Problem Geforderten und der Lösung zehrt an jener Objektivität. Diese ist kein positiver Sachverhalt sondern ein Ideal der Sache wie ihrer Erkenntnis. Ästhetische Objektivität ist nicht unmittelbar; wer sie in Händen zu halten glaubt, den führt sie irre. Wäre sie ein Unvermitteltes, so fiele sie mit den sinnlichen Phänomenen der Kunst zusammen und unterschlüge deren geistiges Moment; das aber ist fehlbar für sich und für andere. Ästhetik heißt soviel wie den Bedingungen und Vermittlungen der Objektivität von Kunst nachgehen. Die Hegelsche Beweisführung gegen die Kantisch-subjektivistische Begründung der Ästhetik macht es sich zu leicht: widerstandslos kann sie sich ins Objekt, oder in dessen Kategorien – die bei Hegel noch mit den Gattungsbegriffen koinzidieren –, versenken, wie es ihm a priori Geist ist. Mit der Absolutheit des Geistes stürzt auch die des Geistes der Kunstwerke. Darum wird es der Ästhetik so schwer, nicht dem Positivismus sich zu zedieren und in ihm zu verenden. Aber die Demontage der Geistmetaphysik treibt der Kunst nicht den Geist aus: ihr geistiges Moment wird gekräftigt und konkretisiert, sobald nicht länger alles an ihr, unterschiedslos, Geist sein soll; wie es übrigens auch von Hegel nicht gemeint war. War die Geistmetaphysik der Kunst nachempfunden, so wird nach deren Untergang der Geist der Kunst gleichsam zurückerstattet. Das Untriftige subjektivpositivistischer Theoreme über die Kunst ist an dieser selbst darzutun, nicht aus einer Philosophie des Geistes zu deduzieren. Ästhetische Normen, die invarianten Reaktionsformen des auffassenden Subjekts entsprechen sollen, sind empirisch ungültig; so die gegen die neue Musik gerichtete These der Schulpsychologie, das Ohr könne sehr komplexe, von den natürlichen Obertonverhältnissen weit sich entfernende simultane Tonphänomene nicht perzipieren: unstreitig existieren solche, die es vermögen, und nicht ist einzusehen, warum es nicht alle vermögen sollten; die Schranke ist keine transzendentale sondern gesellschaftlich, eine der zweiten Natur. Zitiert die empirisch sich gerierende Ästhetik demgegenüber Durchschnittswerte als Normen, so ergreift sie unbewußt bereits die Partei der gesellschaftlichen Konformität. Was derlei Ästhetik als wohlgefällig oder unlustvoll rubriziert, ist vollends kein sinnlich Natürliches; die gesamte Gesellschaft, ihr Imprimatur und ihre Zensur, präformiert es, und dagegen hat künstlerische Produktion von je aufbegehrt. Subjektive Reaktionen wie der Ekel vor Suavität, ein Agens der neuen Kunst, sind die ins Sensorium eingewanderten Widerstände gegen das heteronome gesellschaftliche Convenu. Generell ist die vermeintliche Basis von Kunst in subjektiven Reaktionsformen und Verhaltensweisen bedingt; noch im Zufall des Geschmacks waltet latenter Zwang, wenngleich nicht stets der der Sache; die gegen die Sache gleichgültige subjektive Reaktionsform ist außerästhetisch. Zumindest jedoch ist jedes subjektive Moment in den Kunstwerken seinerseits auch von der Sache her motiviert. Die Sensibilität des Künstlers ist wesentlich die Fähigkeit, der Sache nachzuhören, mit den Augen der Sache zu sehen. Je strikter Ästhetik nach dem Hegelschen Postulat auf die bewegte Sache sich konstruiert, je objektiver sie wird, desto weniger verwechselt sie mehr subjektiv fundierte, fragwürdige Invarianten mit Objektivität. Croces Verdienst war es, daß er in dialektischem Geist jeden der Sache äußerlichen Maßstab wegräumte; Hegels Klassizismus hinderte diesen daran. Er brach in der Ästhetik die Dialektik ähnlich ab wie in der Institutionenlehre der Rechtsphilosophie. Erst durch die Erfahrung der radikal nominalistischen neuen Kunst ist die Hegelsche Ästhetik zu sich selbst zu bringen; auch Croce zuckt davor zurück.

Ästhetischer Positivismus, der die theoretische Dechiffrierung der Werke durch die Bestandsaufnahme ihrer Wirkung ersetzt, hat sein Wahrheitsmoment allenfalls daran, daß er die Fetischisierung der Werke denunziert, die selbst ein Stück Kulturindustrie und ästhetischen Verfalls ist. Vom Positivismus wird an das dialektische Moment erinnert, daß kein Kunstwerk je rein ist. Für manche ästhetischen Formen wie die Oper war der Wirkungszusammenhang konstitutiv; zwingt die inwendige Bewegung der Gattung dazu, ihm abzusagen, so wird die Gattung virtuell unmöglich. Wer ungebrochen das Kunstwerk als das reine An sich auffaßte, als welches es gleichwohl aufgefaßt werden muß, der verfiele naiv seiner Selbstsetzung und nähme den Schein als Wirklichkeit zweiten Grades, verblendet gegen ein konstitutives Moment an der Kunst. Der Positivismus ist deren schlechtes Gewissen: er gemahnt sie dessen, daß sie nicht unmittelbar wahr ist.

Während die These vom projektiven Charakter der Kunst deren Objektivität — Rang und Wahrheitsgehalt — ignoriert und diesseits eines emphatischen Begriffs von Kunst verbleibt, hat sie Gewicht als Ausdruck einer geschichtlichen Tendenz. Was sie banausisch den Kunstwerken antut, entspricht dem positivistischen Zerrbild von Aufklärung, der losgelassenen subjektiven Vernunft. Deren gesellschaftliche Übermacht reicht in die Werke hinein. Jene Tendenz, die durch Entkunstung die Kunstwerke unmöglich machen möchte, ist nicht mit dem Appell zu sistieren, Kunst müsse es geben: das steht nirgends geschrieben. Nur ist dabei die volle Konsequenz der Projektionstheorie mitzudenken, die Negation von Kunst. Sonst läuft die Projektionstheorie auf deren schmähliche Neutralisierung nach dem Schema der Kulturindustrie hinaus. Aber das positivistische Bewußtsein hat, als falsches, seine Schwierigkeiten: es bedarf der Kunst, um in sie abzuschieben, was in seinem erstickend engen Raum nicht unterkommt. Überdies muß der Positivismus, gläubig ans Vorhandene, mit der Kunst sich abfinden, weil sie nun einmal vorhanden ist. Die Positivisten helfen sich aus dem Dilemma, indem sie die Kunst so wenig ernst nehmen wie der tired businessman. Das erlaubt ihnen Toleranz gegen die Kunstwerke, die ihrem eigenen Denken zufolge schon keine mehr sind.

Wie wenig Kunstwerke in ihrer Genese aufgehen und wie sehr darum die philologische Methode sie verfehlt, ist sinnfällig zu demonstrieren. Schikaneder hat nichts von Bachofen sich träumen lassen. Das Libretto der Zauberflöte kontaminiert die verschiedensten Quellen, ohne Einstimmigkeit herzustellen. Objektiv aber erscheint in dem Textbuch der Konflikt von Matriarchat und Patriarchat, von lunarem und solarem Wesen. Das erklärt die Resistenzkraft des vom altklugen Geschmack als schlecht diffamierten Textes. Er bewegt sich auf der Grenzscheide von Banalität und abgründigem Tiefsinn; vor jener wird er dadurch behütet, daß die Koloraturpartie der Königin der Nacht kein ›böses Prinzip‹ vorstellt.

Ästhetische Erfahrung kristallisiert sich im besonderen Werk. Gleichwohl ist keine zu isolieren, keine unabhängig von der Kontinuität des erfahrenden Bewußtseins. Das Punktuelle und Atomistische ist ihr so sehr entgegen wie jeder anderen: in das Verhältnis zu den Kunstwerken als Monaden muß die gestaute Kraft dessen eingehen, was an ästhetischem Bewußtsein jenseits des einzelnen Werks schon sich gebildet hat. Das ist der vernünftige Sinn des Begriffs Kunstverständnis. Die Kontinuität ästhetischer Erfahrung ist gefärbt von aller anderen Erfahrung und allem Wissen des Erfahrenden; freilich bestätigt und korrigiert sie sich allein in der Konfrontation mit dem Phänomen.

In der geistigen Reflexion, dem über der Sache sich dünkenden Geschmack mag leicht die Verfahrungsweise des Renard von Strawinsky der Wedekindschen Lulu angemessener erscheinen als Bergs Musik. Der Musiker weiß, wieviel höher diese rangiert als die Strawinskys, und opfert dafür die Souveränität des ästhetischen Standpunkts; aus solchen Konflikten setzt künstlerische Erfahrung sich zusammen.

Die Gefühle, welche von den Kunstwerken erregt werden, sind real und insofern außerästhetisch. Ihnen gegenüber ist zunächst die in Gegenrichtung zum betrachtenden Subjekt erkennende Haltung die richtigere, wird dem ästhetischen Phänomen gerechter, ohne es mit der empirischen Existenz des Betrachters zu verwirren. Aber daß das Kunstwerk nicht nur ästhetisch ist sondern darüber und darunter, entspringend in empirischen Schichten, dinghaften Charakters, fait social, und schließlich in der Idee der Wahrheit mit Meta-Ästhetischem konvergiert, impliziert Kritik am chemisch reinen Verhalten zur Kunst. Das erfahrende Subjekt, von dem ästhetische Erfahrung sich wegbewegt, kehrt in ihr als transästhetisches wieder. Erschütterung reißt das distanzierte Subjekt wieder in sich hinein. Während die Kunstwerke der Betrachtung sich öffnen, beirren sie zugleich den Betrachter in seiner Distanz, der des bloßen Zuschauers; ihm geht die Wahrheit des Werkes auf als die, welche auch die Wahrheit seiner selbst sein sollte. Der Augenblick dieses Übergangs ist der oberste von Kunst. Er errettet Subjektivität, sogar subjektive Ästhetik durch ihre Negation hindurch. Das von Kunst erschütterte Subjekt macht reale Erfahrungen; nun jedoch, kraft der Einsicht ins Kunstwerk als Kunstwerk solche, in denen seine Verhärtung in der eigenen Subjektivität sich löst, seiner Selbstsetzung ihre Beschränktheit aufgeht. Hat das Subjekt in der Erschütterung sein wahres Glück an den Kunstwerken, so ist es eines gegen das Subjekt; darum ihr Organ das Weinen, das auch die Trauer über die eigene Hinfälligkeit ausdrückt. Kant hat davon etwas in der Ästhetik des Erhabenen gespürt, die er von der Kunst ausnimmt.

Unnaivetät der Kunst gegenüber, als Reflexion, bedarf freilich der Naivetät in anderem Betracht: daß das ästhetische Bewußtsein nicht seine Erfahrungen vom kulturell gerade Geltenden regulieren läßt, sondern die Kraft spontanen Reagierens auch fortgeschrittenen Schulen gegenüber sich bewahrt. So sehr das einzelmenschliche Bewußtsein auch künstlerisch durch die Gesellschaft, den herrschenden objektiven Geist vermittelt ist, es bleibt der geometrische Ort der Selbstreflexion jenes Geistes und erweitert ihn. Naivetät zur Kunst ist ein Ferment der Verblendung; wer ihrer ganz ermangelt, ist erst recht borniert, befangen in dem ihm Aufgenötigten.

Zu verteidigen sind die Ismen als Parolen, Zeugnisse des universalen Standes von Reflexion sowohl wie, schulbildend, Nachfolger dessen, was einmal Tradition leistete. Das erregt die Wut des dichotomischen bürgerlichen Bewußtseins. Obwohl von ihm alles geplant, gewollt wird, soll unter seinem Zwang die Kunst wie die Liebe rein spontan, unwillkürlich, unbewußt sein. Das ist ihr geschichtsphilosophisch versagt. Das Tabu über den Parolen ist ein reaktionäres.

Das Neue ist Erbe dessen, was vordem der individualistische Begriff der Originalität sagen wollte, den mittlerweile jene ins Feld führen, die das Neue nicht wollen, es der Unoriginalität, alle avancierte Form der Uniformität bezichtigen.

Haben späte künstlerische Entwicklungen Montage als ihr Prinzip erkoren, so haben subkutan die Kunstwerke seit je etwas von deren Prinzip in sich gehabt; im einzelnen wäre das an der Puzzletechnik der großen Musik des Wiener Klassizismus zu zeigen, die doch so sehr dem Ideal organischer Entwicklung der gleichzeitigen Philosophie entspricht.

Daß die Struktur der Geschichte durch den parti pris für wirklich oder vermeintlich große Ereignisse verzerrt wird, gilt auch für die Geschichte der Kunst. Wohl kristallisiert sie jeweils sich im qualitativ Neuen, aber mitzudenken ist die Antithesis, daß dies Neue, die jäh hervortretende Qualität, der Umschlag, so gut wie ein Nichts ist. Das entkräftet den Mythos vom künstlerischen Schöpfertum. Der Künstler vollbringt den minimalen Übergang, nicht die maximale creatio ex nihilo. Das Differential des Neuen ist der Ort von Produktivität. Durch das unendlich Kleine des Entscheidenden erweist der Einzelkünstler sich als Exekutor einer kollektiven Objektivität des Geistes, der gegenüber sein Anteil verschwindet; in der Vorstellung vom Genie als einem Empfangenden, Passivischen war implizit daran erinnert. Das legt die Perspektive frei auf das an den Kunstwerken, wodurch sie mehr sind als ihre primäre Bestimmung, mehr als Artefakte. Ihr Verlangen, so und nicht anders zu sein, arbeitet dem Charakter des Artefakts entgegen, indem es ihn zum Äußersten treibt; der souveräne Künstler möchte die Hybris des Schöpfertums tilgen. Das Quentchen Wahrheit am Glauben, alles sei stets noch da, hat hier seine Stätte. In der Tastatur jeden Klaviers steckt die ganze Appassionata, der Komponist muß sie nur herausholen, und dazu freilich bedarf es Beethovens.

Bei aller Aversion gegen das, was an Moderne veraltet dünkt, hat die Situation der Kunst gegenüber dem Jugendstil keineswegs so radikal sich verändert, wie es jener Aversion lieb wäre. Sie selbst mag ebenso daher rühren wie die ungemilderte Aktualität von Werken, die man, ohne daß sie im Jugendstil aufgingen, jenem zurechnen mag, wie den Schönbergschen Pierrot, auch manches von Maeterlinck und Strindberg. Der Jugendstil war der erste kollektive Versuch, den absenten Sinn von Kunst aus zu setzen; das Scheitern jenes Versuchs umschreibt exemplarisch bis heute die Aporie von Kunst. Er explodierte im Expressionismus; der Funktionalismus und dessen Äquivalente in der nicht zweckbezogenen Kunst waren seine abstrakte Negation. Schlüssel der gegenwärtigen Antikunst, mit Beckett als Spitze, mag die Idee sein, jene Negation zu konkretisieren; aus der rückhaltlosen Negation metaphysischen Sinnes ein ästhetisch Sinnvolles herauszulesen. Das ästhetische Prinzip der Form ist an sich, durch Synthesis des Geformten, Setzung von Sinn, noch wo Sinn inhaltlich verworfen wird. Insofern bleibt Kunst, gleichgültig was sie will und sagt, Theologie; ihr Anspruch auf Wahrheit und ihre Affinität zum Unwahren sind eines. Dieser Sachverhalt ging spezifisch am Jugendstil auf. Die Situation schärft sich zu der Frage, ob Kunst nach dem Sturz der Theologie und ohne eine jede überhaupt möglich sei. Besteht aber, wie bei Hegel, der als erster den geschichtsphilosophischen Zweifel an jener Möglichkeit aussprach, jene Nötigung fort, so behält sie etwas vom

Orakel; zweideutig bleibt, ob die Möglichkeit genuines Zeugnis des Perennierenden von Theologie sei oder Widerschein des perennierenden Bannes.

Jugendstil ist, wie der Name verrät, die in Permanenz erklärte Pubertät: Utopie, welche die eigene Unrealisierbarkeit diskontiert.

Der Haß gegen das Neue entstammt einem Grundstück der bürgerlichen Ontologie, das diese verschweigt: es soll das Vergängliche vergänglich sein, der Tod das letzte Wort behalten.

Das Prinzip der Sensation ging stets mit dem geflissentlichen Bürgerschreck zusammen und hat dem bürgerlichen Verwertungsmechanismus sich adaptiert.

So gewiß auch der Begriff des Neuen mit verhängnisvollen gesellschaftlichen Zügen, zumal dem der nouveauté auf dem Markt, verflochten ist, so unmöglich ist es, seit Baudelaire, Manet und dem Tristan, ihn zu suspendieren; Versuche dazu haben, seiner angeblichen Zufälligkeit und Willkür gegenüber, nur ein doppelt Zufälliges und Willkürliches herbeigeführt.

Von der bedrohlichen Kategorie des Neuen strahlt stets wieder die Lockung von Freiheit aus, stärker als ihr Hemmendes, Nivellierendes, zuzeiten Steriles.

Die Kategorie des Neuen fällt als abstrakte Negation der des Beständigen mit dieser zusammen: ihre Invarianz ist ihre Schwäche.

Moderne trat geschichtlich als ein Qualitatives hervor, als Differenz von den depotenzierten Mustern; darum ist sie nicht rein temporal; das übrigens hilft erklären, daß sie einerseits invariante Züge angenommen hat, die man ihr gern vorwirft, andererseits nicht als überholt zu kassieren ist. Innerästhetisches und Soziales verschränken sich dabei. Je mehr Kunst zum Widerstand gegen das von der Herrschaftsapparatur geprägte, standardisierte Leben genötigt wird, desto mehr mahnt sie ans Chaos: zum Unheil wird es als Vergessenes. Daher die Verlogenheit des Gezeters über den angeblichen geistigen Terror der Moderne; es überschreit den Terror der Welt, dem die Kunst sich weigert. Der Terror einer Reaktionsweise, die nichts als das Neue erträgt, ist als Scham über den Schwachsinn der offiziellen Kultur heilsam. Wer sich genieren muß, davon zu plappern, die Kunst dürfe den Menschen nicht vergessen, oder vor befremdenden Werken zu fragen, wo die Aussage bleibe, der wird zwar widerstrebend, vielleicht auch ohne rechte Überzeugung liebe Gewohnheiten opfern müssen, die Scham kann aber einen Prozeß von außen nach innen inaugurieren, der es den Terrorisierten schließlich auch vor sich selbst unmöglich macht mitzublöken.

Vom nachdrücklichen ästhetischen Begriff des Neuen sind die industriellen Verfahrensweisen nicht wegzudenken, welche die materielle Produktion der Gesellschaft zunehmend beherrschen; ob, wie Benjamin angenommen zu haben scheint[1], die Ausstellung zwischen beidem vermittelte, ist offen. Die industriellen Techniken jedoch, Wiederholung identischer Rhythmen und wiederholte Hervorbringung von Identischem nach einem Muster, enthalten zugleich ein dem Neuen konträres Prinzip. Das setzt sich durch in der Antinomik des ästhetisch Neuen.

---

1 Vgl. Walter Benjamin, Schriften, a. a. O., Bd. 1, S. 375 ff.

So wenig es ein einfach Häßliches gibt; so sehr Häßliches durch seine Funktion zum Schönen werden konnte, so wenig gibt es ein einfach Schönes: trivial, daß der schönste Sonnenuntergang, das schönste Mädchen, treulich abgemalt, abscheulich werden kann. Dabei jedoch ist am Schönen wie am Häßlichen das Moment der Unmittelbarkeit nicht übereifrig zu unterschlagen: kein Liebender, der fähig ist, Unterschiede wahrzunehmen – und das ist die Bedingung von Liebe –, wird die Schönheit der Geliebten sich verkümmern lassen. Schön und Häßlich sind weder zu hypostasieren noch zu relativieren; ihr Verhältnis enthüllt sich stufenweise und dabei freilich wird vielfach eines zur Negation des anderen. Schönheit ist geschichtlich an sich selber, das sich Entringende.

Wie wenig die empirisch hervorbringende Subjektivität und ihre Einheit mit dem konstitutiven ästhetischen Subjekt und gar der objektiven ästhetischen Qualität eins ist, dafür zeugt die Schönheit mancher Städte. Perugia, Assisi zeigen das höchste Maß an Form und Stimmigkeit der Gestalt, ohne daß es wohl gewollt oder angeschaut wäre, obwohl man den Anteil von Planung auch an dem nicht unterschätzen darf, was als zweite Natur organisch dünkt. Es ist begünstigt von der sanften Wölbung des Berges, der rötlichen Tönung der Steine, einem Außerästhetischen, das, als Material menschlicher Arbeit, von sich eine der Determinanten der Gestalt ist. Als Subjekt wirkt dabei die geschichtliche Kontinuität, wahrhaft ein objektiver Geist, der von jener Determinante sich leiten läßt, ohne daß es dem individuellen Baumeister im Sinn liegen müßte. Dies geschichtliche Subjekt des Schönen dirigiert weithin auch die Produktion der einzelnen Künstler. Was aber die Schönheit solcher Städte vermeintlich bloß von außen bewirkt, ist ihr Inwendiges. Immanente Historizität wird Erscheinung und mit ihr entfaltet sich die ästhetische Wahrheit.

Unzulänglich ist die Identifikation der Kunst mit dem Schönen, und nicht nur als allzu formal. In dem, wozu Kunst geworden ist, gibt die Kategorie des Schönen lediglich ein Moment ab und dazu eines, das bis ins Innerste sich gewandelt: durch die Absorption des Häßlichen hat sich der Begriff der Schönheit an sich verändert, ohne daß doch Ästhetik seiner entraten kann. In der Absorption des Häßlichen ist Schönheit kräftig genug, durch ihren Widerspruch sich zu erweitern.

Hegel bezieht erstmals Position gegen den ästhetischen Sentimentalismus, der den Gehalt des Kunstwerks in sich schließlich doch nicht an ihm selbst sondern an seiner Wirkung ablesen möchte. Die spätere Gestalt dieses Sentimentalismus ist der Begriff der Stimmung, der seinen geschichtlichen Stellenwert hat. Nichts könnte zum Guten und Schlechten Hegels Ästhetik besser bezeichnen als ihre Unvereinbarkeit mit dem Moment von Stimmung oder Gestimmtheit am Kunstwerk. Er besteht wie allerorten auf dem Festen des Begriffs. Das kommt der Objektivität des Kunstwerks gegenüber seinem Effekt ebenso wie gegen seine bloße sinnliche Fassade zugute. Der Fortschritt, den er damit vollzieht, wird jedoch bezahlt durch ein Kunstfremdes, die Objektivität durch ein Dinghaftes, einen Überschuß an Stofflichkeit. Er droht, zugleich die Ästhetik aufs Vorkünstlerische zurückzuschrauben, auf die konkretistische Verhaltensweise des Bürgers, der im Bild oder im Drama einen festen Inhalt haben will, an den er sich halten und den er halten kann. Die Dialektik der Kunst beschränkt sich bei Hegel auf die Gattungen und ihre Geschichte, wird aber nicht radikal genug in die Theorie des Werkes hineinverlegt. Daß das Naturschöne gegen die Bestimmung durch den Geist spröde ist, verleitet ihn dazu, in einem Kurzschluß herabzusetzen, was an der Kunst nicht Geist qua Intention ist. Ihr Korrelat ist Verdinglichung. Korrelat des absoluten Machens ist stets das Gemachte als festes Objekt. Hegel verkennt das Undingliche der Kunst, das selbst zu ihrem Begriff wider die empirische Dingwelt zählt. Er schiebt es polemisch aufs

Naturschöne als dessen schlechte Unbestimmtheit ab. Aber gerade an diesem Moment besitzt das Naturschöne etwas, was, wenn es dem Kunstwerk verloren geht, es ins Amusische der bloßen Faktizität zurückschlagen läßt. Wer nicht in der Erfahrung der Natur jene Trennung von Aktionsobjekten zu vollbringen vermag, die das Ästhetische ausmacht, der ist der künstlerischen Erfahrung nicht mächtig. Hegels Gedanke, daß das Kunstschöne in der Negation des Naturschönen, und damit in diesem entspringt, wäre so zu wenden, daß jener Akt, der das Bewußtsein eines Schönen überhaupt erst stiftet, in der unmittelbaren Erfahrung vollzogen werden muß, wenn er nicht bereits das postulieren soll, was er konstituiert. Die Konzeption des Kunstschönen kommuniziert mit dem Naturschönen: beide wollen Natur restituieren durch Lossage von ihrer bloßen Unmittelbarkeit. Zu erinnern ist an Benjamins Begriff der Aura: »Es empfiehlt sich, den oben für geschichtliche Gegenstände vorgeschlagenen Begriff der Aura an dem Begriff einer Aura von natürlichen Gegenständen zu illustrieren. Diese letztere definieren wir als einmalige Erscheinung einer Ferne, so nah sie sein mag. An einem Sommernachmittag ruhend einem Gebirgszug am Horizont oder einem Zweig folgen, der seinen Schatten auf den Ruhenden wirft – das heißt die Aura dieser Berge, dieses Zweiges atmen.«[1] Was hier Aura heißt, ist der künstlerischen Erfahrung vertraut unter dem Namen der Atmosphäre des Kunstwerks als dessen, wodurch der Zusammenhang seiner Momente über diese hinausweist, und jedes einzelne Moment über sich hinausweisen läßt. Eben dies Konstituens der Kunst, das man mit dem existential-ontologischen Terminus ›Gestimmtheit‹ nur verzerrt getroffen hat, ist am Kunstwerk das seiner Dinghaftigkeit, der Aufnahme des Tatbestands sich Entziehende und, wie ein jeglicher Versuch zur Beschreibung der Atmosphäre des Kunstwerks dartut, ein Enteilendes, Flüchtiges, das – und das konnte zu Hegels Zeit kaum gedacht werden – dennoch zu objektivieren ist, nämlich in Gestalt der künstlerischen Technik. Das auratische Moment verdient deshalb nicht den Hegelschen Bannfluch, weil die insistentere Analyse es als objektive Bestim-

---

[1] Walter Benjamin, Schriften, a. a. O., Bd. 1, S. 372 f.

mung des Kunstwerks erweisen kann. Das über sich Hinausweisen des Kunstwerks gehört nicht nur zu seinem Begriff, sondern läßt an der spezifischen Konfiguration jeden Kunstwerks sich entnehmen. Noch wo Kunstwerke, in einer mit Baudelaire einsetzenden Entwicklung, des atmosphärischen Elements sich entschlagen, ist es als negiertes, vermiedenes in ihnen aufgehoben. Eben dies Element aber hat sein Vorbild an der Natur, und dieser ist das Kunstwerk in ihm tiefer verwandt als in jeder dinglichen Ähnlichkeit. An der Natur so ihre Aura wahrnehmen, wie Benjamin es zur Illustration jenes Begriffs verlangt, heißt an der Natur dessen innewerden, was das Kunstwerk wesentlich zu einem solchen macht. Das ist aber jenes objektive Bedeuten, an das keine subjektive Intention heranreicht. Ein Kunstwerk schlägt dann dem Betrachter die Augen auf, wenn es emphatisch ein Objektives sagt, und diese Möglichkeit einer nicht bloß vom Betrachter projizierten Objektivität hat ihr Modell an jenem Ausdruck der Schwermut, oder des Friedens, den man an der Natur gewinnt, wenn man sie nicht als Aktionsobjekt sieht. Das Ferngerücktsein, auf das Benjamin im Begriff der Aura solchen Wert legt, ist rudimentäres Modell der Distanzierung von den Naturgegenständen als potentiellen Mitteln zu praktischen Zwecken. Die Schwelle zwischen der künstlerischen und der vorkünstlerischen Erfahrung ist genau die zwischen der Herrschaft des Identifikationsmechanismus und den Innervationen der objektiven Sprache von Objekten. Wie es der Schulfall von Banausie ist, wenn ein Leser sein Verhältnis zu Kunstwerken danach reguliert, ob er mit darin vorkommenden Personen sich identifizieren kann, so ist die falsche Identifikation mit der unmittelbaren empirischen Person das Amusische schlechthin. Sie ist das Herabsetzen der Distanz bei gleichzeitigem isolierenden Konsum der Aura als ›etwas Höherem‹. Wohl verlangt auch das authentische Verhältnis zum Kunstwerk einen Akt der Identifikation: in die Sache eingehen, mitvollziehen, wie Benjamin sagt: ›die Aura atmen‹. Aber sein Medium ist, was Hegel die Freiheit zum Objekt nennt: nicht muß der Betrachter, was in ihm vorgeht, aufs Kunstwerk projizieren, um darin sich bestätigt, überhöht, befriedigt zu finden, sondern muß umgekehrt zum Kunstwerk sich entäußern, ihm sich gleichmachen, es von sich aus vollziehen.

Daß er der Disziplin des Werks sich zu unterwerfen habe und nicht zu verlangen, daß das Kunstwerk ihm etwas gebe, ist nur ein anderer Ausdruck dafür. Die ästhetische Verhaltensweise aber, die dem sich entzieht, also blind bleibt gegen das, was am Kunstwerk mehr ist als der Fall, ist eins mit der projektiven Haltung, der des terre à terre, die in der gegenwärtigen Epoche insgesamt liegt und die Kunstwerke entkunstet. Daß sie einerseits zu Dingen unter anderen, andererseits zu Gefäßen für die Psychologie des Betrachters werden, ist dabei korrelativ. Als bloße Dinge sprechen sie nicht mehr; dafür werden sie zu Rezeptakeln des Betrachters. Der Begriff der Stimmung aber, dem dem Sinn nach Hegels objektive Ästhetik so sehr widerspricht, ist deshalb so insuffizient, weil er eben das, was er Wahres am Kunstwerk nennt, in sein Gegenteil verkehrt, indem er es in ein bloß Subjektives, eine Reaktionsweise des Betrachters übersetzt und noch im Werk selbst nach dessen Modell vorstellt.

Stimmung hieß an den Kunstwerken das, worin die Wirkung und die Beschaffenheit der Werke, als ein über ihre einzelnen Momente Hinausgehendes, trüb sich vermischen. Unterm Schein des Sublimen liefert sie die Kunstwerke der Empirie aus. Während Hegels Ästhetik eine ihrer Grenzen hat an seiner Blindheit für jenes Moment, ist es zugleich ihre Würde, daß sie das Zwielicht zwischen ästhetischem und empirischem Subjekt vermeidet.

Weniger wird der Geist, wie Kant es möchte, vor der Natur seiner eigenen Superiorität gewahr als seiner eigenen Naturhaftigkeit. Dieser Augenblick bewegt das Subjekt vorm Erhabenen zum Weinen. Eingedenken von Natur löst den Trotz seiner Selbstsetzung: »Die Träne quillt, die Erde hat mich wieder!« Darin tritt das Ich, geistig, aus der Gefangenschaft in sich selbst heraus. Etwas von der Freiheit leuchtet auf, welche die Philosophie mit schuldhaftem Irrtum dem Gegenteil, der Selbstherrlichkeit des Subjekts, vorbehält. Der Bann, den das Subjekt um Natur legt, befängt auch es: Freiheit regt sich im Bewußtsein seiner Naturähnlichkeit. Weil das Schöne der vom Subjekt den Phänomenen aufgezwungenen Naturkausalität nicht sich unterordnet, ist sein Bereich eines möglicher Freiheit.

So wenig wie in irgendeinem anderen gesellschaftlichen Bereich ist in der Kunst Arbeitsteilung bloß Sündenfall. Wo Kunst die gesellschaftlichen Zwänge reflektiert, in die sie eingespannt ist, und dadurch den Horizont von Versöhnung freilegt, ist sie Vergeistigung; diese aber setzt Trennung körperlicher und geistiger Arbeit voraus. Durch Vergeistigung allein, nicht durch verstockte Naturwüchsigkeit durchbrechen die Kunstwerke das Netz der Naturbeherrschung und bilden der Natur sich an; nur von innen kommt man heraus. Sonst wird Kunst kindisch. Auch im Geist überlebt etwas vom mimetischen Impuls, das säkularisierte Mana, das, was anrührt.

In nicht wenigen Gebilden der Viktorianischen Zeit, keineswegs bloß englischen, wird die Gewalt des Sexus und des ihm verwandten sensuellen Moments fühlbar erst recht durchs Verschweigen; an manchen Novellen Storms wäre das zu belegen. Der junge Brahms, dessen Genius bis heute kaum recht gesehen worden ist, enthält Stellen von so überwältigender Zärtlichkeit, wie wohl nur der sie auszudrücken vermag, dem sie versagt blieb. Auch unter diesem Aspekt vergröbert die Gleichsetzung von Ausdruck und Subjektivität. Das subjektiv Ausgedrückte braucht nicht dem ausdrückenden Subjekt zu gleichen. In sehr großen Fällen wird es eben das sein, was das ausdrückende Subjekt nicht ist; subjektiv ist aller Ausdruck vermittelt durch Sehnsucht.

Sinnliche Wohlgefälligkeit, zuzeiten asketisch-autoritär geahndet, ist geschichtlich zum unmittelbar Kunstfeindlichen geworden, Wohllaut des Klangs, Harmonie der Farben, Suavität zum Kitsch und zur Kennmarke der Kulturindustrie. Nur dort legitimiert sich noch der sinnliche Reiz der Kunst, wo er, wie in Bergs Lulu oder bei André Masson, Träger oder Funktion des Gehalts ist, kein Selbstzweck. Eine von den Schwierigkeiten neuer Kunst ist, das Desiderat des in sich selbst Stimmigen, das stets Elemente mit sich führt, die als Glätte sich exponieren, mit dem Widerstand gegen das kulinarische Moment zu vereinen. Zuweilen fordert die Sache das Kulinarische, während paradox das Sensorium dagegen sich sträubt.

Durch die Bestimmung der Kunst als eines Geistigen indessen wird das sinnliche Moment nicht bloß negiert. Auch die der traditionellen Ästhetik keineswegs anstößige Einsicht, ästhetisch zähle nur das im sinnlichen Material Realisierte, hat ihre Blässe. Was den obersten Kunstwerken als metaphysische Gewalt darf zugeschrieben werden, war über die Jahrtausende hin verschmolzen mit einem Moment jenes sinnlichen Glücks, dem autonome Gestaltung immer entgegenarbeitete. Allein dank jenes Moments vermag Kunst, intermittierend, Bild von Seligkeit zu werden. Die mütterlich tröstende Hand, die übers Haar fährt, tut sinnlich wohl. Äußerste Beseeltheit schlägt um ins Physische. Die traditionelle Ästhetik hat in ihrem parti pris für die sinnliche Erscheinung etwas seitdem Verschüttetes gespürt, aber es viel zu unmittelbar genommen. Ohne den ausgeglichenen Wohllaut des Quartettklangs hätte die Des-Dur-Stelle des langsamen Satzes von Beethovens op. 59, 1 nicht die geistige Kraft des Zuspruchs: das Versprechen einer Wirklichkeit des Gehalts, die zum Wahrheitsgehalt ihn macht, haftet am Sinnlichen. Darin ist Kunst ähnlich materialistisch wie alle Wahrheit an der Metaphysik. Daß darauf heute das Verbot sich erstreckt, involviert wohl die wahre Krisis der Kunst. Ohne Gedächtnis an jenes Moment wäre Kunst so wenig mehr, wie wenn sie ans Sinnliche außerhalb ihrer Gestalt sich zedierte.

Kunstwerke sind Dinge, welche tendenziell die eigene Dinghaftigkeit abstreifen. Nicht jedoch liegt in Kunstwerken Ästhetisches und Dinghaftes schichtweise übereinander, so daß über einer gediegenen Basis ihr Geist aufginge. Den Kunstwerken ist wesentlich, daß ihr dinghaftes Gefüge vermöge seiner Beschaffenheit zu einem nicht Dinghaften sie macht; ihre Dinglichkeit ist das Medium ihrer eigenen Aufhebung. Beides ist in sich vermittelt: der Geist der Kunstwerke stellt in ihrer Dinghaftigkeit sich her, und ihre Dinghaftigkeit, das Dasein der Werke, entspringt in ihrem Geist.

Der Form nach sind die Kunstwerke auch insofern Dinge, als die Objektivation, die sie sich selbst geben, einem Ansichsein, einem in sich selbst Ruhenden und in sich selbst Bestimmten, ähneln, das sein Modell an der empirischen Dingwelt besitzt und zwar vermöge ihrer Einheit durch den synthesierenden Geist; vergeistigt werden sie nur durch ihre Verdinglichung, ihr Geistiges und ihr Dinghaftes sind aneinander geschmiedet, ihr Geist, durch den sie sich überschreiten, ist zugleich ihr Tödliches. An sich hatten sie es stets; zwangsläufige Reflexion macht es zu ihrer eigenen Sache.

Dem Dingcharakter der Kunst sind enge Grenzen gesetzt. Zumal in den Zeitkünsten überlebt trotz der Objektivation ihrer Texte in dem Momentanen ihres Erscheinens unmittelbar ihr Nichtdingliches. Daß eine Musik, ein Drama niedergeschrieben ist, trägt einen Widerspruch in sich, das Sensorium mag das daran beobachten, daß die Reden von Schauspielern auf der Bühne so leicht falsch klingen, weil sie etwas sagen müssen, als fiele es ihnen spontan ein, während es ihnen durch den Text vorgezeichnet ist. Aber die Objektivation von Noten und Dramentexten ist nicht ins Improvisatorische zurückzurufen.

Die Krisis der Kunst, gesteigert zur Erschütterung ihrer Möglichkeit, affiziert ihre beiden Pole gleichermaßen: ihren Sinn und damit schließlich den geistigen Gehalt, und den Ausdruck und damit das mimetische Moment. Beides hängt voneinander ab: kein Ausdruck ohne Sinn, ohne das Medium von Vergeistigung; kein Sinn ohne das mimetische Moment: ohne jenen Sprachcharakter von Kunst, der heute abzusterben scheint.

Die ästhetische Entfernung von der Natur bewegt auf diese sich hin; darüber hat der Idealismus sich nicht getäuscht. Das Telos der Natur, auf das hin die Kraftfelder der Kunst sich ordnen, bewegt sie zum Schein, zur Verdeckung dessen an ihnen, was selber der auswendigen Dingwelt angehört.

Benjamins Spruch, am Kunstwerk wirke paradox, daß es erscheint[1], ist keineswegs so kryptisch, wie er vorgetragen wird. Tatsächlich ist jedes Kunstwerk ein Oxymoron. Seine eigene Wirklichkeit ist ihm unwirklich, gleichgültig gegen das, was es wesentlich ist, und gleichwohl seine notwendige Bedingung; unwirklich ist es erst recht in der Wirklichkeit, Schimäre. Das haben seit je die Feinde der Kunst besser bemerkt als die Apologeten, die ihre konstitutive Paradoxie vergebens wegbewiesen. Unkräftig ist Ästhetik, welche den konstitutiven Widerspruch auflöst, anstatt Kunst durch ihn zu bestimmen. Wirklichkeit und Unwirklichkeit der Kunstwerke überlagern sich nicht wie Schichten sondern durchdringen gleichermaßen alles an ihnen. Nur soweit ist das Kunstwerk wirklich als Kunstwerk, genügt sich selbst, wie es unwirklich ist, unterschieden von der Empirie, deren Stück es doch auch bleibt. Sein Unwirkliches aber – seine Bestimmung als Geist – ist nur soweit, wie es wirklich geworden ist; nichts am Kunstwerk zählt, was nicht in seiner individuierten Gestalt da wäre. Im ästhetischen Schein bezieht das Kunstwerk Stellung zur Realität, die es negiert, indem es zu einer sui generis wird. Kunst vollzieht den Einspruch gegen die Realität durch ihre Objektivation.

---

1 Vgl. Walter Benjamin, Schriften, a. a. O., Bd. 1, S. 549: »An allem, was mit Grund schön genannt wird, wirkt paradox, daß es erscheint.«

Wo immer auch der Interpret in seinen Text eindringt, findet er eine unabschließbare Fülle von Desideraten, denen er zu genügen hätte, ohne daß einem zu genügen wäre, ohne daß das andere darunter litte; er stößt auf die Inkompatibilität dessen, was die Werke von sich wollen und dann von ihm; die Kompromisse aber, die resultieren, schaden der Sache durch die Indifferenz des Unentschiedenen. Voll adäquate Interpretation ist schimärisch. Das nicht zuletzt verleiht dem idealen Lesen den Vorrang vorm Spielen: Lesen, darin vergleichbar dem berüchtigten allgemeinen Dreieck Lockes, duldet als sinnlich-unsinnliche Anschauung etwas wie die Koexistenz des Kontradiktorischen. Erfahrbar wird die Paradoxie des Kunstwerks im cénacle-Gespräch, wenn ein Künstler, auf die besondere Aufgabe oder Schwierigkeit einer im Enstehen befindlichen Arbeit quasi naiv aufmerksam gemacht, mit hochmütig desperatem Lächeln antwortet: das ist ja gerade das Kunststück. Er tadelt den, welcher nichts weiß von der konstitutiven Unmöglichkeit, und trauert über die apriorische Vergeblichkeit seiner Anstrengung. Es gleichwohl versuchen, ist die Würde aller Virtuosen trotz Schaustellung und Effekthascherei. Virtuosität muß nicht auf die Wiedergabe sich beschränken, sondern ebenso in der Faktur sich ausleben; ihre Sublimierung drängt sie dazu. Sie verhält das paradoxale Wesen der Kunst, das Unmögliche als Mögliches zur Erscheinung. Virtuosen sind die Märtyrer der Kunstwerke, in vielen ihrer Leistungen, denen von Ballerinen und Koloratursängerinnen, hat etwas Sadistisches, die Qual sich niedergeschlagen und ihrer Spuren sich entäußert, deren es bedurfte, damit sie es leisten. Nicht umsonst ist der Name Artist dem Zirkuskünstler gemeinsam mit dem der Wirkung Abgewandtesten, der die vermessene Idee von Kunst verficht, dem eigenen Begriff rein zu genügen. Ist die Logizität der Kunstwerke immer auch ihr Feind, so bildet jenes Absurde, längst schon in der traditionellen Kunst und ehe es Programm ward, zur Logizität die Gegeninstanz, die Probe darauf, daß ihre absolute Konsequenz zu Protest geht. Kein Netz ist unter den authentischen Kunstwerken gespannt, das in ihrem Sturz sie behütete.

Objektiviert im Kunstwerk sich ein Werden und gelangt zum

Einstand, so negiert diese Objektivation eben dadurch das Werden und setzt es zu einem Als ob herab; darum wohl wird heute, im Zug der Rebellion der Kunst gegen den Schein, gegen die Gestalten ihrer Objektivation rebelliert und versucht, unmittelbares, improvisatorisches Werden anstelle eines bloß vorgetäuschten zu setzen, während andererseits die Gewalt der Kunst, also ihr dynamisches Moment, ohne solche Fixierung und damit ohne deren Schein gar nicht wäre.

Dauer des Vergänglichen, als Moment der Kunst, das zugleich das mimetische Erbe perpetuiert, ist eine der Kategorien, die auf die Vorzeit zurückdatieren. Das Bild selbst, vor aller inhaltlichen Differenzierung, ist nach dem Urteil nicht weniger Autoren ein Phänomen von Regeneration. Frobenius berichtet von Pygmäen, die »im Augenblick des Sonnenaufganges das Tier zeichneten«, »um es nach der Erlegung am folgenden Morgen nach der rituellen Bestreichung des Bildes mit Blut und Haaren – in höherem Sinne wiedererstehen zu lassen ... So stellen die Bilder der Tiere Verewigungen dar, Apotheosen und rücken gleichsam als ewige Sterne an das Firmament.«[1] Doch scheint gerade in der Frühgeschichte der Bewerkstelligung von Dauer das Bewußtsein ihrer Vergeblichkeit gesellt, wenn nicht gar, im Geist des Bilderverbots, solche Dauer als Schuld den Lebendigen gegenüber empfunden wird. Resch zufolge herrscht in der ältesten Periode »eine ausgeprägte Scheu, Menschen darzustellen«[2]. Wohl könnte man darauf verfallen, daß die nicht abbildlichen ästhetischen Bilder früh schon durchs Bilderverbot filtriert waren, durchs Tabu: noch das Anti-Magische der Kunst magischen Ursprungs. Darauf deutet die nicht jüngere ›rituelle Bilderzerstörung‹: es sollten zumindest »Zeichen der Vernichtung das Bild kennzeichnen, damit das Tier nicht mehr ›umgehe‹«[3]. Jenes Tabu stammt aus einer Angst vor den Toten, die auch dazu bewog, sie einzubalsa-

---

[1] Zit. Erik Holm, Felskunst im südlichen Afrika, in: Kunst der Welt. Die Steinzeit, Baden-Baden 1960, S. 197 f.
[2] Walther F. E. Resch, Gedanken zur stilistischen Gliederung der Tierdarstellungen in der nordafrikanischen Felsbildkunst, in: Paideuma, Mitteilungen zur Kulturkunde, Bd. XI, 1965.
[3] Holm, a. a. O., S. 198.

mieren, um sie gleichsam am Leben zu erhalten. Manches begünstigt die Spekulation, die Idee ästhetischer Dauer habe sich aus der Mumie entwickelt. In diese Richtung weisen die Forschungen Speisers über die Holzfiguren aus den Neuen Hebriden[4], die Krause referiert: »Von Mumienfiguren ging die Entwicklung zur körpergetreuen Nachbildung in der Figuren-Schädelstatue und über die Schädelpfähle zu den Holz- und Baumfarnstatuen.«[5] Speiser deutet diese Wandlung als »Übergang von der Erhaltung und Vortäuschung körperlicher Gegenwart des Toten zur symbolischen Andeutung seiner Gegenwart, und damit sei der Übergang zur reinen Statue gegeben«[6]. Jener Übergang dürfte bereits der zur neolithischen Trennung von Stoff und Form, zum ›Bedeuten‹ sein. Eines der Modelle von Kunst wäre die Leiche in ihrer gebannten, unverweslichen Gestalt. Verdinglichung des einst Lebendigen trüge schon in Frühzeiten sich zu, ebenso Revolte gegen den Tod wie naturbefangen-magische Praktik.

Dem Absterben des Scheins in der Kunst korrespondiert der unersättliche Illusionismus der Kulturindustrie, dessen Fluchtpunkt Huxley in den ›feelies‹ konstruiert hat; die Allergie gegen den Schein setzt den Kontrapunkt zu dessen kommerzieller Allherrschaft. Die Elimination des Scheins ist das Gegenteil der vulgären Vorstellungen von Realismus; gerade dieser ist in der Kulturindustrie dem Schein komplementär.

Mit der sich selbst reflektierenden Spaltung von Subjekt und Objekt hat, seit dem Beginn der Neuzeit, die bürgerliche Realität fürs Subjekt trotz ihrer Schranke in ihrer Unbegreiflichkeit stets eine Spur des Unwirklichen, Scheinhaften, so wie sie der Philosophie zum Gespinst subjektiver Bestimmungen wurde. Je irritierender solche Scheinhaftigkeit, desto verbissener überspielt das Bewußtsein die Realität des Realen. Kunst dagegen setzt sich

---

4 Vgl. Felix Speiser, Ethnographische Materialien aus den Neuen Hebriden und den Banks-Inseln, Berlin 1923.
5 Fritz Krause, Maske und Ahnenfigur. Das Motiv der Hülle und das Prinzip der Form, in: Kulturanthropologie, hg. von W. E. Mühlmann und E. W. Müller, Köln u. Berlin 1966, S. 228.
6 Speiser, a. a. O., S. 390.

selbst als Schein, weit emphatischer als in älteren Phasen, in denen sie von Darstellung und Bericht nicht scharf abgehoben war. Insofern sabotiert sie den falschen Realitätsanspruch der vom Subjekt beherrschten Welt, der der Waren. Daran kristallisiert sich ihr Wahrheitsgehalt; er verleiht der Realität Relief durch die Selbstsetzung des Scheins. So dient dieser der Wahrheit.

Nietzsche hat ›eine antimetaphysische aber artistische‹ Philosophie gefordert[1]. Das ist Baudelairescher spleen und Jugendstil, mit leisem Widersinn: als gehorchte Kunst dem emphatischen Anspruch jenes Diktums, wenn sie nicht die Hegelsche Entfaltung der Wahrheit wäre und selber ein Stück jener Metaphysik, die Nietzsche verfemt. Nichts Anti-Artistischeres als den konsequenten Positivismus. Nietzsche ist all das bewußt gewesen. Daß er den Widerspruch unentfaltet stehen ließ, stimmt zusammen mit Baudelaires Kultus der Lüge und dem luftwurzelhaften, schimärischen Begriff des Schönen bei Ibsen. Der konsequenteste Aufklärer täuschte sich nicht darüber, daß durch schiere Konsequenz Motivation und Sinn von Aufklärung verschwinden. Anstelle der Selbstreflexion von Aufklärung verübt er Gewaltstreiche des Gedankens. Sie drücken aus, daß Wahrheit selbst, deren Idee Aufklärung auslöst, nicht ist ohne jenen Schein, den sie um der Wahrheit willen exstirpieren möchte; mit diesem Moment von Wahrheit ist Kunst solidarisch.

---

1 Vgl. Friedrich Nietzsche, Werke in drei Bänden, hg. von K. Schlechta, Bd. 3, München 1956, S. 481: »Eine antimetaphysische Weltbetrachtung – ja, aber eine artistische.«

Kunst geht auf Wahrheit, ist sie nicht unmittelbar; insofern ist
Wahrheit ihr Gehalt. Erkenntnis ist sie durch ihr Verhältnis zur
Wahrheit; Kunst selbst erkennt sie, indem sie an ihr hervortritt.
Weder jedoch ist sie als Erkenntnis diskursiv noch ihre Wahrheit
die Widerspiegelung eines Objekts.

Der achselzuckende ästhetische Relativismus ist seinerseits ein
Stück verdinglichtes Bewußtsein; weniger schwermütige Skepsis
wider die eigene Unzulänglichkeit als Rancune gegen den Wahrheitsanspruch der Kunst, der allein doch jene Größe von Kunstwerken legitimierte, ohne deren Fetisch die Relativisten selten
ihr Auskommen haben. Verdinglicht ist ihr Verhalten als ein von
außen hinnehmendes, konsumierendes, das sich nicht in die Bewegung der Kunstwerke begibt, in welcher die Fragen nach ihrer
Wahrheit bündig werden. Relativismus ist die gegen die Sache
indifferente, abgespaltene Selbstreflexion des bloßen Subjekts.
Auch ästhetisch wird er kaum je ernst gemeint; Ernst gerade ist
ihm unerträglich. Wer von einem exponierten neuen Werk sagt,
über so etwas ließe überhaupt nicht sich urteilen, bildet sich ein,
sein Unverständnis habe die unverstandene Sache vernichtet.
Daß Menschen unablässig in ästhetische Streitigkeiten sich verwickeln, gleichgültig, welche Position der Ästhetik gegenüber sie
beziehen, beweist mehr gegen den Relativismus als dessen philosophische Widerlegungen: die Idee der ästhetischen Wahrheit
verschafft sich trotz ihrer Problematik und in dieser ihr Recht.
Die stärkste Stütze indessen hat Kritik des ästhetischen Relativismus an der Entscheidbarkeit technischer Fragen. Die automatisch
einschnappende Phrase, Technik zwar erlaube kategorisches Urteilen, nicht aber Kunst selbst und ihr Gehalt, trennt diesen von
der Technik dogmatisch. So gewiß Kunstwerke mehr sind als der
Inbegriff ihrer Verfahrensweisen, der im Wort Technik sich

zusammenfaßt, so gewiß haben sie objektiven Gehalt nur so weit, wie er in ihnen erscheint, und das geschieht einzig kraft des Inbegriffs ihrer Technik. Deren Logik ist der Weg in die ästhetische Wahrheit. Wohl führt von der Schulregel zum ästhetischen Urteil kein Kontinuum, aber noch die Diskontinuität des Weges gehorcht einem Zwang: die obersten Wahrheitsfragen des Werkes lassen in Kategorien seiner Stimmigkeit sich übersetzen[1]. Wo das nicht möglich ist, erreicht der Gedanke eine Grenze menschlicher Bedingtheit jenseits der des Geschmacksurteils.

Die immanente Stimmigkeit der Kunstwerke und ihre metaästhetische Wahrheit konvergieren in ihrem Wahrheitsgehalt. Er fiele vom Himmel wie nur die Leibnizsche prästabilierte Harmonie, die des transzendenten Schöpfers bedarf, diente nicht die Entfaltung der immanenten Stimmigkeit der Werke der Wahrheit, dem Bild eines An sich, das sie nicht selbst sein können. Gilt die Anstrengung der Kunstwerke einem objektiv Wahren, so ist es ihnen vermittelt durch die Erfüllung ihrer eigenen Gesetzlichkeit. Der Ariadnefaden, an dem sie sich durch das Dunkel ihres Inneren tasten, ist, daß sie der Wahrheit desto besser genügen, je mehr sie sich selbst genügen. Das aber ist kein Selbstbetrug. Denn ihre Autarkie kam ihnen zu von dem, was sie nicht selbst sind. Die Urgeschichte der Kunstwerke ist der Einzug der Kategorien des Wirklichen in ihren Schein. Nicht nur nach dessen Gesetzen jedoch bewegen in der Autonomie des Gebildes jene Kategorien sich weiter, sondern sie behalten die Richtungskonstante, die sie von draußen empfingen. Ihre Frage ist, wie die Wahrheit des Wirklichen zu ihrer eigenen werde. Kanon dessen ist die Unwahrheit. Ihre pure Existenz kritisiert die jenes Geistes, der sein Anderes bloß zurüstet. Was gesellschaftlich unwahr, brüchig, ideologisch ist, teilt sich dem Bau der Kunstwerke als Brüchiges, Unbestimmtes, Insuffizientes mit. Denn die Reaktionsweise der Kunstwerke selbst, ihre objektive ›Stellung zur Objektivität‹, bleibt eine zur Wirklichkeit[2].

1 Der gesamte »Versuch über Wagner« (a. a. O.) wollte nichts anderes, als die Kritik am Wahrheitsgehalt zu den technologischen Tatbeständen und ihrer Brüchigkeit vermitteln.
2 Der »Versuch über Wagner« (a. a. O.) bemühte sich am œuvre eines bedeu-

Das Kunstwerk ist es selbst und immer zugleich ein Anderes als es selbst. Solche Andersheit führt irre, weil das konstitutiv Meta-Ästhetische evaporiert, sobald man es dem Ästhetischen zu entreißen und isoliert in Händen zu halten wähnt.

Daß mit der historischen Tendenz neuerlich das Schwergewicht sich auf die Sache, weg vom Subjekt, jedenfalls seiner Kundgabe, verlagert, unterminiert weiter die Unterscheidung der Kunstwerke vom real Seienden, trotz des subjektiven Ursprungs jener Tendenz. Mehr stets werden die Gebilde zu einem Dasein zweiten Grades, ohne Fenster für das Menschliche in ihnen. Subjektivität verschwindet in den Kunstwerken als Instrument ihrer Objektivation. Die subjektive Einbildungskraft, deren nach wie vor die Kunstwerke bedürfen, wird erkennbar als Rückwendung eines Objektiven aufs Subjekt, der Notwendigkeit, trotz allem die Demarkationslinie des Kunstwerks zu ziehen. Imagination ist das Vermögen dazu. Sie entwirft ein in sich Ruhendes, denkt nicht willkürlich Formen, Details, Fabeln oder was immer aus. Die Wahrheit des Kunstwerks aber kann nicht anders vorgestellt werden, als daß in dem subjektiv imaginierten An sich ein Transsubjektives lesbar wird. Dessen Vermittlung ist das Werk.

Die Vermittlung zwischen dem Gehalt der Kunstwerke und ihrer Zusammensetzung ist die subjektive. Sie besteht nicht nur in der Arbeit und Anstrengung zur Objektivation. Dem über die sub-

tenden Künstlers um die Vermittlung des Meta-Ästhetischen und Künstlerischen. Er orientierte sich, in manchen Stücken, noch allzu psychologisch am Künstler, doch mit der Intention auf eine materiale Ästhetik, welche die autonomen, zumal die formalen Kategorien der Kunst gesellschaftlich und inhaltlich zum Sprechen bringt. Das Buch interessiert sich an den objektiven Vermittlungen, die den Wahrheitsgehalt des Werks konstituieren, nicht an Genese und nicht an Analogien. Seine Absicht war philosophisch-ästhetisch, nicht wissenssoziologisch. Was Nietzsches Geschmack an Wagner irritierte, das Aufgedonnerte, Pathetische, Affirmative und Überredende bis in die Fermente der kompositorischen Technik hinein, ist eins mit der gesellschaftlichen Ideologie, welche die Texte verkünden. Sartres Satz, vom Standpunkt des Antisemitismus aus ließe kein guter Roman sich schreiben (vgl. Jean-Paul Sartre, a. a. O., S. 41), trifft genau den Sachverhalt.

jektive Intention sich Erhebenden, nicht in deren Willkür Gegebenen entspricht ein ähnliches Objektives im Subjekt: dessen Erfahrungen, soweit sie jenseits des bewußten Willens ihren Ort haben. Bilderlose Bilder sind Kunstwerke als deren Niederschlag, und jene Erfahrungen spotten der vergegenständlichenden Abbildung. Sie zu innervieren und zu verzeichnen ist der subjektive Weg in den Wahrheitsgehalt. Der allein angemessene Begriff von Realismus, dem freilich keine Kunst heute ausweichen kann, wäre die unbeirrte Treue zu jenen Erfahrungen. Wofern sie tief genug führen, betreffen sie geschichtliche Konstellationen hinter den Fassaden der Realität wie der Psychologie. Wie die Interpretation überkommener Philosophie nach den Erfahrungen graben muß, welche die kategoriale Apparatur und die deduktiven Zusammenhänge überhaupt erst motivieren, so drängt die Interpretation der Kunstwerke auf diesen subjektiv erfahrenen und das Subjekt unter sich lassenden Erfahrungskern; damit gehorcht sie der Konvergenz von Philosophie und Kunst im Wahrheitsgehalt. Während dieser das ist, was die Kunstwerke an sich, jenseits ihrer Bedeutung, sagen, setzt er sich durch, indem die Kunstwerke geschichtliche Erfahrungen in ihrer Konfiguration niederschreiben, und das ist anders nicht als durchs Subjekt hindurch möglich: der Wahrheitsgehalt ist kein abstraktes An sich. Die Wahrheit bedeutender Werke falschen Bewußtseins liegt in dem Gestus, mit dem sie auf dessen Stand als auf ein ihnen Unentrinnbares verweisen, nicht darin, daß sie geraden Weges die theoretische Wahrheit zu ihrem Gehalt hätten, obwohl die reine Darstellung falschen Bewußtseins unwiderstehlich wohl zu einem wahren übergeht.

Der Satz, unmöglich könne der metaphysische Gehalt des langsamen Satzes von Beethovens Quartett op. 59, 1 nicht wahr sein, hat den Einwand zu gewärtigen, wahr daran sei die Sehnsucht, aber sie verhalle ohnmächtig im Nichts. Wird erwidert, an jener Des-Dur-Stelle werde gar nicht Sehnsucht ausgedrückt, so hat das apologetischen Beiklang und provoziert die Antwort, eben daß es scheine, als wäre es wahr, sei das Produkt von Sehnsucht, und Kunst überhaupt nichts anderes. Die Duplik wäre, dies Argument stamme aus dem Arsenal vulgär subjektiver Vernunft. Zu glatt und zu widerstandslos ist die automatische reductio ad hominem, als daß sie zur Erklärung des objektiv Erscheinenden zureichte. Billig, dies zu Leichte, nur weil es konsequente Negativität auf seiner Seite hat, als illusionslose Tiefe zu präsentieren, während die Kapitulation vor dem Übel auf Identifikation mit diesem schließen läßt. Denn sie ist taub gegen das Phänomen. Die Gewalt der Beethovenstelle ist gerade ihre Ferne vom Subjekt; sie verleiht den Takten das Siegel der Wahrheit. Was man einmal, mit einem unrettbaren Wort, in der Kunst echt nannte, was noch Nietzsche darunter denken mochte, wollte das bezeichnen.

Der Geist der Kunstwerke ist nicht was sie bedeuten, nicht was sie wollen, sondern ihr Wahrheitsgehalt. Der ließe sich umschreiben als das, was an ihnen als Wahrheit aufgeht. Jenes zweite Thema des Adagios der d-moll-Sonate op. 31, 2 von Beethoven ist weder bloß eine schöne Melodie – gewiß gibt es in sich geschwungenere, profiliertere, auch originellere –, noch durch seine absolute Expressivität für sich ausgezeichnet. Trotzdem gehört der Einsatz jenes Themas zu dem Überwältigenden, darin, was der Geist von Beethovens Musik heißen darf, sich darstellt: Hoffnung, mit einem Charakter von Authentizität, der sie, ein ästhetisch Erscheinendes, zugleich jenseits des ästhetischen Scheins trifft. Dies Jenseits eines Erscheinenden von seinem Schein ist der ästhetische Wahrheitsgehalt; das am Schein, was nicht Schein ist. Der Wahrheitsgehalt ist so wenig der Fall, so wenig Tatbestand neben anderem in einem Kunstwerk, wie er umgekehrt unabhängig von seinem Erscheinen wäre. Der erste Themenkomplex jenes Satzes, bereits von außerordentlicher, sprechender Schönheit, ist kunstvoll-mosaikhaft aus kontrastierenden, vielfach schon durch ihre Lage auseinander gerückten, wenngleich motivisch in sich zusammenhängenden Gestalten gebildet. Die Atmosphäre dieses Komplexes, die man früher würde Stimmung genannt haben, wartet, wie wohl jegliche Stimmung, auf ein Ereignis und zum Ereignis wird es vor ihrer Folie. Es folgt, mit aufsteigendem Gestus in einem Zweiunddreißigstel-Gang, jenes F-Dur-Thema. Nach dem in sich aufgelösten und dunklen Vorhergehenden gewinnt die begleitete Oberstimmenmelodie, als welche das zweite Thema komponiert ist, ihren Charakter, den des zugleich Versöhnenden und Verheißenden. Was transzendiert, ist nicht ohne das, was es transzendiert. Der Wahrheitsgehalt ist vermittelt durch die Konfiguration, nicht außerhalb ihrer, aber auch nicht ihr und ihren Elementen immanent. Das wohl hat sich als Idee aller ästhetischen Vermittlung kristallisiert. Sie ist das an den Kunstwerken, wodurch sie an ihrem Wahrheitsgehalt teilhaben. Die Bahn der Vermittlung ist im Gefüge der Kunstwerke, in ihrer Technik, konstruierbar. Deren Erkenntnis geleitet zur Objektivität der Sache selbst, die gleichsam durch die Stimmigkeit der Konfiguration verbürgt wird. Diese Objektivität aber kann schließlich nichts anderes sein als der Wahrheitsgehalt. An der Ästhetik ist es, die Topographie jener Momente aufzuzeichnen. Im authentischen Werk wird die Beherrschung eines Natürlichen oder Materialen kontrapunktiert vom Beherrschten, das durchs beherrschende Prinzip hindurch Sprache findet. Dies dialektische Verhältnis resultiert im Wahrheitsgehalt der Werke.

Der Geist der Kunstwerke ist ihr objektiviertes mimetisches Verhalten: der Mimesis entgegen und zugleich ihre Gestalt in der Kunst.

Nachahmung als ästhetische Kategorie ist so wenig einfach zu eliminieren wie zu akzeptieren. Kunst objektiviert den mimetischen Impuls. Sie hält ihn ebenso fest, wie sie ihn seiner Unmittelbarkeit entäußert und ihn negiert. Nachahmung von Gegenständen zieht aus solcher Dialektik der Objektivation die fatale Konsequenz. Vergegenständlichte Realität ist das Korrelat vergegenständlichter Mimesis. Aus dem Reagieren aufs Nichtich wird dessen Imitation. Mimesis selbst beugt sich der Vergegenständlichung, vergeblich hoffend, den fürs vergegenständlichte Bewußtsein entstandenen Bruch zum Objekt zu schließen. Indem das Kunstwerk sich zu einem dem Anderen, Gegenständlichen Gleichen machen will, wird es zu dessen Ungleichem. Aber erst in seiner Selbstentfremdung durch Nachahmung kräftigt das Subjekt sich so, daß es den Bann der Nachahmung abschüttelt. Worin Kunstwerke Jahrtausende lang als Bilder von etwas sich wußten, das enthüllt durch Geschichte, ihren Kritiker, sich als ihr Unwesentliches. Kein Joyce ohne Proust und dieser nicht ohne den Flaubert, auf den er herabsah. Durch Nachahmung hindurch, nicht abseits von ihr hat Kunst zur Autonomie sich gebildet; an ihr hat sie die Mittel ihrer Freiheit erworben.

Kunst ist so wenig Abbild wie Erkenntnis eines Gegenständlichen; sonst verdürbe sie zu jener Verdopplung, deren Kritik Husserl im Bereich der diskursiven Erkenntnis so stringent geführt hat. Vielmehr greift Kunst gestisch nach der Realität, um in der Berührung mit ihr zurückzuzucken. Ihre Lettern sind Male dieser Bewegung. Ihre Konstellation im Kunstwerk ist die Chiffrenschrift des geschichtlichen Wesens der Realität, nicht deren Abbild. Solche Verhaltensweise ist der mimetischen verwandt. Selbst Kunstwerke, die als Abbilder der Realität auftreten, sind es nur peripher; sie werden zur zweiten Realität, indem sie auf die erste reagieren; subjektiv Reflexion, gleichgültig ob die Künstler reflektiert haben oder nicht. Erst das Kunstwerk, das zum An sich bilderlos sich macht, [trifft das Wesen, und dazu freilich bedarf es der entwickelten ästhetischen Naturbeherrschung][1].

Sollte das Gesetz gelten, daß Künstler nicht wissen, was ein Kunstwerk ist, so kollidierte das freilich mit der Unabdingbarkeit von Reflexion in der Kunst heute; anders als durchs Bewußtsein der Künstler hindurch wäre sie schwer vorstellbar. Tatsächlich wird jenes Nicht-Wissen vielfach zum Flecken auf dem œuvre bedeutender Künstler, zumal innerhalb kultureller Zonen, in denen Kunst noch einigermaßen ihren Ort hat; Nicht-Wissen wird, etwa als Mangel an Geschmack, zum immanenten Mangel. Der Indifferenzpunkt zwischen dem Nicht-Wissen und der notwendigen Reflexion jedoch ist die Technik. Nicht nur erlaubt sie jede Reflexion sondern fordert sie, ohne doch durch Rekurs auf den Oberbegriff das fruchtbare Dunkel der Werke zu zerstören.

---

1 *Das in eckige Klammern Gesetzte ist im Manuskript gestrichen, ohne daß der Satz anders beendet worden wäre. (Anm. d. Hrsg.)*

Der Rätselcharakter ist der Schauer als Erinnerung, nicht als leibhaftige Gegenwart.

Vergangene Kunst koinzidierte weder mit ihrem kultischen Moment noch stand sie dazu in einfachem Gegensatz. Sie hat von den Kultobjekten sich losgerissen durch einen Sprung, in dem das kultische Moment verwandelt zugleich bewahrt wird, und diese Struktur reproduziert sich erweitert auf allen Stufen ihrer Geschichte. Alle Kunst enthält Elemente, kraft derer sie ihren mühsamen und prekären Begriff zu verfehlen droht, das Epos als rudimentäre Geschichtsschreibung, die Tragödie als Nachbild einer Verhandlung ebenso wie das abstrakteste Gebilde als ornamentales Muster oder der realistische Roman als vorweggenommene Sozialwissenschaft, als Reportage.

Der Rätselcharakter der Kunstwerke bleibt verwachsen mit Geschichte. Durch sie wurden sie einst zu Rätseln, durch sie werden sie es stets wieder, und umgekehrt hält diese allein, die ihnen Autorität verschaffte, die peinliche Frage nach ihrer raison d'être von ihnen fern.

Archaisch sind Kunstwerke im Zeitalter ihres Verstummens. Aber wenn sie nicht mehr sprechen, spricht ihr Verstummen selbst.

Nicht alle avancierte Kunst trägt die Male des Schreckhaften; am stärksten sind sie dort, wo nicht jegliche Beziehung der peinture zum Objekt, jegliche der Dissonanz zur durchgeführten und negierten Konsonanz abgeschnitten ist: Picassos Schocks waren vom Prinzip der Deformation entzündet. Vielem Abstrakten und Konstruktiven fehlen sie; offen, ob darin die Kraft einer noch unverwirklichten, angstlosen Wirklichkeit am Werk ist, oder – wofür manches spricht – ob die Harmonie des Abstrakten trügt gleich der gesellschaftlichen Euphorie in den ersten Dezennien seit der europäischen Katastrophe; auch ästhetisch scheint solche Harmonie im Niedergang.

Probleme der Perspektive, einst das entscheidende Agens der Malerei, mögen in ihr wiederhervortreten, doch emanzipiert von

Abbildlichkeit. Zu fragen wäre sogar, ob visuell ein absolut Ungegenständliches überhaupt vorstellbar ist; ob nicht allem Erscheinenden noch bei äußerster Reduktion Spuren der gegenständlichen Welt eingegraben sind; unwahr werden derlei Spekulationen, sobald sie für irgendwelche Restaurationen ausgeschlachtet werden. Erkenntnis hat ihre subjektive Schranke daran, daß kaum ein Erkennender der Versuchung zu widerstehen vermag, aus der eigenen Situation die Zukunft zu extrapolieren. Das Tabu über den Invarianten ist aber zugleich auch eines, das daran hindert. Zukunft jedoch ist so wenig positiv auszumalen wie Invarianten zu entwerfen sind; Ästhetik drängt in die Postulate des Augenblicks sich zusammen.

So wenig, was ein Kunstwerk sei, zu definieren ist, so wenig darf Ästhetik das Bedürfnis nach einer solchen Definition verleugnen, soll sie nicht schuldig bleiben, was sie verspricht. Kunstwerke sind Bilder ohne Abgebildetes und darum auch bilderlos; Wesen als Erscheinung. Sie ermangeln der Prädikate Platonischer Urbilder so gut wie Nachbilder, zumal dessen der Ewigkeit; sind durch und durch geschichtlich. Das vorkünstlerische Verhalten, das der Kunst am nächsten kommt und zu ihr geleitet, ist das, Erfahrung in eine von Bildern zu verwandeln; wie Kierkegaard es ausdrückte: was ich erbeute, sind Bilder. Kunstwerke sind deren Objektivationen, die von Mimesis, Schemata von Erfahrung, die den Erfahrenden sich gleichmachen.

Formen der sogenannten niedrigen Kunst wie das Zirkustableau, darin am Ende alle Elefanten sich auf die Hinterbeine stellen, während auf dem Rüssel eines jeglichen eine Ballerina in graziöser Pose reglos steht, sind intentionslose Urbilder dessen, was Geschichtsphilosophie an der Kunst dechiffriert, aus deren perhorreszierten Formen soviel über ihr verkapptes Geheimnis sich ablesen läßt, über das, worüber das einmal etablierte Niveau täuscht, welches die Kunst auf ihre bereits geronnene Form bringt.

Schönheit ist der Exodus dessen, was im Reich der Zwecke sich objektivierte, aus diesem.

Die Idee einer nicht vergegenständlichten und darum auch nicht in Intentionen adäquat zu gebenden Objektivität leuchtet in der ästhetischen Zweckmäßigkeit wie in der Zwecklosigkeit der Kunst auf. Sie wird aber dieser zuteil nur durchs Subjekt hindurch, durch jene Rationalität, von der Zweckmäßigkeit abstammt. Kunst ist eine Polarisation: ihr Funke schlägt über von der sich entfremdenden, in sich hineingehenden Subjektivität auf jenes nicht von der Rationalität Veranstaltete, jenen Block zwischen dem Subjekt und dem, was einmal der Philosophie das An sich hieß. Inkommensurabel ist sie dem mittleren Reich, dem der Konstituta.

Die Kantische Zweckmäßigkeit ohne Zweck ist ein Prinzip, das aus der empirischen Realität, dem Reich von Zwecken der Selbsterhaltung, einwandert in ein dieser entzogenes, das ehemals sakrale. Dialektisch ist die Zweckmäßigkeit der Kunstwerke als Kritik an der praktischen Setzung von Zwecken. Sie ergreift Partei für die unterdrückte Natur; dem verdankt sie die Idee einer anderen Zweckmäßigkeit als der von Menschen gesetzten; freilich ward jene durch die Wissenschaft von der Natur aufgelöst. Kunst ist Rettung von Natur oder Unmittelbarkeit durch deren Negation, vollkommene Vermittlung. Dem Unbeherrschten ähnelt sie sich an durch unbeschränkte Herrschaft über ihr Material; das verbirgt sich in dem Kantischen Oxymoron.

Kunst, Nachbild der Herrschaft der Menschen über Natur, negiert jene zugleich durch Reflexion und neigt dieser sich zu. Die subjektive Totalität der Kunstwerke bleibt nicht die dem Anderen aufgezwungene, sondern wird in ihrer Distanz dazu dessen imaginative Wiederherstellung. Ästhetisch neutralisiert, begibt sich Naturbeherrschung ihrer Gewalt. Im Schein der Wiederherstellung des beschädigten Anderen in der eigenen Gestalt wird sie zum Modell eines Unbeschädigten. Die ästhetische Ganzheit ist die Antithesis des unwahren Ganzen. Will Kunst, wie es einmal bei Valéry heißt, keinem anderen als sich selbst sich verdanken, so darum, weil sie sich zum Gleichnis eines An sich machen möchte, des Unbeherrschten und Unverschandelten. Sie ist der Geist, der kraft der Konstitution seines einheimischen Reichs sich verneint.

Daß Naturbeherrschung kein Akzidens der Kunst, kein Sündenfall durch nachträgliche Amalgamierung mit dem zivilisatorischen Prozeß ist, dafür spricht zumindest, daß die magischen Praktiken der Naturvölker, ungeschieden, das naturbeherrschende Element in sich tragen. »Die tiefe Wirkung des Tierbildes erklärt sich einfach aus der Tatsache, daß das Bild in seinen Kennmerkmalen psychologisch dieselbe Wirkung ausübt wie das Objekt selbst, und so der Mensch in seiner psychologischen Veränderung einen Zauber zu verspüren meint. Andererseits schöpft er aus der Tatsache, daß ein Bild stillhaltend seiner Macht ausgeliefert ist, einen Glauben an die Erreichung und Überwindung des dargestellten Wildes, dadurch erscheint ihm das Bild als Machtmittel über das Tier.«[1] Magie ist eine rudimentäre Gestalt jenes Kausaldenkens, das dann Magie liquidiert.

Kunst ist mimetisches Verhalten, das zu seiner Objektivation über die fortgeschrittenste Rationalität – als Beherrschung von Material und Verfahrensweisen – verfügt. Es antwortet mit diesem Widerspruch auf den der ratio selber. Wäre deren Telos eine selber notwendig an sich nicht rationale Erfüllung – Glück ist Feind der Rationalität, Zweck, und bedarf doch ihrer als Mittel –, so macht Kunst dies irrationale Telos zur eigenen Sache. Dabei bedient sie sich der ungeschmälerten Rationalität

---

[1] Katesa Schlosser, Der Signalismus in der Kunst der Naturvölker. Biologisch-psychologische Gesetzlichkeiten in den Abweichungen von der Norm des Vorbildes, Kiel 1952, S. 14.

in ihren Verfahrensarten, während sie in der angeblich ›technischen Welt‹ kraft der Produktionsverhältnisse eingeschränkt, selber irrational bleibt. – Schlecht ist Kunst im technischen Zeitalter, wo sie über es als gesellschaftliches Verhältnis, die universale Vermittlung täuscht.

Die Rationalität der Kunstwerke bezweckt ihren Widerstand gegen das empirische Dasein: Kunstwerke rational gestalten heißt soviel, wie sie in sich konsequent durchbilden. Damit kontrastieren sie zu dem ihnen Auswendigen, dem Ort der naturbeherrschenden ratio, von der die ästhetische herstammt, und werden zu einem Für sich. Die Opposition der Kunstwerke gegen die Herrschaft ist Mimesis an diese. Sie müssen dem herrschaftlichen Verhalten sich angleichen, um etwas von der Welt der Herrschaft qualitativ Verschiedenes zu produzieren. Noch die immanent polemische Haltung der Kunstwerke gegen das Seiende nimmt das Prinzip in sich hinein, dem jenes unterliegt und das es zum bloß Seienden entqualifiziert; ästhetische Rationalität will wiedergutmachen, was die naturbeherrschende draußen angerichtet hat.

Die Verfemung des willkürlichen, beherrschenden Moments an der Kunst gilt nicht der Herrschaft sondern deren Entsühnung dadurch, daß das Subjekt die Verfügung über sich und sein Anderes in den Dienst des Nichtidentischen stellt.

Die Kategorie der Gestaltung, peinlich als verselbständigte, appelliert ans Gefüge. Aber das Kunstwerk rangiert desto höher, ist desto mehr gestaltet, je weniger darin verfügt ist. Gestaltung heißt Nichtgestalt.

Gerade integral konstruierte Kunstwerke der Moderne beleuchten jäh die Fehlbarkeit von Logizität und Formimmanenz; um ihrem Begriff zu genügen, müssen sie diesem ein Schnippchen schlagen; Tagebuchaufzeichnungen Klees halten das fest. Eine der Aufgaben tatsächlich einem Äußersten nachfragender Künstler ist es etwa, zwar die Logik des Es geht zu Ende zu realisieren – ein Komponist wie Richard Strauss war darin seltsam unsensibel – und wiederum sie zu unterbrechen, zu suspendieren, um ihr das Mechanische, schlecht Absehbare zu nehmen. Die Forderung, dem Werk sich anzuschmiegen, ist eben die, in es einzugreifen, damit es nicht zur Höllenmaschine werde. Vielleicht sind die Gesten des Eingriffs, mit denen bei Beethoven die späteren Teile seiner Durchführungen, wie mit einem Willensakt, zu beginnen pflegen, frühe Zeugnisse dieser Erfahrung. Der fruchtbare Augenblick des Kunstwerks schlägt sonst um in seinen tödlichen.

Der Unterschied ästhetischer Logizität von der diskursiven wäre an Trakl zu belegen. Die Flucht der Bilder – »Wie schön sich Bild an Bildchen reiht« – macht gewiß keinen Sinnzusammenhang nach der Prozedur von Logik und Kausalität aus, so wie sie im apophantischen Bereich, zumal dem der Existentialurteile waltet, trotz des Traklschen ›es ist‹; der Dichter wählt es als Paradoxon, es soll sagen, daß ist, was nicht ist. Trotz des Scheins von Assoziation jedoch überlassen seine Gefüge sich nicht einfach deren Gefälle. Indirekt, verdunkelt spielen logische Kategorien hinein wie die der in sich, musikhaft, steigenden oder fallenden Kurve der Einzelmomente, der Verteilung von Valeurs, des Verhältnisses von Charakteren wie Setzung, Fortsetzung, Schluß. Die Bildelemente haben an derlei Formkategorien Anteil, legitimieren sich indessen einzig vermöge jener Relationen. Sie organisieren die Gedichte und erheben sie über die Kontingenz bloßen

Einfalls. Ästhetische Form hat ihre Rationalität noch im Assoziieren. Daran, wie ein Augenblick den anderen herbeizieht, steckt etwas von der Kraft der Stringenz, welche in Logik und Musik die Schlüsse unmittelbar beanspruchen. Tatsächlich hat Trakl in einem Brief, wider einen lästigen Nachahmer, von den Mitteln gesprochen, die er sich erworben hätte; kein solches Mittel enträt des Moments von Logizität.

Form- und Inhaltsästhetik. – Inhaltsästhetik behält ironisch in dem Streit die Oberhand dadurch, daß der Gehalt der Werke und der Kunst insgesamt, ihr Zweck, nicht formal sondern inhaltlich ist. Dazu jedoch wird er nur vermöge der ästhetischen Form. Hat Ästhetik zentral von der Form zu handeln, so verinhaltlicht sie sich, indem sie die Formen zum Sprechen bringt.

Die Befunde der Formalästhetik sind nicht einfach zu leugnen. So wenig sie an die ungeschmälerte ästhetische Erfahrung heranreichen, in diese spielen doch formale Bestimmungen hinein wie mathematische Proportionen, Ebenmaß; auch dynamische Formkategorien, etwa Spannung und Ausgleich. Ohne deren Funktion wären große Gebilde der Vergangenheit so wenig zu fassen, wie sie als Kriterien zu hypostasieren sind. Stets waren sie nur Momente, untrennbar von den inhaltlich-mannigfaltigen; nie galten sie unmittelbar an sich sondern nur in Relation zum Geformten. Sie sind Paradigmata von Dialektik. Je nach dem, was geformt wird, modifizieren sie sich; mit der Radikalisierung von Moderne durchweg durch Negation: sie wirken indirekt, dadurch, daß sie vermieden, außer Kraft gesetzt werden; prototypisch das Verhältnis zu den überkommenen Regeln der Bildkomposition seit Manet; Valéry ist das nicht entgangen. Im Widerstand des spezifischen Gebildes gegen ihr Diktat werden die Regeln durchgespürt. Eine Kategorie wie die der Proportionen im Kunstwerk ist sinnvoll einzig, wofern sie auch das Umkippen der Proportionen in sich einbegreift, also ihre eigene Bewegung. Bis tief in die Moderne hinein haben durch solche Dialektik die formalen Kategorien auf höherer Stufe sich wiederhergestellt, der Inbegriff des Dissonanten war Harmonie, der der Spannungen Gleichgewicht. Das wäre nicht vorzustellen, hätten nicht die formalen Kategorien Inhaltliches sublimiert. Das formale Prinzip, dem zufolge Kunstwerke Spannung und Ausgleich sein sollten, registriert den antagonistischen Inhalt der ästhetischen Erfahrung, den einer unversöhnten Wirklichkeit, die doch Versöhnung will. Noch statische formale Kategorien wie die des goldenen Schnitts sind ein geronnen Materiales, das der Versöhnung selbst; in Kunstwerken taugte Harmonie von je einzig als Resultat etwas, war als bloß gesetzte oder behauptete immer schon Ideologie, bis dazu auch die erst gewonnene Homöostase wurde. Umgekehrt hat sich, gleichsam als Apriori der Kunst, alles Materiale in der Kunst durch Formung entwickelt, die dann auf die abstrakten Formkategorien abgezogen wurde. Diese wiederum haben in der Beziehung auf ihr Material sich verändert. Formen heißt soviel wie diese Veränderung richtig vollziehen. Das mag immanent den Begriff von Dialektik in der Kunst erläutern.

Die Formanalyse des Kunstwerks, und was Form an ihm selber heißt, ist sinnvoll allein im Verhältnis zu seinem konkreten Material. Die Konstruktion der einwandfreisten Diagonalen, Achsen und Fluchtlinien eines Bildes, die beste Motivökonomie einer Musik bleibt gleichgültig, solange sie nicht spezifisch aus diesem Bild oder dieser Komposition entwickelt wird. Kein anderer Gebrauch des Begriffs Konstruktion in der Kunst wäre legitim; sonst wird sie unweigerlich zum Fetisch. Manche Analysen enthalten alles, nur nicht, warum ein Gemälde oder eine Musik schön genannt wird, oder woher überhaupt ihr Existenzrecht sich herleitet. Solche Verfahrungsweisen werden tatsächlich von der Kritik des ästhetischen Formalismus getroffen. So wenig aber bei der allgemeinen Versicherung der Reziprozität von Form und Inhalt stehen zu bleiben, vielmehr jene im einzelnen zu entwickeln ist – die Formelemente, allemal auf Inhaltliches zurückweisend, behalten auch ihre inhaltliche Tendenz. Der vulgäre Materialismus und der nicht minder vulgäre Klassizismus stimmen überein in dem Irrtum, es gebe irgend reine Form. Übersehen wird von der offiziellen Doktrin des Materialismus die Dialektik noch des Fetischcharakters in der Kunst. Gerade wo Form von jedem ihr vorgegebenen Inhalt emanzipiert erscheint, nehmen die Formen von sich aus eigenen Ausdruck und eigenen

Inhalt an. In manchen seiner Gebilde hat der Surrealismus, durchweg Klee, das praktiziert: die Inhalte, die in den Formen sich niedergeschlagen haben, wachen im Veralten auf. Im Surrealismus widerfuhr das dem Jugendstil, von dem jener polemisch sich lossagte. Ästhetisch wird der solus ipse der Welt inne, welche die seine ist und die ihn zum solus ipse isoliert: im gleichen Augenblick, da er die Konventionen der Welt abwirft.

Der Begriff der Spannung befreit sich dadurch von dem Verdacht des Formalistischen, als er, dissonante Erfahrungen oder antinomische Verhältnisse in der Sache anzeigend, gerade das Moment der ›Form‹ nennt, in welchem diese inhaltlich wird vermöge ihres Verhältnisses zu ihrem Anderen. Durch seine Innenspannung bestimmt das Werk noch im Stillstand seiner Objektivation sich als Kraftfeld. Es ist ebenso der Inbegriff von Spannungsverhältnissen wie der Versuch, sie aufzulösen.

Immanent ist den mathematisierenden Lehren von der Harmonie entgegenzuhalten, daß ästhetische Phänomene nicht mathematisieren sich lassen. Gleich in der Kunst ist nicht gleich. Offenbar ist das an der Musik geworden. Die Wiederkehr analoger Partien in gleicher Länge leistet nicht, was der abstrakte Harmoniebegriff davon sich verspricht: sie ermüdet, anstatt zu befriedigen, oder, weniger subjektiv gesprochen, sie ist in der Form zu lang; Mendelssohn dürfte als einer der ersten Komponisten dieser Erfahrung gemäß gehandelt haben, die weiterwirkt bis zur Selbstkritik der seriellen Schule an den mechanischen Korrespondenzen. Solche Selbstkritik verstärkt sich mit der Dynamisierung der Kunst, dem soupçon gegen alle Identität, die nicht zu einem Unidentischen wird. Gewagt werden mag die Hypothese, daß die allbekannten Differenzen des ›Kunstwollens‹ im visuellen Barock von der Renaissance durch dieselbe Erfahrung inspiriert wurden. Alle dem Anschein nach natürlichen, insofern abstrakt-invarianten Verhältnisse unterliegen, sobald sie in die Kunst eingehen, notwendig Modifikationen, um kunstfähig zu werden; die der natürlichen Obertonreihe durch die temperierte Stimmung ist dafür das drastischeste Exempel. Meist werden diese Modifikationen dem subjektiven Moment zugeschrieben, das die Starrheit einer ihm vorgegebenen, heteronomen Materialordnung nicht ertragen könne. Aber diese plausible Interpretation ihrerseits bleibt noch allzufern der Geschichte. Allerorten wird auf sogenannte Naturmaterialien und -verhältnisse in der Kunst spät erst rekurriert, polemisch gegen unstimmigen und unglaubhaften Traditionalismus: bürgerlich. Die Mathematisierung und Entqualifizierung künstlerischer Materialien und der aus ihnen gleichsam herausgesponnenen Verfahrungsweisen ist tatsächlich selber Leistung des emanzipierten Subjekts, der ›Reflexion‹, die dann dagegen sich auflehnt. Primitive Prozeduren kennen nicht dergleichen. Was als Naturgegebenheit und Naturgesetz in der Kunst gilt, ist kein Primäres sondern innerästhetisch geworden, vermittelt. Solche Natur in der Kunst ist nicht die, der sie nachhängt. Sie ist von den Naturwissenschaften auf sie projiziert, um für den Verlust vorgegebener Strukturen zu entschädigen. Am malerischen Impressionismus ist die Moderne des wahrnehmungsphysiologischen, quasi natürlichen Elements schlagend. Zweite Reflexion erheischt darum Kritik aller verselbständigten Naturmomente; wie sie wurden, vergehen sie. Nach dem Zweiten Krieg hat das Bewußtsein, in der Illusion, von vorn beginnen zu können, ohne daß die Gesellschaft verändert worden wäre, an vermeintliche Urphänomene sich geklammert; sie sind so ideologisch wie die vierzig Mark neuer Währung in der Hand eines jeden, mit denen die Wirtschaft von Grund auf soll wiederaufgebaut worden sein. Der Kahlschlag ist eine Charaktermaske des Bestehenden; was anders ist, cachiert nicht seine geschichtliche Dimension. Nicht daß es in der Kunst keinerlei mathematische Relationen gäbe. Aber sie können nur in Relation zur historisch konkreten Gestalt begriffen, nicht hypostasiert werden.

Der Begriff der Homöostase, eines erst in der Totalität eines Kunstwerks sich herstellenden Spannungsausgleichs ist wahrscheinlich mit jenem Augenblick, in dem das Kunstwerk sich sichtbar selbständig macht, verknüpft: er ist der, in welchem die Homöostase wenn nicht unmittelbar sich herstellt, so zumindest absehbar wird. Der Schatten, der damit auf den Begriff der Homöostase fällt, korrespondiert der Krisis dieser Idee in der gegenwärtigen Kunst. An eben dem Punkt, an dem das Kunstwerk sich selbst hat, seiner selbst gewiß ist, an dem es ›stimmt‹, stimmt es nicht mehr, weil die glücklich erlangte Autonomie seine Verdinglichung besiegelt und ihm den Charakter des Offenen raubt, der wiederum zu seiner eigenen Idee gehört. In den heroischen Zeiten des Expressionismus sind Maler wie Kandinsky solchen Reflexionen sehr nahe gekommen, etwa in der Beobachtung, daß ein Künstler, der glaubt, seinen Stil gefunden zu haben, damit bereits verloren sei. Der Sachverhalt ist aber nicht so subjektiv-psychologisch, wie er damals registriert wurde, sondern gründet in einer Antinomie der Kunst selbst. Das Offene, in das sie will, und die Geschlossenheit – ›Vollkommenheit‹ –, durch die sie allein dem Ideal ihres Ansichseins, dem nicht Zugerichteten, der Repräsentanz des Offenen sich nähert, sind unvereinbar.

Daß das Kunstwerk Resultante sei, hat das Moment, daß in ihm nichts Totes, Unverarbeitetes, Ungeformtes zurückbleibt, und die Empfindlichkeit dagegen ist ebenso ein entscheidendes Moment jeglicher Kritik, es hängt davon ebenso die Qualität eines jeglichen Werkes ab, wie überall dort, wo das kulturphilosophische Raisonnement frei über den Werken schwebt, dies Moment verkümmert. Der erste Blick, der über eine Partitur gleitet, der Instinkt, der vor einem Bild über dessen Dignität urteilt, wird geleitet von jenem Bewußtsein des Durchgeformtseins, von der Empfindlichkeit gegen das Krude, das oft genug koinzidiert mit dem, was die Konvention den Kunstwerken antut und was die Banausie ihnen womöglich als ihr Transsubjektives zugute rechnet. Auch wo die Kunstwerke das Prinzip ihres Durchgeformtseins suspendieren und dem Kruden sich öffnen, reflektieren sie eben darin das Postulat der Durchbildung. Wahrhaft durchgebildet sind die Werke, in denen die formende Hand dem Material am zartesten nachtastet; diese Idee wird von der französischen Tradition exemplarisch verkörpert. Zu einer guten Musik gehört es ebenso, daß in ihr kein Takt leerläuft, klappert, keiner für sich, innerhalb seiner Taktstriche isoliert ist, wie daß kein Instrumentalklang auftritt, der nicht, wie die Musiker es nennen, ›gehört‹, dem spezifischen Charakter des Instruments durch subjektive Sensibilität abgewonnen wäre, dem die Passage anvertraut ist. Vollends die instrumentale Kombination eines Komplexes muß gehört sein; es ist die objektive Schwäche älterer Musik, daß sie diese Vermittlung nicht oder nur desultorisch leistete. Die feudale Dialektik von Herrschaft und Knechtschaft hat in die Kunstwerke, deren pure Existenz etwas Feudales hat, sich geflüchtet.

Der alte dämliche Kabarettvers »Die Liebe hat so was Erotisches« provoziert die Variation, die Kunst habe etwas Ästhetisches, und das ist, als Memento des von ihrem Konsum Verdrängten, bitter ernst zu nehmen. Die Qualität, um die es dabei geht, erschließt sich vorab Akten des Lesens, auch solchen von Musik: die der Spur, welche Gestaltung in allem Gestalteten ohne Gewalt hinterläßt: das Versöhnliche von Kultur in der Kunst, das noch dem heftigsten Protest eignet. Es schwingt im Wort Metier mit; darum ist es nicht simpel mit Handwerk zu übersetzen. Die Relevanz dieses Moments dürfte in der Geschichte der Moderne angestiegen sein; bei Bach davon zu reden wäre, trotz höchsten Formniveaus, einigermaßen anachronistisch, auch auf Mozart und Schubert, gewiß auf Bruckner will es nicht recht passen, dagegen auf Brahms, Wagner, schon Chopin. Heute ist jene Qualität die differentia specifica gegen die hereinbrechende Banausie und ein Kriterium von Meisterschaft. Nichts darf krud bleiben, noch das Einfachste muß jene zivilisatorische Spur tragen. Sie ist der Duft von Kunst am Kunstwerk.

Auch der Begriff des Ornamentalen, gegen den Sachlichkeit revoltiert, hat seine Dialektik. Daß der Barock dekorativ sei, sagt nicht alles. Er ist decorazione assoluta, als hätte diese von jedem Zweck, auch dem theatralischen sich emanzipiert und ihr eigenes Formgesetz entwickelt. Sie schmückt nicht länger etwas, sondern ist nichts anderes als Schmuck; dadurch schlägt sie der Kritik am Schmückenden ein Schnippchen. Barocken Gebilden von hoher Dignität gegenüber haben die Einwände gegen das Gipserne etwas Täppisches: das nachgiebige Material stimmt genau zum Formapriori der absoluten Dekoration. Durch fortschreitende Sublimierung ist in derlei Gebilden aus dem großen Welttheater, dem theatrum mundi das theatrum dei geworden, die sinnliche Welt zum Schauspiel für die Götter.

Erhoffte handwerkerlicher Bürgersinn sich von der Gediegenheit der Dinge, daß sie, der Zeit trotzend, sich vererben lassen, so ist jene Idee von Gediegenheit übergegangen an die konsequente Durchbildung der objets d'art. Nichts im Umkreis der Kunst soll im Rohzustand bleiben; es verstärkt die Abdichtung der Werke von der bloßen Empirie. Sie assoziiert sich mit der Idee des Schutzes der Kunstwerke vor ihrer Vergängnis. Paradox sind ästhetische Bürgertugenden wie die der Gediegenheit ins unbürgerlich Avancierte ausgewandert.

An einer so plausiblen und dem Schein nach allgemein gültigen Forderung wie der nach Deutlichkeit, Artikulation aller Momente im Kunstwerk läßt sich zeigen, wie jegliche Invariante der Ästhetik zu ihrer Dialektik treibt. Zweite künstlerische Logik vermag die erste, die des Distinkten zu überflügeln. Kunstwerke großer Qualität mögen der Forderung nach möglichst dichter Knüpfung von Relationen zuliebe die Deutlichkeit vernachlässigen, Komplexe einander annähern, die nach dem Desiderat von Deutlichkeit strikt verschieden sein müßten. Die Idee mancher Kunstwerke erheischt geradezu, daß die Grenzen ihrer Momente verwischt werden: jene, welche die Erfahrung des Vagen realisieren möchten. Aber in ihnen muß das Vage als Vages deutlich, ›auskomponiert‹ sein. Authentische Gebilde, die dem Desiderat des Deutlichen sich weigern, setzen es implizit voraus, um es in sich zu negieren; nicht Undeutlichkeit an sich, negierte Deutlichkeit ist ihnen wesentlich. Sonst wären sie dilettantisch.

In der Kunst bewährt sich der Satz von der Eule der Minerva, die am Abend ihren Flug beginnt. Solange Dasein und Funktion der Kunstwerke in der Gesellschaft fraglos waren und eine Art Consensus herrschte zwischen der Selbstgewißheit der Gesellschaft und dem Standort der Kunstwerke darin, ist dem Gedanken der ästhetischen Sinnhaftigkeit nicht nachgefragt worden: ein Vorgegebenes, dünkte er selbstverständlich. Kategorien werden erst dann von der philosophischen Reflexion ergriffen, wenn sie, nach Hegels Sprachgebrauch, nicht länger substantiell, nicht mehr unmittelbar gegenwärtig und fraglos sind.

Die Krise des Sinns in der Kunst, immanent gezeitigt von der Unwiderstehlichkeit des nominalistischen Motors, geht zusammen mit der außerkünstlerischen Erfahrung, denn der innerästhetische Zusammenhang, der Sinn ausmacht, ist der Reflex einer Sinnhaftigkeit des Daseienden und des Weltlaufs als des unausdrücklichen und daher um so wirksameren Apriori der Gebilde.

Der Zusammenhang, als immanentes Leben der Werke, ist Nachbild von empirischem Leben: auf es fällt sein Widerschein, der des Sinnhaften. Dadurch jedoch wird der Begriff des Sinnzusammenhangs dialektisch. Der Prozeß, der das Kunstwerk immanent, ohne daß es auf ein Allgemeines blickt, zu seinem Begriff bringt, enthüllt theoretisch sich erst, nachdem in der Geschichte der Kunst der Sinnzusammenhang selbst, und damit dessen traditioneller Begriff, ins Schwanken geraten ist.

In der Rationalisierung der Mittel liegt, wie allerorten, auch ästhetisch das Telos ihrer Fetischisierung. Je reiner die Verfügung über sie, desto mehr tendieren sie objektiv dazu, Selbstzweck zu werden. Das, nicht die Abkehr von irgendwelchen anthropologischen Invarianten oder der sentimental beklagte Verlust an Naivetät ist das Fatale an der jüngsten Entwicklung. Anstelle der Zwecke, das heißt der Gebilde, treten deren Möglichkeiten; Schemata von Werken, ein Leeres, anstelle von diesen selbst: daher das Gleichgültige. Diese Schemata werden, mit der Verstärkung der subjektiven Vernunft in der Kunst, zu einem subjektiv, das heißt vom Gebilde an sich unabhängig Ausgedachten, Willkürlichen. Die verwandten Mittel werden – wie vielfach schon in den Titeln indiziert – ebenso zum Selbstzweck wie die verwendeten Materialien. Dies ist das Falsche am Sinnverlust. Wie am Begriff des Sinnes selbst dessen Wahres und Falsches zu unterscheiden ist, so gibt es auch einen falschen Untergang des Sinnes. Er indiziert sich aber durch Affirmation, als Verhimmelung dessen was ist im Kultus reiner Stoffe und reiner Verfügung; und beides wird dabei falsch getrennt.

Die Blockiertheit von Positivität heute wird zum Verdikt über die vergangene, nicht über die Sehnsucht, die in jener das Auge aufschlug.

Ästhetischer Glanz ist nicht bloß affirmative Ideologie sondern auch Abglanz des unbezwungenen Lebens: indem es dem Untergang trotzt, ist Hoffnung bei ihm. Glanz ist nicht nur der faule Zauber der Kulturindustrie. Je höher ein Werk rangiert, desto glanzvoller ist es; erst recht das graue, an dem Technicolor zuschanden wird.

Mörikes Gedicht vom verlassenen Mägdelein ist todtraurig, weit über den Vorwurf hinaus. Verse wie »Plötzlich, da kommt es mir, / Treuloser Knabe, / Daß ich die Nacht von dir / Geträumet habe«[1] sprechen unverhohlen furchtbare Erfahrungen aus: das Erwachen aus dem bereits als hinfällig gefühlten Trost des Schlafs zur offenen Verzweiflung. Trotzdem hat selbst dies Gedicht sein affirmatives Moment. Es birgt sich, trotz der Authentizität des Gefühls, in der Form, obwohl diese durch die Knittel-

---

1 Eduard Mörike, a. a. O., S. 703.

verse gegen den Zuspruch sicherer Symmetrie sich wehrt. Die behutsame Fiktion des Volkslieds läßt das Mädchen als eines von vielen sprechen: die traditionelle Ästhetik hätte dem Gedicht die Qualität des Typischen nachgerühmt. Verloren ging seitdem das latente Umfangensein der Einsamkeit, eine Situation, in der Gesellschaft dem gut zuflüstert, der so allein ist wie in der frühesten Dämmerung. Mit dem Versiegen der Tränen wurde dieser Zuspruch unvernehmbar.

Die Kunstwerke sind nicht bloß, als Bestandstücke des sie umgreifenden Ganzen, Dinge. Sie partizipieren spezifisch an Verdinglichung, weil ihre Objektivation der der Dinge draußen nachgebildet ist; wenn irgendwo, dann sind sie darin Abbilder, nicht in der Imitation von besonderem Seienden. Der Begriff der Klassizität, nicht durchaus Kulturideologie, meint die Kunstwerke, denen solche Objektivation weithin gelang, insofern die verdinglichtesten. Durch Verleugnung seiner Dynamik arbeitet das objektivierte Kunstwerk gegen seinen eigenen Begriff. Darum ist die ästhetische Objektivation stets auch Fetischismus, und er provoziert permanente Rebellion. So wenig, nach Valérys Einsicht, irgendein Kunstwerk dem Ideal seiner Klassizität entgehen kann, so sehr sträubt ein jegliches authentische sich dagegen; daran nicht zuletzt hat Kunst ihr Leben. Durch den Zwang zur Objektivation tendieren die Kunstwerke zur Erstarrung: sie ist dem Prinzip ihrer Vollkommenheit immanent. Indem die Kunstwerke als ein Ansichseiendes in sich ruhen möchten, verschließen sie sich, nur durch Offenheit aber schießen sie über das bloß Seiende hinaus. Daß der Prozeß, der die Kunstwerke sind, durch ihre Objektivation in ihnen abstirbt, nähert allen Klassizismus mathematischen Verhältnissen an. Rebelliert wird gegen die Klassizität der Werke nicht bloß vom Subjekt, das sich unterdrückt fühlt, sondern vom Wahrheitsanspruch der Werke, mit dem das Klassizitätsideal zusammenstößt. Konventionalisierung ist der Objektivation der Kunstwerke nicht äußerlich, kein Verfallsprodukt. Sie lauert in ihnen; die übergreifende Verbindlichkeit, welche die Kunstwerke durch ihre Objektivation gewinnen, gleicht sie je herrschenden Allgemeinheiten an. Das klassizistische Ideal schlackenloser Vollendung ist nicht weniger illusionär als die Sehnsucht nach purer unbeherrschter Unmittelbarkeit. Klassizistische Werke sind untriftig. Nicht allein sind antikische Vorbilder der Nachahmung entrückt: das allmächtige Stilisationsprinzip ist unvereinbar mit den Regungen, mit denen sich zu vereinen seinen eigenen Anspruch ausmacht: die errungene Unanfechtbarkeit eines jeglichen Klassizismus hat etwas Erschlichenes. Das Spätwerk Beethovens markiert den Aufstand eines der mächtigsten klassizistischen Künstler gegen den Trug im eigenen Prinzip. Der Rhythmus der periodischen Wiederkehr romantischer und klassizistischer Strömungen, wenn anders man wirklich in der Geschichte der Kunst solche Wellen konstatieren kann, verrät den antinomischen Charakter von Kunst selbst, so wie er am handgreiflichsten sich manifestiert im Verhältnis ihres metaphysischen Anspruchs, über die Zeit sich zu erheben, zu ihrer Vergänglichkeit als der bloßen Menschenwerks. Relativ aber werden die Kunstwerke, weil sie als absolut sich behaupten müssen. Das vollendet objektivierte Kunstwerk ginge ins absolut ansichseiende Ding über und wäre Kunstwerk nicht länger. Würde es, was der Idealismus ihm zumutet, Natur, so wäre es abgeschafft. Seit Platon ist es eine von den Selbsttäuschungen bürgerlichen Bewußtseins, daß man objektive Antinomien durch ein Mittleres zwischen den Extremen meistern könne, während dies Mittlere über die Antinomie betrügt und von dieser zerrissen wird. So prekär wie der Klassizismus ist das Kunstwerk seinem Begriff nach. Der qualitative Sprung, mit dem Kunst der Grenze ihres Verstummens sich nähert, ist der Vollzug ihrer Antinomik.

Valéry noch hatte den Begriff von Klassizität so geschärft, daß er, Baudelaire fortspinnend, das gelungene romantische Kunstwerk klassisch nannte[1]. Durch solche Anspannung der Idee von Klassizität zerreißt sie. Vor mehr als vierzig Jahren hat die moderne Kunst das registriert. Der Neoklassizismus wird richtig verstanden nur in seinem Verhältnis dazu als zu einer Katastrophe. Unmittelbar stellt sie im Surrealismus sich dar. Er stürzt die Bilder der Antike aus dem Platonischen Himmel. Bei Max

---

1 Vgl. Paul Valéry, Œuvres, Bd. 2, a. a. O., S. 565 f.

Ernst treiben sie als Phantome unter den Bürgern des späteren neunzehnten Jahrhunderts sich herum, denen sie, zu Bildungsgütern neutralisiert, wahrhaft Gespenster geworden sind. Wo für jene Bewegungen, die mit Picasso und anderen außerhalb der groupe temporär sich berührten, die Antike thematisch wird, führt sie ästhetisch zur Hölle wie theologisch einst im Christentum. Ihre leibhafte Epiphanie im prosaischen Alltag, die ihre lange Vorgeschichte hat, entzaubert sie. Zuvor als zeitlos normativ vorgestellt, empfängt die vergegenwärtigte einen historischen Stellenwert, den der zum Umriß verblaßten, entmächtigten bürgerlichen Idee. Ihre Form ist Deformation. Positiv sich aufblähende Auslegungen des Neoklassizismus gemäß dem Cocteauschen ordre après le désordre, auch die Jahrzehnte spätere des Surrealismus als romantischer Befreiung von Phantasie und Assoziation verfälschen die Phänomene ins Harmlose: sie zitieren, wie erstmals Poe, das Grauen des Augenblicks von Entzauberung als Zauber. Daß jener Augenblick nicht zu verewigen war, verdammte die Nachfolge jener Bewegungen entweder zur Restauration oder zum ohnmächtigen Ritual revolutionärer Gestik. Baudelaire bestätigte sich: emphatische Moderne gedeiht nicht in seligen Gefilden jenseits der Ware sondern schärft sich durch deren Erfahrung hindurch, während Klassizität ihrerseits zur Ware, zum repräsentativen Schinkenbild wurde. Brechts Hohn auf jenes Kulturerbe, das da in Gestalt von Gipsstatuen von seinen Hütern in Sicherheit gebracht werde, entstammt demselben Umkreis; daß bei ihm später ein positiver Begriff von Klassizität sich einschlich, nicht unähnlich dem des von ihm als Tui beschimpften Strawinsky, war so unvermeidlich wie verräterisch: der Verhärtung der Sowjetunion zum autoritären Staat gemäß. Hegels Verhalten zur Klassizität war so ambivalent wie die Stellung seiner Philosophie zur Alternative von Ontologie und Dynamik. Er verherrlichte die Kunst der Griechen als ewig und unüberholbar und erkannte die Überholtheit des klassischen Kunstwerks durch das von ihm so genannte romantische. Geschichte, deren Verdikt gerade er sanktionierte, hat gegen die Invarianz sich entschieden. Sein Verdacht der Antiquiertheit von Kunst insgesamt dürfte von der Ahnung solchen Fortgangs gefärbt sein. Strikt hegelianisch verdiente der Klassizismus, auch seine neuzeitlich sublimierte Gestalt, sein Schicksal sich selbst. Immanente Kritik – ihr großartigstes Modell, am großartigsten Gegenstand, ist die Benjaminsche der Wahlverwandtschaften – verfolgt die Brüchigkeit kanonischer Gebilde in ihren Wahrheitsgehalt hinein; sie wäre in einem kaum erst abzusehenden Umfang auszudehnen. Gar so streng hat die Kunst mit jener Verbindlichkeit des Klassizitätsideals nie es genommen; dazu nahm sie nie sich selbst streng genug, und als sie es tat, tat sie erst recht sich Gewalt an und beschädigte sich durch diese. Die Freiheit der Kunst gegenüber der Dira necessitas des Faktischen ist mit Klassizität als vollkommener Einstimmigkeit nicht zu vereinen, die ebenso dem Zwang des Unausweichlichen entlehnt ist, wie sie diesem kraft ihrer durchsichtigen Reinheit opponiert. Summum ius summa iniuria ist eine ästhetische Maxime. Je unbestechlicher Kunst, in Konsequenz des Klassizismus, Realität sui generis wird, desto verhärteter täuscht sie über die unüberschreitbare Schwelle zur empirischen. Die Spekulation entbehrt nicht allen Grundes, Kunst werde im Verhältnis dessen, was sie beansprucht, zu dem, was sie ist, desto fragwürdiger, je strenger, sachlicher, wenn man will: klassischer sie verfährt: ohne daß ihr doch im leisesten hülfe, wenn sie es leichter sich macht.

Benjamin hat die Anwendung der Kategorie Notwendigkeit auf die Kunst kritisiert[1], und zwar im Hinblick auf die geistesgeschichtliche Ausrede, irgendein Kunstwerk sei im Sinn der Entwicklung notwendig gewesen. Tatsächlich übt jener Begriff von Notwendigkeit die subaltern apologetische Funktion aus, Schwarten, an denen schon gar nichts anderes sich rühmen läßt, zu bescheinigen, ohne sie wäre es nicht weitergegangen.

Das Andere der Kunst, ihrem Begriff geschichtlich inhärent, droht in jedem Augenblick, sie zu erdrücken, so wie New Yorker neugotische Kirchen, aber auch der mittelalterliche Stadtkern von Regensburg Verkehrshindernisse waren. Kunst ist kein wohlumgrenzter Umfang sondern eine momentane und zerbrechliche Balance, vergleichbar der von Ich und Es im psychologischen Haushalt. Schlechte Kunstwerke werden zu schlechten nur dadurch, daß sie objektiv den Anspruch von Kunst erheben, den sie subjektiv, wie die Courths-Mahler in einem denkwürdigen Brief, dementieren. Die Kritik, die ihr Schlechtes demonstriert, tut ihnen doch wieder als Kunstwerken Ehre an. Sie sind es und sind es nicht.

Wie aber Gebilde, die nicht als Kunst oder vor dem Zeitalter ihrer Autonomie hergestellt wurden, durch Geschichte Kunst zu werden vermögen, so auch, was heute als Kunst sich in Frage stellt. Nicht dadurch freilich, daß es die ominöse Vorstufe einer Entwicklung bildet, zu etwas gut ist, was daraus wird. Vielmehr treten, am Surrealismus etwa, spezifisch ästhetische Qualitäten hervor, die ein kunstfeindlicher Habitus verleugnete, der nicht, wie er es wollte, zur politischen Gewalt ward; die Entwicklungs-

---

[1] Vgl. Walter Benjamin, Ursprung des deutschen Trauerspiels, a. a. O., S. 38 f.

kurve bedeutender Surrealisten wie Masson korrespondiert dem. Ebenso jedoch kann, was einmal Kunst war, aufhören, es zu sein. Die Verfügbarkeit der traditionellen Kunst für ihre eigene Depravation hat rückwirkende Kraft. Ungezählte Malerei und Plastik ist durch ihre Abkömmlinge im eigenen Gehalt verändert worden in Kunstgewerbe. Wer 1970 kubistisch malte, lieferte Plakate, für Reklame verwendbar, und die Originale sind gegen den Ausverkauf nicht immun.

Tradition wäre zu retten einzig durch Trennung vom Bann der Innerlichkeit. Große Kunstwerke der Vergangenheit gingen nie in Innerlichkeit auf; meist haben sie diese durch Entäußerung gesprengt. Eigentlich ist jedes Kunstwerk als auswendig Erscheinendes auch Kritik an der Innerlichkeit und damit jener Ideologie konträr, welche Tradition dem Hort subjektiver Erinnerungen gleichsetzt.

Die Deutung der Kunst aus ihrem Ursprung ist dubios, auf der ganzen Skala von der rohen Biographik über die Einflußforschung der Geistesgeschichte bis zur ontologischen Sublimierung des Ursprungsbegriffs. Gleichwohl ist der Ursprung auch nicht radikal außerhalb der Sache. Daß die Werke Artefakte sind, ist ihr Implikat. Die Konfigurationen in einem jeglichen sprechen zu dem, woraus es hervorging. In jedem hebt sich, worin es seiner Herkunft gleicht, ab von dem, wozu es wurde. Diese Antithetik ist seinem Gehalt wesentlich. Seine immanente Dynamik kristallisiert die draußen und zwar vermöge ihres aporetischen Charakters. Wo Kunstwerke, unabhängig von der individuellen Begabung und gegen sie, unfähig sind zu ihrer monadologischen Einheit, gehorchen sie dem realen geschichtlichen Druck. Er wird in ihnen selber zu der Kraft, die sie verstört. Darum nicht zuletzt wird ein Kunstwerk adäquat wahrgenommen einzig als Prozeß. Ist aber das einzelne Werk ein Kraftfeld, die dynamische Konfiguration seiner Momente, so ist es nicht minder die Kunst insgesamt. Darum ist sie nur an ihren Momenten, also vermittelt zu bestimmen, nicht mit einem Schlag. Wodurch die Kunstwerke zu dem kontrastieren, was nicht Kunst ist, ist eines jener Momente; ihre Stellung zur Objektivität wechselt.

Die geschichtliche Tendenz reicht tief in die ästhetischen Kriterien hinein. So entscheidet sie darüber, ob einer ein Manierist sei. Einen solchen hat Saint-Saëns Debussy gescholten. Häufig erscheint das Neue als Manier; und erst die Erkenntnis der Tendenz erlaubt auszumachen, ob es mehr ist. Aber die Tendenz ist auch kein Arbiter. In ihr mischen sich richtiges und falsches gesellschaftliches Bewußtsein; sie selbst steht zur Kritik. Der Prozeß zwischen Tendenz und Manier ist denn auch nicht abgeschlossen und bedarf unermüdlicher Revision; Manier ist ebenso Einspruch gegen die Tendenz, wie diese das Kontingente, Unverbindliche der Manier entlarvt als Warenmarke der Gebilde.

Proust, nach ihm Kahnweiler, vertraten, Malerei habe die Sehweise und dadurch die Gegenstände verändert. So authentisch die Erfahrung, die das anmeldet, sie mag zu idealistisch formuliert sein. Nicht aller Mutmaßung entrückt wäre das Umgekehrte: daß die Gegenstände an sich, geschichtlich, sich veränderten, das Sensorium dem sich anpaßte und dann die Malerei die Chiffren dafür fand. Der Kubismus ließe sich interpretieren als Reaktionsweise auf eine Stufe der Rationalisierung der gesellschaftlichen Welt, welche deren Wesen durch Planung geometrisierte; als Versuch, einen solchen der Erfahrung konträren Stand der Erfahrung einzubringen, so wie auf der vorhergehenden, noch nicht durchgeplanten Stufe der Industrialisierung der Impressionismus es angestrebt hatte. Diesem gegenüber wäre das qualitativ Neue des Kubismus, daß, während der Impressionismus das erstarrende Leben in der Warenwelt vermöge ihrer eigenen Dynamik zu erwecken und zu retten unternahm, der Kubismus an derlei Möglichkeiten verzweifelte und die heteronome Geometrisierung der Welt als ihr neues Gesetz, die Ordnung akzeptierte, um dadurch der ästhetischen Erfahrung Objektivität zu verbürgen. Geschichtlich antezipierte der Kubismus ein Reales, die Flugzeugaufnahmen zerbombter Städte aus dem Zweiten Krieg. Durch ihn gab Kunst erstmals Rechenschaft davon, daß das Leben nicht lebt. Das war bei ihm nicht frei von Ideologie: er unterschob die rationalisierte Ordnung anstelle des unerfahrbar Gewordenen und bestätigt sie dadurch. Das wohl trieb Picasso und Bracque notwendig über den Kubismus hinaus, ohne daß ihm doch ihre späteren Werke überlegen gewesen wären.

Die Stellung der Kunstwerke zur Geschichte variiert ihrerseits historisch. Lukács äußerte in einem Interview über die jüngste Literatur, zumal Beckett: Warten Sie einmal zehn, fünfzehn Jahre, was man dann dazu sagen wird. Er hat damit den Standpunkt eines väterlichen Geschäftsmanns bezogen, der weitblickend den Enthusiasmus des Sohns dämpfen möchte; implizit mit dem Maß des Bleibenden, schließlich von Besitzkategorien für die Kunst. Dennoch sind die Kunstwerke nicht gleichgültig gegen das dubiose Urteil der Geschichte. Zuweilen mochte die Qualität gerade gegen Produkte, die nur mit dem Zeitgeist schwimmen, historisch sich durchsetzen. Selten haben die Werke, die großen Ruhm erlangten, ihn gar nicht verdient. Solche Entfaltung zu legitimem Ruhm aber kam der adäquaten Entfaltung der Werke, ihrer eigenen Gesetzlichkeit nach gleich, durch Interpretation, Kommentar, Kritik. Sie verdankt nicht unmittelbar sich der communis opinio, am letzten der von der Kulturindustrie gesteuerten, einem öffentlichen Urteil, dessen Beziehung zur Sache fragwürdig ist. Daß das Urteil eines intellektuellenfeindlichen Journalisten oder eines Musikwissenschaftlers von altem Schrot und Korn nach fünfzehn Jahren verbindlicher sein soll, als was Verständnis am sogleich erscheinenden Werk wahrnimmt, ist schmählicher Aberglaube.

Das Nachleben der Werke, ihre Rezeption als Aspekt ihrer eigenen Geschichte, findet statt zwischen dem Nicht-sich-verstehen-Lassen und dem Verstanden-werden-Wollen; diese Spannung ist das Klima der Kunst.

Manche frühen Erzeugnisse der neuen Musik, vom mittleren Schönberg und von Webern, haben den Charakter des nicht Berührbaren, widerspenstig gegen den Hörer vermöge ihrer Objektivation, die zum Eigenleben wird; fast tut solchen Gebilden bereits die Apperzeption ihrer Priorität Unrecht an.

Die philosophische Konstruktion des einsinnigen Vorrangs des Ganzen vor dem Teil ist der Kunst so fremd wie erkenntniskritisch unhaltbar. Keineswegs gehen in bedeutenden Werken die Details spurlos in der Totalität unter. Wohl ist die Verselbständigung der Details, sobald sie, gleichgültig gegen den Zusammenhang, diesen zum subsumierenden Schema erniedrigt, von Regression ins Vorkünstlerische begleitet. Aber vom Schematischen unterscheiden produktiv sich die Kunstwerke einzig durch ein Moment von Selbständigkeit ihrer Details; jedes authentische Werk ist die Resultante zentripetaler und zentrifugaler Kräfte. Wer in der Musik mit den Ohren nach schönen Stellen jagt, ist ein Dilettant; wer aber schöne Stellen, die in einem Gebilde variierende Dichte von Erfindung und Faktur nicht wahrzunehmen vermag, ist taub. Differenzierung innerhalb eines Ganzen nach dem Intensiven und Sekundären war bis zur jüngsten Entwicklung ein Kunstmittel; die Negation des Ganzen durchs Teilganze ihrerseits vom Ganzen gefordert. Verschwindet diese Möglichkeit heute, so ist das nicht nur der Triumph einer Gestaltung, die in jedem Augenblick gleich nah zum Zentrum sein möchte, ohne zu erschlaffen; es zeigt sich darin auch das tödliche Potential des Schrumpfens der Artikulationsmittel. Kunst kann vom Angerührtwerden, dem Augenblick der Bezauberung als dem der Elevation nicht radikal getrennt werden: sonst verlöre sie sich ins Gleichgültige. Jenes Moment, wie sehr auch Funktion des Ganzen, ist aber wesentlich partikular: das Ganze bietet der ästhetischen Erfahrung nie in jener Unmittelbarkeit sich dar, ohne die solche Erfahrung überhaupt nicht sich konstituiert. Die ästhetische Askese gegen Detail und gegen die atomistische Verhaltensweise des Rezipierenden hat auch etwas Versagendes, droht der Kunst selbst eines ihrer Fermente zu entziehen.

Daß selbständige Details fürs Ganze wesentlich sind, wird von dem Abstoßenden ästhetisch konkreter Details bestätigt, denen die Spur des von oben her plangemäß Verordneten, in Wahrheit Unselbständigen anhaftet. Reimt Schiller in Wallensteins Lager Potz Blitz auf die Gustel von Blasewitz, so übertrumpft das an Abstraktheit den blassesten Klassizismus; dieser Aspekt verurteilt Stücke wie den Wallenstein zur Unerträglichkeit.

Gegenwärtig tendieren die Details in den Werken dazu, im Ganzen, durch Integration, unterzugehen: nicht unterm Druck von Planung, sondern weil es sie selbst zu ihrem Untergang hinzieht. Den Details leiht Cachet, Bedeutung, unterscheidet sie vom Indifferenten, worin sie über sich hinaus wollen, die in ihnen immanente Bedingung ihrer Synthesis. Was ihre Integration erlaubt, ist der Todestrieb der Details. Ihr Dissoziatives und ihre Bereitschaft, sich zu vereinigen, sind, als ihr dynamisches Potential, nicht radikal einander entgegengesetzt. Hier wie dort relativiert sich das Detail als ein bloß Gesetztes und darum Insuffizientes. Desintegration wohnt im Innersten von Integration und scheint durch diese hindurch. Das Ganze jedoch wird, je mehr an Detail es absorbiert, seinerseits gleichsam zum Detail, zum Moment unter anderen, zur Einzelheit. Das Verlangen der Details nach dem Untergang überträgt sich aufs Ganze. Und zwar gerade weil es die Details auslöscht. Sind diese wahrhaft in dem Ganzen verschwunden, wird das Ganze zum ästhetisch Einzelnen, so verliert seine Rationalität ihre Rationalität, die nichts anderes war als das Verhältnis der Einzelheiten zum Ganzen, dem Zweck, der zu Mitteln sie bestimmte. Ist die Synthesis nicht länger eine von etwas, so wird sie nichtig. Die Leere des technisch integralen Gebildes ist Symptom seiner Desintegration durch tautologische Gleichgültigkeit. In dem Opaken des vollendet Einfallslosen, funktionslos Funktionierenden schlägt jenes Moment des Opaken ins Verhängnis um, das die Kunst stets als ihr mimetisches Erbe in sich trug. An der Kategorie des Einfalls in der Musik ist das zu erläutern. Schönberg, Berg, sogar Webern haben sie nicht geopfert; Krenek und Steuermann sie kritisiert. Eigentlich gewährt der Konstruktivismus dem Einfall, einem planlos Unwillkürlichen, keinen Ort mehr. Schönbergs Einfälle, die, wie er bestätigte, auch seinen Zwölftonarbeiten zugrunde lagen, verdanken sich nur den Grenzen, an welche sein Konstruktionsverfahren sich hielt, und die ihm als inkonsequent aufgerechnet werden konnten. Wird jedoch das Einfallsmoment ganz kassiert; dürfen den Komponisten nicht einmal mehr die ganzen Formen einfallen und müssen prädestiniert sein durchs Material, verlöre das Resultat sein objektives Interesse und verstummte. Die demgegenüber plausible Forderung nach Restitution des Einfalls indessen behält etwas Ohnmächtiges: schwerlich kann man in der Kunst die Gegenkraft des Programmierten postulieren und programmieren. Kompositionen, die aus Überdruß an der Abstraktheit des Integralen um Einfälle, plastische Teilgestalten, Charakterisierungen sich bemühen, exponieren sich dem Einwand des Retrospektiven; so, als hätte bei ihnen zweite ästhetische Reflexion über die Zwänge der Rationalisierung aus Furcht vor deren Fatalität durch subjektiven Entschluß einfach sich hinweggesetzt. Die von Kafka obsessiv variierte Situation, wie man es auch macht, mache man es falsch, ist zu der der Kunst selber geworden. Eine, die den Einfall rigoros verbannt, ist verurteilt zur Indifferenz; wird er wieder hervorgeholt, so verblaßt er zum Schatten, fast zur Fiktion. Bereits in authentischen Werken Schönbergs wie dem Pierrot lunaire waren die Einfälle kunstvoll uneigentlich, gebrochen, schrumpften zu einer Art von Existenzminimum zusammen. Die Frage nach dem Gewicht der Details in den neuen Kunstwerken ist aber darum so relevant, weil nicht weniger als in ihrer Totalität, der Sublimierung organisierter Gesellschaft, diese auch in den Details sich verkörpert: sie ist das Substrat, das die ästhetische Form sublimiert. Wie in der Gesellschaft die dieser in ihren Interessen weithin entgegengesetzten Einzelnen nicht nur faits sociaux sind, sondern die Gesellschaft selbst, von ihr reproduziert und sie reproduzierend, und darum gegen sie auch sich behaupten, so verhält es sich mit den Einzelheiten in den Kunstwerken. Kunst ist die Erscheinung der gesellschaftlichen Dialektik von Allgemeinem und Individuellem durch den subjektiven Geist hindurch. Soweit blickt sie über jene Dialektik hinaus, wie sie diese nicht bloß vollzieht sondern sie durch Form reflektiert. Figürlich macht ihre Besonderung das perpetuierte Unrecht der Gesellschaft an den Einzelnen wieder gut. An solcher Wiedergutmachung jedoch hindert sie, daß sie substantiell nichts zu leisten vermag, was sie nicht als konkrete Möglichkeit aus der Gesellschaft herauszulesen vermöchte, in der sie ihren Ort hat. Die gegenwärtige ist der Strukturveränderung überaus fern, die den Individuen das Ihre gäbe und damit wohl auch den Bann von Individuation zergehen ließe.

Ad Dialektik von Konstruktion und Ausdruck. – Daß beide Momente ineinander umschlagen, resultiert in einer Parole neuer Kunst: deren Gebilde dürfen nicht länger um ein Mittleres zwischen beidem sich bemühen, sondern in jene Extreme gehen, um in ihnen, durch sie hindurch ein Äquivalent dessen zu suchen, was der älteren Ästhetik Synthesis hieß. Das trägt nicht wenig zur qualitativen Bestimmung von Moderne bei. Anstelle der Pluralität von Möglichkeiten, die es bis zur Schwelle der neuen Kunst gab und die während des neunzehnten Jahrhunderts außerordentlich anwuchs, trat Polarisierung. In der künstlerischen manifestiert sich, wessen es gesellschaftlich bedürfte[1]. Wo Organisation notwendig wäre, in der Gestaltung der materiellen Lebensverhältnisse und der auf ihnen beruhenden Beziehungen zwischen den Menschen, ist zu wenig Organisation, zuviel einem schlecht anarchischen Privatbereich überlassen. Kunst hat genug Spielraum, um Modelle einer Planung zu entwickeln, die von den gesellschaftlichen Produktionsverhältnissen nicht geduldet würde. Andererseits ist die irrationale Verwaltung der Welt gesteigert bis zur Liquidation der stets prekären Existenz des Besonderen. Wo es übrig ist, wird es umfunktioniert zur komplementären Ideologie der Allherrschaft des Allgemeinen. Das individuelle Interesse, das dem sich weigert, konvergiert mit dem allgemeinen verwirklichter Rationalität. Diese wäre es erst, sobald sie nicht länger das Individuierte unterdrückte, an dessen Entfaltung Rationalität ihr Lebensrecht hat. Die Emanzipation des Individuellen jedoch gelänge einzig, wofern sie das Allgemeine ergriffe, von dem alle Individuen abhängen. Auch gesellschaftlich wäre eine vernünftige Ordnung des Öffentlichen herzu-

---

1 Vgl. Theodor W. Adorno, Individuum und Organisation. Einleitungsvortrag zum Darmstädter Gespräch 1953, in: Individuum und Organisation, hg. von F. Neumark, Darmstadt 1954, S. 21 ff.

stellen nur, wenn am anderen Extrem, im individuellen Bewußtsein, der Widerstand gegen die sowohl überdimensionierte wie unzureichende Organisation durchschlüge. Ist die individuelle Sphäre in gewissem Sinn angesichts der organisierten rückständig, so sollte Organisation in Wahrheit doch da sein um der Individuen willen. Die Irrationalität der Organisation läßt jene in einigem Maß noch frei. Ihre Zurückgebliebenheit wird zur Zuflucht dessen, was weiter wäre als der herrschaftliche Fortschritt. Solche Dynamik des Unzeitgemäßen verleiht ästhetisch dem tabuierten Ausdruck das Recht eines Widerstands, der das Ganze dort trifft, wo es unwahr ist. Die Trennung von Öffentlichem und Privatem ist trotz ihres ideologischen Unwesens ihrerseits auch in der Kunst ein Gegebenes derart, daß nichts sie zu verändern vermöchte, was nicht an ihre Gegebenheit anknüpfte. Was in der gesellschaftlichen Realität ohnmächtiger Zuspruch wäre, hat ästhetisch weit konkretere, stellvertretende Chancen.

Die Kunstwerke können dem nicht entgehen, naturbeherrschende Vernunft vermöge ihres Einheitsmoments, welches das Ganze organisiert, in sich fortzusetzen. Aber durch ihre Absage an reale Herrschaft kehrt dies Prinzip auf eine Weise wieder, die, selber metaphorisch, schwer anders als metaphorisch benannt werden kann: schattenhaft oder gekappt. Vernunft an den Kunstwerken ist Vernunft als Gestus: sie synthesieren gleich der Vernunft, aber nicht mit Begriffen, Urteil und Schluß – diese Formen sind, wo sie auftreten, in der Kunst nur untergeordnete Mittel – sondern durch das, was in den Kunstwerken sich zuträgt. Ihre synthetische Funktion ist immanent, die Einheit ihrer selbst, nicht aber unmittelbare Beziehung auf ein wie immer auch gegebenes und bestimmtes Äußeres, sie ist bezogen auf das zerstreute, begriffslose, quasi fragmentarische Material, mit dem die Kunstwerke in ihrem Innenraum umzugehen haben. Durch diese Rezeption sowohl wie Modifikation der synthesierenden Vernunft tragen die Kunstwerke zu ihrem Teil Dialektik der Aufklärung aus. Noch in ihrer ästhetisch neutralisierten Gestalt hat jedoch solche Vernunft etwas von der Dynamik, die einmal draußen ihr innewohnte. Wie sehr auch von dieser abgespalten, bewirkt die Identität des Vernunftprinzips draußen und drinnen eine Entfaltung, ähnlich der auswendigen: fensterlos partizipieren die Kunstwerke an der Zivilisation. Wodurch die Kunstwerke von dem Diffusen sich unterscheiden, das ist in Übereinstimmung mit den Leistungen von Vernunft als Realitätsprinzip. In den Kunstwerken ist ebenso dies Realitätsprinzip wie dessen Widerpart lebendig. Die Korrektur, welche die Kunst am Prinzip der selbsterhaltenden Vernunft vollbringt, setzt sie dieser nicht einfach entgegen, sondern die Korrektur an der Vernunft wird von der immanenten der Kunstwerke selber vertreten. Während die Einheit der Kunstwerke abstammt von der Gewalt, welche die Vernunft den Dingen antut, stiftet sie zugleich in den Kunstwerken die Versöhnung ihrer Momente.

Schwer zu bestreiten, daß Mozart den Prototyp abgibt für die Balance zwischen der Form und dem Geformten als einem Flüchtigen, Zentrifugalen. Diese Balance aber ist darum allein so authentisch bei ihm, weil die thematischen und motivischen Zellen seiner Musik, die Monaden, aus denen sie sich komponiert, wie sehr auch unterm Aspekt des Kontrasts, der präzisen Differenz konzipiert, auseinander wollen, auch wo der Takt der Hand sie bindet. Das Gewaltlose an Mozart rührt daher, daß er noch in der Balance das qualitative Sosein der Details nicht verkümmern läßt, und was mit Grund sein Formgenie heißen darf, ist nicht die für ihn selbstverständliche Meisterschaft im Umgang mit den Formen sondern seine Fähigkeit, diese ohne herrschaftliches Moment zu verwenden, durch sie lose gleichsam das Diffuse zu verbinden. Seine Form ist die Proportion des Auseinanderstrebenden, nicht dessen Einordnung. Am vollkommensten tritt das in den großen Formen aus den Opern, etwa dem Finale des zweiten Akts Figaro, hervor, dessen Form keine komponierte, keine Synthese ist – sie braucht nicht, wie in der Instrumentalmusik, auf Schemata sich zu beziehen, die durch die Synthesis des darunter Befaßten gerechtfertigt wurden – sondern reine Konfiguration adjungierter Partien, deren Charakter jeweils der wechselnden dramaturgischen Situation abgewonnen wird. Solche Stücke, nicht weniger als manche seiner kühnsten Instrumentalsätze, so in einigen Violinkonzerten, neigen so tief, wenn auch nicht so sichtbar, der Desintegration sich zu wie die letzten Quartette Beethovens. Nur darum ist seine Klassizität vorm Vorwurf des Klassizismus gefeit, weil sie am Rande einer Desintegration angesiedelt ist, die dann vom Beethovenschen Spätwerk, weil es soviel mehr eines der subjektiven Synthesis gewesen ist, in Kritik eben daran überschritten wird. Desintegration ist die Wahrheit der integralen Kunst.

Wodurch Mozart, auf den harmonistische Ästhetik dem Schein nach so plausibel sich berufen mag, deren Normen entragt, ist ein seinerseits, nach geläufiger Redeweise, Formales: seine Fähigkeit, Unvereinbares zu vereinen, indem dem Rechnung getragen wird, was die divergenten musikalischen Charaktere zu ihrer Voraussetzung herbeiziehen, ohne in ein anbefohlenes Kontinuum sich zu verflüssigen. Unter diesem Aspekt ist Mozart unter den Komponisten des Wiener Klassizismus der, welcher vom etablierten Klassizitätsideal am weitesten sich entfernt, freilich dadurch eines höherer Ordnung – es mag Authentizität heißen – erreicht. Dies Moment ist es, wodurch selbst in der Musik, trotz ihrer Ungegenständlichkeit, die Unterscheidung des Formalismus als eines leeren Spiels und dessen anwendbar ist, wofür kein besserer Terminus zur Verfügung steht als der anrüchige von der Tiefe.

Das Formgesetz eines Kunstwerks ist, daß alle seine Momente, und seine Einheit, organisiert sein müssen gemäß ihrer eigenen spezifischen Beschaffenheit.

Daß die Kunstwerke nicht Einheit eines Mannigfaltigen sondern die Einheit des Einen und des Vielen sind, bedingt, daß sie nicht koinzidieren mit dem Erscheinenden.

Einheit ist Schein, so wie der Schein der Kunstwerke durch ihre Einheit konstituiert wird.

Der monadologische Charakter der Kunstwerke hat nicht ohne Schuld des monadologischen Unwesens der Gesellschaft sich gebildet, aber durch ihn allein erlangen die Kunstwerke jene Objektivität, welche den Solipsismus transzendiert.

Kunst hat keine allgemeinen Gesetze, wohl aber gelten in jeder ihrer Phasen objektiv verbindliche Verbote. Sie strahlen aus von kanonischen Werken. Ihre Existenz gebietet sogleich, was von nun an nicht mehr möglich sei.

Solange Formen in einiger Unmittelbarkeit vorgegeben waren, konnten die Gebilde in ihnen sich konkretisieren; ihre Konkretion wäre nach Hegels Terminologie als Substantialität der Formen zu bezeichnen. Je mehr diese, mit kritischem Recht, im Zug der gesamtnominalistischen Bewegung ausgehöhlt ward, desto mehr wurde sie, als gleichwohl existente, zur Fessel der konkreten Gebilde. Was einmal objektivierte Produktivkraft war, verwandelte sich in ästhetische Produktionsverhältnisse und kollidierte mit den Produktivkräften. Das, wodurch Kunstwerke es zu werden suchen, die Formen, bedürfen ihrerseits autonomer Hervorbringung. Das bedroht sie sogleich: die Konzentration auf Formen als Mittel ästhetischer Objektivität entfernt sie von dem zu Objektivierenden. Darum verdrängt neuerdings die Konzeption der Möglichkeit von Werken, Modelle, in so hohem Maß die Werke. In der Substitution der Zwecke durch Mittel spricht ebenso ein Gesamtgesellschaftliches sich aus wie die Krise des Werkes. Die unabdingbare Reflexion gravitiert zur Abschaffung dessen, was reflektiert wird. Komplizität waltet zwischen der Reflexion, wofern sie nicht nochmals sich selbst reflektiert, und der bloß gesetzten, dem Geformten gegenüber gleichgültigen Form. Die stimmigsten Formprinzipien allein verschlagen nichts, wenn die authentischen Werke ausbleiben, um deretwillen sie doch aufgesucht werden; zu dieser simplen Antinomie hat der Nominalismus der Kunst heute sich zugespitzt.

Solange Gattungen vorgegeben waren, gedieh des Neue in den

Gattungen. Zunehmend verlagert das Neue sich auf Gattungen selbst, weil es an ihnen mangelt. Bedeutende Künstler antworten auf die nominalistische Situation weniger durch neue Werke als durch Modelle ihrer Möglichkeit, durch Typen; auch das unterminiert die traditionelle Kategorie des Kunstwerks.

Die Problematik von Stil wird flagrant an einem höchst stilisierten Bereich der jüngst vergangenen Moderne wie Debussys Pelléas. Ohne alle Konzession, mit exemplarischer Reinheit folgt das lyrische Drama seinem principium stilisationis. Die Unstimmigkeiten, die daraus resultieren, sind keineswegs Schuld jenes Dünnblütigen, das bemängelt, wer das Stilisationsprinzip nicht mehr zu vollziehen vermag. Auffällig und allbekannt ist die Monotonie. Die Strenge der Refus verhindert, als billig und banal, die Kontrastbildung oder reduziert sie zu Andeutung. Das schädigt die Artikulation, die Gliederung der Form durch Teilganzheiten, deren ein Gebilde, dessen oberstes Kriterium Formeinheit ist, erst recht bedürfte; es wird daran vorbeistilisiert, daß Stileinheit nur die von Mannigfaltigem sein kann. Das immerwährende Psalmodieren zumal der Singstimme verlangt nach dem, wofür der ältere musikalische Sprachgebrauch den Terminus Abgesang gebrauchte: Einlösung, Erfüllung, Verströmen. Dessen Opfer ans Gefühl eines äonenweit Vergangenen und Erinnerten verursacht einen Bruch in der Sache, als wäre Versprochenes nicht innegehalten. Geschmack, als Totalität, sträubt sich gegen den dramatischen Gestus von Musik, während doch das Werk auf die Bühne nicht verzichten mag. Seine Vollkommenheit wird zur Verarmung auch der technischen Mittel, der anhaltend homophone Satz dürftig, Grau in Grau ein Orchester, das zugleich auf Farbvaleurs besteht. Derlei Schwierigkeiten der Stilisierung deuten auf solche im Verhältnis von Kunst und Kultur. Unzulänglich das klassifikatorische Schema, welches Kunst der Kultur als Sparte subsumiert. Pelléas ist einspruchslos Kultur, ohne Sehnsucht, sie zu kündigen. Das stimmt zur sprachlos mythischen Verschlossenheit des Sujets und versäumt eben dadurch, wonach das Sujet tastet. Kunstwerke bedürfen der Transzendenz zur Kultur, um dieser zu genügen; eine starke Motivation radikaler Moderne.

Licht auf die Dialektik des Allgemeinen und Besonderen wirft eine Bemerkung bei Gehlen. Anschließend an Konrad Lorenz interpretiert er die spezifisch ästhetischen Formen, die des Naturschönen, dann auch das Ornament, als ›Auslöserqualitäten‹, welche der Entlastung der von den Reizen überforderten Menschen dienen sollen. Nach Lorenz sei die generelle Eigenschaft aller Auslöser ihre Unwahrscheinlichkeit, gepaart mit Einfachheit. Gehlen überträgt das auf die Kunst durch die Vermutung, »daß unsere Freude an reinen Klängen (›Spektraltönen‹) und ihren ganzzahligen Akkorden ... eine genaue Analogie der ›unwahrscheinlichen‹ Auslöserwirkung auf akustischem Gebiet ist«[1]. »Die Phantasie der Künstler ist unerschöpflich, Naturformen zu ›stilisieren‹, d. h. durch Symmetrisierung und Vereinfachung die Unwahrscheinlichkeit der generellen Auslöserqualitäten optimal herauszuholen.«[2] Konstituiert solche Vereinfachung das, was spezifisch Form heißen darf, so wird das abstraktive Moment darin durch die Koppelung mit dem Unwahrscheinlichen zugleich zum Gegenteil von Allgemeinheit, zu dem der Besonderung. In der Idee des Besonderen, welcher die Kunst nachhängt – elementar die Erzählung, die als Bericht einer besonderen, nicht alltäglichen Begebenheit sich empfehlen möchte –, ist die gleiche Unwahrscheinlichkeit enthalten, die dem scheinbar Allgemeinen, den geometrisch reinen Formen von Ornament und Stilisierung zukommt. Das Unwahrscheinliche, ästhetische Säkularisierung von Mana, wäre Allgemeines und Besonderes in eins, ästhetische Regelhaftigkeit als unwahrscheinliche gegen das bloße Dasein gewandt; Geist nicht bloß der Widerpart der Besonderung sondern, vermöge des Unwahrscheinlichen, ihre Bedingung. In aller Kunst war Geist, als was ihn erst spät die dialektische Reflexion erweist, Konkretion, nicht abstrakt.

---

1 Arnold Gehlen, Über einige Kategorien des entlasteten, zumal des ästhetischen Verhaltens, in: Studien zur Anthropologie und Soziologie, Neuwied u. Berlin 1963, S. 70.
2 A. a. O., S. 69.

Ihr gesellschaftliches Schicksal wird der Kunst nicht bloß von außen angetan, sondern ist ebenso die Entfaltung ihres Begriffs.

Gegen ihren Doppelcharakter ist Kunst nicht gleichgültig. Ihre reine Immanenz wird ihr zur immanenten Bürde. Autarkie ist von ihr verlangt und bedroht sie mit Sterilität. Wedekind hat das gegen Maeterlinck notiert und über die Kunst-Künstler gespottet; Wagner die Kontroverse in den Meistersingern thematisch gemacht; in Brechts Haltung war das gleiche Motiv, mit anti-intellektuellen Obertönen, unverkennbar. Leicht wird der Ausbruch aus dem Immanenzbereich zur Demagogie im Namen des Volkes; was der Kunst-Künstler spottet, liebäugelt mit dem Barbarischen. Dennoch sehnt Kunst, um ihrer Selbsterhaltung willen, verzweifelt sich nach dem Ausbruch aus ihrem Bereich. Denn gesellschaftlich ist sie doch nicht bloß durch ihre Eigenbewegung, als gleichsam apriorische Opposition gegen die heteronome Gesellschaft. Diese reicht allemal auch ihrer konkreten Gestalt nach in sie hinein. Die Frage nach dem je Möglichen, nach tragfähigen Formansätzen wird unmittelbar vom gesellschaftlichen Stand vorgezeichnet. Soweit Kunst durch subjektive Erfahrung hindurch sich konstituiert, dringt gesellschaftlicher Gehalt wesentlich in sie ein; nicht wörtlich jedoch, sondern modifiziert, gekappt, schattenhaft. Das, nichts Psychologisches ist die wahre Affinität der Kunstwerke zum Traum.

Kultur ist Müll, und Kunst, einer ihrer Sektoren doch ernst als Erscheinung der Wahrheit. Das liegt im Doppelcharakter des Fetischismus.

Kunst ist darin verhext, daß das herrschende Kriterium ihres Füranderesseins Schein, das als Maß aller Dinge installierte

Tauschverhältnis ist, daß aber das Andere, das An sich der Sache, zur Ideologie wird, sobald es sich selbst setzt. Widerwärtig ist die Alternative: What do I get out of it? oder: Deutsch sein heißt eine Sache um ihrer selbst willen tun. Die Unwahrheit des Für anderes ist daran offenbar geworden, daß Sachen, die angeblich für den Menschen getan werden, diesen desto gründlicher betrügen; die These vom Ansichsein ist fusioniert mit elitärem Narzißmus und dient damit ebenfalls dem Schlechten.

Weil die Kunstwerke Schichten der Erfahrung registrieren und objektivieren, die zwar dem Verhältnis zur Realität zugrunde liegen, in ihm aber stets fast dinghaft verdeckt sind, ist die ästhetische Erfahrung triftig als gesellschaftliche wie als metaphysische.

Die Distanz des ästhetischen Bereichs von den praktischen Zwekken erscheint innerästhetisch als Ferne der ästhetischen Objekte von dem betrachtenden Subjekt; wie die Kunstwerke nicht eingreifen, so kann es nicht eingreifen in jene, Distanz ist die erste Bedingung der Nähe zum Gehalt der Werke. Im Kantischen Begriff der Interesselosigkeit, der vom ästhetischen Verhalten fordert, es solle nicht nach dem Objekt greifen, nicht es verschlingen, ist das notiert. Die Benjaminsche Definition der Aura[1] hat dies innerästhetische Moment getroffen, jedoch einem vergangenen Stadium zugeordnet und für das gegenwärtige der technischen Reproduzierbarkeit als ungültig erklärt. Er hat dabei, in Identifikation mit dem Angreifer, allzu prompt die historische Tendenz sich zugeeignet, welche Kunst in den empirischen Zweckbereich zurückruft. Ferne ist als Phänomen, was an Kunstwerken deren bloßes Dasein transzendiert; ihre absolute Nähe wäre ihre absolute Integration.

Keineswegs ist die entwürdigte, erniedrigte und dirigistisch verwaltete Kunst der authentischen gegenüber eine ohne Aura: der Gegensatz der antagonistischen Sphären muß permanent als Ver-

---

[1] Vgl. Walter Benjamin, Schriften, a. a. O., Bd. 1, S. 372 f. und S. 461 ff.; ders., Angelus Novus, a. a. O., S. 239 f.

mittlung der einen durch die andere gedacht werden. In der gegenwärtigen Situation ehren die Werke das auratische Moment, die seiner sich enthalten; seine zerstörende Konservierung – seine Mobilisierung für Wirkungszusammenhänge im Namen von Stimmung – ist in der Amüsiersphäre lokalisiert. Die U-Kunst verfälscht beides: die faktische Schicht des Ästhetischen, ihrer Vermittlung entäußert, wird in ihr zu bloßer Faktizität, zu Information und Reportage; das auratische Moment aus dem Zusammenhang des Gebildes herausgerissen, als solches gepflegt und konsumierbar gemacht. Jede Großaufnahme im kommerziellen Film verhöhnt die Aura darum, indem sie die veranstaltete Nähe des Fernen veranstaltend ausbeutet, abgespalten von der Konfiguration des Gebildes. Aura wird geschluckt wie die sinnlichen Einzelreize, als die Einheitssoße, mit der die Kulturindustrie jene und ihre Erzeugnisse insgesamt begießt.

Stendhals Diktum von der promesse du bonheur sagt, daß Kunst dem Dasein dankt, indem sie akzentuiert, was darin auf die Utopie vordeutet. Das aber wird stets weniger, das Dasein gleicht immer mehr bloß sich selber. Kunst kann darum immer weniger ihm gleichen. Weil alles Glück am Bestehenden und in ihm Ersatz und falsch ist, muß sie das Versprechen brechen, um ihm die Treue zu halten. Aber das Bewußtsein der Menschen, vollends der Massen, die durchs Bildungsprivileg in der antagonistischen Gesellschaft vom Bewußtsein solcher Dialektik abgeschnitten sind, hält am Glücksversprechen fest, mit Recht, doch in seiner unmittelbaren, stofflichen Gestalt. Daran knüpft die Kulturindustrie an. Sie plant das Glücksbedürfnis ein und exploitiert es. Kulturindustrie hat ihr Wahrheitsmoment daran, daß sie einem substantiellen, aus der gesellschaftlich fortschreitenden Versagung hervorgehenden Bedürfnis genügt; aber durch ihre Art Gewährung wird sie zum absolut Unwahren.

Kunst hat inmitten herrschender Utilität zunächst wirklich etwas von Utopie als das Andere, vom Getriebe des Produktions- und Reproduktionsprozesses der Gesellschaft Ausgenommene, dem Realitätsprinzip nicht Unterworfene: das Gefühl, wenn der Thespiskarren, wie in der Verkauften Braut, ins Dorf fährt.

Aber schon den Seiltänzern zuzusehen kostet etwas. Das Andere wird verschluckt vom Immergleichen und erhält sich doch darin als Schein: dieser ist einer auch im materialistischen Verstande. All seine Elemente muß Kunst aus dem Einerlei destillieren, auch den Geist, und alle verwandeln. Durch die schiere Differenz vom Einerlei ist sie a priori dessen Kritik, noch wo sie sich fügt, und bewegt gleichwohl sich in der Voraussetzung des Kritisierten. Bewußtlos muß ein jedes Kunstwerk sich fragen, ob und wie es als Utopie möglich sei: stets nur durch die Konstellation seiner Elemente. Es transzendiert nicht durch die bloße und abstrakte Differenz vom Einerlei sondern dadurch, daß es das Einerlei rezipiert, auseinandernimmt und wieder zusammensetzt; was sie ästhetische Schöpfung nennen, ist solche Komposition. Über den Wahrheitsgehalt von Kunstwerken ist danach zu urteilen: wie weit sie das Andere aus dem Immergleichen zu konfigurieren fähig sind.

Der Geist im Kunstwerk und in der Reflexion darauf wird beargwöhnt, weil er den Warencharakter des Werkes affizieren und seine Verwertbarkeit auf dem Markt gefährden kann; das kollektive Unbewußte ist darin überaus sensibel. Freilich dürfte der verbreitete Affekt gespeist werden vom tiefen Zweifel an der offiziellen Kultur, ihren Gütern und der reklametüchtigen Versicherung, daß man an diesen durch Genuß partizipiere. Je genauer das ambivalente Innere weiß, daß es von der offiziellen Kultur um das betrogen wird, was zu versprechen deren Erniedrigung ausmacht, desto zäher beißt es sich ideologisch an etwas fest, was vermutlich selbst in der Massenerfahrung der Kunst so gar nicht vorhanden ist. Getönt wird all das von dem Abhub der lebensphilosophischen Weisheit, daß Bewußtsein töte.

Die bürgerliche Gewohnheit, die in das einmal als falsch und unwahr Durchschaute mit feigem Zynismus sich festkrallt, verhält sich zu Kunst nach dem Schema: was mir gefällt, mag schlecht, Schwindel sein und fabriziert, um einen hinters Licht zu führen, aber daran möchte ich nicht erinnert werden, nicht auch noch in der Freizeit mich anstrengen und ärgern. Das Moment des Scheins in der Kunst entfaltet sich geschichtlich zu solcher subjektiven Verstocktheit, welche im Zeitalter der Kulturindustrie die Kunst als synthetischen Traum der empirischen Realität eingliedert und wie die Reflexion über die Kunst so die ihr immanente abschneidet. Dahinter steht am Ende, daß der Fortbestand der bestehenden Gesellschaft mit ihrem Bewußtsein von sich selbst unvereinbar ist, und jede Spur eines solchen Bewußtseins wird an der Kunst geahndet. Auch unter diesem Aspekt ist Ideologie, falsches Bewußtsein, gesellschaftlich notwendig. Dabei gewinnt sogar in der Reflexion des Betrachters das authentische Kunstwerk, anstatt zu verlieren. Nähme man den Kunstkonsumenten beim Wort, so wäre ihm zu demonstrieren, daß er durch die volle, nicht beim ersten sinnlichen Eindruck sich bescheidende Erkenntnis des Werkes, wie es ihm so leicht von den Lippen geht, mehr vom Werk hätte. Die Erfahrung der Kunst wird mit deren unbeirrter Erkenntnis unvergleichlich viel reicher. Das intellektiv am Werk Erkannte strahlt auf dessen sinnliche Wahrnehmung zurück. Solche subjektive Reflexion ist dadurch legitimiert, daß sie den immanenten Reflexionsprozeß gleichsam nochmals vollzieht, der objektiv im ästhetischen Gegenstand stattfindet und keineswegs dem Künstler bewußt sein mußte.

Tatsächlich duldet die Kunst keine Approximationswerte. Die Vorstellung kleiner und mittlerer Meister gehört zum Vorstellungsschatz der Kunst-, vor allem der Musikgeschichte, Projektion eines Bewußtseins, das stumpf ist gegen das Leben der Werke in sich. Kein Kontinuum führt vom Schlechten über das Mittlere zum Guten; was nicht gelungen ist, ist immer schon schlecht, darum, weil der Idee von Kunst die des Gelingens und der Stimmigkeit innewohnt; das motiviert die immerwährenden Streitigkeiten über die Qualität von Kunstwerken, so steril sie vielfach bleiben. Kunst, nach Hegels Satz Erscheinung der Wahrheit, ist objektiv intolerant, auch gegen den gesellschaftlich diktierten Pluralismus friedlich nebeneinander bestehender Sphären, auf den Ideologen immer wieder sich herausreden. Unerträglich zumal jene ›gute Unterhaltung‹, von der Gremien zu schwatzen pflegen, welche den Warencharakter der Kunst vor ihrem schwächlichen Gewissen verantworten möchten. In einer Tageszeitung stand zu lesen, Colette werde in Deutschland als Unterhaltungsschriftstellerin behandelt, in Frankreich jedoch genieße sie das höchste Ansehen, weil man dort den Unterschied zwischen Unterhaltung und seriöser Kunst nicht mache, sondern nur den zwischen guter und schlechter. Tatsächlich spielt Colette jenseits des Rheins die Rolle einer heiligen Kuh. Umgekehrt verschanzt hinter der starren Dichotomie hoher und niedriger Kunst in Deutschland gern sich oberlehrerhafter Bildungsglaube. Künstler, die nach offiziellen Kriterien der unteren Sphäre angehören, dort aber mehr Talent zeigen als viele, die dem längst zerrütteten Begriff des Niveaus genügen, werden um das Ihre gebracht. Es gibt, nach der hübschen Formulierung von Willy Haas, gute schlechte und schlechte gute Literatur; in der Musik verhält es sich nicht anders. Gleichwohl hat der Unterschied zwischen Unterhaltung und autonomer Kunst, wofern er weder gegen das Fadenscheinige des Niveaubegriffs noch gegen das unten unreglementiert sich Regende sich verstockt, seine Substanz an den Qualitäten der Sache. Freilich bedarf der Unterschied äußerster Differenziertheit; überdies waren die Sphären noch im neunzehnten Jahrhundert nicht so unversöhnlich gespalten wie im Zeitalter des Kulturmonopols. Nicht fehlt es an Werken, die, durch unverbindliche Formulierungen, die einerseits mit dem Skizzen-, andererseits dem Schablonenhaften sich berühren mögen, auch durch mangelnde Durchbildung zugunsten der Kalkulation ihrer Wirkung, ihren Ort in der subalternen ästhetischen Zirkulationssphäre haben, sie jedoch vermöge subtiler Qualitäten überragen. Ist ihr Amusementwert verdampft, so mögen sie zu mehr werden, als sie an Ort und Stelle waren. Auch das Verhältnis der niedrigen Kunst zur oberen hat seine historische Dynamik. Was einmal auf den Konsum zugeschnitten war, wirkt angesichts des späteren, von oben her durchrationalisierten Konsums zuweilen als Nachbild von Humanität. Selbst das nicht Durchgebildete, nicht Ausgeführte ist kein invariantes Kriterium, sondern legitimiert sich dort, wo Werke sich dadurch korrigieren, daß sie sich selbst auf ihr eigenes Formniveau bringen, nicht als mehr auftreten, denn sie sind. So äußert sich die außerordentliche Begabung von Puccini in unprätentiösen früheren Werken wie Manon Lescaut und La Bohème viel überzeugender als in den späteren, ambitiöseren, die zum Kitsch ausarten durchs Mißverhältnis zwischen der Substanz und der Präsentation. Keine der Kategorien theoretischer Ästhetik kann starr, als unverrückbarer Maßstab verwandt werden. Läßt die ästhetische Objektivität allein in der immanenten Kritik des einzelnen Werkes sich ergreifen, so wird die notwendige Abstraktheit der Kategorien zur Fehlerquelle. An ästhetischer Theorie, welche nicht zur immanenten Kritik fortschreiten kann, ist es, durch zweite Reflexion ihrer Bestimmungen zumindest Modelle ihrer Selbstkorrektur zu entwerfen. Genannt seien Namen wie Offenbach und Johann Strauß; der Widerwille gegen die offizielle Kultur der Gipsklassiker hat Karl Kraus zu besonderer Insistenz auf solchen Phänomenen, ebenso auf literarischen wie Nestroy bewogen. Freilich bedarf es steten Mißtrauens gegen die Ideologie derer, die, weil sie der Disziplin der authentischen Werke nicht gewachsen sind, den käuflichen Ausreden liefern. Aber die Trennung der Sphären, objektiv als geschichtliches Sediment, ist kein Absolutes. Noch im obersten Werk steckt, sublimiert zu seiner Autonomie, das Moment des Für anderes, ein Erdenrest des Beifall Heischenden. Das Vollkommene, Schönheit selbst, sagt: bin ich nicht schön? und frevelt damit an sich. Umgekehrt kann der erbärmlichste Kitsch, der doch notwendig als Kunst auftritt, nicht verhindern, was ihm verhaßt ist, das Moment des An sich, den Wahrheitsanspruch, den er verrät. Die Colette war begabt. Ihr gelang so Graziöses wie der kleine Roman Mitsou, auch so Hintergründiges wie der Ausbruchsversuch der Heldin in L'ingénue libertine. Insgesamt war sie eine gehobene, sprachlich kultiviertere Vicky Baum. Sie bot unleidlich herzerfrischende, pseudokonkrete Natur auf und genierte sich nicht vor so Unerträglichem wie dem Ende jenes Romans, wo die frigide Heldin in den Armen des legitimen Gatten unter allgemeinem Beifall zu dem Ihren kommt. Das Publikum wurde von Colette mit Familienromanen aus der höheren Prostitution beglückt. Der triftigste Vorwurf gegen die französische Kunst, die alle neue genährt hat, ist, daß das Französische kein Wort für Kitsch kennt, und eben das rühmt man in Deutschland. Der Burgfriede zwischen den ästhetischen Sphären E und U bezeugt die Neutralisierung der Kultur: weil ihrem Geist kein Geist mehr verbindlich ist, stellt sie all seine Sparten für high-, middle- und lowbrows zur Auswahl. Das soziale Bedürfnis nach Unterhaltung und dem, was sich Entspannung tituliert, wird ausgebrütet von einer Gesellschaft, deren Zwangsmitglieder Last und Monotonie ihres Daseins anders schwer ertrügen, und die in der ihnen zugemessenen und verwalteten Freizeit kaum anderes aufnähmen, als was die Kulturindustrie ihnen oktroyiert, zu der in Wahrheit auch die Pseudo-Individualisierung von Romanen à la Colette zählt. Aber durchs Bedürfnis wird die Unterhaltung nicht besser; sie verhökert und entschärft den Abhub der seriösen Kunst und gerät der eigenen Zusammensetzung nach karg, abstrakt standardisiert und unstimmig. Unterhaltung, auch die gehobene und vollends die edel sich aufführende, wurde vulgär, seitdem die Tauschgesellschaft auch die künstlerische Produktion in die Fänge genommen und zur Ware präpariert hat. Vulgär ist Kunst, welche Menschen erniedrigt, indem sie die Distanz herabsetzt, den bereits erniedrigten Menschen zu Willen ist; Bestätigung dessen, wozu die Welt sie gemacht hat, anstatt daß ihr Gestus dagegen revoltierte. Vulgär sind die Kulturwaren als Identifikation der Menschen mit der eigenen Erniedrigung; ihre Miene ist das Grinsen. Keine direkte Beziehung besteht zwischen gesellschaftlichem Bedürfnis und ästhetischer Qualität, nicht einmal im Bereich sogenannter Zweckkunst. Die Errichtung von Bauten dürfte in Deutschland seit Jahrhunderten nicht so dringlich gewesen sein wie nach dem zweiten Weltkrieg. Trotzdem ist die deutsche Nachkriegsarchitektur erbärmlich. Voltaires Gleichung von vrai besoin und vrai plaisir gilt ästhetisch nicht; der Rang von Kunstwerken kann sinnvoll auf gesellschaftliches Bedürfnis bezogen werden nur vermittelt durch eine Theorie der Gesamtgesellschaft, nicht nach dem, was Bevölkerungen gerade brauchen und was ihnen eben darum um so leichter aufzunötigen ist.

Eines der Momente von Kitsch, die als Definition sich anbieten, wäre die Vortäuschung nicht vorhandener Gefühle und damit deren Neutralisierung sowohl wie die des ästhetischen Phänomens. Kitsch wäre die Kunst, die nicht ernst genommen werden kann oder will und die doch durch ihr Erscheinen ästhetischen Ernst postuliert. Aber so sehr das einleuchtet, es reicht nicht aus, und dabei ist keineswegs bloß an all den schnöden, unsentimentalen Kitsch zu denken. Gefühl sei vorgetäuscht; doch das Gefühl wessen? Das des Autors? Aber das ist weder zu rekonstruieren, noch die Adäquanz daran ein Kriterium. Jede ästhetische Objektivation weicht von der unmittelbaren Regung ab. Das derer, denen er es wie auch immer in den Mund legt? Das ist allemal so fiktiv wie die personae dramatis selber. Man müßte wohl, damit jene Definition sinnvoll werde, den Ausdruck des Kunstwerks an sich als index veri et falsi betrachten; über dessen Authentizität jedoch zu befinden, führt zu derart endlosen Komplikationen – die geschichtliche Veränderung des Wahrheitsgehalts von Ausdrucksmitteln ist eine von ihnen –, daß nur kasuistisch zu entscheiden wäre und auch das nicht ohne allen Zweifel. Kitsch ist sowohl von Kunst qualitativ verschieden wie deren Wucherung, präformiert in dem Widerspruch, daß autonome Kunst über die mimetischen Impulse verfügen muß, die solcher Verfügung entgegen sind. Durchs Kunstwerk widerfährt ihnen bereits das Unrecht, das in der Abschaffung von Kunst und ihrem Ersatz durch Schemata der Fiktion sich vollendet. Nichts ist von der Kritik am Kitsch nachzulassen, aber sie greift über auf Kunst als solche. Auflehnung gegen ihre apriorische Affinität zum Kitsch war eines ihrer wesentlichen Entwicklungsgesetze in ihrer jüngeren Geschichte. Es hat teil am Verfall der Werke. Was Kunst war, kann Kitsch werden. Vielleicht ist diese Verfallsgeschichte, eine der Berichtigung von Kunst, ihr wahrer Fortschritt.

Angesichts der zutage liegenden Abhängigkeit der Mode vom Profitinteresse und ihrer Verfilzung mit dem kapitalistischen Betrieb, die – etwa im Kunsthandel, der Maler finanziert, dafür aber neuerdings offen oder versteckt verlangt, daß sie abliefern, was nach ihrer marktgängigen Manier von ihnen erwartet wird – in sogenannte künstlerische Moden hineinreicht und Autonomie unmittelbar bricht, ist Mode in der Kunst ebenso anfechtbar wie der Eifer ideologischer Agenten, welche Apologie in Reklame umfunktionieren. Wohl jedoch reizt zu ihrer Rettung, daß sie, die ihre Komplizität mit dem Profitsystem kaum verleugnet, vom Profitsystem geschmäht wird. Indem sie ästhetische Tabus wie das von Innerlichkeit, Zeitlosigkeit, Tiefe suspendiert, ist an ihr abzulesen, wie die Beziehung der Kunst auf jene Güter, die keineswegs über allem Zweifel sind, zum Vorwand erniedrigt wurde. Mode ist das permanente Eingeständnis der Kunst, daß sie nicht ist, was sie zu sein vorgibt und was sie ihrer Idee nach sein muß. Als indiskreter Verräter ist sie ebenso verhaßt wie im Betrieb mächtig; ihr Doppelcharakter krasses Symptom ihrer Antinomik. Von der Kunst läßt sie nicht derart säuberlich sich abheben, wie es der bürgerlichen Kunstreligion genehm wäre. Seitdem das ästhetische Subjekt polemisch von der Gesellschaft und deren vorwaltendem Geist sich abgespalten hat, kommuniziert Kunst mit solchem wie immer auch unwahren objektiven Geist durch Mode. Wohl kommen dieser nicht länger die Unwillkürlichkeit und Unbewußtheit zu, die man, wahrscheinlich bereits zu Unrecht, früheren Moden zutraut: sie ist gänzlich manipuliert, keine unmittelbare Anpassung an die Nachfrage, die freilich in ihr sich sedimentierte und ohne deren Consens selbst heute keine Mode wohl sich durchsetzte. Weil indessen Manipulation im Zeitalter der großen Monopole ihrerseits Prototyp der herrschenden gesellschaftlichen Produktionsverhältnisse ist, repräsentiert auch der Octroi der Mode ein gesellschaftlich Objektives. Definierte Hegel, an einer der großartigsten Stellen der Ästhetik, es als Aufgabe der Kunst, das Fremde zuzueignen[1], so rezipiert Mode, an der Möglichkeit solcher Versöhnung im Geist irre geworden, Entfremdung selbst. Sie wird ihr zum leibhaften Modell eines gesellschaftlichen So-und-nicht-anders-Seins, dem sie wie im Rausch sich preisgibt. Kunst muß, will sie nicht sich ausverkaufen, der Mode widerstehen, aber auch sie innervieren, um nicht gegen den Weltlauf, ihren eigenen Sachgehalt, sich blind zu machen. Dies Doppelverhältnis zur Mode hat, in seiner lyrischen Produktion wie in der Reflexion, Baudelaire erstmals praktiziert. Seine Lobrede auf Constantin Guys[2] ist dafür das eindringlichste Zeugnis. Der Künstler der vie moderne ist ihm der, welcher seiner mächtig bleibt, indem er ans ganz Ephemere

---

[1] *Vgl. den Nachweis oben, S. 124, Anm. 39, (Anm. d. Hrsg.)*
[2] Vgl. Charles Baudelaire, Le Peintre de la vie moderne, in: Œuvres complètes, a. a. O., S. 1153 ff.

sich verliert. Sogar der erste Künstler obersten Ranges, der Kommunikation verwarf, hat der Mode nicht sich gesperrt: von Rimbaud existiert mehr als ein Gedicht im Ton der Pariser literarischen Kabaretts. Radikal oppositionelle Kunst, die rücksichtslos vom ihr Heterogenen sich lossagte, attackierte in ihrer Rücksichtslosigkeit auch die Fiktion des rein fürsichseienden Subjekts, die fatale Illusion einer nur sich selbst verpflichteten Aufrichtigkeit, die meist provinziellen Pharisäismus cachiert. Im Zeitalter der ansteigenden Ohnmacht des subjektiven Geistes gegenüber der gesellschaftlichen Objektivität meldet Mode deren Überschuß im subjektiven Geist an, diesem schmerzhaft fremd, aber Korrektiv der Illusion, er bestünde rein in sich. Mode hat gegen ihre Verächter als Stärkstes anzuführen, daß sie an der triftigen, mit Geschichte gesättigten individuellen Regung partizipiert; paradigmatisch im Jugendstil, der paradoxen Allgemeinheit eines Stils der Einsamkeit. Die Verachtung der Mode aber wird provoziert von ihrem erotischen Moment, in dem sie die Kunst dessen gemahnt, was zu sublimieren ihr nie ganz gelang. Durch Mode schläft Kunst mit dem, was sie sich versagen muß und zieht daraus Kräfte, die unter der Versagung, ohne die sie doch nicht wäre, verkümmern. Kunst, als Schein, ist Kleid eines unsichtbaren Körpers. So ist Mode Kleid als Absolutes. Darin verstehen sich beide. Heillos der Begriff der Modeströmung – sprachlich gehören Mode und Moderne zusammen –; was unter ihrem Namen in der Kunst diffamiert ward, enthielt meist mehr Wahrheit, als was sich unberührt aufspielt und damit einen Mangel an Nerven offenbart, der künstlerisch disqualifiziert.

Spiel ist im Begriff der Kunst das Moment, wodurch sie unmittelbar über die Unmittelbarkeit der Praxis und ihrer Zwecke sich erhebt. Es ist aber zugleich nach rückwärts gestaut, in die Kindheit, wo nicht die Tierheit. Im Spiel regrediert Kunst, durch ihre Absage an die Zweckrationalität, zugleich hinter diese. Die geschichtliche Nötigung, daß Kunst mündig werde, arbeitet ihrem Spielcharakter entgegen, ohne seiner doch ganz ledig zu werden; der pure Rückgriff auf Spielformen dagegen steht regelmäßig im Dienst restaurativer oder archaistischer gesellschaftlicher Tendenzen. Spielformen sind ausnahmslos solche von Wiederholung.

Wo sie positiv bemüht werden, sind sie verkoppelt mit dem Wiederholungszwang, dem sie sich adaptieren und den sie als Norm sanktionieren. Im spezifischen Spielcharakter verbündet sich Kunst, schroff der Schillerschen Ideologie entgegengesetzt, mit Unfreiheit. Damit gerät ein Kunstfeindliches in sie hinein; die jüngste Entkunstung der Kunst bedient sich versteckt des Spielmoments auf Kosten aller anderen. Feiert Schiller den Spieltrieb seiner Zweckfreiheit wegen als das eigentlich Humane, so erklärt er, loyaler Bürger, das Gegenteil von Freiheit zur Freiheit, einig mit der Philosophie seiner Epoche. Das Verhältnis des Spiels zur Praxis ist komplexer als in Schillers Ästhetischer Erziehung. Während alle Kunst einst praktische Momente sublimiert, heftet sich, was Spiel ist in ihr, durch Neutralisierung von Praxis gerade an deren Bann, die Nötigung zum Immergleichen, und deutet den Gehorsam in psychologischer Anlehnung an den Todestrieb in Glück um. Spiel in der Kunst ist von Anbeginn disziplinär, vollstreckt das Tabu über den Ausdruck im Ritual der Nachahmung; wo Kunst ganz und gar spielt, ist vom Ausdruck nichts übrig. Insgeheim ist Spiel in Komplizität mit dem Schicksal, Repräsentant des mythisch Lastenden, das Kunst abschütteln möchte; in Formeln wie der vom Rhythmus des Bluts, die man so gern für den Tanz als Spielform verwendete, ist der repressive Aspekt offenbar. Sind die Glücksspiele das Gegenteil von Kunst, so reichen sie als Spielformen in diese hinein. Der vorgebliche Spieltrieb ist seit je fusioniert mit der Vorherrschaft blinder Kollektivität. Nur wo Spiel des eigenen Grauens innewird, wie bei Beckett, partizipiert es in Kunst irgend an Versöhnung. Ist Kunst so wenig ganz ohne Spiel denkbar wie ganz ohne Wiederholung, so vermag sie doch den furchtbaren Rest in sich als negativ zu bestimmen.

Das berühmte Werk »Homo ludens« von Huizinga rückte neuerlich die Kategorie des Spiels ins Zentrum der Ästhetik, und nicht in ihres allein: Kultur entstehe als Spiel. »Mit dem Ausdruck ›Spielelement der Kultur‹ ist ... nicht gemeint, daß unter den verschiedenen Betätigungen des Kulturlebens den Spielen eine wichtige Stelle vorbehalten ist, auch nicht, daß Kultur durch einen Entwicklungsprozeß aus Spiel hervorgeht, in der Weise, daß etwas, was ursprünglich Spiel war, später in etwas übergegangen wäre, was nicht mehr Spiel ist und nun Kultur genannt werden kann. [Es] soll vielmehr gezeigt werden, ... daß Kultur anfänglich gespielt wird.«[1] Huizingas These unterliegt prinzipiell der Kritik an der Bestimmung von Kunst durch ihren Ursprung. Gleichwohl hat sein Theorem ein Wahres und ein Unwahres. Faßt man den Begriff des Spiels so abstrakt wie er, so nennt er wenig Spezifischeres als Verhaltensweisen, die von selbsterhaltender Praxis wie immer auch sich entfernen. Ihm entgeht, wie sehr gerade das Spielmoment der Kunst Nachbild von Praxis ist, zu viel höherem Grad als das des Scheins. Tun in jeglichem Spiel ist eine inhaltlich der Beziehung auf Zwecke entäußerte, der Form, dem eigenen Vollzug nach jedoch festgehaltene Praxis. Das Wiederholungsmoment im Spiel ist das Nachbild unfreier Arbeit, so wie die außerkünstlerisch dominierende Gestalt des Spiels, der Sport, an praktische Verrichtungen gemahnt und die Funktion erfüllt, Menschen auf die Anforderungen der Praxis, vor allem durch reaktive Umfunktionierung physischer Unlust in sekundäre Lust, unablässig zu gewöhnen, ohne daß sie die Kontrebande von Praxis bemerkten. Huizingas Lehre, der Mensch spiele nicht nur mit der Sprache, sondern diese selbst entstehe als Spiel, ignoriert einigermaßen souverän die praktischen Nötigungen, die in der Sprache enthalten sind und deren sie spät erst, wenn überhaupt, sich entledigt. Übrigens konvergiert Huizingas Sprachtheorie merkwürdig mit der Wittgensteinschen; auch er verkennt das konstitutive Verhältnis der Sprache zum Außersprachlichen. Trotzdem führt Huizingas Spieltheorie ihn zu Einsichten, die den magisch praktizistischen wie den religiös metaphysischen Reduktionen der Kunst versperrt sind. Er hat die ästhetischen Verhaltensweisen, die er unter dem Namen des Spiels zusammenfaßt, von den Subjekten her als wahr und unwahr zugleich erkannt. Das verhilft ihm zu einer ungemein eindringlichen Lehre vom Humor: »Man möchte sich ... fragen, ob nicht auch für den Wilden von Anfang an mit seinem Glauben an seine heiligsten Mythen ein gewisses Element von humoristischer Auffassung verbunden ist.«[2] »Ein halb scherzendes Element ist vom echten Mythus

---

[1] Johan Huizinga, Homo ludens. Vom Ursprung der Kultur im Spiel, übertr. von H. Nachod, Reinbek 1969, S. 51.
[2] A. a. O., S. 127.

nicht zu trennen.«³ Die religiösen Feste der Wilden sind nicht die »einer vollkommenen Verzückung und Illusion... Ein hintergründiges Bewußtsein von ›Nichtechtsein‹ fehlt nicht«⁴. »Ob man nun Zauberer oder Bezauberter ist, man ist selbst zugleich wissend und betrogen. Aber man will der Betrogene sein.«⁵ Unter diesem Aspekt, dem Bewußtsein der Unwahrheit des Wahren, partizipiert jegliche Kunst am Humor und vollends die verfinsterte Moderne; Thomas Mann hat das an Kafka betont⁶, bei Beckett liegt es auf der Hand. Huizinga formuliert: »In dem Begriff Spiel selbst wird die Einheit und Untrennbarkeit von Glauben und Nicht-Glauben, die Verbindung von heiligem Ernst mit Anstellerei und ›Spaß‹ am besten begriffen.«⁷ Das damit vom Spiel Prädizierte gilt wohl von jeglicher Kunst. Hinfällig dagegen ist Huizingas Interpretation von der ›Hermetik des Spiels‹, die zudem mit seiner eigenen dialektischen Definition des Spiels als Einheit des ›Glaubens und Nicht-Glaubens‹ kollidiert. Seine Insistenz auf einer Einheit, in der schließlich die Spiele von Tieren, Kindern, Wilden und Künstlern nur graduell, nicht qualitativ sich unterscheiden sollen, betäubt das Bewußtsein von der Widersprüchlichkeit der Theorie und bleibt hinter Huizingas eigener Erkenntnis vom ästhetisch konstitutiven Wesen des Widerspruchs zurück.

Ad surrealistischer Schock und Montage. – Das Paradoxale, daß, was in der rationalisierten Welt geschieht, gleichwohl Geschichte hat, schockiert nicht zuletzt darum, weil vermöge ihrer Geschichtlichkeit die kapitalistische ratio als selber irrational sich entblößt. Mit Schrecken wird das Sensorium der Irrationalität des Rationalen inne.

Praxis wäre Inbegriff von Mitteln, die Lebensnot herabzusetzen, eines mit Genuß, Glück und der Autonomie, in welcher jene sich

---

3 A. a. O., S. 140.
4 A. a. O., S. 29.
5 A. a. O., S. 30.
6 Vgl. Thomas Mann, Altes und Neues. Kleine Prosa aus fünf Jahrzehnten, Frankfurt a. M. 1953, S. 556 ff.
7 Johan Huizinga, a. a. O., S. 31.

sublimieren. Das wird vom Praktizismus coupiert, er läßt, nach der gängigen Redewendung, zum Genuß nicht kommen, analog zum Willen einer Gesellschaft, in der das Ideal von Vollbeschäftigung das der Abschaffung von Arbeit substituiert. Der Rationalismus einer Gesinnung, die es sich verbietet, über Praxis als Zweck-Mittel-Relation hinauszublicken und sie ihrem Zweck zu konfrontieren, ist irrationalistisch. Auch Praxis partizipiert am Fetischcharakter. Das widerspricht ihrem Begriff, notwendig dem eines Für anderes, das ihr verblaßt, sobald sie verabsolutiert wird. Dies Andere ist das Kraftzentrum der Kunst gleich der Theorie. Die Irrationalität, deren der Praktizismus jene zeiht, ist das Korrektiv seiner eigenen.

Das Verhältnis von Kunst und Gesellschaft hat seinen Ort in ihrem Ansatz und dessen Entfaltung, nicht in unmittelbarer Parteinahme, im heute so genannten Engagement. Vergeblich auch der Versuch, jenes Verhältnis theoretisch derart zu fassen, daß man nicht konformistische Stellungnahmen der Kunst die Geschichte hindurch invariant konstruiert und den affirmativen entgegensetzt. Nicht fehlt es an Kunstwerken, die nur gewalttätig einer ohnehin brüchigen nonkonformistischen Tradition einzugliedern wären, und deren Objektivität gleichwohl tief kritisch zur Gesellschaft steht.

Der heute mit ebensoviel Geläufigkeit wie Ressentiment propagierte Untergang der Kunst wäre falsch, ein Stück Anpassung. Die Entsublimierung, der unmittelbare, momentane Lustgewinn, den Kunst soll bereiten können, ist innerästhetisch unter der Kunst, real jedoch kann er nicht gewähren, was davon erwartet wird. Die neuerdings bezogene Position von Unbildung aus Bildung, der Enthusiasmus für die Schönheit der Straßenschlachten ist eine Reprise futuristischer und dadaistischer Aktionen. Schlechter Ästhetizismus kurzatmiger Politik ist komplementär zum Erschlaffen ästhetischer Kraft. Mit der Empfehlung von Jazz und Rock and Roll anstelle von Beethoven wird nicht die affirmative Lüge der Kultur demontiert sondern der Barbarei und dem Profitinteresse der Kulturindustrie ein Vorwand geliefert. Die vorgeblichen vitalen, unverschandelten Qualitäten solcher Produkte sind synthetisch von eben jenen Mächten aufbereitet, denen angeblich die große Weigerung gilt: erst recht verschandelt.

Die These vom bevorstehenden oder schon erreichten Ende der Kunst wiederholt sich die Geschichte hindurch, vollends seit der Moderne; Hegel reflektiert jene These philosophisch, ist nicht ihr Erfinder. Während sie heute anti-ideologisch sich gebärdet, war sie bis letzthin die Ideologie der geschichtlich niedergehenden Gruppen, denen ihr Ende das aller Dinge dünkte. Den Umschlagspunkt markiert wohl der kommunistische Bannfluch über die Moderne, der die immanent ästhetische Bewegung im Namen von gesellschaftlichem Progreß sistierte; das Bewußtsein der Apparatschiks aber, die darauf verfielen, war das alte kleinbürgerliche. Regelmäßig wird die Rede vom Ende der Kunst an dialektischen Knotenstellen laut, dort, wo jäh eine neue Gestalt hervortritt, polemisch gegen die vorhergehende. Seit Hegel bildete die Untergangsprophezeiung eher ein Bestandstück der von oben her aburteilenden Kulturphilosophie als der künstlerischen Erfahrung; im Dekretorischen bereitete die totalitäre Maßnahme sich vor. Innerhalb der Kunst sieht es stets anders aus. Der Beckettsche Punkt, fürs Geheul der Kulturphilosophie das non plus ultra, enthält in sich gleich dem Atom unendliche Fülle. Nicht undenkbar, daß die Menschheit der in sich geschlossenen, immanenten Kultur nicht mehr bedarf, wenn sie einmal verwirklicht ist, heute droht falsche Abschaffung der Kultur, ein Vehikel von Barbarei. Das »Il faut continuer«, der Schluß des Innommable, bringt die Antinomie auf die Formel, daß Kunst von außen her unmöglich erscheint und immanent fortgesetzt werden muß. Neu ist die Qualität, daß Kunst ihren Untergang sich einverleibt; als Kritik herrschaftlichen Geistes ist sie der Geist, der gegen sich selbst sich zu wenden vermag. Die Selbstreflexion der Kunst erreicht deren Ansatz und konkretisiert sich in ihr. Der politische Stellenwert jedoch, den die These vom Ende der Kunst vor dreißig Jahren, indirekt etwa in Benjamins Reproduktionstheorie[1], besaß, ist dahin; übrigens hatte Benjamin,

1 Vgl. Walter Benjamin, Schriften, a. a. O., Bd. 1, S. 366 ff.

im Gespräch, sich geweigert, trotz seines desperaten Plädoyers für die mechanische Reproduktion, Malerei heute zu verwerfen: ihre Tradition sei festzuhalten, um für andere als die finsteren Zeiten aufbewahrt zu werden. Trotzdem mag es angesichts der drohenden Umfunktionierung in Barbarei der Kunst immer noch eher anstehen, stumm innezuhalten als zum Feind überzulaufen und einer Entwicklung beizuspringen, die der Einordnung ins Bestehende um seiner Übermacht willen gleichkommt. Das Pseudos des von Intellektuellen proklamierten Endes der Kunst liegt in der Frage nach ihrem Wozu, ihrer Legitimation vor der Praxis jetzt und hier. Aber die Funktion der Kunst in der gänzlich funktionalen Welt ist ihre Funktionslosigkeit; purer Aberglaube, sie vermöchte direkt einzugreifen oder zum Eingriff zu veranlassen. Instrumentalisierung von Kunst sabotiert ihren Einspruch gegen Instrumentalisierung; einzig wo Kunst ihre Immanenz achtet, überführt sie die praktische Vernunft ihrer Unvernunft. Gegen das tatsächlich hoffnungslos veraltete Prinzip l'art pour l'art wendet sie sich nicht durch Zession an die ihr auswendigen Zwecke, sondern indem sie abläßt von der Illusion eines reinen Reichs der Schönheit, das rasch als Kitsch sich decouvriert. In bestimmter Negation rezipiert sie die membra disiecta der Empirie, in der sie ihre Stätte hat, und versammelt sie durch ihre Transformation zu dem Wesen, welches das Unwesen ist; so interpretierte Baudelaire die Parole l'art pour l'art, als er sie ausgab. Wie wenig die Abschaffung der Kunst an der Zeit ist, zeigt sich an ihren konkret offenen, vielfach wie unter einem Bann unbegangenen Möglichkeiten. Auch wo Kunst aus Protest frei sich geriert, bleibt sie unfrei, noch der Protest wird kanalisiert. Freilich wäre faul apologetisch die Beteuerung, kein Ende sei abzusehen. Die adäquate Haltung von Kunst wäre die mit geschlossenen Augen und zusammengebissenen Zähnen.

Die Abdichtung des Kunstwerks gegen die empirische Realität ist zum ausdrücklichen Programm geworden in der hermetischen Dichtung. Angesichts eines jeden ihrer Gebilde von Qualität – gedacht ist an Celan – dürfte die Frage erlaubt sein, wieweit sie tatsächlich hermetisch sind; ihre Abgeschlossenheit ist, nach einer Bemerkung von Peter Szondi, nicht eins mit Unverständlichkeit.

Statt dessen wäre ein Zusammenhang hermetischer Dichtung mit sozialen Momenten zu unterstellen. Das verdinglichte Bewußtsein, das mit der Integration der hochindustrialisierten Gesellschaft in ihren Mitgliedern sich integriert, ist unfähig zur Rezeption des Wesentlichen an den Dichtungen zugunsten ihrer Stoffgehalte und angeblichen Informationswerte. Künstlerisch zu erreichen sind die Menschen überhaupt nur noch durch den Schock, der dem einen Schlag erteilt, was die pseudowissenschaftliche Ideologie Kommunikation nennt; Kunst ihrerseits ist integer einzig, wo sie bei der Kommunikation nicht mitspielt. Unmittelbar motiviert freilich wird das hermetische Verfahren durch den zunehmenden Zwang, das Gedichtete vom Stoffgehalt und von den Intentionen abzuheben. Dieser Zwang hat von der Reflexion auf die Dichtung übergegriffen: sie versucht das, um dessentwillen sie da ist, in die eigene Gewalt zu nehmen, und das ist zugleich ihrem immanenten Bewegungsgesetz gemäß. Man mag die hermetische Dichtung, deren Konzeption in die Periode des Jugendstils fällt und einiges mit dem dort zuständigen Begriff des Stilwillens teilt, als diejenige ansehen, die von sich aus herzustellen sich anschickt, was sonst erst geschichtlich als das Gedichtete aus ihr hervortritt, mit einem Moment des Schimärischen darin, der Verwandlung des emphatischen Gehalts in Intention. In der hermetischen Dichtung wird thematisch, von ihr selbst behandelt, was früher in Kunst geschehen mochte, ohne daß sie darauf sich gerichtet hätte: insofern ist die Valérysche Wechselwirkung zwischen der künstlerischen Produktion und der Selbstreflexion des Produktionsvorgangs bereits in Mallarmé präformiert. Er war der Utopie einer alles Kunstfremden sich entäußernden Kunst zuliebe apolitisch und darum extrem konservativ. Aber in der Verweigerung der heute von allen Konservativen salbungsvoll gepredigten Aussage berührte er sich mit dem politischen Gegenpol, dem Dadaismus; an literargeschichtlichen Zwischengliedern fehlt es nicht. Seit Mallarmé hat die hermetische Dichtung in ihrer mehr als achtzigjährigen Geschichte sich verändert, auch als Reflex auf die gesellschaftliche Tendenz: die Phrase vom elfenbeinernen Turm reicht an die fensterlosen Gebilde nicht heran. Die Anfänge waren nicht frei vom borniertten und verzweifelten Überschwang jener Kunstreligion, die sich einredet, die Welt sei um eines schönen Verses oder einer vollkommenen Satzperiode willen geschaffen worden. Im bedeutendsten Repräsentanten hermetischer Dichtung der zeitgenössischen deutschen Lyrik, Paul Celan, hat der Erfahrungsgehalt des Hermetischen sich umgekehrt. Diese Lyrik ist durchdrungen von der Scham der Kunst angesichts des wie der Erfahrung so der Sublimierung sich entziehenden Leids. Celans Gedichte wollen das äußerste Entsetzen durch Verschweigen sagen. Ihr Wahrheitsgehalt selbst wird ein Negatives. Sie ahmen eine Sprache unterhalb der hilflosen der Menschen, ja aller organischen nach, die des Toten von Stein und Stern. Beseitigt werden die letzten Rudimente des Organischen; zu sich selbst kommt, was Benjamin an Baudelaire damit bezeichnete, daß dessen Lyrik eine ohne Aura sei. Die unendliche Diskretion, mit der Celans Radikalismus verfährt, wächst seiner Kraft zu. Die Sprache des Leblosen wird zum letzten Trost über den jeglichen Sinnes verlustigen Tod. Der Übergang ins Anorganische ist nicht nur an Stoffmotiven zu verfolgen, sondern in den geschlossenen Gebilden die Bahn vom Entsetzen zum Verstummen nachzukonstruieren. Entfernt analog dazu, wie Kafka mit der expressionistischen Malerei verfuhr, transponiert Celan die Entgegenständlichung der Landschaft, die sie Anorganischem nähert, in sprachliche Vorgänge.

Was als realistische Kunst firmiert, injiziert dadurch, daß es als Kunst auftritt, der Realität Sinn, die illusionslos abzubilden solche Kunst sich anheischig macht. Das ist angesichts der Realität vorweg ideologisch. Die Unmöglichkeit von Realismus heute ist nicht bloß innerästhetisch sondern ebenso aus der geschichtlichen Konstellation von Kunst und Realität zu folgern.

Vorrang des Objekts und ästhetischer Realismus sind heute fast kontradiktorisch einander entgegengesetzt, und zwar nach realistischem Maß: Beckett ist realistischer als die sozialistischen Realisten, welche durch ihr Prinzip die Wirklichkeit verfälschen. Nähmen sie diese streng genug, so näherten sie sich dem, was Lukács verdammt, der während der Tage seiner Haft in Rumänien geäußert haben soll, nun wisse er, daß Kafka ein realistischer Schriftsteller sei.

Der Vorrang des Objekts ist nicht zu verwirren mit Versuchen, Kunst aus ihrer subjektiven Vermittlung herauszubrechen und ihr Objektivität von außen her zu infiltrieren. Kunst ist die Probe auf das Verbot positiver Negation: daß die Negation des Negativen nicht das Positive, nicht die Versöhnung mit einem selber unversöhnten Objekt sei.

Daß der Inbegriff von Verboten einen Kanon des Richtigen impliziere, scheint unvereinbar mit der philosophischen Kritik am Begriff der Negation der Negation als eines Positiven[1], aber dieser Begriff bedeutet in der philosophischen Theorie, und der von ihr gedeckten gesellschaftlichen Praxis, Sabotage an der negativen Arbeit des Verstandes. Sie wird im idealistischen Schema von Dialektik zur Beschränktheit der Antithesis, durch deren eigene Kritik die Thesis auf höherer Stufe sich legitimieren soll. Wohl sind auch nach dieser Dimension Kunst und Theorie nicht absolut verschieden. Sobald Idiosynkrasien, die ästhetischen Statthalter von Negation, zu positiven Regeln erhoben werden, erstarren sie dem bestimmten Kunstwerk und der künstlerischen Erfahrung gegenüber zu einiger Abstraktheit, subsumieren auf Kosten des Ineinander der Momente des Kunstwerks diese mechanisch. Leicht nehmen avancierte Mittel durch Kanonisierung etwas Restauratives an und verbinden sich mit Strukturmomenten, gegen welche die gleichen Idiosynkrasien sich sträubten, die nun Regeln geworden sind. Hängt alles in der Kunst an der Nuance, so auch an der zwischen Verbot und Gebot. Der spekulative Idealismus, der zur Hegelschen Lehre von der positiven Negation führte, dürfte die Idee absoluter Identität den Kunstwerken entlehnt haben. Diese können tatsächlich ihrem Ökonomieprinzip nach und als hergestellte weit stimmiger in sich, im logischen Verstande positiver sein als die Theorie, die unmittelbar auf Wirkliches geht. Erst im Fortgang der Reflexion erweist sich das Identitätsprinzip auch im Kunstwerk als illusionär, weil Anderes Konstituens seiner Autonomie ist; insofern freilich kennen auch die Kunstwerke keine positive Negation.

---

1 Vgl. Theodor W. Adorno, Negative Dialektik, a. a. O., S. 159 ff.

Vorrang des Objekts heißt im ästhetischen Gebilde der der Sache selbst, des Kunstwerks, über den Hervorbringenden wie über den Empfangenden. »Ich male doch ein Bild, nicht einen Stuhl«, meinte Schönberg. Durch diesen immanenten Vorrang ist ästhetisch der auswendige vermittelt; unmittelbar, als der des jeweils aus der Welt Dargestellten umginge er den Doppelcharakter der Kunst. Im Kunstwerk gewinnt auch der Begriff der positiven Negation anderen Sinn als draußen: ästhetisch kann von solcher Positivität so weit die Rede sein, wie der Kanon historisch fälliger Verbote dem Vorrang des Objekts als der Stimmigkeit des Werkes dient.

Kunstwerke stellen die Widersprüche als Ganzes, den antagonistischen Zustand als Totalität vor. Nur durch deren Vermittlung, nicht durch direkten parti pris sind sie fähig, den antagonistischen Zustand durch Ausdruck zu transzendieren. Die objektiven Widersprüche durchfurchen das Subjekt; sind nicht von diesem gesetzt, nicht aus seinem Bewußtsein hervorgebracht. Das ist der wahre Vorrang des Objekts in der inneren Zusammensetzung der Kunstwerke. Nur darum vermag das Subjekt im ästhetischen Objekt fruchtbar zu verlöschen, weil es seinerseits durchs Objekt vermittelt ist und unmittelbar zugleich als das leidende des Ausdrucks. Artikuliert werden die Antagonismen technisch: in der immanenten Komposition des Werkes, die der Interpretation durchlässig ist auf Spannungsverhältnisse außerhalb. Die Spannungen werden nicht abgebildet sondern formieren die Sache; das allein macht den ästhetischen Formbegriff aus.

Selbst in einer legendären besseren Zukunft dürfte Kunst die Erinnerung ans akkumulierte Grauen nicht verleugnen; sonst würde ihre Form nichtig.

Theorien über den Ursprung der Kunst

Exkurs

Versuche, Ästhetik aus dem Ursprung der Kunst als ihrem Wesen zu begründen, enttäuschen notwendig[1]. Wird der Begriff des Ursprungs jenseits der Geschichte angesiedelt, so verfließt die Frage danach mit solchen ontologischen Stils, weitab von jenem Boden fester Sachhaltigkeit, den das Prestigewort Ursprung als Assoziation mit sich führt; überdies vergeht die Rede vom Ursprung, bar ihres zeitlichen Elements, sich gegen den einfachen Wortsinn, den Ursprungsphilosophen zu vernehmen behaupten. Kunst aber historisch, auf ihren vor- oder frühgeschichtlichen Ursprung zu reduzieren, verbietet ihr Charakter, der des Gewordenen. Weder sind die frühesten überlieferten Zeugnisse von Kunst die authentischesten, noch umschreiben sie irgend deren Umkreis, noch ist an ihnen am deutlichsten, was Kunst sei; eher trübt es sich in ihnen. Material fällt ins Gewicht, daß die älteste überlieferte Kunst, die Höhlenzeichnungen, allesamt dem optischen Bereich angehören. Wenig oder nichts über gleichzeitige Musik und Dichtung ist bekannt; es fehlen Hinweise auf Momente, die von der optischen Prähistorie qualitativ verschieden sein mögen. Von den Ästhetikern hat Croce, in Hegelschem Geist, als erster wohl die Frage nach dem geschichtlichen Ursprung der Kunst als ästhetisch irrelevant beurteilt: »Weil diese ›geistige‹ Aktivität ihr [sc. der Geschichte] Gegenstand ist, kann man an ihr erkennen, wie widersinnig es ist, sich das historische Problem des Ursprungs der Kunst zu stellen ... Wenn die Expression ein Form des Bewußtseins ist, wie kann man dann den historischen Ursprung von etwas suchen, das kein Produkt der Natur ist und das von der menschlichen Geschichte vorausgesetzt wird? Wie kann man die historische Genesis von dem aufzeigen, was eine Kategorie ist, kraft der man jede Genesis und

[1] Für kritische Übersicht über die einschlägigen Themen ist der Autor Fräulein Renate Wieland vom Philosophischen Seminar der Frankfurter Universität zu großem Dank verpflichtet.

jedes historische Faktum begreift?«² So richtig indessen die Intention, das Älteste nicht mit dem Begriff der Sache selbst zu konfundieren, die erst durch Entfaltung wird, was sie ist, so fragwürdig Croces Argumentation. Indem er Kunst umstandslos mit Ausdruck identifiziert, der ›von der menschlichen Geschichte vorausgesetzt‹ sei, wird ihm Kunst abermals zu dem, was sie der Geschichtsphilosophie am letzten sein dürfte, einer ›Kategorie‹, einer invarianten Form des Bewußtseins, der Form nach statisch, auch wenn Croce sie als solche als reine Aktivität oder Spontaneität vorstellt. Sein Idealismus nicht weniger als die Querverbindungen seiner Ästhetik zu Bergson verdunkeln ihm das konstitutive Verhältnis von Kunst zu dem, was sie nicht selber, was nicht reine Spontaneität des Subjekts ist; das beeinträchtigt seine Kritik an der Ursprungsfrage empfindlich. Die verzweigten empirischen Untersuchungen allerdings, die seitdem jener Frage sich zugewendet haben, veranlassen schwerlich zur Revision des Croceschen Verdikts. Allzu bequem ließe die Verantwortung dafür dem vordringenden Positivismus sich aufbürden, der, aus Angst vor der Widerlegung durchs nächste Faktum, einstimmige Theoriebildung nicht mehr wagt und die Ansammlung von Fakten mobilisiert, um zu beweisen, daß gediegene Wissenschaft Theorie großen Stils nicht länger dulde. Die Völkerkunde insbesondere, der nach geltender Arbeitsteilung die Interpretation prähistorischer Funde obliegt, ist durch die von Frobenius ausgehende Tendenz, alles archaisch Rätselhafte religiös zu erklären, auch wo die Funde gegen solche summarische Behandlung sich sträuben, eingeschüchtert. Trotzdem bezeugt das szientifische Verstummen der Ursprungsfrage, das der philosophischen Kritik an jener entspricht, keineswegs nur die Ohnmacht der Wissenschaft und den Terror positivistischer Tabus. Kennzeichnend der Pluralismus der Deutungen, auf welche auch die desillusionierte Wissenschaft nicht verzichten mag: so Melville J. Herskovits in »Man and His Work«³. Versagt sich die gegenwärtige Wissenschaft der monistischen Antwort auf die

---

2 Benedetto Croce, Aesthetik als Wissenschaft vom Ausdruck und allgemeine Sprachwissenschaft, übertr. von H. Feist und R. Peters, Tübingen 1930, S. 140.
3 Vgl. Melville J. Herskovits, Man and His Work, New York 1948.

Frage, woher Kunst komme, was sie ursprünglich gewesen und geblieben sei, so meldet darin ein Wahrheitsmoment sich an. Kunst als Einheit markiert eine sehr späte Stufe. Zweifel sind erlaubt, ob solche Integration nicht mehr eine im Begriff ist als durchaus eine der Sache, der jener gilt. Das Gezwungene etwa des heute unter Germanisten populären Wortes Sprachkunstwerk, das Dichtung, durch Vermittlung von Sprache, ohne Federlesen der Kunst subsumiert, weckt Verdacht gegen das Verfahren, obwohl Kunst fraglos im Zug des Aufklärungsprozesses sich vereinheitlichte. Die ältesten künstlerischen Äußerungen sind so diffus, daß es so schwierig wie müßig ist, zu entscheiden, was da als Kunst rangiere und was nicht. Auch späterhin hat Kunst dem Prozeß der Vereinheitlichung, in den sie einbezogen ist, stets zugleich widerstanden. Dagegen ist ihr eigener Begriff nicht gleichgültig. Was im Dämmer der Vorwelt zu verschwimmen scheint, ist vag nicht allein seiner Ferne wegen, sondern weil es etwas von jenem Vagen, dem Begriff Inadäquaten errettet, dem die fortschreitende Integration unermüdlich nach dem Leben trachtet. Nicht irrelevant vielleicht, das älteste Höhlenzeichnungen, denen man so gern Naturalismus attestiert, äußerste Treue gerade in der Darstellung von Bewegtem bewähren, als wollten sie bereits, was am Ende Valéry forderte, das Unbestimmte, nicht Dingfeste an den Dingen minutiös nachahmen[4]. Dann wäre ihr Impuls nicht der von Nachahmung, nicht naturalistisch gewesen sondern von Anbeginn Einspruch gegen die Verdinglichung. Mehrdeutigkeit ist nicht, oder nicht nur, der Beschränktheit von Erkenntnis zur Last zu legen; sie eignet vielmehr der Vorgeschichte selbst. Eindeutigkeit existiert erst, seitdem Subjektivität sich erhob.

Das sogenannte Ursprungsproblem hallt nach in der Kontroverse darüber, ob naturalistische Darstellungen oder symbolisch-geometrische Formen früher seien. Unausgesprochen steht dahinter doch wohl die Hoffnung, es könne danach über das ursprüngliche Wesen von Kunst geurteilt werden. Diese Hoffnung dürfte trügen. Arnold Hauser eröffnet die »Sozialgeschichte der Kunst« mit der These, im Paläolithikum sei der Naturalismus älter:

---

[4] Vgl. Paul Valéry, Œuvres, Bd. 2, a. a. O., S. 681.

»Die Denkmäler... weisen eindeutig... auf die Priorität des Naturalismus hin, so daß es immer schwieriger wird, die Doktrin von der Ursprünglichkeit der naturfernen, die Wirklichkeit stilisierenden Kunst aufrechtzuerhalten.«[5] Der polemische Oberton gegen die neuromantische Doktrin vom religiösen Ursprung ist nicht zu überhören. Sogleich aber wird die Naturalismusthese von dem bedeutenden Historiker selbst wiederum eingeschränkt. Die beiden üblicherweise einander kontrastierenden Grundthesen, die Hauser noch gebraucht, kritisiert er als anachronistisch: »Der Dualismus des Sichtbaren und des Unsichtbaren, des Gesehenen und des Gewußten bleibt ihr [sc. der paläolithischen Malerei] vollkommen fremd.«[6] Er erreicht die Einsicht in das Moment des Ungeschiedenen in frühester Kunst, auch der Ungeschiedenheit der Sphäre des Scheins von der Wirklichkeit[7]. An etwas wie der Priorität des Naturalismus hält er fest dank einer Theorie der Magie, welche die »wechselseitige Abhängigkeit der Ähnlichen«[8] lehrt. Ähnlichkeit ist ihm soviel wie Abbildlichkeit und diese übt praktischen Zauber aus. Danach trennt Hauser Magie scharf von Religion; jene diene einzig der direkten Lebensmittelbeschaffung. Solche schroffe Trennung freilich ist mit dem Theorem von der primären Ungetrenntheit schwer auf den gleichen Nenner zu bringen. Dafür hilft sie dazu, Abbildlichkeit an den Anfang zu rücken, obwohl andere Forscher wie Erik Holm die Hypothese der utilitaristisch-magischen Funktion des Abbilds bestreiten[9]. Demgegenüber vertritt Hauser: »Der paläolithische Jäger und Maler dachte in dem Bild das Ding selbst zu besitzen, mit der Abbildung Gewalt über das Abgebildete zu gewinnen.«[10] Dieser Auffassung dürfte mit Vorsicht auch Resch zuneigen[11]. Umgekehrt hält Katesa Schlosser für das auffälligste Charakteristikum der paläolithischen Darstellungsweise die Ab-

---

5 Arnold Hauser, Sozialgeschichte der Kunst und Literatur, 2. Aufl., München 1967, S. 1.
6 A. a. O., S. 3.
7 Vgl. a. a. O., S. 5.
8 A. a. O., S. 8.
9 Vgl. Erik Holm, Felskunst im südlichen Afrika, a. a. O., S. 196.
10 Arnold Hauser, a. a. O., S. 4.
11 Vgl. Walther F. E. Resch, a. a. O., S. 108 f.

weichung vom Naturvorbild; sie wird jedoch keinem ›archaischen Irrationalismus‹ zugerechnet sondern, eher im Sinn von Lorenz und Gehlen[12], als Ausdrucksform einer biologischen ratio interpretiert. Offenbar hält die These vom magischen Utilitarismus und Naturalismus angesichts des Materials so wenig stand wie die religionsphilosophische, der Holm noch anhängt. Der von ihm ausdrücklich benutzte Begriff des Symbolisierens postuliert bereits für die älteste Stufe jenen Dualismus, den Hauser erst dem Neolithikum zuschreibt. Der Dualismus diene ebenso der einheitlichen Organisation in der Kunst, wie in ihm die Struktur einer gegliederten, darum notwendig hierarchischen und institutionalistischen Gesellschaft erscheine; einer, in der bereits erzeugt wird. Während der gleichen Periode hätten Kultus und einheitlicher Formkanon sich ausgebildet und damit die Kunst in einen sakralen und einen profanen Bereich sich gespalten, in Idolplastik und dekorative Keramik. Parallel zu jener Konstruktion der eigentlich animistischen Phase läuft die des Präanimismus oder, wie die Wissenschaft heute lieber es nennt, der ›nicht sinnlichen Weltanschauung‹, die durch die ›Wesenseinheit alles Lebendigen‹ gekennzeichnet sei. Aber von der objektiven Undurchdringlichkeit der ältesten Phänomene prallt jene Konstruktion ab: ein Begriff wie Wesenseinheit supponiert bereits für die früheste Phase eine Spaltung von Form und Stoff oder schwankt wenigstens zwischen deren Annahme und der von Einheit. Schuld dürfte der Begriff von Einheit tragen. Sein gegenwärtiger Gebrauch läßt alles verschwimmen, auch das Verhältnis zwischen dem Einen und dem Vielen. In Wahrheit ist Einheit, wie die Philosophie erstmal im Platonischen Parmenidesdialog reflektierte, nur als eine von Vielem zu denken. Das Ungeschiedene der Vorzeit ist keine solche Einheit sondern diesseits der Dichotomie, in welcher Einheit, als polares Moment, einzig Sinn hat. Dadurch geraten auch Untersuchungen wie die von Fritz Krause über »Maske und Ahnenfigur« in Schwierigkeit. Ihm zufolge ist in den ältesten nicht animistischen Vorstellungen »die Form an das Stoffliche gebunden, ist nicht ablösbar vom Stoff.

---

12 Vgl. Konrad Lorenz, Die angeborenen Formen möglicher Erfahrung, in: Zeitschrift für Tierpsychologie, Bd. 5, S. 258; Arnold Gehlen, a. a. O., S. 69 ff.

Eine Änderung der Wesenheit ist deshalb nur möglich durch Änderung von Stoff *und* Form, durch völlige Verwandlung des Körpers. Daher die direkte Umwandlung der Wesen ineinander.«[13] Krause führt gegen den üblichen Symbolbegriff gewiß mit Recht aus, daß die Verwandlung in der Maskenzeremonie nicht symbolisch sondern, mit einem Terminus des Entwicklungspsychologen Heinz Werner, ein »Formungszauber«[14] sei. Für den Indianer sei die Maske nicht bloß der Dämon, dessen Kraft auf den Träger übergeht: der Träger selbst werde leibhaftig zum Dämon und, als Selbst, ausgelöscht[15]. Dagegen regt sich Zweifel: jedem Stammesangehörigen und auch dem Maskierten ist der Unterschied zwischen seinem eigenen Gesicht und der Maske unmittelbar evident und damit die Differenz, die nach der neuromantischen Konstruktion nicht spürbar sein soll. So wenig Gesicht und Maske eines sind, so wenig kann der Maskenträger leibhaft als Dämon wahrgenommen werden. Das Moment des Dissimulierens wohnt dem Phänomen inne, im Widerspruch zu Krauses Behauptung: weder die oft völlig stilisierte Form noch die teilhafte Bedeckung der Maskenträger beeinträchtige die Auffassung von der »Wesenswandlung des Trägers durch die Maske«[16]. Etwas vom Glauben an reale Verwandlung allerdings ist wohl ebenfalls im Phänomen, ähnlich wie Kinder beim Spielen nicht scharf zwischen sich und der gespielten Rolle distinguieren, aber in jedem Augenblick in die Realität zurückgerufen werden können. Auch der Ausdruck ist kaum ein Primäres, sondern geworden. Er dürfte aus dem Animismus hervorgegangen sein. Wo der Angehörige des Clans das Totemtier oder eine gefürchtete Gottheit imitiert, zu ihr sich macht, bildet sich der Ausdruck, ein Anderes als der Einzelne für sich ist. Während Ausdruck scheinbar zur Subjektivität rechnet, wohnt ihm, der Entäußerung, ebenso das Nichtich, wohl das Kollektiv inne. Indem das zum Ausdruck erwachende Subjekt dessen Sanktion sucht, ist

---

13 Vgl. Fritz Krause, a. a. O., S. 231.
14 Heinz Werner, Einführung in die Entwicklungspsychologie, Leipzig 1926, S. 269.
15 Vgl. Fritz Krause, a. a. O., S. 223 ff.
16 A. a. O., S. 224.

der Ausdruck bereits Zeugnis eines Risses. Erst mit der Verfestigung von Subjekt zum Selbstbewußtsein verselbständigt sich der Ausdruck zu dem eines solchen Subjekts, behält aber den Gestus des sich zu etwas Machens. Abbilden könnte als Verdinglichung dieser Verhaltensweise gedeutet werden, feind eben der Regung, welche der freilich seinerseits schon rudimentär objektivierte Ausdruck ist. Zugleich ist solche Verdinglichung durchs Abbild auch emanzipatorisch: sie hilft den Ausdruck befreien, indem sie ihn dem Subjekt verfügbar macht. Einmal waren die Menschen vielleicht ausdruckslos wie die Tiere, die nicht lachen und weinen, während doch ihre Gestalten objektiv etwas ausdrücken, ohne daß wohl die Tiere es verspürten. Daran erinnern die Gorilla-ähnlichen Masken, dann die Kunstwerke. Ausdruck, das naturhafte Moment der Kunst, ist als solches schon ein Anderes als bloß Natur. – Die überaus heterogenen Interpretationen werden ermöglicht von objektiver Mehrdeutigkeit. Noch daß in vorgeschichtlichen Kunstphänomenen heterogene Momente ineinander seien, ist eine anachronistische Redeweise. Eher dürften am Zwang, vom Bann des Diffusen sich zu befreien, zugleich mit festerer gesellschaftlicher Organisation Trennung und Einheit gleichermaßen entstanden sein. Einleuchtend das Résumé von Herskovits, demzufolge Entwicklungstheorien, welche die Kunst aus einem primär symbolischen oder realistischen ›Geltungsprinzip‹ herleiten, angesichts der widersprüchlichen Vielfalt der Erscheinungen von frühgeschichtlicher und primitiver Kunst nicht aufrecht zu erhalten seien. Der drastische Gegensatz zwischen primitivem Konventionalismus – gemeint sind die Stilisierungen – und paläolithischem Realismus isoliert jeweils einen Aspekt. In der Frühzeit so wenig wie bei den heute überlebenden Naturvölkern lasse generell die Vorherrschaft des einen oder anderen Prinzips sich erkennen. Die paläolithische Plastik sei zumeist extrem stilisiert, konträr zu den gleichzeitigen ›realistischen‹ Darstellungen der Höhlenmalerei; deren Realismus wiederum von heterogenen Elementen durchsetzt, Verkürzungen etwa, die weder perspektivisch noch symbolisch bestimmt sich deuten ließen. Ebenso komplex sei die Kunst der Primitiven heute; keineswegs verdrängten überaus stilisierte Formen realistische Elemente, zumal in der Plastik. Versenkung in die Ursprünge hält der ästhetischen Theorie verlockend typische Verfahrungsweisen vor Augen, um ihr sogleich wieder wegzunehmen, woran das moderne interpretatorische Bewußtsein festen Halt zu besitzen wähnt.

Ältere Kunst als die paläolithische ist nicht erhalten. Fraglos aber hebt Kunst nicht mit Werken an, mögen sie überwiegend magisch oder bereits ästhetisch sein. Die Höhlenzeichnungen sind Stufe eines Prozesses und keineswegs eine frühe. Den frühgeschichtlichen Bildern muß die mimetische Verhaltensweise vorausgegangen sein, das sich selbst einem Anderen Gleichmachen, nicht durchaus koinzidierend mit dem Aberglauben an direkte Einwirkung; hätte sich nicht ein Moment von Unterscheidung zwischen beidem über lange Zeiträume vorbereitet, so wären die frappierenden Züge autonomer Durchbildung an den Höhlenbildern unerklärlich. Hat die ästhetische Verhaltensweise, früher als alle Objektivation, sich aber sei's noch so unbestimmt von den magischen Praktiken einmal gesondert, so eignet ihr seitdem etwas vom Überrest, wie wenn die in die biologische Schicht zurückreichende, funktionslos gewordene Mimesis als eingeschliffene festgehalten würde, Präludium des Satzes, der Überbau wälze langsamer sich um als der Unterbau. In den Zügen eines von der Gesamtentwicklung Überholten trägt alle Kunst an einer verdächtigen Hypothek des nicht ganz Mitgekommen, Regressiven. Aber die ästhetische Verhaltensweise ist nicht durchaus rudimentär. In ihr, die in der Kunst konserviert wird und deren Kunst unabdingbar bedarf, versammelt sich, was seit undenklichen Zeiten von Zivilisation gewalttätig weggeschnitten, unterdrückt wurde samt dem Leiden der Menschen unter dem ihnen Abgezwungenen, das wohl schon in den primären Gestalten von Mimesis sich äußert. Jenes Moment ist nicht als irrational abzutun. Kunst ist seit ihren ältesten, irgend überlieferten Relikten zu tief mit Rationalität durchtränkt. Die Hartnäckigkeit des ästhetischen Verhaltens, die später von der Ideologie als ewige Naturanlage des Spieltriebs verherrlicht wurde, bezeugt eher, daß keine Rationalität bis heute die volle war, keine, die ungeschmälert den Menschen, ihrem Potential, gar der ›humanisierten Natur‹ zugute käme. Was nach den Kriterien herrschender Rationalität am ästhetischen Verhalten für irrational gilt, denunziert das partikulare Wesen jener ratio, die auf Mittel geht anstatt auf Zwecke. An diese und eine dem kategorialen Gefüge enthobene Objektivität erinnert Kunst. Daran hat sie ihre Rationalität, ihren Erkenntnischarakter. Ästhetische Verhaltensweise ist die Fähigkeit, mehr an den Dingen wahrzunehmen, als sie sind; der Blick, unter dem, was ist, in Bild sich verwandelt. Während diese Verhaltensweise mühelos vom Daseienden als inadäquat dementiert werden kann, wird es erfahrbar doch einzig in ihr. Eine letzte Ahnung von der Rationalität in der Mimesis verrät die Lehre des Platon vom Enthusiasmus als der Bedingung von Philosophie, von emphatischer Erkenntnis, so wie er es nicht nur theoretisch gefordert sondern an der entscheidenden Wendestelle des Phaidros dargestellt hat. Jene Platonische Lehre ist zum Bildungsgut herabgesunken, ohne ihren Wahrheitsgehalt einzubüßen. Ästhetisches Verhalten ist das ungeschwächte Korrektiv des mittlerweile zur Totalität sich aufspreizenden verdinglichten Bewußtseins. Das ans Licht Drängende, dem Bann sich Entringende der ästhetischen Verhaltensweise zeigt sich e contrario an Menschen, denen sie abgeht, den Amusischen. Ihr Studium müßte für die Analyse des ästhetischen Verhaltens unschätzbar sein. Selbst nach den Desideraten herrschender Rationalität sind sie keineswegs die Fortgeschritteneren und Entfalteten; nicht einfach solche, denen eine besondere und ersetzbare Eigenschaft abginge. Vielmehr sind sie in ihrer gesamten Komplexion deformiert bis ins Pathogene: konkretistisch. Wer geistig in Projektion sich erschöpft, ist ein Narr – Künstler müssen es keineswegs sein –; wer überhaupt nicht projiziert, begreift das Seiende nicht, das er wiederholt und fälscht, indem er ausstampft, was matt dem Präanimismus gedämmert war, die Kommunikation alles zerstreuten Einzelnen mit einander. Sein Bewußtsein ist so unwahr wie eines, das Phantasiertes und Realität verwirrt. Begriffen wird einzig, wo der Begriff transzendiert, was er begreifen will. Darauf macht Kunst die Probe; der Verstand, der solches Begreifen verfemt, wird Dummheit unmittelbar, verfehlt das Objekt, weil er es unterjocht. Kunst legitimiert sich innerhalb des Bannes dadurch, daß Rationalität unkräftig wird, wo die ästhetische Verhaltensweise verdrängt ist oder unterm Zwang gewisser Sozialisationsprozesse gar nicht mehr sich konstituiert hat. Der konsequente Positivismus geht, bereits nach der »Dialektik der Aufklärung«, in Schwachsinn über: es ist der des Amusischen, erfolgreich Kastrierten. Die Spießbürgerweisheit, die Gefühl und Verstand auseinander klaubt und sich die Hände reibt, wo sie beides balanciert findet, ist, wie Trivialitäten zuweilen, das Zerrbild des Sachverhalts, daß in den Jahrtausenden von Arbeitsteilung Subjektivität in sich arbeitsteilig wurde. Nur sind Gefühl und Verstand in der menschlichen Anlage kein absolut Verschiedenes und bleiben noch in ihrer Trennung von einander abhängig. Die unterm Begriff des Gefühls subsumierten Reaktionsweisen werden zu nichtig sentimentalen Reservaten, sobald sie der Beziehung aufs Denken sich sperren, gegen Wahrheit blind sich stellen; der Gedanke jedoch nähert sich der Tautologie, wenn er vor der Sublimierung der mimetischen Verhaltensweise zurückzuckt. Die tödliche Trennung von beidem ist geworden und widerruflich. Ratio ohne Mimesis negiert sich selbst. Die Zwecke, raison d'être der raison, sind qualitativ und das mimetische Vermögen soviel wie das qualitative. Die Selbstverneinung der Vernunft freilich hat ihre geschichtliche Notwendigkeit: die Welt, die objektiv ihre Offenheit verliert, bedarf nicht mehr eines Geistes, der seinen Begriff am Offenen hat, und vermag dessen Spuren kaum zu ertragen. Der gegenwärtige Erfahrungsverlust dürfte, nach seiner subjektiven Seite, weithin mit erbitterter Verdrängung der Mimesis, anstelle ihrer Verwandlung, koinzidieren. Was heute in manchen Sektoren der deutschen Ideologie immer noch musisch heißt, ist jene Verdrängung, zum Prinzip erhoben, und geht über ins Amusische. Ästhetisches Verhalten aber ist weder Mimesis unmittelbar noch die verdrängte sondern der Prozeß, den sie entbindet und in dem sie modifiziert sich erhält. Er findet im Verhältnis des Einzelnen zur Kunst ebenso statt wie im geschichtlichen Makrokosmos; in der immanenten Bewegung eines jeden Kunstwerks, in seinen eigenen Spannungen und in ihrem möglichen Ausgleich ist er geronnen. Am Ende wäre das ästhetische Verhalten zu definieren als die Fähigkeit, irgend zu erschauern, so als wäre die Gänsehaut das erste ästhetische Bild. Was später Subjektivität heißt, sich befreiend von der blinden Angst des Schauers, ist zugleich dessen eigene Entfaltung; nichts ist Leben am Subjekt, als daß es erschauert, Reaktion auf den totalen Bann, die ihn transzendiert. Bewußtsein ohne Schauer ist das verdinglichte. Jener, darin Subjektivität sich regt, ohne schon zu sein, ist aber das vom Anderen Angerührtsein. Jenem bildet die ästhetische Verhaltensweise sich an, anstatt es sich untertan zu machen. Solche konstitutive Beziehung des Subjekts auf Objektivität in der ästhetischen Verhaltensweise vermählt Eros und Erkenntnis.

Frühe Einleitung

Vom Begriff der philosophischen Ästhetik geht ein Ausdruck des Veralteten aus, ähnlich wie von dem des Systems oder der Moral. Das Gefühl beschränkt sich keineswegs auf die künstlerische Praxis und auf die öffentliche Gleichgültigkeit gegen ästhetische Theorie. Selbst im akademischen Umkreis treten seit Dezennien einschlägige Publikationen auffallend zurück. Ein neueres philosophisches Lexikon verweist darauf: »Kaum eine andere philosophische Disziplin ruht auf so ungesicherten Voraussetzungen wie die Ästhetik. Gleich einer Wetterfahne wird sie ›von jedem philosophischen, kulturellen, wissenschaftstheoretischen Windstoß herumgeworfen, wird bald metaphysisch betrieben und bald empirisch, bald normativ und bald deskriptiv, bald vom Künstler aus und bald vom Genießenden, sieht heute das Zentrum des Ästhetischen in der Kunst, für die das Naturschöne nur als Vorstufe zu deuten sei, und findet morgen im Kunstschönen nur ein Naturschönes aus zweiter Hand‹. Das in dieser Weise von Moritz Geiger beschriebene Dilemma der Ästhetik charakterisiert die Lage seit der Mitte des 19. Jahrhunderts. Der Grund für diesen Pluralismus ästhetischer Theorien, die vielfach nicht einmal vollständig durchgeführt sind, ist ein doppelter: er liegt einerseits in der prinzipiellen Schwierigkeit, ja, Unmöglichkeit, Kunst generell durch ein System philosophischer Kategorien zu erschließen; andererseits in der traditionellen Abhängigkeit ästhetischer Aussagen von erkenntnistheoretischen Positionen, die jene zur Voraussetzung haben. Die Problematik der Erkenntnistheorie kehrt unmittelbar in der Ästhetik wieder, denn wie diese ihre Gegenstände interpretieren kann, hängt davon ab, welchen Gegenstandsbegriff jene prinzipiell hat. Diese traditionelle Abhängigkeit ist jedoch von der Sache selbst vorgegeben und bereits in der Terminologie enthalten.«[1] Während damit der

1 Ivo Frenzel, [Artikel] Ästhetik, in: Philosophie, hg. von A. Diemer und I. Frenzel, Frankfurt a. M. 1958 (Das Fischer Lexikon, Bd. 11), S. 35.

Zustand angemessen beschrieben ist, wird dieser nicht zureichend erklärt; nicht minder kontrovers sind die anderen philosophischen Zweige, Erkenntnistheorie und Logik eingeschlossen, ohne daß doch das Interesse ähnlich erlahmt wäre. Entmutigend ist die besondere Lage der Disziplin. Croce hat in die ästhetische Theorie radikalen Nominalismus eingeführt. Etwa gleichzeitig sind bedeutende Konzeptionen von den sogenannten Prinzipienfragen abgewandert und haben sich in spezifische Formprobleme und Materialien versenkt; Lukács' Romantheorie, Benjamins zur emphatischen Abhandlung gediehene Kritik der Wahlverwandtschaften und der »Ursprung des deutschen Trauerspiels« seien genannt. Verteidigt das letztere Werk hintersinnig Croces Nominalismus[2], so trägt es damit auch einem Bewußtseinsstand Rechnung, der Aufschluß über die traditionellen großen Fragen der Ästhetik, zumal die den metaphysischen Gehalt betreffenden, nicht länger von allgemeinen Grundsätzen sich erhofft, sondern in Bereichen, die sonst als bloße Exempla gelten. Philosophische Ästhetik geriet in die fatale Alternative zwischen dummer und trivialer Allgemeinheit und willkürlichen, meist von konventionellen Vorstellungen abgezogenen Urteilen. Das Hegelsche Programm, nicht von oben her zu denken, sondern den Phänomenen sich zu überlassen, ist in der Ästhetik erst durch einen Nominalismus absehbar geworden, demgegenüber seine eigene Ästhetik, ihrer klassizistischen Komponente gemäß, weit mehr an abstrakten Invarianten bewahrte, als mit der dialektischen Methode vereinbar war. Jene Konsequenz jedoch hat die Möglichkeit von ästhetischer Theorie als einer traditionellen zugleich in Frage gestellt. Denn die Idee des Konkreten, an der ein jegliches Kunstwerk, ja jegliche Erfahrung eines Schönen überhaupt haftet, gestattet es nicht, ähnlich in der Behandlung der Kunst von den bestimmten Phänomenen sich zu entfernen, wie es, falsch genug, dem philosophischen Consensus im Bereich der Erkenntnistheorie oder der Ethik so lange möglich dünkte. Einer Doktrin vom ästhetisch Konkreten überhaupt entginge notwendig, woran sich zu interessieren der Gegenstand sie nötigt. Das Obsolete der Ästhetik hat den Grund, daß sie dem kaum sich gestellt hat.

2 Vgl. Walter Benjamin, Ursprung des deutschen Trauerspiels, a. a. O., S. 26 f.

Durch die eigene Form scheint sie auf eine Allgemeinheit vereidigt, die auf Inadäquanz an die Kunstwerke und, komplementär, auf vergängliche Ewigkeitswerte hinausläuft. Das akademische Mißtrauen gegen die Ästhetik gründet in deren immanentem Akademismus. Das Motiv für das Desinteressement an ästhetischen Fragen ist vorweg die institutionalisierte Wissenschaftsangst vor Ungesichertem und Strittigem, nicht die vorm Provinzialismus, vor der Zurückgebliebenheit der Fragestellungen hinter dem, worauf sie gehen. Die überschauende und kontemplative Haltung, welche der Ästhetik von Wissenschaft zugemutet wird, ist indessen unvereinbar geworden mit fortgeschrittener Kunst, die zuweilen, wie Kafka, kontemplative Haltung kaum mehr duldet[3]. Ästhetik heute divergiert damit vorweg von dem, was sie behandelt, verdächtig des zuschauerhaft Genießenden, womöglich Schmeckenden. Unwillentlich wird von kontemplativer Ästhetik, als ihr Maß, eben jener Geschmack vorausgesetzt, mit dem der Betrachter distanziert wählend den Werken gegenübertritt. Er wäre, seiner subjektivistischen Befangenheit wegen, ebenso seinerseits theoretisch zu reflektieren, wie er nicht bloß vor der jüngsten Moderne versagt, sondern längst vor dem je Avancierten versagt haben dürfte. Die Hegelsche Forderung, anstelle des ästhetischen Geschmacksurteils die Sache selbst zu setzen[4], hat das antezipiert; nicht jedoch hat sie darum aus der mit Geschmack verfilzten Haltung des unbeteiligten Zuschauers sich herausbegeben. Dazu befähigte ihn das System, das dort noch seine Erkenntnis fruchtbar beseelt, wo sie allzu weiten Abstand von ihren Objekten hielt. Er und Kant waren die letzten, die, schroff gesagt, große Ästhetik schreiben konnten, ohne etwas von Kunst zu verstehen. Das war solange möglich, wie Kunst ihrerseits an umfassenden Normen sich orientierte, die nicht im einzelnen Werk in Frage gestellt, einzig in dessen immanente Problematik verflüssigt wurden. Wohl gab es wahrscheinlich kaum je ein irgend bedeutendes Werk, das nicht durch die eigene Gestalt jene Normen vermittelt, dadurch auch sie virtuell verändert hätte. Sie wurden nicht blank liquidiert, etwas von ihnen ragte über die einzelnen Werke hinaus. Soweit

---

3 Vgl. Theodor W. Adorno, Prismen, a. a. O., S. 304.
4 Vgl. Hegel, a. a. O., 1. Teil, S. 43 und passim.

waren die großen philosophischen Ästhetiken in Konkordanz mit der Kunst, wie sie deren evident Allgemeines auf den Begriff brachten; einem Stande des Geistes gemäß, in dem Philosophie und andere seiner Gestalten, wie die Kunst, noch nicht auseinandergerissen waren. Daß in Philosophie und in Kunst der gleiche Geist waltete, gestattete es der Philosophie, substantiell über Kunst zu handeln, ohne den Werken sich zu überantworten. Freilich scheiterten sie regelmäßig bei dem notwendigen, durch die Unidentität der Kunst mit ihren Allgemeinbestimmungen motivierten Versuch, deren Spezifikationen zu denken: dann resultierten bei den spekulativen Idealisten die peinlichsten Fehlurteile. Kant, der nicht sich anheischig machen mußte, das Aposteriori als das Apriori zu erweisen, war eben darum weniger fehlbar. Künstlerisch befangen in einem achtzehnten Jahrhundert[5], das er philosophisch nicht gezögert hätte, vorkritisch zu

5 Abgesehen von der Lehre vom Wohlgefallen, die dem formalen Subjektivismus der Kantischen Ästhetik entspringt, ist die historische Grenze der Kantischen Ästhetik am sichtbarsten in seiner Lehre, das Erhabene käme einzig der Natur zu, nicht der Kunst. Die seiner Epoche, die er philosophisch signalisierte, wird charakterisiert dadurch, daß sie, ohne an ihn sich zu kehren und wahrscheinlich ohne genauere Kenntnis seines Verdikts, dem Ideal des Erhabenen nachjing; Beethoven vor allen anderen, den übrigens noch Hegel nicht erwähnt. Jene historische Grenze war zugleich eine der Vergangenheit gegenüber, im Geist eines Zeitalters, das den Barock, und was in der Renaissance zu ihm tendierte, als Jüngstvergangenes mißachtete. Tief paradox, daß Kant nirgendwo dem jungen Goethe und der bürgerlich revolutionären Kunst näher kommt als in seiner Beschreibung des Erhabenen; wie er haben die jungen Dichter, Zeitgenossen seines Alters, Natur empfunden und, indem sie dem das Wort fanden, das Gefühl des Erhabenen als künstlerischen eher denn moralischen Wesens vindiziert. »Kühne, überhangende, gleichsam drohende Felsen, am Himmel sich auftürmende Donnerwolken, mit Blitzen und Krachen einherziehend, Vulkane in ihrer ganzen zerstörenden Gewalt, Orkane mit ihrer zurückgelassenen Verwüstung, der grenzenlose Ozean, in Empörung gesetzt, ein hoher Wasserfall eines mächtigen Flusses u. dgl. machen unser Vermögen zu widerstehen in Vergleichung mit ihrer Macht zur unbedeutenden Kleinigkeit. Aber ihr Anblick wird nur um desto anziehender, je furchtbarer er ist, wenn wir uns nur in Sicherheit befinden; und wir nennen diese Gegenstände gern erhaben, weil sie die Seelenstärke über ihr gewöhnliches Mittelmaß erhöhen und ein Vermögen zu widerstehen von ganz anderer Art in uns entdecken lassen, welches uns Mut macht, uns mit der scheinbaren Allgewalt der Natur messen zu können.« (Kant, a.a.O., S. 124 [Kritik der Urteilskraft, § 28].)

nennen, also vor der vollen Emanzipation des Subjekts, kompromittierte er sich nicht ebenso durch kunstfremde Behauptungen wie Hegel. Sogar späteren radikal modernen Möglichkeiten ließ er mehr Raum als jener[6], der soviel couragierter der Kunst sich stellte. Nach beiden kamen die Feinsinnigen, in schlechter Mitte zwischen der von Hegel postulierten Sache selbst und dem Begriff. Sie verbanden ein kulinarisches Verhältnis zur Kunst mit Unkraft zu deren Konstruktion. Georg Simmel war trotz seiner entschiedenen Wendung zum ästhetisch Einzelnen für solchen Feinsinn typisch. Klima der Erkenntnis von Kunst ist entweder die unbeirrte Askese des Begriffs, der, verbissen, von den Tatsachen nicht sich irritieren läßt, oder das bewußtlose Bewußtsein inmitten der Sachen; nie wird Kunst von den zuschauerhaft Verständnisvollen, wohlig sich Einfühlenden verstanden; das Unverbindliche solcher Haltung ist vorweg indifferent gegen das Wesentliche der Werke, ihre Verbindlichkeit. Produktiv war Ästhetik nur, solange sie die Distanz von der Empirie ungeschmälert achtete und mit dem fensterlosen Gedanken in den Gehalt seines Anderen eindrang; oder wo sie leibhaft nah, von der Innenseite der Produktion her urteilt wie in den versprengten Zeugnissen einzelner Künstler, die Gewicht haben nicht als Ausdruck der fürs Kunstwerk unmaßgeblichen Persönlichkeit, sondern weil sie häufig, ohne aufs Subjekt zu rekurrieren, von der andrängenden Erfahrung der Sache einiges notieren. Beeinträchtigt werden derlei Zeugnisse meist durch ihre vom gesellschaftlichen Convenu der Kunst anbefohlene Naivetät. Entweder verstocken Künstler sich gegen die Ästhetik in handwerkerlicher Rancune, oder die Antidilettanten ersinnen dilettantische Hilfstheorien. Sollen ihre Äußerungen der Ästhetik zugebracht werden, so bedürfen sie der Interpretation. Handwerkslehren, die sich polemisch an die Stelle von Ästhetik setzen, münden in Positivismus, auch wo sie mit Metaphysik sympathisieren. Ratschläge, wie einer am geschicktesten ein Rondo verfertige, sind unnütz, sobald aus Gründen, von denen die Handwerkslehre

---

6 »Das Erhabene ist dagegen auch an einem formlosen Gegenstande zu finden, sofern Unbegrenztheit an ihm oder durch dessen Veranlassung vorgestellt und doch Totalität derselben hinzugedacht wird.« (A. a. O., S. 104 [Kritik der Urteilskraft, § 23].)

nichts weiß, kein Rondo mehr geschrieben werden kann. Ihre Faustregeln bedürfen der philosophischen Entfaltung, wofern sie mehr sein sollen als der Absud von Gewohntem. Brechen sie vor jenem Übergang ab, so holen sie sich fast regelmäßig Sukkurs bei trüber Weltanschauung. Die Schwierigkeit einer Ästhetik, die mehr wäre als eine krampfhaft neubelebte Branche, wäre, nach dem Ende der idealistischen Systeme: die Nähe des Produzierenden zu den Phänomenen zu verbinden mit der von keinem fixen Oberbegriff, keinem ›Spruch‹ gelenkten begrifflichen Kraft; verwiesen aufs begriffliche Medium, überschritte solche Ästhetik die bloße Phänomenologie von Kunstwerken. Demgegenüber bleibt der Versuch vergeblich, unterm Zwang der nominalistischen Situation zu dem überzugehen, was man wohl empirische Ästhetik nannte. Wollte man etwa, nach dem Diktat solcher Verwissenschaftlichung, von empirischen Beschreibungen klassifizierend und abstrahierend zu allgemeinen ästhetischen Normen aufsteigen, so behielte man ein Dünnes zurück, das keinen Vergleich mit den eindringenden und sachhaltigen Kategorien der spekulativen Systeme aushielte. Angewandt auf aktuelle künstlerische Praxis, taugten derartige Destillate etwa soviel wie von eh und je die künstlerischen Vorbilder. Alle ästhetischen Fragen terminieren in solchen des Wahrheitsgehalts der Kunstwerke: ist das, was ein Werk in seiner spezifischen Gestalt objektiv an Geist in sich trägt, wahr? Eben das ist dem Empirismus als Aberglaube anathema. Ihm sind die Kunstwerke Bündel unqualifizierter Stimuli. Was sie an sich seien, entzöge sich dem Urteil, wäre bloß projektiv. Nur subjektive Reaktionen auf Kunstwerke vermöchten beobachtet, gemessen und verallgemeinert zu werden. Damit entschlüpft der Behandlung, was eigentlich den Gegenstand von Ästhetik bildet. Ersetzt wird sie durch eine zutiefst vorästhetische Sphäre; gesellschaftlich erwies sie sich als die der Kulturindustrie. Hegels Leistung ist nicht durch vermeintlich höhere Wissenschaftlichkeit kritisiert sondern der vulgären Anpassung zuliebe vergessen. Daß der Empirismus von der Kunst abprallt, von der er im übrigen, den einen und wahrhaft freien John Dewey ausgenommen, nicht viel Notiz nahm, es sei denn, daß er ihr alle Erkenntnisse als Dichtung überschrieb, die seinen Spielregeln nicht zusagten, dürfte damit sich erklären, daß

die Kunst konstitutiv jene Spielregeln kündigt, Seiendes, das im Seienden, in der Empirie nicht aufgeht. Wesentlich an der Kunst ist, was an ihr nicht der Fall ist[7], inkommensurabel dem empiristischen Maß aller Dinge. Jenes nicht der Fall Seiende an der Kunst zu denken, ist die Nötigung zur Ästhetik.
Zu deren objektiven Schwierigkeiten gesellt subjektiv sich der verbreiteteste Widerstand. Ungezählten gilt sie als überflüssig. Sie stört das Sonntagsvergnügen, zu dem ihnen die Kunst, das Komplement des bürgerlichen Alltags in der Freizeit, geworden ist. Bei aller Kunstfremdheit verhilft jener Widerstand auch einem der Kunst Verwandten zum Ausdruck. Denn sie nimmt das Interesse der unterdrückten und beherrschten Natur in der fortschreitend rationalisierten und vergesellschafteten Gesellschaft wahr. Aber der Betrieb macht noch solchen Widerstand zur Institution und münzt ihn aus. Kunst hegt er als Naturschutzpark von Irrationalität ein, aus dem der Gedanke draußen zu halten sei. Dabei verbündet er sich mit der aus der ästhetischen Theorie herabgesunkenen und zur Selbstverständlichkeit erniedrigten Vorstellung, Kunst müsse schlechthin anschaulich sein, während sie doch allenthalben am Begriff teilhat. Primitiv verwechselt wird der wie immer auch problematische Vorrang von Anschauung in der Kunst mit der Anweisung, es dürfe über sie nicht gedacht werden, weil das die etablierten Künstler auch nicht getan haben sollen. Das Derivat jener Gesinnung ist ein schwammiger Begriff von Naivetät. In der Domäne des reinen Gefühls – der Name erscheint im Titel der Ästhetik eines der berühmtesten Neukantianer – ist alles der Logizität Ähnliche tabu, trotz der Momente von Stringenz am Kunstwerk, deren Verhältnis zur außerästhetischen Logik und zur Kausalität selber nur von philosophischer Ästhetik bestimmbar wäre[8]. Gefühl wird dadurch zu seinem Gegenteil: verdinglicht. Kunst ist tatsächlich die Welt noch einmal, dieser so gleich wie ungleich. Ästhetische Naivetät hat im Zeitalter der dirigistischen Kulturindustrie ihre Funktion

---

7 Vgl. Donald Brinkmann, Natur und Kunst. Zur Phänomenologie des ästhetischen Gegenstandes, Zürich u. Leipzig 1938, passim.

8 Vgl. Arthur Schopenhauer, Sämtliche Werke, hg. von W. v. Löhneysen, Bd. 2: Die Welt als Wille und Vorstellung II, Darmstadt 1961, S. 521 ff.

gewechselt. Was einst den Kunstwerken auf dem Piedestal ihrer Klassizität als ihr Tragendes nachgerühmt ward, die edle Einfalt, ist als Mittel des Kundenfangs verwertbar geworden. Die Konsumenten, denen Naivetät bestätigt und eingehämmert wird, sollen davon abgebracht werden, sich dumme Gedanken zu machen über das, was sie schlucken müssen, und über das in den Pillen Verpackte. Die Einfalt von einst ist übersetzt in die Einfältigkeit des Kulturkonsumenten, der dankbar und mit metaphysisch gutem Gewissen der Industrie den ohnehin unausweichlichen Schund abkauft. Sobald Naivetät als Standpunkt bezogen wird, existiert sie bereits nicht mehr. Ein genuines Verhältnis zwischen der Kunst und der Erfahrung des Bewußtseins von ihr bestünde in Bildung, welche ebenso den Widerstand gegen Kunst als Konsumgut schult, wie dem Rezipierenden substantiell werden läßt, was ein Kunstwerk sei. Von solcher Bildung ist Kunst heute, bereits bei den Produzierenden, weithin abgeschnitten. Dafür hat sie zu büßen durch permanente Versuchung zum Unterkünstlerischen bis in die raffiniertesten Verfahrensweisen hinein. Die Naivetät der Künstler ist zur naiven Gefügigkeit der Kulturindustrie gegenüber ausgeartet. Nie war Naivetät das Naturwesen des Künstlers unmittelbar sondern die Selbstverständlichkeit, mit der er in dem ihm vorgeordneten sozialen Zusammenhang sich verhielt, ein Stück Konformismus. Ihr Maß waren vom künstlerischen Subjekt einigermaßen bruchlos akzeptierte gesellschaftliche Formen. Verflochten ist Naivetät, ihr Recht und Unrecht, damit, wieweit das Subjekt jenen Formen zustimme oder ihnen widerstrebe, was überhaupt noch Selbstverständlichkeit beanspruchen darf. Seitdem die Oberfläche des Daseins, jegliche Unmittelbarkeit, die es den Menschen zukehrt, zur Ideologie geworden ist, schlug Naivetät um in ihr eigenes Gegenteil, in die Reflexe verdinglichten Bewußtseins auf die verdinglichte Welt. Künstlerische Produktion, die in dem Impuls wider die Verhärtung des Lebens nicht sich beirren läßt, die wahrhaft naive also, wird zu dem, was nach den Spielregeln der konventionellen Welt unnaiv heißt und freilich soviel von Naivetät in sich aufbewahrt, wie im Verhalten der Kunst ein dem Realitätsprinzip nicht Willfähriges überlebt, etwas vom Kind, ein nach den Normen der Welt Infantiles. Von etablierter Naivetät ist es das Gegenteil, diese gerichtet. Hegel, schärfer noch Jochmann, haben das erkannt. Sie waren aber darin klassizistisch befangen, daß sie deswegen das Ende der Kunst prophezeiten. Deren naive und reflexive Momente sind in Wahrheit stets viel inniger ineinander gewesen, als die Sehnsucht unterm heraufkommenden Industriekapitalismus Wort haben wollte. Die Geschichte der Kunst seit Hegel hat über den Irrtum seiner verfrühten ästhetischen Eschatologie belehrt. Ihr Fehler war, daß sie das konventionelle Naivetätsideal mitschleppte. Selbst Mozart, der im bürgerlichen Haushalt die Rolle des begnadet tänzelnden Götterkindes spielt, war, wie seine Korrespondenz mit dem Vater auf jeder Seite bezeugt, unvergleichlich viel reflektierter als sein Abziehbild: allerdings reflektiert in seinem Material, nicht freischwebend abstrakt darüber. Wie sehr das Werk eines anderen Hausgötzen der reinen Anschauung, das Raffaels, als objektive Bedingung Reflexion enthält, liegt zutage in den geometrischen Verhältnissen der Bildkomposition. Reflexionslose Kunst ist die Rückphantasie des reflektierten Zeitalters. Theoretische Erwägungen und wissenschaftliche Ergebnisse haben der Kunst von je sich amalgamiert, gingen ihr vielfach voraus, und die bedeutendsten Künstler waren nicht jene, die davor zurückzuckten. Erinnert sei an die Entdeckung der Luftperspektive durch Piero de la Francesca, oder an die ästhetischen Spekulationen der Florentiner Camerata, aus denen die Oper hervorging. Diese bietet das Paradigma einer Form, die nachträglich, als Publikumsliebling, mit der Aura von Naivetät bekleidet wurde, während sie in Theorie entsprang, buchstäblich eine Erfindung[9]. Ähnlich erlaubte allein die Einführung der temperierten Stimmung im siebzehnten Jahrhundert die Modulation durch den Quintenzirkel und damit Bach, der im Titel seines großen Klavierwerks dankbar darauf anspielte. Noch im neunzehnten Jahrhundert basierte die impressionistische Malweise auf der richtig oder falsch interpretierten wissenschaftlichen Analyse von Vorgängen auf der Retina. Allerdings blieben die theoretischen und reflexiven Elemente in der Kunst selten unver-

---

9 Vgl. Hanns Gutman, Literaten haben die Oper erfunden, in: Anbruch 11 (1929), S. 256 ff.

wandelt. Zuweilen hat diese – vielleicht noch jüngst in der Elektronik – die Wissenschaften mißverstanden, auf die sie sich berief. Dem produktiven Impuls von der Rationalität her hat das nicht viel Eintrag getan. Vermutlich waren die physiologischen Theoreme der Impressionisten Deckbilder für die teils hingerissenen, teils gesellschaftskritischen Erfahrungen der großen Städte und der Dynamik ihrer Bilder. Mit der Entdeckung einer der verdinglichten Welt immanenten Dynamik wollten sie der Verdinglichung widerstehen, die in den großen Städten am sinnfälligsten war. Im neunzehnten Jahrhundert fungierten naturwissenschaftliche Erklärungen als das seiner selbst unbewußte Agens von Kunst. Die Affinität rührte daher, daß die ratio, auf welche die in jener Epoche fortgeschrittenste Kunst reagierte, keine andere war als die in den Naturwissenschaften wirksame. Während in der Geschichte der Kunst ihre szientifischen Theoreme abzusterben pflegen, hätten ohne sie die künstlerischen Praktiken ebensowenig sich ausgebildet, wie sie umgekehrt aus jenen Theoremen zureichend sich erklären. Für die Rezeption hat das Konsequenzen: keine adäquate kann unreflektierter sein als das Rezipierte. Wer nicht weiß, was er sieht oder hört, genießt nicht das Privileg unmittelbaren Verhaltens zu den Werken, sondern ist unfähig, sie wahrzunehmen. Bewußtsein ist keine Schicht einer Hierarchie, welche über der Wahrnehmung sich aufbaute, sondern alle Momente der ästhetischen Erfahrung sind reziprok. Kein Kunstwerk besteht in einem Übereinander der Schichten; das ist erst das Ergebnis kulturindustriellen Kalküls, des verdinglichten Bewußtseins. An komplexer und ausgedehnter Musik etwa ist zu beobachten, daß die Schwelle dessen, was primär wahrgenommen und was durchs Bewußtsein, durch reflektierende Wahrnehmung bestimmt ist, variiert. Oft hängt das Verständnis des Sinns einer flüchtigen musikalischen Passage davon ab, daß man ihren Stellenwert im nichtgegenwärtigen Ganzen intellektiv kennt; die vorgeblich unmittelbare Erfahrung ihrerseits von einem Moment, das über reine Unmittelbarkeit hinausgeht. Die ideale Wahrnehmung von Kunstwerken wäre die, in welcher das dergestalt Vermittelte unmittelbar wird; Naivetät ist Ziel, nicht Ursprung.

Daß jedoch das Interesse an Ästhetik erlahmte, ist nicht allein von ihr als Disziplin bedingt, sondern ebenso, und wohl noch mehr, vom Gegenstand. Sie scheint stillschweigend die Möglichkeit von Kunst überhaupt zu implizieren, sie richtet sich vorweg mehr aufs Wie als aufs Daß. Solche Haltung ist ungewiß geworden. Ästhetik kann nicht länger vom Faktum Kunst derart ausgehen wie einst die Kantische Erkenntnistheorie vom Faktum der mathematischen Naturwissenschaften. Daß Kunst, die an ihrem Begriff festhält und dem Konsum sich weigert, in Antikunst übergeht; ihr Unbehagen an sich selber, nach den realen Katastrophen und im Angesicht kommender, zu denen ihre Fortexistenz in moralischem Mißverhältnis steht, teilt ästhetischer Theorie, deren Tradition solche Skrupel fremd waren, sich mit. Auf ihrer Hegelschen Höhe prognostizierte philosophische Ästhetik das Ende von Kunst. Zwar vergaß das die Ästhetik danach, die Kunst indessen spürt es desto tiefer. Sogar wenn sie bliebe, was sie einmal war und nicht bleiben kann, so würde sie in der heraufkommenden Gesellschaft und kraft ihrer veränderten Funktion darin zu einem gänzlich Verschiedenen. Das künstlerische Bewußtsein mißtraut mit Grund Erwägungen, die durch ihre bloße Thematik und den Habitus, den man von ihnen erwartet, sich gebärden, als wäre dort noch fester Boden, wo es retrospektiv fragwürdig ist, ob er je existierte und nicht stets schon die Ideologie war, in welche der gegenwärtige Kulturbetrieb samt seiner Sparte Kunst offenkundig übergeht. Die Frage nach der Möglichkeit von Kunst hat derart sich aktualisiert, daß sie ihrer vorgeblich radikaleren Gestalt: ob und wie Kunst überhaupt möglich sei, spottet. An ihre Stelle tritt die nach ihrer konkreten Möglichkeit heute. Das Unbehagen an der Kunst ist nicht nur das des stagnierenden gesellschaftlichen Bewußtseins vor der Moderne. Allenthalben greift es über auf künstlerisch Essentielles, auf die avancierten Produkte. Kunst ihrerseits sucht Zuflucht bei ihrer eigenen Negation, will überleben durch ihren Tod. So wehrt sich im Theater etwas gegen Spielzeug, Guckkasten, Flitter, gegen die Imitation der Welt noch in den stacheldrahtigen Gebilden. Der reine mimetische Impuls – das Glück einer Welt noch einmal –, der Kunst beseelt, von altersher gespannt zu ihrer antimythologischen, aufklärenden Komponente, ist unterm System vollkommener

Zweckrationalität zum Unerträglichen angewachsen. Kunst wie Glück erregen den Verdacht von Infantilität, wiewohl die Angst davor abermals Regression ist, die raison d'être aller Rationalität verkennt; denn die Bewegung des selbsterhaltenden Prinzips führt, wofern sie sich nicht fetischisiert, aus der eigenen Schwungkraft zum Desiderat von Glück; nichts Stärkeres spricht für die Kunst. Teilhaben an der Kunstscheu von Kunst im späteren Roman die Impulse wider die Fiktion des permanenten Dabeigewesenseins. Dem folgt weithin die Geschichte des Erzählens seit Proust, ohne daß doch die Gattung ganz abzuschütteln vermöchte, was auf den bestseller-Listen durch die Spitzmarke ›fiction‹ gesteht, wie sehr der ästhetische Schein zum gesellschaftlichen Unwesen wurde. Musik müht sich ab, um das Moment loszuwerden, durch welches Benjamin, etwas großzügig, alle Kunst vorm Zeitalter ihrer technischen Reproduzierbarkeit definierte, die Aura, den Zauber, der doch von Musik, wäre es auch Anti-Musik, ausgeht, wo immer sie nur anhebt, vor ihren spezifischen Qualitäten. An Zügen solcher Art laboriert Kunst nicht wie an korrigiblen Rückständen ihrer Vergangenheit. Sie dünken mit ihrem eigenen Begriff zusammengewachsen. Je mehr aber Kunst, um nicht den Schein an die Lüge zu verschachern, die Reflexion ihrer Ansätze von sich aus vollziehen und womöglich, gleich einem Gegengift, in ihre Gestalt hineinnehmen muß, desto skeptischer wird sie gegen die Anmaßung, Selbstbesinnung ihr von außen zu oktroyieren. Der Ästhetik haftet der Makel an, daß sie mit ihren Begriffen hilflos hinter einer Situation der Kunst hertrabe, in der diese, gleichgültig was aus ihr wird, an den Begriffen rüttelt, die kaum von ihr weggedacht werden können. Keine Theorie, auch nicht die ästhetische, kann des Elements von Allgemeinheit entraten. Das führt sie in Versuchung, Partei zu ergreifen für Invarianten von eben der Art, wie die emphatisch moderne Kunst sie attackieren muß. Die geisteswissenschaftliche Manie, Neues aufs Immergleiche, etwa den Surrealismus auf den Manierismus zu reduzieren, der mangelnde Sinn für den geschichtlichen Stellenwert künstlerischer Phänomene als den Index ihres Wahren entspricht dem Hang philosophischer Ästhetik zu jenen abstrakten Vorschriften, an denen nichts invariant ist, als daß sie stets wieder von dem Geist, der sich bildet, Lügen gestraft werden. Was als ewige ästhetische Norm sich instauriert, ist geworden und vergänglich; veraltet der Anspruch auf Unverlierbarkeit. Selbst seminaristisch approbierte Schulmeister würden zögern, auf Prosa wie Kafkas Verwandlung oder Die Strafkolonie, wo die sichere ästhetische Distanz zum Gegenstand schockhaft wackelt, ein sanktioniertes Kriterium wie das des interesselosen Wohlgefallens anzuwenden; wer die Größe der Dichtung Kafkas erfuhr, muß fühlen, wie schief auf ihr die Rede von Kunst aufsitzt. Nicht anders ist es um Gattungsapriorien wie die des Tragischen oder Komischen in der zeitgenössischen Dramatik bestellt, mag immer diese noch von ihnen durchwachsen sein, gleich der ungeheuren Mietskaserne von mittelalterlichen Ruinen in Kafkas Parabel. Dürfen die Stücke Becketts weder für tragisch noch für komisch gelten, so sind sie darum noch weniger, wie es einem Schulästhetiker wohl in den Kram paßte, Mischformen vom Typus der Tragikomödie. Sie vollstrecken vielmehr das geschichtliche Urteil über jene Kategorien als solche, treu der Innervation, daß etwa über gerühmte Grundtexte der Komik nicht mehr sich lachen läßt oder nur im wiedererreichten Stande von Roheit. Gemäß dem Hang der neuen Kunst, durch Selbstreflexion ihre eigenen Kategorien thematisch zu machen, wird in Stücken wie Godot und dem Endspiel – hier etwa in der Szene, wo die Hauptfiguren zu lachen beschließen – eher das Schicksal von Komik tragiert, als daß sie komisch wären; über solchem Lachen auf der Bühne vergeht dem Zuschauer das seine. Schon Wedekind nannte ein Schlüsselstück wider den Simplizissimusverleger die Satire der Satire. Falsch die Superiorität bestallter Philosophie, der der historische Überblick die Befriedigung des nil admirari verschafft und die in häuslichem Umgang mit ihren Ewigkeitswerten aus der Immergleichheit aller Dinge den Profit zieht, was ernsthaft anders ist, dem Bestehenden wehtut, seiner antezipierten Aufgewärmtheit wegen abzutun. Diese Haltung ist verschworen mit einer sozialpsychologisch und institutionell reaktionären. Bloß im Prozeß kritischen Selbstbewußtseins vermöchte Ästhetik nochmals an die Kunst heranzureichen, wenn anders sie je dazu fähig war.

Während jedoch Kunst, geschreckt von den Spuren, Ästhetik als ein hinter ihr Zurückgebliebenes beargwöhnt, muß sie insgeheim fürchten, nicht länger anachronistische Ästhetik könne die zum Zerreißen gestrafften Lebensfäden der Kunst durchschneiden. Nur sie vermöchte darüber zu urteilen, ob und wie Kunst überlebe nach dem Sturz der Metaphysik, der sie Dasein und Gehalt verdankt. Metaphysik der Kunst ist zur Instanz ihres Fortbestandes geworden. Die Absenz wie immer auch modifizierten theologischen Sinns spitzt in der Kunst sich zu als Krise ihrer eigenen Sinnhaftigkeit. Je rücksichtsloser die Werke Folgerungen ziehen aus dem Stand des Bewußtseins, desto dichter nähern sie sich selber der Sinnlosigkeit. Damit gewinnen sie eine geschichtlich fällige Wahrheit, die, würde sie verleugnet, Kunst zum ohnmächtigen Zuspruch und zum Einverständnis mit dem schlechten Bestehenden verdammt. Zugleich indessen beginnt sinnlose Kunst ihr Daseinsrecht einzubüßen, jedenfalls nach allem bis zur jüngsten Phase Unverbrüchlichen. Auf die Frage, wozu sie daseie, hätte sie keine Antwort als den von Goethe so genannten Bodensatz des Absurden, den alle Kunst enthalte. Er steigt nach oben und denunziert die Kunst. Wie sie zumindest einen ihrer Stämme an den Fetischen hat, so schlägt sie, durch ihren unerbittlichen Fortschritt, in den Fetischismus zurück, wird sich zum blinden Selbstzweck, und exponiert sich als Unwahres, gleichsam als kollektive Wahnvorstellung, sobald ihr objektiver Wahrheitsgehalt als ihr Sinn zu wanken beginnt. Dächte die Psychoanalyse ihr Prinzip zu Ende, so müßte sie, gleich allem Positivismus, die Abschaffung der Kunst verlangen, die sie ohnehin in ihren Patienten wegzuanalysieren geneigt ist. Wird Kunst lediglich als Sublimierung, als Mittel der psychischen Ökonomie sanktioniert, so ist ihr der Wahrheitsgehalt aberkannt, und sie west fort einzig noch als frommer Betrug. Aber die Wahrheit aller Kunstwerke wäre wiederum nicht ohne jenen Fetischismus, der nun zu ihrer Unwahrheit zu werden sich anschickt. Die Qualität der Kunstwerke hängt wesentlich ab vom Grad ihres Fetischismus, von der Veneration, welche der Produktionsprozeß dem Selbstgemachten zollt, dem Ernst, der den Spaß daran vergißt. Allein durch den Fetischismus, die Verblendung des Kunstwerks gegenüber der Realität, deren Stück es selber ist, transzendiert das Werk den Bann des Realitätsprinzips als ein Geistiges.

In derlei Perspektiven erweist Ästhetik sich nicht sowohl als überholt wie als fällig. Nicht ist es das Bedürfnis der Kunst, von der Ästhetik dort Normen sich vorschreiben zu lassen, wo sie sich irritiert findet: wohl jedoch, an der Ästhetik die Kraft der Reflexion zu bilden, die sie allein von sich aus kaum zu vollbringen vermag. Worte wie Material, Form, Gestaltung, die den zeitgenössischen Künstlern leicht in die Feder fließen, haben in ihrem gängigen Gebrauch etwas Phrasenhaftes; davon sie zu kurieren ist eine kunstpraktische Funktion von Ästhetik. Vor allem aber ist sie gefordert von der Entfaltung der Werke. Sind sie nicht zeitlos sich selbst gleich, sondern werden zu dem, was sie sind, weil ihr eigenes Sein ein Werden ist, so zitieren sie Formen des Geistes herbei, durch welche jenes Werden sich vollzieht, wie Kommentar und Kritik. Sie bleiben aber schwächlich, solange sie nicht den Wahrheitsgehalt der Werke erreichen. Dazu werden sie fähig nur, indem sie zur Ästhetik sich schärfen. Der Wahrheitsgehalt eines Werkes bedarf der Philosophie. In ihm erst konvergiert diese mit der Kunst oder erlischt in ihr. Die Bahn dorthin ist die der reflektierten Immanenz der Werke, nicht die auswendige Applikation von Philosophemen. Streng muß der Wahrheitsgehalt der Werke von jeglicher in sie, sei's vom Autor, sei's vom Theoretiker hineingepumpten Philosophie unterschieden werden; zu argwöhnen ist, daß beides seit bald zweihundert Jahren unvereinbar wurde[10]. Andererseits sagt Ästhetik schroff dem Anspruch der wie immer sonst verdienstlichen Philologie ab, daß diese des Wahrheitsgehalts der Kunstwerke sich versichere. Im Zeitalter der Unversöhnlichkeit traditioneller Ästhetik und aktueller Kunst hat die philosophische Kunsttheorie keine Wahl als, ein Wort Nietzsches zu variieren, die untergehenden Kategorien als übergehende zu denken in bestimmter Negation. Die motivierte und konkrete Auflösung der gängigen ästhetischen Kategorien allein ist übrig als Gestalt aktueller Ästhetik; sie setzt zugleich die verwandelte Wahrheit jener Kategorien frei. Sind die Künstler zur permanenten Reflexion genötigt, so ist diese ihrer Zufälligkeit zu entreißen, damit sie nicht in beliebige und ama-

---

10 Vgl. Theodor W. Adorno, Noten zur Literatur III, 2. Aufl., Frankfurt am Main 1966, S. 161.

teurhafte Hilfshypothesen, Rationalisierungen von Bastelei oder in unverbindliche weltanschauliche Deklarationen über das Gewollte ausarte, ohne Rechtfertigung im Vollbrachten. Dem technologischen parti pris der zeitgenössischen Kunst sollte keiner mehr naiv sich überlassen; sonst verschreibt jene sich vollends dem Ersatz des Zwecks – des Gebildes – durch die Mittel, die Verfahrungsweisen, mit denen es hervorgebracht wird. Der Zug dazu harmoniert nur allzu gründlich mit dem gesamtgesellschaftlichen, weil die Zwecke, die vernünftige Einrichtung der Menschheit, verbaut sind, die Mittel, Produktion um der Produktion willen, Vollbeschäftigung und was daran hängt, zu vergotten. Während in der Philosophie die Ästhetik außer Mode kam, spüren die fortgeschrittensten Künstler ihre Notwendigkeit desto stärker. Auch Boulez hat gewiß keine normative Ästhetik üblichen Stils vor Augen sondern eine geschichtsphilosophisch determinierte Kunsttheorie. Was er mit »orientation esthétique« meint, wäre am ehesten mit kritischer Selbstbesinnung des Künstlers zu übersetzen. Ist die Stunde naiver Kunst, nach Hegels Einsicht, dahin, so muß sie die Reflexion sich einverleiben und so weit treiben, daß sie nicht länger als ein ihr Äußerliches, Fremdes über ihr schwebt; das heißt heute Ästhetik. Angelpunkt der Erwägungen von Boulez ist, daß er irre wurde an der unter avantgardistischen Künstlern gängigen Meinung, kommentierte Gebrauchsanweisungen technischer Verfahrungsweisen seien bereits das Kunstwerk; es komme allein darauf an, was der Künstler macht, nicht, wie und mit welchen wie immer auch fortgeschrittenen Mitteln er es habe machen wollen[11]. Auch für Boulez koinzidiert, unterm Aspekt des aktuellen künstlerischen Schaffensprozesses, Einsicht in den historischen Stand, und durch diesen vermittelt das antithetische Verhältnis zur Tradition, mit bündigen Folgerungen für die Produktion. Die noch von Schönberg aus berechtigter Kritik an sachfremder Ästhetik dogmatisch dekretierte Trennung von Handwerkslehre und Ästhetik, die den Künstlern seiner Generation wie der des Bauhauses nahe-

---

11 Vgl. Pierre Boulez, Nécessité d'une orientation esthétique, in: Zeugnisse. Theodor W. Adorno zum sechzigsten Geburtstag, hg. von M. Horkheimer, Frankfurt a. M. 1963, S. 334 ff.

lag, wird von Boulez aus Handwerk, Metier, widerrufen. Auch Schönbergs Harmonielehre vermochte nur dadurch sie durchzuhalten, daß er in dem Buch auf Mittel sich beschränkte, die längst nicht mehr die seinen waren; hätte er diese erörtert, so wäre er, mangels didaktisch zu übermittelnder Handwerksvorschriften, unaufhaltsam zur ästhetischen Besinnung gedrängt worden. Sie antwortet auf das fatale Altern der Moderne durch die Spannungslosigkeit des totalen technischen Werkes. Innertechnisch allein ist ihr kaum zu begegnen, obwohl in technischer Kritik stets auch ein Übertechnisches sich anmeldet. Daß gegenwärtig Kunst, die irgend zählt, gleichgültig ist inmitten der Gesellschaft, die sie duldet, affiziert die Kunst selbst mit Malen eines an sich Gleichgültigen, das aller Determination zum Trotz ebensogut anders oder gar nicht sein könnte. Was neuerdings für technische Kriterien gilt, gestattet kein Urteil mehr über den künstlerischen Rang und relegiert es vielfach an die überholte Kategorie des Geschmacks. Zahlreiche Gebilde, denen gegenüber die Frage, was sie taugen, inadäquat geworden ist, verdanken sich, nach der Bemerkung von Boulez, bloß noch dem abstrakten Gegensatz zur Kulturindustrie, nicht dem Gehalt und nicht der Fähigkeit, ihn zu realisieren. Die Entscheidung, der sie entgleiten, stünde allein bei einer Ästhetik, die ebenso den avanciertesten Tendenzen gewachsen sich zeigt, wie diese an Kraft der Reflexion einholt und übertrifft. Auf den Begriff des Geschmacks, in dem der Anspruch von Kunst auf Wahrheit jämmerlich zu verenden sich anschickt, muß sie verzichten. Eingeklagt wird die Schuld der bisherigen Ästhetik, daß sie, vermöge ihres Ausgangs vom subjektiven Geschmacksurteil, vorweg die Kunst um ihren Wahrheitsanspruch bringt. Hegel, der diesen schwer nahm und die Kunst gegen das angenehme oder nützliche Spielwerk pointierte, war darum Feind des Geschmacks, ohne daß er in den materialen Teilen der Ästhetik seine Zufälligkeit zu durchbrechen vermocht hätte. Zu Kants Ehre ist es, daß er die Aporie von ästhetischer Objektivität und Geschmacksurteil einbekannte. Er hat zwar eine ästhetische Analyse des Geschmacksurteils nach seinen Momenten durchgeführt, diese jedoch zugleich als latent, begriffslos objektive gedacht. Er hat damit ebenso die aus keinem Willen bloß fortzuschaffende nominalistische Bedrohung jeder emphatischen Theorie bezeichnet wie die Momente gewahrt, in denen sie sich übersteigt. Vermöge der geistigen Bewegung seines Gegenstandes, die gegen diesen gleichsam die Augen verschloß, hat er den tiefsten Regungen einer Kunst zum Gedanken verholfen, die in den hundertundfünfzig Jahren nach seinem Tod entstand: die nach ihrer Objektivität tastet im Offenen, Ungedeckten. Durchzuführen wäre, was in den Theorien Kants und Hegels auf Einlösung durch die zweite Reflexion wartet. Die Kündigung der Tradition der philosophischen Ästhetik müßte dieser zu dem Ihren verhelfen.

Immanent erscheint die Not der Ästhetik darin, daß sie weder von oben noch von unten konstituiert werden kann; weder aus den Begriffen noch aus der begriffslosen Erfahrung. Gegen jene schlechte Alternative hilft ihr einzig die Einsicht der Philosophie, daß Faktum und Begriff nicht polar einander gegenüberstehen sondern wechselfältig durch einander vermittelt sind. Das muß Ästhetik absorbieren, weil die Kunst ihrer erneut bedarf, seitdem Kritik derart desorientiert sich zeigte, daß sie vor der Kunst, durch falsches oder zufälliges Urteil, versagt. Soll sie jedoch weder kunstfremde Vorschrift noch unkräftige Klassifikation von Vorfindlichem sein, so ist sie anders nicht denn als dialektische vorzustellen; insgesamt wäre es keine unpassende Bestimmung der dialektischen Methode, daß sie bei jener Spaltung des Deduktiven und Induktiven nicht sich beruhigt, die dingfest verhärtetes Denken durchherrscht, und der die frühesten Formulierungen der Dialektik im deutschen Idealismus, die Fichtes, ausdrücklich sich entgegenstemmen[12]. So wenig Ästhetik hinter der Kunst zurückbleiben darf, so wenig darf sie hinter der Philosophie zurückbleiben. Die Hegelsche Ästhetik ist, trotz ihrer Fülle an bedeutendsten Einsichten, so wenig dem Begriff seiner Hauptschriften von Dialektik ganz gerecht geworden wie andere materiale Teile des Systems. Das ist nicht einfach nachzuholen. In ästhetischer Dialektik ist nicht die Metaphysik des Geistes zu supponieren, die bei Hegel wie bei Fichte verbürgen wollte, daß

---

12 Vgl. Johann Gottlieb Fichte, Ausgewählte Werke in sechs Bänden, hg. von F. Medicus, Darmstadt 1962, Bd. 3, S. 31 (Erste Einleitung in die Wissenschaftslehre).

das Einzelne, mit dem die Induktion anhebt, und das Allgemeine, aus dem deduziert wird, eines sind. Was der emphatischen Philosophie zerging, kann Ästhetik, selbst eine philosophische Disziplin, nicht aufwärmen. Näher dem gegenwärtigen Stand ist jene Kantische Theorie, welche trachtete, in der Ästhetik das Bewußtsein des Notwendigen und das von dessen Verstelltheit zu verbinden. Ihr Gang ist gleichsam blind. Sie tastet im Dunklen und wird dennoch geleitet von einem Zwang in dem, worauf sie sich richtet. Das ist der Knoten aller ästhetischen Bemühung heute. Nicht ganz ohnmächtig sucht sie ihn zu entwirren. Denn Kunst ist, oder war bis zur jüngsten Schwelle, unter der Generalklausel ihres Scheinens, was Metaphysik, scheinlos, immer nur sein wollte. Als Schelling die Kunst zum Organon der Philosophie erklärte, hat er unwillentlich eingestanden, was die große idealistische Spekulation sonst verschwieg oder, im Interesse ihrer Selbsterhaltung, verleugnete; demgemäß hat Schelling denn auch, wie man weiß, die eigene Identitätsthese nicht so unerbittlich durchgeführt wie Hegel. Den ästhetischen Zug, den eines gigantischen Als ob hat dann Kierkegaard an Hegel gewahrt, und er wäre der Großen Logik bis ins Detail zu demonstrieren[13]. Kunst ist das Daseiende und weithin Sinnliche, das derart als Geist sich bestimmt, wie der Idealismus von der außerästhetischen Wirklichkeit es bloß behauptet. Das naive Cliché, das den Künstler einen Idealisten oder, je nach Geschmack, der vermeintlich absoluten Vernunft seiner Sache wegen einen Narren schilt, verdeckt die Erfahrung davon. Die Kunstwerke sind, ihrer eigenen Beschaffenheit nach, objektiv, und gar nicht allein durch ihre Genese in geistigen Prozessen, geistig: sonst prinzipiell ununterscheidbar von Essen und Trinken. Gegenstandslos sind jene zeitgenössischen, vom Ostbereich ausgehenden ästhetischen Debatten, welche den Primat des Formgesetzes als eines Geistigen mit einer idealistischen Ansicht von der gesellschaftlichen Wirklichkeit verwechseln. Nur als Geist ist Kunst der Widerspruch zur empirischen Realität, der zur bestimmten Negation der bestehenden Welteinrichtung sich

---

13 Vgl. Theodor W. Adorno, Drei Studien zu Hegel, a. a. O., S. 138 ff. und S. 155.

bewegt. Dialektisch ist Kunst insoweit zu konstruieren, wie Geist ihr innewohnt, ohne daß sie ihn doch als Absolutes besäße oder ihn garantierte. Die Kunstwerke sind, mögen sie noch so sehr ein Seiendes scheinen, Kristallisation des Prozesses zwischen jenem Geist und seinem Anderen. Das impliziert die Differenz von der Hegelschen Ästhetik. In dieser ist die Objektivität des Kunstwerks die in ihre eigene Andersheit übergegangene und mit ihr identische Wahrheit des Geistes. Ihm ward Geist eins mit der Totalität, auch der in der Kunst. Er ist aber, nach dem Sturz der Generalthesis des Idealismus, in den Kunstwerken bloß ein Moment; das zwar, was sie zur Kunst macht, doch gar nicht präsent ohne das ihm Entgegengesetzte. Er verzehrt es so wenig, wie die Geschichte kaum je reine: Identität von Geist und Nichtgeistigem erlangende Kunstwerke kannte. Der Geist in den Werken ist konstitutiv nicht rein. Die Gebilde, die solche Identität zu verkörpern scheinen, sind nicht die bedeutendsten. Das dem Geist in den Kunstwerken sich Entgegensetzende ist indessen keineswegs das Natürliche an seinen Materialien und Objekten. Es bildet in den Kunstwerken bloß einen Grenzwert. Ihr Entgegengesetztes tragen sie in sich selbst; ihre Materialien sind geschichtlich und gesellschaftlich präformiert wie ihre Verfahrensweisen, und ihr Heterogenes ist das an ihnen, was ihrer Einheit widerstrebt und dessen die Einheit bedarf, um mehr zu sein als Pyrrhussieg über Widerstandsloses. Soweit findet die ästhetische Reflexion sich einig mit der Geschichte der Kunst, welche das Dissonante unaufhaltsam ins Zentrum rückte, bis zur Abschaffung seines Unterschieds vom Konsonanten. Dadurch hat sie teil an dem Leiden, das vermöge der Einheit ihres Prozesses zur Sprache tastet, nicht verschwindet. Hegels Ästhetik unterschied von der bloß formalen sich im Ernst, weil sie trotz ihrer harmonistischen Züge, des Glaubens ans sinnliche Scheinen der Idee, das erkannte und Kunst dem Bewußtsein von Nöten gesellte. Der als erster ein Ende von Kunst absah, nannte das triftigste Motiv ihres Fortbestandes: den Fortbestand der Nöte selber, die auf jenen Ausdruck warten, den für die wortlosen stellvertretend die Kunstwerke vollbringen. Daß das Moment des Geistes aber den Kunstwerken immanent sei, sagt soviel, wie daß es nicht gleichzusetzen ist dem Geist, der sie hervorbrachte, und nicht einmal dem kollektiven der Epoche. Die Bestimmung des Geistes in den Kunstwerken ist die oberste Aufgabe von Ästhetik; desto dringlicher, da sie die Kategorie des Geistes nicht von der Philosophie sich vorgeben lassen darf. Der common sense, geneigt, den Geist der Kunstwerke dem gleichzusetzen, was ihre Urheber an Geist ihnen infiltriert haben, muß rasch genug entdecken, daß durch den Widerstand des künstlerischen Materials, durch dessen eigene Postulate, durch geschichtlich gegenwärtige Modelle und Verfahrungsarten, elementar bereits an einem Geist, der abkürzend und von Hegel abweichend objektiv heißen mag, die Kunstwerke soweit mitkonstituiert werden, daß ihre Reduktion auf subjektiven Geist hinfällig wird. Das entfernt die Frage nach dem Geist der Kunstwerke von ihrer Genese. Das Wechselverhältnis von Stoff und Arbeit, wie Hegel in der Dialektik von Herr und Knecht es entfaltete, reproduziert sich prägnant in der Kunst. Ruft jenes Kapitel der Phänomenologie geschichtlich die Phase des Feudalismus herauf, so haftet der Kunst selber, ihrer bloßen Existenz nach, ein Archaisches an. Die Reflexion darauf ist untrennbar von der nach dem Recht der Kunst, fortzubestehen. Die Neotroglodyten wissen das heute besser als die Naivetät des unerschütterten Kulturbewußtseins.

Ästhetische Theorie, ernüchtert gegen die aprioristische Konstruktion und gewarnt vor der aufsteigenden Abstraktion, hat zum Schauplatz die Erfahrung des ästhetischen Gegenstands. Der ist kein einfach von außen zu Erkennendes und verlangt von der Theorie, daß sie ihn, auf welchem Niveau von Abstraktion auch immer, verstehe. Philosophisch ist der Verstehensbegriff durch die Diltheyschule und Kategorien wie Einfühlung kompromittiert. Setzt man selbst derlei Theoreme außer Aktion und fordert Verstehen von Kunstwerken als streng durch deren Objektivität determiniertes Erkennen, türmen sich Schwierigkeiten. Vorweg ist einzuräumen, daß, wenn irgendwo, in der Ästhetik Erkenntnis schichtenweise sich vollzieht. Willkürlich nur wäre der Anfang jener Schichtung in der Erfahrung zu fixieren. Tief reicht sie hinter die ästhetische Sublimierung zurück, ungeschieden vom lebendigen Wahrnehmen. Ihm bleibt sie verwandt, während sie doch erst wird, was sie ist, indem sie von der Unmittelbarkeit sich entfernt, auf die sie permanent zurückzusinken droht wie das Verhalten von Bildung Ausgeschlossener, die beim Bericht über die Handlung eines Theaterstücks oder eines Films das Perfektum verwenden anstelle des Präsens; ohne alle Spur solcher Unmittelbarkeit aber ist künstlerische Erfahrung so vergeblich wie eine, die jenem Moment verfällt. Alexandrinisch zielt sie dann am Anspruch eigenen unmittelbaren Daseins vorbei, den jedes Kunstwerk anmeldet, es mag wollen oder nicht. Vorkünstlerische Erfahrung von Ästhetischem hat aber ihr Falsches daran, daß sie mit Kunstwerken sich identifiziert und gegenidentifiziert wie im empirischen Leben und womöglich noch in erhöhtem Grad, also durch eben jene Haltung, die der Subjektivismus als Organ ästhetischer Erfahrung betrachtete. Begriffslos dem Kunstwerk sich nähernd, bleibt sie befangen im Umkreis des Geschmacks und steht so schief zum Werk wie dessen Mißbrauch zum Exempel philosophischer Sprüche. Die Weichheit des identifikationsfreudig Feinen versagt vor der Härte des Kunstwerks; der harte Gedanke aber betrügt sich um das Moment der Rezeptivität, ohne das er ebenso wenig Gedanke wäre. Vorkünstlerische Erfahrung bedarf der Projektion[14], die ästhetische aber ist, eben um des apriorischen Vorrangs von Subjektivität in ihr, Gegenbewegung zum Subjekt. Sie verlangt etwas wie Selbstverneinung des Betrachtenden, seine Fähigkeit, auf das anzusprechen oder dessen gewahr zu werden, was die ästhetischen Objekte von sich aus sagen und verschweigen. Ästhetische Erfahrung legt zwischen den Betrachtenden und das Objekt zunächst Distanz. Im Gedanken von der interesselosen Betrachtung schwingt das mit. Banausen sind solche, deren Verhältnis zu Kunstwerken davon beherrscht wird, ob und in welchem Maß sie sich etwa anstelle der Personen setzen können, die da vorkommen; alle Branchen der Kulturindustrie basieren darauf und befestigen ihre Kunden darin. Je mehr künstlerische Erfahrung ihre Gegenstände hat, je näher sie ihnen in gewissem Sinn ist, desto ferner rückt sie ihnen auch; Kunstbegeisterung ist

---

[14] Vgl. Max Horkheimer und Theodor W. Adorno, Dialektik der Aufklärung, a. a. O., S. 196 ff.

kunstfremd. Damit durchbricht ästhetische Erfahrung, wie Schopenhauer wußte, den Bann sturer Selbsterhaltung, Modell eines Bewußtseinsstandes, in dem das Ich nicht länger sein Glück hätte an seinen Interessen, schließlich seiner Reproduktion. – Daß jedoch, wer den Handlungsablauf eines Romans oder eines Dramas, samt seinen Motivationen, oder die Sachverhalte auf einem Bild adäquat wahrnimmt, damit die Gebilde noch nicht verstanden hat, leuchtet so gut ein, wie daß das Verständnis jener Momente bedarf. Es gibt exakte kunstwissenschaftliche Beschreibungen, sogar Analysen – etwa gewisse thematische von Musik –, die alles Wesentliche schuldig bleiben. Eine zweite Schicht wäre das Verstehen der Intention des Werkes, das, was es von sich aus bekunden will, nach der Sprache traditioneller Ästhetik seine Idee, etwa die Schuldhaftigkeit subjektiver Moralität in Ibsens Wildente. Die Intention des Werkes ist aber nicht gleich seinem Gehalt und ihr Verständnis vorläufig. So weiß es nicht darüber zu urteilen, ob die Intention im Gefüge des Werkes realisiert sei; ob seine Gestalt das Kräftespiel, vielfach die Antagonismen austrage, die in den Kunstwerken objektiv, jenseits ihrer Intention walten. Darüber hinaus ergreift das Verstehen der Intention noch nicht den Wahrheitsgehalt der Werke. Deshalb ist jegliches Verstehen von Werken wesentlich, nicht bloß in biographischer Zufälligkeit Prozeß, keineswegs jenes ominöse Erlebnis, dem da mit einem Zauberschlag alles zufallen soll und das doch ein Tor ist zum Gegenstand. Verstehen hat zu seiner Idee, daß man durch die volle Erfahrung des Kunstwerks hindurch seines Gehalts als eines Geistigen innewerde. Das betrifft ebenso dessen Verhältnis zu Stoff, Erscheinung und Intention wie seine eigene Wahrheit oder Falschheit, nach der spezifischen Logik der Kunstwerke, welche in diesen das Wahre und Falsche zu unterscheiden lehrt. Verstanden werden Kunstwerke erst, wo ihre Erfahrung die Alternative von wahr und unwahr erreicht oder, als deren Vorstufe, die von richtig und falsch. Kritik tritt nicht äußerlich zur ästhetischen Erfahrung hinzu sondern ist ihr immanent. Ein Kunstwerk als Komplexion von Wahrheit begreifen, bringt es in Relation zu seiner Unwahrheit, denn keines ist, das nicht teilhätte an dem Unwahren außer ihm, dem des Weltalters. Ästhetik, die nicht in der Perspektive auf Wahrheit sich bewegt, erschlafft vor ihrer Aufgabe; meist ist sie kulinarisch. Weil Kunstwerken das Moment von Wahrheit wesentlich ist, partizipieren sie an Erkenntnis und damit das legitime Verhältnis zu ihnen. Sie der Irrationalität überantworten, frevelt unter dem Vorwand eines Höheren an ihrem Hohen. Die Erkenntnis der Kunstwerke folgt eigener erkennender Beschaffenheit: sie sind die Weise von Erkenntnis, welche nicht Erkennen von Objekt ist. Solche Paradoxie ist auch die der künstlerischen Erfahrung. Ihr Medium ist die Selbstverständlichkeit des Unverständlichen. So verhalten sich die Künstler; das ist der objektive Grund des vielfach Apokryphen und Hilflosen ihrer Theorien. Aufgabe einer Philosophie der Kunst ist nicht sowohl, das Moment des Unverständlichen, wie es unweigerlich fast die Spekulation versucht hat, wegzuerklären, sondern die Unverständlichkeit selber zu verstehen. Sie erhält sich als Charakter der Sache; das allein bewahrt Philosophie der Kunst vor der Gewalttat an jener. Die Frage nach Verstehbarkeit schärft sich aufs äußerste gegenüber der aktuellen Produktion. Denn jene Kategorie postuliert, soll nicht Verstehen ins Subjekt verlegt und zur Relativität verdammt werden, ein objektiv Verstehbares im Kunstwerk. Setzt dieses den Ausdruck von Unverstehbarkeit sich vor und zerrüttet in dessen Zeichen das eigene Verstehbare von sich aus, so stürzt die überkommene Verstehenshierarchie zusammen. Ihren Platz okkupiert die Reflexion des Rätselcharakters der Kunst. Doch zeigt sich gerade an der sogenannten absurden Literatur – der Sammelbegriff ist viel zu Heterogenem aufgeklatscht, als daß er zu mehr verhülfe als zum Mißverständnis behender Verständigung –, daß Verstehen, Sinn und Gehalt keine Äquivalente sind. Die Absenz von Sinn wird zur Intention; übrigens nicht überall mit derselben Konsequenz; einem Stück wie den Nashörnern von Ionesco läßt trotz der dem Menschenverstand zugemuteten Verwandlung der Menschen in Nashörner recht deutlich sich entnehmen, was man früher Idee genannt hätte: Widerstand gegen Geblök und standardisiertes Bewußtsein, dessen weniger das wohlfunktionierende Ich erfolgreich Angepaßter fähig sei als die mit der herrschenden Zweckrationalität nicht ganz Mitgekommenen. Die Intention aufs radikal Absurde dürfte entspringen im künstlerischen Bedürfnis, den Stand metaphysischer

Sinnlosigkeit zu übersetzen in eine des Sinns sich entschlagende Kunstsprache, polemisch etwa gegen Sartre, bei dem jene metaphysische Erfahrung ihrerseits recht handfest subjektiv vom Gebilde gemeint wird. Der negative metaphysische Gehalt affiziert bei Beckett mit der Form das Gedichtete. Damit jedoch wird das Gebilde nicht zu einem schlechthin Unverständlichen; die begründete Weigerung seines Urhebers, mit Erklärungen angeblicher Symbole herauszurücken, ist der sonst gekündigten ästhetischen Tradition treu. Zwischen der Negativität des metaphysischen Gehalts und der Verdunklung des ästhetischen waltet eine Relation, nicht Identität. Die metaphysische Negation gestattet keine ästhetische Form mehr, die von sich aus metaphysische Affirmation bewirkte, und vermag gleichwohl ästhetischer Gehalt zu werden, die Form zu bestimmen.

Der Begriff künstlerischer Erfahrung, an den Ästhetik übergeht, und der durch das Desiderat, zu verstehen, unversöhnlich mit dem Positivismus ist, koinzidiert indessen keineswegs mit dem gängigen der werkimmanenten Analyse. Diese, der künstlerischen Erfahrung gegen die Philologie selbstverständlich, markiert fraglos in der Wissenschaft einen entschiedenen Fortschritt. Zweige der Kunstwissenschaft, wie der mit Musik akademisch befaßte, erwachten erst dann aus ihrer pharisäischen Lethargie, wenn sie jene Methode nachholten, anstatt mit allem sich abzugeben außer mit Strukturfragen der Kunstwerke. Aber in ihrer Adaptation durch die Wissenschaft hat die werkimmanente Analyse, kraft deren jene von ihrer Kunstfremdheit sich kurieren wollte, ihrerseits Züge des Positivismus angenommen, über den sie hinausmöchte. Die Strenge, mit der sie auf die Sache sich konzentriert, erleichtert die Absage an all das im Kunstwerk, was darin nicht, Faktum zweiter Potenz, vorliegt, der Fall ist. Auch musikalisch kranken motivisch-thematische Analysen, heilsam gegen das Geschwafel, häufig an dem Aberglauben, sie hätten durch Zerlegung in Grundmaterialien und ihre Abwandlungen bereits begriffen, was dann, unbegriffen und korrelativ zu solcher Askese, gern der schlechten Irrationalität eingeräumt wird. Werkimmanente Betrachtung ist nicht gar zu fern von sturer Handwerkerei, wenngleich deren Befunde meist immanent, als unzulängliche technische Einsicht, korrigibel wären. Philosophische Ästhetik, in enger Fühlung, mit der Idee werkimmanenter Analyse, hat doch ihre Stelle dort, wohin diese nicht gelangt. Ihre zweite Reflexion muß die Sachverhalte, auf die jene Analyse stößt, über sich hinaustreiben und durch emphatische Kritik zum Wahrheitsgehalt dringen. Die werkimmanente Analyse ist an sich selbst, gewiß auch um der gesellschaftlichen Besinnung über die Kunst den Atem zu verschlagen, verengt. Daß Kunst einerseits verselbständigt der Gesellschaft gegenübertritt, andererseits ihrerseits gesellschaftlich ist, schreibt ihrer Erfahrung das Gesetz vor. Wer an der Kunst nur ihr Stoffliches erfährt und es zur Ästhetik aufplustert, ist banausisch, wer sie aber allein als Kunst wahrnimmt und daraus eine Prärogative macht, bringt sich um ihren Gehalt. Denn der kann nicht wiederum bloß Kunst sein, soll er diese nicht zur Tautologie vergleichgültigen. Verfehlt wird das Kunstwerk von der Betrachtung, die darauf sich beschränkt. Seine innere Zusammensetzung bedarf, wie sehr auch vermittelt, dessen, was nicht seinerseits Kunst ist.

Erfahrung allein ist darum keine zureichende ästhetische Rechtsquelle, weil ihr geschichtsphilosophisch eine Grenze vorgezeichnet ist. Wo sie diese überschreitet, verkommt sie zu einfühlender Würdigung. Zahlreiche Kunstwerke der Vergangenheit, darunter hochberühmte, sind unmittelbar nicht mehr zu erfahren und werden von der Fiktion solcher Unmittelbarkeit verfehlt. Trifft zu, daß das geschichtliche Tempo nach dem Gesetz geometrischer Reihen sich beschleunige, so sind bereits Kunstwerke in diesen Prozeß hineingerissen, die historisch noch gar nicht weit zurückliegen. Sie führen einen hartnäckigen Schein des spontan Zugänglichen mit sich, der erst zu zerstören wäre, um ihre Erkenntnis zu gestatten. Archaisch sind Kunstwerke im Stande ihrer Unerfahrbarkeit. Jene Grenze ist starr nicht und verläuft nicht kontinuierlich; vielmehr gebrochen, dynamisch, und kann sich durch correspondance verflüssigen. Zugeeignet wird Archaik als Erfahrung eines nicht Erfahrbaren. Die Grenze der Erfahrbarkeit jedoch nötigt dazu, von der Moderne auszugehen. Sie allenfalls wirft Licht aufs Vergangene, während der akademische Usus, weithin auf Vergangenes sich zu beschränken, davon abprallt und zugleich, durch Verletzung der Distanz, am Unwiederbringlichen sich vergeht. Schließlich aber ist Kunst, noch in der äußersten Absage an die Gesellschaft, gesellschaftlichen Wesens und unverstanden, wo jenes Wesen nicht mitverstanden wird[15]. Dadurch büßt die künstlerische Erfahrung ihre Prärogative ein. Schuld daran ist ein zwischen den Kategorien irrlichterndes Verfahren. In Bewegung gerät jene von sich aus, durch den Widerspruch, daß die konstitutive Immanenz des ästhetischen Bereichs auch die Ideologie ist, welche es aushöhlt. Ästhetische Erfahrung muß sich selbst überschreiten. Sie geht durch die Extreme hindurch, siedelt nicht in deren schlechter Mitte friedlich sich an. Weder verzichtet sie auf die philosophischen Motive, die sie verwandelt, anstatt aus ihnen zu folgern, noch exorziert sie in sich das gesellschaftliche Moment. Daß einer Beethovensymphonie so wenig jemand gewachsen ist, der nicht die sogenannten rein-musikalischen Vorgänge in ihr versteht, wie einer, der nicht das Echo der Französischen Revolution darin wahrnimmt[16]; und wie beide Momente im Phänomen sich vermitteln, rechnet zu den ebenso spröden wie unabweisbaren Themen philosophischer Ästhetik. Nicht Erfahrung allein, erst der mit ihr gesättigte Gedanke ist ihm gewachsen. Ästhetik hat nicht begriffslos ästhetischen Phänomenen sich anzumessen. Zur Erfahrung der Kunst gehört das Bewußtsein des ihr immanenten Antagonismus von Außen und Innen. Die Beschreibung ästhetischer Erfahrungen, Theorie und Urteil, ist zu wenig. Bedarf es der Erfahrung der Werke, nicht des bloß herangebrachten Gedankens, so stellt umgekehrt kein Kunstwerk in unmittelbarer Gegebenheit adäquat sich dar; keines ist rein aus sich selbst heraus zu verstehen. Alle sind ebensowohl ein in sich Ausgebildetes von eigener Logik und Konsequenz wie Momente im Zusammenhang von Geist und Gesellschaft. Beide Momente sind nicht, nach szientifischem Brauch, säuberlich zu separieren. An der immanenten Stimmigkeit partizipiert ein richtiges Bewußtsein vom Auswendigen; der geistige und soziale Standort eines Werkes ist nur durch seine inwendige Kristallisation hindurch auszumachen. Kein künstlerisch Wahres, dessen Wahrheit nicht übergreifend sich legitimierte;

15 Vgl. Theodor W. Adorno, Noten zur Literatur I, 6. Aufl., Frankfurt am Main 1968, S. 73 ff.
16 Vgl. Theodor W. Adorno, Einleitung in die Musiksoziologie. Zwölf theoretische Vorlesungen, 2. Aufl., Reinbek 1968, S. 226.

kein Kunstwerk richtigen Bewußtseins, das sich nicht in sich der ästhetischen Qualität nach bewährte. Der Kitsch des Ostbereichs sagt etwas über die Unwahrheit des politischen Anspruchs, dort wäre das gesellschaftlich Wahre erlangt. Ist das Modell ästhetischen Verstehens das Verhalten, das im Kunstwerk sich bewegt; gefährdet sich Verstehen, sobald das Bewußtsein aus jener Zone herausspringt, so muß es doch wiederum sich beweglich halten, stets gleichsam drinnen und draußen, trotz des Widerstands, dem solche Mobilität des Gedankens sich aussetzt. Wer nur drinnen ist, dem schlägt die Kunst nicht die Augen auf; wer nur draußen wäre, der fälscht durch Mangel an Affinität die Kunstwerke. Zu mehr als einem rhapsodischen Hin und Her zwischen den beiden Standpunkten jedoch wird Ästhetik, indem sie deren Ineinander an der Sache entwickelt.

Zum Verdacht des Kunstfremden, sobald Betrachtung eine Position außerhalb des Kunstwerks bezieht, neigt das bürgerliche Bewußtsein ebenso, wie es seinerseits in seinem Verhältnis zu den Kunstwerken außerhalb von diesen sich zu tummeln pflegt. Zu erinnern ist der Verdacht daran, daß künstlerische Erfahrung insgesamt keineswegs so unmittelbar ist, wie es der offiziellen Kunstreligion lieb wäre. Jede Erfahrung eines Kunstwerks hängt zusammen mit dessen Ambiente, seinem Stellenwert, seinem Ort im wörtlichen und übertragenen Sinn. Übereifrige Naivetät, die das nicht Wort haben will, verkennt bloß, was ihr heilig ist. Tatsächlich greift jegliches Kunstwerk, auch das hermetische, durch seine Formensprache über seine monadologische Verschlossenheit hinaus. Ein jegliches bedarf, um erfahren zu werden, des wie immer rudimentären Gedankens und, weil dieser nicht sich sistieren läßt, eigentlich der Philosophie als des denkenden Verhaltens, das nicht nach arbeitsteiligen Verordnungen abbricht. Vermöge der Allgemeinheit des Gedankens ist jede vom Kunstwerk erforderte Reflexion auch eine von draußen; über ihre Fruchtbarkeit entscheidet, was durch sie vom Inwendigen des Werks aufleuchtet. Der Idee einer Ästhetik inhäriert, durch Theorie die Kunst aus der Verhärtung zu befreien, die ihr durch die ihr unvermeidliche Arbeitsteilung widerfährt. Kunstwerke verstehen ist nicht χωρίς von ihrer Erklärung; nicht zwar der genetischen, aber der ihrer Komplexion und ihres Gehalts, so wenig auch erklären und verstehen eins sind. So gut wie zum Verstehen die nicht erklärende Schicht spontanen Vollzugs zählt, so gut auch die erklärende; Verstehen überschreitet Kunstverständnis herkömmlichen Schlages. Erklären involviert, gewollt oder ungewollt, auch ein Zurückführen des Neuen und Unbekannten auf Bekanntes, wenngleich das Beste an den Werken dagegen sich sträubt. Ohne solche Reduktion, die an den Kunstwerken frevelt, könnten sie nicht fortleben. Ihr Wesentliches, das Unerfaßte, ist auf identifizierende Akte, auf Erfassen angewiesen; es wird dadurch zu einem Bekannten und Alten verfälscht. Insofern ist das Leben der Werke selbst widerspruchsvoll. Dieser Paradoxie muß Ästhetik sich bewußt werden, darf nicht sich gebärden, als wäre ihre Wendung gegen die Tradition der rationalen Mittel ledig. Sie bewegt sich im Medium allgemeiner Begriffe noch angesichts des radikal nominalistischen Standes der Kunst und trotz der Utopie des Besonderen, die sie mit der Kunst gemein hat. Das ist nicht nur ihre Not, sondern hat auch sein fundamentum in re. Ist in der Erfahrung des Realen das Allgemeine das eigentlich Vermittelte, so in der Kunst das Besondere; fragte die nicht-ästhetische Erkenntnis, in Kantischer Formulierung, nach der Möglichkeit des allgemeinen Urteils, so fragt ein jedes Kunstwerk, wie unter der Herrschaft des Allgemeinen ein Besonderes irgend möglich sei. Das bindet Ästhetik, so wenig ihre Methode eine von Subsumtion unter den abstrakten Begriff sein kann, an Begriffe, solche freilich, deren Telos das Besondere ist. Wenn irgendwo, hat die Hegelsche Lehre von der Bewegung des Begriffs in der Ästhetik ihr Recht; sie hat es zu tun mit einer Wechselwirkung des Allgemeinen und Besonderen, die das Allgemeine nicht dem Besonderen von außen imputiert sondern in dessen Kraftzentren aufsucht. Das Allgemeine ist das Skandalon der Kunst: indem sie wird, was sie ist, kann sie nicht sein, was sie werden will. Der Individuation, ihrem eigenen Gesetz, ist die Grenze durchs Allgemeine gesetzt. Kunst führt heraus und doch nicht heraus, die Welt, die sie reflektiert, bleibt, was sie ist, weil sie von der Kunst bloß reflektiert wird. Noch Dada war, als die hinweisende Gebärde, in die das Wort sich verwandelt, um seine Begrifflichkeit abzuschütteln, so allgemein wie das kindlich wiederholte Demonstrativpronomen, das der Dadaismus als Parole sich erkor.

Während Kunst das absolut Monadologische träumt, ist sie, zu ihrem Glück und Unglück, mit dem Allgemeinen durchsetzt. Sie muß über den Punkt des absoluten τόδε τι hinaus, zu dem sie sich zusammenziehen muß. Das befristete objektiv den Expressionismus; die Kunst hätte auch dann über ihn sich hinwegbegeben müssen, wenn die Künstler minder willfährig sich akkomodiert hätten: sie regredierten hinter ihn. Wo immer Kunstwerke, auf der Bahn ihrer Konkretion Allgemeines: eine Gattung, einen Typus, ein Idiom, eine Formel polemisch eliminieren, bleibt das Ausgeschiedene durch seine Negation in ihnen enthalten; dieser Sachverhalt ist konstitutiv für die Moderne.

Die Einsicht ins Leben des Allgemeinen inmitten der Spezifikation jedoch treibt die Allgemeinheit über den Schein jenes statischen Ansichseins hinaus, der die Hauptschuld trug an der Sterilität ästhetischer Theorie. Kritik an den Invarianten verleugnet diese nicht einfach sondern denkt sie in ihrer eigenen Varianz. Ästhetik hat es mit ihrem Gegenstand nicht als mit einem Urphänomen zu tun. Die Phänomenologie und ihre Nachfolge bieten ihr sich an, weil sie, wie es von der Ästhetik zu verlangen wäre, dem Verfahren von oben und von unten her gleichermaßen opponieren. Sie möchte, als eine der Kunst, diese weder aus ihrem philosophischen Begriff entwickeln noch durch komparative Abstraktion zu ihr aufsteigen, sondern sagen, was sie sei. Solches Wesen sei ihr Ursprung, Kriterium ihres Wahren und Unwahren. Aber was da aus der Kunst herausschaut, wie mit einem Zauberstab hervorgelockt wird, bleibt äußerst dünn und gibt für die künstlerischen Manifestationen sehr wenig her. Wer mehr erlangen will, muß mit einer Sachhaltigkeit sich einlassen, die mit dem Gebot reiner Wesenhaftigkeit unvereinbar ist. Phänomenologie der Kunst scheitert an der Voraussetzung von Voraussetzungslosigkeit. Kunst spottet der Versuche, sie auf reine Wesenhaftigkeit zu vereidigen. Sie ist nicht, was sie von je soll gewesen sein, sondern was sie geworden ist. So wenig die Frage nach dem individuellen Ursprung der Kunstwerke angesichts ihrer die subjektiven Momente einbegreifenden Objektivität fruchtet, so wenig ist andererseits auf ihren Ursprung in ihrem eigenen Sinn zu rekurrieren. Ihr ist nicht akzidentell sondern Gesetz, daß sie sich entrang. Die Bestimmungen ihres reinen Begriffs, die sie sich erwarb, erfüllte sie nie ganz und zerrt an ihnen; Valéry zufolge sind die reinsten Kunstwerke keineswegs die höchsten. Wollte man die Kunst auf Urphänomene künstlerischen Verhaltens wie den Nachahmungstrieb, das Ausdrucksbedürfnis, die magischen Bilder reduzieren, so geriete man ins Partikulare und Willkürliche. Jene Momente spielen mit, gehen in die Kunst ein, überleben in ihr; keines davon ist sie ganz. Ästhetik hat nicht auf die vergebliche Jagd nach den Urwesen von Kunst auszuziehen, sondern derlei Phänomene in geschichtlichen Konstellationen zu denken. Keine isolierte Einzelkategorie denkt die Idee von Kunst. Sie ist ein in sich bewegtes Syndrom. Höchst vermittelt in sich, bedarf sie der denkenden Vermittlung; sie allein, nicht die vermeintlich originär gebende Anschauung terminiert in ihrem konkreten Begriff[17].

Hegels zentrales ästhetisches Prinzip, das des Schönen als des sinnlichen Scheinens der Idee, setzt deren Begriff als den des absoluten Geistes voraus. Nur wenn dessen totaler Anspruch honoriert würde, wenn Philosophie vermöchte, die Idee des Absoluten auf den Begriff zu bringen, hätte jenes Prinzip seine Kraft. In einer geschichtlichen Phase, in der die Ansicht von der Wirklichkeit der Vernunft zum blutigen Spott ward, verblaßt Hegels Deutung, trotz des Reichtums an wahrer Einsicht, den sie aufschloß, zum Trost. Hat seine Konzeption Geschichte mit der Wahrheit glücklich vermittelt, so ist ihre eigene Wahrheit vom Unglück der Geschichte nicht zu isolieren. Wohl besteht Hegels Kantkritik fort. Schönes, das mehr sein soll als Taxusgärten, ist kein bloß Formales, auf subjektive Anschauungsfunktionen Zurückdatierendes, sondern sein Grund im Objekt aufzusuchen. Aber seine Anstrengung, das zu leisten, wurde zunichte, weil sie metaästhetisch Identität von Subjekt und Objekt im Ganzen zu Unrecht postuliert. Kein zufälliges Versagen einzelner Denkender sondern bedingt von jener Aporie ist es, daß heute philosophische Interpretationen von Dichtungen, gerade wo sie dichterisches Wort und Gedichtetes mythologisch erhöhen, in jenes Gedichtete,

---

17 Vgl. Theodor W. Adorno, Über das gegenwärtige Verhältnis von Philosophie und Musik, in: Filosofia dell'arte, Roma u. Milano 1953 (Archivio di filosofia, ed. E. Castelli), S. 5 ff.

die Zusammensetzung der zu interpretierenden Werke nicht eindringen und diese lieber als Schauplatz der philosophischen These zurichten: angewandte Philosophie, ein a priori Fatales, liest aus den Werken, denen sie das Air von Konkretion entlehnt, nichts heraus als sich selbst. Bleibt ästhetische Objektivität, in der auch die Kategorie des Schönen einzig ein Moment ist, kanonisch für jede triftige Reflexion, so fällt sie nicht länger der Ästhetik vorgeordneten begrifflichen Strukturen zu und wird, ein Fragloses und zugleich Ungesichertes, eigentümlich schwebend. Ihr Ort ist allein noch die Analyse von Sachverhalten, in deren Erfahrung die Kraft philosophischer Spekulation hineingetragen wird, ohne daß sie auf fixe Ausgangspositionen sich verließe. Die ästhetischen Lehren philosophischer Spekulation sind nicht als Bildungsgut zu konservieren, aber auch nicht abzuschütteln, am letzten zugunsten der vermeintlichen Unmittelbarkeit künstlerischer Erfahrung: in ihr steckt implizit bereits jenes Bewußtsein von der Kunst, eigentlich also Philosophie, von dem man durch naive Betrachtung der Gebilde sich dispensiert wähnt. Kunst existiert nur innerhalb einer bereits entwickelten Kunstsprache, nicht auf der tabula rasa des Subjekts und seiner angeblichen Erlebnisse. Darum sind diese unentbehrlich, doch keine letzte Rechtsquelle ästhetischer Erkenntnis. Gerade die aufs Subjekt nicht zu reduzierenden, nicht in blanker Unmittelbarkeit zu besitzenden Momente der Kunst bedürfen des Bewußtseins und damit der Philosophie. Sie wohnt aller ästhetischen Erfahrung inne, wofern sie nicht kunstfremd, barbarisch ist. Kunst erwartet die eigene Explikation. Methodisch vollzieht sie sich in der Konfrontation der geschichtlich überlieferten Kategorien und Momente der ästhetischen Theorie mit der künstlerischen Erfahrung, die beide reziprok aneinander sich berichtigen.

Hegels Ästhetik gibt treue Rechenschaft von dem zu Leistenden. Nur verhindert das deduktive System jene Hingabe an die Gegenstände, die ihrerseits systematisch postuliert wird. Das Hegelsche Werk verpflichtet den Gedanken, ohne daß diesem seine Antworten länger verbindlich wären. Waren die mächtigsten ästhetischen Konzeptionen, die Kantische und die Hegelsche, Frucht der Systeme, so sind sie durch deren Zusammenbruch zerrüttet, ohne darum doch zunichte zu werden. Ästhetik verläuft nicht in der Kontinuität wissenschaftlichen Denkens. Die den Philosophien verschwisterten einzelnen Ästhetiken dulden keine gemeinsame Formel als ihre Wahrheit; eher ist sie in ihrem Konflikt zu suchen. Dranzugeben ist die gelehrte Illusion, ein Ästhetiker hätte vom anderen die Probleme ererbt und nun friedlich an ihnen weiterzuarbeiten. Bleibt die Idee der Objektivität Kanon jeder triftigen ästhetischen Reflexion, so ist deren Ort der Widerspruch eines jeden ästhetischen Gebildes in sich ebenso wie der philosophischen Gedanken im Verhältnis zueinander. Daß Ästhetik, um mehr zu sein als Geklapper, ins Offene und Ungedeckte will, erlegt ihr das Opfer einer jeglichen von den Wissenschaften erborgten Sekurität auf; keiner hat das unbefangener ausgesprochen als der Pragmatist Dewey. Weil Ästhetik nicht über Kunst von oben her und ihr äußerlich urteilen, sondern ihren inwendigen Tendenzen zum theoretischen Bewußtsein verhelfen soll, kann sie nicht in einer Zone von Sicherheit sich ansiedeln, die jedes Kunstwerk, das sich irgend genügt, Lügen straft. In den Kunstwerken verlängert sich bis zu ihren obersten Erhebungen, worüber der stümpernde Adept belehrt wird, der auf dem Klavier daneben greift, mit dem Bleistift falsch zeichnet; das Offene der Kunstwerke, ihr kritisches Verhältnis zum bereits Etablierten, an dem die Qualität hängt, impliziert die Möglichkeit gänzlichen Mißlingens, und Ästhetik entfremdet sich ihrem Gegenstand, sobald sie durch ihre eigene Gestalt darüber betrügt. Daß kein Künstler sicher weiß, ob, was er tut, etwas wird, sein Glück und seine Angst, dem gängigen Selbstverständnis der Wissenschaft überaus fremd, bezeichnet subjektiv ein Objektives, die Exponiertheit aller Kunst. Ihren Fluchtpunkt nennt die Einsicht, daß vollkommene Kunstwerke kaum irgend existieren. Ästhetik muß solche Ungedecktheit ihres Objekts mit dem Anspruch auf dessen Objektivität und die eigene verbinden. Vom Wissenschaftsideal terrorisiert, zuckt Ästhetik vor solcher Paradoxie zurück; sie ist aber ihr Lebenselement. Man wird das Verhältnis von Bestimmtheit und Offenheit in ihr vielleicht damit erläutern dürfen, daß der Wege von Erfahrung und Gedanken, die in die Kunstwerke führen, unendlich viele sind, daß sie aber konvergieren im Wahrheitsgehalt. Der künstlerischen Praxis, der die Theorie weit dichter zu folgen hätte als üblich, ist das geläufig. So hat der Primarius eines Streichquartetts bei einer Probe einem aktiv an dieser mitwirkenden, doch nicht selbst spielenden Musiker gesagt, er könne und solle Kritik und Vorschläge vorbringen, wo immer ihm etwas aufgefallen sei; von jeder solchen Beobachtung, wofern sie zutrifft, geleitet der Fortgang der Arbeit schließlich zum Selben, zur richtigen Interpretation. Sogar kontradiktorische Ansätze sind in der Ästhetik legitim, etwa der bei der Form und der bei relativ handfesten Stoffschichten. Bis in die jüngste Zeit hinein hatten alle Veränderungen des ästhetischen Verhaltens als eines des Subjekts auch ihre gegenständliche Seite; in allen sind neue gegenständliche Schichten hervorgetreten, von der Kunst entdeckt, ihr adaptiert worden, andere sind abgestorben. Bis zu der Phase, in welcher gegenständliche Malerei abstarb, noch im Kubismus, führte von der gegenständlichen Seite her ebensosehr ein Weg in die Werke wie von der reinen Form her. Die Arbeiten Aby Warburgs und seiner Schule legen davon Zeugnis ab. Motivanalysen wie die von Benjamin an Baudelaire durchgeführten vermögen unter gewissen Bedingungen, ästhetisch, also den spezifischen Formfragen gegenüber produktiver zu werden als die offizielle und anscheinend kunstnähere Formanalyse. Sie hatte und hat zwar vieles vorm sturen Historismus voraus. Indem sie jedoch den Begriff der Form aus der Dialektik mit seinem Anderen herausnimmt und stillstellt, droht sie ihrerseits zu versteinern. Am entgegengesetzten Pol ist Hegel der Gefahr solcher Petrifizierung nicht entgangen. Was ihm noch sein geschworener Feind Kierkegaard so hoch anrechnete, der Akzent, den er gegenüber der Form dem Inhalt zuerteilt, bekundet nicht nur Widerstand gegen das leere und gleichgültige Spiel, also die Beziehung der Kunst zur Wahrheit, an der ihm alles lag. Vielmehr hat er zugleich den Stoffgehalt der Kunstwerke außerhalb ihrer Dialektik mit der Form überbewertet. Damit ist ein Kunstfremdes, Banausisches in Hegels Ästhetik geraten, das dann in der des Diamat, die darin an jenem so wenig zweifelte wie einst Marx, ihr Verhängnisvolles hervorkehrt. Zwar begreift die vor-Hegelsche, auch die Kantische Ästhetik das Kunstwerk noch nicht emphatisch als solches. Sie relegiert es auf den Stand eines gleichsam sublimierten Genußmittels. Doch der Kantische Nachdruck auf seinen formalen Konstituentien, durch die es als Kunst überhaupt erst wird, tut dem Wahrheitsgehalt der Kunst mehr Ehre an als Hegel, der ihn von sich aus meint, aber nicht aus der Kunst selbst entwickelt. Die Momente der Form, als die von Sublimierung, sind gegenüber Hegel ebenso noch dix-huitième wie das Fortgeschrittenere, Moderne; Formalismus, wie er Kant billig nachzurechnen ist, wurde denn auch zweihundert Jahre nach ihm zur Hetzparole anti-intellektueller Reaktion. Trotzdem ist unverkennbar eine Schwäche im Grundansatz der Kantischen Ästhetik, noch diesseits der Kontroverse über formale und sogenannte Inhaltsästhetik. Sie betrifft das Verhältnis des Ansatzes zu den spezifischen Sachverhalten der Kritik der ästhetischen Urteilskraft. Analog zur Erkenntnistheorie sucht Kant, als verstünde das sich von selbst, für das von ihm im Stil des achtzehnten Jahrhunderts so genannte ›Gefühl des Schönen‹ nach subjektiv-transzendentaler Begründung. Nach der Kritik der reinen Vernunft indessen wären die Artefakte Konstituta, fielen selber in die Objektsphäre, eine Schicht, die über der transzendentalen Problematik sich lagert. In ihr wäre bereits bei Kant Kunsttheorie als eine von Objekten möglich und zugleich als geschichtliche. Die Stellung der Subjektivität zur Kunst ist nicht, wie Kant es unterstellt, die der Reaktionsweise auf die Gebilde sondern primär das Moment ihrer eigenen Objektivität, wodurch die Gegenstände der Kunst von anderen Dingen sich unterscheiden. Das Subjekt steckt in ihrer Form und ihrem Gehalt; nur sekundär, und geschlagen mit aller Zufälligkeit, darin, wie Menschen darauf ansprechen. Kunst weist freilich zurück auf einen Stand, in dem zwischen Sache und Reaktion auf diese noch keine feste Dichotomie waltet; das verleitet dazu, Reaktionsformen, die ihrerseits Korrelat zu dinghafter Vergegenständlichung sind, als Apriori zu verkennen. Unterstellt man, wie im Lebensprozeß der Gesellschaft, auch in der Kunst, und für die Ästhetik, den Vorrang der Produktion über die Rezeption, so ist impliziert die Kritik herkömmlichen, naiven ästhetischen Subjektivismus. Nicht ist auf Erlebnis, schöpferischen Menschen und dergleichen zu rekurrieren, sondern Kunst zu denken gemäß der objektiv sich entfaltenden Gesetzmäßigkeit der Produktion. Darauf ist um so mehr zu insistieren, als die von Hegel bezeichnete Problematik der vom Kunstwerk ausgelösten Affekte durch deren Steuerung ins Ungemessene angewachsen ist. Die subjektiven Wirkungszusammenhänge kehren sich nach dem Willen der Kulturindustrie vielfach gegen das, worauf überhaupt reagiert wird. Andererseits ziehen die Werke, als Antwort darauf, mehr stets in ihr eigenes Gefüge sich zurück und tragen damit bei zur Kontingenz des Effekts, während zuzeiten, wenn nicht Harmonie, so doch einige Proportion zwischen beiden bestand. Künstlerische Erfahrung erheischt demgemäß erkennendes, nicht affektives Verhalten zu den Werken; das Subjekt steckt in ihnen und ihrer Bewegung, als Moment; soweit es von außen auf sie trifft und ihrer Disziplin nicht gehorcht, ist es der Kunst fremd, legitimes Objekt der Soziologie.

Ästhetik heute müßte über der Kontroverse zwischen Kant und Hegel sein, ohne sie durch Synthese zu glätten. Kants Begriff eines der Form nach Wohlgefälligen ist rückständig gegenüber der ästhetischen Erfahrung und nicht wiederherstellbar. Hegels Lehre vom Inhalt ist zu krud. Musik hat sehr wohl bestimmten Inhalt, das was in ihr sich zuträgt, und spottet doch der Inhaltlichkeit, wie sie Hegel visierte. Sein Subjektivismus ist so total, sein Geist so sehr alles, daß dessen Unterscheidung von seinem Anderen, und damit die Bestimmung jenes Anderen, bei ihm in der Ästhetik nicht zur Geltung kommt. Weil ihm alles sich als Subjekt erweist, verkümmert dessen Spezifisches, der Geist als Moment der Kunstwerke, und beugt sich dem Stoffmoment diesseits der Dialektik. Nicht zu ersparen wäre ihm der Vorwurf, er habe in der Ästhetik, trotz großartigster Einsicht, in der von ihm bekämpften Reflexionsphilosophie sich verfangen. Er folgt, wider die eigene Konzeption, der primitiven Ansicht, ein Inhalt oder Stoff werde von dem ästhetischen Subjekt geformt oder gar, wie sie es nennen, ›bearbeitet‹; ohnehin liebt er es, primitive Ansichten durch Reflexion gegen die Reflexion auszuspielen. Gerade im Kunstwerk müssen, hegelisch gesprochen, Inhalt und Stoff immer auch schon Subjekt sein. Einzig durch ihre eigene Subjektivität hindurch wird es zum Objektiven, Anderen. Denn das Subjekt ist in sich objektiv vermittelt; kraft künstlerischer Gestaltung tritt sein eigener – latenter – objektiver Gehalt hervor. Keine andere Vorstellung vom Inhalt der Kunst ist stichhaltig;

die offizielle marxistische Ästhetik hat so wenig die Dialektik wie die Kunst verstanden. Form ist in sich durch den Inhalt vermittelt, nicht derart, als ob sie einem ihr bloß Heterogenen widerfährt, und Inhalt durch Form; beides bleibt noch in seiner Vermittlung zu distinguieren, aber der immanente Inhalt der Kunstwerke, ihr Material und seine Bewegung, ist grundverschieden von Inhalt als Ablösbarem, der Fabel eines Stückes oder dem Sujet eines Gemäldes, wie Hegel sie in aller Unschuld dem Inhalt gleichsetzt. Er wie Kant denken hinter den ästhetischen Phänomenen her; dieser hinter dessen Tiefe und Fülle, jener hinter dem spezifisch Ästhetischen daran. Der Inhalt eines Bildes ist nicht allein, was es darstellt, sondern alles, was es an Farbelementen, Strukturen, Relationen enthält; der Inhalt einer Musik etwa, nach Schönbergs Wort, die Geschichte eines Themas. Dazu mag als Moment auch der Gegenstand rechnen, in Dichtung auch die Handlung oder die erzählte Geschichte; nicht minder jedoch was all dem im Werk widerfährt, wodurch es sich organisiert, wodurch es sich verändert. Form und Inhalt sind nicht zu konfundieren, wohl aber aus ihrem starren und nach beiden Polen hin insuffizienten Gegensatz zu befreien. Die Einsicht von Bruno Liebrucks, Hegels Politik und Rechtsphilosophie stecke mehr in der Logik als in den jenen materialen Disziplinen gewidmeten Vorlesungen und Schriften, deckt auch die Ästhetik: sie wäre erst zur ungeschmälerten Dialektik zu treiben. Die Hegelsche Logik entwickelt am Eingang ihres zweiten Teils, daß die Reflexionskategorien entsprungen, geworden und gleichwohl gültig sind; im selben Geist hat Nietzsche in der Götzendämmerung den Mythos demontiert, kein Gewordenes könne wahr sein. Dem hätte Ästhetik zu folgen. Was in ihr als ewige Norm sich etabliert, ist als Gewordenes vergänglich, veraltet kraft des eigenen Anspruchs der Unverlierbarkeit. Demgegenüber jedoch sind die aus der historischen Bewegung aufsteigenden, aktuellen Forderungen und Normen nicht zufällig und unverbindlich, sondern vermöge ihres historischen Gehalts objektiv; ephemer an der Ästhetik ist ihr Festes, ihr Skelett. Ästhetik hat die Objektivität ihres geschichtlichen Gehalts nicht historisch, als unvermeidlich wegen des Gangs der Geschichte abzuleiten, sondern aus seiner eigenen Gestalt zu begreifen. Nicht bewegt und ändert

Ästhetik nach dem trivialen Denkmodell sich in der Geschichte: diese ist ihrem Wahrheitsgehalt immanent. Darum ist es an der geschichtsphilosophischen Analyse der Situation, strengen Sinnes zutage zu fördern, was einmal als das ästhetische Apriori betrachtet wurde. Die Parolen, die aus der Situation herausgelesen werden, sind objektiver als die generellen Normen, vor denen sie nach philosophischer Sitte sich verantworten sollen; wohl wäre zu zeigen, daß der Wahrheitsgehalt großer ästhetischer Manifeste oder ihnen ähnlicher Gebilde anstelle dessen getreten ist, was vordem die philosophische Ästhetik leistete. Die fällige wäre das Selbstbewußtsein solchen Wahrheitsgehalts eines extrem Zeitlichen. Das freilich verlangt, als Kontrapunkt zur Analyse der Situation, die Konfrontation der traditionellen ästhetischen Kategorien mit jener Analyse; sie allein bezieht die künstlerische Bewegung und die des Begriffs aufeinander.

Daß dem Versuch einer Ästhetik heute nicht, den Bräuchen gemäß, eine generelle Methodologie kann vorausgeschickt werden, ist ein Stück Methodologie. Schuld ist das Verhältnis zwischen dem ästhetischen Gegenstand und dem ästhetischen Gedanken. Der Insistenz auf Methode ist stringent zu begegnen nicht dadurch, daß man approbierten Methoden eine andere entgegensetzt. Solange nicht in die Werke, nach dem Goetheschen Vergleich mit der Kapelle, eingetreten wird, bleibt die Rede von Objektivität in ästhetischen Dingen, sei es der des künstlerischen Gehalts, sei es der von dessen Erkenntnis, bloße Behauptung. Dem klappernd automatisierten Einwand, es würde von Objektivität gesprochen, wo es sich bloß um subjektive Meinungen handle, der ästhetische Gehalt, in dem die objektiv gerichtete Ästhetik terminiert, sei nichts als Projektion, antwortet wirksam einzig der Nachweis objektiv künstlerischen Gehalts an den Kunstwerken selbst. Die Ausführung legitimiert Methode, und das verwehrt deren Supposition. Würde ästhetische Objektivität als abstraktes Allgemeinprinzip ihrer Ausführung vorangestellt, so wäre sie, die von keinem System Gestützte, immerzu im Nachteil; im Späteren, nicht im Ersten, in ihrer Entfaltung konstituiert sich ihre Wahrheit. Nichts anderes hat sie als Prinzip der

Insuffizienz des Prinzips entgegenzusetzen. Die Ausführung freilich bedarf ihrerseits der kritischen Reflexion der Prinzipien. Das behütet sie vorm unverantwortlichen Drauflosdenken. Seiner Hybris aber erwehrt sich der Geist, der Kunstwerke begreift, kraft des vergegenständlichten Geistes, der die Kunstwerke an sich schon sind. Was er vom subjektiven fordert, ist dessen eigene Spontaneität. Erkenntnis von Kunst heißt, den vergegenständlichten Geist, durchs Medium der Reflexion hindurch, abermals in seinen flüssigen Aggregatzustand zu versetzen. Zu hüten jedoch hat Ästhetik sich vor dem Glauben, sie gewinne ihre Affinität zur Kunst, indem sie wie mit einem Zauberschlag, unter Aussparung begrifflicher Umwege, ausspreche, was Kunst sei. Dabei ist die Vermitteltheit des Denkens von der der Kunstwerke qualitativ verschieden. Das in der Kunst Vermittelte, das wodurch die Gebilde ein Anderes sind als ihr bloßes Diesda, muß von der Reflexion ein zweites Mal vermittelt werden: durchs Medium des Begriffs. Das glückt jedoch nicht durch die Entfernung des Begriffs vom künstlerischen Detail sondern durch seine Zuwendung zu ihm. Zitiert kurz vorm Schluß des ersten Satzes der Beethoven-Sonate Les Adieux eine flüchtig entgleitende Assoziation über drei Takte das Getrappel von Pferden, so sagt die unmittelbar jeden Begriff beschämende, rasch vergehende Stelle, der nicht einmal im Kontext des Satzes fest zu identifizierende Laut des Verschwindens mehr von der Hoffnung der Wiederkunft, als der allgemeinen Reflexion aufs Wesen des flüchtig-überdauernden Klanges offenbar würde. Erst eine Philosophie, der es gelänge, in der Konstruktion des ästhetisch Ganzen solcher mikrologischen Figuren bis in ihr Innerstes sich zu versichern, hielte, was sie verspricht. Dazu indessen muß sie ihrerseits der in sich ausgebildete, vermittelte Gedanke sein. Wollte sie statt dessen durch beschwörende Urworte das Geheime an Kunst bannen, so behielte sie Nichtiges zurück, Tautologien, allenfalls formale Charakteristiken, aus denen eben das Wesen evaporiert, das der Habitus der Sprache und die Sorge um den Ursprung usurpiert. Philosophie ist nicht so glücklich wie Oedipus, der die Rätselfrage bündig beantwortet; bereits das Glück des Heros übrigens erwies sich als verblendet. Weil das Rätselhafte der Kunst sich artikuliert allein in den Konstellationen eines jeden Werks, vermöge ihrer technischen Verfahrungsweisen, sind die Begriffe nicht nur die Not ihrer Dechiffrierung sondern auch ihre Chance. Kunst ist dem eigenen Wesen nach, in ihrer Besonderung, mehr als einzig ihr Besonderes; noch ihre Unmittelbarkeit vermittelt und soweit den Begriffen wahlverwandt. Zu Recht will der einfache Menschenverstand, daß Ästhetik nicht, in sich überschlagendem Nominalismus, in der Einzelanalyse der Werke sich verkapsele, so wenig sie auch ihrer entraten kann. Während sie sich die Freiheit zur Singularität nicht darf verkümmern lassen, bewegt sich die zweite Reflexion, die auch ästhetisch an der Zeit ist, in einem von den Kunstwerken distanzierten Medium. Ohne einen Schuß von Resignation ihrem ungeschmälerten Ideal gegenüber würde sie Opfer der Schimäre einer Konkretion, welche die von Kunst ist, und auch in dieser nicht über allem Zweifel, keinesfalls aber die von Theorie. Einspruch gegen das abstrahierende und klassifizierende Verfahren, bedarf Ästhetik gleichwohl der Abstraktionen und hat zum Gegenstand auch die klassifikatorischen Gattungen. Ohnehin sind die Gattungen der Kunstwerke, so repressiv sie wurden, kein schierer flatus vocis, obwohl die Opposition gegen Allgemeinbegrifflichkeit ein wesentliches Agens von Kunst ist. Jedes Kunstwerk, und präsentierte es sich als eines vollkommener Harmonie, ist in sich ein Problemzusammenhang. Als solcher partizipiert es an Geschichte und überschreitet dadurch die eigene Einzigkeit. Im Problemzusammenhang eines jeglichen schlägt sich in der Monade das außer ihr Seiende nieder, wodurch sie konstituiert wird. In der Zone von Geschichte kommunizieren das ästhetisch Einzelne und sein Begriff miteinander. Geschichte ist der ästhetischen Theorie inhärent. Ihre Kategorien sind radikal geschichtlich; das leiht ihrer Entfaltung das Zwangshafte, das zwar, wegen seines scheinhaften Aspekts, zur Kritik steht, aber Kraft genug hat, um den ästhetischen Relativismus zu brechen, der Kunst als unverbundenes Nebeneinander der Kunstwerke vorstellen muß. So fragwürdig es erkenntnistheoretisch ist, je von einem Kunstwerk, oder gar von der Kunst insgesamt, zu sagen, sie seien ›notwendig‹ – kein Kunstwerk muß unbedingt sein –, so sehr ist doch ihr Verhältnis zueinander eines von Bedingtheit und sie setzt in ihrer inneren Zusammensetzung sich fort. Die Konstruktion von derlei Zusammenhängen geleitet zu dem, was Kunst noch nicht ist und woran Ästhetik erst ihren Gegenstand hätte. Wie die Kunst konkret geschichtlich steht, das meldet konkrete Forderungen an. Mit ihrer Reflexion setzt Ästhetik ein; nur durch jene hindurch öffnet irgend sich die Perspektive dessen, was Kunst sei. Denn sie und ihre Werke sind allein, was sie werden können. Weil kein Kunstwerk seine immanente Spannung ohne Rest aufzulösen vermag; weil Geschichte schließlich noch die Idee solcher Auflösung angreift, kann ästhetische Theorie nicht bei der Auslegung der vorhandenen Kunstwerke und ihres Begriffs sich befriedigen. Daß sie ihrem Wahrheitsgehalt sich zukehrt, treibt sie, als Philosophie, über die Werke hinaus. Das Bewußtsein von der Wahrheit der Kunstwerke berührt gerade als philosophisches sich mit der scheinbar ephemersten Form ästhetischer Reflexion, dem Manifest. Methodisches Prinzip ist, daß von den jüngsten Phänomenen her Licht fallen soll auf alle Kunst anstatt umgekehrt, nach dem Usus von Historismus und Philologie, die bürgerlichen Geistes zuinnerst nicht möchten, daß etwas sich ändere. Ist Valérys These wahr, das Beste im Neuen entspreche einem alten Bedürfnis, so sind die authentischen Werke Kritiken der vergangenen. Ästhetik wird normativ, indem sie solche Kritik artikuliert. Das aber hat rückwirkende Kraft; von ihr allein wäre einiges von dem zu erwarten, was allgemeine Ästhetik bloß vorspiegelt.

Editorisches Nachwort

Adornos Metapher für Werke der Kunst gilt buchstäblich für das letzte philosophische, an dem er arbeitete: »Das Fragment ist der Eingriff des Todes ins Werk. Indem er es zerstört, nimmt er den Makel des Scheins von ihm.« Der Text der »Ästhetischen Theorie«, wie er im August 1969 vorlag und den die Herausgeber so getreu wie möglich veröffentlichen, ist der eines work in progress; kein Buch, das Adorno in dieser Form imprimiert hätte. Wenige Tage vor seinem Tod schrieb er in einem Brief, daß die endgültige Fassung »noch einer verzweifelten Anstrengung bedürfen« werde: »aber es ist doch wesentlich jetzt eine der Organisation, kaum mehr der Substanz des Buches«. Von diesem ist nach Adornos Erklärung »an sich alles schon, wie man so sagt, vorhanden«. Der ausstehende letzte Arbeitsgang, den Adorno bis Mitte 1970 abzuschließen hoffte, hätte zahlreiche Umstellungen innerhalb des Textes, auch Kürzungen gebracht; ihm war die Eingliederung jener Fragmente vorbehalten, die jetzt als Paralipomena abgedruckt sind; die frühe Einleitung wäre durch eine neue ersetzt worden. Schließlich hätte Adorno an sprachlichen Details noch manches zu verbessern gefunden. So blieb das Werk als ganzes ein Torso, das neben der »Negativen Dialektik« und einem geplanten moralphilosophischen Buch nach dem Willen Adornos »das darstellen« sollte, »was ich in die Waagschale zu werfen habe«. Tut das Wort auch den anderen Büchern vom »Kierkegaard« bis zur Berg-Monographie jenes Unrecht, zu dem allenfalls der Autor selbst eine Spur von Recht besitzen mag – es läßt zugleich ahnen, in *welches* Werk hier eingegriffen, *welches* abgebrochen wurde. Denn daß »das Fragmentarische dem Werk als Ausdruck« zuwachse – als Ausdruck jener Kritik des in sich Geschlossenen, abschlußhaft Systematischen, die Adornos Philosophie zuinnerst motiviert – und den Makel eines Scheins von ihm nehme, in den nach Adornos Einsicht aller Geist notwendig sich verstrickt, wiegt allzu leicht gegenüber der Zerstörung, von der der Text der »Ästhetischen Theorie« Zeugnis ablegt. Der Begriff des Fragments wird von Adorno in doppeltem Sinn gebraucht. Er meint einmal ein Produktives: daß Theorien, die systematisch intendiert sind, in Fragmente zerfallen müssen, um ihren Wahrheitsgehalt freizugeben. Nichts dergleichen gilt für die »Ästhetische Theorie«. Ihr Bruchstückhaftes ist der Eingriff des Todes in ein Werk, bevor es das Gesetz seiner Form ganz verwirklicht hatte. Der Adornoschen Philosophie insgesamt ist es wesentlich, aus den Zerstörungen des Todes keinen Sinn zu pressen, der Einverständnis mit ihnen erlaubte. Zwei biographische Fragmente vergleichbaren Rangs besaßen für Adorno eminente Bedeutung: bis zuletzt wollte er weder damit sich abfinden, daß Benjamins Passagenwerk nicht zu retten sei, noch daß die Instrumentation der Bergschen Lulu unvollendbar wäre. So wenig eine Edition der »Ästhetischen Theorie« über den Fragmentcharakter des Werkes täuschen kann, es auch nur versuchen darf, so unmöglich ist es, mit ihm sich zu versöhnen. Mit dem Unvollendeten, das aus bloßer Kontingenz zu einem solchen wurde, gibt es kein sich Abfinden, und dennoch verbietet wahre Treue, wie Adorno selbst unvergleichlich sie übte, das Fragmentarische mit Ergänzungsversuchen anzutasten.

Seine Lehrtätigkeit an der Frankfurter Universität hatte Adorno im Wintersemester 1949/50 wiederaufgenommen, bereits im Sommer 1950 hielt er ein Kolleg über Ästhetik. In den folgenden Jahren las er noch viermal über denselben Gegenstand, zuletzt zweiteilig im Sommer 1967 und im Winter 1967/68, als große Teile der »Ästhetischen Theorie« schon geschrieben waren. Wann der Plan zu einem Buch über Ästhetik gefaßt wurde, ließ sich nicht mit Sicherheit ermitteln; gelegentlich sprach Adorno von ihm als einer der Arbeiten, die »ich ein Leben lang vor mir hergeschoben habe«. Aufzeichnungen, die für die zu schreibende Ästhetik bestimmt waren, wurden mindestens seit Juni 1956 notiert. Der Wunsch des 1959 verstorbenen Freundes Peter Suhrkamp, für seinen Verlag von Adorno eine Ästhetik zu bekommen, dürfte zur Konkretisierung des Projekts beigetragen haben. Wichtiger freilich war Adorno die Konzeption, seine Ideen zur

Ästhetik zu integrieren; als Theorie zu entfalten, was bislang in zahlreichen materialen Arbeiten über Musik und Literatur niedergelegt war. Diese wurden vielfach als aperçuhaft, wo nicht gar als rhapsodisch rezipiert. Der Primat inhaltlichen Denkens in Adornos Philosophie mag den Blick für die Einheit seines philosophischen Bewußtseins versperrt haben. In Adornos Sinn bilden die materialen Arbeiten zur Kunst nicht »Anwendungen sondern integrale Momente der ästhetischen Theorie *selbst*«. – Am 4. Mai 1961 begann Adorno mit dem Diktat einer ersten Version der »Ästhetischen Theorie«, die in relativ kurze Paragraphen gegliedert war. Die Arbeit wurde schon bald zugunsten der an der »Negativen Dialektik« abgebrochen. Nachdem diese im Sommer 1966 beendet war, nahm Adorno am 25. Oktober 1966 eine neue Version der Ästhetik in Angriff. Die Einteilung in Paragraphen wich einer in Kapiteln. Große Anstrengung wurde auf die »Schematisierung«, eine detaillierte Disposition des Buches verwandt. Ende Januar 1967 lag bereits ungefähr ein Viertel des Textes selbst im Rohdiktat vor. Das ganze Jahr 1967 über wurde das Diktat fortgesetzt. Gleichsam nebenbei schrieb Adorno Arbeiten wie die Durkheim-Einleitung und das Vorwort zu der Auswahl von Gedichten Rudolf Borchardts. Einer Tagebuchnotiz zufolge wurde die »Ästhetische Theorie« am 25. Dezember 1967 »im rohen Diktat beendet«; die Eintragung scheint indessen voreilig gewesen zu sein, denn am 8. Januar 1968 heißt es in einem Brief: »Die Rohfassung ist fast fertig«, am 24. Januar endlich: »Unterdessen habe ich die erste Fassung meines großen ästhetischen Buches abgeschlossen«. – Die Diktatversion umfaßt neben der Einleitung sieben Kapitel mit den Titeln »Situation«, »Was Kunst war oder Zur Urgeschichte«, »Materialismus«, »Nominalismus«, »Gesellschaft«, »Parolen« und »Metaphysik«. Der Text von 1961 ging bis auf wenige Paragraphen in der neuen Version auf. Aber auch diese läßt sich in ihrer letzten Fassung, die der vorliegende Band enthält, kaum wiedererkennen. Über die Erstellung der definitiven Druckfassung im Verhältnis zum ersten Diktat äußerte Adorno sich brieflich: »Dann erst beginnt die Haupttätigkeit, nämlich die endgültige Redaktion; die zweiten Fassungen sind bei mir immer der entscheidende Arbeitsgang, die ersten stellen nur ein Rohmaterial dar, oder [. . .]: sie sind ein organisierter Selbstbetrug, durch den ich mich in die Position des Kritikers meiner eigenen Sachen manövriere, die sich bei mir immer als die produktivste erweist.« Bei der kritischen Redaktion der »Ästhetischen Theorie« zeigte sich allerdings, daß diesmal auch die zweite Fassung nur eine vorläufige darstellte.

Nach dem Abschluß des Diktats war die Arbeit ins Stocken geraten. Adorno wandte sich soziologischen Auftragsarbeiten wie dem Einleitungsvortrag zum 16. Deutschen Soziologentag und der Einleitung zu dem Sammelband »Der Positivismusstreit in der deutschen Soziologie« zu; gleichzeitig entstand das Buch über Alban Berg. Derartige Ablenkungen vom »Hauptgeschäft« empfand Adorno stets als heilsame Korrektive. Hinzu kamen jedoch die Diskussionen mit der studentischen Protestbewegung und eine wachsende Inanspruchnahme durch universitätspolitische Auseinandersetzungen; ging aus den ersteren manches in die »Marginalien zu Theorie und Praxis« ein, so verschlangen die letzteren nur fruchtlos Zeit und Arbeitskraft. Erst Anfang September 1968 konnte die Arbeit an der Ästhetik fortgesetzt werden. Zunächst wurde der gesamte Text mit kritischen Annotationen versehen, welche die eigentliche Korrektur vorbereiteten. Diese bestand in einer eingreifenden handschriftlichen Umarbeitung des inzwischen in Maschinenschrift übertragenen Diktats, bei der kein Satz unverändert, kaum einer an seinem ursprünglichen Platz blieb; zahllose Passagen kamen neu hinzu, nicht wenige, zum Teil umfangreiche wurden rigoros gestrichen. Im Verlauf dieses Arbeitsganges, mit dem Adorno am 8. Oktober 1968 begann, wurde die Kapiteleinteilung wiederum aufgegeben. An ihre Stelle trat ein durchgehender Text, der nur durch Spatien gegliedert werden sollte; er wurde am 5. März 1969 abgeschlossen. Drei Kapitel der älteren Fassung verblieben außerhalb des Haupttextes; zwei von ihnen – »Parolen« und »Situation« – wurden gleichfalls noch im März korrigiert, die Umarbeitung des letzten Kapitels – »Metaphysik« – konnte am 14. Mai beendet werden. In den folgenden Wochen entstanden dann noch zahlreiche Einfügungen, die ihren Ort innerhalb des Haupttextes durch den dritten Arbeitsgang gefunden, teilweise auch Passagen desselben ersetzt hätten, die Adorno noch nicht genügten. Der letzte datierte Text trägt das Datum des 16. Juni 1969.

Die Darstellungsform des Buches, die seine Rezeption nicht unbeträchtlich erschweren dürfte, resultiert nicht allein aus dem Fragmentcharakter der »Ästhetischen Theorie«. Während der Arbeit an der zweiten Fassung fand Adorno sich vor Aufgaben gestellt, welche er so nicht vorhergesehen hatte. Sie betreffen sowohl die Disposition des Textes wie vor allem Fragen des Verhältnisses von Darstellung und Dargestelltem. Rechenschaft darüber legte Adorno in Briefen ab: »Interessant ist, daß sich mir bei der Arbeit aus dem *Inhalt* der Gedanken gewisse Konsequenzen für die Form aufdrängen, die ich längst erwartete, aber die mich nun doch überraschen. Es handelt sich ganz einfach darum, daß aus meinem Theorem, daß es philosophisch nichts ›Erstes‹ gibt, nun auch folgt, daß man nicht einen argumentativen Zusammenhang in der üblichen Stufenfolge aufbauen kann, sondern daß man das Ganze aus einer Reihe von Teilkomplexen montieren muß, die gleichsam gleichgewichtig sind und konzentrisch angeordnet, auf gleicher Stufe; deren Konstellation, nicht die Folge, muß die Idee ergeben.« In einem anderen Brief heißt es von den Darstellungsschwierigkeiten der »Ästhetischen Theorie«: »Sie bestehen [...] darin, daß die einem Buch fast unabdingbare Folge des Erst-Nachher sich mit der Sache als so unverträglich erweist, daß deswegen eine Disposition im traditionellen Sinn, wie ich sie bis jetzt noch verfolgt habe (auch in der »Negativen Dialektik« verfolgte), sich als undurchführbar erweist. Das Buch muß gleichsam konzentrisch in gleichgewichtigen, paratakischen Teilen geschrieben werden, die um einen Mittelpunkt angeordnet sind, den sie durch ihre Konstellation ausdrücken.« Die Probleme der paratakischen Darstellungsform, wie die letzte Fassung der »Ästhetischen Theorie« sie repräsentiert, ohne daß Adorno damit schon sich zufriedengeben wollte, sind objektiv bedingt: Ausdruck der Stellung des Gedankens zur Objektivität. Philosophische Parataxis sucht dem Hegelschen Programm des reinen Zusehens gerecht zu werden, indem sie die Dinge nicht durch die Gewalttat subjektiver Präformierung entstellt, sondern ihr Sprachloses, Nichtidentisches zum Sprechen verhält. An Hölderlin hat Adorno die Implikate des reihenden Verfahrens dargestellt, über seine eigene Methode notierte er, daß sie mit den ästhetischen Texten des späten Hölderlin am engsten sich berühre. Eine Theorie jedoch, die am individuum ineffabile sich entzündet, am Unwiederholbaren, Nichtbegrifflichen wiedergutmachen möchte, was identifizierendes Denken ihm zufügte, gerät notwendig in Konflikt mit der Abstraktheit, zu der sie als Theorie doch genötigt ist. Adornos Ästhetik wird durch ihren philosophischen Gehalt zur Form der parataktischen Darstellung bestimmt, diese Form indessen ist aporetisch; sie fordert die Lösung eines Problems, an dessen letztlicher Unlösbarkeit im Medium der Theorie für Adorno kein Zweifel bestand. Zugleich bleibt die Verbindlichkeit von Theorie aber gebunden daran, daß Arbeit und Anstrengung des Gedankens von der Lösung des Unlösbaren nicht ablassen. An solcher Paradoxie könnte auch die rezeptive Anstrengung ein Modell besitzen. Zwar wären die Schwierigkeiten, welche dem πόρος, dem direkten Zugang zum Text der »Ästhetischen Theorie« sich entgegenstellen, durch eine weitere Überarbeitung fraglos gemindert worden, die, wenn sie jene schon nicht hätte wegräumen können, sie doch allererst durchartikuliert haben würde. – Mit dem dritten Arbeitsgang, durch den die »Ästhetische Theorie« ihre verbindliche Form gefunden hätte, wollte Adorno unmittelbar nach der Rückkehr aus jenem Urlaub beginnen, der sein letzter war.

Die vorliegende Ausgabe, die keine Ansprüche einer kritisch-historischen stellt, enthält den vollständigen Text der letzten Fassung. Fortgelassen wurden lediglich solche Passagen der Diktatversion, die in den zweiten Arbeitsgang nicht einbezogen wurden; auch wo Adorno sie nicht ausdrücklich gestrichen hat, müssen sie als von ihm verworfen gelten. Eine Anzahl kleinerer Fragmente, die unkorrigiert geblieben sind, wurden dagegen um ihrer Prägnanz willen unter die Paralipomena aufgenommen. Die korrigierte, aber von Adorno preisgegebene frühe Einleitung wurde als Anhang abgedruckt; ihr sachliches Gewicht verbot es, sie auszuscheiden. – Eigenheiten der Orthographie sind bewahrt worden. Auch die Interpunktion, die noch weitgehend dem Sprechrhythmus folgt und für den Druck von Adorno zweifellos den üblichen Regeln angenähert worden wäre, blieb unverändert. Das durch die handschriftlichen Korrekturen für Adorno selbst schwer lesbar gewordene Manuskript bedingte, daß gelegentlich anakoluthische oder elliptische Formulierungen stehenblieben; hier wurde zurückhaltend korrigiert. Über solche grammatikalischen Eingriffe hinaus schien es den Herausgebern geboten, von Konjekturen möglichst absehen zu sollen, wie häufig immer sie durch Wiederholungen, gelegentlich durch Widersprüche nahegelegt wurden. Ungezählte Formulierungen und Passagen, bei denen die Herausgeber überzeugt waren, daß Adorno sie geändert hätte, sind unverändert übernommen worden. Konjiziert wurde nur in Fällen, in denen es Mißverständnisse des Sinns auszuschließen galt.

Erhebliche Schwierigkeiten bereitete die Anordnung des Textes. Zugrundegelegt wurde der durchkorrigierte Haupttext, in den die erwähnten überarbeiteten, aber nicht mehr integrierten drei Kapitel einzufügen waren. Der Teil über »Situation« (S. 31 bis 56) – eine Geschichtsphilosophie der modernité; in der ursprünglichen Fassung das erste Kapitel – mußte an relativ früher Stelle stehen: ein Zentrum der »Ästhetischen Theorie« bildet die Einsicht, daß allein von der Spitze der gegenwärtigen Kunst her Licht auf die vergangene falle. Einer Notiz zufolge beabsichtigte Adorno, die Kapitel »Situation« und »Parolen« (S. 56 bis 74) zusammenzustellen, die Herausgeber verfuhren entsprechend. Die Eingliederung des Kapitels »Metaphysik« (S. 193 bis 205) im Anschluß an den Teil über den »Rätselcharakter« ergab sich zwingend aus dem Gang des Gedankens. – Im einzelnen mußte eine Reihe von Absätzen umgestellt werden. Diese Umstellungen wurden in ihrer Mehrzahl von Adorno selbst in Marginalien bereits erwogen. Bei sämtlichen Umstellungen, die die Herausgeber vornahmen, versuchten sie, das paratektische Darstellungsprinzip des Buches deutlicher zu akzentuieren, keinesfalls dieses doch wieder einem deduktiv-hierarchischen Zusammenhang der Darstellung zu opfern. – Die von den Herausgebern als Paralipomena behandelten Fragmente sind zum einen Teil nachträglich geschriebene Einfügungen, zum anderen sogenannte Separatabschriften: aus dem ursprünglichen Text ausgegliederte Passagen, die an einer anderen Stelle ihren endgültigen Platz finden sollten. Eine Integration dieser Fragmente in den Haupttext erwies sich als undurchführbar. Adorno hat nur selten den Ort genauer gekennzeichnet, dem sie zugedacht waren, fast immer boten sich mehrere

Stellen zur Eingliederung an. Überdies hätte die Eingliederung dieser Texte die Formulierung von Überleitungssätzen notwendig gemacht, zu der die Herausgeber sich nicht befugt glaubten. Die Anordnung der Paralipomena geht auf die Herausgeber zurück. – Die Kolumnentitel stellen ebenfalls eine Hinzufügung der Herausgeber dar, die dabei freilich oft auf »headings«, kurze Inhaltsstichworte sich stützen konnten, mit denen Adorno die meisten Manuskriptseiten versehen hat.

Ein Fragment von Friedrich Schlegel sollte der »Ästhetischen Theorie« als Motto dienen: »In dem, was man Philosophie der Kunst nennt, fehlt gewöhnlich eins von beiden; entweder die Philosophie oder die Kunst.« Adornos Absicht war, das Buch Samuel Beckett zu widmen.

Danken möchten die Herausgeber Elfriede Olbrich, der langjährigen Sekretärin Adornos, die Entzifferung und Abschrift des Textes besorgte.

Juli 1970

In der zweiten Auflage wurde ein kurzer Abschnitt umgestellt, der durch ein Versehen zunächst falsch eingeordnet worden war. Darüber hinaus fanden die Herausgeber nur einige Druckfehler zu korrigieren.

Neu ist das Begriffsregister; erarbeitet wurde es am Seminar für Allgemeine und Vergleichende Literaturwissenschaft der Freien Universität Berlin im Zusammenhang mit einer Übung über die »Ästhetische Theorie«, die Peter Szondi noch im Sommersemester 1971 hielt. So inadäquat Adornoschen Texten ihre Verzettelung nach Stichwörtern ist, im Fall der dickichthaft verschlungenen »Ästhetischen Theorie« dürfte das Register eine legitime Hilfe bieten.

Dezember 1971

Begriffsregister

Abbild, Abbildung, Abbildlichkeit 18, 21, 53, 56, 60-61, 68, 89, 96, 105-106, 120-121, 130, 140, 146-147, 155, 157, 164, 169, 171, 231-232, 252, 336, 382, 386, 416, 422, 425, 427, 441, 477, 479, 483, 486
Aberglauben 140, 192, 448, 475, 487, 498
Abgebrochensein s. Bruch
Ableben (der Kunst) s. Ende
Abschaffung (der Kunst) 50, 372-373, 467, 474-475
Absolutes, absolut 13, 93, 119, 137, 148, 157, 159, 192, 201, 262, 276, 294-295, 297, 338, 397, 437, 442, 465, 469, 511-512, 522-523
Absterben (der Kunst) s. Ende
Abstraktes, Abstraktheit, Abstraktion, abstrakt 28-29, 37-41, 50-51, 53, 66, 72, 78, 143-144, 147, 152, 165, 203, 211, 223, 259, 276, 292, 297, 308, 317, 343, 351, 357-358, 373, 380-381, 393, 422, 426, 450 bis 451, 458, 462, 465, 478, 494, 501, 509, 513, 522, 530, 532
Absurdes, absurd 47, 174, 179, 194, 206, 230-231, 235, 277, 332, 362, 415, 506, 516
action painting 63, 329
Adaptation s. Anpassung
Ägyptisches 49, 202, 209
Ästhetik (s. auch Idealismus) 12-13, 18, 24-25, 28, 33, 40, 49, 61, 63, 74-75, 78, 81-82, 89, 97, 113, 117, 119-120, 140, 145, 152, 156, 164, 173, 179, 193, 195, 211, 213-215, 219, 224, 228, 236, 238, 244-245, 247-248, 252, 268-270, 274, 277, 288, 297, 299, 301, 311, 342, 346, 365-366, 391-393, 395-398, 407, 412, 414, 419, 421, 424, 427, 432, 456, 465, 493-499, 502-513, 515, 517-533
dialektische 119, 248
materialistisch-dialektische 12
marxistische 224, 529
rationalistische 117
Formalästhetik 18, 432, 512
Geschmacksästhetik 365-366
Inhaltsästhetik 18, 78, 224, 432, 527
Konsequenzästhetik 116
Sozialästhetik 342
Wirkungsästhetik 22, 206, 301, 399, 407
ästhetische Abstraktion 40
Dialektik 50, 62, 82, 86, 137, 152 bis 153, 157, 208, 211, 248, 261-262, 266, 270-271, 276, 283, 293, 300, 318, 321, 345, 368, 398, 432-433, 437-438, 452, 512
-r Nominalismus 156, 297
-r Positivismus 399
Regression 63
Technologie 94
Ästhetizismus 31, 60, 369, 473
Affirmation, affirmativ 10, 20, 54 bis 55, 66, 77-79, 115, 118, 138-139, 143, 161-162, 168, 172, 212, 229, 239-240, 264, 283, 307, 331, 346 bis 347, 358, 363, 370, 374, 386, 421, 440, 473, 517
Albernes 180-181, 201, 240, 332
Aleatorik, Zufallsmusik 47, 63, 329
Allegorie, Allegorese 40, 48, 80-81, 108, 111, 131, 191, 195, 197, 278
Allgemeines, Allgemeinheit, allgemein 53, 60, 68-69, 74, 82, 91-92, 128 bis 130, 139, 146-147, 149, 152, 175, 197-198, 211, 214-215, 239, 241, 243 bis 245, 247, 250, 255, 257, 269-270, 278, 280-282, 288, 297-301, 305 bis 306, 308, 317, 325-326, 332, 343,

349, 378, 392-393, 395, 439, 441, 451-452, 458, 469, 494-496, 504, 511, 520-522, 530, 532-533

Als-ob s. Fiktion

Ambiguität, Mehrdeutigkeit, Vieldeutigkeit, Zweideutigkeit 77, 105, 115, 140, 176, 189, 301, 360, 482, 486

Ambivalenz 29, 64, 84, 150, 172, 176, 333, 462

Analyse (von Kunstwerken) 109, 132, 136-137, 148, 155, 160, 162, 219, 262, 266, 268-269, 277, 318-319, 359, 392-393, 395, 408, 433, 515, 517-518, 524, 530, 532

Anamnesis s. Erinnerung

Anderes, Andersheit 10-12, 17-19, 34, 41, 52-53, 60, 77, 85-87, 98, 115 bis 117, 122-123, 126, 134, 137-138, 142, 148, 167, 173, 191, 197-199, 207-208, 216, 259, 263-264, 271, 315, 326, 329, 331, 352, 356, 358, 363, 375, 379, 383-384, 386, 421, 424, 428-430, 434, 445, 460-462, 473, 478, 485-487, 490, 497, 512, 526, 528, 531

animalisch s. Tier

Anpassung, Adaptation 25, 90, 93-94, 119, 178, 186, 217, 287, 306, 310, 322, 324, 361, 404, 470, 473, 498, 516

Anschauung, Anschaulichkeit 23, 145 bis 146, 148-153, 217, 226, 415, 499, 506, 523

Ansich, Ansichsein (der Kunst) 43, 121, 125, 129, 133, 157, 159, 161 bis 162, 164, 166, 171, 173, 190-192, 199, 240, 252-253, 261, 274, 304, 327, 333-334, 337, 355, 366, 368, 373, 396, 399, 412-413, 420-422, 425, 428-429, 436, 441-442, 460, 465, 498, 522

Antezipation 13, 35, 50, 130-131, 198, 218, 251, 325, 334, 358, 383, 447

Antike 15, 59, 74, 80-81, 83, 142, 152, 171, 202, 241-243, 278, 297, 301-302, 307, 309, 316, 329, 334, 344, 353-354, 442-443

Antikunst 50, 53, 403, 503

apparation 125-131, 137, 146, 175

Arbeit 15-16, 21, 26, 92, 103, 108, 120, 146, 150, 154, 174, 177, 216-217, 229, 249-250, 252, 255, 259-260, 281, 331, 333, 335, 337-338, 351, 358, 376, 384, 393, 406, 411, 421, 471, 473, 478, 513

Arbeitsteilung 14, 21, 250, 258, 338, 349, 380, 384, 411, 489, 520

Archaisches, Archaik, archaisch 28, 33, 48, 60, 74, 76, 83, 95, 109, 132, 169, 180, 190, 192, 204, 207, 241, 244, 257, 298, 314, 322, 342, 426, 469, 481, 484, 513, 518

Architektur 55, 72, 76, 96, 101-102, 257, 279, 306, 406

l'art pour l'art 16, 250, 333, 337, 351 bis 352, 355, 382, 475

Artefakt 14-15, 18, 76, 82, 98, 101, 108, 124, 150, 162, 164, 170, 213, 262-263, 267-268, 274, 276, 278, 327, 335, 358, 403, 446, 527

Artikulation 137, 155, 192, 211, 215 bis 216, 219-221, 228, 263, 276, 284 bis 285, 294, 318, 345, 381, 438, 449, 457, 479, 531, 533

Askese 27, 29, 72, 190, 204, 227, 285, 296, 305, 358, 411, 449, 497, 517

Atonalität 90, 320

Aufklärung 16, 20, 50, 76-77, 83, 87, 90, 93, 97, 124, 130, 134, 160, 180, 226, 243, 292, 301-302, 324, 395, 399, 418, 482, 503

Dialektik der Aufklärung 50, 76, 83, 97, 453, 489

Augenblick, Moment, Plötzliches, Flüchtiges 17, 41, 52, 106, 108, 111, 113, 123-125, 130-135, 154, 256, 265, 279, 326, 363-364, 408, 410, 427, 431, 435, 443, 445, 449, 454

Aura 56, 73, 89, 123, 132, 158, 160, 318, 408-409, 460-461, 477, 501, 504

Ausdruck, Expression, Expressivität 54, 57, 65, 68, 70, 72-73, 84, 88, 95, 101-102, 110-111, 115, 118, 121, 123, 125-126, 140, 154, 160, 168 bis 176, 178-179, 196, 198, 212, 218, 221, 231, 234, 246, 248-249, 251, 274, 280, 298, 308, 314-315, 320 bis 321, 341, 346, 353, 358, 362-363,

367, 375, 381-382, 387, 395, 411, 413, 423, 433, 452-453, 467, 470, 479, 481, 484-486, 497, 512, 516, 523

Authentizität, authentisch 13, 34-35, 45, 49, 67, 70, 72, 95, 99-100, 106, 114, 124, 130, 147, 159-160, 163, 179, 192, 199, 204, 224, 231, 237, 239, 242, 249, 254, 267, 272, 276, 298-300, 302, 306, 315, 325, 327 bis 328, 339, 346, 348, 350, 367-368, 373-374, 376, 382, 409, 415, 423 bis 424, 438, 440-441, 447, 449, 451, 454-56, 460, 463, 465, 467, 480, 533

Autonomie (der Kunst), autonom 9 bis 10, 14-17, 26, 28, 30, 33-34, 39, 64, 70, 76, 79-80, 84, 86, 96, 98, 104, 119, 143, 154, 158-159, 169, 177-178, 187, 197, 208-209, 212, 220, 223, 237, 243, 257, 292, 297, 303, 306, 312-314, 322-323, 329, 334-335, 339-340, 352-353, 359-360, 363, 368, 375-376, 380, 412, 420 bis 421, 425, 436, 445, 456, 464-465, 467, 472, 478

Autorität, autoritär 33-34, 38, 45, 49, 81, 88, 95, 129, 182, 239, 242, 261, 279, 301, 306, 347, 349, 360, 376, 395, 411, 426, 443

Avantgarde 40, 44, 162, 176, 273, 309, 372, 377, 508

Banausie, banausisch 18-19, 23, 27 bis 28, 87, 113, 144, 150, 213, 221, 224, 267, 269, 283, 314, 321, 346, 357-358, 395, 399, 409, 436-437, 514

Bann 20, 26, 53, 56, 69-70, 76, 81, 105, 178, 184, 195-196, 203-204, 213, 243, 253, 259, 290, 306, 329, 336, 342, 344, 348, 404, 410, 424, 446, 452, 475, 486, 488, 490, 506

Barbarei, barbarisch 13, 17, 55, 89, 97, 113, 143, 158, 181, 216, 241 bis 242, 303, 310, 320, 348, 356, 359, 362, 373-374, 459, 473-475, 524

Barock 36, 45, 434, 437, 496

Bauhaus 96, 508

Bedeutung, bedeuten 111, 122-123, 125, 139, 147, 186, 188, 192, 227, 409, 417, 422-423, 450

Bedürfnis 25, 34-35, 50, 194, 337, 354, 361-362, 461, 466, 507, 533

Befreiung s. Freiheit

Begehren, Begehrungsvermögen 23 bis 24, 26, 28

Begriff 38, 42, 47, 114, 117, 128-130, 132, 137, 146, 148-152, 155, 170, 173, 175, 185-187, 197-199, 201, 203, 205-208, 211, 227, 233, 245 bis 247, 264, 269-270, 299, 317, 354, 364, 369, 382, 392, 453, 488, 499, 504, 510, 514, 519, 521-523, 530 bis 532

(der Kunst) 10-12, 14, 17-18, 27, 32, 34, 48, 50, 55, 60, 77, 87, 91, 97, 99, 122, 127, 145, 158-159, 180, 220, 246, 248, 265, 271-272, 280, 283, 289, 299, 337, 345, 354, 359, 392, 399, 407, 409, 415, 425-426, 431, 439, 441-442, 445, 459, 481-482, 496, 503-504, 522-523, 533

Beherrschung s. Herrschaft

Beredtheit s. Sprachähnlichkeit

Besitz, Eigentum 27, 49, 265, 274, 387, 396, 448

Besonderes, Besonderung 60, 69, 73 bis 74, 128, 130, 147, 151, 155, 202, 239, 241, 243-244, 247-248, 254, 269-270, 276, 280, 282, 288, 297, 299-301, 303-305, 308, 326, 332, 400, 451-452, 458, 521, 532

Bestehendes 10-11, 26, 55, 79, 218, 264, 303, 352, 354, 379, 435, 461, 463, 475, 505-506

Bewegungsgesetz 9, 12, 87, 194, 252, 291, 476

Bewußtsein 17, 27, 34-35, 43-44, 58, 67, 69-71, 76, 83, 102, 107, 109-110, 117, 126, 130, 141, 144-145, 174, 183-184, 193-194, 197, 199, 211, 215, 256, 260, 270, 272-273, 282, 286-287, 289-290, 292, 309, 315 bis 316, 318, 329, 333-334, 344-346, 349-350, 354, 356, 360-361, 363 bis 364, 367-368, 370, 374, 378, 383, 385, 391, 393, 399-400, 402, 408, 410, 416-417, 424-425, 435-436, 453, 461, 463, 474, 479, 481, 487 bis 488, 494, 497, 500, 502-503, 506, 512, 515-516, 520, 524-525

falsches 178, 196, 203, 270, 318, 337

bis 338, 349-350, 365, 368-369, 374, 399, 422, 447, 463
fortgeschrittenes 57, 285, 287, 341
kritisches 63, 116, 195, 284, 325
richtiges 52, 55, 66, 85, 134, 160, 285, 447, 519-520
verdinglichtes 27, 30, 72, 179, 231, 266, 292, 342, 368, 419, 476, 488, 490, 500, 502
Bild 10, 41, 53, 55-56, 64, 82-83, 85 bis 87, 101-103, 105-106, 108, 115, 120, 126, 128, 134, 142, 159, 173, 191, 198, 200, 202, 208, 213, 218, 239, 251, 278, 281, 283, 296, 324 bis 325, 354, 356, 358, 363, 397, 412, 416, 420, 422, 424, 427, 431, 488 bis 489, 523
bilderlos 34, 367, 422, 425, 427
Bilderverbot 40, 106, 159, 416
Bildung 17, 46, 112, 241, 280, 289, 313, 339, 355, 361, 377, 395, 443, 461, 464, 473, 488, 500, 514, 524
Blindheit, blind 9, 47, 109, 114, 134, 143, 166, 174-175, 184, 201, 207, 222, 268-269, 286, 313, 327, 338, 373, 397, 410, 468, 470, 489, 506, 511, 531
Böses 143, 344, 382
Bruch, Brüchigkeit, Gebrochenheit, Abgebrochensein 14-15, 18, 40, 68, 74, 138, 148, 169, 191, 195, 207, 219, 227, 232, 244, 283, 312, 319, 391, 420, 424, 444, 451, 457
Bruchstück s. Fragment
buchstäblich 135, 147-148, 158, 173, 208, 250, 276, 303, 327-329
Bürger, bürgerlich 13, 27-28, 34, 38, 51, 69-70, 76, 79, 87-88, 90, 101, 104, 107-108, 110, 117, 133, 143, 145-146, 150, 159, 170, 178, 201, 235, 251, 254-255, 257-258, 265, 273, 276-277, 295, 299, 301-302, 306 311, 327-328, 330-331, 333 bis 335, 338, 341, 346, 349-351, 356, 358, 367, 373, 377-378, 380-382, 386, 402, 404, 407, 417, 435, 438, 442-443, 462, 468, 470, 474, 489, 496, 499, 501, 520, 533

Chaos 212, 261, 277, 307, 349, 405
Chiffre 40, 56, 106, 115, 127, 144, 147, 178, 228, 333, 338, 346, 425, 447
χωρίς, χωρισμός 16, 124, 151, 165, 198, 297, 520
Christentum s. Theologie
Commedia dell'Arte 206, 303

Dada 51, 159, 230, 270, 370, 473, 476, 521
Dauer 48-50, 52, 111, 114, 123, 125, 131, 202, 264-265, 326, 416-417
Dechiffrieren 185, 194, 338, 358, 399, 427, 532
Definition (der Kunst) 11, 24, 75, 82, 263, 267, 427
Deformation 60-61, 75, 133, 426, 443
Dekadenz 39, 309, 354-355
Detail 165, 216, 233, 275, 279-280, 449-451, 454, 531
Dialektik (s. auch Ästhetik, ästhetisch, Aufklärung) 15, 18, 22, 29, 41, 54, 56, 59, 62, 70, 72, 77, 82-83, 86, 89, 92-93, 116, 119-120, 129 bis 130, 137, 152-153, 157, 166, 177, 208, 211, 218, 226, 235, 244, 248, 256, 261-262, 266, 270-271, 276, 283, 293, 297, 299-300, 305, 308 bis 309, 317-318, 321, 326, 335, 345, 359, 362, 368, 372, 380, 393, 398 bis 399, 407, 424, 428, 432-433, 435, 437-438, 458, 461, 474, 478, 494, 510, 512-513, 526, 528-529
Differenziertheit, Differenzierung 28 bis 29, 143, 229, 260, 287, 298, 303, 313-315, 344, 355, 397, 416, 449, 464
Ding, Dingcharakter, dinghaft 30, 33, 63, 92, 96, 107, 114, 121, 124-125, 134, 150, 152-154, 157-158, 167, 179, 182, 202, 232, 250, 262, 268, 336, 359, 373, 401, 407-410, 412 bis 414, 438, 441-442, 454, 460, 482, 488, 527
Dissonanz 29-30, 66-67, 74-75, 117, 130, 147, 168, 235, 426, 432, 434, 512
Dissoziierung 212, 275-276, 348, 450

Distanz 32, 40, 62, 84, 134, 189, 217-218, 241, 264, 303, 334-335, 352, 361, 366, 371, 376, 401, 409, 428, 460, 466, 495, 497, 505, 514, 518, 532

Divertissement s. Unterhaltung

Documenta 272

Doppelcharakter (der Kunst) 16, 111, 208, 312, 337, 340, 368, 374 bis 376, 380, 459, 479

Drama 45, 49, 54, 79, 83, 126-127, 153, 156, 162, 189-190, 277, 317, 327, 331, 336, 366, 368-370, 378 bis 379, 381, 407, 413, 503, 514-515, 529

Dynamik 15, 23, 52, 57, 66, 75, 82, 101, 168, 210, 232, 238-239, 263, 274-275, 288, 294-295, 307, 319, 328, 330-334, 396, 416, 432, 434, 441, 443, 446-447, 450, 453, 464, 502, 518

Eigentum s. Besitz

Eingedenken s. Erinnerung

Einheit 50, 60, 81, 90-91, 120, 124, 138, 147, 150, 160-162, 166, 187, 193, 196, 198, 202, 205, 209-212, 216, 219-221, 231-235, 262-263, 276-281, 285, 292, 307, 312, 317, 319, 326, 348, 366, 392, 406, 413, 446, 453-455, 457, 472, 482, 484, 486, 512

Einzelnes, Einzelner, Einzelheit 29, 53, 68, 74, 97, 130, 138, 166, 215, 217, 234, 254-255, 275-276, 278, 280, 288, 295, 297, 301, 304, 315, 379, 382, 401-402, 450-451, 485-488, 497, 511, 532

Elektronik 57, 265, 502

Emanzipation 9-10, 16, 26, 44, 64, 70, 76, 82, 84, 91, 93, 107, 119, 154, 168, 178, 209, 218-219, 223, 229 bis 230, 244, 254, 257, 292-293, 297 bis 298, 312, 316, 334, 343-344, 355, 358, 367, 381, 426, 433, 435, 437, 452, 486, 497
(der Kunst) 10, 26, 91, 355

Empirie (und Kunst) 10, 12, 14-16, 23-24, 26, 30, 36, 54, 104, 125-126, 131, 133-134, 137, 147-148, 151 bis 152, 158, 160-161, 180, 186-187, 200, 203, 205-210, 213, 218, 222, 229, 232, 235, 239, 241, 249, 252, 259, 262, 264, 277, 293, 299, 323, 335-336, 344, 346, 351, 363, 366, 369-370, 375-376, 379, 383-384, 394, 398, 401, 406-407, 409-410, 413-414, 428, 430, 438-439, 444, 460, 463, 475, 497-499, 511, 514

Ende, Untergang, Absterben, Ableben, Vergänglichkeit, Sterblichkeit (der Kunst) 9-10, 12-14, 45, 48-50, 55, 145, 199, 252, 262, 264-267, 273, 291, 300, 309-310, 314, 326, 413, 416-417, 438, 442, 473-475, 493, 501, 503, 505, 512

Engagement 134, 144, 159-160, 187, 336, 345, 348, 359, 365-368, 372, 473

Enigmatisches s. Rätsel

Entartung 79-80

Entfremdung, entfremdet 30, 33, 39, 50, 52, 63, 125-126, 130, 173, 179, 190, 218, 232, 254, 261, 273, 333, 336, 346, 373, 381, 386, 428, 468

Entkunstung 32-33, 73, 94, 122 bis 123, 183, 271, 364, 399, 410, 470

Entzauberung 34, 73, 86, 90, 93, 119, 123, 130, 337, 367, 381, 443

Epiphanie 125, 159, 363, 384, 443

Epos 17, 278, 334, 426

Erfahrung 16, 20, 35, 38-39, 42, 52 bis 54, 57, 61, 77, 80, 84, 98, 100 bis 101, 104, 106-108, 111-112, 114, 119, 127, 130, 133, 135, 141, 169, 176-177, 193, 205, 224-225, 229 bis 230, 233, 246, 250, 256, 273, 315, 317, 321, 324-325, 333-334, 349, 382, 384-385, 398, 408, 422, 427, 431, 438-440, 443, 447, 459-460, 477, 488-489, 502, 517, 521
(von Kunst) 17, 25-26, 28-29, 33, 67, 95, 99, 103, 109, 127, 152-153, 159, 166, 172, 182-186, 189-190, 197, 199, 204, 234, 236, 246, 254, 262-263, 267-269, 272-273, 295, 297, 315-316, 318, 320, 326, 332, 349-350, 361, 363-365, 375, 391 bis 393, 395-396, 400-401, 408, 432 bis 434, 447, 449, 460, 463, 474, 478,

551

494, 497, 500, 502, 510-511, 513 bis 520, 524-525, 528

Erhabenes 31, 79, 101, 112, 140, 143, 172, 224, 292-296, 364, 396, 401, 410, 496

Erinnerung, Eingedenken, Gedächtnis, Anamnesis, Memento, Mnemosyne 29-30, 78, 86, 102, 104, 109, 116, 124, 126, 150, 168, 173, 180, 198, 200, 204, 318, 328, 339, 348, 359, 364, 384, 387, 397, 412, 426, 437, 446, 457, 479, 488

Erkenntnis 20, 23, 30, 36, 55, 87, 91, 93, 109, 131-132, 136, 166-167, 169 bis 170, 173, 190-191, 196, 208-209, 218, 245, 247, 261, 272, 277, 284, 317, 344, 360-361, 367, 372, 383 bis 385, 391, 393-394, 397, 419, 424 bis 425, 427, 463, 482, 488, 490, 495, 497-498, 513, 516, 518, 521, 528, 530-531
diskursive 35, 68, 149, 151-152, 175, 190-191, 247, 300, 419, 425

Erlebnis 233, 362-365, 515, 524, 527

Ernst 64, 185, 294, 371, 375, 419, 467, 506

Ernstfall 136, 328

Eros s. Sexus

Erscheinung, erscheinen 29, 40, 66, 85, 90, 93, 103-107, 115, 122-126, 128-132, 134-135, 137, 140, 142, 144, 149-151, 153, 158-159, 161, 163, 167-168, 194-196, 198-199, 204, 216, 218, 228, 265-266, 272, 274-275, 281, 283, 296, 337, 339, 342, 345, 347, 350, 370, 384, 407, 412-415, 420, 423, 427, 446, 448, 451, 455, 459, 463, 467, 515

Existenzrecht (der Kunst) 9, 373, 433

Exotisches 28, 314

Experiment 42-43, 63-64

Expression, Expressivität s. Ausdruck

Expressionismus 43, 45, 51, 72, 88 bis 89, 92, 140, 145, 157, 173, 176, 220-221, 233, 250, 252, 270, 308, 340-341, 403, 436, 477, 522

Extrem 46, 59, 72, 79, 105, 162, 175, 183, 284, 329, 348, 369, 381, 392, 442, 452-453, 519

fait social 16, 335, 340, 358, 374-375, 401, 451

falsches Bewußtsein s. Bewußtsein

Faschismus 88, 90, 261, 341, 349, 372, 377

Fauves 68, 143, 320

Fetisch, Fetischisierung, Fetischcharakter 27, 33, 41, 49, 71-72, 93, 115, 148, 154, 162, 173, 255, 274, 291, 310, 323, 327, 337-339, 367-368, 375, 399, 419, 433, 439, 441, 459, 473, 504, 506

Feuerwerk 50, 125-126

Fiktion, fiktiv, Als-ob 20, 36, 42-43, 148, 154, 157, 160, 163, 169, 175, 183, 200, 206, 249, 259, 298, 306, 324, 336, 350, 355, 364, 370, 385, 416, 441, 451, 467, 469, 504, 511, 518

Film 27, 73, 90, 232, 234, 322, 461, 504

Finsteres s. Schwärze

Flüchtiges s. Augenblick

Form 11, 13, 15-16, 19, 22-23, 25, 29, 39, 42, 49, 77-78, 80-85, 101, 128 bis 129, 142, 146, 156, 158, 161, 165, 167, 169-170, 173-174, 180 bis 182, 188, 198, 202-203, 206-223, 227, 232, 241-243, 246, 248, 261, 264-265, 275-276, 278-279, 281, 289, 294, 297-298, 300, 307, 326 bis 330, 332-334, 336, 340, 342, 345 bis 346, 352, 369, 378-381, 386-387, 402-403, 406, 412, 417, 421, 427, 431-434, 440, 443, 451, 453-459, 471, 479, 481, 484-485, 494, 500, 507, 512, 517, 523, 526-529, 531
und Inhalt 15, 18, 25, 77, 114, 119, 188, 210-211, 213, 217-221, 243, 283, 294, 342, 352, 379, 381, 417, 433 bis 434, 517, 526-529

Formalästhetik s. Ästhetik

Formgefühl 135, 174-175, 327, 332

Formgesetz 12, 17-18, 21, 30, 34, 74 bis 75, 80, 96, 101, 119, 133-134, 144, 153, 169, 201, 208, 220, 253, 266-267, 272, 285, 303, 322, 329, 335, 337, 340, 343, 352-354, 366, 396, 437, 455, 511

Formniveau 21, 219-220, 228-229,

552

231, 241, 257, 277, 289, 291, 303, 318, 327, 437, 464

Formsprache 29, 57, 79, 143, 251, 263, 520

Formung, Geformtes 11, 65, 80, 89, 164, 196, 213, 217, 219, 248, 260, 281, 284, 316, 327, 329, 344, 357, 383, 403, 432, 436, 454, 456, 528

Fortschritt, progrès (s. auch Bewußtsein) 17, 47, 53, 56-57, 93, 97-99, 102-104, 139, 141, 143, 210, 222, 237, 239, 285-287, 302-303, 308-310, 312-316, 320, 324, 330, 333, 339, 354, 379, 381-382, 407, 429, 453, 467, 488, 495, 502, 506, 508, 517, 527

Fragment, Bruchstück 74, 129, 139, 191, 221, 279, 283, 453

Freiheit, Befreiung, Unfreiheit 9, 16, 24, 29, 33-35, 64, 67, 69, 75-76, 98, 103-104, 172, 196, 204, 207, 216, 235, 254, 256-257, 260, 285, 290-291, 297-298, 304, 306, 309 bis 310, 315-316, 320, 329, 333-334, 338, 357, 373, 379, 384, 386-387, 396, 404, 409-410, 425, 444, 453, 470, 475

Freizeit 150, 350, 463, 466, 499

Fremdheit, fremd 14, 52, 124, 126, 130, 154, 182, 191, 216, 274, 397, 405, 468-469, 508

Füranderes, Füranderessein (der Kunst) 30-31, 33, 97, 116, 159, 164, 171, 281, 335, 337, 351, 394, 396, 459-460, 465, 473

Für etwas 332

Fürsich, Fürsichsein (der Kunst) 17, 52, 69, 103, 165, 170, 177, 199, 218 bis 219, 275, 334, 337, 351, 353, 366, 384, 430, 469, 485

Für uns 191

Funktion, Funktionalismus 45, 58, 63, 72, 96-97, 157, 178-179, 203, 222, 285, 288, 298, 302, 317, 328, 330-332, 336, 338, 366, 372, 375, 377, 403, 406, 432, 445, 449-450, 452-453, 475, 503, 507

Futurismus 377, 473

Ganzes 9, 14, 25, 35, 82, 84-85, 91, 122, 155-156, 165-166, 210-212, 216 bis 217, 219-222, 228, 233-236, 252, 263, 266, 274-275, 279-280, 317, 331, 350, 441, 449-450, 453, 479, 502, 531

Gattung, Gattungen 28, 34, 60, 62, 140, 222, 249, 269-271, 297, 299 bis 305, 310-312, 326-328, 334, 367, 394, 397, 399, 407, 456-457, 504 bis 505, 522, 532

Gebrauchswert 28, 32, 39, 337

Gebrochenheit s. Bruch

Gedächtnis s. Erinnerung

Geformtes s. Formung

Gefühl 21, 23, 31, 54, 154, 206, 246, 296, 355, 362, 400, 440, 457, 466 bis 467, 489, 493, 496, 499, 527

Gehalt 13, 20, 29, 42, 47-48, 72-73, 95, 110, 119, 121-122, 132-133, 135, 137, 150, 160, 162-164, 185, 189, 194-196, 198-199, 218-219, 226-228, 231, 269, 272, 276, 293-294, 315 bis 317, 320-322, 329, 339, 342-343, 345-346, 348, 351, 358-359, 363, 369, 381, 384, 386-387, 396, 407, 411-413, 419-422, 432, 446, 459 bis 460, 476, 494, 497, 506, 509, 515 bis 518, 520, 529-530

Geist, Geistiges, geistig 13-14, 16, 18 bis 20, 23, 29-30, 34, 49-50, 64, 67 bis 69, 86, 88, 93, 98-99, 112, 116 bis 119, 122, 125, 128, 134-145, 148 bis 149, 151-152, 158, 164-166, 170, 172-173, 177, 180, 185, 192, 194 bis 196, 198, 202, 205, 207-209, 217, 223, 225-228, 248-249, 263-264, 266, 270, 273-275, 277, 288-289, 292 bis 297, 302, 307, 310, 312, 315, 327, 335, 337, 344, 348, 354, 358, 365, 383, 391, 395, 397, 400-401, 403, 406-407, 410-414, 420, 423-424, 429, 451, 458, 462, 466, 468-469, 474, 488-489, 496, 498, 506-507, 510-513, 515, 519, 523, 528, 531

Gemachtes s. Machen

Generationsproblem 60, 176

Genese s. Hervorbringung

Genie 254-257, 288, 300, 313, 320, 403

Genuß 26-28, 30, 34, 143, 472-473, 495, 526

Geschichte 12-13, 17, 19, 46, 53, 57, 62, 67, 76, 86, 90, 93, 132-133, 138, 172, 182, 194, 196, 199-200, 207, 210, 215, 239, 244, 266, 276, 283, 286-287, 290-291, 295, 297, 359 bis 360, 370, 381, 383-384, 387, 392, 399, 402, 406, 422, 435, 443, 447, 469, 474, 477, 480, 489, 512, 523, 529-530, 533

(der Kunst) 11, 13, 17-18, 41, 48, 59, 68, 77, 85, 94, 120, 138, 169, 219, 251, 288, 300, 310-314, 317, 326, 330, 339, 357-358, 402, 407, 421, 426, 439-442, 448, 473, 476, 501 bis 502, 512

Geschichtlichkeit, Gewordensein, Historizität 11, 23, 47, 101-102, 106, 111, 138, 180, 229, 253, 257-258, 268, 285, 298, 310, 324, 359, 365 bis 366, 378, 422, 467, 477, 506, 513, 529

(der Kunst) 12-15, 17-18, 27, 34, 36, 39, 46, 58, 67, 77, 82-83, 90, 118; 132, 157, 170, 196, 223, 263, 272-273, 281, 284-285, 289-291, 303, 309, 324, 330, 336, 343, 382, 385, 406-407, 411, 425-427, 443, 445-448, 463-465, 472, 476, 479 bis 480, 504-506, 518, 522-523, 529, 532

Geschichtsphilosophie 14, 31, 38, 57, 70, 93, 122, 142, 170, 218, 254, 273, 290, 302, 345, 350, 373, 402-403, 427, 481, 508, 518, 530

Geschlossenheit 41, 155, 209, 236, 239, 261, 326, 328, 369, 436

Geschmack (s. auch Ästhetik) 22, 26, 60, 67, 112, 149, 175, 223, 244 bis 248, 292, 361, 365-366, 398, 400, 420, 425, 457, 495, 509, 514

Gesellschaft

(Kunst bestimmt durch G.) 9, 13, 16, 20, 38, 51, 56-58, 71, 87, 133, 138, 154, 198, 202, 216, 225, 234, 236, 241, 250-252, 268-269, 285, 287, 289, 301, 306, 309-310, 312-313, 322, 324, 331, 336-340, 343-347, 350-351, 353, 359-360, 364, 369, 371-372, 375-376, 378, 380, 385 bis 386, 393, 398-399, 401, 404-405, 411, 420-421, 426, 430, 435, 447, 451-452, 455-456, 459-460, 473, 484, 486, 502, 508, 512, 518-520

(Negativität der Kunst wegen Negativität der G.) 21, 39, 53, 130, 307, 341-342, 345, 353, 371, 382, 385, 455

(Kunst Antithese zu G.) 19, 25, 28 bis 29, 44, 56, 69, 85-86, 102-104, 108, 144-145, 151, 173, 201, 255, 287, 291, 303, 312-313, 331, 334 bis 336, 338-340, 346-348, 350-352, 365, 367-368, 373-375, 377, 379, 382, 453, 461, 463, 468-469, 499, 502, 511, 518-519

(G. als Gegenstand von Kunst) 17 bis 18, 183, 188, 334-336, 341-342, 369, 371, 383

(Funktion von Kunst in G.) 9, 14, 23, 30, 32, 34-35, 51, 62, 97, 168, 177-178, 236, 242, 315, 322, 334, 336, 338-340, 350, 352, 356, 359 bis 360, 364, 372, 376-377, 394, 398, 439, 459-461, 466, 474, 476, 509

Gesetz, Gesetzmäßigkeit 88, 120, 166, 207, 234, 420, 456

Gestaltung 29, 175, 226, 231-232, 234, 327, 342, 345, 385, 412, 430, 437, 449, 452, 507, 528

Gewalt 42, 52, 75, 77-78, 80, 88, 98, 102, 143, 202, 208-209, 213, 240, 243, 261, 274, 276, 278, 290, 329, 354, 359, 364, 369, 373, 381, 383, 396, 412, 416, 418, 423, 429, 437, 444-445, 454, 487, 516

Gewaltlosigkeit 19, 359

Gewordensein s. Geschichtlichkeit

Glück 16, 26, 30-31, 66, 103, 112, 128, 181-182, 197, 205, 227, 307, 346, 401, 412, 429, 461, 470, 472, 503-505, 515, 525, 531

goldener Schnitt 77, 433

Graphik 21, 79, 318, 346

Grauen 35, 40, 83, 106, 193, 221, 295, 348, 382, 443, 470, 479

Grausamkeit 80-81

Häßliches, Häßlichkeit 74-81, 110,

143-144, 341, 352, 386, 406-407
Happening 158, 383
Harmonie, harmonistisch 21, 25, 32, 49, 61, 75, 78, 90, 96, 112, 130, 146, 154, 165-168, 218, 235-238, 277, 331, 350, 386, 411, 420, 426, 432 bis 434, 455, 512, 528, 532
Hedonismus, ἡδονή 25-26, 29-30, 66, 117, 146, 255
Hellenismus 74, 241, 301
Hermeneutik 19, 179, 210
Hermetik, hermetisch 115, 159, 186, 218, 368, 475-477, 520
Heros, Heroisierung 14, 110, 296, 531
Herrschaft, Beherrschung 18, 26, 34, 50, 64, 76-80, 84, 86, 90-91, 104 bis 105, 110, 115, 119-120, 145, 148, 164, 173, 202, 209, 217, 238, 240, 243, 257, 268, 278-279, 290-291, 293, 296, 302, 310, 313, 315, 320, 323, 334, 337, 345, 348-350, 354, 356, 359-361, 366, 370, 374-375, 379, 384, 404, 409, 424, 428-430, 437, 452-454, 499
Hervorbringung, Genese 25, 46, 148, 153, 249, 267, 358-359, 371, 393, 400, 421, 456, 479, 511, 513, 520
Heteronomie, heteronom 14, 24, 33, 40, 43, 61, 69, 91, 99, 120, 239, 261, 286, 335, 339, 376-377, 384-386, 398, 435, 447, 459
Historienmalerei 224
Historismus 60, 291
Historizität s. Geschichtlichkeit
Hoffnung 10, 49, 179, 280, 333, 374, 423, 440, 531
Homöostase 62, 85, 205, 218, 236, 332, 433, 435
Humanität, Menschlichkeit 9, 30, 35, 72, 80, 95, 97, 102, 158, 178-179, 217, 227, 246, 256, 264, 280, 293, 301, 345, 349, 358, 384, 386-387, 421, 464, 470, 487
Humor 66, 79, 330, 332, 356, 471 bis 472

Ich 17, 24, 51, 172, 176-179, 198, 249 bis 250, 355, 364-365, 373, 377, 410, 515-516
Ichfremdes 64, 165, 254-255
Idealismus, idealistische Ästhetik 18, 20, 25-26, 47, 64, 69, 98-99, 103, 109, 117-118, 120, 128, 134, 137, 139, 141, 144, 147, 152, 157, 159, 194, 197, 200, 207, 219, 224, 247, 255, 278, 302, 311, 313, 340, 369, 382, 384, 393, 414, 442, 447, 478, 481, 496, 498, 510-512
Idee 116, 129, 142, 149-150, 194, 241, 293, 300, 393, 443
Identifikation 33, 35, 39, 41, 128, 171, 187, 198, 201-202, 227, 322, 336, 341, 356, 361, 365, 369, 407, 409, 423, 466, 514, 521
Identität, Identisches, identisch 14, 18, 41, 47, 83, 99-100, 114, 120, 134-135, 138, 140, 149, 167-168, 175, 190, 197-198, 202, 212, 219, 222, 227, 238, 241, 243-244, 263, 278, 280, 300, 326, 344, 405, 434, 453, 478, 511-512, 517, 523
Ideologie, ideologisch 18, 21, 30, 33, 35, 44, 50, 65, 73, 76, 78-80, 85-86, 88, 91, 95, 97-98, 101, 107, 109, 128, 142, 151, 162, 173, 177, 179, 203, 224, 226, 229, 234, 236, 239 bis 240, 244, 249, 251, 255-256, 261, 265, 269, 272, 283, 289, 293-294, 309, 312, 316-317, 321, 335-337, 339, 341, 345-351, 353-361, 364, 367, 371-372, 374, 379, 384, 386, 420-421, 433, 435, 440-441, 446 bis 447, 452-453, 460, 462-463, 465, 470, 474, 476-477, 487, 489, 500, 503, 519
Idiom 20, 85, 155, 205, 250, 522
Idiosynkrasie 31, 60, 68-69, 85, 198, 478
Illusion 19, 32, 40, 50, 53, 58, 92-94, 136, 138, 154-155, 157-160, 164, 178, 201, 223, 226, 236, 252, 268, 276, 305, 321, 333, 366, 372-373, 380-381, 417, 423, 435, 441, 469, 475, 477-478, 525
Imagination 14, 21, 43, 63, 77, 80, 104, 173, 180, 185, 240, 253, 256, 321, 342, 421, 429
Imitation s. Nachahmung
Impressionismus 29, 43, 47, 81, 105

555

bis 107, 142, 214, 232-233, 240, 291, 313, 325, 435, 447, 501-502
Individuation 45, 54, 69, 73, 106, 133, 207, 241, 250-251, 254-255, 270, 280, 284, 288, 297, 299-302, 306, 318, 332, 345, 385, 414, 452, 466, 521
Individuum, Individualität, individuell 24, 38, 64, 73, 96, 224, 241, 250, 254-255, 258, 265, 270, 295, 297, 302, 315, 317, 331, 339, 355, 378, 385, 406, 451-453, 469
Industrialisierung 58
Infantiles s. Kind
Inhalt (s. auch Form) 15, 18, 25, 42, 57, 76-78, 82, 84, 114, 119, 149, 187 bis 188, 211, 213, 217-222, 243, 283 bis 284, 294, 334, 340, 342, 347, 352, 360, 366, 371, 377, 379, 381, 407, 416-417, 421, 432-434, 526-529
Inhaltsästhetik s. Ästhetik
Inhumanität s. Unmenschlichkeit
Innerlichkeit 94, 162-163, 176-177, 242, 265, 283, 294, 446, 468
Integration 18, 25, 50, 61, 73-74, 79, 84, 92, 101, 134, 142, 151, 155, 161 bis 162, 164, 172, 215, 261, 266, 279, 283, 296, 316, 324-325, 339, 348, 353, 356, 450, 454-455, 460, 476, 482
Intensität 220, 279, 381, 449
Intention 41, 47-48, 69, 95, 105, 111, 121, 125-126, 138-139, 147, 150, 173, 192, 194-195, 219, 225-228, 232, 250, 264, 286, 335, 345-346, 365, 369, 377, 383, 407, 409, 421 bis 422, 428, 476, 515-516
intentionslos 19, 47, 126, 144, 181, 274, 293, 427
Interesse, Interesselosigkeit 22-26, 43, 50, 82, 160, 242, 330, 357, 380, 396, 451-452, 460, 494, 499, 505, 514 bis 515
Interpretation 25, 47, 67, 113, 147, 184-185, 189-190, 193-194, 196 bis 198, 226, 235, 268, 273, 277, 289, 345, 377-379, 415, 422, 435, 448, 479, 481, 486-487, 497, 523-524, 526
Invarianten 12, 19, 29-30, 41-42, 57, 62, 72, 80, 110, 132, 212, 238, 270, 302, 309, 357, 392, 398, 404, 427, 438, 440, 443, 464, 473, 481, 494, 504, 522
Ironie 46, 92, 157, 432
Irrationalität, Irrationalismus, irrational 35, 44, 71, 86-90, 130, 175 bis 176, 181-182, 192, 215, 221, 243, 255, 302, 306, 318-319, 325-326, 338, 344, 360, 429-430, 452-453, 472-473, 484, 487, 499, 516-517
Ismen 43-45, 402

Jazz 93, 177, 322, 473
Jugendstil 31, 134, 176, 232, 284, 352, 355, 382, 403-404, 418, 434, 469, 476

Kaleidoskop 111, 294
Kapitalismus 39, 86, 99, 128, 232, 242, 306, 316, 331, 342, 346, 467, 472, 501
Katastrophe 41, 56, 66, 131, 204, 224, 231, 259, 271, 347, 362, 371, 382, 426, 442, 503
Katharsis 293, 354-356
Kausalität 88, 91, 205, 207-208, 311, 313, 410, 429, 431, 499
Kind, kindlich, kindisch, infantil 29, 50, 55, 70-71, 109, 126, 142-143, 158, 181-182, 186, 188, 197, 201, 290, 356, 370, 386, 411, 469, 472, 485, 500, 504, 521
Kitsch 22, 55, 60, 77, 97, 105, 113, 181, 224, 256, 306, 352, 355, 411, 465-467, 475, 520
Klasse, Klassencharakter 251, 306, 344, 369, 378
Klassik, Klassizität 48, 206, 214, 241 bis 244, 272-273, 394, 441-444, 455, 465, 500
Klassizismus 11, 78, 87, 119, 150, 168, 181, 202, 240-244, 264-265, 275, 294, 296, 299, 307, 309, 326, 328, 331, 343, 352, 354, 398, 402, 433, 441-444, 450, 455, 494, 501
Kollektiv 44, 60, 69, 71, 101, 133, 198, 210, 249-251, 257, 302, 306, 339, 343, 353, 378, 385, 403, 462, 470, 485, 506, 512-513

Komik, Komödie, komisch 60, 83, 220, 295-296, 332, 334, 371, 505

Kommunikation 15, 19, 29, 41, 115, 160, 167, 171, 187, 208, 218, 233, 251, 292, 313, 336, 353, 360, 367, 379, 395, 469, 476, 488

kommunistische Länder (Kunsttheorie in ihnen) 54, 90, 309, 474, 511, 520, 529

Konfiguration 135, 137, 141, 192, 228, 288, 342, 350, 409, 422, 424, 446, 454, 461-462

Konkretes, Konkretheit, Konkretion 35, 42, 53-55, 59, 62, 72, 113, 119, 143-144, 146-148, 150-151, 155, 203, 208, 223, 259, 264, 298, 301, 311, 317, 343, 373, 379, 392-393, 397, 403, 435, 450, 452-453, 456, 458 bis 459, 474-475, 494, 503, 522-523, 532-533

Konsequenz (s. auch Ästhetik) 58, 155, 159, 195, 205-206, 208, 230 bis 231, 257, 300, 415, 418, 430, 444, 451, 519

Konsum 27-28, 32-33, 39, 58, 142, 254, 257, 273-274, 350, 352, 361, 372, 396, 409, 419, 437, 463-464, 500, 503

Konstellation 11, 18, 88, 127, 136, 174, 199, 204, 256, 259, 294, 304, 422, 425, 462, 477, 523, 531

Konstitution, Konstituentien (der Kunst), konstitutiv 9, 12, 18-19, 23, 30, 67, 82, 95, 141, 148, 152, 159, 167, 169, 171, 184-185, 190, 194, 208, 217, 245-246, 252, 265, 269, 272, 285, 293, 317, 324, 334, 351, 366, 371, 399, 406, 408, 414-415, 428-429, 455, 459, 472, 478, 481, 490, 512-513, 527, 532

Konstruktion, Konstruktivismus 43, 57, 70, 72-73, 90-92, 125, 154, 171, 175-176, 179-180, 208, 212, 233 bis 234, 258, 260, 279, 298, 330, 333 bis 334, 343, 353, 363, 379, 381, 383, 424, 431, 433, 450-452, 531-532

Kontemplation 25, 124, 235, 353, 373, 495

Kontingenz, kontingent 64, 69, 74, 82, 96, 116, 122, 165-166, 234-235, 301, 315, 320, 328-330, 393, 431, 447, 528

Kontinuität, Kontinuum 36, 40-42, 59, 68, 79, 101, 132, 172-173, 207, 232-233, 252, 263, 276, 310-313, 320, 375, 392, 400, 406, 420, 455, 463, 518, 525

Konventionen 100, 109, 220-221, 256, 258, 273, 301-305, 308, 327, 343, 434, 436, 441, 486, 500

Krisis (der Kunst, des Scheins, des Sinns etc.) 85, 87, 97, 145, 154, 156, 212-213, 229, 231, 271, 340, 367, 412-413, 435, 439, 456, 506

Kriterium 18, 20, 67, 88, 110, 122, 152, 162-163, 168, 174, 256, 316, 343, 353, 368, 371, 379, 396, 432, 437, 447, 457, 459, 464, 467, 505, 509, 522

Kritik (s. auch Bewußtsein) 13, 21, 34, 45-46, 57, 67, 69-70, 89, 107, 112, 129, 137, 142, 178, 183, 194 bis 196, 220, 226-228, 234, 243, 274, 279, 282, 289, 306, 319, 329, 346 bis 347, 350, 363, 368, 372, 391 bis 392, 436, 444-445, 447-448, 465, 467, 478, 481, 507-510, 515, 518, 526, 532

(durch Kunst) 19, 26, 38, 41, 59, 63, 73, 79, 81, 87, 89, 91, 93, 104, 128, 130, 143-144, 151, 173, 178, 180, 200-201, 209, 212, 216, 218, 222 bis 223, 228-229, 240, 253, 260, 264, 281, 285, 287, 335, 339, 344, 350, 358, 365, 369, 371, 382, 385-386, 428, 446, 455-456, 462, 473-474, 502, 525, 533

Kubismus 19, 44, 72, 126, 232, 321, 325, 380, 446-447, 526

kultische, magische, religiöse Funktion von Kunst 9, 11-12, 15, 17, 28, 34, 56, 60, 76, 86-87, 89, 91, 93-94, 124, 159, 178, 192, 210, 272, 302, 338, 416-417, 426, 428-429, 471 bis 472, 481, 483-485, 487, 523

Kultur, etablierte 13, 35, 169, 220, 289, 350, 354-355, 437, 459, 462, 465-466, 473

Kulturindustrie 32-34, 65, 73, 181, 257, 286, 309, 336, 354-355, 361,

364-365, 370, 376, 395, 399, 411, 417, 440, 448, 461, 463, 466, 473, 498-500, 502, 509, 514, 528
Kulturkritik 19, 312
Kulturlandschaft 76, 101-102
Künste (die Kunst und die Künste) 11, 151, 249-250, 271, 297, 383
Kunstgewerbe 92, 323, 347, 446
Kunsthistoriker, Kunstwissenschaft 36, 267-268, 393, 515, 517
Kunstwerk 14, 16, 44-46, 51, 60, 62 bis 64, 68, 81, 84, 87-88, 91-93, 96 bis 97, 99, 104, 109-110, 114, 120 bis 121, 124, 126-127, 129-138, 151 bis 153, 155, 157, 159-161, 165, 172, 178-179, 182, 184, 188-191, 197, 199, 203, 205, 209, 211, 214, 216, 221, 229, 231, 233, 245-246, 248, 253, 258, 262-264, 266-269, 271, 279-281, 292, 327, 329, 331, 333, 343, 350, 353, 362, 368, 374, 385, 391, 393-395, 397, 400-401, 403, 407 bis 409, 412, 414-415, 419-421, 423 bis 427, 430-431, 435-436, 439, 441, 445, 448, 450, 453, 455-457, 460, 462-463, 475, 478-479

Leben (der Kunstwerke) 13-14, 48, 62, 136, 160, 201, 252, 262, 264 bis 266, 314, 335, 368, 439, 441, 463, 521
Leiden 35, 49, 64, 79, 84, 100, 102, 114, 169, 178, 346, 381, 385, 387, 477, 479, 487, 512
Lichtmalerei 265
Liebe s. Sexus
List der Vernunft 16, 258, 331
Literatur (s. auch Drama, Epos, Komödie, Lyrik, Roman, Tragödie) 13, 26-27, 29, 37-38, 46-48, 53, 68, 75, 112, 140, 147-148, 150, 157, 171, 183, 219, 221, 224, 226-227, 230 bis 231, 235, 242, 251, 272, 274, 279, 291-292, 330, 333, 340-341, 377, 464-465, 480, 505, 516, 529
Logik, Logizität 72, 88, 90-92, 114, 148-149, 151, 153, 155, 174, 181, 188, 194, 205-208, 211, 220-221, 231, 235-236, 245, 254, 257, 281 bis 282, 288, 307, 317, 319, 370, 391, 415, 420, 431-432, 438, 478, 499, 515, 519
Lüge 129, 178, 196, 199-200, 229, 327, 354, 418, 473, 504
Lust 25, 27-30, 35, 66, 82, 364, 471, 473
Lyrik 13, 19-20, 31-32, 39-40, 78, 88, 114, 123, 150, 152, 186-188, 249, 312, 325, 332, 368-369, 431-432, 440-441, 475-477, 482, 523

Machen, Gemachtes 46-47, 95-96, 98, 100-101, 103, 110-111, 122, 157, 164, 196, 198-199, 252, 255, 263, 267, 274, 286, 303, 316-317, 327, 366, 407, 486
magisch s. kultisch
Malerei 14, 18-19, 22, 28-29, 47, 51, 53, 56, 60, 65, 68, 72, 75, 91, 95, 105-106, 113, 122, 127, 140, 142, 183, 208, 214-216, 219, 224-225, 235, 237, 240, 251, 257-259, 265, 277, 280, 311-314, 320, 328-329, 340, 343, 349, 377, 380-381, 407, 411, 426-427, 432-433, 435-436, 446 bis 447, 475, 477, 480, 486-487, 501-502, 525-526, 529
Manierismus 36, 447, 504
Markt 39, 101, 257-258, 306, 308, 338, 378, 404, 462, 467
marxistisch s. Ästhetik
Maschinenkunst 57
Material 19-21, 30-31, 37, 47, 58-59, 61-63, 76, 81, 90, 99, 104, 123, 127, 133, 135, 138, 140, 142, 147, 153, 158, 164, 198, 202, 209, 214, 222 bis 223, 227, 229-230, 233, 248 bis 250, 276, 278, 287, 291-292, 297 bis 298, 303, 310, 313-316, 373, 406, 412, 424, 428-429, 433, 435-437, 440, 451, 453, 494, 501, 507, 512 bis 513, 529
Materialismus 50, 79, 383-384, 412, 433, 462
Mathematik 77, 117, 122, 179, 205, 210, 214-215, 237, 247, 330, 432, 434-435, 441
Mehr 111, 122-123, 156, 322
Mehrdeutigkeit s. Ambiguität
Meinen 96, 111

Melancholie s. Schwermut
Memento s. Erinnerung
Menschlichkeit s. Humanität
messianischer Zustand 208
Metapher, metaphorisch 105, 147, 164, 179, 205, 216, 249, 279, 364, 453
Metaphysik, metaphysisch 29, 48, 67, 100, 122, 140-141, 195, 198, 201, 228, 230-231, 262, 268, 305, 317, 367, 397, 402, 412, 418, 422, 442, 460, 471, 494, 497, 500, 506, 510 bis 511, 516-517
Methexis 134, 166, 180, 200-201, 204, 226, 256, 300
Metier 30, 71, 318-319, 322, 437, 509
Mimesis, mimetisch 33, 38-39, 52, 68 bis 70, 72-73, 80, 83, 86-87, 92-93, 97, 139, 142, 148-149, 154, 159-160, 169-172, 174-176, 178-181, 189-190, 192-193, 198, 201-202, 205, 208, 213, 217, 224, 226-227, 234, 243, 253, 271, 274-275, 279, 281, 284, 287, 305, 318, 320, 324-326, 342, 363, 366, 376, 381, 384, 411, 413, 416, 424-425, 427, 429-430, 450, 467, 487 bis 489, 503
Mittel (s. auch Zweck) 41, 58-59, 72, 86, 220, 284, 311, 313, 316, 320, 331, 432, 453, 478
Mnemosyne s. Erinnerung
Mode 59, 265, 286, 467-469
Moderne 28-30, 36-43, 45-46, 57-61, 67-68, 70-72, 74, 94, 96, 100, 134, 140, 144, 147, 157, 174, 176, 179, 189, 201, 221, 223, 227, 233, 242, 244, 272, 286, 293, 302, 307, 332 bis 333, 336, 340, 349, 377, 383-384, 386, 403-405, 431-432, 435, 437, 442-443, 452, 457, 469, 472, 474, 495, 497, 503, 509, 518, 522, 527
moderne Kunst 65, 85, 137, 144, 148, 157, 160, 208, 212-213, 223, 383, 442, 504
Möglichkeit (der Kunst) 10, 66, 213, 325
Moment s. Augenblick
Monade, monadologisch 15, 59, 71, 91, 108, 132-133, 156, 187, 268 bis 270, 282, 289, 301, 308, 315, 317, 384-385, 400, 446, 454-455, 520, 522, 532
Montage 53, 90, 201, 231-235, 375, 379, 383, 402, 472
mort, mortuus s. Tod
Mündigkeit 70-71, 109, 121, 176, 181, 316, 345, 350, 379, 469
Musik 12, 20, 22, 27-29, 31, 37, 42, 49, 61, 63, 65-68, 70, 72, 78, 83, 95, 100, 113, 120-124, 132, 136, 138, 140, 147-148, 150-151, 153-154, 162 bis 163, 176, 181, 183-185, 189-190, 195, 204, 206-208, 212, 214-216, 219, 221-223, 231, 233, 236-240, 242, 249-252, 257-260, 264-265, 267, 269-270, 273, 275-277, 279 bis 280, 282, 284, 286, 291, 294, 297 bis 298, 300, 311-314, 316, 318-320, 324, 327-331, 336, 341, 343, 349, 362-363, 370, 373, 376, 400, 402 bis 403, 411-415, 422-423, 426, 431 bis 434, 436-437, 448-449, 451, 454 bis 455, 457, 464-465, 480, 501-502, 504, 515, 517, 525-526, 528-529
Mythos, mythisch, Mythologie 41, 48, 76, 80-81, 83, 85, 87, 105, 115, 124, 127, 133, 136, 180, 192, 195, 202, 211, 217, 243, 277-278, 288, 297, 316, 329, 342, 344, 354, 377, 402, 457, 471, 503, 523, 529

Nachahmung, Imitation 15, 76, 80, 104, 111, 113, 121, 158, 165, 170 bis 171, 189-191, 199-200, 216, 243, 303, 336, 370, 383-384, 424-425, 441-442, 470, 482, 503, 523
Nachbild 9, 14, 17, 115, 124, 158, 172, 187, 302, 426-428, 439, 464, 471
Nachleben (der Werke) 58, 68, 288, 340, 448
Nachmachen 178
Naivetät 10, 47, 74, 112, 146, 181, 203, 216-217, 226, 271, 308, 315, 322, 341, 350, 353, 365, 370, 380, 382, 399, 401, 415, 440, 497, 499 bis 502, 508, 511, 513, 520, 524
Natur 15, 22, 28, 39, 46, 75, 78, 80 bis 84, 86, 88, 96-124, 138, 141, 143 bis 144, 155, 171-173, 175, 195, 198,

201-202, 210-211, 232, 238, 240, 256, 267-268, 274, 276, 278, 281, 287, 292-293, 295, 310, 321, 325, 365, 374, 383, 398, 408-411, 414, 417, 424, 428, 434-435, 442, 465, 486-487, 496, 499, 512

Naturalismus 104, 158, 188, 341, 368 bis 370, 382, 482-484

Naturbeherrschung 15, 76, 78, 80, 84, 86, 94, 96, 104-105, 173, 180, 207, 209, 237, 240, 269, 293, 310, 397, 411, 425, 429-430, 453

Naturgeschichte 171

Naturschönes 97-121, 127, 143, 238, 407-408, 458

Negation, Negativität, negativ (s. auch Gesellschaft, Objekt, Realität) 19-20, 25-26, 35-36, 39, 49, 52-55, 58, 60-61, 67, 77, 79, 81, 85, 106, 113, 132, 136-137, 144, 158, 161, 166, 180, 187, 195, 199-201, 203 bis 204, 210, 223, 230-231, 235 bis 236, 238-239, 243, 252, 259, 261, 264, 280, 294, 296, 312, 325, 330, 335, 337, 339, 343-344, 346-347, 352, 358, 370-371, 375, 379, 381 bis 384, 387, 396, 403-404, 409, 414, 423-424, 426, 428, 432, 438, 449, 470, 475, 477-478, 517

abstrakte Negation 10, 16, 67, 178, 209, 230, 261, 382, 403-404

bestimmte Negation 30, 54, 58-60, 107, 136-137, 144, 158, 195, 210, 235, 240, 259, 264, 335, 339, 352, 371, 475, 507, 511

Negation des Bestehenden 11, 20, 23-26, 28, 35-36, 38-39, 48, 50, 53 bis 55

Negation des Negativen 60, 238, 478

Neoklassizismus 260, 442-443

Neues 36-38, 40-42, 45, 47-48, 55 bis 56, 64, 75, 240, 248, 256, 278, 291, 311, 320-321, 349, 353-355, 369, 379, 398, 402, 404-405, 447, 456 bis 457, 504, 521, 533

neue Kunst 35, 41, 53, 57, 62, 119, 122, 171, 204, 240, 248, 278, 291, 296, 315, 320, 330, 349, 372, 398, 411, 419, 452, 465, 505

Neuromantik 31, 352, 483, 485

Neurose 20, 256

Neutralisierung 16, 59, 64, 107, 117, 125, 169, 234-235, 240, 289, 296, 339-340, 351, 355, 358, 368, 399, 429, 443, 453, 466, 470

Nicht-Identität, Nicht-Identisches 14, 41, 114, 119, 155, 168, 173, 202, 212, 219, 243, 263, 279, 292, 300, 344, 430, 496

Nichts 53, 155, 230, 258, 276, 402, 422

Nichtseiendes (Kunst als Sein des Nichtseienden, Wirklichkeit des Unwirklichen, Vergegenständlichung des Ungegenständlichen) 10, 14, 18, 36, 92-93, 123, 128-129, 132, 138, 165, 167, 170, 198, 200, 204, 206, 258-259, 276, 330, 347, 399, 414, 417, 421, 425, 444, 499, 512

Nominalismus (s. auch ästhetisch) 91, 103, 156, 165, 167, 203, 212, 232, 234, 239, 245, 261, 296-297, 299, 302-303, 308, 312, 317, 325-334, 348, 398, 439, 456-457, 494, 498, 509, 521, 532

Norm, Normen, normativ 40, 42, 62, 66, 75, 95, 114, 146-147, 190, 225, 232, 241-243, 271, 280, 282, 286, 298-299, 302, 335, 339, 366, 392, 398, 443, 455, 470, 495, 498, 505, 507-508, 529-530, 533

Notwendigkeit 51, 70, 97, 120, 139, 141, 147, 155, 166, 175, 207, 215, 245, 247, 256, 313, 315, 327, 346, 373, 414, 445, 489, 511, 532

Objekt, Objektivität (s. auch Subjekt, Subjektivität)

(Objektivität der Kunst) 25, 35, 41, 81, 120, 130, 133, 138-140, 155, 163, 170, 193, 206, 211, 223, 227, 249, 252, 254, 260-261, 267, 274, 282, 288, 307, 315, 320, 343, 361, 394-395, 399, 407, 409, 420, 424, 428, 446, 455 bis 456, 465, 473, 478, 488, 498, 509 bis 510, 512-513, 515, 524-525, 529

(Negativität der Kunst wegen Negativität der O.) 19, 36, 41, 64, 130, 346, 370

Objektivation 45, 48-49, 51, 56, 67, 95, 114, 124-125, 130, 132-134, 152 bis 155, 170, 173, 175, 178-179, 201, 205, 215-216, 227, 252-255, 262, 264, 266, 274-275, 285, 315, 326, 330-331, 338, 348, 353, 358-359, 368, 386, 412-416, 421, 424, 427 bis 429, 434, 441-442, 448, 456, 460, 467, 487
Objektivismus 116
Objektverlust 52
Ökonomie 38, 54, 101, 242, 322, 332, 340, 395, 478, 506
Ontologie 11, 24, 34, 129, 177-178, 223, 270, 301-302, 305, 331, 404, 408, 443, 446, 480
Oper 34, 298, 311-312, 399, 501
Ordnung 9, 52, 83, 88-89, 103, 144, 175, 177, 229, 236, 238-239, 243, 303, 317, 348, 350-351, 354, 386, 435, 447, 452
Originalität 71, 257-258, 291, 402
Ornament 15, 46, 97, 165, 179, 210, 352, 437, 458

Paradoxie, paradox 25, 41, 55-56, 98, 106, 113, 121-122, 124, 130, 163 bis 164, 174, 199, 204-205, 208, 251, 256-257, 264, 274, 276, 299, 305, 315, 318, 323, 328, 360, 411, 414 bis 415, 431, 438, 469, 472, 516, 521, 525
Parameter 152, 158
Parataxe 236
Partikularität, Partikulares 9, 25, 84 bis 85, 116, 128, 130, 218, 330, 363 bis 364, 367, 449, 523
Perspektive (Erfindung der P.) 313 bis 314, 426, 501
Phantasie 21, 36, 40, 55, 72, 127, 211, 256-260, 443, 488, 501
phantastische Kunst 36
Phantasmagorie 156-158, 160, 195, 281, 382
Philologie 226, 241, 400, 507, 517, 533
Philosophie
(und Kunst) 120, 137, 141, 148, 185, 189, 191, 193-194, 197-198, 243, 252, 327, 330, 382-383, 391-392, 402, 410, 418, 422, 449, 470, 474, 478, 488, 493-494, 496, 498-499, 504-505, 507, 510-511, 513, 516 bis 520, 522-525, 530-531, 533
(der Kunst) (s. auch Ästhetik) 97, 140, 185, 193-194, 267, 289, 391, 396-397
prima philosophia 49
Photographie 56, 89-90, 171, 232, 306, 336, 384
Plastik 28, 60, 81, 95, 140, 241, 249, 341, 446, 486
Plötzliches s. Augenblick
Pointillismus 313
Pornographie 26, 28
Positivismus (s. auch ästhetisch) 11, 20, 54, 129, 152, 156, 218, 231, 297, 339, 342, 367, 372, 374, 394-399, 418, 481, 489, 497, 506, 517
Pragmatismus 129, 301, 525
Praxis 26, 28, 40, 82, 129, 181, 192, 210, 271, 284, 301, 316, 321, 336, 338-339, 345, 358-361, 365-367, 371, 376, 379, 409, 469-473, 475, 478, 483, 493, 498, 525
Produktion, Produkt (künstlerisch) 16, 20-21, 23, 41, 43-44, 46, 58-60, 63, 65, 69, 73, 86, 92, 94-95, 120, 156-157, 222, 229, 249-250, 259, 267, 310-311, 316, 335, 337-338, 340-341, 343, 351, 375, 385, 393 bis 395, 406, 456, 466, 476, 497-498, 500, 508, 527
Produktionsverhältnisse, -weisen (künstlerische und nichtkünstlerische) 16, 56-58, 71, 86, 94, 107, 177 bis 178, 251, 313, 324, 335, 343, 350 bis 351, 358, 374, 393, 405, 430, 452, 456, 461, 468
Produktivkräfte (künstlerische und nichtkünstlerische) 16, 35, 44, 56, 58-59, 62, 64, 69, 71, 75, 94, 251, 285-287, 309-310, 313, 322-324, 326, 335, 339, 343, 350-351, 367 bis 368, 374, 377, 381, 456
progrès s. Fortschritt
Projektion 19-20, 30, 33, 259, 261, 393, 395-396, 399, 409-410, 488, 498, 514, 530
promesse s. Versprechen

Prosa, Prosaisches 119, 232, 321-322, 443

Protest s. Rebellion

Prozeß 12, 17, 41, 46, 84, 87, 92, 125, 131, 133, 136-137, 149, 154-155, 165, 190, 198, 227, 234, 251, 262 bis 264, 266, 268, 276, 281-282, 288, 300, 330-331, 333, 350, 354, 359, 439, 441, 446, 487, 489, 512, 515

Psychoanalyse, psychoanalytisch 19 bis 25, 88, 132, 176, 341, 379, 506

Psychologie, psychologisch 17, 19, 21, 23-25, 27, 30, 33, 42, 81, 96-97, 120, 122, 133, 148, 157, 171, 176, 254, 275, 364, 366, 396, 398, 410, 421 bis 422, 436, 445, 459, 470

Qualität, Rang 11, 18, 20, 22, 68, 71, 80, 87, 151, 182, 196, 241-242, 245, 253, 273, 282, 284-287, 289-291, 299, 304, 307, 309, 313, 340, 346, 349, 366, 372, 399, 406, 436-438, 448, 463-464, 466, 475, 506, 509, 520, 525

Rätsel, Rätselcharakter, Enigmatisches 114, 171, 180, 182-186, 188 bis 194, 205, 231, 273, 277, 317, 426, 481, 516, 531

Radikalismus, Radikalität, radikal 35, 46, 51, 58, 65, 79, 96, 129, 134, 136, 142, 144, 147, 156, 160, 176, 178, 218, 222-223, 227, 231, 233, 239, 283, 299, 301-302, 305-307, 309, 322, 336, 340, 348, 363, 370, 374, 377, 384, 398, 407, 432, 457, 469, 477, 494, 497, 503, 516, 521

Rang s. Qualität

Rationalität, Rationalisierung 35, 38, 44, 58-59, 71, 76, 86-91, 93, 102, 104-105, 109, 121, 130, 148-149, 151, 158, 174-176, 180-182, 190, 192-193, 205, 209-210, 231, 255, 268, 277, 299, 306, 314, 317, 322 bis 323, 326, 334, 338, 349, 381, 395, 428-430, 432, 439, 447, 450-452, 464, 469, 472-473, 484, 487-488, 499, 502, 504, 508, 516, 521

Rationalismus (s. auch Ästhetik) 22, 47, 88-89, 112, 118, 151, 193, 268, 299, 473

Reagieren, Reaktion 57, 131, 143, 401, 424-425

reaktionär, Reaktion 13, 39, 46, 61, 102, 119, 176, 211, 236, 244, 286, 303, 309, 321, 337, 340, 349, 357, 368, 381, 402, 505, 527

Realismus 17, 53, 60, 79, 88, 119, 141, 145, 147, 156, 167, 176, 196, 334, 341-342, 350, 353, 370, 373, 377, 380-383, 385-386, 417, 422, 426, 477, 486

sozialistischer R. 17, 73, 79, 85, 336, 370, 377, 380, 477

Realität

(Zusammenhang von Kunst und R.) 10, 14, 16, 18, 30, 67, 97, 146, 158, 196, 201, 209, 232, 237, 253, 287, 289, 339, 341, 370, 375, 379, 381, 384-385, 422, 424-425, 428, 446, 454, 460, 477, 506

(Kunst als Antithese zu R.) 10, 23, 81, 104, 128, 133-134, 137, 152, 160, 164, 181, 197, 199-200, 203, 210, 229, 246, 264, 285, 293, 331, 336, 344, 348, 351, 365, 375, 379, 384, 414, 417-418, 453, 461, 475, 511, 521

(Negativität der Kunst wegen Negativität der R.) 21, 25, 35-36, 52 bis 53, 65, 130

(R. als Gegenstand von Kunst) 15 bis 18, 180, 224

Realitätsprinzip 21, 183, 461

Rebellion, Revolte, Protest (gegen Kunst) 13, 123, 158, 168, 176, 252, 261-262, 303, 320-321, 362, 372, 380, 416, 441, 487, 499

Reflexion

(über Kunst) 9, 24, 27, 40, 46, 82, 105, 109, 128-129, 137-139, 184 bis 185, 193, 211, 231, 260, 270, 274, 286, 299, 302, 309, 317, 322, 337, 346, 354, 372, 391-392, 400-401, 435-436, 439, 458, 462-463, 465, 476, 478, 501-502, 507-510, 512 bis 513, 516, 518, 520-521, 524-525, 528, 531-533

(in Kunst) 44, 47, 60, 69-70, 147,

174-175, 181, 206, 216, 226, 229, 231, 259-260, 285-286, 298, 330, 357, 365, 392, 402, 413, 425, 428, 456, 474, 476, 501, 504-505, 508 bis 509
zweite R. 36, 47, 105, 147, 209, 226, 435, 451, 456, 465, 510, 518, 531-532
Regression (s. auch ästhetisch) 17-18, 33, 63, 69, 87, 97, 143, 154, 158, 160, 177, 217, 225, 262, 275, 280, 312, 321, 353, 364, 377, 449, 469, 487, 504, 522
Regung 198, 262, 287, 305, 308, 362, 384, 441-442, 467, 469, 486, 510
reine Kunst, Reinheit 32, 60, 84, 158, 243, 264, 271, 326, 329, 335, 337, 367, 369, 376, 415, 469, 475, 512, 523
Relativismus 419, 532
Religion s. kultisch bzw. Theologie
Renaissance 29, 91, 214, 434, 496
Repression 76, 244, 291, 303, 307, 342-343, 349, 356, 470, 532
Reproduktion (von Kunstwerken) 34, 39, 50, 56, 73, 89-90, 229, 258, 287, 322, 392, 460, 474-475, 504
Rettung 164, 196, 240, 284, 299, 326, 428
Revolte s. Rebellion
Rezeption 206, 288, 291-292, 338 bis 340, 349, 361-363, 376, 395-396, 410, 448-449, 475-476, 500, 502, 514, 527
richtiges Bewußtsein s. Bewußtsein
Rokoko 170
Roman 17-18, 48, 52, 88, 156-157, 204, 235, 237, 299, 327, 332, 334, 336, 342, 367, 369, 421, 426, 465 bis 466, 504, 515
Romantik, romantisch 11, 31, 36, 66, 87, 93, 101, 111, 128, 142, 157, 174, 218, 223, 232, 238, 243-244, 254, 256, 275, 306, 381, 442-443
Ruine 101-102, 238

Sache 28, 40-41, 46, 73, 95, 153, 156, 169, 175, 178, 180, 184, 189, 217, 226, 246, 254-256, 269, 271, 284, 300, 307, 314-316, 318, 320, 327, 339, 343-344, 361, 375, 393, 395, 397-398, 411, 421, 424, 434, 446, 448, 457, 460, 464, 479, 481-482, 495, 497, 511, 516-517, 520, 527
Sachlichkeit 29, 66, 72-73, 92, 96-97, 157, 164, 179, 195, 234, 320-321, 329, 342, 361, 437, 444
Säkularisation 10, 12, 16-17, 35, 45, 50, 87, 136, 162, 170, 216, 411, 458
Schauer 38, 82, 122, 124-125, 130, 180, 384, 426, 489-490
Schein 33-34, 42-43, 48, 51, 55, 64, 70, 73, 79, 92-93, 122, 127, 129, 132, 138, 148, 154-169, 173, 176, 178, 195-200, 206-208, 215, 230-235, 249, 252-253, 276, 278, 292, 295 bis 296, 304, 306, 320, 323, 329, 333, 336-338, 347, 350-351, 354-355, 364, 371, 374, 381, 383, 385, 399, 410, 414, 416-418, 420, 422-423, 429, 431, 438, 455, 459, 462-463, 469, 471, 483, 504, 511-512, 518, 522, 532
Scheinen (sinnliches Scheinen der Idee) 82, 139, 165, 241, 512, 523
Schluß (eines Kunstwerks) 221, 327
Schmerz 29, 43, 66, 114, 169, 173, 179, 264, 396, 469
Schock 26, 41, 131, 147, 233, 273, 340, 380, 426, 472, 476, 505
Schönes, Schönheit 22, 24, 28, 49, 74 bis 75, 77-79, 81-85, 96-121, 128 bis 129, 139, 149, 209, 246-247, 267, 282, 293, 347, 352, 372, 382-383, 396-397, 406-408, 410, 418, 423, 428, 433, 449, 465, 473, 475, 477, 494, 523-524, 527
Schrei, Schreien 51, 340
Schrift 122, 125, 135, 153, 189, 193, 264, 274, 304, 413, 422, 425
Schwärze, Finsteres 36, 65-66, 79, 81, 93, 204, 472
Schweigen s. Verstummen
Schwermut, Melancholie 217, 322, 397, 409
Sehnsucht 29, 55, 73, 84, 102, 114 bis 115, 128, 161, 170, 193, 199-200, 239, 278, 366, 396, 411, 422, 440, 442, 457, 501
Seiendes 10, 15, 18-19, 24, 82, 126

bis 129, 132, 138, 141, 191, 199, 201, 203, 213, 216, 258-259, 342, 347, 384, 421, 430, 441, 488, 499, 532

Sein der Kunst s. Nichtseiendes

Selbstbewußtsein 16, 19, 44, 128, 193, 358, 360, 365-366, 382, 486, 505

Selbsterhaltung 26, 28, 82, 103, 350, 364, 396, 428, 459, 471, 504, 511, 515

sensuell s. sinnlich

Sentimentalisches 88, 103, 105

Sexus, Sexualität, Eros, erotisch, Liebe 19, 29, 77, 84, 107, 176, 181, 227, 242, 263, 312, 349, 402, 406, 411, 437, 469, 490

Signifikation s. Zeichen

Sinn, Sinnlosigkeit 40, 42, 48-49, 53, 67, 96, 112, 115, 139, 161-162, 171, 177, 184, 190, 192-193, 197, 209, 221, 227-231, 233-239, 262, 266, 295, 317, 346, 366-367, 383, 394, 403, 413, 431, 439-440, 477, 506, 516-517

Sinnliches, Sinnlichkeit, Sensuelles (s. auch Scheinen) 24, 27-30, 66, 93, 126, 128, 134-140, 142-146, 148, 150 bis 151, 165-166, 195, 197, 203, 227-228, 241-242, 260, 292, 327, 365, 394, 397-398, 407, 411-412, 415, 438, 463, 511

Solipsismus 69-70, 384, 386, 434, 455

Sozialcharakter 20

sozialistischer Realismus s. Realismus

Soziologie, Sozialforschung, Sozialwissenschaft 17, 30, 38, 57, 81, 341, 349, 362, 371-372, 395, 421, 426, 528

spätromantisch 39, 178

Spätstil, Spätwerk 139, 168

Spannung 12, 16, 75, 85, 92, 97, 109, 136, 142, 150, 152, 163, 175, 178, 199, 205, 227, 263-264, 272-273, 305, 325, 353, 359, 432-435, 448, 479, 489, 533

Spezifisches, Spezifikation 36, 71, 128, 197, 199, 210, 212, 215, 217, 244, 257, 269, 282, 284, 287, 299 bis 300, 304-305, 307, 314, 317, 326, 409, 432-433, 455, 496, 498, 522

Spiel 64, 71, 80-81, 101, 117, 148, 154, 212, 222, 234, 264, 283, 293 bis 295, 302-303, 328, 370-371, 379, 415, 455, 469-472, 485, 487, 503, 526

Spiritualisierung, Vergeistigung 28, 77, 80, 121, 126, 139-146, 172-173, 180-181, 185, 275, 292-293, 315 bis 316, 354, 365, 411, 413

Spleen 64, 144, 174, 418

Spontaneität, spontan 57, 95, 233, 254-255, 259-260, 278, 287-288, 307, 311, 360, 401-402, 413, 481, 518, 521, 531

Sport 93, 154, 471

Sprache 22, 31, 54, 90, 96, 111, 116, 123, 150, 160, 171-172, 179, 185, 188, 217, 227, 251, 264, 272, 274, 292, 305, 342, 471, 477, 482, 517, 531

der Dinge 96, 108, 114-116, 211, 409, 477

Sprachähnlichkeit, Sprachcharakter, Sprechen, Beredtheit (der Kunst) 14 bis 15, 35, 39, 47, 72, 96, 105, 116, 120-122, 128, 133, 142, 160-161, 171-172, 174, 182-183, 189-190, 197, 199, 201, 203, 211, 216-217, 230, 233, 239, 249-251, 256, 262, 274 bis 275, 294, 304-305, 307-308, 315, 317, 323, 336, 345, 353, 365, 381, 383, 386, 396, 409, 413, 424, 426, 432, 446, 477, 512, 514, 524

Sprachlosigkeit, sprachlos 66, 274, 310, 457

Stadtplanung 56

Statik 238, 262, 264, 311, 330, 333 bis 334, 433, 481

Sterblichkeit s. Ende

Stil, Stilisierung 15, 59, 82, 119-120, 155, 168, 206, 242, 258, 261, 286, 295, 305-308, 311, 318-319, 334, 342, 370, 395, 436, 442, 457-458, 469, 476, 485-486

Stimmigkeit, Unstimmigkeit 21, 64, 66, 73-74, 156, 161, 181, 211, 213, 216-217, 228, 235-236, 242, 246, 252-253, 260, 280-281, 300, 320, 324, 338, 377, 406, 411, 420, 424, 456-457, 463, 466, 478-479, 519

Stimmung 171, 195, 375, 397, 407 bis 408, 410, 423, 461
Stoff, Stofflichkeit, stofflich 13-14, 17 bis 20, 22, 31, 46-47, 57, 74-75, 77, 80, 84, 99, 129, 135, 142-143, 158, 180, 218, 220, 223-226, 233, 271 bis 272, 286, 325, 332, 335, 340-344, 346, 352, 354, 357, 365-366, 371, 380, 383, 407, 417, 440, 461, 476 bis 477, 484, 513, 515, 518, 526, 528
Stummheit s. Verstummen
Subjekt, Subjektivität (s. auch Objekt, Objektivität)
(Subjekt/Objekt, Subjektivität/Objektivität in der Produktion) 21-23, 39, 42-44, 50-52, 54, 56, 59-60, 63 bis 65, 68-69, 71, 80, 86-87, 91-92, 94, 105, 114, 116, 120, 122, 130, 133, 160, 169-170, 173, 175, 191, 194, 198, 214-215, 223, 226-228, 235, 248-262, 287-288, 300, 307, 310, 315, 324, 326, 329-331, 343, 355, 370, 386, 393-394, 406, 411, 417, 419, 421-425, 428, 445, 478 bis 479, 490, 513, 522, 527-528
(Subjekt/Objekt, Subjektivität/Objektivität in der Rezeption) 22, 24, 26-28, 30, 33, 64, 70, 94, 109, 111, 114, 166, 168, 190-191, 211, 244 bis 246, 248, 261-262, 361, 363, 365, 373, 384, 396-398, 401, 410, 419, 430, 435-437, 440-441, 447, 455, 459-460, 463, 468, 490, 498, 514, 516, 523, 527-528, 530
(historische Situation des Subjekts) 14-15, 26, 30, 33, 50-53, 57, 64, 76 bis 77, 96-100, 103, 119, 130, 172, 177-179, 203, 208, 219, 229, 232, 239, 243-244, 253, 257, 292, 297, 303-304, 316, 324, 333-334, 344 bis 346, 356, 364, 370, 397-398, 410, 417-418, 427, 434, 469, 479, 485 bis 486, 489, 497
Sublimierung, sublimieren 14, 17, 19, 22-25, 33, 77, 79, 84, 115, 126, 145, 154, 177, 181, 196, 209, 218, 236, 240, 279, 293, 334-335, 340, 354, 356, 359, 373, 376, 394, 415, 433, 437, 444, 451, 465, 469, 473, 477, 489, 506, 513, 526-527

Substanz, substantiell, Substantialität 122, 139-140, 177, 213, 218, 231, 270, 283, 323, 333, 385, 387, 439, 456, 461
Surrealismus 44-45, 52, 66, 88-90, 145, 324-325, 339-340, 380, 434, 442-443, 445-446, 472, 504
Symbol, symbolisch 15, 53, 98, 128, 135, 147, 159, 204, 299, 482, 484 bis 486, 517
Symbolismus 145, 262, 352
Synthesis 19, 64, 72, 91-92, 128, 138, 150, 153, 187-188, 209, 216, 221, 227, 229, 232, 251-252, 263, 269, 274-275, 278, 283-284, 318-319, 331, 345, 348, 403, 413, 450, 452-455, 528

Tabu, tabuieren 9, 24, 30, 56, 61, 70, 76-77, 93, 106, 142, 144, 152, 169, 176, 178, 182, 193, 223, 243, 245, 271, 292, 300, 312, 347, 357, 367, 402, 416, 427, 453, 468, 470, 481, 499
Tachismus 47
Tafelmusik 12
Tausch, Tauschwert 39, 73, 107, 128, 254, 335, 337, 362, 373, 460, 466
Technik, Technologie 12, 41, 43, 47, 51, 56-57, 59-60, 63, 69, 72, 75-76, 86, 94-96, 106-107, 137, 157, 162, 174, 195, 201, 223, 233-234, 238, 259, 263, 276-277, 286-287, 298, 309-310, 313, 316-326, 331, 334, 343, 393-394, 405, 408, 419-421, 424-425, 430, 450, 457, 479, 508 bis 509, 517, 532
Teilhabe 359, 376
Telos, Teleologie 13, 16, 40, 50, 56, 77, 83, 87, 96, 114, 119-120, 128, 132, 144, 166, 180, 191, 210-211, 227, 229, 234-235, 263, 297, 299 bis 300, 316, 325, 373-374, 381, 414, 429, 439, 521
Tendenz 298, 365-367, 447, 460
Theologie, Christentum, Religion 10, 16, 35, 106, 147, 162, 177, 201, 204, 216, 229-230, 242, 286, 292, 295 bis 296, 403-404, 443, 471, 483-484, 506

Theorie 11, 17, 19, 22, 25, 55, 64, 73, 87, 97-98, 101, 110, 113, 117, 121, 129, 141, 146, 150, 162, 170, 174, 180, 182-183, 185, 194, 212, 236, 248, 286, 297, 302, 313, 350, 353, 358, 362, 366, 369, 382, 384-385, 392-393, 399, 407, 422, 439, 465, 472-473, 478, 481, 487-488, 493 bis 495, 499, 501, 503-504, 507-508, 510-511, 513, 516, 519-520, 522, 524-525, 527, 532-533

Tiefe 283, 294, 345, 423, 455, 468, 529

Tier, animalisch 24, 70, 83, 99, 105, 111, 127, 157, 171-172, 181-182, 187-188, 267-268, 325, 427, 469, 472, 486

Tod, Totes, mort, mortuus, Tödliches 13, 38, 48-49, 53, 64, 66, 77-78, 84, 106-107, 116, 139, 197, 200-202, 209, 284, 290, 295, 302, 325, 333, 371, 374, 404, 413, 416-417, 431, 436, 449, 477, 489, 503

Todestrieb, Todesprinzip 201, 450, 470

Totalität 10, 25, 30, 49, 51, 74, 78, 84-85, 87, 107, 125, 130, 137-139, 144, 151, 154, 165, 173, 197, 210, 213, 221, 228-229, 232-233, 236, 252, 266, 270, 276, 279-280, 294, 297, 311, 323, 347, 353, 394, 428, 435, 449, 451, 457, 479, 488, 512

tour de force 162-163, 276-277, 326

Tradition, traditionell 10, 12, 27, 32, 37-38, 40-42, 45, 47-48, 51, 54, 59 bis 60, 68, 71-72, 74, 86, 94-96, 132, 139-140, 152, 186, 190, 211 bis 212, 214-215, 223, 228, 236, 238 bis 240, 252, 258, 268, 271, 273, 278, 288, 290-291, 293, 299, 306, 311 bis 312, 316, 319, 329, 369, 383, 386, 392-393, 402, 412, 415, 435, 439 bis 441, 446, 457, 473, 475, 494, 502 bis 503, 508, 510, 517, 521

Tragik, Tragisches 49, 194, 295-296, 344, 357-358, 505

Tragödie 17, 59, 152, 297 344-345, 426

Transzendenz, transzendieren 21, 25, 45, 50, 73, 85, 120, 122-123, 130 bis 131, 159, 191, 195-196, 199-200, 203 bis 204, 209, 259, 268, 283, 305, 342, 354, 376, 384, 386, 396, 420, 424, 455, 457, 460, 462, 479, 488, 490, 506

Trauer, traurig 29, 49, 84, 131, 135, 161, 170, 172, 227, 306, 401, 415, 440

Traum 20, 24-25, 133, 145, 206, 336, 354-355, 382, 459, 463, 522

Trieb 20-21, 23-25, 382, 394

trompe l'œil 164

Trost 10-11, 34, 55, 115, 127, 201, 440, 477, 523

Überbau 51, 487

Unbestimmtes, Unbestimmtheit, Vages 22, 38, 40, 43, 63, 110, 113, 116, 155, 188, 194, 251, 276, 284, 294, 408, 420, 438, 482

Unbewußtes, Unterbewußtes 19, 21 bis 22, 107-108, 174, 220, 323, 402, 462, 468

Unfreiheit s. Freiheit

ungegenständliche Malerei 18

Universalien, Universalismus 299, 302, 304-305, 330

Unmenschlichkeit, Inhumanität 30, 54, 97, 158, 217, 293, 353

Unmittelbarkeit 27, 30, 40, 53-54, 59, 82, 93-94, 96-98, 102, 104, 107, 109, 123, 138-139, 146-147, 152, 156, 172, 178, 189, 199, 201, 204, 216, 221, 224, 231, 240, 260, 267, 273, 275, 278, 325, 334, 336, 343, 358-359, 363-365, 376, 384-385, 391, 395, 397, 406, 408-409, 412, 419, 424, 428, 439, 442, 449, 453, 456, 461, 467, 469, 479, 500, 502, 514, 518, 520, 524, 532

Unnaivetät 9, 67, 350, 401, 500

Unsagbares 304-305

Unstimmigkeit s. Stimmigkeit

Unterdrücktes 14, 99, 209, 240, 293, 310, 365, 374, 428, 487, 499

Untergang s. Ende

Unterhaltung, Divertissement 32, 66, 139, 328, 356, 375-376, 461, 463 bis 466

Unvermitteltes 140, 197, 397

Unverständliches s. Verstehen
Unwillkürlichkeit 44, 47, 109, 174, 254, 260, 315, 402, 450, 468
Urbild 169, 263, 336, 427
Urgeschichte 172, 180, 217, 420
Urteil
(über Kunst) 18, 75, 112, 115, 127, 149, 169, 211, 244-245, 247-248, 282, 302, 313, 317, 324, 335-336, 345, 363-364, 368, 374, 391, 419 bis 420, 448, 494, 498, 509-510, 519, 525
(in der Kunst) 91, 152, 187-189, 193, 205, 207-208, 317, 335, 363 bis 364, 368, 431, 453
Ursprung 11-12, 33, 210, 446, 471, 480-490, 522, 531
Utopie 55, 62, 92, 161, 175, 196, 200, 203-204, 209, 232, 239, 257, 270, 347, 354, 367, 385, 404, 461-462, 476, 521

Vages s. Unbestimmtes
Verbindlichkeit, verbindlich, unverbindlich 44, 62, 91, 94, 111, 133, 208, 239, 250, 279, 298, 303, 306, 315, 319, 327-329, 441, 444, 497
Verbot 60-62, 74, 311, 321, 373, 412, 456, 478-479
Verdinglichung, verdinglicht (s. auch Bewußtsein) 27, 30, 33, 39, 50-51, 72, 85, 90, 96, 106-107, 111, 121, 134, 141, 146, 149, 151-154, 158 bis 159, 167, 179, 201, 218, 228, 231, 250, 252, 262, 266, 273, 292, 320, 326, 335, 342, 355, 357, 368, 384, 407, 412-413, 416-417, 419, 436, 441, 478, 482, 486, 499-500, 502, 527
Verdrängung, Verdrängtes 20, 35, 79, 88, 98, 181-182, 356, 363, 384
Verdunkelung 35, 47, 185, 201, 517
Vereinheitlichung 482
Verfahrungsweisen 15, 32, 42-43, 47, 57-59, 63-64, 71-72, 90, 94-95, 119, 138, 146, 171, 174-175, 202, 205, 214, 220-222, 228, 284, 287, 310, 312, 314, 316, 319, 322, 328, 331, 386, 405, 419, 429-430, 433, 435, 451, 476, 487, 500, 508, 512 bis 513, 519, 532
Vergänglichkeit s. Ende
Vergangenes, Vergangenheit 13, 28, 36, 46, 60, 67-68, 102, 106, 136, 189, 216, 240, 261, 289-290, 426, 432, 440, 446, 457, 496, 504, 518, 533
Vergegenständlichung s. Nichtsein
Vergeistigung s. Spiritualisierung
Verhalten, Verhaltensweise (ästhetische, künstlerische etc.) 23, 25-27, 32-33, 42-43, 57, 59, 60, 68, 86, 93, 100, 104, 109, 120, 128, 159, 169, 183, 190, 202, 209, 216, 219, 248, 263, 265, 267, 345, 350, 357-358, 360-361, 364, 392, 396, 398, 401, 407, 410, 419, 424-425, 427, 429 bis 430, 460, 471, 486-490, 500, 502, 514, 520, 523, 526
Verheißung s. Versprechen
Verinnerlichung 34, 242
Vernunft (s. auch List) 16, 24, 44, 46-47, 70-71, 83, 88, 92, 112, 116, 119, 121, 181, 193, 198, 202, 208, 210, 215, 223, 245, 247, 278, 284, 288, 300, 330, 399, 422, 440, 453 bis 454, 475, 489, 511, 523
Versöhnung 10, 30, 55, 60, 67, 76, 78, 80-81, 84, 87, 98, 100, 106, 108, 115, 120, 131, 161, 179-180, 188, 202-203, 218, 232, 239, 242, 251, 264, 278, 283, 285, 290, 293-294, 297, 316, 334, 340, 346, 348, 352, 371, 381, 383-385, 411, 424, 433, 437, 454, 468, 470, 478
Versprechen, Verheißung, promesse 26, 128, 193, 204-205, 285, 306, 326, 347, 424, 457, 461
Verstehen, Verständnis, Unverständliches 111, 146, 184-186, 189, 273, 291, 307, 317-318, 349, 391-392, 396, 419, 448, 475, 497, 502, 513, 515-517, 519-521
Verstummen, Stummheit, Schweigen 13, 39, 66, 85, 102, 108, 115, 121, 123, 183, 190, 203, 266, 289, 305, 309-310, 375, 383, 426, 442, 451, 475, 477
Vertauschbarkeit 203

Verzweiflung 66
Vexierbild 184-185
Vieldeutigkeit s. Ambiguität
viktorianisch 13, 29, 306, 382, 411
Villa 306
Vorstellung 14-15, 19, 22-23, 43, 63, 133, 150
Vulgäres 30, 241, 303, 355-357, 466
Vulgärliteratur 13

Wärme 70
Wahrheit, Unwahrheit, Wahrheitsgehalt 10, 12, 21, 27, 29-30, 35, 44, 47, 50, 59-60, 67, 70, 73-74, 81, 86, 93, 98, 115, 119, 121, 124, 128, 132, 136-138, 149, 155, 158-160, 162, 164, 166, 168, 173, 180-181, 183 bis 184, 189, 191-201, 203, 210, 216, 228-229, 235, 239, 246, 251-253, 260, 265, 276, 281, 285-286, 289 bis 294, 296, 304-305, 309-310, 314, 316, 320, 322-323, 325, 330, 337 bis 339, 343-347, 350-351, 353-354, 358, 360, 363, 365, 367-368, 370, 373, 380, 382-383, 385, 391-392, 394-395, 399, 401, 403, 407, 410, 412, 418-424, 429, 440-441, 444, 453, 459-463, 465, 467, 469, 471 bis 472, 477, 482, 488-489, 498, 504, 506-507, 509, 512, 515-516, 518 bis 520, 522-523, 525-527, 530, 533
Ware 27-28, 32-33, 38-39, 41, 93, 106, 108, 115, 178, 291, 320, 323, 331, 335, 338, 351-352, 355, 375, 418, 443, 447, 462-463, 466
Weimar 87
Wesen, Wesentliches (der Kunst, des Kunstwerks) 10-11, 15, 18, 23, 28-29, 58, 82, 150, 153, 156, 161, 163, 165, 167-168, 185, 248, 262, 264-265, 299, 313, 337, 365-366, 368, 376, 378, 384, 393, 397, 409, 414, 425, 427, 446, 450, 459, 472, 476, 480, 497, 499, 503, 519, 521 bis 523, 531-532
Wiederholung, Wiederkehr 52, 202, 204, 212, 238, 260, 306, 311, 331, 333, 358, 434, 442, 469-471
Willkür 52, 109, 174, 208, 213, 260 bis 261, 277, 303, 315, 327, 349, 404, 421-422, 430, 440, 494, 523
Wirklichkeit s. Nichtsein
Wirkung (s. auch Ästhetik) 17, 22, 84, 133, 159, 166, 206, 232, 244, 301-302, 315, 318-320, 338-339, 344-345, 353-354, 359-361, 365, 367, 375, 395, 399, 407, 410, 415, 461, 464, 528
Wissenschaft (und Kunst) 62, 94, 103, 146-147, 158, 194, 206, 210, 243, 258, 276, 316, 343-344, 349, 362, 372, 385, 391, 393, 395, 428, 435, 476, 495, 498, 501-503, 517, 525
Wohlgefallen, Wohlgefälliges 22-25, 29-30, 77-78, 128, 134, 142, 247, 292, 398, 411, 496, 505, 528
Würde 65, 99
Wunscherfüllung 23

Zauber 34, 40, 86, 93, 204, 322, 337, 440, 443, 449, 483, 504
Zeichen, Signifikation 21, 105, 116, 128, 132, 147, 154, 171-172, 188, 190, 195, 205, 211, 217, 264, 288
Zeit 41-42, 49-50, 52, 67-68, 132, 153, 163, 177, 195, 205, 207, 221 bis 222, 262, 264-266, 285-286, 288, 319, 326, 329, 331, 339, 365, 369, 378, 413, 438, 442, 468, 480, 530
Zerfall 31, 68, 84, 202, 205, 242, 266, 275, 289, 306, 327, 366
Zirkus 124, 126-127, 145, 180-182, 240, 277, 356, 415, 427, 462
Zufall, Zufälligkeit 30, 47, 61, 91, 133, 139-140, 147, 151, 155, 160, 166, 175, 206, 231, 234, 248, 256, 270, 277, 303, 311, 315, 322, 329, 329, 373, 404, 507, 509, 529
Zufallsmusik s. Aleatorik
Zwang (des Materials) 222
Zweck/Mittel 29, 41, 62, 71, 86, 94, 130, 181, 210, 319-321, 323-324, 332, 338, 429, 439-440, 450, 456, 473, 488, 508
Zweck, Zweckmäßigkeit 10, 14, 29, 34, 41, 55, 73, 75, 82, 92, 96-97, 118, 126-127, 155, 158, 164, 166, 173, 175, 183, 188-189, 192, 206, 208-211, 229, 234, 247, 255, 268,

272, 279, 293, 300-301, 320-324, 330, 332, 341, 375-376, 382, 409, 428 bis 429, 432, 437, 450, 460, 466, 469-471, 475, 489, 504, 506, 516

Zweideutigkeit s. Ambiguität
zweite Reflexion s. Reflexion
Zwölftontechnik 90, 214-215, 325, 451

Zeittafel

- 1903 am 11. September in Frankfurt/Main geboren
- 1924 Promotion an der Universität Frankfurt über »Die Transzendenz des Dinglichen und Noematischen in Husserls Phänomenologie«
- 1931 Habilitation an der Universität Frankfurt: »Kierkegaard. Konstruktion des Ästhetischen«
- 1934 Emigration nach Oxford
- 1938 Übersiedlung nach New York
- 1941 Übersiedlung nach Los Angeles, Zusammenarbeit mit Max Horkheimer an der
- 1947 »Dialektik der Aufklärung, Philosophische Fragmente«
- 1949 Rückkehr nach Frankfurt, »Philosophie der neuen Musik«
- 1951 »Minima Moralia«
- 1952 »Versuch über Wagner«
- 1955 »Prismen. Kulturkritik und Gesellschaft«
- 1956 »Dissonanzen, Musik in der verwalteten Welt« — »Zur Metakritik der Erkenntnistheorie, Studien über Husserl und die phänomenologischen Antinomien«
- 1957 »Aspekte der Hegelschen Philosophie«
- 1958 »Noten zur Literatur I«
- 1959 »Klangfiguren. Musikalische Schriften I«
- 1960 »Mahler. Eine musikalische Physiognomik«
- 1961 »Noten zur Literatur II«
- 1962 »Einleitung in die Musiksoziologie, Zwölf theoretische Vorlesungen« — »Sociologica II« Reden und Vorträge von Th. W. Adorno und Max Horkheimer
- 1963 »Drei Studien zu Hegel«
»Eingriffe, Neun kritische Modelle«
»Der getreue Korrepetitor, Lehrschriften zur musikalischen Praxis«
»Quasi una fantasia, Musikalische Schriften II«
- 1964 »Moments Musicaux«, Aufsätze 1928—1962
»Jargon der Eigentlichkeit, Zur deutschen Ideologie«
- 1965 »Noten zur Literatur III«
- 1966 »Negative Dialektik«
»Ohne Leitbild«
- 1969 »am 6. August Tod in Visp bei Zermatt, Kanton Wallis
»Stichworte«. Kritische Modelle 2
- 1970 »Gesammelte Schriften (Bd. 7): ›Ästhetische Theorie‹«
»Erziehung zur Mündigkeit«
»Über Walter Benjamin«

1971 »Gesammelte Schriften« (Bd. 5): »Metakritik der Erkenntnistheorie«; »Drei Studien zu Hegel«
»Gesammelte Schriften« (Bd. 13): »Die musikalischen Monographien: Wagner, Mahler, Berg«

Theodor W. Adorno im Suhrkamp Verlag

Gesammelte Schriften

1—20. Herausgegeben von Gretel Adorno und Rolf Tiedemann. Davon bereits erschienen:

Band 5: Metakritik der Erkenntnistheorie; Drei Studien zu Hegel
Band 7: Ästhetische Theorie
Band 8: Soziologische Schriften 1
Band 13: Die musikalischen Monographien: Wagner, Mahler, Berg

Einzelausgaben:

Versuch über Wagner. Frankfurt und Berlin 1952
Aspekte der Hegelschen Philosophie. Frankfurt und Berlin 1957
Klangfiguren. Musikalische Schriften I. Frankfurt und Berlin 1959
Kierkegaard. Konstruktion des Ästhetischen. Frankfurt 1962
Einleitung in die Musiksoziologie. Zwölf theoretische Vorlesungen. Frankfurt 1962
Quasi una fantasia. Musikalische Schriften II. Frankfurt 1963
Negative Dialektik. Frankfurt 1966
Prismen. Kulturkritik und Gesellschaft. Frankfurt 1969
Aufsätze zur Gesellschaftstheorie und Methodologie. Frankfurt 1970
Erziehung zur Mündigkeit. Frankfurt 1970
Theodor W. Adorno zum Gedächtnis. Frankfurt 1971

edition suhrkamp

Eingriffe. Neun kritische Modelle. 1963 Band 10
Drei Studien zu Hegel. 1963 Band 38
Moments Musicaux. 1964 Band 54
Jargon der Eigentlichkeit. Zur deutschen Ideologie. 1964 Band 91
Ohne Leitbild. Parva Aesthetica. 1967 Band 201
Impromptus. Zweite Folge neu gedruckter musikalischer Aufsätze. 1968 Band 267
Stichworte. Kritische Modelle 2. 1969 Band 347
Kritik. Kleine Schriften zur Gesellschaft. 1971 Band 469
Zur Metakritik der Erkenntnistheorie. 1972 Band 590
Über Th. W. Adorno. Mit Beiträgen von Kurt Oppens, Hans Kudszus, Jürgen Habermas, Bernard Willms, Hermann Schweppenhäuser und Ulrich Sonnemann. 1968 Band 249

Bibliothek Suhrkamp

Noten zur Literatur I. 1958 Band 47
Mahler. Eine musikalische Physiognomik. 1960 Band 61
Noten zur Literatur II. 1961 Band 71
Noten zur Literatur III. 1965 Band 146
Minima Moralia. 1969 Band 236
Über Walter Benjamin. Herausgegeben von Rolf Tiedemann. 1970 Band 260

suhrkamp taschenbücher

Erziehung zur Mündigkeit. 1971. Band 11
Versuch, das ›Endspiel‹ zu verstehen. 1973. Band 72

suhrkamp taschenbücher wissenschaft

stw 1 Jürgen Habermas
Erkenntnis und Interesse
Mit einem neuen Nachwort
ca. 400 Seiten

stw 2 Theodor W. Adorno
Ästhetische Theorie
564 Seiten

stw 3 Ernst Bloch
Das Prinzip Hoffnung
In drei Bänden
Insgesamt 1655 Seiten

stw 4 Walter Benjamin
Der Begriff der Kunstkritik in der deutschen Romantik
120 Seiten

stw 5 Ludwig Wittgenstein
Philosophische Grammatik
Herausgegeben von Rush Rhees
491 Seiten

stw 6 Jean Piaget
Einführung in die genetische Erkenntnistheorie
Vier Vorlesungen
Aus dem Amerikanischen von Friedhelm Herborth
108 Seiten

stw 7 J. Laplanche – J. B. Pontalis
Das Vokabular der Psychoanalyse
In zwei Bänden
Aus dem Französischen von Emma Moersch
Insgesamt 652 Seiten

stw 8 G. W. F. Hegel
Phänomenologie des Geistes
ca. 630 Seiten

stw 9 Materialien zu Hegels »Phänomenologie des Geistes«
Herausgegeben von Friedrich Fulda und Dieter Henrich
ca. 400 Seiten

stw 10 Einführung in den Strukturalismus
Mit Beiträgen von O. Ducrot, T. Todorov, D. Sperber, M. Safouan
und F. Wahl
Aus dem Französischen von Eva Moldenhauer
ca. 500 Seiten